鸣沙

015

神 器 有 命

汉帝国的神圣性格及其崩解

冯渝杰 　著

社会科学文献出版社
SOCIAL SCIENCES ACADEMIC PRESS (CHINA)

目　录

序　章

发掘中国古代帝国的神圣性格

子不夜行，则安知道上有夜行人？

——葛洪《神仙传》引谚书言

作为唯一绵延至今的文明古国和东方文化的典型代表，中国及其文化曾对世界历史发展产生深远影响。尽管历经冲突、融合与发展、变迁，中国的地理、政区、人口、语言、文字、宗教、风俗等，仍然大体保持在以"中国""中华"为牵引的前后相续的历史发展轨道上，从未彻底脱轨或者完全断裂（虽亦有命悬一线之时，却终于渡尽劫波）。在此般坚固事实的笼罩下，如何认识颇具开创、奠基之功的中国古代帝国①之属性与汉文化之特质，便成为剖析"中国文明"、探讨"中国问题"的重要基点。百余年来，海内外学者兴味不减，积累了丰硕的研究成果。然而，中国古代帝国似乎仍旧躲藏于神秘面纱后，掩映于层累的"虚像"间，在理性之光的探照下欲遮还羞。

---

① 内藤湖南、宫崎市定、宇都宫清吉等研究者，大体以上古秦汉为"中国古代帝国"，本书袭用此提法，实际论述则集中于汉代。有关"古代"与"中古"的分界及相关问题，容下文展开。另需说明，近些年来学界对"帝国"概念移用于中国古代是否妥帖等问题多有讨论和反思。鉴于此，本书有意悬置近代以来兴起的与"殖民"绑定一体因而别具道德、价值评判意味的"帝国"内涵，大体遵从艾森斯塔德界定的、实际上亦较契合古代中国国家形态与属性的"中央集权官僚制帝国"概念，将"中国古代帝国"作为客观认识、分析汉代国家形态的一种视角和工具。有关讨论参见葛兆光《名实之间——有关"汉化""殖民"与"帝国"的争论》，《复旦学报》2016年第6期；S. N. 艾森斯塔德《帝国的政治体系》，沈原、张旅平译，张博伦校，商务印书馆，2021，第92~106页；王子今《"帝国"概念在中国古代史研究中的"适用性"》，《国际汉学》2024年第2期。

第一节　古史理解的另一种可能

时间轴的不可逆性，意味着历史永远不可能第二次出现。无法再现、重返历史现场，便很难真切感知彼时的场景、氛围与人们的心理、情感。纵然人类拥有一定的"移情""共感"能力，但在巨大的时空断裂与牢不可破的价值铁幕前，这样的力量依然是微不足道的。"东圣西圣，心同理同"更可能只是一种筑基于不自知或不愿承认的误解之上的盲目自信，抑或仅仅是一种无法实现的理想愿景。不论是对过去的理解，还是对历史的研究，人们决然无法逃脱强大的后设价值之介入。尤其是在文明中最"保守"的宗教信仰（或类宗教）领域，①阻碍理解的高墙横亘于古今东西之间，更大大增加了人们认知的难度。

对于信仰与非信仰之间及不同信仰之间的隔阂，西方著名宗教史家米尔恰·伊利亚德（Mircea Eliade）有着深刻的认识和系统的论述。他提出，神圣与世俗完全可以说是两种平行的理解世界的方式："神圣和世俗是这个世界上的两种存在模式，是在历史进程中被人类所接受的两种存在状况。"②不仅如此，为了在"去神圣化"的大潮中坚持神圣具有无可替代的对抗现代世界观的作用，伊利亚德甚至将其与历

---

① 有关宗教对社会制度、伦理法则、世界秩序的维系与稳固作用，请参彼得·贝格尔《神圣的帷幕：宗教社会学理论之要素》第二章"宗教与世界的维系"。在该章最末作者总结道："每一个人类社会，最终都是被捆在一起面对死亡的人群。宗教的力量所依靠的，说到底，是它交给站在死亡面前，更准确些说，是它交给不可避免地走向死亡的人们手中的旗帜的可靠性。"彼得·贝格尔：《神圣的帷幕：宗教社会学理论之要素》，高师宁译，上海人民出版社，1991，第62页。

② 伊利亚德：《神圣与世俗》，王建光译，华夏出版社，2002，序言，第5页。

史主义对立起来，由此进一步提出：古代世界里根本没有"世俗"的活动，任何意义明确的行为都是在参赞神圣；到现代社会，本具神圣内涵的古代活动，由于经历漫长的非圣礼化过程，大都变为了世俗之物。[①] 伊利亚德关于神圣（古代）与世俗（现代）经验的对立划分，虽不无偏颇，却无异于一针清醒剂：他对古人行为的神秘逻辑、神圣目的之强调，或可给长期沉浸于"世俗史观"的古代历史研究，带来有益启示。

举例来说，在见多识广的今人看来，古代的许多动植物、人体反应及自然现象等，本无足惊怪，却实实在在地对笼罩于神圣氛围中的古人产生了强烈的心理与情感冲击。这种真实的心理感受，在古人"自我神圣"的修辞表达（如"天命""天子""神州""禹域"）、神化的命名方式（如将酒称为"仙露""琼浆""玉液"）、"怪诞"的叙事手法（如将"荧惑守心""五星连珠"等天象与人事关联）以及颇富想象的形象描塑（如《山海经》、汉画等对各种妖怪、神仙形象的刻画）中，均有典型呈现，其间内含着古人真实的思维、心理与情感状态，是当时的人们对待世界的真实态度，带有他们的切身感受和独特气息，也反映了远离当下故而难以被今人所理解的"古代"价值与时代性格。

人们具有怎样的世界观，便决定了他们以怎样的方式理解和对待世界。因此，尽管今天的我们完全可以也有足够的条件，运用科学武装理性地"揭秘"那些被迷信、神话包裹的"朴素"现象与文化内核，然而如何尽可能彻底地"卸载"牢固的现代价值及审美，克服主体性意识所带来的"偏见"，尝试化身为特定历史时期中的人，去感知言语"化

[①] 耶律亚德：《宇宙与历史：永恒回归的神话》，杨儒宾译，台北：联经出版事业股份有限公司，2000，第16~27页。另参黄增喜《历史主义的神圣解构——兼论伊利亚德的历史观》，《云南大学学报》2015年第5期。

石"的原生环境，真切理解置身神圣①氛围中的人们的言行、心理、情感、价值，并以此为前提去进一步接近甚至触及某一时代的内面状态与微妙性格，同样是历史研究者的本职所在。此中道理，正如沉浸于魔术中的观众，一旦被告知操作机巧，便再也无法寻回当初观看表演时的奇妙心境，生活在彼时"魔法"之中而不自知的人们，其浑然不觉的信仰心态及在此影响甚或支配下的相关言行，也不应被后世史家凭借"后见之明"的优势，简单、粗暴地判定为不合理性的愚思莽行。毕竟，故去的人们已经永远丧失了为自己辩护的权利。"子不夜行，则安知道上有夜行人"，这提示我们，强硬地执守现代价值，继而单方面自说自话的史学研究，恐怕很难真正接近时人的心境，理解他们的所思所行。

　　就本书讨论的汉代历史来说，仔细检省过往研究或可发现，由于"启蒙运动"以来理性逻辑强势笼罩下历史解释的合理化需要，以及近世以降中国文明自我祛魅进程的不断展开，在汉代政治文化、社会风俗以及思想学术等诸多方面，不少论者可能都存在过于理性化，或曰"人·文化"的理解与解释倾向。尽管抱持这种取向的学人或者察今思古、固有其牵引现实之志，或者淹没于时代潮流、不觉于己，但看似进步的人为选择与后设价值之介入，毕竟是对历史的一种刻意遮蔽与曲解，亦有违以不断接近历史实相为职志的史家规定性（能否达到以及达到之后的进一步阐释则是另外的问题）。且依学理言之，亦应首先对历史上的权力构建过程及其或显或隐、或"合理"或"神秘"的多样呈现形式予以更耐心、细致和科学的探研，才能够深切理解规训究竟如何开始与持

---

① 按照鲁道夫·奥托（Rudolf Otto）对"神圣"（"神秘的"）的研究，原初的"神圣"既可以指某一独特的"神秘的"价值范畴，即"被感受为客观的外在于自我的""神秘者"，又可指某种确定的"神秘的"心态。两者密不可分，前者是后者"直感"的神秘对象，后者则是前者以情感的形式被动投注于人们心灵的结果。论见鲁道夫·奥托《论"神圣"：对神圣观念中的非理性因素及其与理性之关系的研究》，成穷、周邦宪译，四川人民出版社，2003，第11~12页。

续，众人无意识或默认之"共识"究竟如何达成，继而针对这种隐伏于历史基底的权力与人性之互动过程，展开有力、有效的解构工作。实际上，随着更多新资料的出现与史学的批判式发展，汉代历史中那些所谓"非理性""非人文"的"神秘"要素，正被出土文献和考古资料逐渐证实，也正在研究者不断检讨传世文献中所谓"神秘主义"内容（如正史《五行志》）的过程中，得以重新发掘和展示。

伊利亚德对古人神圣目的近乎偏执的强调，以及历史研究方法、理论的更新，让我们觉知古史理解与研究的另一种可能：对于已经过度世俗化因而特别擅长"阴谋论"及"成王败寇"史观或思维惯式的现代人来说，当其投身古史研究时，可能不自觉地会产生更多的"人文化"的理解倾向；附着于现代生活的一整套价值体系（包括社会进化论等）的深入影响，使其潜意识中会先期判断"人文"比"迷信"更"合理"。然而，这并非历史的态度。可以想见，"合理"逻辑束缚下的历史研究，大概很难真切理解特定信仰氛围中，人们的某些价值取向及行为逻辑，当然更难以窥测、发掘"信仰的时代"里，朝代更嬗、政治变迁浪潮下的深层隐情与结构性要素。以宗教的视野检阅"人文化"以前的古代历史，或可发现世俗史观不易觉察的幽景。汉魏禅代以及作为其前提与基础的"汉家"政体，即是一个被各种深谙现代文明"公理"及政治逻辑的当代叙事所包裹，因而其信仰内核迄今未被充分正视并予以系统抉发的典型案例。

启蒙运动以来的理性之光刺穿了中世纪的神学①迷雾，解放了人们的思想，开启了现代世界的大门，却不尽符合历史研究的同情理解原

① "神学"本是希腊文化中有关众神或一神的讨论，后来逐渐发展为泛指一切宗教神学学说。本书多处使用这一词语，亦是基于其宽泛意义的内涵界定，认为神学乃是一种以神圣的心态观察、解释与对待世界的圆融理论，是一套通过将万事万物与神灵发生联系从而使之超拔于世俗的知识、价值系统和行为、实践逻辑。

则。一定意义上可以说，正是过于理性化的学术批判意识及过度工具化的镜鉴目的，成为阻挡研究者全面认识中国古代帝国面貌、揭橥中国古代帝国属性与中华文明特质的无形之墙。在本已长期世俗化的大背景下，宗教氛围体验、宗教经验规训以及宗教研究视野的普遍缺失，不仅严重削弱了研究者对于信仰时代的感知力、理解力与想象力，还直接导致了具体历史研究及相关认识、判断的偏差。此外，随着文明的发展，人类在理性思考及利用工具等能力不断增强的同时，通感、直觉、共情等方面的能力却渐趋退化。所以，我们或许能够以局外人的身份，凭借"后知后觉"的优势，理性解析历史中的利弊成败，却并不一定能够真正理解古人的思想、情感、立场，及其言行背后的价值判断与支配逻辑等。基于以上理论预设，并结合相关学史考察，可以发现有关中国古代帝国属性的认识与研究，尚有从宗教角度予以突破的可能。

实际上，在近年的中国古代史尤其是汉唐历史研究领域中，我们已经能够看到这个方向的努力与成绩。比如姜生从 20 世纪 90 年代以来，即持续发表原始道教与汉代历史变迁的相关成果，[1]倡导基于宗教研究的古史理解路径。他在《曹操与原始道教》一文结束时延伸提出："中国古史研究中，似乎存在一个视野转换的问题，这种转换应该使我们掘进到更加微妙的精神的或曰心智的历史沉积层。历史学家必须回答的，应该包括历史逻辑后面的支配力量。也就是说，要探索历史背后的隐线索，一种往往为我们所忽视却内在地制约着历史进程的或许神秘甚至看似荒诞而晦涩的内在逻辑，历史就是它的外化。"[2]孙英刚亦提请研究者注意

---

[1] 详参本章第四节。

[2] 姜生：《曹操与原始道教》，《历史研究》2011 年第 1 期，第 24 页。在新近的一项研究中，他进一步阐述了"从宗教理解古史"的内在理路，参见姜生《汉帝国的遗产：汉鬼考》，科学出版社，2016，第 24~36 页。

摒弃以现代的概念框定古人的做法，认为遵循古代知识、信仰的内在逻辑才能理解真实的历史画面。[①] 这些讨论都明确表示应当注意宗教或神学要素在古代历史理解中的重要作用，并将之内化到具体研究中，从而使我们看到古代历史的不同面向。

又如，甘怀真在研究秦汉天下政体时，专门强调应注意把握"中国的古代国家中的宗教性格"。他指出，"所谓'天下'，是'民'可以安身立命之处。'民'可以知道生命从何处来，往何处去"，"进一步说，每一个人（民）的生命意义的获得必须借由天子创造了一个合理的'天下'空间。……对于汉代的儒者而言，这个空间是'天下'，而动力是以天子为首的政治系统"，所以，天下"既是实然亦是应然的政体，也是理想人间的范畴"。[②] 甘氏此论不无启发意义。然而，想要发掘、论证、坐实"古代国家中的宗教性格"，还需要找到某个具体的切入点。对此甘氏亦有尝试。他在日本学者金子修一等有关中国古代皇权属性研究的基础上，从中国古代的国家祭祀中寻绎皇帝的宗教性格，正是对其论说之践行。[③] 不过，有鉴于皇帝祭祀制度的特殊性，其中所见皇帝的宗教性格究竟在多大程度上能够代表国家的宗教性格，或待商榷。要言之，欲揭示中国古代帝国的宗教性格，尚需找到超越典型案例因而更具普遍意义且牵涉面更广的问题，对之予以综合研究和整体解决。

---

① 孙英刚：《神文时代：中古知识、信仰与政治世界之关联性》，《学术月刊》2013 年第 10 期，收入氏著《神文时代：谶纬、术数与中古政治研究》，上海古籍出版社，2014。

② 甘怀真：《秦汉的"天下"政体——以郊祀礼改革为中心》，《新史学》第 16 卷第 4 期，2005 年，收入同氏主编《东亚历史上的天下与中国概念》，台北：台大出版中心，2007。

③ 甘懐真「中国古代国家の祭祀制度から見た皇帝の宗教的性格」『東京大学東洋文化研究所定例研究会報告』2000 年 7 月。此外，雷闻通过对唐代国家祭祀之宗教性内涵的讨论，在一定程度上揭示了唐代国家政权的神圣属性。雷闻：《郊庙之外：隋唐国家祭祀与宗教》，三联书店，2009。

第二节　从"古代"跨向"中古"的汉末

从"汉魏封建"说到"汉魏革命"说，[①] 以及与之紧密相关的由日本学者提出、到今天已广为学界识用的"古代"至"中世"的历史阶段划分，[②] 包括学术史上"经学时代"至"玄学时代"的概括，[③] 这些基于不同背景、旨趣而提出的重大学术命题，无疑反映了海内外学界在有关汉魏之际历史嬗变及其时代独特性方面的某种共识。维持四百余年之久的统一帝国，[④] 最后竟以让渡天命的方式"禅位以贤"、落幕退场，传说

---

① "汉魏封建"说可参何兹全《汉魏之际封建说》，《历史研究》1979 年第 1 期（更详细的讨论参见同氏《中国古代社会及其向中世社会的过渡》，商务印书馆，2013）。同持此论者还有唐长孺、尚钺等，详细学术史梳理参见林甘泉等《中国古代史分期讨论五十年》，上海人民出版社，1982；罗新慧《20 世纪中国古史分期问题论辩》，百花洲文艺出版社，2004；王彦辉、薛洪波《古史体系的建构与重塑：古史分期与社会形态理论研究》，河南大学出版社，2010。"汉魏革命"说可参徐冲《"汉魏革命"再研究：君臣关系与历史书写》，北京大学博士学位论文，2008（作者以该论文为基础出版的专著为《中古时代的历史书写与皇帝权力起源》，上海古籍出版社，2012）；佐藤大朗「漢魏革命の固有性——"天子"の再定義と"禅讓"の創出」『三国志研究』第 9 号、2014。

② 这一历史分期理论早在内藤湖南所撰「支那上古史·緒言」（『支那上古史』弘文堂、1944）中即有阐述。相关评述参见气贺泽保规《内藤湖南的历史分期论及其现实意义》，《唐史论丛》第 23 辑，三秦出版社，2016。

③ 此类概括在有关中国古代学术、思想的通史著作中多有所见，比如步近智、张安奇《中国学术思想史稿》（中国社会科学出版社，2007）等。

④ "前汉""后汉"抑或"西汉""东汉"皆系后人划分，按照时人说法，东汉建立即"汉家"之"中兴"，"汉统"并未断裂。如《论衡》言："五代皆一受命，唯汉独再，此则天命于汉厚也。如审《论衡》之言，生禀自然，此亦汉家所禀厚也。绝而复属，死而复生。世有死而复生之人，人必谓之神。汉统绝而复属，光武存亡，可谓优矣。"（黄晖：《论衡校释》卷一九《恢国篇》，中华书局，1990，第 831 页）不过，若将观察的"显微镜"对准两汉之间法统的争议及圆融，那么本存歧义的认识似也经历了一个整理、统合的历史过程。对此问题的详细辨析请参王尔《"创革"与"中兴"的争议及整合——从东汉建武年间南顿四亲庙与封禅礼的议论谈起》，《史林》2020 年第 1 期；同氏《"祀尧"或"祀高帝"？——东汉建武七年郊祀礼议的政治意涵及思想渊源》，《中华文史论丛》2020 年第 1 期。

中的理想政治交接模式亦终于由此落实。此中变化之奇、之巨，以至于即使悬隔两千年，我们也依旧能够透过不同目的的叙事文本，感知、触及彼时历史演进背后剧烈的信仰危机与奔涌的时代热潮。与此同时，随着学术研究的不断累进，人们对于该时段的认识愈渐清晰，然而下一步研究也愈发呈现出前所未有的复杂性。

诚然，从"古代"跨向"中古"①，正是汉末的历史基调所在。在这段稳定的基调中，有一个高音格外引人注意，那就是最终呈现为东汉政权覆亡和汉魏禅代的汉家秩序崩解。对此，我们首先应该明确，东汉政权的覆亡绝非单一的孤立事件，而是与前后众多历史事件相互关联、紧密纠缠在一起的复杂链条中的一环。在汉末短短的五十年时间里，从清议、党锢到黄巾，再到汉魏鼎革的最终完成，诸多历史事件前后相承，且皆牵涉复杂的权力与意识形态角逐。由此我们注意到，在这个时期的历史演进中，存在以下几方面尤为耀眼的特点。

第一，我们可以很清晰地发现，东汉覆亡、汉魏鼎革，其独特的禅让受命方式，当是第一次真正有史可稽并被赋予"正统性"的王朝禅代。②此后，尤其是在魏晋南北朝这段历史时期里，"禅让"虽屡有上演，

---

① 本书将沿用以 3~9 世纪为"中古"指涉时段的提法。对该问题的具体梳理请参谢伟杰《何谓"中古"？——"中古"一词及其指涉时段在中国史学中的模塑》，《中国中古史集刊》第 2 辑，商务印书馆，2016，第 3~19 页。

② 先秦虽多有"禅让"思想文本（传世文献与出土资料并可见及），但"禅让"的史实似只有战国时期燕王哙让位于国相子之一例。唯其发生于战国诸国兼并之时，自不同于统一政权的禅让更替，且该史实本身亦尚存争议。至于两汉之际，由于新莽之"正统性"未得认可（当时的汉人便已不承认王莽政权之合法性），故亦不能归为"正统性"王朝禅代。相关讨论参见郑杰文《禅让学说的历史演化及其原因》（《中国文化研究》2002 年春之卷）、杨永俊《禅让政治研究》（学苑出版社，2005）、彭邦本《先秦禅让传说新探——传世文献与出土资料的综合考察》（四川大学博士学位论文，2006）、徐克谦《燕王哙让国事件与战国社会转型中的政权交接问题》（《南京师范大学文学院学报》2008 年第 3 期）、尤锐（Yuri Pines）《禅让：战国时期关于平等主义与君主权力的论争》（林鹄译，陈致编《当代西方汉学研究集萃·上古史卷》，上海古籍出版社，2012）等。

但终究不出其制。至于上古三代的"禅让"，由于在史实层面尚难确证，故多被学者视为"史观"。① 这里的问题在于，此种独特的政权转移方式究竟如何酿成，又为何在此一时期烂熟、上演？究竟是什么力量推动"禅让"势所必然地发生？除了广为学者熟知的"五德终始说"，是否还有别的潜流推毂？我们又该如何把握五德终始说的本质及其与他种思潮的纠结关系？

第二，伴随东汉政权覆亡所发生的，是中国历史上的另外一件大事，即中国本土宗教——道教，终于以"颠覆政权"的形式猛然呈现于世人面前，并由此进入正史记载。于是，黄巾的出现被大部分学者理所当然地认定为导致东汉覆亡的关键因素。可是问题远非如此简单，对此早期道教史的研究已有相当程度揭示，但仍有不少未尽之意。所谓的"黄巾起义"是如何发生的？以"八州并起"的规模、阵势，为何会走向旋起旋灭的结局（初期阶段短短九个月便告结束）？其动机为何，性质又当如何界定？它与今本《太平经》有无关系，关系达至何种程度？它与同时期上演的西部"五斗米道"运动之间又是何关系，两者之间有无共通的基调？在此基础上，我们可以进一步延伸问题的触角：原始道教的形态究竟为何？它与汉帝国之间又有着怎样的隐微牵涉？

第三，汉史研究中还常常将"党锢之祸"与东汉的覆亡联系起来，认为知识群体对腐败、黑暗的东汉政权之背离，乃是导致汉亡的一大重要因素。指出知识群体在汉魏历史变迁过程中扮演异常重要的角色，这

---

① 这方面做出最重要贡献的当属古史辨派，代表作即顾颉刚《禅让传说起于墨家考》一文（《顾颉刚古史论文集》卷1，中华书局，2011）。艾兰（Sarah Allan）根据先秦两汉典籍中的有关记载总结了上古禅让传说的一般结构，她在序言中称："在这项研究中，我所关注的并非是神话传说的历史发展或历史真实性，即古代文献中的历史是真抑或是伪，而是早期作者如何运用'历史'来表达自己的观点。"（艾兰：《世袭与禅让——古代中国的王朝更替传说》，余佳译，商务印书馆，2010，第5页）

无疑是颇富创见的思路，事实上从此角度出发，学界也已取得相当丰硕的成果。可关键问题在于，我们究竟应当如何认识与界定东汉末期数量庞大的知识群体？他们的知识构成为何？除了儒生与方士，我们又该如何认识这一时期大量出现的隐逸之士？他们之间有无共通的诉求，在汉末历史变迁中又分别担任怎样的角色，发挥如何之作用？循此思路，还可追问，党锢之祸兴起的政治与思想背景为何，实质怎样？整个知识群体与汉末宗教运动之间有着怎样的关联？两者又通过何种形式最终联系到一起？

第四，星算、风角、望气等术数内容是汉代史籍中的重要组成部分，这说明在汉代芜杂的思想、学术园林中，除了以往更加为人所重、在今人看来或更"合理"的内容外，尚有被忽视的"神秘"知识。近年来，大量的考古发现与相关研究亦足以证明汉代文化的此一特点。另外，两汉之际刘秀以谶纬应对倚重符命的新莽政权，立国后更以谶纬言事断经，由此奠定了谶纬在东汉的"国宪"地位，识谶通谶几乎成为所有士人的一项基本技能，谶纬之学趋于繁冗。那么，谶纬之学与同样拥有官学地位的经学，究竟在何种层面构成"内学"与"外学"的互补体系？汉代庞杂的术数之学以及谶纬体系，对于道教的产生是否别具影响，其表现为何？在此大背景下，我们又是否能够对原始道教的面貌得出新的认识与判断？

第五，中古时期显现出的诸多历史特点，皆可在汉末寻见其端倪。比如士族谱系的建构，隐逸的意识形态内涵、政治象征功用及其与地方、王朝的互动关系，学、术的交融与"知识至上"的学风，宗教渗入国家政治与社会生活的景观风貌，等等。那么，这些历史现象如何从汉末跨接到中古？"古代"与"中古"之转折又是如何发生的呢？

　　蒙文通在《治学杂语》一文中言："孟子说'观水有术，必观其澜'，观史亦然，须从波澜壮阔处着眼。浩浩长江，波涛万里，须能把握住它的几个大转折处，就能把长江说个大概；读史也须能把握历史的变化处，才能把历史发展说个大概。"[1] 与此相关，他还有"事不孤起，必有其邻"的说法。显然，汉末五十年正是处于"古代"至"中古"的大转折处，清议、党锢、黄巾也形成了前后相贯的复杂事件链。因之，以上围绕东汉秩序解体的诸问题，理所当然地算得上中国历史上的大问题和中心议题。

　　本当引起研究者更多关注的处于历史变化前端的汉末，却并未受到相应重视。原因或在于，汉帝国崩溃与三国对峙所形成的巨大事件影响力，无形中迫使研究者给"古代"至"中古"的"时间段"标记了一个明确的分界点，由此影响到分界点两端的研究，造成"过渡带"归宿难明、两端的研究触角均难抵达的尴尬局面。还原历史复杂性本身，将历史事件放回事发当时的整体氛围及完整事件序列中，仔细寻绎、考究史实的关联性，探讨其间更为合理的历史可能；同时，尽量拾取汉代文化与汉魏之际历史进程中那些被"理性"逻辑筛漏出去的重要因素，以更兼容的史观理解时人的情感、心理及价值去取，钩沉不同人群运动背后幽隐曲折的思想导向；在此基础上，进一步检视汉魏禅代及中国古代帝国解体的深层逻辑，再思公元 2 世纪后期的时代特征与历史意义，揭橥汉帝国的神圣性格，以期填绘出一个更加丰润、圆满的汉代历史面向——此即本书所欲达到的目的，亦为本项研究的旨趣所在。

---

[1]　蒙文通：《蒙文通全集》第 6 卷，巴蜀书社，2015，第 3 页。

第三节　汉亡的学说史概览

汉帝国的覆亡标志着持续了四百余年的中国古代帝国秩序之解体，历史由此进入数百年纷乱相争的"中古"期。有关汉帝国的崩溃，近几十年来，海内外学人分别从思想、学术与政治、宗教运动等方面着力，积累了不少翔实而富有创见的研究成果。这为我们接下来的探究提供了重要的启示和参考。

众所周知，汉帝国的覆亡与汉末五十年间的政治、宗教运动直接相关，所以在探求汉亡的学术之路上，黄巾、五斗米、清流、隐逸、党人群体及其各自的活动，自然成为不可绕开的重要话题。有关他们的研究，由于正文相关部分均有介绍，此处不再重复叙述。综观之，对汉末诸群体、事件的分别讨论，虽各有突破，但整体上仍有进一步开掘、提升的空间。比如汉末宗教团体、士人群体、隐逸群体之间究竟存在怎样的关系？"党锢之祸"及黄巾、五斗米运动之间是否有所关联，如有，又通过何种方式最终联系到一起？这些问题若不得解，便不足以形成有关汉魏历史变迁的综合性、贯通性认识。下面我们将对与本书主旨直接相关的涉及汉末诸类群体与相关史事关联性的若干重要研究，予以概要评述。

1933 年，陈寅恪发表《天师道与滨海地域之关系》一文，言辞间极富启发性地触及东部太平道与西部五斗米道间的渊流问题。[①] 此后不久，钱穆即就张鲁及其后天师道戴黄巾之事，具体论述了五斗米道与黄

---

① 　此据陈寅恪《金明馆丛稿初编》，三联书店，2001，第 1~46 页。

巾的相通之处。①1937~1938 年，日本学者福井康顺对"原始道教"进行了系统考察，他敏锐地捕捉到民众及上层人士对黄巾运动的暧昧态度，并多次论及五斗米道与太平道的共通处。②其后，宫川尚志讨论指出汉末儒家"方术"与道教行为之间多有相通处，并影响到汉末的宗教运动。③

1963 年，法国学者石泰安（Rolf Alfred Stein）发表长文《公元 2 世纪政治的宗教的道教运动》，④比较系统地揭示了公元 2 世纪的太平道和五斗米道运动，在尝试追求有关"理想国"的古代传说方面"有一个惊人的一致"，并进一步指出，廉洁正直的儒者、方士和隐士的行动与黄巾、五斗米等道教运动之间存在共通的基调和基础："即虽然由于集团和运动的不同，而有不同的表现方式，但他们有与大部分人的精神相通的基础。"⑤该文的日译者川胜义雄认为"这篇论文极具启发"，并明确表示："当我们将他提示的道教运动的结构重点放到公元 2 世纪，思考为什么会在这一时代激发了如此大规模的谋求共同体运动时，便可以清晰地理解前面所述清流势力—逸民人士—黄巾这一系列的抵抗运动的方向。"⑥此即川胜氏有关汉末抵抗运动系列研究的关键思路。

---

① 钱穆：《张道陵与黄巾》，初刊《责善半月刊》第 2 卷第 16 期，1941 年，此据氏著《读史随札（新校本）》，九州出版社，2011，第 28 页。

② 此据福井康顺『道教の基礎的研究』書籍文物流通会、1952、75-78、5-17、57-61 頁。

③ 宫川尚志『道教教団の源流』『東方宗教』第 4-5 号、1954。此据氏著『六朝史研究・宗教篇』平楽寺書店、1964、80-92 頁。

④ 原题 "Remarques sur les mouvements du taoïsme politico-religieux au Ⅱᵉ siècle ap. J.-C."（*T'oung Pao*, Vol. 50, No.1-3, 1963, pp.1-78），后经川胜义雄翻译，并经原作者补充若干，发表于吉冈義豊、ミシェル・スワミエ（苏远鸣）编『道教研究』第 2 册、昭森社、1967、5-113 頁。朱越利中译文据日文本全译，发表于《国际汉学》第 8 辑，大象出版社，2003，第 371~435 页。

⑤ 石泰安：《公元 2 世纪政治的宗教的道教运动》，《国际汉学》第 8 辑，第 375~376、403 页。与此紧密相关的论述还见第 380、400~404 页，尤其是第 401~404 页。

⑥ 川胜义雄：《六朝贵族制社会研究》，徐谷芃、李济沧译，上海古籍出版社，2007，第 34 页。

川胜义雄于 20 世纪 50~70 年代陆续发表了《中国中世贵族政治的成立》《汉末的抵抗运动》《贵族制社会与孙吴政权下的江南》和《贵族制社会的成立》四篇文章，^① 较为系统地讨论了清流、党锢以至黄巾的汉末"抵抗运动"。川胜氏认为，汉末的乡邑秩序由于地方豪族的固有领主化倾向所带来的豪族间激烈竞争，以及势力深植于朝堂之上的外戚、宦官等权贵对选举的破坏，而面临分裂与崩溃的危机。在此状况下，包括贫农、绝大多数的士人、从乡邑秩序中退出的逸民和被排除在所谓实权派路线之外的其他豪族，"根据儒家理念形成的舆论世界以及把抵抗人士连接到一起的人间关系"，结成一连串的抵抗战线。

拉开汉末抵抗运动序幕的是清流党人，但党锢事件使知识阶层的抵抗战线遭受沉重打击，此后知识阶层的思潮向"隐逸君子"方向倾斜，整个抵抗运动的核心随之朝"左翼"集中。此时，"左翼"即处于清流势力延长线上的逸民方向，它正向民众方面接近。于是，由在乡邑秩序崩溃过程中分离出来的并无多少知识的小农、贫农所组成的宗教组织，接续了抵抗运动的步伐，黄巾运动由此登上历史舞台。所以，汉末抵抗运动的总体性质，即社会各阶层对重建构成汉帝国坚实基础的"里共同体"及附着其上的乡邑秩序的诉求和实践。儒教的意识形态则是贯穿抵抗运动始终的精神指引，论曰："儒教的意识形态作为汉帝国的国家理念，其最高境界就是将植根于这种共同体之上，并对其统帅的国家视为一种理想形象。"^②

这是相当富有启发意义的研究。川胜氏不但对汉末各阶层（包括以前很少被关注到的隐逸）的行动分别进行了论析，还对这一系列事件之

---

① 四篇文章最初发表时间分别为 1950 年、1966 年、1970 年、1970 年，均于 1979 年修订后录入氏著《六朝贵族制社会研究》，其中《中国中世贵族政治的成立》和《贵族制社会与孙吴政权下的江南》分别更名为《贵族政治的成立》和《魏、西晋的贵族层与乡论》。

② 川胜义雄：《六朝贵族制社会研究》，第 27~36 页。引文见第 36 页。

间的深层关联进行挖掘，由此得出有关汉末至魏晋历史演进以及该时期社会结构的独特认识。若说美中不足之处，则原始道教运动方面的确还有可资补足者。如川胜氏一再强调抵抗运动中，"儒教的国家理念""儒教的意识形态"起着统一各阶层行动的作用，但这种意识形态对规模浩大的宗教运动究竟是以何种方式发挥指导作用的，他并未详细论证。知识群体、隐逸群体和宗教团体三者间的关系究竟如何？他们之间到底有着怎样的共通基调或基础？他们的诉求与汉帝国意识形态之间又有着怎样的幽隐牵连？此皆有进一步探垦的空间。

除川胜氏外，石泰安所揭示的问题还引起了索安（Anna Seidel）的极大兴趣，由此也带来了国际道教学领域公认的另一篇经典长文——《国之重宝与道教秘宝——谶纬所见道教的渊源》。[1] 在该文开篇处索安便直言："如我们所知，汉王朝的衰亡与同时期道教在四川的孕育形成不是没有关联的。确如石泰安所指出，我们可以把道教的组织和教职制度解释为从精神角度对汉王朝所失去的天下秩序的重建。"[2] 由此出发，索安讨论了谶纬的起源、发展历程及神学象征功用，并对道教中渊源于谶纬的部分内容予以揭示，在此基础上着重分析了六朝时期道教与王朝的关系。

对石泰安揭橥问题的探索仍在持续。1984 年，日本学者吉川忠夫出版《六朝精神史研究》一书，讨论了汉末至隋唐间思想、学术、宗教诸多方面的内容。作者在该书后记中曾点明自己的研究旨趣："'太平'的理想，才是贯流于东汉末的社会上下的东西，生活在这一困难的时代的人们，是在寄托于'太平'一语的社会理想上来探索现实性课题的解

---

[1] Anna Seidel, "Imperial Treasures and Taoist Sacraments—Taoist Roots in the Apocrypha," in Michel Strickmann ed., *Tantric and Taoist Studies in Honour of R. A. Stein*, Vol. 2, Bruxelles: Institut Belge des Hautes Études Chinoises, 1983, pp.291–371. 此据刘屹中译文《国之重宝与道教秘宝——谶纬所见道教的渊源》,《法国汉学》第 4 辑，中华书局，1999，第 42~127 页。

[2] 索安:《国之重宝与道教秘宝——谶纬所见道教的渊源》,《法国汉学》第 4 辑，第 43 页。

决的","尽管五斗米教团是宗教集团，私塾是学问集团，尽管有着这样的不同，但都是在这个困难的时代而目的在于各自理想的完成而聚集起来的人们的集团。对于 R. A. 斯坦因（即石泰安——笔者注）所指出的东汉末廉直的儒者和黄巾或五斗米道等的行动中存在着共通的基调的说法，我深感兴趣"。① 实际上，该书第一章"党锢与学问"、第二章"真人与革命"、第六章"范晔与东汉末期"、第十一章"师授考"、第十六章"六朝时代对《孝经》的接受"等相关论述中，都贯穿着如是旨趣。

基于川胜氏、吉川氏等前贤的考察，东晋次予以进一步总结。他将汉末抵抗帝国之诸相分为（A）士大夫及豪侠之反政府行动、（B）故吏之义行、（C）清流派之批判政府、（D）地区社会之反抗、（E）农民之叛乱、（F）周边诸民族之抵抗及反叛等，并详细讨论了（A）（B）（D）三项内容，最后得出结论："后汉时代进入后期以后，人们的'永远的汉帝国'神话，对汉帝国的绝对权威的信念，已明显动摇。那么人们该到哪里去寻求自己认同的出路呢？没有值得依凭的绝对权威，人们不得不依靠家族、亲族这种血缘关系，或是结成局部地区的防卫集团，或是建立超越这种形式的个人间的结合关系，或是加入宗教、学问的世界中来，以寻求各自的存立基础。国家及地方社会已经不是个人可以信赖、能够归属的地方。"② 从人们心态的变化考察东汉之崩离，③ 这又沿着增渊龙夫

---

① 　吉川忠夫『六朝精神史研究』同朋舎、1984、570 頁。此据王启发中译本《六朝精神史研究》，江苏人民出版社，2010，第 438、438~439 页。

② 　东晋次:《后汉帝国的衰亡及人们的"心性"》，"社会与国家关系视野下的汉唐历史变迁国际学术研讨会"会议论文，上海，2004 年 10 月。此据牟发松主编《社会与国家关系视野下的汉唐历史变迁》（华东师范大学出版社，2006），引述内容分别见第 428、440 页。

③ 　东晋次也曾从皇帝权力内部构造的视角审视东汉的崩坏，认为"皇权这种绝对神圣且包含恣意性质的力量，才是宦官专权的支撑。这就是造成东汉王朝灭亡的罪魁祸首。东汉皇帝权力是从自身土崩瓦解的"（东晋次:《东汉时代的政治与社会》，付晨晨、薛梦潇、刘莹译，上海古籍出版社，2023，第 243 页）。

所提"历史的内面理解"[①]方向向前迈进了一步。马恩斯（B. J. Mensvelt Beck）在《剑桥中国秦汉史》第五章"汉代的灭亡"中也表现出相似的内在归因倾向，他总结道："汉代之所以灭亡，是因为一种超自然的哲理体系成长起来之后催了它的命，这个体系只是等待一个合适的人选来实现它的理论而已。"[②]

此外，陈启云亦曾尝试对东汉最后几十年的历史进行贯通分析。他先后于 1975 年出版专著《荀悦：一位中古早期儒生的生平和反思》，[③]1980 年出版论著《荀悦与后汉思潮》，[④]1984 年发表论文《关于东汉史的几个问题：清议、党锢与黄巾》。[⑤] 在这几项研究中，陈启云以荀悦为例，对儒学中根深蒂固的易代革命观念之于汉末社会思潮及运动的影响，予以深入剖析，并进一步对清议、党锢与黄巾间的隐奥关联钩稽发微。他将党锢事件后士大夫的反应分为三种情况：逃往各地，隐入民间；发展秘密组织；著书立说，阐述革命思想。[⑥] 关于士大夫与黄巾的关系，他指出："'太平道'和黄巾的发展，是受到士大夫的同情庇护或

①　増淵龍夫「歴史のいわゆる内面的理解について——陳垣の場合と津田左右吉の場合」『歴史家の同時代史の考察について』岩波書店、1983。

②　鲁惟一（Michael Loewe）、崔瑞德（Denis Twitchett）编《剑桥中国秦汉史》，杨品泉等译，中国社会科学出版社，1992，第 389 页。

③　Chen Chi-yun, *Hsün Yüeh (A.D.148-209): The Life and Reflections of an Early Medieval Confucian,* Cambridge: Cambridge University Press,1975. 高专诚中译本《荀悦与中古儒学》，辽宁大学出版社，2000。

④　Chen Chi-yun, *Hsün Yüeh and the Mind of Late Han China,* Princeton, N.J.: Printceton University Press,1980. 该书导言第一部分译为中文后收入陈启云《中国古代思想文化的历史论析》，北京大学出版社，2001。

⑤　原载《燕园论学集——汤用彤先生九十诞辰纪念》，北京大学出版社，1984。此据氏著《儒学与汉代历史文化——陈启云文集》（2），广西师范大学出版社，2007，第 197~214 页。

⑥　陈启云：《儒学与汉代历史文化——陈启云文集》（2），第 202~206 页。并见《荀悦与中古儒学》，第 3 页。

支持的。黄巾的平息，也和士大夫态度的转变很有关系。"① 相较于前人所论，陈启云对士人群体与宗教团体关系的探索有一定推进，但是更具体的细节，比如士大夫对黄巾态度转变的原因，则尚有进一步讨论的空间。白乐日（Etienne Balazs）通过对王符、崔寔、仲长统三位汉末士人思想的分析，概要讨论了汉末的政治哲学与社会危机，并对汉亡后公元3世纪的中国思想界加以检视。②

　　通观以上精彩之论，我们发现，与本论题紧密相关的下列问题，似乎仍未得到有效证明。第一，汉魏禅代如何可能？它得以实现的基础是什么？政治力量的失衡、军事实力的悬殊，以及党锢之祸、黄巾之乱的冲击等，均是外在的推手，不足以构成迫使各方势力都能够接受、遵从的顺势力量（包括意识形态在内的软性力量）；欲厘清汉魏禅代的内在逻辑，须首先解构认为禅让仅是虚伪表演而不具备任何实际影响力的"阴谋史观"。第二，五斗米道何以大规模复制汉家制度？黄巾所欲为何？原始道教的性质又应当如何认识与界定？不将这些问题梳理清楚，便无从把握原始道教与"汉家"的隐秘关联，当然也无法全面认识、理解"汉家"的形态。第三，汉末"抵抗运动"的实质为何，目的何在？党人、隐逸、教众之间到底有何牵连，因何牵连？要回答这些问题，就不得不在前贤研究的基础上继续探索事件背后的思想潜流，以及不同思想、学说间的关联性。

---

① 　陈启云：《儒学与汉代历史文化——陈启云文集》（2），第 212 页。并参 Chi-yun Chen, "Who Were the Yellow Turbans?: A Revisionist View," *China* 21 (Roma, 1988), pp. 57-68。

② 　Etienne Balazs, "Political Philosophy and Social Crisis at the End of the Han Dynasty," and "Nihilistic Revolt or Mystical Escapism: Currents of Thought in China During the Third Century A.D.," in *Chinese Civilization and Bureaucracy: Variations on a Theme*, New Haven: Yale University Press, 1964. 中译文皆参艾蒂安・白乐日《中国的文明与官僚主义》，黄沫译，台北：久大文化股份有限公司，1992。

总之，从清议到黄巾的汉末"抵抗运动"研究，由于在汉末经学通纬旨趣，汉末学、术的交融背景，原始道教与"汉家"之关系，谶纬神学、原始道教与汉家德运终始之具体关联等方面，未能取得进一步突破——比如黄巾行为与《太平经》思想的矛盾，应当让我们对黄巾的反汉动机有所怀疑；黄巾拜郑玄之事亦当被予以充分关注和考量；五斗米道仿汉的组织架构也应引起我们的更多思考——汉魏禅代得以实现的基础与条件，以及此般政权转让与朝代更替方式背后的隐秘逻辑，便仍然得不到充分解释，对汉帝国的覆亡自然也无法获得更全面的认识和理解。欲从汉末纷乱的历史现象中梳理出促使禅代逐步走向现实的内在力量，就必须重新回到汉帝国秩序的建立及其政体和组织形式中去。

第四节　"汉家"与谶纬研究的启示及盲区

汉帝国秩序的建立问题在海内外学界，尤其是中、日学界，均属成果丰硕的深耕领域。对此，日本著名东洋史家、东京学派代表人物西嶋定生在其所撰《中国古代帝国的形成与结构——二十等爵制研究》一书中，已有详细回顾和评述。[①] 在综合考量、参酌各家研究成果的基础上，研究者发现，汉帝国的秩序与结构实际上正凝结或暗含于"汉家"这一词语中。

对"汉家"一词意涵的揭示，日本学者尾形勇用力甚勤、贡献至大，他曾撰写《"汉家"的意义和构造——中国古代的父家长制秩序与

---

① 　西嶋定生：《中国古代帝国的形成与结构——二十等爵制研究》，武尚清译，中华书局，2004，第18~32页。

国家秩序》（1974）、《汉代的"天下一家"》（1975）两文，专门讨论此问题。① 尾形氏将"汉家"一词纳入"家"与国家的论题中，与"公家""官家""帝室"等词进行对照分析，由此揭示"汉家"所具有的超越私"家"的"公"的属性。那么，这种"公"的意义是如何被建构起来的？化"家"为"国"的具体路径又是什么？这就不得不涉及汉家"尧后火德"的问题。如后文所论，"汉家"与"火德"的结合让我们一定程度上认识到"汉家"的神圣性格，但是，"汉"与"家"的结合究竟意味着什么？公与私如何统合？要回答这些问题，还需重新理清谶纬与"汉家"神圣属性构造之关系。

　　谶纬与"汉家"神化的研究和"五德终始说"的研究紧密关联在一起，都牵涉圣王帝系的构造问题。汉代德运问题虽早在宋元时已有人关注，但将其纳入现代学术话语中进行系统讨论且贡献最大的则是"古史辨派"。受崔述和康有为、崔适等人的影响，对古史早有自己看法的顾颉刚在 1930 年发表了关于五德终始说之于古史系统以及秦汉政治影响的专题研究——《五德终始说下的政治与历史》。② 这篇长文涉及五行说的起源、邹衍的五德终始学说、汉为水德或土德的争辩、汉武帝的改制及三统说的发生、今古文问题、汉帝应让国及再受命说、汉为尧后和王莽篡汉等诸多议题。1935 年顾颉刚出版《汉代学术史略》（后更名《秦汉的方士与儒生》）一书，主要内容不出《五德终始说下的政治与历史》，但谶纬方面的相关论述则是新增的内容。

　　《五德终始说下的政治与历史》发表的次年，钱穆即发表文章《评

---

① 　后均编入尾形勇『中国古代の"家"と国家：皇帝支配下の秩序構造』岩波書店、1979。张鹤泉中译本于 1993 年由吉林文史出版社出版，此据尾形勇《中国古代的"家"与国家》，张鹤泉译，中华书局，2010。

② 　原载《清华学报》第 6 卷第 1 期，1930 年；后收入《古史辨》第 5 册，上海古籍出版社，1982。此据《顾颉刚古史论文集》卷 2，第 249~446 页。

顾颉刚〈五德终始说下的政治与历史〉〉。[①] 钱穆在该文提出几条针对顾氏观点的不同意见：不同意邹衍将五帝按德分配之说；认为早在董仲舒那里已有五行相生的排列法；否定汉初尚赤为刘歆伪造的说法；指出"汉家尧后"说在昭帝时即已出现。对于钱穆的意见，顾氏并不认同，故撰《跋钱穆〈评五德终始说下的政治与历史〉》以应。[②] 其实，在发表《评顾颉刚〈五德终始说下的政治与历史〉》一文的前一年（此时也是顾文发表的前夕），钱穆即已发表《刘向歆父子年谱》，[③] 提出反驳刘歆伪造古文经的诸多意见，对疑古之偏已有一定程度揭示。1945 年，作为顾颉刚弟子、古史辨阵营成员的杨向奎，出版了《西汉经学与政治》一书。[④] 该书在五行说的起源、汉初属德、汉武帝的政治思想、董仲舒与儒教、汉历将终以及王莽篡汉等问题上，都表达了与顾氏相异的观点。1977 年饶宗颐出版《中国史学上之正统论》一书，[⑤] 该书"通论"部分第二篇讨论汉人的正统说，第三篇为五德终始说新探，第四篇专论邹、刘五德说的异议及正闰说的缘起。在这三部分内容中，饶氏从史学正统论的角度，对五德终始说的产生提出了不同看法，认为其本诸子思，而邹衍扩大其意，用以论断朝代更替之德运。饶氏还进一步提出"五帝"见于《楚辞》，"五帝德"说滥觞于《晏子春秋》，是齐、楚之学合流的结果。

　　近年来，汤其领、王保顶、汪高鑫、蒋重跃、陈泳超等从不同角

---

①　首发于《大公报·文学副刊》第 170 期，1931 年，后作为顾文附录收入《古史辨》第 5 册。

②　原载《大公报·文学副刊》第 171 期，1931 年；亦录入《古史辨》第 5 册。

③　原载《燕京大学学报》第 7 期。此据钱穆《两汉经学今古文平议》，商务印书馆，2001。

④　杨向奎：《西汉经学与政治》，独立出版社，1945。后更名《西汉今文经学与政治》，收入氏著《中国古代社会与古代思想研究》，上海人民出版社，1964。

⑤　饶宗颐：《中国史学上之正统论》，上海远东出版社，1996。首版于香港龙门书店。

度入手，均对前贤研究做出适当补充或修正，亦对问题予以延伸。[①] 在这些研究中，陈泳超《〈世经〉帝德谱的形成过程及相关问题——再析"五德终始说下的政治和历史"》一文尤需注意。陈氏认为，《世经》的文本并不能自证其"媚汉"抑或"媚新"的写作目的，所以他尝试在该命题的现实运用中寻求答案。陈文提出，"刘向父子"创作《世经》帝德谱，旨在为日渐颓唐的汉室政权增加合法性依据。这项讨论对学界沿袭有年的刘歆创作帝德谱以为王莽篡汉张本的观点再次予以修正。另外，诸葛俊元也在其论著中反复提醒研究者注意规避目的论之绑架和阴谋论之影响，其研究发现，王莽篡汉成功离不开整体时空条件的助益，诸多节点性事件亦非王莽刻意安排。如九天的"初始"年号就正好反映了王莽虽对称帝颇为期待，却未能寻得名正言顺的理由，故哀章献铜匮亦非出自王莽授意。又如，据史所载，王莽于正式建新五天后才开始宣扬王氏初祖为黄帝、始祖为舜；又经月余正式受禅后方把尧禅舜、刘汉禅新莽二事联结起来，并视之为某种历史的必然；复经一年有余，至颁符命于天下时，才将始元五年以来所有祥瑞符命追述成"火德销尽，土德当代"的表征。可见，经过近两年时间，王莽终于将其受命为王的过程与五德相生说相绾合，建立新莽政权的神圣性。由是观之，包括刘氏父子所创帝德谱在内的材料与其说是王莽为了当皇帝所造出的假资料或张本之作，不如说是王莽当了皇帝后为了自抬身价所造出的假谱系。[②] 是论

---

① 汤其领:《秦汉五德终始初探》,《史学月刊》1995 年第 1 期;王保顶:《论董仲舒五德终始说的影响及终结》,《史学月刊》1996 年第 2 期;汪高鑫:《论刘歆的新五德终始历史学说》,《中国文化研究》2002 年夏之卷;汪高鑫:《五德终始说与汉代史学的正统观念》,《安徽史学》2007 年第 6 期;蒋重跃:《五德终始说与历史正统观》,《南京大学学报》2004 年第 2 期;陈泳超:《〈世经〉帝德谱的形成过程及相关问题——再析"五德终始说下的政治和历史"》,《文史哲》2008 年第 1 期。

② 诸葛俊元:《西汉学术与政治权力变迁》,台北:文津出版社,2015,第 221~224、315~319 页。

从王莽代汉前后的复杂事件链中，再次梳理出了刘向、歆父子所创且本意在于为汉家立法的帝德谱，在诸多偶发事件刺激下被王莽嫁接、移用的历史过程。

在讨论五德终始尤其是今古文问题的过程中，人们越发认识到谶纬的重要性，谶纬研究得以进一步推进。该方面的情况，由于已有数篇文章予以梳理、总结，[①]这里便不再赘述，仅就与本书主旨直接相关的成果做一简略述评。

1982 年，吕宗力发表《东汉碑刻与谶纬神学》一文，对汉碑中孔子的神化与谶纬神学的孔子观，汉碑中的感生、易貌、符命观念与谶纬神学的君权神授理论，汉碑中灾异、祥瑞观念与谶纬神学的天人感应论，以及谶纬神学反映的豪族地主的意识和利益等问题予以较详论述。[②] 其后，吕氏又相继发表《纬书与西汉今文经学》《从汉碑看谶纬神学对东汉思想的影响》《汉代的流言与讹言》《汉代"妖言"探讨》《略论民间歌谣在汉代的政治作用及相关迷思》《汉代开国之君神话的建构与语境》等文，并结集出版了论文集《汉代的谣言》。[③] 吕氏的系列研究，主要利用社会舆论及文化传播学理论，对谶纬的政治意义和影响进行解读。

---

① 参见杨权《谶纬研究述略》，《中国史研究动态》2001 年第 6 期，后收入氏著《新五德理论与两汉政治——"尧后火德"说考论》，中华书局，2006；任蜜林《百年来中国谶纬学的研究与反思》，《云梦学刊》2006 年第 2 期；曾建雄《百年来中国谶纬学研究的分期与成果》，《学术界》2006 年第 4 期。另外，在安居香山主编『緯書の基礎的研究』（國書刊行会、1976）的卷末，亦附有一份国际学界的谶纬研究目录，后经补订录入『讖緯思想の綜合的研究』（國書刊行会、1984）中，读者可据此了解更详细的谶纬研究成果。

② 吕宗力：《东汉碑刻与谶纬神学》，《研究生论文选集·中国历史分册》（一），江苏古籍出版社，1984，第 67~88 页。

③ 吕宗力：《纬书与西汉今文经学》，收入安居香山主编『讖緯思想の綜合的研究』；《从汉碑看谶纬神学对东汉思想的影响》，《中国哲学》第 12 辑，三联书店，1984；《汉代的流言与讹言》，《历史研究》2003 年第 2 期；《汉代"妖言"探讨》，《中国史研究》2006 年第 4 期；《略论民间歌谣在汉代的政治作用及相关迷思》，《社会科学战线》2008 年第 9 期；《汉代开国之君神话的建构与语境》，《史学集刊》2010 年第 2 期；《汉代的谣言》，浙江大学出版社，2011。

其中有关谶纬与汉代感生及高祖建国神话的研究，对于认识谶纬在构建"汉家"神学方面的作用，不无启发意义。

1991年，钟肇鹏出版《谶纬论略》一书，讨论了"谶"与"纬"的起源和异同、谶纬的内容和流变，以及谶纬与术数、今文经学、政治、宗教、上古史之关系等。[①]冷德熙在《超越神话——纬书政治神话研究》一书中，从文化哲学的角度探讨了纬书的创世纪神话、圣王政治神话、圣人孔子神话等六方面的问题。作者的一个总结性观点是：作为一种文明神话的纬书政治神话，"是阶级社会中怀着特定的政治倾向性的人们（即使是个别也采取匿名的方式），为了某些政治目的（如要使汉帝禅让天下于贤人，或王莽代汉等），借助文化传统中的宗教思想和神话传说资料而造作的虚构性诸神故事"；"它具有现代文明神话普遍具有的虚伪性……绝不可能获得像原始部落神话那样的真实性和崇高地位"。[②]将纬书视为政治神话的思路具有一定启发性，但视谶纬为虚伪造作之文明神话的观点，却未免带有现代人的立场和偏见，很难真切认识和解释谶纬神学在当时语境中的发生及影响。

徐兴无《谶纬文献与汉代文化构建》一书，集中讨论了谶纬对汉家"天道圣统"的构建问题。其基本思路及结论为："用旧氏族王国的宗法思想构建的圣统不适应帝国创建时代的政治要求，因而天道圣统成了帝国神话理论的基础。……谶纬中的圣人崇拜正是占星术、月令五行图式及三统论融合后形成的更加系统化、宗教化的天道圣统。"但天道圣统"过分地把人间的政治依据放在外在的宇宙之中，用数术的方式任意推演人间的历史，使之符合宇宙的运行。……因此在政治出现危机时，只要有天道上的新解释，有数术上的新推演，就会产生要求新圣人出世的

① 钟肇鹏:《谶纬论略》，辽宁教育出版社，1991。
② 冷德熙:《超越神话——纬书政治神话研究》，东方出版社，1996，第40、261页。

信仰，就会被野心家或政权的对立面利用，产生政治上的动乱"。① 作者
关于谶纬文献中天道圣统的讨论颇具启发意义。不无遗憾的是，天道圣
统确立的意义为何？它对于汉帝国的兴隆与衰尽意味着什么？它与该时
期兴起的大型本土宗教——道教之间又有着怎样的关联？这些问题作者
未能进一步研讨。

杨权《新五德理论与两汉政治——"尧后火德"说考论》一书，通
过对"尧后火德"说之于两汉政治影响的通盘考察，让我们对五德终始
说及谶纬神学在两汉的总体影响有了更系统的认识。书中一些具体讨论
在前人研究基础上有进一步推进之处，如证明"汉家尧后"命题"是西
汉统治者根据自己的政治需要，于昭帝始元元年（公元前 86 年）至元
凤三年（公元前 78 年）之间炮制的"，认为"汉家尧后"的说法"出自
谶纬，而谶纬的文献依据在《左传》中"，等等。② 当然，书中部分结
论亦可商榷。总体而言，杨权的研究不无可取处，但仍将"尧后火德"
说全然视为统治者的功利造作，故也难以接近相对真实的思想与历史
语境。

陈苏镇《〈春秋〉与"汉道"：两汉政治与政治文化研究》一书辟有
专论谶纬与东汉政治文化的章节，对谶纬相关问题多有论及。如作者通
过考察谶纬与《世经》中的不同安排，认为谶纬在先、《世经》在后。关
于东汉谶纬之学为何风行不止，作者分析说："更深的原因应在于谶纬的
主体思想和基本主张是为汉朝服务的，是站在汉朝的立场上试图扭转其
衰颓之势以维持其统治的。谶纬对刘邦及汉朝的神圣权威和法统地位所
做的论证，只要用'刘氏真人当更受命'之说过渡一下，便可用来为刘

---

① 　徐兴无：《谶纬文献与汉代文化构建》，中华书局，2003，第 209~210 页。
② 　杨权：《新五德理论与两汉政治——"尧后火德"说考论》，第 50 页。

秀和东汉服务。"① 此外，该书还考证了"赤帝九世"的实际所指，讨论了汉室复兴过程中谶纬所发挥的作用，以及《公羊》学和谶纬对东汉内外政策的影响等诸多方面的问题，为下一步的研讨奠定了良好基础。

孙英刚《神文时代：谶纬、术数与中古政治研究》的一个基本出发点，即认为应在排除现代理性主义干扰的情况下，从古人的内在逻辑出发，充分重视阴阳灾异、天文测量、五音音律、形法堪舆、星占气象、年历之学等知识对政治的实际影响。同时孙氏认为神学主义的盛行是汉唐时期的一个总特点，故可将该时段命名为"神文时代"。② 注重谶纬、术数对政治的影响，并在具体史事研究中侧重神学角度的阐释，此为孙书颇具启发性的一大特点，也是其投向中古史研究的一道明亮光束。

姜生《汉帝国的遗产：汉鬼考》的宗旨，是通过对墓葬封存的汉代精神世界的认知，揭示两汉历史图景背后的隐藏线索。该书集中体现了作者长期践行的基于宗教研究的历史理解与认知方法。书中有关谶纬与儒学及早期道教的关系，汉代"儒、道、仙融合"的神学思想体系，"汉帝国的信仰结构"，"神圣史观与汉帝国意义系统之建构"等方面的具体论述，③ 为我们探寻"汉家"的神圣性，揭示汉帝国的神圣性格带来重要启示。同时，作者自 20 世纪 90 年代以来陆续发表的有关谶纬、早期道教、终末论与汉代社会秩序的系列研究，④ 也为我们继续梳理原始道教与

---

① 陈苏镇：《〈春秋〉与"汉道"：两汉政治与政治文化研究》，中华书局，2011，第 444、449 页。

② 孙英刚：《神文时代：谶纬、术数与中古政治研究》，第 2~3 页。

③ 详参姜生《汉帝国的遗产：汉鬼考》。

④ 代表性成果如『漢代道教経典の終末論について』（『東方宗教』1998 年第 92 号、1999 年第 93 号连载）、《原始道教之兴起与两汉社会秩序》（《中国社会科学》2000 年第 6 期）、《王莽改制与原始道教关系考》（《四川大学宗教学研究所建所廿周年道教文化国际学术研讨会论文集》上册，台北：中华道统出版社，2000）、《中国道教科学技术史·汉魏两晋卷》"汉魏两晋的道教"部分（科学出版社，2002）、《中国道教科学技术史·南北朝隋唐五代卷》"导论"部分（科学出版社，2010）、《曹操与原始道教》（《历史研究》2011 年第 1 期）等。

汉末"抵抗运动"的关系，并由此透视原始道教与"汉家"的隐奥关联指明了方向。比如《原始道教之兴起与两汉社会秩序》一文深入讨论了汉代谶纬文献与东汉道教资料中的"终末"思想等议题；《中国道教科学技术史·汉魏两晋卷》所列"原始道教思想对汉魏政治变迁的重大影响"表[1]和《曹操与原始道教》一文，则系统揭示了谶纬、原始道教末世神学运动与汉魏政治神统演进的幽隐关联。以上研究已远远超出谶纬的范畴，涉及原始道教的形态问题、其与王朝意识形态间的纠葛，及其在推动汉魏历史演进方面的深层作用等。贯穿于这些研究中的以宗教为轴心的史观、方法、解释框架及具体问题认识等，代表着一种新思路和新范式，深为本书所向所从。

最新的一项研究，来自赵璐以其博士学位论文为基础出版的专著《太平之治：汉代经学与中古早期士大夫文化的形成》。[2] 该项研究在间嶋润一等学者研究的基础上，对汉代的乌托邦构想——"太平"进行论述，并着重探讨了汉代文人如何实践"五经"所记载的圣人之治，以使汉代获得太平之治。随着论题的展开，是书先后讨论了今古文之争与两汉之际知识群体的转型，经学的变化与谶纬在东汉的升格，孔子在谶纬文献中的形象与地位，东汉游学与士人身份意识、士人圈子及交游风气的形成，郑玄、何休、《太平经》对汉代经学传统的不同态度及其展示出的汉末知识群体超越传统经学的广阔视野。这些讨论展现了汉代知识体系及知识群体更复杂的样貌，并论及"太平"在经学、谶纬、《太平经》之话语体系中所扮演的角色。本书也会从不同角度、

---

① 姜生、汤伟侠主编《中国道教科学技术史·汉魏两晋卷》，第111页。

② Zhao Lu, *In Pursuit of the Great Peace: Han Dynasty Classicism and the Making of Early Medieval Literati Culture*, New York: SUNY Press, 2019. 其博士学位论文与此同名（University of Pennsylvania, 2013）。

不同层次检讨以上问题——相较于赵书在经学（学术思想）层面的单线考察，本书的落脚点在于仔细梳理不同形态知识、思想、信仰的交叠推进与奔涌汇流。与该条线索并行的则是对两汉之际天命竞夺及汉末五十年不同群体所掀起的"抵抗运动"的对照探考，由此揭橥不同知识在"汉家"神学演进过程中的作用，检视知识与社会、思想与历史的复杂互动。

此外，谶纬研究方面还有一些比较重要的成果值得注意。王利器《真诰与谶纬》一文从《真诰》篇名入手探讨了谶纬与道教的关系。李学勤《〈易纬·乾凿度〉的几点研究》认为《乾凿度》上、下两卷是象数易学不同发展阶段的产物，并探讨《易纬·乾凿度》与孟、京易学的关系；同氏《〈汉书·李寻传〉与纬学的兴起》则讨论了图谶与纬学的区别及纬学的兴起时间。池田秀三《纬书郑氏学研究序说》一文，对郑玄经学体系中谶纬的作用及地位进行了精彩分析。葛志毅《战国秦汉之际的受命改制思潮与谶纬之学的兴起》《谶纬思潮与三皇五帝史统的构拟》等文，着重讨论了谶纬之学兴起的学术思想背景，勾勒了三统、五德与封禅这些较早产生的受命改制说融入以河、洛受命说为主体的谶纬之中的思想进程，并进一步论及在受命改制思潮与谶纬产生的大背景下理解郑玄经学、礼学体系的合理性问题。①

---

① 分见王利器《真诰与谶纬》，《文史》第 35 辑，中华书局，1992；李学勤《〈易纬·乾凿度〉的几点研究》，《清华汉学研究》第 1 辑，清华大学出版社，1994；李学勤《〈汉书·李寻传〉与纬学的兴起》，《杭州师范学院学报》1996 年第 2 期；池田秀三「緯書鄭氏学研究序説」京都哲学会編『哲学研究』第 548 号、1983，洪春音中译文见台湾《书目季刊》第 37 卷第 4 期，2004 年，第 59~78 页；葛志毅诸文皆载氏著《谭史斋论稿四编》，黑龙江人民出版社，2008，第 183~310 页。另外，立足于陈槃、安居香山、中村璋八等学人研究，近来学界还新出了若干文献学、历史学角度的扎实考辨，为我们更合理、准确地理解及利用冗杂琐碎的谶纬文献，提供了必要的学术支撑。如曹建国《张衡反谶思想析论——兼论谶纬研究中的泛化问题》，《哲学研究》2019 年第 8 期；张学谦《东汉图谶的成立及其观念史变迁》，《文史》2019 年第 4 辑；阙海《汉代谶纬的历史学研究》，复旦大学博士学位论文，2021。

　　大量的优秀成果在为我们提供重要启示的同时，也为接下来的探究奠定了牢固的基础。而各种研究之间的缝隙，以及不同视野和知识结构间的"盲区"，则为我们进一步的探索提供了空间。愚意以为，"汉家"与谶纬研究的盲区在于，讨论、揭示"汉家"之意义造构及深层内涵的研究者，由于没能充分观照到谶纬的领域（虽然也有注意汉家"尧后火德"说的问题），导致其未能全面把握"汉家"的意义与内涵；研究谶纬的学者，又多陷于谶纬本身不能超脱，结果反而忽视了谶纬"为汉制法"的目标指向及文本属性。实际上，"汉家"最重要的神圣内涵及属性就是谶纬所赋予的；相应地，隆崇"汉家"也正是谶纬的主要职责与神圣使命所在。另外，对"汉家"宗教内涵与汉帝国神圣性格的揭示，一方面，研究者似乎更多地执守于静态的结构主义解析，因而欠缺从"汉家"兴起到为人接受、被人怀疑，最后由变迁而解体的动态的历史维度之考察；另一方面，研究者在将汉代宗教信仰与汉代政治文化、历史演进、社会变迁有效熔为一炉的"整体史"探究方向上，[①] 也留有未尽之空间。在发掘中国古代政治、宗教特质的基础上，本书力求避免将政治史与宗教史割裂或仅仅梳理、探讨政治与宗教之间简单叠加的外在关系的传统做法，希望把宗教真正内化到政治中，[②] 由此捕捉政治的宗教性格（政治神学）及宗教的泛政治属性（官僚制形态），还原帝制早期"理性"与"非理性"兼融互摄的政治面向、文化特性及历史发展脉络。

---

① 有关"整体史"设想、实践等问题的讨论参见李金铮《整体史：历史研究的"三位一体"》，《近代史研究》2012 年第 5 期；唐仕春《心系整体史——中国区域社会史研究的学术定位及其反思》，《史学理论研究》2016 年第 4 期。

② 近来，孙英刚将目光聚焦于中古宗教信仰与政治学说的双重性，点明这种双重性对于理解、研究魏晋南北朝隋唐历史的重要意义，其论述对于凿破中古宗教史与政治史研究之间的壁垒，继而恢复中古政治史的宗教面，颇具启发。详参孙英刚《中古佛教与隋唐政治关系研究随札》，《唐宋历史评论》第 2 辑，社会科学文献出版社，2016；同氏《佛光下的朝廷：中古政治史的宗教面》，《华东师范大学学报》2020 年第 1 期。

第五节　问题焦点、主要思路与方法论说明

公元前后，亚欧大陆两端同时存在两大帝国，一曰罗马帝国，一曰汉帝国。在西方长时期的学术传统中，正如爱伦·坡（Edgar Allan Poe）诗句"光荣归于希腊，伟大归于罗马"所颂，古希腊、罗马文明被视作现代西方文明的基石——希腊为现代西方文明种下了令人引以为傲的自由之根，罗马则带来了令国家和人民有所依恃和敬畏的神圣之光；与之相对，汉帝国则被作为"东方专制主义"的典型代表，[①]学者往往强调中华帝国世俗国家专制统治的一面。[②]时移世易，当笼罩一时的学术典范逐渐被人们扬弃，隐蔽于学术思潮背后自觉不自觉的意识形态亦终于崩解，回归学术的本来逻辑便有望成为科学研究的内生动力。汉帝国是否具有神圣属性？[③]我们又当如何证明？

"神圣帝国"的形成离不开与帝国相伴而起的不同形态宗教的深度参与。由此出发，以下问题成为紧紧拽住笔者思考方向的暗线——何以五斗米道会大范围吸纳、复制汉家的礼仪、法度及组织架构？在早有成熟的起义条件之时，黄巾为何没有发难，却偏要在条件不甚有利的时候扛起"黄

[①] 与之相关的则是对中国文明早熟的认识及"停滞论"的提出，如孟德斯鸠即曾表达"停滞"的观点（孟德斯鸠：《论法的精神》，张雁深译，商务印书馆，1961，第231、273~279页），亚当斯密、黑格尔等亦有相似表述（施治生、郭方：《"东方专制主义"概念的历史考察》，《史学理论研究》1993年第3期）。

[②] 对"专制"一词的反思请参侯旭东《中国古代专制说的知识考古》（《近代史研究》2008年第2期）、阎步克《政体类型学视角中的"中国专制主义"问题》（《北京大学学报》2012年第6期）及《中国传统政体问题续谈》（《北京大学学报》2017年第2期）。

[③] 也有学者很早便意识到中华帝国神权统治的一面，如马克斯·韦伯指出中华帝国"处于一个本质上是神权政体的士人官府的控制之下"，"此一政体具有一种宗教—功利主义的福利国家性格，这点与此一带有神权政治印记的家产官僚体制结构的许多其他典型特征倒是一致的"（马克斯·韦伯：《中国的宗教　宗教与世界》，康乐、简惠美译，广西师范大学出版社，2004，第154、192~193页）。不过，直接针对汉帝国神圣属性的系统研究尚付阙如。

天泰（太）平"的大旗？黄巾何以拜郑玄，其中是否别有隐义？郑玄又缘何如此重视谶纬，以致达到"横造臆说"的地步？在完全有足够实力保证成功结果的形势下，曹魏为何还要标举禅让这块"多余"的"权力遮羞布"？在皇帝个人命运飘零、皇权极度衰微的时代里，人们何不干脆废掉这个"累赘的形式"？中古时期的造像铭文中，尤其是那些既不位于通衢要道亦不见政治权柄介入的造像记中，出现自发为皇帝、国家祈福求太平的内容，究竟说明了什么？这些问题牵引我们再度思考汉晋时期人们对国家、皇权的认识，并尝试从汉帝国神圣性格的角度，去重新检讨汉魏禅代的深层逻辑，着重发掘令汉末多方势力都不得不接受与遵从的某种刚性力量之外的"权力"，揭示潜藏于党锢、黄巾等纷繁事项背后的思想暗流。

党锢之祸系由士人群体与皇权的冲突所致。引发冲突的一个重要原因，在于士人不仅借助谣言形成针对戚宦与皇权的由地方至中央的舆论串联运动，还进一步建立起从地方到中央的外在于朝廷的名号授予与组织化形式。士人群体之所以能够结成自下而上的统一体，与经学、谶纬所负载之价值的普遍传播和接受是分不开的。而黄巾与五斗米道运动从表面上看似乎存在完全不同的宗教理想和政治目的，由此导致二者迥然有别的历史命运，但事实并非如此。"苍天已死，黄天当立"到底作何理解，是否关涉五德终始说？原始道教对汉帝国的态度究竟如何，又在汉魏禅代的历史进程中扮演了怎样的角色？如果将党锢之祸与黄巾、五斗米道运动和广泛活跃于汉末且与谶纬造作不无关联的隐逸群体并而观之，那么问题的焦点便集中到谶纬神学、原始道教与汉家德运终始的相互纠缠与具体推进，以及"汉家"——汉代的天下一家——这一与天命紧密相关的独特政体所蕴涵的神圣属性或宗教特性上了。

细究以上所提诸问，我们不得不反思，在政治、制度等相对易察的因素之外，中国古代帝国的运行以及古人行事抉择的背后，是否存在不易为人察觉的隐性力量。当我们破除理性主义的蔽障，克服居高临下的"揭秘"心态，摘掉接受"合理"、拒绝"荒诞"的有色眼镜后，也许便能够理解，"天命"等古人念兹在兹，却往往被人们视为修辞渲染甚至言不由衷的话语、话术，实则包含着不容于今人理智与情感的"心理真实"；[①]而古人（包括个人与群体）的某些行为动机和帝国历史之变迁逻辑，也绝非仅凭外在的政治现实抑或实力比拼，便可给出令人信服的圆满解释。当我们愿意尝试在目见之物（文献、遗迹等呈现出的历史映像）的基础上继续前进一步，也许就会发现，在影响、支配汉人有序处理政务乃至日常事务[②]的大脑中，有一部分即是殊异于现代生活经验的"神秘"思想和体验。此种形似神异的古今差异，恰如（无信仰的）今人的祭祖仪式与（有信仰的）古人的祭祖仪式，尽管看上去相差无几，但"祭如在，祭神如神在"这般支配古人行为的神圣心理，必然与抱持"走过场"的现代世俗心理有着霄壤之别。[③]信、

---

① 王明珂曾提出展开"一种兼顾历史事实、历史记忆与历史心性的研究"：将文献与口述历史视为"历史记忆"，继而追踪留下该种记忆的"社会情境"及"历史心性"；社会情境与历史心性，以及二者的变迁，都是应予探索的"历史事实"。详参王明珂《历史事实、历史记忆与历史心性》，《历史研究》2001年第5期。

② 或许正是基于对该部分内容的观察、理解，马克斯·韦伯才会声称秦代中国有"严密的官僚制秩序"，汉代亦施行"理性行政"，而弗朗西斯·福山更进一步提出秦汉帝国政府"几乎符合现代官僚机构的全部特征"，主张秦汉时期的中国是人类历史上最早的现代国家（分见韦伯《中国的宗教　宗教与世界》，第90页；弗朗西斯·福山《政治秩序的起源：从前人类时代到法国大革命》，毛俊杰译，广西师范大学出版社，2012，第131页）。更全面地看，秦汉时期行政、法制的"理性"层面，应当只是秦汉国家形态的一个方面，正如下揭增渊龙夫所论，诸多研究呈现出的仅是法制性的外廓机构，是被规则化的生活骨架，至少同样重要的是作为骨架间的血肉的时人的心态与情感等。

③ 春秋时甚至有祭祀日审判的习惯法，原因盖在于信仰氛围笼罩下的人们形成了神圣时刻绝不可欺神的共识。《周礼·春官宗伯》载："大史，掌建邦之六典，以逆邦国之治。掌法，以逆官府之治；掌则，以逆都鄙之治。凡辨法者考焉，不信者刑之，凡邦国都鄙及万民之有约剂者藏焉，以贰六官。六官之所登，若约剂乱，则辟法，不信者刑之。正岁年以序事。颁之于官府及都鄙，颁告朔于邦国。闰月，诏王居门，终月。大祭祀，与执事卜日，戒及宿之日，与群执事读礼书而协事。祭之日，执书以次位常，辨事者考焉，不信者诛之。"阮元校刻《十三经注疏》，中华书局，1980，第817页。在汉代，迎气、行刑、行春等礼法实践及威仪展示，亦皆内含相应的信仰要素，详参薛梦潇《早期中国的月令与"政治时间"》，上海古籍出版社，2018。

疑两种不同心态影响下的所思所行，自不可同日而语。

　　丰硕成果遮蔽下尚未被照见的历史面向，正是中国古代帝国的神秘面纱依旧遮覆于兹的原因所在。不过，随着研究范式的转变，深受后现代思潮影响的历史研究者提示我们，或许是时候换一种思考方式了：如果说文本即镶嵌于历史外墙上的玻璃窗，因而必须透过文本才能看到历史，那么遮覆于帝国外围的这层神秘面纱实际上也是帝国不可分割的一部分，因此不能对之视而不见，更不能一心想着绕过它或者摘掉它，去一睹面纱下的全部"真相"。动辄天之所佑、天之所弃的古代帝国，复以儒、道、仙为其信仰支柱，[①]这些天命与宗教论说，为帝国制造出源源不断的神学迷雾（此在《五行志》等文献中有集中呈现，大量的汉画像石更为我们提供了最直观的视觉体验），使之笼罩其间。在以往的研究中，或是因为不自觉的理性主义倾向之影响，研究者似乎总是试图拨开这些缭绕的神学迷雾，发其拨云见日之功，直指历史本相，殊不知此日已非彼日。

　　对待"海市蜃楼"般的历史现象——海市蜃楼是大气折射形成的虚像，思想与信仰则是在掺杂各种"心理真实"之材料的编织与叙述中被动显现出来的——以指指月的态度与方法，或许更有利于我们对其实质的把握。换言之，对于一些"瞻之在前，忽焉在后"的特殊历史现象和存在，研究者不应总是试图进入研究对象内部，像倏、忽二帝为浑沌开凿七窍一样，对其进行精密解剖和描述，而当与研究对象保持更远的距离，通过对其周边的描摹逐步捕捉它的存在，对之予以整体和动态的把握。否则，或许正如寓言七日开窍而浑沌死所暗示的那样，理性、精致的内部解剖，反而会铸就某些刻板的历史知识、思想认识及时代印象，从而适得其反地淡化若干重要的历史特征，遮蔽那些早已消失于现代精

① 　姜生：《汉帝国的遗产：汉鬼考》，第2页。

神和生活世界的特定时代的微妙历史性格，模糊整体的历史面貌。探求"汉家"的神圣性、发掘中国古代帝国的神圣性格，便是要跳出"历史"看历史，直视帝国的"神秘面纱"。所以这也是针对汉帝国神圣历史氛围的一项研究与呈现，①是一项"捕风捉影"的工作——因为"神圣性"乃是一种涵容于社会氛围、心态或意识的非稳定性存在，它虽与经济、政治、文化等诸多要素真实共构了历史发展的"合力"（只是不同时空和文明背景下各要素的作用力大小有所差别），却比它们更加散逸；它溶解于社会生活各角落，潜存于历史河流最深处，宛若只可感知不可触及的风、影一般，故此在具体的史实和史迹中，更难被剥离和抽取出来。

基于以上考量和界定，本书的主要内容及写作思路可概括为：以开凿"汉家"的神圣性、探考汉魏禅代的信仰基础为轴心，尝试揭示汉帝国的神圣性格及其历史展开。循此考察可知，经学、谶纬的"太平"论述，非为"王鲁"，而在于"法周""王汉"，以此"为汉制法"，构拟理想的"汉家"蓝图。原始道教由"师汉""辅汉"而至"代汉"，其初衷在于，在汉帝国组织架构行将崩塌之际，因着宗教的保守性与独特想象力，从精神层面为记忆中的"皇汉"赋形、招魂，以此保存完美的"汉家"形态。从风评清议至黄巾之乱，士人、隐逸、教众共同掀起汉末"抵抗运动"，目的在于"澄清""教化"天下，借此重塑"汉家"理想秩序，隆重践履"致治太平"的政治构想。中古时期不断涌现的以托姓刘、李、张氏的方式发起的民众运动与权力竞逐，实质上也是对"享天永命"的"汉家"国姓刘氏以及作为"汉家佐命"之李、张二氏的追

---

① 此与"模糊史学"的定位及方法论反思或有相通处。案，年鉴学派史家雅克·勒戈夫（J. Le Goff）曾在《心态：一种模糊史学》一文中指出，心态史最吸引人的地方就在于其模糊性，由此可以研究别人置之不顾的材料，即史学分析中由于难以阐明其含义而被弃置一旁的那些材料。详见雅克·勒戈夫、皮埃尔·诺拉（Pierre Nora）主编《史学研究的新问题新方法新对象：法国新史学发展趋势》，郝名玮译，社会科学文献出版社，1988，第265 页。相关解说可参见袁一丹《弥散性思想：一种模糊史学》，《读书》2018 年第 4 期。

念与跟从，由此亦映射出流贯于中古的"忆汉"社会意识。"大汉""强汉"的演进历史，卷挟经学、谶纬、道教的神圣知识，历史记忆与宗教想象的结合，铸就了与天命紧锁因而颇具信仰属性的"汉家"——"圣汉"。而修缮、归命"汉家"的强烈愿望，则驱动了两汉之间及汉魏之际的社会思潮与政治、宗教运动。"汉家"兴于天命亦亡于天命，此即汉魏禅代与中国古代帝国解体的内情及隐奥逻辑所在。

据此思路，我们将通过以下几个步骤渐次完成论述。第一，探究"汉家"的经纬架构，以及由此所致的历史影响——两汉之际的天命竞夺。具体地说，谶纬通过隆崇建国神话、确立汉家神统以及转接灾祥征兆之论的方式，完成了对"汉家"神学的最终构造，从而保证了"汉家"的"公"属性，但也由此开启了天命神权的竞夺。两汉之际，"篡汉"与"复汉"相继上演，经过一轮"绝而复属"的小循环，神权再次归拢于"汉家"。在此过程中，"窃汉"与"复汉"者无一不援引谶纬以证其天命所系，说明谶纬乃掌握人心、赢取天命的关键。本书第一章的要义，即揭示谶纬在"汉家"形成过程中所发挥的巨大作用，由此发掘"汉家"的神圣属性与宗教内涵。两汉之际的天命之争，是谶纬注入"汉家"内涵后的首次社会回响；汉末从"清议"、党祸至原始道教的宗教—政治运动，再次受到谶纬的影响，故可视为"汉家"神学的接续作用。

第二，在汉末经学通纬风尚的知识背景下，讨论汉末"抵抗运动"中的第一环——由清流之士发起的"党议"运动及由此引发的两次"党祸"。以郑玄、何休为典型案例的汉末经学通纬风尚研究，使我们得以近距离蠡测汉末士人群体思想深处强烈的"太平"期待，而"清议"之士的批判也正是基于他们对"太平"秩序的期望而展开的，此即汉末"党议"及士人抵抗运动之所以能够兴起的深层思想因素。颇具规模的汉末游学，一定程度上打破了当时的区域及阶层区隔，并进一步借助经学授受的方式，形塑汉末士林之统一价值。以此为前提和基础，士人群体与戚宦实权阶层之间"清""浊"价值的激烈对撞，最终催化出士人的大规模抵抗运动。进一步说，士人群体所抵抗的正是国家公权被戚宦侵吞的"私物化"走向；其振臂"澄清天下"之目的，即希望结束灾异浊乱之局，重返"汉家"太平郅治。

第三，结合传世文献、道教经籍与金石资料，揭示原始道教"师汉"行为的实质。通过对五斗米道"师君""祭酒""鬼卒"等教内称号和"义舍""三原""行刑"等教内组织制度的深度剖析，可以判明原始道教大范围效仿汉制的"官僚性"特质。与此同时，《太平经》所载神灵秩序的组织、管理形态，多植根于汉家制度，甚至六朝道教传授仪与汉代皇帝即位礼亦多存相似处，故可视作道教"师汉"的重要表现。如此，原始道教刻意汲取汉制的现象不仅具体反映出他们的宗教乌托邦追求，更从实证层面揭示了"汉家"神学对原始道教的内在形塑作用，以及原始道教从精神角度保存"汉家"秩序的宏阔愿景。这一点正是原始道教发起汉末宗教—政治运动、重建"太平"理想秩序的逻辑起点。

第四，从汉代"致太平"的经学理想与宗教、社会思潮出发，讨论黄巾初起时的"辅汉"动机，揭示黄巾、太平道与《太平经》的关系，从而重新认识黄巾的属性与阶段性特征。具体言之，从黄巾的武器装备、行进路线以及兴起过程中地方与中央官员的反应情况等诸多方面，可以透见黄巾运动的初始动机并非颠覆汉家；其教义、组织与口号有效承载了他们的宗教诉求，据此可判断黄巾运动乃是时人"太平"理想的一次集中表达，是汉末之人在经历长期的灾异现实与精神恐慌后，类似宗教祈愿性质的集体诉求之呈现。此与西部五斗米道的宗教乌托邦追求亦颇有相通处。黄巾的行为最终脱离其初设动机，根本原因在于，受汉末"终末"意识以及谶纬、五德终始学说的合力影响，黄巾的救世神学发生了由"辅汉"至"代汉"的变化，由此转向了另寻应天受命之"真人"，继而佐其代汉、解除灾异、获致"太平"的道路。

第五，讨论士人群体的另一端——隐逸群体在汉末"抵抗运动"中的意义与相关表现。以黄巾拜郑玄这一典型案例为切入点，分析汉末隐逸群体的经学价值、知识构成、宗教内涵、社会功能及其"参与"政治的独特方式与实际政治影响等。细言之，从谶纬、易学以及对"太平"的解释三个方面，能够推见黄巾与郑玄之学的思想交融处。进一步将黄巾拜郑玄事纳入汉末学、术交融的整体知识背景中予以理解，则可发现汉末隐逸群体拥有关切天命去留及所属的知识的现实，一方面成为民众尊崇贤人隐者的思想根源，另一方面也促进了人们对隐逸的神秘化理解倾向的形成，以至于兴起更为普遍的汉末崇隐之风。汉末隐逸群体据其亦儒亦道的知识构成，以讲学授徒、著书立说、卜筮卖药、乡里教化等多种形式，广泛活跃于汉末朝野之间的社会舞台，参与广大民众的生活；又通过这些途径传播其知识与价值。在此过程中，隐逸群体成为引导社会价值观念的中间知识阶层，并对汉末地方伦理—价值秩序及大范围的抵抗运动产生深远影响。

第六，通过对中古时期托姓起义现象的解析，透视该时期的"忆汉"社会意识。细绎文献记录可发现，刘、李、张氏的神化与"汉家"神学的形成紧密相关，一定意义上皆可谓"汉家"神学的衍生物。作为国姓的刘氏，乃是在汉代国家神学的建立过程中被谶纬剔除世俗内涵而充以圣王之实，由此化俗为圣，成为"享天永命"的神圣姓氏。李氏则是在两汉之际"汉家"神学危机酿就的天命竞夺赛中，因"刘氏复兴，李氏为辅"之谶的广泛传播，以及与之相承并被不断神化的帝王师观念的影响下，逐渐走向神化的。张氏被赋予独特的神学内涵，亦与颇具神仙黄老色彩的汉家良辅张良有关。刘、李、张氏在中古的神化，昭示出"汉家"政治文化传统强烈、持久的影响，反映了流贯于中古社会的汉家历史记忆。笼罩在"汉家"光影之下的人们，通过构筑以神圣姓氏为枢纽的虚拟关系网络，获得了对抗实际权力的重要力量。透过神圣姓氏与中古权力竞逐的史相，适可管窥中古王朝秩序的内外虚实。

以上，尽管只是粗线条的思路勾勒，读者大概也已经感受到本项研究千头万绪与纷繁复杂的问题牵涉。因此，最后再做一个简要的方法论说明。如篇首所言，历史的最大特点，在于其不可逆反的时间轴方向，历史研究因此难逃后设价值之介入。但这并不影响求真的史学与史家规定性。于是，如何逼近历史现场，抵达人物内心，理解不同层面之真相，[①]便成为史家徜徉史料之海的指明灯塔。透过史料看历史，这是不可违背的史学轨范，也是史学之所以为科学的原因所在。加深史料的解读层次，拓宽史料的使用范围，转换史料的解读视角——史家绞尽脑汁之所为，只为千方百计地接近历史，理解过去之人。理解不同时空、不同文明、不同立场中的人，即是历史学的最大挑战与主要目标。

历史是如此纷繁复杂，以致任何单一的解释都不可能绝对行之有效。事实上，每一种理论均有其洞见与不见。所以历史研究者当保持开放的眼光与心态，不画地为牢，法无定法，依据史料本身观察研究对象，根据研究对象选择研究方法。研究过程中则须时刻提醒自己，现实的归现实，历史的归历史。必须关注现实，思考人的现实处境，但不能用现实的情形、价值随意比附、取舍、裁断古代文明的某些面向，哪怕是完全有悖于现代伦理、审美、价值的部分；更不能"别有用心"地曲解、裁剪历史，以之为思考、议论现实的借口或资源。一言以蔽之，勿以现实关怀绑架历史研究，哪怕是以"启蒙"的名义。

---

① 有关不同层面历史真相的论说，除前揭王明珂"历史事实、历史记忆与历史心性"之论以外，柯文（Paul A. Cohen）以义和团研究为例所展示的历史认识与撰述，同样对历史多层面的"真实性"问题提出了反思。详参柯文《历史三调：作为事件、经历和神话的义和团》，杜继东译，江苏人民出版社，2005。

　　历史研究力戒现实关怀的绑架，这当然是就研究过程的科学性展开而言。至于选择哪些个体、群体、物体、事件作为研究对象，以及用怎样的视角去理解它们，这是不能也不当排除现实关怀带入的。事实上，在不可逆反的时间轴两端，一为流动的现代价值与问题意识，一为向下展开的古代历史画卷及特定时空的思想、价值，古—今、今—古的"对话"正是在无数次正向、逆向的来回往复中不断展开的，而历史学绵延不绝的生命力亦在于此。进言之，"异域之眼"或曰他者视角的重要性，在于洞察独特文化背景下人们日用而不知，以致身处其中者对之亦丧失反省力与批判性的文化盲区；与此类似，"历史之眼"或曰后见之明的意义，则在于发现独特历史时期中人们习焉不察的问题或现象，揭示时人不自知或不以为然的文化特性。时间与空间的阻隔，在给人们的文化理解带来陌生感与疏离感的同时，也为人们的历史文化体验、检视提供了超越特定眼光与思维局限的他者立场，以及足够分析展开的纵横跨度。

　　此项有关汉帝国神圣性格的研究，即是朝着"历史的内面理解"方向，[1]本着理解民众的精神世界和发现弱者心声的关怀，[2]在"从宗教理解

---

[1]　"历史的内面理解"是日本学者增渊龙夫的重要提法，旨在抓住、解读出复杂现象底部沿着一定方向流动的基础部分。论见増淵龍夫「歴史のいわゆる内面的理解について—陳垣の場合と津田左右吉の場合」『歴史家の同時代史的考察について』岩波書店、1983。另外，增渊龙夫曾总括性地提出着重于生活情感、心态等内在方面的汉代历史研究思路。他认为现有研究已经明确的主要是法制性的外廓机构，但这只是被规则化的生活骨架。人的具体目的、动机、生活情感，才是给外廓机构注入血肉活力的不可估量的要素，才真正带有时代与民族固有的性格。都筑晶子则专门强调了宗教在六朝历史的内面理解中的意义。她指出，六朝时期的宗教正是潜藏在政治、经济活动背后，导致时代与社会发生动摇的主要因素，所以应从历史的内面去把握六朝的思想与社会。分见增渊龙夫《中国古代的社会与国家》，吕静译，上海古籍出版社，2017，第63页；都築晶子『六朝時代の江南社会と道教』汲古書院、1997，此据谷川道雄编《魏晋南北朝隋唐史学的基本问题》，李凭译，中华书局，2010，第256页。

[2]　这方面的想法主要受斯科特"弱者的反抗"以及葛兆光"一般知识、思想与信仰世界"研究之启发。詹姆斯·C. 斯科特：《弱者的武器：农民反抗的日常形式》，郑广怀等译，译林出版社，2007；葛兆光：《中国思想史》，复旦大学出版社，2001。

古史"① 及政治文化研究视角持续下行② 的史学方法之启示下进行的。针对
"汉家"、经学、谶纬、道教、政治—宗教运动这些复杂的研究对象，我们
理所当然地会根据材料的限定，择取适宜的研究方法：有关"汉家"宗教
内涵的揭示，历史记忆与宗教想象理论③ 可以说是非常实用且锋利的"手
术刀"；在经学、术数、宗教等知识与汉末政治、社会运动互动之探究方
面，"知识社会学"④ 可谓恰好切中其需；而对黄巾拜郑玄、黄巾的历史形
象等方面的论析，"历史书写"或"史料批判"理论⑤ 诚然有其超拔于执着
"真相"的敏锐。要言之，以拟解决的问题为鹄的，根据研究对象的具体属
性及研究内容的实际推进，综合运用历史学、社会学、宗教学的相关研究
方法，不违反历史学的基本律条、不拘泥于理论学说的固有模范，此即本
项研究所采取的基本态度及灵活、宽泛的方法论运用原则。

　　在将研究的旨趣和基础、讨论的思路与步骤、探索的动机与方法等
前提交代清楚后，我们便可正式开启汉帝国之神圣性格及其崩解的考察
工作了。

---

① 　详参姜生《汉帝国的遗产：汉鬼考》，第24~36页。
② 　政治文化研究视角引入后，大致经历了从制度到经学再到术数这样逐渐下行的演进过程。
　　而宗教对政治文化的影响则尚未引起更多研究者关注，容或成为未来持续探索的一个方向。
③ 　这方面运用较好者如王明珂《华夏边缘：历史记忆与族群认同（增订本）》，浙江人民出版
　　社，2013；都築晶子「南人寒門・寒人の宗教的想像力について――『真誥』をめぐって」『東
　　洋史研究』第47卷第2号，1988。
④ 　参见彼得・伯格、托马斯・卢克曼《知识社会学：社会实体的建构》，邹理民译，台北：
　　巨流图书公司，1991。
⑤ 　相关梳理及讨论可参安部聪一郎《日本学界"史料论"研究及其背景》、孙正军《通往史
　　料批判之途》、徐冲《历史书写与中古王权》，皆载《中国史研究动态》2016年第4期。

第一章

汉家：神圣帝国的经纬架构与天命竞夺

汉家历运中衰，当再受命，宜改元易号。

————《汉书·哀帝纪》

引　言　“汉家”之公如何可能？

以皇帝作为最高权力拥有者统治国家，是中国历史的长期稳定特征。这种秩序构造缘何而生、实质为何，涉及对中国历史的整体理解，因而理所当然地成为学界长期关注、历有耕耘的重要领域。按照日本学者尾形勇的总结，各国学者对此问题的观察、研究基本可归纳为“家族国家观”式的理解，即将国家秩序直接理解为家族秩序无媒介的扩大或反映。具体来说，尾形勇又将其细分为“家族主义”、“父家长制”和“游离论”（指国家与社会之间的疏远）三种类型（西嶋定生“个别的人身支配论”例外），并详析各类理解的问题所在，以及传统“家族国家观”所存在的难以克服的理论困境。[①] 有鉴于此，尾形氏明确指出，“通过‘家’论述国家”的方法和“能以‘家’来阐明‘国家’”的立场皆非其所取，“毋宁说，从‘家’和国家各个独立、特殊的职能和作用出发，努力区别和划定两者的范畴”才是其真正的旨趣所在。[②]

---

① 　尾形勇：《中国古代的“家”与国家》，第1~62页。
② 　尾形勇：《中国古代的“家”与国家》，前言，第1~2页。

出于这样的思考，尾形勇对汉唐（尤以汉为重）的国家构造进行了艰难考察："以'家'的冠称'姓'的展开为尺度，由此阐述古代帝国的基础仍然是'家'，而且'家'的存在和皇帝权力的形成和建立并非无关。……接着，论述国家秩序形成的结构，即'公'的君臣关系，在'家'这一'私'的基础上被构筑起来。"①尾形氏此项研究的最大价值，即通过拉开中国古代家与国家的距离，分析、确立国家秩序构造中所具有的"公权"属性。就汉代来说，尾形氏通过对"汉氏""汉国""汉朝""汉家""国家""天家"，以及"公家""官家""皇家""刘氏""帝室"等概念的梳理，敏锐地指出：

> "汉家"意味着汉帝国或汉王朝。因而，其特征与"皇家"之类不同，与"帝室"之意没有直接的关系。
>
> 整个古代屡见不鲜的"天下一家"的说法，意味着以"君臣"的构造为媒介而形成的以"无家"为基础重新构筑起来的"天子的'家'"。这个"天下一家"在汉代所实现的是"汉朝"或"汉帝国"别称的"汉家"。②

故此，汉代的国家秩序构造，确非掌握政权的刘氏家族秩序的简单拟制扩大。接下来需要解决的关键问题在于，究竟是何机制构造并确保了"汉家"超越个体之"家"的"公"属性？尾形氏在最后用较少篇幅，试图从皇帝的权力构成，即并为天地之"臣"的"天子"和人民之

---

① 尾形勇：《中国古代的"家"与国家》，第75~76页。
② 尾形勇：《中国古代的"家"与国家》，第197、204页。

"君"的"皇帝"，去寻找问题的答案。[①]然而"天子""皇帝"称号的严格区分与即位礼仪等身份制度的施行，虽可部分解释整个帝国何以采用"家"的形式，却仍旧无法解答从"家"中抽绎出"无家"的基础究竟如何可能。本章尝试从谶纬对"汉家"神化的角度，探求"汉家"确立并巩固其"公"属性的路径，以及由此带来的两汉之际的天命竞夺与政权更易。

有关"汉家"的研究，除尾形勇之精彩论述外，五井直弘、岳庆平、张超等亦围绕"汉家"一词进行讨论，总体深度无出尾形氏。[②]不过应特别留意，早在尾形氏之前，滨口重国已围绕"汉家"语意，尤其是"家人"一词的具体所指，细密周到地论述了汉代天子、官吏（士族）、庶人之间的不同结合关系及其体现出的家国秩序构造——天子与庶人之间是"汉家"范围内的"家长"与"家人"之关系，天子与士族之间则是"家"与"家"之间的"主客"关系。其一定程度超越"家族国家观"的独到见解构成了尾形氏再出发的重要基点。[③]至于专门从天命—德运之争的角度反思两汉之际历史演进的研究，除顾颉刚、钱穆、杨向奎等围绕两汉之际德运问题的争论外（详下），还当推苏诚鉴的考文。苏文较为详细地讨论了围绕"汉家尧后"所展开

[①]　尾形氏认为，"皇帝"的"家"就是作为"君"出身的皇帝的"私家"——"刘氏之家"；"天子"的"家"则是作为"天地"之"臣"而在的"汉家"。"可以说'天子'、'皇帝'两个称号的形成，意味着以'家'为中心而构筑起来的古代帝国秩序构造的完成。"（尾形勇：《中国古代的"家"与国家》，第217页）

[②]　五井直弘：《中国古代史论稿》，姜镇庆、李德龙译，北京大学出版社，2001，第137~140页；岳庆平：《汉代家庭与家族》，大象出版社，1997，第133~135页；张超：《汉代"家"称谓的研究》，河北师范大学硕士学位论文，2005，第26~29页。

[③]　滨口重国「漢唐の間の家人という言葉について」『山梨大学学芸学部研究報告』第11号、1960。相关评述参见尾形勇《中国古代的"家"与国家》，第54~58页。

的"更化""再受命""三七之厄"思潮及其对新莽代汉的影响。[①] 此后姜生发表一系列成果，讨论原始道教在西汉中后期以至汉魏之际历史变迁中的重要作用，尤其强调宗教神学在影响社会心态进而在不同势力争夺"天命"过程中的不可替代性，倡导基于宗教研究的古史认知方法。[②] 陈苏镇检讨了"致太平"思想和谶纬之学在王莽代汉改制、刘秀崛起、东汉建立与"天命之争"过程中的作用。[③] 杨权考察了"尧后火德"对王莽"符命政治"及反莽战争形势（包括德运之争）的影响。[④] 史建刚讨论了两汉之际"厌汉"与"思汉"舆论、心态的生成背景及历史影响等。[⑤] 龚留柱、张信通则从中国古代"政治合法性"构建的角度梳理了"汉家尧后"命题在两汉之际天命争夺中的作用。[⑥]

　　要之，以上讨论都不同程度地注意到"天命""德运"思想在两汉之际历史变动中的重要作用：苏诚鉴、杨权着重揭示了"汉家尧后"命题的内涵与影响，姜生系统探考了原始道教神学之于政治神统演进的内驱力，陈苏镇则较为详细地梳理了谶纬在东汉建立过程中的作用，皆具启发意义。然而，两汉之际何以出现如是独特的历史变动？其与谶纬之间到底存在怎样的具体联系？此皆有进一步探讨的空间。本章依然从对

---

① 苏诚鉴：《"汉家尧后，有传国之运"——西汉亡于儒生论》，《安徽师大学报》1988 年第 4 期。

② 相关讨论参见姜生《原始道教之兴起与两汉社会秩序》，《中国社会科学》2000 年第 6 期；姜生、汤伟侠主编《中国道教科学技术史·汉魏两晋卷》，第 86~121 页，尤其是第 111 页"原始道教思想对汉魏政治变迁的重大影响"表；姜生《曹操与原始道教》，《历史研究》2011 年第 1 期。

③ 陈苏镇：《汉代政治与〈春秋〉学》，中国广播电视出版社，2001，第 377~410 页；陈苏镇：《〈春秋〉与"汉道"：两汉政治与政治文化研究》，第 359~413 页。

④ 杨权：《新五德理论与两汉政治——"尧后火德"说考论》，第 162~248 页。

⑤ 史建刚：《两汉之际的厌汉与思汉》，西北大学硕士学位论文，2007。

⑥ 龚留柱、张信通：《"汉家尧后"与两汉之际的天命之争——兼论中国古代的政治合法性问题》，《史学月刊》2013 年第 10 期。

"汉家"之语意的考察开始，再探汉代国家"公"属性援以确立的方式，以及由此带来的历史影响。

第一节　"汉家"语意再检证

两汉典籍中"汉家"用语频见，在充分翻检、搜罗原始材料的基础上，我们从近两百条引例中，弃其重复、择其典型，整理列示如下：

表1　"汉家"语意句例一览

序号	时代	引句	出处
1	景帝	（袁盎等皆对曰：）方今汉家法周，周道不得立弟，当立子	《史记》卷五八《梁孝王世家》
2	武帝	是岁天子始建汉家之封，而太史公留滞周南，不得与从事……	《史记》卷一三〇《太史公自序》
3	武帝	今匈奴不当汉家之巨郡，非有六国用贤士之谋	《盐铁论》卷九《论功》
4	武帝	（甘延寿）以深德呼韩邪单于，故肯委质称臣，来入朝见汉家。汉家得以宣德广之隆而威示四海，莫不率服，历世无寇	《新论》卷六《谴非》
5	昭帝	汉家尧后，有传国之运	《汉书》卷七五《眭弘传》
6	元帝	单于自言愿婿汉氏以自亲师古曰：言欲取汉女而身为汉家婿	《汉书》卷九四下《匈奴传下》
7	成帝	此天保右汉家，使臣敢直言也	《汉书》卷八五《谷永传》
8	成帝	（梅福复上书曰：）孝武皇帝好忠谏，说至言……是以天下布衣各厉志竭精以赴阙廷自衒鬻者不可胜数。汉家得贤，于此为盛	《汉书》卷六七《梅福传》

续表

序号	时代	引句	出处
9	成帝	汉家本起于蜀汉，今所起之地山崩川竭……殆必亡矣	《汉书》卷二七下之上《五行志下之上》
10	成帝	陛下慈仁笃美甚厚，聪明疏达盖世，宜弘汉家之德，崇刘氏之美……	《汉书》卷三六《楚元王传》
11	成帝	（李）寻见汉家有中衰阸会之象，其意以为且有洪水为灾……	《汉书》卷七五《李寻传》
12	成帝	汉家逢天地之大终，当更受命于天	《汉书》卷七五《李寻传》
13	成帝	闻康居不拜……宜归其侍子，绝勿复使，以章汉家不通无礼之国	《汉书》卷九六《西域传》
14	成帝	《本志》（以）为"桂树色赤，汉家之象；不实，无嗣也；黄雀，王氏之象；（巢）颠，将有汉室"	《前汉纪》卷二四《前汉孝成皇帝纪》
15	哀帝	（夏贺良等言赤精子谶）汉家历运中衰，当再受命，宜改元易号	《汉书》卷一一《哀帝纪》
16	新莽	莽有定国安汉家之大功，宜赐号曰安汉公	《汉书》卷九九上《王莽传上》
17	新莽	（元后）怒骂之曰："而属父子宗族蒙汉家力，富贵累世，既无以报，受人孤寄，乘便利时，夺取其国……"	《汉书》卷九八《元后传》
18	新莽	我汉家老寡妇，旦暮且死，欲与此玺俱葬，终不可得	《汉书》卷九八《元后传》
19	新莽	吾受汉家厚恩，亡以报……谊岂以一身事二姓，下见故主哉？	《汉书》卷七二《龚舍传》
20	新莽	此汉家宗庙，皆有神灵，与何治而坏之	《汉书》卷九八《元后传》
21	新莽	……汉家当复兴。君姓李，李音徵，徵火也，当为汉辅	《汉书》卷九九下《王莽传下》
22	新莽	天下同苦王氏，思汉家	《后汉纪》卷一《光武皇帝纪》
23	光武	（隗嚣言于班彪曰：）先生言周、汉之执，可也，至于但见愚民习识刘氏姓号之故，而谓汉家复兴，疏矣	《汉书》卷一〇〇《叙传》

续表

序号	时代	引句	出处
24	光武	汉承尧运，历数延长。……建明汉有再受命之符，言之久矣……	《后汉书》卷二三《窦融传》
25	光武	文章之人，滋茂汉朝者，乃夫汉家炽盛之瑞也	《论衡》卷一三《超奇篇》
26	光武	五代皆一受命，唯汉独再，此则天命于汉厚也。如审《论衡》之言，生禀自然，此亦汉家所禀厚也。……汉统绝而复属，光武存亡，可谓优矣	《论衡》卷一九《恢国篇》
27	光武	汉家九百二十岁，以蒙孙亡，受以丞相，其名当涂高	《华阳国志》卷五《公孙述志》
28	光武	吾绨帙中有先祖所传秘记，为汉家用，尔其修之	《后汉书》卷三〇《杨厚传》
29	光武	光武初，康率傍国拒匈奴，拥卫故都护吏士妻子千余口，檄书河西，问中国动静，自陈思慕汉家	《后汉书》卷八八《莎车传》
30	明帝	（耿恭）以毒药傅矢，传语匈奴曰："汉家箭神，其中疮者必有异。"因发强弩射之，虏中矢者，视创皆沸……相谓曰："汉兵神，真可畏也！"	《后汉书》卷一九《耿恭传》
31	章帝	宜及北虏分争，出兵讨伐，破北成南，并为一国，令汉家长无北念	《后汉书》卷八九《南匈奴传》
32	安帝	（张衡言：）汉家得天下二百岁之书也。复二百岁，殆将终乎？	《后汉书》卷五九《张衡传》
33	桓帝	（常侍徐璜言：）朱雀，汉家之贵国，宿分周地，今京师是也	《后汉书》志一八《五行六》注引《梁冀别传》
34	西汉	井，四月，水众通出……爰汉家祸	《易纬·稽览图》卷上
35	东汉	司空骑吏以下皂袴，因秦水行。今汉家火行，宜绛袴	《太平御览》卷六九五引《汉官仪》
36	东汉	汉家火行衰于戌，故曰腊也	《风俗通义》卷八《祀典》

　　表 1 中诸例可证，"汉家"语意确如尾形氏所言具有明确的拟"家"属性。如例 6 所言"汉（家）女""汉家婿"，又如太史公誉叔孙通为"汉家儒宗"，此类提法还可见"汉家边吏""汉家名相""汉家郡守"等。只是应当注意，此"家"实乃"天下一家"的"大家"，所以除了嫁、娶汉家女之说拟制"小家"的父女关系（但不言某氏女），还有儒生、边吏、郡守、丞相等"君臣"关系。此时的"汉家"其实已近汉帝国之义，具有一定的"国家"属性。如例 8 言"汉家得贤"，例 3、4、29、30、31 中，"汉家"一语出现在与匈奴等并置的场合，此时的"汉家"显然已包含强烈的主体性的"国家"意识，意同"汉国"。例 29 中，"中国"与"汉家"并置，同样的情况还见于《后汉书》卷八八《莎车传》所载"慕乐中国……世奉汉家"，以"汉家"代言"中国"，表明其含义可通。此外，"汉家故事""汉家礼仪""汉家旧典""汉家典故""汉家法律""汉家法度故事""汉家之制""汉家之法""汉家制度""汉家制作之业"等，均反映出"汉家"所含有的"国家"之义。当然，亦如尾形氏所指出，"汉家"还具有王朝之义（汉朝），此从例 1 所言"汉家法周"，例 23 周、汉并举，以及"汉家承周秦之敝""汉家因秦"等用语中，皆可清晰验之；例 25 中"汉家""汉朝"并用的情况，复堪证之。

　　发掘出"汉家"所具有的"公"属性，确系尾形氏用力最勤之处——其贡献亦在于将"汉家"与"刘氏""刘家"等私属称谓严格区分开来。此外，五井直弘也强调"汉家"并非私家属性与排他性的血缘组织，其中的"家人"包括近亲者、同居亲与庶民。[①] 然而，通检"汉家"之史籍用例尚可发现，在某些特定场合中，"汉家"仍表现出"私"

---

① 　五井直弘『漢代の豪族社会と国家』名著刊行会、2001、270-275 頁。

属性的刘氏政权之义。如例17、18、19、20皆为王莽代汉时的言论，稍予品读即可体味其间的替刘代汉之意，尤其是孝元皇后自言"汉家老寡妇"、无颜见"汉家"等，基本可等同于刘氏。不过，从例10、22，尤其例23中，我们又可见到"刘氏"与"汉家"、"王氏"与"汉家"特意对举的情况，说明"汉家"确实有不同于"刘氏"的内涵。由此推之，合理的解释是，作为皇室之人的孝元皇后实际上同时代表了"汉家"与"刘氏"，于是借此身份呵斥王氏窃国。

需指出，除独特的"公"属性外，"汉家"还别具超验的神学内涵，这对当时的社会影响及今天的历史理解，皆具重要意义。展开来说，"汉家"的神学属性主要体现在以下三个方面。第一，"汉家"有"德"——德运、气运。如例14、21、35、36中，"汉家"的用法明显受到五德终始说的影响，强调"汉家火行"，与之相对，王莽则通过符命以土代火、以黄代赤。可见"汉家"与五德终始说的结合，在圣化其自身的同时，亦为其埋下了致"命"的隐患（即"天命"为人所取）。[1]第二，"汉家"有"命"——天命、历数。如例7、12、15、24、27、32、34中，"汉家"与"更受命""再受命""历数延长"等语相连接，并出现灾祥预兆、年岁短长、盛衰趋势等说法，[2]以论证或反驳"汉家"所具有的命受于天的神学属性。第三，"汉家"有"统"——汉统、圣统。如例26讲"再受命"时提及"汉统"，认为汉统续接乃天命所向，非

---

[1]　王健文专门讨论了"德"的古典意涵及其与五德终始说的结合、转化，他指出："不论是由早期族群（或家族）传统言的'德'，还是联系到宇宙大化流转的五德终始说，都不脱'德'的原始义：神圣属性。"而"'德'的实质内容之限定，在某个角度看，却提供了对其神圣性或神秘性颠覆的可能"（王健文：《奉天承运——古代中国的"国家"概念及其正当性基础》，台北：东大图书公司，1995，第84页）。有关该问题的讨论亦参小南一郎《中国古代天命与青铜器》（杨振红、尚宇昌译，华夏出版社，2024，第211~237页）。

[2]　如谢承《后汉书》之《李固传》言"汉家衰微"（参见周天游辑注《八家后汉书辑注》，上海古籍出版社，1986，第111页）。

人力所可抗拒，"汉家"的"圣统"于此具有了超越世间血缘的神学特质。

根据以上讨论可进一步得出以下几点认识。第一，"汉家"用语（与之相关联的还有"天汉""圣汉"之属）西汉时已见，且从汉初至武帝，随着国力增长及对外用兵繁兴，"汉家"的"主体性意识"进一步浮现，"国家"层面的内涵亦由此而得充实，所以当时还出现了"大汉""皇汉""强汉"等语。① 第二，成帝至光武时期，"汉家"用语大量出现，内涵亦有明显增衍，主要表现为与"五德终始说"之结合。与此同时，由于出现易姓而王的情况，"汉家"本有的"公"属性也偶与刘氏之"私"属性混同。第三，"汉家"的神学属性在两汉之际得以深刻彰显，伴随此般思想变化，"篡汉""复汉"的历史变动先后发生。这两者之间究竟存在怎样的具体联系，值得深思。

第二节　谶纬对"汉家"神学内蕴的扩充与整合

在积深日久的"家国同构"文化传统中，② 要实现对"汉家"之"公"属性的牢固构造与持续保障，无疑会遭遇诸多严峻挑战。事实上，对天下之"公"的追寻，早在诸子争鸣时已蔚为大观，且其思考方式在今天看来亦可谓理性、深刻。然而，历史的果实并非仅靠思想沃土的培育便可顺利结出；保障统一中央王朝之"公"天下的机制，仍在逻辑所

---

① 王子今：《大汉·皇汉·强汉：汉代人的国家意识及其历史影响》，《南都学坛》2005年第6期。

② 此可参谢乃和有关先秦家臣制度的几项考察与讨论，氏著《古代社会与政治——周代的政体及其变迁》，黑龙江人民出版社，2011，第34~178页，尤其是第57~59页。

难规定的历史进程中酝酿发酵。

采用"家"的形式却以"无家"为基础——采用"私家"的形式（拟小"家"因而有姓氏"汉"），内涵却为纯然的"公家"概念（不类"刘""李"等私姓）——这意味着"汉家"乃是对个体小家经验的提升与超越，是被赋予了一定神性的天下人之"家"。这是因为，要想在"家"这一本质为"私"的树干上嫁接异质枝条，使其结出本质为"公"且为天下人所接受的果实，在当时的知识氛围和历史发展脉络中，最有可能实现的，似乎就是神道设教，以此超越人们对于小"家"的既有经验（包括出生、姓氏、婚嫁等），在"家"的外壳中注入本质为世俗经验之对立面，因而必然具有"公"属性的"神性"内容。要言之，"汉家"的神圣属性即是保障其获取超越"私家"之"公"属性的根本因素。[1]究其缘由，乃在于神性的信仰本质必然要求个人经验之转换（或曰世俗经验之祛除），以及纯粹的归附式认同，是故神性的注入实可谓确立全新的"家"之秩序的最彻底方式。也因此，一整套超越万千"私家"却又为其所认可的"天下一家"之话语表达，亟待加强和完善。谶纬以其自由附经的表现形式、诡谲清奇的内容摄取，[2]成为担此要务的最佳选择。根据已有研究成果，谶纬早在战国时即已出现，但其大端的酿成则应在

---

[1]　此种通过神性注入达成化私为公的方式，在汉代墓葬图像系统中亦有呈现。姜生注意到，汉画中存在死后超越家庭乃至家族，融入一个以酆都（迥异于后世所谓之地狱）为中心的永恒不朽之"家"的核心主题："尽管汉墓在物理特征方面是作为死后之宅而精心建设——甚至极尽奢华，尽管作为社会现象的坟墓秩序、祠堂设置、祖灵祭拜、丧葬仪式等是在以家族为单位的结构中进行着，尽管墓室乃用坚固材料修造成与周边相隔的物质形态，然而墓葬及其画像系统所表达的死后世界，却明确地表现出超越世俗宗法制家族边界形态的、为神所统领的某种'公共空间'属性（不见祖宗神等家族元素）。"（姜生：《汉帝国的遗产：汉鬼考》，第 298 页）

[2]　刘勰称谶纬"事丰奇伟，辞富膏腴，无益经典而有助文章"（刘勰撰，范文澜注《文心雕龙注》卷一《正纬》，人民文学出版社，1958，第 31 页）。

西汉成、哀之际。[①] 也是在这个时期，"汉家"用语愈见频繁，且多与灾异、"更命"等内容相衔接，语意渐生变化。虽然在今存谶纬文献中，直接提及"汉家"者并不多见，但其立说基本围绕"汉家"的相关方面展开，旨在"为汉制法"。[②] 可以说，正是谶纬的注入才导致"汉家"神化的步伐遽然加快。其具体路径有三，下详述。

一　隆崇建国神话

汉朝的建国神话，包括高祖斩白蛇、高祖出生异象等方面的内容，在《史记》中已有所见。然而长期以来，这些内容除在讨论刘歆伪窜古书以为王莽代汉张目时有所涉及外，便少有人关注了，其

---

① 刘师培：《谶纬论》，《国粹学报·文篇》，1905 年，此据《刘师培史学论著选集》，上海古籍出版社，2006；陈槃：《谶纬溯源（上）》，《中央研究院历史语言研究所集刊》第 11 本，1944 年，此据《古谶纬研讨及其书录解题》，上海古籍出版社，2010；钟肇鹏：《谶纬论略》。笔者赞成谶、纬互辞说（陈槃：《谶纬命名及其相关之诸问题》，前揭书；钟肇鹏前揭书，第 9~11 页），且认为其兴起当比哀、平之际更早，可上溯至成帝时期。有关纬书兴于成帝时期的讨论，参见李学勤《〈易纬·乾凿度〉的几点研究》（《清华汉学研究》第 1 辑，第 24~25 页）及《〈汉书·李寻传〉与纬学的兴起》（《杭州师范学院学报》1996 年第 2 期）。安居香山和中村璋八认为："纬书是在很长时期内、经由众人之手完成的"；"从纬类的内容与今文学思想深深关联来看，所谓纬书说的形成可能也要提早到西汉中期左右"（安居香山、中村璋八辑《纬书集成·解说》，吕宗力、栾保群等译，河北人民出版社，1994，第 77、70 页）。葛志毅提出，谶纬之学的兴起与战国秦汉之际的受命改制思潮相关："战国兴起的受命改制思潮启发刺激了秦汉时代频繁出现的受命改制活动，作为此活动的重要结果之一是催生出汉代谶纬这种新的政治受命神话，而三统、五德及封禅这些较早出现的受命改制思想，也大体融以河、洛说为中心的谶纬思想体系之内。所以，汉代谶纬之学的兴起，实代表了战国秦汉之际思想文化发展的一种趋势，是在此过程中由政治活动与思想文化的互相激发而酝酿出的学术成果。"（葛志毅：《战国秦汉之际的受命改制思潮与谶纬之学的兴起》，此据氏著《谭史斋论稿四编》，第 205 页）

② 如《春秋汉含孳》直言："孔子曰：'丘览史记，援引古图，推录天变，为汉帝制法，陈叙图录。'"又言："丘水精，治法为赤制方。"《孝经援神契》亦曰："玄邱［丘］制命，帝卯行。"（安居香山、中村璋八辑《纬书集成》，第 815、988 页）

中的独特内涵与历史逻辑自也欠缺相应的合理认识。[①]《史记·高祖本纪》载：

> 高祖，沛丰邑中阳里人，姓刘氏，字季。父曰太公，母曰刘媪。其先刘媪尝息<u>大泽之陂</u>，梦与神遇。是时<u>雷电晦冥</u>，太公往视，则<u>见蛟龙于其上</u>。已而有身，遂产高祖。高祖为人，隆准而龙颜，美须髯，左股有七十二黑子。仁而爱人，喜施，意豁如也。[②]

高祖诞生神话在汉画中亦有呈现。如武氏祠左石室第五石下栏所刻（图1），在鲵、鳝丰裕的大泽岸边，倭堕髻的女子侧卧入梦，一龙伏其身，女子左、右两侧均为手持鼓槌的雷公，左侧雷公旁有一羽人。[③] 结合《史记》所载，通观整幅画面，其所表现者当即刘媪感遇

---

① 崔适、顾颉刚、吕思勉、梁玉绳等皆以《高祖本纪》中的神话为后人伪窜，对此吕宗力有所辨析，并指出以现在能够掌握的传世及出土文献，不能确认《史记·高祖本纪》中的开国之君神话属于后人伪造或增窜；司马迁采入相关神话，"在当时的社会政治文化语境中实属自然不过也不得不然的史学编纂笔法，反映的是那一特定时空中的'历史真实'"（吕宗力：《汉代开国之君神话的建构与语境》，《史学集刊》2010年第2期）。罗庆康将刘邦出生前的传说归纳为"龙种""天子云气"等七个方面，认为它们都是为刘邦出生所造的"骗人舆论"（罗庆康：《刘邦新传》，河南大学出版社，1995，第29~34页）。王子今则专文讨论了汉高祖斩蛇剑作为开国建业的政治意象对中国政治文化传统之深远影响（王子今：《"斩蛇剑"象征与刘邦建国史的个性》，《史学集刊》2008年第6期）。

② 《史记》卷八，中华书局，1959，第341~342页。关于"七十二黑子"，《正义》曰："《河图》云：'帝刘季，口［日］角，戴胜，斗胸，龟背，龙股，长七尺八寸。'《合诚图》云：'赤帝体为朱鸟，其表龙颜，多黑子。'按：左，阳也。七十二黑子者，赤帝七十二日之数也。木、火、土、金、水各居一方，一岁三百六十日，四方分之，各得九十日，土居中央，并索四季，各十八日，俱成七十二。故高祖七十二黑子者，应火德七十二之征也。"（《史记》，第343页）

③ 对此石的讨论可参刘辉《"汉承尧运"的汉画像解读》，《光明日报》2013年5月16日，第12版。

的神圣时刻。另外，纬书《河图始开图》所记地祇之女附宝于郊野感北斗黄神之精而生黄帝的神话，与此记载亦相似，应是同时受到先秦及汉初感生类神话之影响使然。①总之，借助纬书的"神笔"，高祖感生、异貌的情节被进一步渲染、发挥，其神话意味愈显醇厚，故亦愈渐荡涤人们对于"真实"历史语境的心理感知。《诗纬·含神雾》载："代汉者，龙颜珠额。"又曰："含始吞赤珠，刻曰玉英，生汉皇。后赤龙感女媪，刘季兴。"《春秋合诚图》言："赤帝体为朱鸟，其表龙颜，多黑子。"又谓："刘媪梦赤鸟如龙，戏己，生执嘉"，"执嘉妻含始游雒池，赤珠出，刻曰：'玉英。吞此者为王客。'以其年生刘季，为汉皇"。《河图提刘篇》记载："帝季，日角，戴胜，斗胸，龟背，龙股，长七尺八寸，明圣宽仁，好任主轸。"《河图玉英》直言："刘季为天子。"②

图 1　武氏祠中反映高祖诞生神话的画像

---

① 吕宗力：《感生神话与汉代皇权正当性的论证》，《秦汉史论丛》第 8 辑，云南大学出版社，2001，此据氏著《汉代的谣言》，第 289~306 页。

② 以上见安居香山、中村璋八辑《纬书集成》，第 463、463、765、826、826、1185、1193 页。

连类而及，纬书还增衍出天授河图的内容，用以强调并无显赫身世背景的高祖确乃天命所属。比如《河图》谓："期之兴，天授图，地出道，予张兵矜刘季起。"又谓："汉高祖观汶水，见一黄釜，惊却反。化为一翁，责言曰：刘季何不受河图？"① 河图、洛书在先秦即被认为是圣人禀受天命的祥瑞，《尚书·顾命》《论语·子罕》《墨子·非攻》皆有载，② 而汉纬中亦不乏对古代圣王贤臣感生、异形、受河图的描述，包括黄帝、伏羲、仓颉、尧、舜、禹、皋陶、商汤、文王、武王、周公、成王、孔子，乃至后来的秦始皇等。③ 如此，高祖刘季便享有与上古圣王同样的天命征象，所以受图应运，理得天下。

《史记》还载有高祖斩白蛇之事，④ 通过这一情节的生动渲染，高祖"赤帝子"的身份以更加深入人心的方式得到承认，"诸从者日益畏之"，这就为其创建、执掌"汉家"的合法性，再次寻找到终极的天命依据。谶纬中亦同存此神话，如《春秋合诚图》载："水神哭，子褒衰败。"宋均注："高祖斩白蛇而神哭，则此母水精也。"⑤ 高祖斩白蛇的"故事"亦见诸汉画，如雅安高颐阙斗拱间所刻高祖醉卧持剑的浅浮雕即是其证（图2）。画面上带剑侧卧人物左侧刻有一蛇，蛇身靠近人肘的地方似有断痕，脚端置放一盛酒的耳杯。值得注意的是，在已发现的巴蜀汉阙中尚有其他"带剑侧卧图"，如绵阳杨氏阙，实亦为"高祖醉酒斩蛇图"。⑥

---

① 安居香山、中村璋八辑《纬书集成》，第1223页。
② 亦见载于《易·系辞传》及《管子·小匡》，唯二书成书时间尚有争议，故暂存疑。
③ 相关讨论参见索安《国之重宝与道教秘宝——谶纬所见道教的渊源》，《法国汉学》第4辑，第42~127页；冷德熙《超越神话——纬书政治神话研究》，第82~94页；徐兴无《谶纬文献与汉代文化构建》，第268~270页；吕宗力《汉代的谣言》，第289~306页。
④ 《史记》卷八《高祖本纪》，第347页。
⑤ 安居香山、中村璋八辑《纬书集成》，第765页。
⑥ 徐文彬等：《四川汉代石阙》，文物出版社，1992，第74页。

图 2　雅安高颐阙上的高祖浮雕

说明：高祖身旁刻蛇，蛇身近肘处有断痕，脚端刻有盛酒的耳杯。

　　关于高祖建国的受命之征，《汉书·天文志》载："汉元年十月，五星聚于东井，以历推之，从岁星也。此高皇帝受命之符也。"[1]班彪在《王命论》中则已将"五星聚东井"的神话与高祖斩白蛇的神话熔为一炉，曰："始受命则白蛇分，西入关则五星聚。"[2]以"五星聚东井"的奇异星象为高祖的受命之符，这样的说法亦为谶纬所高扬。在此之外，谶纬还构造出更多的"汉家"受命神话：

<hr>

[1]　《汉书》卷二六，中华书局，1962，第1301页。《汉书·楚元王传》《高帝纪》《张耳陈余传》和《史记·天官书》《张耳陈余列传》皆有类似叙述。需注意，根据现代天文学推算，汉元年十月并无五星会聚的现象，不过高祖二年却发生过类似的天象，论见黄一农《社会天文学史十讲》，复旦大学出版社，2004，第63~65页。同时黄一农还指出，《史记》仅称"汉之兴，五星聚于东井"，未确切到汉元年十月。据此，两者之间的差异或许正好呈现出时人对"汉家"神圣书写的强化趋势。

[2]　《汉书》卷一〇〇上《叙传上》，第4212页。有关此次"五星聚东井"星象发生时间的古今争论及新近研究，见曾蓝莹《星占、分野与疆界：从"五星出东方利中国"谈起》，甘怀真编《东亚历史上的天下与中国概念》，第188~189、194~196页。

王者有至德之萌，则五星若连珠。（《易纬·坤灵图》）

刘受纪，昌光出轸，五星聚井。（《河图稽命征》）

有人卯金，兴于丰，击玉鼓，驾六龙……有人卯金刀，握天镜。（《春秋演孔图》）

刘季握卯金刀，在轸北，字季，天下服。卯在东方，阳所立，仁且明。金在西方，阴所立，义成功。刀居右，字成章。刀击秦，枉矢东流，水神哭祖龙。（《春秋汉含孳》）

有人雄起，戴玉英，履赤矛，祈旦失篝，亡其金虎。东南纷纷，注精起，昌光出轸，己图之。<small>郑玄曰："谓刘氏也，谓火精当起轸翼之野。"</small>（《尚书帝命验》）

鲁哀公十四年，孔子夜梦三槐之间，沛丰之邦，有赤烟气起。乃呼颜渊、子夏往视之，驱车到楚西北范氏街，见刍儿捕麟，伤其前左足，薪而覆之。孔子曰："儿来，汝姓为谁？"儿曰："吾姓为赤诵，名子乔，字受纪。"孔子曰："汝岂有所见耶？"儿曰："见一兽，巨如羔羊，头上有角，其末有肉。"孔子曰："天下已有主也，为赤刘，陈、项为辅，五星入井，从岁星。"儿发薪下麟示孔子，孔子趋而往。麟蒙其耳，吐三卷图，广三寸，长八寸，每卷二十四字，其言赤刘当起，曰："周亡，赤气起，火耀兴，玄丘制命，帝卯金。"（《孝经援神契》）[1]

---

[1]　安居香山、中村璋八辑《纬书集成》，第311、1179、580、812、372、992页。标点、内容略有调整。案，上揭《孝经援神契》文，《纬书集成》言出自《古微书》和《汉学堂丛书》，然二书均未言及出处。核查文献，可知其与《宋书·符瑞志》所记基本一致，唯"一兽"在《符瑞志》作"一禽"。相同内容复见于《搜神记》，均未注明出处。《初学记》卷二九引作《经古契》，"古"或为"右"之讹。尽管该条《孝经援神契》文，史源或有不晰，然从汉纬中诸多相近记载看，其主体内容当源出于汉。承张官鑫学兄见告，谨致谢忱。

以上，通过谶纬之神化、隆崇，汉人圆满地完成了"汉家"建国神话之构建。从此"汉家"之"命"上归于"天"，作为"赤帝子"的刘季，也终于摆脱普通世人的"私家"身份而得以跻身神系，名副其实地成为天命所系的"汉家"之主。

二　铸立"汉家"神统

"汉家"的开国之主非为"私家"子，"汉家"之"命"上受于天，循此逻辑，"赤帝子"理当具备非同寻常的"祖系"，而"汉家"亦当有其神圣的"谱系"传承——此即汉家"尧后火德"说的生成背景。

"汉家尧后"说在现存记载中首见于《汉书·眭弘传》：

> 孝昭元凤三年正月，泰山莱芜山南匈匈有数千人声，民视之，有大石自立……孟意亦不知其所在，即说曰："先师董仲舒有言，虽有继体守文之君，不害圣人之受命。汉家尧后，有传国之运。汉帝宜谁差天下，求索贤人，禅[禅]以帝位，而退自封百里，如殷周二王后，以承顺天命。"①

杨权根据不同的断句方式推断"汉家尧后"之语可能出自①董仲舒、②眭弘、③第三者，并通过分析否定了前两种可能，考证"汉家尧后"说是某位或某几位谶纬家在昭帝始元元年至元凤三年

---

① 《汉书》卷七五，第3153~3154页。

（前86~前78）提出的，其文献依据则在《左传》中。① 是论较合情理，可从。

从残存的谶纬文献中，我们也确可发现"汉家尧后"说的痕迹。如《尚书中候》载："卯金刀帝出，复尧之常。"意即刘姓皇帝当兴复尧之典式。《春秋演孔图》言："卯金刀，名为刘。中国东南出荆州。赤帝后，次代周。"直谓刘为赤帝（尧）后。② 东汉《成阳灵台碑》则刻有："庆都……游观河滨，感赤龙交，始生尧。……案经考典，《河》《洛》秘奥，汉感赤龙，尧之苗胄。"③ 反映出《河洛谶》已将高祖感生说与"汉家尧后"说融为一体。又汉章帝欲制礼乐，元和二年（85）下诏直引纬书"《河图》称：'赤九会昌，十世以光，十一以兴。'《尚书璇机钤》曰：'述尧理世，平制礼乐，放唐之文。'予末小子，托于数终，曷以缵兴，崇弘祖宗，仁济元元？《帝命验》曰：'顺尧考德，题期立象'"，④ 推算之始即自唐尧，可证谶纬当以尧为汉家远祖。亦因乎此，谶纬对尧之描述甚为可观，如《春秋元命苞》载："尧眉八采，是谓通明。历象日月，璇玑玉衡。"《洛书灵准听》记尧："丰下兑上，龙颜日角，八采三眸，鸟庭荷胜，琦表射出，握嘉履翌，窍息洞通。"《尚书中候》谓："尧即政

---

① 杨权：《新五德理论与两汉政治——"尧后火德"说考论》，第75~89页。需注意，李祖德曾对刘邦历代祖先的活动予以详考，梳理出"刘邦祖先世系图"和"刘邦祖先大事记"，这显示"汉为尧后"确有一定文献记录可供追踪。此外，崔建华最近也对"汉家尧后"问题予以考察，可参（李祖德：《刘邦祭祖考——兼论春秋战国以来的社会变革》，《中国史研究》2012年第4期；崔建华：《西汉时期"汉家尧后"说的生成及演化》，《人文杂志》2021年第8期）。

② 以上见安居香山、中村璋八辑《纬书集成》，第419、581页。

③ 洪适：《隶释》卷一《成阳灵台碑》，《隶释·隶续》，中华书局，1985，第14页。此外，汉碑中多见汉家尧后的相关话语，如汉济阴太守孟郁立于东汉永康元年（167）的《修尧庙碑》曰："汉永康元年□月□□，惟昔帝尧，功德庆苞，孔号赫赫荡荡，垂基赤精之胄。为汉始别陵气，炎烛上交仑玄，魏魏之盛，乾巛见征。"有关谶纬对东汉碑刻之影响可参吕宗力《东汉碑刻与谶纬神学》，《研究生论文选集·中国历史分册》（一）。

④ 《后汉书》卷三五《曹褒传》，中华书局，1965，第1202页。

七十载，德政清平，比隆伏羲。凤皇巢于阿阁骧林。景星出翼轸，朱草生郊。"①《春秋合诚图》则详述尧受赤制：

> 尧母庆都有名于世，盖天帝之女，生于斗维之野，常在三河之
> 南。天火雷电，有血流润大石之中，生庆都，长大形象天帝，当有
> 黄云覆盖之。梦食不饥。及年二十，寄伊长孺家，出观三河之首，
> 常若有神随之者。有赤龙负图出，庆都读之：赤受天运。下有图，
> 人衣赤光，面八彩，须鬣，长七尺二寸，兑上丰下，足履翼翼。署
> 曰：赤帝起，诚天下宝。奄然阴风雨，赤龙与庆都合婚，有娠，龙
> 消不见。既乳，视尧貌如图表。及尧有知，庆都以图予尧。②

尧、汉火德的问题与帝德谱叠加在一起，远更复杂。顾颉刚继承发展晚清以来的有关论说，根据《世经》记载，首先排列出从太昊庖牺氏至汉的"全史五德终始表"，并认为基于五德相生的理论，刘歆不惜遍伪群经，通过设置闰统和加入少昊的方式，使此帝德谱同时符合了"汉为尧后"与"汉为火德"两个命题，以为王莽篡权服务。③顾文发表之后，钱穆、杨向奎等均发文提出不同看法。钱穆认为早在董仲舒那里已有五行相生的排列法，而"汉家尧后"说昭帝时已出现，汉初尚赤亦非刘歆之伪造。④而此前一年，钱穆便已发表《刘向歆父子年谱》，提出刘歆伪造古文经的二十八点"不可通"，说服力强，对疑古之偏已有所揭

---

① 安居香山、中村璋八辑《纬书集成》，第591、1258、404页。
② 安居香山、中村璋八辑《纬书集成》，第764页。标点、内容皆重新校对。
③ 顾颉刚：《五德终始说下的政治与历史》，《顾颉刚古史论文集》卷2。
④ 钱穆：《评顾颉刚〈五德终始说下的政治与历史〉》，《古史辨》第5册。顾颉刚的回应见《跋钱穆〈评五德终始说下的政治与历史〉》，《古史辨》第5册。

示。① 杨向奎在五行说的起源、汉初属德、汉武帝的政治思想、董仲舒与儒教、汉历将终以及王莽篡汉等问题上，都与顾氏有不同意见，他认为《左传》乃真正的古典典籍，不曾为汉人伪篡，刘歆也没有伪造五行相生说和古史系统。②

　　近年来，汪高鑫重提五行相生的"新五德终始历史学说"乃刘歆所创，以为西汉末年政权危机寻求出路。③ 龚留柱、张信通亦认为，刘歆《世经》编织的古史系统要为王莽提供政治合法性，故此提倡汉朝火德、"汉家尧后"说。④ 杨权在此基础上提出"新五德理论"的发明权在刘向，并结合《汉书·郊祀志下》"赞"和《汉纪·高祖皇帝纪》中所记"从木德伏羲到火德汉朝的帝德谱"，认为确实存在着一个刘向版的帝德谱，刘歆即据此构拟出尧汉同德的《世经》系统，以为王莽篡汉张本。⑤ 陈泳超集中讨论了《世经》帝德谱之创作目的，认为从现有文字看，《世经》帝德谱所依据的"汉为尧后"与"汉为火德"两个命题"既可以证明汉朝的合法性，也可以证明新朝代汉的合法性……所以媚汉与媚新，理论上都有可能"。文本不能自证写作目的，他尝试从该命题的现实运用中寻求答案，最后得出结论：刘向父子创作了《世经》帝德谱，"刘向本人还利用其校书与宗正的特殊身份，为汉室皇族编制（或完善发布）了一套从春秋战国以来的家族迁徙路线图，为'汉为尧后'设定了更权威的氏族谱。……用以为日渐颓唐的汉室政权增加合法性依据"。换言

---

① 　收入钱穆《两汉经学今古文平议》。
② 　杨向奎：《西汉经学与政治》，第 25~121 页。
③ 　汪高鑫：《论刘歆的新五德终始历史学说》，《中国文化研究》2002 年夏之卷。
④ 　龚留柱、张信通：《"汉家尧后"与两汉之际的天命之争——兼论中国古代的政治合法性问题》，《史学月刊》2013 年第 10 期。
⑤ 　杨权：《新五德理论与两汉政治——"尧后火德"说考论》，第 126~139、145~150 页。

之,《世经》帝德谱实乃"媚汉"而非"媚新"之作。[①]陈泳超的讨论颇具启发意义,他在确认帝德谱建立之目的乃"媚汉"的同时,也客观上呈现了"汉家"神谱的创善过程。张书豪近来亦对西汉后期"尧后火德"说的成立经过再度予以梳理。[②]

"汉家尧后"可证为谶纬之作,"汉家火德"说与帝德谱一体,据前贤研究应有多重来源,[③]尽管如此,谶纬对"汉家火德"说及帝德谱的完善仍然发挥了不可忽视的推动作用。日本学者久野升一指出,把汉为火德一说进一步理论化的是纬书,纬书是"汉家火德"说的坚强后盾。[④]徐兴无专门探讨了谶纬文献中天道圣统的成立及其与宗法圣统间的调和。[⑤]杨权讨论指出,在刘向"原始版"(陈泳超认为此谱不存在)、刘歆"更新版"帝德谱之外,还存在一个谶纬版的帝德谱。[⑥]陈苏镇亦认为尧、汉火德乃沿袭谶纬之说。[⑦]至于谶纬文献如何隐微地呈现出帝德谱以及此谱有何特点等问题,前引论著已有详论,此不再赘。

---

①　陈泳超:《〈世经〉帝德谱的形成过程及相关问题——再析"五德终始说下的政治和历史"》,《文史哲》2008 年第 1 期。

②　张书豪:《西汉"尧后火德"说的成立》,《汉学研究》2011 年第 3 期。

③　徐兴无梳理了谶纬文献中天道圣统的构成来源,包括邹衍的学说、《月令》图式、三统论、占星术以及刘歆《世经》之帝德谱(参见徐兴无《论谶纬文献中的天道圣统》,《谶纬文献与汉代文化构建》,第 166~188 页)。陈泳超排列出了董仲舒的帝德谱,认为"以五行相生来排列世德的所谓'新五德理论',至少在董仲舒的著作里已经确然存在,至于是否就是董仲舒创立的,目前还难以明断"(陈泳超:《〈世经〉帝德谱的形成过程及相关问题——再析"五德终始说下的政治和历史"》,《文史哲》2008 年第 1 期)。相关讨论也参曾德雄《谶纬中的帝王世系及受命》,《文史哲》2006 年第 1 期。

④　参久野昇一「前漢末に漢火德説の称へられたる理由に就いて(上)」『東洋学報』第 3 号、1938;安居香山《纬书与中国神秘思想》,田人隆译,河北人民出版社,1991,第 92~93 页。

⑤　徐兴无:《谶纬文献与汉代文化构建》,第 149~217 页。

⑥　杨权:《新五德理论与两汉政治——"尧后火德"说考论》,第 342~380 页。

⑦　陈苏镇:《两汉之际的谶纬与〈公羊〉学》,《文史》2006 年第 3 辑。

　　应予注意者，谶纬形成于成、哀之际，此时"汉家尧后"说已为谶
纬家 ① 所提出，且在社会上造成较大影响，以致有人上书要求皇帝禅位
于贤。那么置此氛围，是否有可能在刘向之前已有人（谶纬家）编制出
"汉家"帝德谱？陈泳超指出："我们不敢说在刘向之前那些宣扬'汉为
尧后'的人就不可能编造类似的刘氏迁徙线路图，但是现存资料的最早
记录确实最先出自刘向之口，那么猜测是刘向的创作也不为过，至少可
以推测是由他而定论推广的。"可是甘忠可师徒宣扬的本意同样在于媚
汉的"再受命"理论，② 为什么刘向父子又要反对呢？陈氏认为，刘向作
为三朝老臣，"显然不愿意汉室祚运夭折，所以他不能允许民间人士随意
揣测天命，哪怕是媚汉的'再受命'，也会带来不同程度的视听淆乱"。③

---

① 　关于谶纬的作者，冯友兰曾引《隋书·经籍志》言及谶纬的撰造、传播无不与"俗儒"有
　　关（冯友兰：《中国哲学史》下册，中华书局，1947，第574页）。陈槃、钟肇鹏则认为谶
　　纬的作者乃方士群体（陈槃：《谶纬命名及其相关之诸问题》，氏著《古谶纬研讨及其书录
　　解题》，第163~166页；钟肇鹏：《谶纬论略》，第22~23、26页）。历史地看，谶纬的形
　　成当经历了较长时期，且一直处于增删、改定的过程中，其制作及校订者亦非某一时代某
　　一群体所可概言。比如《后汉书·尹敏传》载光武帝曾命尹敏增损图谶，尹敏校勘图谶时
　　竟自行增饰阙文，据其所言，如此做法乃是有鉴于"前人增损图书"之行（《后汉书》卷
　　七九上《尹敏传》，第2558页）。而尹敏增饰的内容"君无口，为汉辅"则不得不让人联
　　想到地皇二年（21）卜者王况的"汉辅"之谶，该谶言对李焉，李守、李通父子，以及王
　　莽的行为都产生了深远影响。可见至少在两汉之际，造作谶言、增损图谶的做法便已表现
　　出某种奔涌、失控和时有泛起之势。更堪注意者，尹敏、王况的"汉辅"之谶，或许还有
　　更早的凭据。在今存谶纬文献中，有三篇题作《河图挺佐辅》《春秋佐助期》《论语摘辅
　　象》的文献，从题名看皆当与"汉辅"思想有一定关联，而这三篇文献则有较大可能居
　　于其他谶纬文献的前列，诞生于西汉更早的时期（陈槃：《古谶纬研讨及其书录解题》，第
　　324~350页）。总之，从"佐命""汉辅"等"为汉制法"之主题入手观察，谶纬殆乃通经
　　识纬、渴慕出仕的方士、处士、隐士之制作，间有士人甚至帝王之增补、改饰或校订（制
　　作、改订者的姓名有可能就排列于历史上有名的帝王师名录之中）。正因如此，姜尚、张
　　良等帝王良辅方才作为其欲效法的对象，屡屡出现在他们的论说中并被神化，而星象、灾
　　异等与天命探测相关的知识，亦成为汉纬之大宗。
② 　甘忠可师徒事详见《汉书》卷一一《哀帝纪》、卷七五《李寻传》。
③ 　陈泳超：《〈世经〉帝德谱的形成过程及相关问题——再析"五德终始说下的政治和历史"》，
　　《文史哲》2008年第1期，第54页。

徐兴无亦认为："尽管来自民间的自禅受命的思想也主张五德相生的次序，但由于假借鬼神，不合儒家的经典，缺乏经学的依据，加之易乱朝政，因而被他们视为邪门左道。因此，刘歆在此时毫不犹豫地与他的父亲，甚至与他在学术上不合的丞相、大臣们站到了一起。"[①] 近来，诸葛俊元再次对该问题予以理清和讨论。他认为，同言灾异的刘向，之所以反对"更受命"说，一方面在于"更受命"实乃禅让说的妥协，具有刘氏二次接受天命以及失败即须面对改朝换代的内容指向，这与身为宗室的刘向"天命所授者博，非独一姓""未有不亡之国"的观念及其借此劝诫、警醒汉帝以维护刘氏天命之目的存在根本差异；另一方面，刘向父子之所以反对甘忠可、夏贺良之说，还与他们之间的学理冲突有一定关系。肇端于刘向、完备于刘歆的五德相生说是"以母传子"的"德之流转"模式，所以人主若能掌握德之流转，便自然可以成就一个新时代，无需假借鬼神、不合五经、欺罔天下的再受命把戏。[②]

综之，从前后相续的历史发展看，刘向之前的谶纬书中出现汉家帝德谱（或雏形）的可能性很大，并且已对当朝士人造成刺激。如上所述，虽然今存谶纬文献中不见帝德谱的确切记载——一个重要的原因，是此后几次大规模的谶纬禁毁导致其留存数量有限，[③]而深受儒家正统史观与经学正宗影响的士人，亦皆斥其"妖妄"——却仍能窥其崖略，由此我们才得以寻绎其间更为合理的历史可能。应该说，正是在民间谶纬家与儒家士人的来往互动中，汉家"尧后火德"之神统才最终确立起来。

---

① 徐兴无：《刘向评传》，南京大学出版社，2005，第 353 页。

② 诸葛俊元：《西汉学术与政治权力变迁》，第 218~224 页。

③ 参见李梅训、庄大钧《谶纬文献的禁毁和辑佚》，《山东大学学报》2002 年第 1 期；吕宗力《魏晋南北朝至隋禁毁谶纬始末》，郑州大学历史学院编《高敏先生八十华诞纪念文集》，线装书局，2006，第 235~252 页。

三　对灾祥征兆理论的转接与发展

高祖诞生、建国神话的张扬与"汉家"神统之铸成，使得超越万千"私家"的"汉家"从此具备崇高的"公权"与神学属性。接下来的问题在于如何建立"天命"与人事（包括神权与君权）的有效沟通机制，以确保"公权"和神学的稳固性。应对的有效方法，是对此前奠定的天人感应学说的进一步神化。

灾异论是一套有着古老信仰渊源的思想体系。在先秦时期，以天人感应为基础，这一通过自然异象言说人事兴衰的思想已有显现，此在《左传》《国语》中皆有反映。[①] 至汉，灾异学说有了重大发展，史载："汉兴推阴阳言灾异者，孝武时有董仲舒、夏侯始昌，昭宣则眭孟、夏侯胜，元成则京房、翼奉、刘向、谷永，哀平则李寻、田终术。"[②] 并且这一时期的灾异学说通过与五行、历算、《易》理等知识相结合，[③] 愈发深刻、完善，对国家政治与社会生活皆产生了重要影响。[④] 在这样的氛围下，谶纬同样立基于天人感应学说，根据自身神学结构的需要，发展出一套独特的融入天命改制思想的灾祥征兆之论。

谶纬书中的祥瑞往往伴随着圣王的受命过程，如其所载：

① 如《国语·周语》即载有伯阳父以地震言周亡之事，见《国语》，上海师范大学古籍整理组校点，上海古籍出版社，1978，第26~27页。京房总结道："《春秋》纪二百四十二年灾异，以视万世之君。"（《汉书》卷七五《京房传》，第3162页）

② 《汉书》卷七五《眭两夏侯京翼李传》，第3194~3195页。

③ 陈侃理：《京房的〈易〉阴阳灾异论》，《历史研究》2011年第6期。

④ 相关研究参看吴青《灾异与汉代社会》，《西北大学学报》1995年第3期；王保顶《汉代灾异观略论》，《学术月刊》1997年第5期；谢仲礼《东汉时期的灾异与朝政》，《中国社会科学院研究生院学报》2002年第2期；叶秋菊《汉代的灾异祥瑞诏书》，《史学月刊》2010年第5期；冯鹏《西汉经学与灾异思潮》，中华书局，2022。

　　［舜］在位十有四年，奏钟石笙筦，未罢而天大雷雨……舜
乃拥璿持衡而笑曰："明哉！ <u>夫天下非一人之天下也</u>，亦乃见于钟
石笙筦乎。"乃荐禹于天，使行天子事。于时和气普应，庆云兴
焉……百工相和而歌庆云。帝乃倡之曰："庆云烂兮，纠缦缦兮。
日月光华，旦复旦兮。"群臣咸进，稽首曰："明明上天，烂然星
陈。日月光华，弘予一人。"帝乃再歌曰："日月有常，星辰有行。
四时从经，万姓允诚。于予论乐，配天之灵。迁于圣贤，莫不咸
听。鼟乎鼓之，轩乎舞之。精华以竭，褰裳去之。"于是八风修通，
庆云丛聚……舜乃设坛于河，<u>依尧故事</u>。至于下昃，荣光休气至，
黄龙负《图》，长三十二尺，广九尺，出于坛畔，赤文绿错，其文
曰："禅于夏后，天下康昌。"①

　　即此，舜禅禹继之事便在谶纬之记述中得以神化。天地显示自然征象
以提示人间圣王交接，于是圣王向天荐举新的继承人；新任天子主持并带领
群臣与天唱和，万千生灵欢庆以应，最后上天以黄龙负《河图》出的形式反
馈其认可之意，由是证明圣王受让天下实乃天心所向，天地昌顺则兆民福祉
不绝，太平之世可期。纬书《尚书中候》中还有不少相似记载，意皆相类。②

---

①　安居香山、中村璋八辑《纬书集成》，第 429~431 页；据《宋书》卷二七《符瑞志上》（中
　　华书局，1974，第 762~763 页）校改。案，《纬书集成》该条引文辑自"清河郡本纬书"，
　　然"清河郡本纬书"来历不明，此条实见于《宋书·符瑞志》，而《宋志》乃因《尚书大
　　传》而来。《大传》中尧舜禅让之说为两汉时代广泛接受，谶纬中的受命神话亦与此同。
　　同时，汉代的"三统说"也强调"天下非一人之天下"，谶纬对此同样全盘吸收。虽然
　　"清河郡本纬书"真伪存疑，但此条中两种关键学说则确实代表了汉代人的思想。对"清
　　河郡本纬书"若干问题的总结性讨论请参阙海《汉代谶纬的历史学研究》，复旦大学博士
　　学位论文，2021，第 279~280、283~285 页。
②　相关讨论可参間嶋潤一「太平と河図・洛書——前漢武帝期の太平国家の構想」『東方宗教』
　　第 80 号、1992、1-13 頁；同氏『『尚書中候』における太平神話と太平国家」『日本中国
　　学会報』第 45 集、1993；「禅讓と太平国家——『尚書中候』における禅讓神話」『中国文化：
　　研究と教育』第 52 号、1994。

尤应注意此例所提"天下非一人之天下"的观念，虽或只是纬书"国家"（天下）观念的微光一现，却可谓谶纬求索"汉家"之"公"的有力反映。

与此相对，纬书中的自然异象多被解释成人事变动的前兆，指向"天命"转移之可能。如《春秋元命苞》："凡天象之变异，皆本于人事之所感，故逆气成象而妖星见焉。"《易纬》："夏雹者，治道烦苛，繇役急促，教令数变，无有常法。不救为兵，强臣谋逆，蝗虫伤谷。救之，举贤良，爵有功，务宽大，无诛罚，则灾除。"《河图秘征》："帝失德，政不平，则月生足。又陪臣擅命，群下附和，则月举足垂爪。"《易纬·萌气枢》："人君不好士，走马被文绣，犬狼食人食，则有六畜谈言。"《春秋考异邮》："冤民系狱，十月不雨。言王者刑罚失平，民冤莫白，则旱魃为虐，滴雨不行。"《易纬·九厄谶》："主失礼烦苛，则旱之，鱼螺变为蝗虫。"《春秋纬》："彗星入天枢，五霸起，帝王亡，贵人争国，小人谗言多起。"[1]纬书中如是言说不胜枚举，且多与术数内容相衔接。总体上看，谶纬对董仲舒建立的天人感应思想体系虽无更新之突破，却仍有一定程度之发展，[2]其神秘性或超越性得到进一步加强（这也意味着其对私人经验的祛除更为彻底），对汉家天命之论证更为直接，故也愈加有利于维护汉家"神统"乃至汉家"公权"之稳定。

第三节　圣汉统天：作为信仰空间的"汉家"

上文提及西汉时期"汉家"用语日渐频繁之时，"大汉""皇

---

① 安居香山、中村璋八辑《纬书集成》，第 654、333、1173、320、803、324、938 页。

② 余治平：《董仲舒的祥瑞灾异之说与谶纬流变》，《吉首大学学报》2003 年第 2 期。

汉""强汉"等词语亦时有所见。除文献记载外，此般强烈的"宣汉"意识，也自然而然地被投注到汉代碑刻之中。最堪典型者，即赫然凿记其上的"圣汉"一词，以及碑阴所列出的诸多蕴藉认同、归命、祈祝"汉家"之主观愿望的人名字号。

　　"圣汉"之所见，如东汉延光三年（124）《开母庙石阙铭》："圣汉禋亨［享］，于兹冯［凭］神。"① 由于该石阙铭本是为祀夏后启之母涂山氏而刻，所以其中还提到"圣母"二字。② 又如托名班固的《高祖泗水亭碑铭》："皇皇圣汉，兆自沛丰。乾降著符，精感赤龙。承魁流裔，袭唐末风。寸木尺土，无俟斯亭。建号宣基，惟以沛公。扬威斩蛇，金精摧伤。……国宁家安，我君是升。根生叶茂，旧邑是仍。于皇旧亭，苗嗣是承。天之福佑，万年是兴。"③ "圣汉"于其他汉碑所及者亦多，如《太尉刘宽碑》："厥祖出自（圣汉）□臣，王侯

---

① 高文：《汉碑集释（修订本）》，河南大学出版社，1997，第49页。

② 应注意，在汉代史籍文献中，具有"圣母"称呼或同属圣母主题的，除了涂山氏，还有尧母及老子圣母。关于尧母，如汉纬《春秋合诚图》载："尧母庆都，有名于世，盖天帝之女……及年二十，寄伊长孺家，出观三河之首，常若有神随之者。……赤龙与庆都合婚，有娠，龙消不见。"下文所引建宁五年（172）《成阳灵台碑》亦刻曰："惟帝尧母，昔者庆都，兆舍穹精，氏姓曰伊。体兰石之操，履规矩之度，则乾巛之象，通三光之曜。游观河滨，感赤龙交，始生尧。厥后尧来祖统，庆都告以河龙。尧历三河，有龙授图，躬行圣政，以育苗萌。……五运精还，汉受濡期。兴灭继绝，如尧为之。"《后汉书·章帝纪》注引郭缘生《述征记》亦曰："成阳县东南有尧母庆都墓，上有祠庙。尧母陵俗亦名云灵台大母。"分见《纬书集成》，第764页；洪适《隶释》卷一，《隶释·隶续》，第14页；《后汉书》卷三，第150页。关于老子圣母，东汉时期成都人王阜曾撰有《老子圣母碑》。北魏郦道元《水经注》卷二三载："涡水之侧又有李母庙，庙在老子庙北，庙前有李母冢，冢东有碑，是永兴元年谯令长沙王阜立。"此外，亦有汉人号曰圣母者，如《续汉书·郡国志》注引《博物记》曰："女子杜姜，左道通神，县以为妖，闭狱桎梏，卒变形莫知其所极。以状上，因以其处为庙祠，号曰东陵圣母。"分见《水经注疏》，江苏古籍出版社，1989，第1945~1946页；严可均辑《全后汉文》，许振生审订，商务印书馆，1999，第1068页；《后汉书》志二一，第3461页。

③ 严可均辑《全后汉文》，第253~254页。标点略异。

相继。"①《桐柏淮源庙碑》："位比诸侯，圣汉所尊。受珪上帝，大常定申。"②《太尉杨震碑》："圣汉龙兴，杨熹佐命。"③《帝尧碑》："圣汉龙兴，缵尧之绪，祠以上牲。暨于亡新，圮汉之业。"④此外，汉碑中还多见与之类似的"大汉"之称，如《成阳灵台碑》："于是故廷尉仲定深惟大汉隆盛，德彼（被）四表，大平未至，灵瑞未下，四夷数侵，军甲数扰，匪皇启居，日襖不复。案经考典，河洛秘奥，汉感赤龙，尧之苗胄。"⑤《史晨飨孔庙后碑》："大汉延期，弥历亿万。"⑥《樊毅修华岳碑》："大汉之舅，本枝繁昌，延庆长久。"⑦《光禄勋刘曜碑》："天临大汉。"⑧

　　从上引碑文看，"圣汉"之所"圣"者，主要体现在其受命之正、禋享是崇，亦反映于汉家之火德光隆、享天永命。而同样的用例，亦见载于汉代史籍。如班固《典引篇》仰赞汉德曰："矧夫赫赫圣汉，巍巍唐基，溯测其源，乃先孕虞育夏，甄殷陶周，然后宣二祖之重光，袭四宗之缉熙。……匪尧不兴；铺闻遗策在下之训，匪汉不弘。"⑨《汉书·平当传》载平当上书曰："今圣汉受命而王，继体承业二百余年，孜孜不怠，政令清矣。"⑩汉末处士王符则在《潜夫论》中反思圣汉未致太平之因曰："三代于世，皆致太平。圣汉践祚，载祀四八，而犹未者，教不假而功

---

① 严可均辑《全后汉文》，第 777 页。

② 洪适：《隶释》卷二，《隶释·隶续》，第 31 页。

③ 洪适：《隶释》卷一二，《隶释·隶续》，第 136 页。

④ 洪适：《隶释》卷一，《隶释·隶续》，第 13 页。

⑤ 洪适：《隶释》卷一，《隶释·隶续》，第 14 页。

⑥ 高文：《汉碑集释（修订本）》，第 338 页。

⑦ 洪适：《隶释》卷二，《隶释·隶续》，第 29 页。

⑧ 洪适：《隶释》卷一一，《隶释·隶续》，第 135 页。

⑨ 《后汉书》卷四〇下《班固传》，第 1380 页。

⑩ 《汉书》卷七一，第 3049 页。

不考，赏罚稽而赦赎数也。"①荀悦亦在《申鉴》中赞汉功德曰："圣汉统天，惟宗时亮，其功格宇宙。"②要之，尽管士人鼓舌"宣汉"的背后，或本有其不同的动机，也夹杂着各自不同的情感，但就王充、王符等无涉利害的士人而言，积极、主动地"宣汉""恢国"，③则可说明他们对"汉家"的真挚认同。

汉碑中，大量含有拥护"汉家"之意的门生、义士名号的出现，不仅透露出彼时人们归命"汉家"的心思与情感，更表明此种归附并非某种个体意识的闪现，而是作为一种较为深层的社会意识，广泛存在于当时各阶层中。比如立于建平元年（前6）的《堵阳长刘子山断碑》刻有"□□□□□字汉侯""弘农陆浑延祥字汉存"。④《谒者景君墓表》铭记去世于元初元年（114）五月丁卯的谒者任城景君，碑阴刻"诸生服义者"，其中有"义士北海剧张敏字公辅""刘封字汉辅，弟子鲁国卜吕昌字永兴""刘翼字仲禹，弟子清河灵孟诉字辅公"。⑤立于汉安二年（143）的《北海相景君碑》，通高2.88米，碑文17行，行23字。碑阴有54人题名，其中亦有"行义剧张放字公辅""故修行营陵留岑字汉兴""故修行都昌冀迁字汉久""故修行都昌吕兴字世兴""故修行都昌

---

① 王符撰，汪继培笺，彭铎校正《潜夫论笺校正》卷二《考绩》，中华书局，1985，第71页。
② 荀悦撰，黄省曾注，孙启治校补《申鉴注校补》卷一《政体》，中华书局，2012，第1页。
③ 王充曾在《论衡·须颂篇》中直言其撰作动机，颇可表明他对"汉家"（"圣国大汉"）的归命之情："儒者谓汉无圣帝，治化未太平。《宣汉》之篇，论汉已有圣帝，治已太平；《恢国》之篇，极论汉德非常（徒）实然，乃在百代之上"，"汉德鄙广，日光海外也。知者知之，不知者不知汉盛也"，"汉家功德，颇可观见。今上即命，未有褒载，《论衡》之人，为此毕精，故有《齐世》、《宣汉》、《恢国》、《验符》"，"国德溢炽，莫有宣褒，使圣国大汉有庸庸之名，咎在俗儒不实论也"，"是故《春秋》为汉制法，《论衡》为汉平说"。分见黄晖《论衡校释》卷二〇，中华书局，1990，第849、851、854、856、857页。
④ 洪适：《隶续》卷二〇，《隶释·隶续》，第446页。
⑤ 洪适：《隶释》卷六，《隶释·隶续》，第69页。

逢进字世安""故书佐剧徐德字汉昌""故午营陵是迁字世达"。① 立于东汉永寿二年（156）的《汉鲁相韩敕造孔庙礼器碑》（简称《韩敕碑》）碑阴刻有"汝南宋公国陈汉方""山阳南平阳陈汉甫"。② 立于东汉延熹七年（164）的《汉泰山都尉孔宙碑》碑阴题有"门生任城任□□□字景汉""故吏泰山费鱼渊字汉长""弟子鲁国卞王政字汉方"。③ 立于东汉熹平三年（174）的《桂阳太守周憬功勋铭》（简称《周憬碑》）碑阴刻"故行事耒阳□蔓字汉威"。④ 立于中平二年（185）的《太尉刘宽碑》碑阴刻录生名，其中也有"州□□汉甫"。⑤ 立于中平四年（187）的《小黄门谯敏碑》记录："君讳敏，字汉达……中平二年三月九日戊寅卒。呜呼哀哉！国丧良佐，家陨栋梁。"⑥《冀州刺史王纯碑》碑阴记有王纯的门生故吏等，"文字完好可识者百九十余人"，其中即有"勃海刘汉丰"、"河间史子房"（子房乃汉家良辅张良之号）、"平原刘汉昌"、"安平赵汉德"、"中山刘辅汉"、"安平孔汉辅、平原刘汉贤、巨鹿赵相辅"、"山阳周汉平"。⑦《太尉杨震碑》碑阴题名"可识者百九十余人，皆其孙之门生也"，其中包括"河东杜辅汉、河东张通国……甘陵韩汉□……安平□汉贤□□□□……□陵李辅政……平原□丘辅汉"。⑧ 立于建安二十一

---

① 洪适：《隶续》卷一六，《隶释·隶续》，第427~428页。

② 洪适：《隶释》卷一，《隶释·隶续》，第20页。

③ 洪适：《隶释》卷七，《隶释·隶续》，第83页。

④ 洪适：《隶释》卷四，《隶释·隶续》，第56页。有关此碑尚可注意的是，碑额题名"神汉桂阳太守周憬功勋之纪铭"。欧阳修《集古录跋尾》卷三言："碑首题云'神汉'者，如唐人云'圣唐'尔，盖当时已为此语，而史传他书无之，独见于此碑也。"此据《欧阳修全集》，李逸安点校，中华书局，2001，第2132页。"神汉"之称，类如前揭"圣汉"云尔，亦可谓汉帝国神圣性格之自证，尤显珍贵。

⑤ 洪适：《隶续》卷一二，《隶释·隶续》，第404页。

⑥ 洪适：《隶释》卷一一，《隶释·隶续》，第126~127页。

⑦ 洪适：《隶续》卷一二，《隶释·隶续》，第408~409页。

⑧ 洪适：《隶释》卷一二，《隶释·隶续》，第137页。

年（216）的《绥民校尉熊君碑》碑阴亦题有"上计掾君口髙字汉举"。①
如上人名字号皆包含辅佐、祈福汉家，希其太平、繁昌、长久之意。

上举汉碑中，言兹在兹的"圣汉""大汉"之称，以及诸多祈福
"汉家"性质的人名字号，无不透示出"汉家"所具有的信仰色彩或神
圣属性，以及人们对此一信仰的认同和依归。在此意义上可以说，"汉
家"不仅是皇帝治下的政治空间，亦是万民共享的信仰空间。于是，
为其祈福、求致太平也好，辅佐"汉家"也罢，某种程度上便都成了
关涉自身信仰的应有之义，而非被动或被裹挟的思想意识。②与此同
时，如前所证，通过谶纬的系统渲染与神性注入，"汉家"的神学内涵
得到极大扩充，"汉家"神学（或曰汉代的"天下一家"神学，亦可谓
汉代的"国家"神学）由此得以完成。这也意味着，"汉家"这个空间
已然成为天下人共享共建、关乎万民康寿乃至终极意义获得的神圣空
间。"汉家"的"公"属性也正是通过此种方式，得以稳固构筑和持续
保障。

历史地看，此般"天下为公"的思想命题，实际早在先秦时期已至
为鲜明，然而它之所以能够转换为某种意义上的历史成果，即汉代"天
下一家"的实现，则与谶纬的神化叙事存在莫大关联：当谶纬这套看似
粗陋、夸饰的神学话语，因贴近政治脉动，逐渐由附会而凝固，成为笼
罩人心的信仰体系时，它便在强化民众归命"汉家"继而"参与"天下
之权利的同时，亦以独特的方式，从根源处适量限制甚至抽减了皇帝所
享有的世俗权力，以致演变为驱动"汉家"天命转移、推动汉魏禅让落

---

① 洪适：《隶释》卷一一，《隶释·隶续》，第130页。
② 保罗·蒂利希在讨论宗教的象征时指出："如果民族是某个人的终极关怀，那么这个民族
的名称就会成为一个神圣的名称，而这个民族就会吸纳那些远远超其存在之现实与功能
的神圣品质。于是，这个民族便以一种偶像崇拜的方式代表和象征了真正的终极者。"（保
罗·蒂利希：《信仰的动力学》，成穷译，商务印书馆，2019，第37页）

实的思想原动力（详下）。关于"天下为公"之表达，《六韬》曰："天下非一人之天下，乃天下之天下也。同天下之利者则得天下，擅天下之利者则失天下。"又曰："利天下者，天下启之；害天下者，天下闭之。天下者，非一人之天下，乃天下之天下也。"[1]《吕氏春秋·贵公》云："昔先圣王之治天下也，必先公，公则天下平矣。……天下非一人之天下也，天下之天下也。阴阳之和，不长一类；甘露时雨，不私一物；万民之主，不阿一人。"[2]至汉，谷永上疏成帝曰：

> 垂三统，列三正，去无道，开有德，不私一姓，明天下乃天下之天下，非一人之天下也。王者躬行道德，承顺天地……则卦气理效，五征时序，百姓寿考，庶中蕃滋，符瑞并降，以昭保右。失道妄行，逆天暴物……百姓愁怨，则卦气悖乱，咎征著邮，上天震怒，灾异娄降，日月薄食，五星失行……终不改寤，恶洽变备，不复谴告，更命有德。[3]

虽同言"天下乃天下之天下，非一人之天下"，谷永之论却明显加入了灾异论和"五德终始说"的依据。又鲍宣上疏曰："天下乃皇天之天下也，陛下上为皇天子，下为黎庶父母，为天牧养元元，视之当如一……夫官爵非陛下之官爵，乃天下之官爵也。陛下取非其官，官非其人，而望天说民服，岂不难哉！"[4]这是从天子神性的角度言其责任。《白

---

[1]　唐书文：《六韬·三略译注》，上海古籍出版社，2006，第16、41页；银雀山汉墓竹简本《六韬》的记载同，参见张守中《定州西汉中山怀王墓竹简〈六韬〉释文及校注》，《文物》2001年第5期。

[2]　陈奇猷校释《吕氏春秋新校释》，上海古籍出版社，2002，第45页。

[3]　《汉书》卷八五《谷永传》，第3467页。

[4]　《汉书》卷七二《鲍宣传》，第3089~3090页。

虎通》载："王者所以存二王之后何也？所以尊先王，通天下之三统也。明天下非一家之有，谨敬谦让之至也。故封之百里，使得服其正色，行其礼乐，永事先祖。"[①] 此可见公羊学"三统论"之影响。另外刘向还有"天命所授者博，非独一姓"之言，[②] 意皆相类。值得注意的是，如是论说在汉纬中亦有明确呈现，如前引汉纬明言"天下非一人之天下"。此外，《易纬·坤灵图》亦言："德配天地，在正不在私，称之曰帝，帝者，天号也。德配天地，不私公位，称之曰帝。天子者，继天治物，改正一统，各得其宜，父天母地，以养生人，至尊之号也。"《尚书帝命验》云："天道无适莫，常传其贤者。"《春秋元命苞》谓："天道煌煌，非一帝之功；王者赫赫，非一家之常。顺命者存，逆命者亡。"[③] 这些话语与谶纬的整体思想体系相衔接，构成了先秦"天下为公"思想的神学化表达。

　　关于"汉家"究竟通过何种方式成为万民接受的神圣空间，即"汉家"神化究竟在何种意义上成为可能的问题，这里仍需进一步疏解。该问题与渊源有自、至西汉中后期已蔚为大观的气化宇宙论，以及作为其具体表现形态之一的灾异神学紧密相连。具体地说，由于董仲舒的"天人感应"学说及其后学进一步阐扬的阴阳灾异学说，在相当程度上回应了中央政权日益强烈的"正统化"需求，而渐为统治者所接受，整个社会包括皇帝本人，亦被纳入乃至逐渐凝固于这套神学化的宇宙体系中：当出现异常的自然现象时，不仅兆民惊惶于上天之罚以致哗然，朝

①　陈立：《白虎通疏证》，吴则虞点校，中华书局，1994，第 366 页。

②　《汉书》卷三六《楚元王传》，第 1950 页。

③　安居香山、中村璋八辑《纬书集成》，第 309、373、620 页。案，第二条引文《御览》卷四〇二引作《易参同契》。

臣亦会群议群谏，^①甚至皇帝本人也会理所当然地下罪己诏，以图缓解天人之间的紧张关系。有研究指出，有汉一代，"皇帝因灾异所下罪己诏书凡58条，西汉28：文2、宣4、元10、成9、哀2、莽1；东汉30：光武4、明3、章3、和4、殇1、安5、顺4、质1、桓5"。在《后汉书》诸帝纪中，共记载皇帝诏书251条，其中涉及灾异的共97条，占总数的38.6%。而在汉和帝、顺帝、桓帝时期，这个比例更高，分别达50%、60%以上和70%左右。从诸列传中则可看到，议论过灾异的朝臣多达数十人。^②灾异神学全面且深入地介入时人的生活，带来了一个意想不到的结果，那便是人们于灾异恐慌中自然生发出超越现实的乌托邦愿景，"太平"在一定意义上成为全体社会成员的终极追求。"太平"即是时人因应灾异现实与精神恐慌所给出的美好承诺及解救之道，是对汉代政治、学术产生重要影响的思想、神学概念。可以说，正是通过"太平"理想之引导，个人的生命信仰与国家神学才得以有效结合；"天下非一人之天下，天下之天下"的"汉家"神学，也才得以真正意义上构筑起来。

　　"汉家"成为万民"归命"的神圣空间还进一步意味着，颇具信仰属性的"汉家"，或即汉人所寻"理想国"的原型之一。换言之，在现实与想象的交互作用下，"汉家"成为超验的、融历史与宗教于一体的神学共同体，而所谓的"理想国"，则可能只是"汉家"的异域投射。比如六朝道经《太清金液神丹经》曾记述一个叫作"师汉国"的神仙

---

① 如前揭孝昭元凤三年（前78）泰山莱芜山南有大石自立，三石为足，数千人聚集观之，继之眭弘上书谏言汉家承顺天命，禅位于贤。

② 分别参见吴青《灾异与汉代社会》，《西北大学学报》1995年第3期；谢仲礼《东汉时期的灾异与朝政》，《中国社会科学院研究生院学报》2002年第2期。

乐土，得名若此，即因其"（修）汉家威仪，是以名之曰师汉"。^①总之，汉人将其乌托邦愿景（包括对大秦等异域的想象）倾注到"天下一家""天下大同"的政治构想中，并通过神学化的论证，最终以信仰的方式浇铸到人们的精神深处，由此形成强烈且持久的汉代"国家"神学，对两汉之际及汉末的历史演进，均产生了不容低估的影响。

综上，通过谶纬的神言神语，"汉家"乃天下人共同之"家"的"公"属性，得到了最大限度的表达。"汉家"承继圣统、禀受天命，而非任何私家之专属。这意味着，"汉家"乃天下人的"汉家"，"汉家"的所有成员皆沐浴于荣光中，分享着"汉家"所赋予的神圣身份，享受着"家人"的崇高权利，也承担着建设、修缮"汉家"的相应义务。^②至此，通过相互关联的神学—宇宙体系（具体渠道为灾异谴告和"太平"祈望），天下之"公"终于以信仰的形式植入时人的观念中，成为深刻影响、制约中国历史演进的重要文化因子。进一步说，高居上端的"汉家"因其超越时人在世经验的神学属性而获得"公权"保障，又通过天人感应与灾祥征兆体系，建立起俗世政权（皇帝）与天命神权（天子）的有效融通机制，从而使"汉家"兼备圣、俗特质，成为万民咸服的神圣之域。

对"汉家"神圣性格的发掘，使我们发现：在一般意义的汉帝国之上，尚存在一个神学层面的汉帝国——一个由谶纬架构起来、带有想象成分且兼具信仰属性的"汉帝国"。谶纬的注入及其与现实之融合、

---

① 《道藏》，文物出版社、上海书店、天津古籍出版社，1988，第18册，第759页。相关讨论详参本书第三章第三节。

② 其间道理盖如西美尔所论："王侯的神圣起源仅仅说明了权力在其手中达到了高度集中罢了；一旦社会一体化和整体客观化对于个体来说达到一定程度，它便会成为超验力量凌驾于个体之上。"（格奥尔格·西美尔：《宗教社会学》，曹卫东译，北京师范大学出版社，2017，第20页）

交织，所形成的颇具神学内涵的"汉家"，指向的正是此一神学层面的
"汉帝国"。[1] 在这个真实与想象掺杂互渗的神圣空间中，人们通过灾祥
征兆与上天建立联系，"天子"代表万千生民对天负责，同时秉承天下
"太平"、百姓康寿的神圣职责。当然，神圣之"家"的所有成员也有权
利参与"天下"建设，以追求、保障个体生命之美好归宿。具有此般神
圣性格的"汉家"，真实存在于时人的观念与生活世界，伴随历史发展
而逐渐汇入人们有关"理想国"的社会记忆中，[2] 对当时及此后的历史走
向都产生了深远影响。

第四节　王莽符命篡汉与新莽理想

依据被神化对象的神性注入深度与其在世经验的去除程度成正
相关的宗教原理，[3] "汉家"被神化得越彻底，其与刘氏的联系反而越

---

[1]　需指出，"汉家"这一颇具信仰属性的神圣空间，并非均质、不变的编户结构之同心圆式铺
展，而是具有更大的弹性和涵容量，尤其是在汉帝国的"内地之边缘"及周边族群中，对
"汉家"神圣空间的体认，便表现出若有若无、若明若暗的模糊状态和矛盾面向。可以说，
神学层面的"汉家"空间犹如汉帝国实体之投影，神圣空间的盛消盈亏即是帝国实体伸缩
变迁的正向呈现。对汉帝国边缘及周边族群认同的讨论请参王明珂《游牧者的抉择：面对
汉帝国的北亚游牧部族》，上海人民出版社，2018；鲁西奇《内地的边缘：传统中国内部
的"化外之区"》，《学术月刊》2010 年第 5 期；胡鸿《能夏则大与渐慕华风：政治体视角
下的华夏与华夏化》，北京师范大学出版社，2017，第 46~78 页。

[2]　胡鸿指出："秦汉魏晋时华夏创造的符号系统随着远去的大帝国一起成为了典范……星空
是大一统帝国的星空，地上的帝国也终将回到汉朝的局面。"所谓星空中的胡汉"符号秩
序"，亦可视作"汉家"理想秩序或"汉家"神学的重要构成。详参胡鸿《能夏则大与渐
慕华风：政治体视角下的华夏与华夏化》，第 88~114 页。

[3]　西美尔在讨论宗教与社会之关系时曾直言，宗教乃是凌驾于一切个体之上的最纯粹的社会
整合形式，"社会整合性在宗教中表现得十分纯粹、十分抽象，同时也十分实在，以至于不
再需要同现实旨趣有任何联系"（格奥尔格·西美尔：《宗教社会学》，第 18 页）。

浅，甚至有可能被最终切断。换言之，"汉家"不再是任何某"家"之专属，而是在众神灵、圣贤的指引下，由天下人共同组建、参与的神圣之"家"；"汉家"之主也是无关其姓氏的天命所系之人。天命正是"汉家"神学的核心，而谶纬这一为汉立"命"的开放性的知识—神学体系，当然也就成为预测、推演天命所往的"内学""秘经"。这意味着，若有人能够顺势进入此套神学中，圆满地论证出其乃天命所属，那么他将有可能替代刘氏，成为新的"一家之主"。这一有违初衷的发展方向，似乎并未被时人料及。两汉之际，"篡汉"与"复汉"相继上演，其内在的推动力量正是这套看似完美，实则存在巨大危机的"汉家"神学。

前文业已论及"汉家"神学因谶纬注入而得以最终确立，然而大致与此同时，"汉家"当"更命"的思潮即已浮现。史载：

初，成帝时，齐人甘忠可诈造《天官历》《包元太平经》十二卷，以言"汉家逢天地之大终，当更受命于天，天帝使真人赤精子，下教我此道"。忠可以教重平夏贺良、容丘丁广世、东郡郭昌等，中垒校尉刘向奏忠可假鬼神罔上惑众，下狱治服，未断病死。贺良等坐挟学忠可书以不敬论，后贺良等复私以相教。哀帝初立，司隶校尉解光亦以明经通灾异得幸，白贺良等所挟忠可书。事下奉车都尉刘歆，歆以为不合五经，不可施行。而李寻亦好之。光曰："前歆父向奏忠可下狱，歆安肯通此道？"时郭昌为长安令，劝寻宜助贺良等。寻遂白贺良等皆待诏黄门，数召见，陈说"汉历中衰，当更受命。成帝不应天命，故绝嗣。今陛下久疾，变异屡数，天所以谴告人也。宜急改元易号，乃得延年益寿，皇子生，灾异息矣。得道不得行，咎殃且亡不？有洪水将出，灾火且起，涤荡民人"。①

成帝时民间道人、灾异学者借天帝使者"真人赤精子"的口吻呼吁汉家"更受命于天"，以解除天地大终之灾。此言论的兴起一定程度上反映了当时社会的整体心态，所以传播迅疾，信之者亦不在少数，以致通过解光、郭昌、李寻等人牵线，夏贺良竟得面呈哀帝。从其所述内容看，目的很明确，即为中衰之"汉家"解除灾厄，而哀帝亦信行之。史载：

> 待诏夏贺良等言赤精子谶，汉家历运中衰，当再受命，宜改元易号。诏曰："汉兴二百载，历数开元。皇天降非材之佑，汉国再获受命之符，朕之不德，曷敢不通！夫基事之元命，必与天下自新，其大赦天下。以建平二年为太初元年。号曰陈圣刘太平皇帝。漏刻以百二十为度。"②

甚至皇帝亦以"太平"为号，改元自新，足见武帝时期已对国家政制产生重要影响的"太平"思潮，③依然具有强大的社会、政治影响力。实际上，武帝之后、哀帝之前的宣帝，亦"游意于太平"。史载宣帝颇慕武帝之事，诏口："朕以眇身奉承祖宗，夙夜惟念孝武皇帝躬履仁义，选明将，讨不服，匈奴远遁，平氐、羌、昆明、南越，百蛮乡风，款塞来

---

① 《汉书》卷七五《李寻传》，第3192页。有关此则史料的校订及讨论，参见姜生、汤伟侠主编《中国道教科学技术史·汉魏两晋卷》，第103页注①。
② 《汉书》卷一一《哀帝纪》，第340页。
③ 对此问题的讨论参见钱穆《秦汉史》，三联书店，2005，第100～102页；陈苏镇《〈春秋〉与"汉道"：两汉政治与政治文化研究》，第238～240页。亦参本书第四章第三节。

享；建太学，修郊祀，定正朔，协音律；封泰山，塞宣房，符瑞应，宝鼎出，白麟获。功德茂盛，不能尽宣，而庙乐未称，其议奏。"①宣帝意欲兴太平，臣下皆了然，如张敞奏曰："今陛下游意于太平，劳精于政事，亹亹不舍昼夜。"②王吉上疏言："陛下躬圣质，总万方，帝王图籍日陈于前，惟思世务，将兴太平。诏书每下，民欣然若更生。"③此外，"太平"在元帝、成帝时期，也同样是频现于朝堂的关键词，说明此股思潮仍在持续发挥作用。

　　无论做何解释，"陈圣刘太平皇帝"无疑具有厌胜、禳除灾异的意味。哀帝改元易号的动机即希望以此终结历运之厄，更受命而自新。"太平"的反面即灾异，因此从哀帝独特帝号所映现的祈"太平"之愿中，适可反观西汉后期灾异氛围之浓厚，而当时社会存在的强烈的"汉家"神学危机，亦由此得见一斑。④另外，如前所举，在"更受命"说之前还有传国禅位之说。《汉书·眭弘传》载："汉家尧后，有传国之运。汉帝宜谁差天下，求索贤人，禅〔禅〕以帝位。"是论显然比甘忠可、夏贺良自禅受命的观点更激烈，但仍可视为灾异思潮笼罩下人们尝试解除危机的一种努力。⑤总之，王莽篡汉前朝野上下到处弥漫着一股为

---

① 《汉书》卷八《宣帝纪》，第243页。

② 《汉书》卷七六《张敞传》，第3219页。

③ 《汉书》卷七二《王吉传》，第3062页。

④ 需注意，民间提出"更命"之说本意是为汉家解除神学危机，从而进一步完善"汉家"神学，这与帝德谱的创善目的一致，皆非否定、倾覆"汉家"之举。

⑤ 诸葛俊元考察指出，灾异说的精神是将"天"视为绝对的价值来源，灾异的出现乃是对人世帝王之谴告，以盼其纠错举枉，重返正轨；禅让说的原型是以既有君王的道德自觉来决定其去留，属于帝王的自主性行为。眭弘的汉帝禅位说既不符合原始禅让说的基本形态，又掺杂了当时大行其道的灾异之说，它让灾异、禅让、五德转移逐渐合流成一种更具妥协性的"再受命"新说。此新说与董仲舒、眭弘、谷永、刘向四人所提"异姓受命为王"的"王者受命于天"理论皆有不同，但仍是在天命转移的基础上给出的立论推演（诸葛俊元：《西汉学术与政治权力变迁》，第209~216页）。

"汉家"解除危机的强烈思潮，王莽代汉正是在此种思潮中逐渐酝酿完成的。

史籍记载显示，王莽拥有令人称赞的贤人品性，据此他不仅赢得了朝廷上下的认可，还尤其受到儒生的追捧。如王莽在为平帝选皇后时，本不让自己女儿入选，然"庶民、诸生、郎吏以上守阙上书者日千余人，公卿大夫或诣廷中，或伏省户下，咸言：'明诏圣德巍巍如彼，安汉公盛勋堂堂若此，今当立后，独奈何废公女？天下安所归命！愿得公女为天下母。'莽遣长史以下分部晓止公卿及诸生，而上书者愈甚"。① 又，王莽辞让新野封田，"吏民以莽不受新野田而上书者前后四十八万七千五百七十二人"。② 班固评曰："孝平之世，政自莽出，褒善显功，以自尊盛。观其文辞，方外百蛮，亡思不服；休征嘉应，颂声并作。"③《后汉书》亦评曰："当王莽居摄篡弑之际，天下之士，莫不竞褒称德美，作符命以求容媚。"④ 二者在直斥其文饰虚美的同时，亦间接呈现出当时儒生唱和之盛状。

王莽不仅表现出"天下为公"的圣贤形象，而且实践中也多以圣贤之制为准绳，这确实给世人带来大圣再现的错觉，以致儒士、众臣甚至将其与"致太平"的周公、伊尹等而视之，先将之尊为"安汉公""宰衡"，而后奏请加赐九锡。《汉书·元后传》载："莽日诳耀太后，言辅政致太平，群臣奏请尊莽为安汉公。"⑤《王莽传》载公卿大夫、博士、议郎、列侯张纯等九百余人皆曰："圣帝明王招贤劝能，德盛者位高，功

---

① 《汉书》卷九九上《王莽传上》，第 4051~4052 页。

② 《汉书》卷九九上《王莽传上》，第 4070 页。

③ 《汉书》卷一二《平帝纪》，第 360 页。

④ 《后汉书》卷二八《桓谭传》，第 956 页。

⑤ 《汉书》卷九八，第 4030 页。

大者赏厚。故宗臣有九命上公之尊，则有九锡登等之宠。今九族亲睦，百姓既章，万国和协，黎民时雍，圣瑞毕溱，太平已洽。帝者之盛莫隆于唐虞，而陛下任之；忠臣茂功莫著于伊周，而宰衡配之。所谓异时而兴，如合符者也。谨以六艺通义，经文所见，《周官》《礼记》宜于今者，为九命之锡。臣请命锡。"[1]

或许正因为王莽圣贤一般的言行与致太平的种种举措恰好契合儒生的价值观及理想信念，所以才会出现如是可怪之现象："自成帝以降，至于莽，公卿列侯，下讫令尉，大小之官，且十万人，皆自汉所谓贤明忠正贵宠之臣也。莽之篡位，惟安众侯刘崇、东郡太守翟义思事君之礼，义勇奋发，欲诛莽。功虽不成，志节可纪。夫以十万之计，其能奉报恩，二人而已。"[2] 钱穆认为："王莽受禅，一面循着汉儒政治理论之自然趋势，一面自有其外戚的地位及王莽个人之名誉为凭借。"其不失书生本色，又恰合时代潮流，"遂为一时群情所归向"。[3] 吕思勉亦以为，先秦时思改正社会组织者甚众，"此等见解，旁薄郁积，汇为洪流，至汉而其势犹盛……新莽之所行，盖先秦以来志士仁人之公意"。[4] 蒙文通认为王莽以经说改制，士大夫理想亦因之得以伸展："卒之王莽代汉，一世士大夫翕然归美，固自有故，殆数百年来，师师所口授而面命者，皆以抑于汉家不得伸，亦所以积怨而发愤者也"，"近世每称王莽所为为社会改革，岂知王莽所用，

① 《汉书》卷九九上，第4072页。
② 王符撰，汪继培笺，彭铎校正《潜夫论笺校正》卷二《本政》，第92页。案，王符在此处本欲论证"衰世群臣诚少贤也，其官益大者罪益重，位益高者罪益深。故曰：治世之德，衰世之恶，常与爵位自相副也"。然从历史角度审之，则理有不同尔。相关讨论还可参飯田祥子「王莽政権支持者の検討：平帝期における王莽と諸生の関係を中心として」『東洋学報』第3号，2013。
③ 钱穆：《国史大纲》，商务印书馆，1996，第152~153页。
④ 吕思勉：《秦汉史》，上海古籍出版社，2005，第174页。

——皆数百年间之经说哉"。① 徐复观则直言王莽代汉"乃儒家'天下为公'的理想之实现"。② 上说皆以王莽之公认贤德为其获致支持的依据。

如此看来，王莽之贤德使人膺服，此点或可取信。但即便如此，仍不足以说明代汉即人心所举、势所必然。史料显示，在代汉问题上，王莽自身就有一个心态转变的过程：为"汉家"解灾除厄、招致太平，确曾为王莽之最初意愿，但符命的大行鼓吹，久之而使其真信天命在己，③ 所以才萌生出代汉建新之念。对此，《王莽传》所载其心路之自陈，值得细味："予前在大麓，至于摄假，深惟汉氏三七之厄，赤德气尽，思索广求，所以辅刘延期之术，靡所不用。……然自孔子作《春秋》以为后王法，至于哀之十四而一代毕，协之于今，亦哀之十四也。赤世计尽，终不可强济。皇天明威，黄德当兴，隆显大命，属予以天下。"④ 同样不可忽视的是，在从"安汉"至"代汉"的变化过程中，还存在两个推动其转变甚至令其无法拒绝、无从逃避的社会心理因素：其一，汉家"尧后火德"的神学结构本身存在循环更

① 蒙文通：《儒家政治思想之发展》，此据《蒙文通全集》第1卷，第67页。
② 徐复观：《两汉思想史》卷2，华东师范大学出版社，2001，第282页。
③ 王莽对待天命的诚笃态度，在其失败之际得到最好反映。《汉书·王莽传》载汉兵攻入在即，"天文郎桉栻于前，日时加某，莽旋席随斗柄而坐，曰：'天生德于予，汉兵其如予何！'莽时不食，少气困矣。"（《汉书》卷九九下《王莽传下》，第4190页）案，陈朝爵在《汉书艺文志约说·兵阴阳》小序中释"随斗击"一语时引姚明辉之言曰：《淮南·天文训》曰：'北斗所击，不可与敌。'又《尉缭·天官篇》：'楚与齐战，时有彗星出，柄在齐，柄所在胜，不可击。'此皆斗击之说。"并云：《淮南》所云'顺招摇'，盖即'随斗击'之说。"而"莽旋席随斗柄而坐"等即"'顺招摇随斗击'之实事"（《二十五史艺文经籍志考补萃编》第5卷，清华大学出版社，2012，第176页）。是论者得其实。值得注意的是，"随斗击"之说的原始信仰根据或为：①"斗为帝车"；②斗计天下之时。这里，王莽"旋席随斗柄而坐"，并与"汉兵"对峙，表明其仍然深信新朝天命未绝，历数在己。有关汉晋时期北斗信仰形态的讨论请见姜生《长沙金盆岭晋墓与太阴炼形——以及墓葬器物群的分布逻辑》，《宗教学研究》2011年第1期。北斗与王权、生杀、厌胜等关系之讨论参见朱磊《中国古代的北斗信仰研究》，文物出版社，2018，第191~217页。对王莽改制宗教层面的讨论参见姜生、汤伟侠《王莽改制与原始道教关系考》，《四川大学宗教学研究所建廿周年道教文化国际学术研讨会论文集》上册。
④ 《汉书》卷九九中，第4108~4109页。

新的可能，又适逢"再受命"思潮兴起；其二，王莽贤人形象得到广泛认可、接受，同时"汉家"神学结构中象征"天命"转移的灾祥征兆也存在人为操纵的可能。由此，"舜后土德"说被特意强调，"符命"也被大量制作出来。[①] 适如陈槃所论，"汉家尧后"等神化故事传之既久，信之弥笃，遂成"信史"，而"舜后土德"说嫁接其上，也"由附会而凝固"。[②] 正是在这样的时代氛围中，王莽终于被赋予其神学光环的符命推上解除"汉家"之厄的"责任终端"，如王莽自己所坦陈："予受命遭阳九之厄，百六之会，府帑空虚，百姓匮乏，宗庙未修，且祫祭于明堂太庙，夙夜永念，非敢宁息。"[③] 是其然也。

　　厄会受命，为招致"太平"以证"天命在己"，[④] 于是"承天当古，

---

① 除史书所记大量内容外，最近发现的简牍材料亦足证此点，见胡平生《未央宫前殿遗址出土王莽简牍校释》，《出土文献研究》第6辑，上海古籍出版社，2004。有关王莽时期"符命政治"的讨论参见安居香山《纬书与中国神秘思想》，第118~129页。

② 陈槃：《古谶纬研讨及其书录解题》，第53页。

③ 《汉书》卷九九下《王莽传下》，第4161页。所谓"阳九百六"，按《易九厄》记载即分一元为9个厄会：第一厄为阳厄，一元开始的106年中有9年旱灾；第二厄为阴厄，次374年中有9年水灾；第三厄为阳厄，次480年中有9年旱灾……如此类推，9个厄会的水旱灾年加起来共57年，并外在于一元的4560年，所以9个厄会便不均匀地分布在4617年中。按筮法，九、六分别为老阳、老阴，皆为极数，极必有变，灾异易生，故称"阳九百六"厄会，而其本质乃为三统历之解释。对该问题的详细阐发参见卢央《中国古代星占学》，中国科学技术出版社，2008，第520~532页。相关讨论还见王弘《山志》，何本方点校，中华书局，1999，第180~182页；周寿昌《思益堂日札》，许逸民点校，中华书局，1987，第129页。另需注意，道教上清派亦有"阳九百六"之说，相关研究参见李丰楙《六朝道教的终末论——末世、阳九百六与劫运说》，《道家文化研究》第9辑，上海古籍出版社，1996。最新讨论及学术史梳理参见吴羽《"阳九百六"对中古政治、社会与宗教的影响》，《学术月刊》2014年第2期。

④ 案，《论衡》卷一九《宣汉篇》载："儒者称五帝、三王致天下太平，汉兴已来，未有太平。彼谓五帝、三王致太平，汉未有太平者，见五帝、三王圣人也，圣人之德，能致太平；谓汉不太平者，汉无圣帝也。"（黄晖：《论衡校释》，第815页）可见，"太平"乃汉人长期渴慕却久未实现之理想，而王莽之制尽管粉饰居多，然反对者并不多见，原因亦在于它迎合了时人无限膨胀的"太平"期待。另，如《白虎通·封禅》所总结："始受命之日，改制应天，天下太平功成，封禅以告太平也。"故王莽亦曾有"封禅"之计划与相应之准备，近年发掘出土的封禅玉牒（图3）即其物证。

制礼以治民，作乐以移风"。① 史载："莽念中国已平，唯四夷未有异，乃遣使者赍黄金币帛，重赂匈奴单于，使上书言：'闻中国讥二名，故名囊知牙斯，今更名知，慕从圣制。'"② "时，莽奏令中国不得有二名，因使使者以风单于，宜上书慕化，为一名，汉必加厚赏。单于从之，上书言：'幸得备藩臣，窃乐太平圣制，臣故名囊知牙斯，今谨更名曰知。'莽大说，白太后，遣使者答谕，厚赏赐焉。"③ 又，王莽"遣大司徒司直陈崇等八人分行天下，览观风俗"，一年后"风俗使者八人还，言天下风俗齐同，诈为郡国造歌谣，颂功德，凡三万言"。继而，"莽既致太平，北化匈奴，东

图 3 新莽封禅玉牒

说明：西安北郊汉长安城桂宫 4 号遗址出土，现藏中国社会科学院考古研究所。篆体、朱书，今存 29 字："万岁壹纪……/ □[德]，作民父母，情[深]……/ □[罢]退佞人奸轨，诛[灭]……/ 延寿，长壮不老，累……/ 封亶（禅）泰山，新室昌□[炽]……。"释文从冯时《新莽封禅玉牒》，《考古学报》2006 年第 1 期。

致海外，南怀黄支，唯西方未有加。乃遣中郎将平宪等多持金币诱塞外羌，使献地，愿内属"。上奏时平宪竟伪编羌人之言曰："太皇太后圣明，安汉公至仁，天下太平，五谷成孰，或禾长丈余，或一粟三米，或不种自生，或茧不蚕自成，甘露从天下，醴泉自地出，凤皇来

---

① 《汉书》卷九九上《王莽传上》，第 4070 页。

② 《汉书》卷九九上《王莽传上》，第 4051 页。

③ 《汉书》卷九四下《匈奴下》，第 3819 页。

仪，神爵降集。从四岁以来，羌人无所疾苦，故思乐内属。"① 新朝建
立后，王莽改行新政，事事以《周礼》之制为典范，制礼作乐，废奴
隶，行井田，改币制。为真正做到"夷狄进至于爵，天下远近小大若
一"，他甚至不惜粉饰太平，轻起战事，大兴开边之举，对匈奴作战。
由此，"自伐匈奴始，欺天罔人，而疲敝中国"。②

尤可注意者，两汉之际人们对王莽寄予解除灾异之希望，而王莽
亦就人们的期待进行回应，此般社会思想之伏流，在今存史籍中尚可得
见。史载成帝时丞相翟方进（字子威）因涝害决汝南大陂，导致该区域
在王莽时期枯旱成灾，待翟氏灭，乡里归恶之，故借童谣追怨："坏陂
谁？翟子威。饭我豆食羹芋魁。反乎覆，陂当复。谁云者？两黄鹄。"③
显然，童谣在追怨翟方进的同时还表达了"陂当复"的诉求，并寄望于
"两黄鹄"。串田久治推测，此则童谣中的"黄鹄"应暗指王莽，反映了
汝南乡民将修复鸿隙陂的希望寄托于其人，而王莽也确曾于元始二年大
旱时施行了一系列救济政策。④"黄鹄"暗指王莽，可在表1所列的两则
材料中得到验证："桂树色赤，汉家之象；不实，无嗣也；黄雀，王氏之
象；（巢）颠，将有汉室"，"（常侍徐璜言：）朱雀，汉家之贵国，宿分
周地，今京师是也"。可见，"黄鹄"与"黄雀"都在与"朱雀"的对举
中被赋予王莽土德代汉的象征性意涵。如此，该则童谣确可当作验证人
们寄希望于王莽解除灾异的重要资料。

① 《汉书》卷九九上《王莽传上》，第 4066、4076-4077 页。
② 王夫之：《读通鉴论》卷五，舒士彦点校，中华书局，1975，第 120 页。又参陈苏镇《〈春秋〉与"汉道"：两汉政治与政治文化研究》，第 374 页。东晋次亦认为："讨伐匈奴的政策是王莽政权的严重失政，从而构成了政权崩溃的基本要因。"（東晋次『王莽：儒家の理想に憑かれた男』白帝社、2003、250 頁）
③ 《汉书》卷八四《翟义传》，第 3440 页。《后汉书》卷八二上《许杨传》引述此谣作："败我陂者翟子威，饴我大豆，亨我芋魁。反乎覆，陂当复。"（第 2710 页）
④ 串田久治『中国古代の"謠"と"予言"』創文社、1999、119 頁。

新朝建立后，王莽更积极地回应禳灾致太平的民心期待与时代思潮，将防灾去灾作为与整个官僚系统挂钩的安国保民之大事。这似乎再次印证了人们拥其为王的初衷即去除灾难。天凤三年（16），王莽下达了旨在宣扬天子、众臣与百姓共养天下，与兆民共甘苦、同喜忧的"保灾令"：

> 岁丰穰则充其礼，有灾害则有所损，与百姓同忧喜也。其用上计时通计，天下幸无灾害者，太官膳羞备其品矣；即有灾害，以什率多少而损膳焉。东岳太师、立国将军保东方三州一部二十五郡；南岳太傅、前将军保南方二州一部二十五郡；西岳国师、宁始将军保西方一州二部二十五郡；北岳国将、卫将军保北方二州一部二十五郡；大司马保纳卿、言卿、仕卿、作卿、京尉、扶尉、兆队、右队、中部左洎前七部；大司徒保乐卿、典卿、宗卿、秩卿、翼尉、光尉、左队、前队、中部、右部，有五郡；大司空保予卿、虞卿、共卿、工卿、师尉、列尉、祈队、后队、中部洎后十郡；及六司，六卿，皆随所属之公保其灾害，亦以十率多少而损其禄。郎、从官、中都官吏食禄都内之委者，以太官膳羞备损而为节。诸侯、辟、任、附城、群吏亦各保其灾害。几上下同心，劝进农业，安元元焉。①

太师、太傅、国师、国将即"四辅"，立国将军、前将军、宁始将军、卫将军即"四将"，"保灾令"将他们两两分组，各保东、南、西、北四方之八州、五部、一百郡，"三公"则保中部之二十五郡。如此，通

---

① 《汉书》卷九九中《王莽传中》，第4142~4143页。

过将官僚机构、政区设置与抗灾任务分部分区对应，王莽建立起天子—
三公、四辅、四将—三司、六卿的层级架构，[①] 由是也形成了举国对抗
灾异的严密体系与神圣氛围。依此可反观西汉中后期以来灾异氛围之浓
厚、"汉家"危机之深切，以及王莽兑现禳灾致太平"承诺"的精神压力
与急迫心情。

这里尚须对与"保灾令"中"四辅""四将"紧密相关的王莽时期的
五岳信仰及将军之设置、名号略加展开。除"保灾令"中所提及，《王莽
传》中亦曾记载："东（岳）太师典致时雨……南岳太傅典致时奥……西
岳国师典致时阳……北岳国将典致时寒。"[②] 这种将"十一公"与五岳相配
属以图保灾去邪的做法，显示出五岳的神格化趋势。另外，五岳神格化
还可在稍后妖人自称"南岳大师"的聚乱事件中获得验证。《后汉书·马
援传》载："初，卷人维汜，訞言称神，有弟子数百人，坐伏诛。后其弟
子李广等宣言汜神化不死，以诳惑百姓。十七年，遂共聚会徒党，攻没
皖城，杀皖侯刘闵，自称'南岳大师'。"[③] 如此，因着五岳的神格化，围
绕五岳之所在，九州、一百二十五郡便成为神灵庇护、除灾去邪的太平
之所。由是，五岳或可视为撑起"汉家"这一天下人共同之"家"的巨
型屋柱，亦是神州禹域的国镇。[④]

---

①　有关"保灾令"材料的解析与制度史层面之讨论，参见阎步克《文穷图见：王莽保灾令所
　　见十二卿及州、部辨疑》(《中国史研究》2004 年第 4 期）及《诗国：王莽庸部、曹部探源》
　　(《中国社会科学》2004 年第 6 期）。

②　《汉书》卷九九中，第 4101 页。

③　《后汉书》卷二四，第 838 页。

④　关于五岳的"国镇"属性和地位，姜生有精彩论述。他指出："道教的五岳信仰，承续历
　　史上古老的山川崇拜，在国家疆域之上形成庄严的仪式架设，而与神仙信仰的意义叙述相
　　联结，使整个国家疆域成为超越地域分别的神圣空间，成为天神所主、充满神性的土地，
　　而使'中国'生活被表达为神山崇岳架设的仪式与庄严。"姜生、汤伟侠主编《中国道教
　　科学技术史·南北朝隋唐五代卷》"导论"第一章第三节"汉唐道教的'中国'优越论神
　　学"，第 14~17 页，引文见第 15 页。

至此再看王莽代汉的性质，可以发现，王莽以圣贤形象赢得人心，此固其然也，但更重要的是，按照时兴的"再受命"思想，求索贤人"以德禳灾"正是改变汉家历运中衰、消泯灾厄的有效方法。东汉安帝永宁元年（120）八月十三日的汉砖铭文"天灾生，人杰出"，即是此种思想的有力表达。[1] 而据毕汉思（Hans Bielenstein）统计，从高祖至光武，灾异次数记录最多的恰是成、哀时期。[2] 正是在这样的氛围中，人们相信通过王莽可以解除一直存在于"汉家"的神学危机。这就是王莽代汉之初能够获得包括儒生在内的众多人士"狂热"支持的深层原因，儒家理想抑或现实利益皆难概言。换言之，人们支持王莽的本意和出发点，仍是护汉而非代汉。[3] 所以，当人们发现王莽"以新代汉"的本质乃革"汉家"之"命"后，"思汉"的情绪迅速高涨，见载于史籍的"复汉""假汉""辅汉"等形式[4]的反莽斗争随之兴起。此外尤应注意，当年"与国师公（刘歆）从事出入，校定秘书"的苏竟，亦曾在其劝降刘龚（刘歆兄刘伋之子）的《与龚书》中阐幽释微："夫孔丘秘经，为汉赤制，玄包幽室，文隐事明。且火德承尧，虽昧必亮，承积世之祚，握无穷之符，王氏虽乘间偷篡，而终婴大戮，支分体解，宗氏屠灭，非其效欤？皇天所以眷顾踟蹰，忧汉子孙者也。"[5] 可见，在时人看来，"汉家"

① 陆心源：《千甓亭古砖图释》卷一，浙江古籍出版社，2011，第23页。有关此期"以德禳灾"思想及其宗教化演变的讨论参见姜生《两汉灾异意识与原始道教之兴起》，《论衡丛刊》第2辑，巴蜀书社，2002。

② Hans Bielenstein, "The Restoration of the Han Dynasty, I," *The Bulletin of the Museum of Far Eastern Antiquity*, 1954, p.158. 转引自陈启云《汉儒与王莽：评述西方汉学界的几项研究》，《史学集刊》2007年第1期。

③ 近年有人提出"厌汉"的观点，恐难成立，该二字亦不见于此期史载。论见史建刚《两汉之际的厌汉与思汉》，西北大学硕士学位论文，2007。

④ 赵毅、王彦辉：《两汉之际"人心思汉"思潮评议》，《东北师大学报》1994年第6期。

⑤ 《后汉书》卷三〇《苏竟传》，第1043页。

乃真正的天命所属，享有皇天眷顾，王莽代汉非为天命使然，"只不过是偷篡汉祚、淆乱天命的偶然事件罢了"。[1]"人心思汉"背后，虽也有对"汉家"政治模式的肯定，但更深层的则是对"汉家"神学的认受与复归。

第五节 "白水真人"复汉与"汉家"中兴

在经过以王莽代汉来解除"汉家"神学危机的失败尝试后，面对改制带来的混乱局面，不同势力纷纷借助谶纬以图厘正天命。于是整个社会"思汉"情绪高涨，重新归命汉家的愿望愈发强烈，[2]"复汉"运动不可遏止地发展起来。

早在地皇元年（20），郅恽即仰占玄象，谓友人曰："方今镇、岁、荧惑并在汉分翼、轸之域，去而复来，汉必再受命，福归有德。如有顺天发策者，必成大功。"并西至长安，上书王莽：

> 汉历久长，孔为赤制，不使愚惑，残人乱时。智者顺以成德，愚者逆以取害，神器有命，不可虚获。上天垂戒，欲悟陛下，令就臣位，转祸为福。刘氏享天永命，陛下顺节盛衰，取之以天，还之以天，可谓知命矣。若不早图，是不免于窃位也。且尧舜不以天显自与，故禅天下，陛下何贪非天显以自累也？

---

[1] 陈泳超：《〈世经〉帝德谱的形成过程及相关问题——再析"五德终始说下的政治和历史"》，《文史哲》2008年第1期，第49页。相关讨论亦参徐兴无《早期经典的形成与文化自觉》，南京大学出版社，2023，第208~258页。

[2] 《后汉书·索卢放传》言为"归心皇汉"。

郅恽依天命言事，以谶纬证刘氏享天永命、必再受命，这触及"汉家"神学的核心，亦是代汉合法性的软肋所在，因此引起王莽的极大恐慌，欲"使黄门近臣胁恽，令自告狂病恍忽，不觉所言"。然郅恽言："所陈皆天文圣意，非狂人所能造。"既知"天文圣意"不可力拒，神器不可虚获，王莽终也无可奈何，"犹以恽据经谶，难即害之"。①

事后一年，魏成大尹李焉又与卜者王况谋事。王况谓焉曰："新室即位以来，民田奴婢不得卖买，数改钱货，征发烦数，军旅骚动，四夷并侵，百姓怨恨，盗贼并起，汉家当复兴。君姓李，李音徵，徵火也，当为汉辅。"又为李焉作谶书，"言莽大臣吉凶，各有日期。会合十余万言"。②不久，王、李二人事泄被杀，而"刘氏复起，李氏为辅"的谶言却传播开来，王莽的宗卿师李守及宛人李通等皆曾援引。③此外，还有不少异象与事件反映出当时厌新思汉的人心趋向，史称"王莽时，天下咸思汉德"。④

更始三年（25），平陵人方望见更始乱政，欲立前孺子刘婴为天子，谓安陵人弓林等曰："前定安公婴，平帝之嗣，虽王莽篡夺，而尝为汉主。今皆云刘氏真人，当更受命，欲共定大功，何如？"⑤"今皆云刘氏真人，当更受命"云云，亦显示出谶纬所建立的刘氏与汉家天命之间的紧密关联在社会人心方面引发的巨大反馈。

---

① 《后汉书》卷二九《郅恽传》，第 1024、1025 页。

② 《汉书》卷九九下《王莽传下》，第 4166、4167 页。

③ 《后汉书》卷一五《李通传》，第 573 页；《后汉书》卷一上《光武帝纪上》，第 2 页。应注意，针对王况颇具危险性的政治预言，同样深谙符谶之道的王莽事实上也很快做出了回应："莽以王况谶言荆楚当兴，李氏为辅，欲厌之，乃拜侍中掌牧大夫李棽为大将军、扬州牧，赐名圣，使将兵奋击。"（《汉书》卷九九下《王莽传下》，第 4168 页）

④ 《后汉书》卷一二《卢芳传》，第 505 页。

⑤ 《后汉书》卷一一《刘玄传》，第 473 页。

在这样的"思汉"氛围和不断兴起的反新复汉斗争中，刘秀逐渐凸显出来。①其崛起过程中所依据的最重要的思想武器即谶纬。史载刘秀出生时：

> 有赤光照室中。钦异焉，[皇考]使卜者王长占之。长辟左右曰："此兆吉不可言。"是岁县界有嘉禾生，一茎九穗，因名光武曰秀。明年，方士有夏贺良者，上言哀帝，云汉家历运中衰，当再受命。于是改号为太初元年，称"陈圣刘太平皇帝"，以厌胜之。及王莽篡位，忌恶刘氏，以钱文有金刀，故改为货泉。或以货泉字文为"白水真人"。②后望气者苏伯阿为王莽使至南阳，遥望见舂陵郭，唶曰："气佳哉！郁郁葱葱然。"及始起兵还舂陵，远望舍南，火光赫然属天，有顷不见。初，道士西门君惠、李守等亦云刘秀当为天子。其王者受命，信有符乎？不然，何以能乘时龙而御天哉！③

其中自有事后附会处，但亦真实反映出当时的社会心理需求，故可借此以证天命。

又，刘秀至郾，其太学同学强华自关中奉《赤伏符》，曰："刘秀发兵捕不道，四夷云集龙斗野，四七之际火为主。"④群臣认为这是难得的

---

① 相关讨论可参宇都宫清吉《刘秀与南阳》，《日本学者研究中国史论著选译》第3卷，黄金山等译，中华书局，1993；陈苏镇《〈春秋〉与"汉道"：两汉政治与政治文化研究》第5章第1节"汉室复兴的历程及其政治文化环境"，第380~413页。

② "白水"指刘秀故乡南阳舂陵，《汉书·地理志》南阳郡蔡阳县注："侯国，故蔡阳白水乡。"吉川忠夫认为，刘秀"真人"之号在文献上有一定的可靠性，可从（吉川忠夫：《六朝精神史研究》，第75~78页）。

③ 《后汉书》卷一下《光武帝纪下》，第86页。

④ 原注："四七，二十八也。自高祖至光武初起，合二百二十八年，即四七之际也。汉火德，故火为主也。"（《后汉书》卷一上《光武帝纪上》，第22页）

"符瑞之应"，于是再次奏议刘秀："宜答天神，以塞群望。"刘秀接纳此议，六月己未，即皇帝位，燔燎告天，禋于六宗。祝文曰：

> 皇天上帝，后土神祇，眷顾降命，属秀黎元，为人父母，秀不敢当。群下百辟，不谋同辞，咸曰："王莽篡位，秀发愤兴兵，破王寻、王邑于昆阳，诛王郎、铜马于河北，平定天下，海内蒙恩，<u>上当天地之心，下为元元所归</u>。"谶记曰："刘秀发兵捕不道，卯金修德为天子。"秀犹固辞，至于再，至于三。群下佥曰："皇天大命，不可稽留。"敢不敬承。①

于此可证刘秀认可谶纬代言天命，故欲借此树立天命所系的形象，由此赢得人心。实际上，依谶纬证天命乃两汉之际各方政治势力的常见操作，非刘秀独然。史载，与刘秀约略同时的刘扬、张满、公孙述皆用此法。可以说，两汉之际的思汉反莽斗争不仅是一次武力的大角逐，更是一场"天命"的竞夺赛。②《后汉书·耿纯传》载："时真定王刘扬复造作谶记云：'赤九之后，瘿扬为主。'扬病瘿，欲以惑众，与绵曼贼交通。"又《祭遵传》载建武二年（26）："时新城蛮中山贼张满，屯结险隘为人害，诏遵攻之。遵绝其粮道，满数挑战，遵坚壁不出。而厌新、柏华余贼复与满合，遂攻得霍阳聚，遵乃分兵击破降之。明年春，张满饥困，城拔，生获之。初，满祭祀天地，自云当王，既执，叹曰：'谶文误我！'乃斩之，夷其妻子。"③山贼亦以谶纬争天命。汉家虽当复兴，而神器未知将为谁握。天命竞争之气氛，于此可见一斑。

---

① 《后汉书》卷一上《光武帝纪上》，第 21~22 页。

② 陈苏镇：《〈春秋〉与"汉道"：两汉政治与政治文化研究》，第 411~413 页。

③ 《后汉书》卷二一，第 763 页，卷二〇，第 739 页。

公孙述对谶纬信之弥笃，故与刘秀之间的"斗争"亦更激烈。史载：

> 述亦好为符命鬼神瑞应之事，妄引谶记。以为孔子作《春秋》，为赤制而断十二公，明汉至平帝十二代，历数尽也，一姓不得再受命。……又自言手文有奇，及得龙兴之瑞。数移书中国，冀以感动众心。帝患之，乃与述书曰："图谶言'公孙'，即宣帝也。代汉者当涂高，君岂高之身邪？① 乃复以掌文为瑞，王莽何足效乎！君非吾贼臣乱子，仓卒时人皆欲为君事耳，何足数也。君日月已逝，妻子弱小，当早为定计，可以无忧。天下神器，不可力争，宜留三思。"②

公孙述与刘秀不仅争夺谶纬的解释权，以各证其天命，还同时以谶纬之说影响人心，争取不同政治势力加入自己的阵营。史载：

> 时隗嚣先称建武年号，（窦）融等从受正朔，嚣皆假其将军印绶。嚣外顺人望，内怀异心，使辩士张玄游说河西曰："更始事业已成，寻复亡灭，此一姓不再兴之效。……与陇、蜀合从，高可为六国，下不失尉佗。"融等于是召豪杰及诸太守计议，其中智者皆曰："汉承尧运，历数延长。今皇帝姓号见于图书，自前世博物道

---

① 原注引《东观记》曰："光武与述书曰：'承赤者，黄也；姓当涂，其名高也。'"《华阳国志·公孙述志》载刘秀书更详：《西狩获麟谶》曰：'乙子卯金'，即以未岁授刘氏。非西方之守也。'光废昌帝，立子公孙'，即霍光废昌邑王立孝宣帝也。黄帝姓公孙，自以土德，君所知也。'汉家九百二十岁，以蒙孙亡，受以丞相，其名当涂高'。高岂君身耶？吾自继祖而兴，不称受命。求汉之断，莫过王莽。近张满作恶，兵围得之，叹曰：为天文所误。恐君复误也。"（常璩著，任乃强校注《华阳国志校补图注》，上海古籍出版社，1987，第 331 页）

② 《后汉书》卷一三《公孙述传》，第 538 页。

术之士谷子云、夏贺良等，建明汉有再受命之符，言之久矣，故刘子骏改易名字，冀应其占。及莽末，道士西门君惠言刘秀当为天子，遂谋立子骏。事觉被杀，出谓百姓观者曰：'刘秀真汝主也。'皆近事暴著，智者所共见也。……"融小心精详，遂决策东向。①

这样的一段经历，使刘秀充分意识和体会到谶纬对于"汉家"的巨大意义，所以他不仅亲自研读谶纬，东汉建立后更注意控制其解释权，命人校改、整理谶纬图书，最后颁定全国通用本，使之一跃而为"国宪"。史载光武中元元年（56）"宣布图谶于天下"，②"言五经者，皆凭谶为说"，③自此"七经纬"被称为"内学"，而原来之经书则相应地被称作"外学"，足见此时谶纬一定程度上已超越经学。

在现存谶纬文献中，也确可寻出刘秀整理谶纬之迹。《续汉书·祭祀志》载光武封禅之事，曾一连引用数篇汉纬。包括《河图会昌符》曰："赤帝九世，巡省得中，治平则封，诚合帝道孔矩，则天文灵出，地祇瑞兴。帝刘之九，会命岱宗，诚善用之，奸伪不萌。赤汉德兴，九世会昌，巡岱皆当。天地扶九，崇经之常。汉大兴之，道在九世之王。封于泰山，刻石著纪，禅于梁父，退省考五。"《河图合古篇》曰："帝刘之秀，九名之世，帝行德，封刻政。"《河图提刘予》曰："九世之帝，方明圣，持衡拒，九州平，天下予。"《洛书甄曜度》曰："赤二德，昌九世，会修符，合帝际，勉刻封。"《孝经钩命决》曰："予谁行，赤刘

---

① 《后汉书》卷二三《窦融传》，第 798 页。对隗嚣、窦融、卢芳为代表的三大豪族与刘秀之竞争及其统一过程的梳理可参薛小林《争霸西州：匈奴、西羌与两汉的兴衰》，社会科学文献出版社，2020，第 186~203 页。

② 《后汉书》卷一下《光武帝纪下》，第 84 页。

③ 《隋书》卷三二《经籍志一》，中华书局，1973，第 941 页。

用帝，三建孝，九会修，专兹竭行封岱青。"① 有学者指出，以上数条谶纬所言"赤帝九世""帝刘之九""九世会昌""天地扶九""九世之王""九名之世""九世之帝""昌九世""九会修"等，皆是西汉时期出现的"赤九谶"的不同表达，并先后为哀帝、更始、光武所移用、自证，② 呈现出陆续增衍之轨迹。自然，光武全面整理谶纬以验证其天命的行迹，也在如是发展和定型的过程中得以彰显。适如陈苏镇所指出："光武、明、章精明干练，且不信'方士黄白之术'，却对粗俗、漏洞百出的谶纬抱坚定支持的态度，桓谭、尹敏、张衡等人一再指出谶纬虚妄不可信，却不能阻止其盛行，原来谶纬中除了《赤伏符》一类的谶语外，还有可供东汉王朝利用的更重要的学术资源。"③ 依上所论，此说确然。

统而观之，两汉之际的反莽思汉运动，皆以兴复"汉家"为目标，④ 可是谁当天命却不得而知。因为，如前所证，"汉家"乃天下人之"汉家"，非为刘氏之"汉家"，各姓氏皆有可能，所以此间不同政治势力所争者实乃"天命"。显然，刘秀为刘氏之后的身份在此次天命竞逐中并无绝对优势，证其天命所属的方法仍在谶纬之中。事实上，公孙述等人亦皆用此法。那么，究竟是何因素促使谶纬在两汉之际的天命竞夺中，被赋予如是不可替代的作用？根本原因在于，"汉家"神学有赖于谶纬而得建立，"汉家"的合法性自也蕴藉于谶纬之中，所以不论"代汉"

① 《后汉书》志七《祭祀上》，第3165~3166页。

② 陈苏镇认为"赤帝九世"的头衔，是从刘邦头上转移到刘秀头上的，中间还经过了成帝的一次倒手。代国玺则论之为成帝。详参陈苏镇《两汉之际的谶纬与〈公羊〉学》，《文史》2006年第3辑，第66页；代国玺《"赤九"谶与两汉政治》，《文史哲》2018年第5期。

③ 陈苏镇：《〈春秋〉与"汉道"：两汉政治与政治文化研究》，第449页。

④ 赵翼曰："历观诸起事者，非自称刘氏子孙，即以辅汉为名，可见是时人心思汉，举天下不谋而同。"（赵翼撰，王树民校证《廿二史札记校证》，中华书局，1984，第73页）

抑或"复汉"，皆需从谶纬中一探"天机"。①

　　细言之，"汉家"神学在保障"汉家"之"公"的同时，也开启了天命神权的竞夺。两汉之际"篡汉"与"复汉"相继上演，其内在的推动力量正是这套看似完美却潜藏巨大危机的"汉家"神学。首先，大致西汉成、哀以降，由于灾异频生，朝野上下逐渐掀起一股解除"汉家"危机的思想旋风，核心要义直指"以德禳灾"、禅位以贤。其次，随着汉室子嗣难继等危机持续升温，王莽之"贤人"形象反而日渐深入人心，并尤其得到朝中多数士人追捧，加之指向天命所往的"符命"政治日益泛滥，王莽终于被推上本意在于解除"汉家"之厄的"责任终端"，完成禅汉之事。最后，当王莽的理想秩序建设失败，并因此引发不小的政治混乱后，在谶纬神学的持续影响下，经过激烈的天命竞逐，人们终于再次选择归命"汉家"。

　　两汉之际，皇帝、朝臣、史家、军士、儒生甚至山贼，对谶纬皆有称述，足见其流布之广，入人心之深。从谶纬如此广泛而深入地参与当时政治、社会活动的情况可以判断，王莽之所以能够代汉，以及光武之所以能够"中兴"，深层的思想根源皆在于谶纬编织的"汉家"神学使得先秦以来人们勠力追寻的"天下非一人之天下，天下之天下"的政治构设得到了一定程度的实现——此即人们参与"天下一家"的神圣

---

① 谶纬、天文的解读实乃至隐至微之事，特别强调不容泄露的机密性，故亦凶险。《日知录》卷三○"星事多凶"条对此总结道：《汉书》谓：'夫子之言，性与天道不可得闻。而仲舒下吏，夏侯囚执，眭孟诛戮，李寻流放，此学者之大戒。'又曰：'星事凶悍，非湛密者弗能由也。'蜀汉杜琼精于术学，初不视天文，无所论说。谯周常问其意，琼曰：'欲明此术甚难，须当身视，识其形色，不可信人也。晨夜苦剧，然后知之。复忧漏泄，不如不知，是以不复视也。'后魏高允精于天文，游雅数以灾异问允，允曰：'阴阳灾异，知之甚难。既已知之，复恐漏泄，不如不知也。天下妙理至多，何遽问此？'雅乃止，北齐权会"明风角玄象，学徒有请问者，终无所说。每云：'此学可知，不可言。诸君并贵游子弟，不由此进，何烦问也。'惟有一子，亦不授此术"（顾炎武撰，黄汝成集释《日知录集释》，栾保群、吕宗力校点，上海古籍出版社，2006，第1695~1696页）。

理据。正是在此神圣信念的感召与支持下，凭借谶纬建立的"汉家"与"天命"之紧密关系，为着天下之"太平"，人们才可能如此步调一致地加入"汉家"神学的建设和修缮中，"窃汉"与"复汉"也才能够最终上演。[1] 至此，先秦以来人们对"公权"的理性诉求虽为"汉家"神学所蔽，却也借此达至一个顶峰。

总之，"汉家"神学的完成意味着一个与"天命"紧密联系的神圣国家范型（同时亦为理想国家、理想秩序范型）之铸成，此种融摄"天下人"终极追求的神圣国家观念自然成为深刻影响此后历史演进的重要因素。两汉之际的天命竞夺，是谶纬注入"汉家"神学后的首次社会回响；汉末从党锢至黄巾的政治、社会运动则可视为"汉家"神学的接续影响。由此角度，我们或可会意汉末士人、隐逸及原始道教诸多看似无足轻重甚至前后矛盾的行为，理解汉魏禅代何以能够最终完成。

结　语　受命建家：宗教想象与天下一"家"

如前所揭，尽管"天下非一人之天下，天下之天下"的观念因着灾异和谶纬的信仰力量而为社会所接受，并且在某种程度上得到落实——所以才会酿致两汉之际大大小小不同势力皆欲掌握神器的天命竞夺赛，然而在近代政治学意义上的基于契约精神的国家观念被确立和被广泛接受以前，古代世界的帝国架构绝难彻底剪除其形成过程中的家（族）元

---

[1]　直至两晋南北朝时期，尚有以"汉祚复兴"相号召的起义，足见"汉家"神学流布之深远。需注意，在彼时的运动中，人们已将刘氏与"汉家"混同，为此匈奴族刘渊还特意改姓"刘氏"，这与两汉之际的情况相比，显然已有很大不同。详细讨论请参本书第六章。

素，①家与国、私与公的矛盾冲突势必会或强或弱地长期作用于帝国的统治秩序，成为根深蒂固或曰结构性的存在。比如《汉书·佞幸传》载哀帝笑言禅位董贤，中常侍王闳厉声进言道："天下乃高皇帝天下，非陛下所有。陛下承刘氏宗庙，当传子孙万世，责任至重，天子无戏言！"可见，部分汉家大臣潜意识中仍将"私"的"刘氏"与"公"的"汉家"混为一谈，而对不少"愚民"来说，两者之间似亦无甚差别。

家国公私的纠缠，正是建立统一帝国秩序时无论如何也无法绕开的阻滞。长期以来，中外学界在探查中国古代帝国形成的过程中，从二十等爵制所体现的皇帝与个人的直接关联以及个别人身支配秩序的建立（西嶋定生）、刘邦集团的家内关系（守屋美都雄）或其军功集团属性的上升（李开元）、游侠类社会恩义关系的扩大（增渊龙夫）、带有"公"属性的"天下一家"结构的形成（尾形勇）、以"郊祀礼"为主要方式的宗教性君民结合关系的建立（甘怀真）、礼仪型君臣关系与信—任型君臣关系的叠进（侯旭东）等诸多不同的角度，进行了大量细致而深入的讨论，②为下一步的研究奠定了坚实基础，带来颇多有益启示，然而也在无意中形成或制造了一些客观障碍，影响、制约着研究思路的突围。

在解释秦汉统一帝国秩序之形成方面，"家国同构"理论（包括韦伯的"家产官僚制"理论）之所以会长期盛行，并且迄今仍然影响乃至

---

① 这在西方文化中亦有体现，但程度远不及中国。论见马克垚《论家国一体问题》，《史学理论研究》2012 年第 2 期。

② 分见西嶋定生《中国古代帝国的形成与结构——二十等爵制研究》；守屋美都雄《中国古代的家族与国家》，钱杭等译，上海古籍出版社，2010；李开元《汉帝国的建立与刘邦集团：军功受益阶层研究》，三联书店，2000；增渊龙夫《中国古代的社会与国家》；尾形勇《中国古代的"家"与国家》；甘怀真《秦汉的"天下"政体——以郊祀礼改革为中心》，《新史学》第 16 卷第 4 期，2005；侯旭东《宠：信—任型君臣关系与西汉历史的展开》，北京师范大学出版社，2018。

支配诸多研究者的思考和认识方向，相当程度上乃是因为"家国同构"理论立足于人们的经验认识，以广为传诵的"修身、齐家、治国、平天下"的理想模式为底色，去描摹、展示"国家"的样态和性质。据此他们提出秦汉时期的"家"秩序与"国家"秩序并非相去甚远的两种东西，而是同形同态同质，由此减少人们对秦汉国家新秩序的陌生感，增加对"汉家"中"家"属性的接纳度，自然容易为人所理解、接受。然而此"家"非彼"家"。如上所述，尽管部分时人的确按照对"家"的理解来认识"汉家"，以治家的方式来比附治国，然而无论是现实中的君臣关系，还是实际运作过程中的内外官体系，抑或是公私分明的帝室与国家财政体系等，无不说明国家秩序从形式到内涵，都迥异于家与家族，甚至朝堂、公府相当程度上皆排斥私家因素介入其中。尽管往后的历史展开多有超乎制度、原则、规范之限定者，但也绝不能以制度之施行和实现情况去否定信仰包裹的"公"属性国家理念的建立与维持。两者是不同层面的问题，不应混为一谈。

适如不少历史现象所展示的那样，"汉家"在运作层面自有其"公"属性的内生逻辑。然而问题的关键在于，既以"家"为其结构之底色，那么又当如何做到弃其"私"属性的内涵，唯在新结构中保留"家"的外在形式呢？也就是说，"汉家"究竟如何做到既保留人们对于"家"的熟稔和认可，同时又凿空人们对"私家"的既有经验，重新塑造出一个实具"公"内涵的"天下一家"来？首先，秦帝国以武力实现海内一统，建立一君万民的政治制度，为"天下一家"的新秩序奠定了最初的架构。秦始皇二十八年（前219）的峄山刻石曰："追念乱世，分土建邦，以开争理"，"乃今皇家，壹家天下，兵不复起"。① 在此基础上，众多的

---

① 汉高祖亦有相似的表达，诏曰："今吾以天之灵，贤士大夫定有天下，以为一家。"（《汉书》卷一下《高祖纪下》，第71页）

谶纬文献和礼仪实践以超验的宗教想象冲散、化解人们熟知的社会结合关系，将人们从经验化的私家体验中抽离出来，通过神圣的信仰对人们赖以存在的家庭秩序与社会结合模式予以提纯，由此建立起颇具宗教属性的"天下一家"的"家国"新秩序，为"汉家"植入"公"的因子，使之一定程度上完成了化家为国的艰巨任务。这就是近代契约型国家建立以前，中国古代帝国在面对家国公私互绕难题时所做出的有益尝试。

那么，理念上的"天下为公"与现实制度运作之间的矛盾，究竟应该如何理解？汉人又是怎样面对和处理这对矛盾的？这些都是需要持续求索、反复验证的问题。如果说"天下一家"及"天下非一人之天下，天下之天下"尚属理念层面的构建，那么"天下政体"便是汉人从实践层面贯彻、推进理想的尝试。如研究者讨论指出，皇帝制度成立之初，其政体形态依当时的用语可称为"天下"；天子承天而治、牧养万民的"天下"政治理论，从战国至东汉被不断发扬，且"这套政治论述不只是作为一套知识系统而成为当时政治的指导原则，更借由国家祭祀制度而落实成为国体的一部分"，汉代的郊祀礼某种意义上正是为落实这套宗教性的"天下"理念而制定的。[1] 的确，从邦国到大一统帝国，传统的家国同构模式显然不再能够覆载这样大型、复杂政治体的认同建构与有效治理，经过数十年的尝试，人们方才探索出神权一统、创立国家祭祀的宗教化治理模式。[2] 在此过程中，宗教想象正是超越血缘、地缘，构建"天下一家"政体内部认同的核心方式。然而宗教想象亦是"天下

---

[1] 甘怀真：《秦汉的"天下"政体——以郊祀礼改革为中心》，《新史学》第16卷第4期，2005年。

[2] 姜生：《汉魏两晋南北朝道教伦理论稿》，四川大学出版社，1995，第54~71页；李零：《秦汉礼仪中的宗教》，氏著《中国方术续考》，东方出版社，2000，第131~186页；杨华：《秦汉帝国的神权统一——出土简帛与〈封禅书〉、〈郊祀志〉的对比考察》，《历史研究》2011年第5期。

一家"政体最终走向崩溃的要害，如此命运实际早在两汉之际已露先兆。如前所论，新莽时期符命层出不穷，宗教想象肆意膨胀，典型表现如朝廷风俗使者有关西羌的"太平"制作与虚假情报，以及为追求"天下远近大小若一"的幻象而疯狂挑起的征讨匈奴战事。要言之，皇帝一人支配天下兆民的个别人身支配模式，除制度架构外，还不得不依赖政治神学的运作，用以维系帝国内在的思想认同和秩序一统。然而信仰维持下的帝国秩序，亦会因为信仰的嬗变而波动，乃至解体。

　　总之，诚如王充与张衡所感知，"汉，今天下之家也；先帝、今上，民臣之翁也"，[①]"高既受命建家，造我区夏矣"，[②]以汉为"家"即"汉家"内涵的精要表达，只不过此"家"并非可经验的、通常意义上的私家，而是通过谶纬的超验叙事、剔除世俗之家内涵后的神圣之"家"。神圣之"家"的构想与普遍笼罩于社会的"灾异—救济"神学相连接，促使"汉家"成为天下生灵的托命之所和万民归命的信仰空间。在这个意义上，以汉为"家"意味着人们或将以守家、护家的心态与信念辅翼、修缮"汉家"。而通过本书以下数章的讨论则可发现，以汉为"家"或曰人们对"汉家"的宗教式认同，诚可谓"王汉""师汉""辅汉""代汉""忆汉"的信仰基石与逻辑起点。因此，超越家国同构的思维模式即是有效理解、把握神圣之"家"内涵的前提与基础。四百余年的统治，开创性的政治、文化、制度，以及魅人心神的神圣性格，这些历史、经历与想象的堆叠，使得"汉家"成为理想帝国的范型，由此深刻影响着中古时期人们的历史认识与记忆。"汉家"正是中国古代"家国"构造的兆始，同时它也框定了中国文化中独特的"家""国"认识。

---

① 黄晖：《论衡校释》卷二〇《须颂篇》，第850页。

② 费振刚等：《全汉赋校注》，广东教育出版社，2005，第677页。

第二章

王汉：汉末经学通纬旨趣与党祸缘起

太后新摄政，政之巨细多委陈蕃、窦武，同心戮力，
以奖王室，征用天下名士参政事，于是天下英隽知其风指，
莫不人人延颈想望太平。

——《后汉纪·孝灵皇帝纪》

引　言　宗经尊古抑或为汉制法？

经学史上，郑玄援纬解经，成为融通今、古文经学之大成者。然其做法，也引发后来长时期的学术纷争。在诸多诟病郑玄以纬解经的声音中，[①] 马端临的评说大体已跳出经学的藩篱，颇能说明一定问题。马氏曰："康成注二《礼》，凡祀天处必指以为所祀者某帝。……其病盖在于取谶纬之书解经，以秦汉之事为三代之事。"[②] 此意虽不类经学者从宗经的角度指裁其"非法"，但通过郑玄"比拟汉制"的注经方法揭示出了一个更具普遍意义的问题，即经学中可能存在宗经尊古与通经致用的不同学术旨趣与价值归宿。这里我们不评判两种取向孰优孰劣。遵循历史理解当首先回归历史原本"语境"的原则，我们的问题可表达为，在谶纬神学较长时期的介入下（包括政治及学术生活的介入等，这种介入最先应带有制度的强迫性），汉末的经学表达是否亦如谶纬之于"汉

---

① 如《梁书》卷四〇《许懋传》载许懋言："郑玄有参、柴之风，不能推寻正经，专信纬候之书，斯为谬矣。"（《梁书》，中华书局，1973，第 577 页）《困学纪闻》卷四《周礼》载："郑康成释经，以纬书乱之，以臆说汩之，而圣人之微指晦焉。"（王应麟：《困学纪闻》，栾保群、田松青、吕宗力校点，上海古籍出版社，2008，第 470 页）

② 马端临：《文献通考》卷六八《郊社考》，华东师范大学古籍研究所点校，中华书局，2011，第 2077 页。

家"神学之建构一般，具有"为汉制法"的明确意图？若有，其程度如何？

如第一章所指出的，在灾异学说及谶纬神学广泛而深入的影响下，"汉家"神学最终构建完成，两汉之际的天命之争，即是围绕"汉家"神学的危机与应对而首次掀起的政治、社会运动。不仅如此，"汉家"神学还进一步牵持个人信仰，"太平"成为关系人们生命意义的最高国家追求。在这样的背景下，作为同样具有国家意识形态功能的经学，其成为贯彻此种理想的重要场域，亦在情理之中。并且，这种"托古言今"的倾向因为带有个体的信仰属性与自愿意识，而并不一定被动地受制于政治（制度）的强力要求。汉末腐败的朝政与灾异频发的现实，致使人们的"太平"追求更趋强烈，并牢固地与信仰牵持在一起。由此，汉末经学除了秉承宗经与尊古的原则，也同样寄寓着士人基于"太平"理想的现实关怀。这是在"汉家"神学的笼罩下，人们可能不甚自觉的"为汉制法"。

总之，在今人看来或显荒唐、粗疏的谶纬，对汉末诸多士人而言却可能意味着学术合法性的终极来源，并进一步成为支撑其神圣生活的重要知识。[1]事实上，经学大师郑玄、何休也并没有超越这样的时代氛围。从此角度看，确如池田秀三所指出，郑玄、何休对谶纬的援

---

[1]　王清淮指出："谶纬是两汉社会特殊情境下的产物，它们代表了汉人的一般精神状态：既有庞大帝国的优越感，自豪感，又有对不可知世界的畏葸和恐惧；既有严肃细密的科学知识，又有术士方士不明不白人物的信口开河；既有借题发挥，以天变为劝谏人主的烟幕，也有阿谀奉迎为主子强认先圣、天帝为祖宗的佞幸行为。"（王清淮：《两汉谶纬透视》，《辽宁大学学报》1992年第6期，第30页）黄复山在其汉代谶纬研究的总结性专著中，开篇即言："谶纬之为学，怪矣！神矣！怪者其文辞，诪张幻奇而艰涩难解；神者其预言，暗喻明指而纤微必中。惟详究其学，乃知神道设教，故作高妙，斯亦为政、诫君、篡夺、诈谲之一术也。然于东汉经学中，渠何得雄踞高位，致令帝王循之以制国体，硕儒借之而解群经？斯亦令人深深致惑者！"（黄复山：《东汉谶纬学新探·自序》，台北：学生书局，2000，第1页）

引并非出于"因为偶有相合的说法，便加以引用一下等等消极性的作法"，[①]而自有其寓今于古的旨趣。经注经解中不仅包含着其渊源有自的学术传统，还沉潜着他们隐秘至深的价值归宿。以郑玄、何休为代表的汉末士人对谶纬的重视、应用，一定意义上仍基于他们对谶纬的神秘信仰。与此同时，这种信仰又反向制约人们的价值去取、行为选择，对汉末的政治、社会运动以及汉魏之际的历史演进，产生了深刻影响。

历史地看，谶纬之学自成、哀之际兴起后便迅速传播、上扬，并很快深入社会肌体；它与灾异、五德终始学说的结合，更使其不可遏止地溢出单纯的学术、思想范畴，成为紧密牵扯社会、政治神经的"隐性势力"。两汉之际凭恃谶纬而起的天命竞夺赛，以及由此所致的"篡汉""复汉"过程，使光武帝充分意识到谶纬神学对于维护"汉家"神圣法统的关键作用。所以，他不仅亲自研读谶纬（甚至曾痴读谶纬至中风），而且在人事任免、国家典礼制定、官学统一、机构名称拟定等方面，亦无不以谶纬为据。[②]

不宁唯是，对谶纬的重视在光武之后的明帝、章帝时期也得以延续。著名的"白虎观会议"一定意义上即可视为章帝主持下以谶纬神学统一五经经说的会议。[③]《后汉书·樊儵传》："永平元年，（樊儵）拜长水校尉，与公卿杂定郊祠礼仪，以谶记正《五经》异说。"[④]概言之，通过东汉前期光武、明、章三帝的大力扶持，谶纬的学术地位在短时间内

---

① 　池田秀三：《纬书郑氏学研究序说》，《书目季刊》第 37 卷第 4 期，2004 年，第 72 页。

② 　相关讨论可参闫海文《东汉初帝王的谶纬信仰和经学调整》，《兰州学刊》2009 年第 9 期。

③ 　侯外庐等：《中国思想通史》第 2 卷第 7 章第 1 节"白虎观会议的历史意义"，人民出版社，1957，第 223~232 页。

④ 　《后汉书》卷三二《樊儵传》，第 1122 页。

得到极大改变，甚至一跃而为东汉"国宪"。[①] 如第一章所揭，光武中元元年（56）"宣布图谶于天下"，[②]"言五经者，皆凭谶为说"，[③] 自此"七经纬"被称为"内学"，与之相对的经学则成了"外学"，谶纬获得与经学并驾乃至凌驾于经学之上的至高地位。[④]

在此情势下，不仅官僚、贵戚，甚至士人群体对谶纬亦趋之若鹜。[⑤] 通纬不仅成为一项基本政治技能，更逐渐熏染成习，以致衍化扩散为一种社会风尚。张衡对此批判道："自中兴之后，儒者争学图纬，兼复附以妖言。"《后汉书·方术列传》亦有总结性的描述："及光武尤信谶言，士之赴趣时宜者，皆骋驰穿凿，争谈之也。"[⑥] 足见谶纬对士人风尚及经学发展影响之巨。思想与历史的合辙，往往在社会风气变化、激荡时期更趋明显。本章内容即以郑玄、何休为中心，详论汉末经学之通纬风尚，并进一步探求这种风尚背后的思想旨趣与价值归宿，在此基础上尝试重新勾勒汉末士人群体的精神世界及政治动向，考索党锢之祸兴起的深层因素。

---

① "国宪"一词亦见诸《后汉书》，曰："孝章永言前王，明发兴作，专命礼臣，撰定国宪，洋洋乎盛德之事焉。"（《后汉书》卷三五《曹褒传》，第 1205 页）

② 《后汉书》卷一下《光武帝纪下》，第 84 页。

③ 《隋书》卷三二《经籍志一》，第 941 页。

④ 关于汉代经学的定义及成立时间，学界尚有一些争议。相关讨论可参王葆玹《西汉经学源流》，四川人民出版社，2021，第 121~173 页；李振宏《汉代儒学的经学化进程》，《中国史研究》2013 年第 1 期。本书拟取宽泛的经学概念而不以严格的章句之学作为经学的成立标准。

⑤ 在这样的滚滚浪潮中，虽有王充、桓谭、郑兴、尹敏、张衡、荀悦等少数士人的反对与批判，然其思想学说也难免不自觉地沾染此风。况且他们终究是被压制的少数，因而也难以形成影响，更遑论扭转整体的社会风气。

⑥ 《后汉书》卷五九、卷八二上，第 1911、2705 页。

第一节　郑玄经学世界构成中的谶纬要素

郑玄作为广为人知的融通汉代今、古文经学的集大成者，其在经学史上的崇高地位，自不需研究者为之踵事增华。有关郑玄的学问经历与知识构成，他自己曾有一个大致的总结。在《诫子书》中郑玄自言："博稽六艺，粗览传记，时睹秘书纬术之奥。"[1] 清人陈澧评曰："六艺则曰博稽，传记则曰粗览，秘纬则曰时睹，三者轻重判然。其注经有取纬书者，取其可信者耳。"[2] 然而，郑玄之言是否果如陈澧之理解？"秘书纬术"在郑玄经学体系中的地位、性质究竟如何？对于郑玄经学世界的构筑到底意味着什么？其与汉末时代氛围又有着怎样的微妙互动？

欲解答以上疑问，须首先对郑玄经学中的谶纬数量予以统计。关于此，前贤的工作为我们继续这一研究奠定了坚实基础。对郑玄之谶纬学较早做出详细统计并予以讨论的当属清人郑珍，他在《郑学录》卷二《书目》中对包括谶纬注在内的郑注书目进行了梳理。[3] 杨天宇在此基础上进一步细化，统计结果纬书类达十种。[4] 吕凯对郑玄之谶纬学亦有专项考察，其统计结果相较上论又稍有扩充。[5] 池田秀三在郑玄所注纬书

---

① 《后汉书》卷三五《郑玄传》，第 1209 页。

② 陈澧：《东塾读书记（外一种）》，三联书店，1998，第 276 页。

③ 此据顾廷龙主编，《续修四库全书》编纂委员会编《续修四库全书》第 515 册《史部·传记类》，上海古籍出版社，2002，第 27~35 页。

④ 杨天宇：《郑玄著述考》，《洛阳师范学院学报》2002 年第 1 期，此据氏著《郑玄三礼注研究》，天津人民出版社，2007，第 19~21 页。

⑤ 吕凯：《郑玄之谶纬学》第三章"郑注纬书略述"，初版于 1982 年，此据台湾商务印书馆 2011 年第 2 版，第 254~274 页。

到底有多少的问题上持更审慎的态度，他认为郑玄的纬书注"可确定的只有《尚书中候》、《易纬》、《尚书纬》、《礼纬》四种（或加上《礼记默房》，共五种）。不过，其他的郑玄纬书注，也并非完全不可能存在"。尽管作此论述，但池田氏再次申明他的主要用意"不在于'郑玄的纬书注只限上述四种'，而是在于'郑玄的纬书注至少有上述四种'。换言之，郑玄纬书注已近纬书之半，我要强调的是其数量之多"。①笔者赞成此说。据此，单从注书规模上考量，谶纬在郑玄之学术体系中也占有相当突出的地位。

在此基础上，我们可就郑玄学说中有关谶纬的具体引述情况展开讨论，由此进一步发掘在郑玄经学世界的构筑过程中，谶纬到底发挥着何种作用，又占有怎样的地位。我们将主要从《毛诗》郑笺、《周礼》郑注以及清人皮锡瑞辑存的《六艺论》中，择取几件典型案例，予以论证说明。

其一，《毛诗·周颂·思文》："贻我来牟，帝命率育。无此疆尔界，陈常于时夏。"郑笺云：

> 贻，遗。率，循。育，养也。武王渡孟津，白鱼跃入于舟，出涘以燎。后五日，火流为乌，五至，以谷俱来。此谓遗我来牟，天命以是循存后稷养天下之功，而广大其子孙之国，无此封竟于女今之经界，乃大有天下也。用是故，陈其久常之功，于是夏而歌之。夏之属有九。《书》说乌以谷俱来，云谷纪后稷之德。②

---

① 池田秀三：《纬书郑氏学研究序说》，《书目季刊》第37卷第4期，2004年，第63~64页。
② 《毛诗正义》卷一九，阮元校刻《十三经注疏》，第590页。

黄焯曰："来牟当即为稷时天降瑞麦，不谓武王时赤乌以谷俱来之事。郑笃信图纬，乃引《大誓》说之，此汉时所得伪《大誓》。马融、王肃诸儒皆疑之。非关诗义也。"① 此虽指出郑玄笃信图纬，但焦点在于诗义之辨正，对郑玄笺注之思想来源则未予详考。此案，《尚书中候》载：

> 太子发以纣存，三仁附，即位不称王，渡于孟津中流，受文王，待天谋。白鱼跃入王舟，王俯取，鱼长三尺，赤文有字。题目下名授右。有火自天出于王屋，流为赤乌，五至以谷俱来。

又载：

> 周武王渡于孟津中流，白鱼跃入于王舟，王俯取鱼，鱼长三尺，赤文有字，题曰：下援右。曰：姬发遵昌。王燔以告天，有火自天，流为赤乌。

郑注云：

> 孟津，南河津名也。右，助。天告以伐纣之意。姬，周姓。遵，循也。昌，文王名。言武王之业也。②

《续汉书·百官志一》刘昭注云："康成渊博，自注《中候》，裁及注《礼》而忘舜位。"③ 池田秀三认为："刘昭之时，《郑玄自序》、《郑玄别传》

①　黄焯：《毛诗郑笺平议》，上海古籍出版社，1985，第397页。
②　安居香山、中村璋八辑《纬书集成》，第412、413页。
③　《后汉书》志二四《百官一》，第3558页。

尚存，故此注十分可信。"据此可知郑玄《尚书中候注》应作于《三礼注》之前，进一步考察则可判断《尚书中候注》乃作于郑玄遭禁锢之前。"虽然无法断定《中候注》是否为郑玄所有著作中最早的作品，但可以确定它是郑玄的初期作品。"①此论甚是。如此，郑玄引《尚书中候》笺注《毛诗》亦当与其早期的学术思考相关。郑玄之注纬及"援纬证经"，说明郑玄对谶纬并非一般意义的信任与认同，谶纬亦非仅仅作为经文的补充或辅助而存在。通过下文的进一步考察我们将看到，在郑玄的学术体系中，不但纬、经相互补充、印证，基本享有同等之地位，甚至在经、纬之最终来源问题上，谶纬亦比经文更神圣，故需以谶纬贯通群经。

其二，《毛诗·豳风·七月》郑玄笺注曰：

> 成王之时，周公避流言之难，出居东都二年。
> 思公刘、大王居豳之职，忧念民事至苦之功，以比序己志。
> 后成王迎之反之，摄政，致大平。其出入也，一德不回，纯似于公刘、大王之所为。②

孔颖达正义曰：

> 《金縢》云："武王既丧，管叔及其群弟流言于国曰：'公将不利于孺子。'周公乃告二公曰：'我之弗辟，无以告我先王。'周公居东二年，则罪人斯得。"是周公避流言之难出居东都二年也。《金

---

① 池田秀三：《纬书郑氏学研究序说》，《书目季刊》第 37 卷第 4 期，2004 年，第 62~63 页。
② 《毛诗正义》卷八，阮元校刻《十三经注疏》，第 387 页。

滕》直云"居东"，不言"东都"。周公避居，固当不出畿内，自然
在东都。于时实未为都，而云都，据后营洛而言之耳。周公在东，
实出入三年，言二年，顺《金滕》之成文。[①]

可见，郑笺乃据《尚书·金滕》而出。孔氏又云：

> 郑以为周公避居之初，是武王崩后三年，成王年十三也。居东
> 二年，罪人斯得，成王年十四也。迎周公，反而居摄，成王年十五
> 也。七年致政，成王年二十一也。故《金滕》注云：文王十五生武
> 王，九十七而终，终时武王八十三矣。于文王受命为七年，后六年
> 伐纣，后二年有疾，疾瘳，后二年崩，崩时年九十三矣。……是郑
> 辨武王崩及周公出入之事。……《金滕》又云："周公居东二年，罪
> 人斯得。"注云："罪人，周公之属与知摄者。周公出，皆奔。二年
> 尽为成王所得。"[②]

在对郑玄之《尚书·金滕》注进行详细梳解后，孔颖达接着列举了毛解
《金滕》之文，认为其意皆异于郑。[③]

　　概言之，郑玄的解释是：武王崩，管、蔡流言兴起后，周公以"待
罪"的卑谦心态避居东都二年，后成王得金滕之书，改过自新，亲自前

---

① 《毛诗正义》卷八，阮元校刻《十三经注疏》，第387页。

② 《毛诗正义》卷八，阮元校刻《十三经注疏》，第387~388页。

③ 在《豳风·鸱鸮》中孔颖达引言："郑以为，武王崩后三年，周公将欲摄政，管、蔡流言，
　　周公乃避之，出居于东都。周公之属党与知将摄政者，见公之出，亦皆奔亡。至明年，乃
　　为成王所得。此臣无罪，而成王罪之，罚杀无辜，是为国之乱政，故周公作诗救止成王之
　　乱。于时成王未知周公有摄政成周道之志，多罪其属党，故公乃为诗，言诸臣先祖有功，
　　不宜诛绝之意，以怡悦王心，名之曰《鸱鸮》焉。"（阮元校刻《十三经注疏》，第394页）

往迎回周公, 以致太平 (周公、成王事在汉画中的表现可参图4)。然而, 仔细考察可以发现, 郑玄的注解在有关史实上与《史记·鲁周公世家》及汉代其他相关文献的记载大相径庭。与郑玄不同, 其他文献认为"弗辟"即周公不避嫌疑代行天子之政, "居东"即"东征""东伐", "罪人"即管、蔡等散布流言及叛逆之人, "罪人斯得"即诛管、蔡之罪, 而所谓成王"新逆"周公, 则指成王亲自迎回周公灵柩或重新安葬周公。

图4 山东宋山小祠堂西壁画像局部 (东汉桓、灵时期)

说明: 上层为西王母画像, 下层为"周公辅成王"的典型图式。

资料来源:《中国画像石全集》第1卷, 第66页。

针对郑玄的解释, 王肃直斥其"横造此言"。《豳风·鸱鸮》孔《疏》引王肃云:"案经、传内外, 周公之党具存, 成王无所诛杀, 横造此言, 其非一也。设有所诛, 不救其无罪之死, 而请其官位土地, 缓其大而急其细, 其非二也。设已有诛, 不得云无罪, 其非三也。"[1] 那么,

_____

[1] 《毛诗正义》, 阮元校刻《十三经注疏》, 第395页。

究竟郑玄有无解释之依凭？我们又当如何理解郑玄的解释？孔颖达在列
举毛解《金縢》之文后，还详细举出王肃之辩难，最后指出：

> 其谶纬史传言"文王受命七年而崩"，又言"周公摄政，四
> 年建侯卫，五年营成周"，及"大子十八称孟侯"，此等皆肃所
> 不信。①

这里所说的"其谶纬史传言"即郑注所引者。查《毛诗》郑《笺》上举
"文王受命七年而崩"等确为郑玄所据，皆见于《尚书大传》（简称《书
传》）。《书传》属今文学派著作，《四库提要》将其列入纬书之属，附
诸经解之末，言："其文或说《尚书》，或不说《尚书》，大抵如《诗外
传》、《春秋繁露》，与经义在离合之间，而古训旧典往往而在，所谓六
艺之支流也。其第三卷为《洪范五行传》，首尾完具，汉代纬候之说，
实由是起。"②复案《后汉书·郑玄传》亦明确记载郑玄曾注《书传》，
故王肃以为郑玄因信从谶纬而致使其经解"横造"臆说，确不无道理。
不过，除去经解是非之判断，我们认为郑玄"横造"臆说背后的动机或
意图，尚值得进一步讨论。

徐克谦指出，面对东汉末年君臣易位、纲常紊乱的局面，作为经学
大师的郑玄，很自然地从儒家传统的纲常伦理出发，通过对经典的注释
来掌握解读周公的话语权。③是论从东汉末的历史语境出发讨论郑玄注
的"微言大义"，具有一定合理性。不过，除此般外在环境之影响，我

---

① 《毛诗正义》卷八，阮元校刻《十三经注疏》，第 388 页。

② 此参余嘉锡《四库提要辨证》卷一《经部一》，中华书局，1980，第 29 页。

③ 徐克谦：《郑玄〈尚书·金縢〉注探微》，《孔子研究》2011 年第 3 期。

们认为郑玄的经解更有其内在的学术体系化动机。[①] 如诸多批判者所指出的，郑玄对谶纬之笃信确乃影响其经解的最重要因素。在此基础上我们应进一步追问，郑玄笃信谶纬的原因何在？

如第一章所论，以"神言神语"面貌示人的谶纬，实负有"为汉制法"的任务，因此也在汉代"天下一家"神学的构筑过程中发挥了关键作用。而代言"汉家"终极理想秩序的"太平"，亦在《尚书中候》等纬书中得以集中呈现。通过对郑玄经解的考察可以发现，"致太平"也同样是其学说体系的重要构成部分。故此，确如间嶋润一所指出，对周公接受神示避居东都、成王遵从天意打开金縢之书与前引武王受命伐纣等史实的注解，无一不昭显出郑玄经学对理想的"周的太平国家"之构建。[②] 可以说，正是由于谶纬蕴涵"为汉制法"之主旨与"致太平"之追求，郑玄依凭经纬架构起的神圣、完美世界也部分融摄着渊源于"周礼"的汉家制度（"汉家法周"的复古思潮则系连接两者的桥梁）。此与五斗米道对"汉家"制度的大规模仿制及宗教化保存，亦颇有相通处。[③] 也是在这重意义上，郑玄经注中诸多"比拟汉制"或曰"以今况古""以汉制况周制"的内容，[④] 不应仅仅被视为一种备受诟病的经解之

① 有关郑玄经学体系化的讨论参见池田秀三《纬书郑氏学研究序说》，《书目季刊》第 37 卷第 4 期，2004 年；钱荣贵《郑玄的注经思想及其体系》，《山东社会科学》2013 年第 9 期。

② 间嶋润一「『尚書中候』における太平神話と太平国家」『日本中国学会報』第 45 集、1993；「禅譲と太平国家——『尚書中候』における禅譲神話」『中国文化：研究と教育』第 52 号、1994。后两文据氏著『鄭玄と「周礼」：周の太平国家の構想』明治書院、2010。尤其参见该书终章「周公の太平招来をめぐる鄭玄の解釈と太平道の太平」451、462-463 頁。

③ 详参本书第三章。

④ 有关讨论参见杨天宇辑《郑玄〈三礼注〉中的汉史资料》（1、2、3），分别见《河南师大学报》1982 年第 4 期、1984 年第 1 期、1984 年第 4 期；刘善泽《三礼注汉制疏证》，岳麓书社，1997；张鹏飞《郑注"若今"例研究》，《古籍整理研究学刊》2009 年第 3 期；孔令杰《〈周礼〉郑玄注中的汉代凭信》，《理论界》2012 年第 7 期；间嶋润一『鄭玄と「周礼」：周の太平国家の構想』85-89、134-136 頁；高瑞杰《周孔陟降：郑玄圣王观探析》，《哲学动态》2022 年第 6 期。

法，而是或多或少地寄寓着其对现实的细微体察及以"周礼"为核心的制度设想。总之，这种推进今古内外诸种学说融通继而体系化，以此还原"圣证"，触及神圣、完美之太平世界的内在动机，正是郑玄援纬解经的重要缘由。

其三，郑玄《六艺论》云：

> 六艺者，图所生也。《河图》《洛书》，皆天神言语，所以教告王者也。太平嘉瑞，图书之出，必龟龙衔负焉。黄帝、尧、舜、周公是其正也。若禹观河见长人，皋陶于洛见黑公，汤登尧台见黑鸟至，武王渡河白鱼跃，文王赤雀止于户，秦穆公白雀集于车，是其变也。①

皮锡瑞疏证：

> 问曰："《六艺论》云：六艺者，图所生也。然则《春秋》者，即是六艺也，而言依百二十国史以为《春秋》何？"答曰："元本河出图，洛出书者，正欲垂范于世也。王者遂依图书以行其事，史官录其行事以为《春秋》，夫子就史所录，刊而修之，云出图书，岂相妨夺也？……"《公羊疏》引《春秋说》云："丘揽史记，援引古图，推集天变，为汉帝制法。"陈叙图录，此尤《春秋》为图所生之证，故问者特举《六艺论》以献《春秋经》出于图不出于史之疑，答者言极明通，足释疑滞。②

---

① 皮锡瑞：《〈六艺论〉疏证》，此据皮锡瑞《〈六艺论〉疏证·鲁礼禘祫义疏证》，师伏堂丛书（清光绪中善化皮氏刊本），第1~3页。
② 皮锡瑞：《〈六艺论〉疏证》，第1、2页。

又云：

> 《春秋说题辞》云："河以通乾出天苞，洛以流坤吐地符。"又
> 《易坤灵图》云："法地之瑞，黄龙中流见于洛。"注云："法地之瑞
> 者，《洛书》也。然则《河图》由天，《洛书》自地。"谶纬注说皆言
> 天地受《洛书》，而言天命者，以《河》、《洛》所出，当天地之位，
> 故托之文王，以示法耳，其实皆是天命。故《六艺论》云云。①

到这里，我们可以发现，郑玄之所以如此重视谶纬，甚至认为谶
纬比经更为神圣，最直接的原因，即郑玄深信与太平嘉瑞乃《图》《书》
所出一样，②六艺亦《图》之所生，皆为代表天命的"天神言语"，降受
人间，教告王者。所以对郑玄而言，尊重谶纬之神意比疏通经义或者辩
证史实更重要。如此便可理解，何以郑玄不惜曲解经义或者全然不顾史
实，也要维护谶纬之说。一定程度上，经文反而服务于谶纬。如池田秀
三指出：

> "六艺者，图所生也"，意谓六艺本为相同。正因为"本为相
> 同"，故表面的形态上再怎么不同，终究也会收束于一河图世界
> 中。……而此一世界，是用天神的言语，故包含了所有的真理，且

---

① 以上见皮锡瑞《〈六艺论〉疏证》，第2页。
② 郑玄的祥瑞思想在其引用《书说》（《尚书纬》）、《礼说》（《礼纬》）为经作注的相关条例中
　体现得尤为明显。如上引《周颂·思文》郑注云："'五日，燎后曰数。王屋，所在之舍上。
　流犹变也。雕当为鸦，鸦，乌也。燎后五日，而有火为乌。天报武王以此瑞。'《书说》曰：
　'乌有孝名，武王卒父业，故乌瑞臻。赤，周之正。谷，记后稷之德。'又《礼说》曰：'武
　王赤乌谷芒，应周尚赤用兵。王命曰为牟。天意若曰：须暇纣五年，乃可诛之。'"（阮元
　校刻《十三经注疏》，第590页）

是绝对正确的。在此，六艺的一体化得到了保证，经学的综合体系化，在原理上有可能形成；同时，对经学家而言，成为义务。

郑玄学术思想的根本理念——六艺一体观——乃是全面性地依据纬书而来。谓其学术上的作为，终究是全面地构筑于纬书之上，当不为过。①

正因为郑玄的思想中存在一个神圣而完美的经学世界——这个世界图景的形成与汉代学术及宗教思想中的"太平"追求紧密相关——所以郑玄对诸经（包括今、古文经）的贯通注解亦只是为此一完美世界作注脚。间嶋润一发现，武帝时"太平国家"之经书解释体系正是在郑玄手中得到了具体、系统的论述，而其所谓的"六艺"，就是由经书构建起的完满宇宙和以六艺为基轴构建起的大一统国家——郑玄称之为"周公致太平之迹"。② 是论颇有见地。只不过，郑玄对完满宇宙暨完美经学世界图景的追寻，或许还与时代思想、学术赓衍以及外部环境影响存在一定关联。

有研究指出，东汉中后期以降，鉴于"汉典寝而不著"的状况，同时受古文经学之启发，樊长孙、刘珍、张衡、胡广、蔡邕等人怀揣仿拟《周礼》以述汉事的强烈意识，对官制书写提出了全新要求，并付诸实践，希望借此彰显两汉王朝在官制方面的成就，传扬汉家制度。其明晰的动机、炽热的情感、虔敬的祈盼，在张衡关于撰次汉家制度的表态中得以集中呈现："愿得专于东观，毕力于纪记，竭思于补阙，俾有汉休烈，比久长于天地，并光明于日月，照示万嗣，永永不朽。"即此，经世动机与经学理路发生"化合反应"，东汉古文经学内部遂逐渐形成征

①　池田秀三：《纬书郑氏学研究序说》，《书目季刊》第 37 卷第 4 期，2004 年，第 77、78 页。

②　間嶋潤一「太平と河図・洛書——前漢武帝期の太平国家の構想」『東方宗教』第 80 号、1992、1-13 頁。

引汉制以释经典的习惯做法，并尤其瞩目于着意先王圣法的"《周礼》学"，进而水到渠成地完成了从考订古代官制到撰述汉家制度的跨接。郑玄正是上述解经方法的继承者，而其于《周礼注》中大量称引"今制"的内容，亦当由是审之。① 此从东汉学术发展角度探讨郑玄经解方法的渊源与旨趣，亦具合理性。

不过需注意，如西川利文所提醒，郑玄置身于摇摇欲坠的汉末，且受"党锢之祸"连坐，大概已没必要向汉王朝寻求理想，故决计不就征辟而选择全身心投入礼学体系的构建中。这样的现实状况和学思脉络导致他可能并没有如此前及同时期诸多士人那般强烈的经世旨趣，因而也并非怀着类似在经解中援用其他经书或纬书一样的热情来称引汉制，更没有必须强调汉、周政治原理相同的使命，以及把汉制体系化地嵌入《周礼》的意志。其以"今"存为前提，只是出于希望更易懂地说明《周礼》的意图。② 池田秀三亦直接评述郑玄之注释态度曰："观念的礼体系始终比现实制度更优先。极而言之，对郑玄来说，现实、现在不是问题。他之所以提到现实制度，只不过因为现实偶尔符合理论罢了。"③ 结合前论两相参酌，我们或许可以更全面、谨慎地认为，尽管郑玄应受到此前古文学家思想观念及经解方法之影响，在其经典注释中也或隐或显地寄寓着他本人的理想国制设计与"致治太平"追求，然而绝不能因此过度夸大郑玄以汉制比况周制的现实动机，而应注意从其学说体系的内在逻辑及其依以生长的文化生态中，予以更合理的理解与把握。

综之，正是因为对谶纬的接纳，乃至信其为上天之神秘诰示，郑玄

---

① 黄桢：《官制撰述在汉末的兴起》，《文史哲》2021 年第 2 期。
② 西川利文「『周礼』郑注所引の"汉制"の意味——特に官僚制な中心として」小南一郎编『中國古代禮制研究』京都大学人文科学研究所、1995、339-358 頁。
③ 池田秀三「盧植とその『禮記解詁』(下)」『京都大学文学部研究紀要』第 30 号、1991、15-16 頁。

在融通诸家歧说，缝合为天下所裂之道术，以此接近神圣的"周公致太平之迹"和"周的太平国家"的过程中，才会做出哪怕有悖于史实层面的真相也要遵从谶纬所传递之神意的"不可理喻"的事情。其中缘由，或亦如陈赟在探求郑玄缘何以谶纬支撑其六天学说时指出的那样："纬书乃是郑玄时代的知识体系，郑玄以纬书的概念理解经学中的天观，乃将经学转变为同时代意识的一部分。不仅如此，除今古文学之外，郑玄还精研天文学、律历之学、象数易学、《九章算术》等等，是在其时代知识的综合视野与最高层次，对天人问题进行系统性思考，形成了一个庞大的天人体系。"①借着谶纬等盛行于时的神秘知识，通过遍注群经、弥合经书异义的方式，郑玄出色地完成了颇具神圣色彩的"周的太平国家"之建构。这项工作在汉末逐鹿天下的政治现实与"祈望太平"的思想信仰背景下，难免会被人们赋予溢出纯粹学术范畴的意涵（尽管这并非郑玄本人所愿），进而对时人言行与历史走向产生深远影响。

第二节 何休的灾异、谶纬思想与"公羊三世说"

何休是汉末另一位堪与郑玄比肩，并同样深受灾异、谶纬思想影响，而于学术理路中表现出明显谶纬化倾向的经学大师。②下文即以《春秋公羊传解诂》（简称《解诂》）为主要资料，分别讨论何休的灾异、谶纬思想与"公羊三世说"。

① 陈赟：《郑玄"六天"说与禘礼的类型及其天道论依据》，《陕西师范大学学报》2016年第2期，第87~88页。

② 皮锡瑞即曾批评："或疑获麟制作，出自谶纬家言，赤鸟端门，事近荒唐，词亦鄙俚；《公羊传》并无明说，何休不应载入《解诂》。"论见氏著《经学历史》，中华书局，1959，第81页。

　　承接此前灾异论的特点，何休的灾异思想同样将灾祥征兆之论与人事兴亡盛衰等紧密结合在一起。如《公羊传》隐公三年："春，王二月，己巳，日有食之。何以书？记异也。"何休注："异者，非常可怪。先事而至者，是后卫州吁弑其君完，诸侯初僭，鲁隐系获，公子翚进谄谋。"同条《传》文继之曰："日食，则曷为或日，或不日？或言朔，或不言朔？曰：某月某日朔，日有食之者，食正朔也。"何休注："桓三年'秋，七月，壬辰，朔，日有食之'是也。此象君行外强内虚，是故日月之行无迟疾，食不失正朔也。"《传》文接着说："其或日，或不日，或失之前，或失之后。失之前者，朔在前也。"何注："谓二日食，己巳日有食之是也。此象君行暴急，外见畏，故日行疾月行迟，过朔乃食，失正朔于前也。"又如《春秋》文公三年载："秋，楚人围江，雨螽于宋。"《传》曰："雨螽者何？死而坠也。何以书？记异。外异不书，此何以书？为王者之后记异也。"何注："螽，犹众也。众死而坠者，群臣将争强相残贼之象。是后大臣比争斗相杀，司城惊逃，子哀奔亡，国家廓然无人，朝廷久空。盖由三世内娶，贵近妃族，祸自上下，故异之云尔。"[①]

　　除此之外，如研究者指出，何休对《春秋》记载的包括地震、日食、月食、山崩、雨雪、虫灾、旱灾在内的一百四十余次灾异现象，都进行了引申、阐发，总数共计三百余条。其内容亦多如上举诸例，或批判君弱臣强、强臣专政等政治乱象，或伸张民怨、体恤民望，或警醒君主德衰失范等，具有明显而强烈的道德、政治指向与人文关怀。[②]总体

---

① 以上见《春秋公羊传注疏》，阮元校刻《十三经注疏》，第 2203、2267 页。

② 相关研究参见中嶋隆藏「何休の思想」『集刊東洋学』第 19 号、1968；黄朴民《何休阴阳灾异思想析论》，《中国史研究》1999 年第 1 期；黄启书《春秋公羊灾异学说流变研究——以何休〈春秋公羊解诂〉为中心之考察》第三章第二节"灾异项目与名义问题"及第五章第二节"何休灾异理论中反映的东汉时局"，台湾大学博士学位论文，2003；汪高鑫《何休"人事与灾异""二类"说论略》，《中州学刊》2004 年第 2 期；吴从祥《何休灾异说浅议》，《齐鲁文化研究》第 6 辑，山东文艺出版社，2007。

观之，何休的灾异论说相较于此前的学说创见不多，他对谶纬的大量引入则可谓其灾异学说的最大特点，它使得何休的公羊学说更趋体系化、哲理化（同时亦进一步神秘化），并由此形成其独特的经学与历史认识。尽管公羊家好引谶纬在何休之前已较普遍，但当何休《解诂》出世，此种学问风尚终于被推向一个顶峰。

比如关于"西狩获麟"，《公羊传》曰：

> 何以书？记异也。何异尔？非中国之兽也。然则孰狩之？薪采者也。薪采者，则微者也。曷为以狩言之？大之也。曷为大之？为获麟大之也。曷为为获麟大之？麟者，仁兽也。有王者则至，无王者则不至。有以告者，曰："有麕而角者。"孔子曰："孰为来哉？孰为来哉？"反袂拭面，涕沾袍。颜渊死，子曰："噫，天丧予！"子路死，子曰："噫，天祝予！"西狩获麟，孔子曰："吾道穷矣！"①

相较于《左传》而言，《公羊传》对"西狩获麟"进行了两点重要引申和发挥。第一，将获麟人由"叔孙氏之车子鉏商"引申至"薪采者"，其用意乃在于以"薪采者"之微凸显获麟事之大。由此，该事的神话而非历史意味便得以增强。第二，明确强调"麟"为"有王者则至，无王者则不至"的"仁兽"（瑞物），这与王室衰微、礼崩乐坏的现实形成巨大反差，所以孔子才会"反袂拭面"，悲叹："吾道穷矣！"当然，这之中还蕴涵孔子应天命而著《春秋》之经义。在此基础上，何休又做出进一步发挥。《解诂》在《传》文"反袂拭面，涕沾袍"句下注：

---

① 阮元校刻《十三经注疏》，第 2352~2353 页。

> 夫子素案图录，知庶姓刘季当代周。见薪采者获麟，知为其出。何者？麟者，木精。薪采者，庶人燃火之意，此赤帝将代周居其位，故麟为薪采者所执。西狩获之者，从东方王于西也，东卯西金象也；言获者，兵戈文也；言汉姓卯金刀，以兵得天下。不地者，天下异也。又先是螽虫冬踊，彗金精扫旦置新之象。夫子知其将有六国争强，从横相灭之败。秦、项驱除，积骨流血之虞，然后刘氏乃帝。深闵民之离害甚久，故豫泣也。①

"图录"即谶纬图录。案《春秋纬》曰："麟出周亡，故立《春秋》，制素王，授当兴也。"《孝经援神契》记述更详。② 可以看出，何休的解释与谶纬所述，存在较大重合。

细绎何休注解，即可发现他对《公羊传》的重大发展。第一，《公羊传》虽指出"西狩获麟"乃"王者至"之瑞，却并未言明王者具体所指，只是隐含孔子作《春秋》而"当一王之法"之义，而何休则据《春秋纬》等纬书的说法，明确指出孔子以此为"庶姓刘季当代周"之瑞。第二，相较于《公羊传》对"薪采者"之简单烘托，何休对"薪采者"的阐发则熟练地嫁接了五德终始说，认为"麟"为"木精"，"薪采者"则为"庶姓刘季"燃火之意，"麟为薪采者所执"即"赤帝将代周居其位"也。第三，《公羊传》认为孔子"反袂拭面，涕沾袍"的原因乃感伤于天下无道之久也，而何休则解释为，孔子预见在久经"积骨流血之虞"后刘氏乃得为帝，因"深闵民之离害甚久"而伤心落泪。由于援谶纬以说灾异，何休对"西狩获麟"的注说不仅愈发神秘，而且深深地打

---

① 阮元校刻《十三经注疏》，第 2353 页。
② 安居香山、中村璋八辑《纬书集成》，第 905、992 页。

上了"为汉制法"的烙印。

《公羊传》解释完"西狩获麟"后，又对孔子作《春秋》的原因予以进一步说明。《传》曰："君子曷为为《春秋》？拨乱世，反诸正，莫近诸《春秋》。"何休《解诂》曰：

> 得麟之后，天下血书鲁端门曰："趋作法，孔圣没，周姬亡，彗东出。秦政起，胡破术。书记散，孔不绝。"子夏明日往视之，血书飞为赤鸟，化为白书，署曰《演孔图》，中有作图制法之状。孔子仰推天命，俯察时变，却观未来，豫解无穷。知汉当继大乱之后，故作拨乱之法以授之。①

这段话大意与上举"反袂拭面，涕沾袍"注接近，皆以孔子作《春秋》的主旨即"为汉作法"。然而何休此处对谶纬的引证更加典型、露骨，如"赤鸟"之说即已见诸前引《尚书中候》等。

关于"三世"，《公羊传》曰："所见异辞，所闻异辞，所传闻异辞。"何休《解诂》曰：

> 所见者，谓昭、定、哀，己与父时事也。所闻者，谓文、宣、成、襄，王父时事也。所传闻者，谓隐、桓、庄、闵、僖，高祖曾祖时事也。异辞者，见恩有厚薄，义有深浅，时恩衰义缺，将将以理人伦，序人类，因制治乱之法……至所见之世，著治大平，夷狄进至于爵，天下远近小大若一，用心尤深而详，故崇仁义，讥二名，晋魏曼多、仲孙何忌是也。所以三世者，礼为父母三年，为祖

---

① 阮元校刻《十三经注疏》，第 2354 页。

父母期，为曾祖父母齐衰三月，立爱自亲始，故《春秋》据哀录隐，上治祖祢。所以二百四十二年者，取法十二公，天数备足，著治法式，又因周道始坏绝于惠、隐之际。[1]

首先，如研究者指出，何休的"三世说"应承继董仲舒"三等说"而来。《春秋繁露·楚庄王》载：《春秋》分十二世以为三等，有见，有闻，有传闻。有见三世，有闻四世，有传闻五世。故哀、定、昭，君子之所见也。襄、成、文、宣，君子之所闻也。僖、闵、庄、桓、隐，君子之所传闻也。所见六十一年，所闻八十五年，所传闻九十六年。于所见微其辞，于所闻痛其祸，于传闻杀其恩，与情俱也。"[2]不过，可以看到董仲舒并没有明确提出"三世"的概念，更没有细绎不同阶段的特点、地位与作用等，而只是点明"异辞"而已。[3]

尽管如此，在《解诂》之疏中，徐彦却提出不同看法："孔子亲仕之定、哀，故以定、哀为己时。定、哀既当于己，明知昭公为父时事。知昭、定、哀为所见，文、宣、成、襄为所闻，隐、桓、庄、闵、僖为所传闻者，《春秋纬》文也。"[4]徐彦在何休《序》中注解："《春秋》有三世异辞之言，颜安乐以为从襄二十一年之后，孔子生讫，即为所见之世，是任意。任意者，凡言见者目睹其事，心识其理，乃可为见，故

---

[1]　阮元校刻《十三经注疏》，第 2200 页。

[2]　此据苏舆《春秋繁露义证》卷一《楚庄王第一》，钟哲点校，中华书局，1992，第 9~10 页。

[3]　相关讨论可参吕绍刚《何休公羊"三科九旨"浅议》（《人文杂志》1986 年第 2 期），黄朴民《公羊"三统"说与何休"〈春秋〉王鲁"论》（《管子学刊》1998 年第 4 期），刘家和、李景明、蒋重跃《论何休〈公羊解诂〉的历史哲学》（《江海学刊》2005 年第 3 期），汪高鑫《何休对公羊"三世"说的理论构建》（《陕西师范大学学报》2007 年第 1 期），申屠炉明《论何休对董仲舒"春秋公羊"学说的继承和发展》（《齐鲁文化研究》第 10 辑，泰山出版社，2011），高瑞杰《汉代三统论之演进——从董仲舒到何休》（《哲学分析》2021 年第 3 期），等等。

[4]　阮元校刻《十三经注疏》，第 2200 页。

《演孔图》云'文、宣、成、襄，所闻之世也'。"①邱锋指出，《春秋繁露》虽不是谶纬，但《春秋纬》中许多对《春秋》的解释与发挥都直接出自该书，"所以不妨说，《演孔图》中'三世'观点正是承袭了董仲舒'三等'说，而后又为何休所采纳，从而形成其'三世说'的分期标准"。②从谶纬与董仲舒的紧密关系，及前论何休本人对谶纬的重视程度看，此种说法有其合理性。

　　从今存谶纬文献中，我们也确可发现"三世说"的雏形。如《礼斗威仪》载："君承土而王，其政太平，则日五色无主"，"政理太平，则时日五色"，"君承木而王，其政升平，则日黄中而青晕。君承火而王，其政颂平，则日黄中而赤晕。君承金而王，其政象平，则日黄中而白晕。君承水而王，其政和平，则日黄中而黑晕"，"政太平则日五色，政颂平则日黄中而赤晕，政和平则日黄中而黑晕，政象平则日黄中而白晕，政升平则日黄中而青晕"，"君承土而王，其政太平，则月圆而多辉"，"政太平则月多耀，政颂平则赤明，政和平则黑明，政象平则白明，政升平则清而明"，"君承土而王者，其政太平，则镇星黄而多晖"，"君承土而王，其政太平，则官星黄大，其余六星晖光四起"……《礼斗威仪》中此类说法尚多。另外，《孝经援神契》亦载："十世升平至德通神明。"《孝经钩命决》载："明王用孝，升平致誉。"③又，段熙仲发现《隋书·袁充传》引京房《别对》云"太平日行上道，升平日行次道，霸代日行下道"，据此怀疑何休的"三世说"出自京房。④鉴于京房与谶纬（《易纬》）的紧密联系，此说或可同证"三世说"的谶纬源起。

---

① 　阮元校刻《十三经注疏》，第 2190 页。

② 　邱锋：《何休"公羊三世说"与谶纬之关系辨析》，《天津社会科学》2012 年第 4 期，第 131 页。

③ 　安居香山、中村璋八辑《纬书集成》，第 517~519、973、1007 页。

④ 　段熙仲：《公羊春秋"三世"说探源》，《中华文史论丛》第 4 辑，中华书局，1963，第 75~76 页；段熙仲：《春秋公羊学讲疏》，鲁同群等点校，南京师范大学出版社，2002，第 497 页。

　　这里应予补充的是，"三世说"的广泛论说及其普遍影响力在作为汉代思想文化"化石"的画像石中亦有呈现，尽管其内涵与经说略有不同。图 5 是出土于山东嘉祥的东汉早期画像石。左图中层左、右人物分别刻榜题"老子""孔子"，为"孔子见（拜）老子"的典型图式。右图中层人物从左至右分别题刻"周公""成王""召公"，为"周公辅成王"之典型图式。左图下层为"泗水升（捞、取）鼎"图，高台上戴冠而观者系秦始皇，画面内容即《史记·秦始皇本纪》所载之事："始皇还，过彭城，斋戒祷祠，欲出周鼎泗水。使千人没水求之，弗得。"右图下层则清晰刻画了一位在兵器库前舞剑的武士。两图上层分别刻绘象征宇宙原初的圣王（《太平经》谓"二人共抱一为三皇初"）和大神（汉末《老子中经》谓"无极太上元君者，道君也。一身九头，或化为九人"）。[1]通观整幅画面，下、中、上三段之间的物理界线至为明显，乃是有意识地在整块石头上刻凿隔离带以作区分，其整体主旨随着各段图像内容的识得，呼之欲出：无论是表现秦始皇依靠强力、妄图夺取天命象征之周鼎的泗水升鼎图，还是作为武力、霸道象征的兵器、武士，皆可目为"据乱世"之相（武、霸道）；孔子问礼于老子及周公辅佐成王、制礼作乐，当即"升平世"之相（文、王道）；"三皇初"与"道君"则寓意终极美好秩序的"太平世"。

　　有关何休所提"据乱世—升平世—太平世"这套由乱而治的模式，研究者多揭其与春秋历史实际间的"悖论"，并尝试做出合理解释。清人刘逢禄指出："鲁愈微而《春秋》之化益广"，"世愈乱而《春秋》之文益治"。[2]清人皮锡瑞则认为此乃"借事明义"：

---

① 对《太平经》《老子中经》成书时间的讨论，皆详后文。

② 刘逢禄：《春秋公羊经何氏释例·张三世例》，又见同氏《公羊何氏解诂笺·张三世》，皆据《清经解》第 7 册，上海书店，1988，第 371、419 页。

图 5　山东嘉祥县纸坊镇敬老院出土东汉早期画像石

资料来源：《中国画像石全集》第 2 卷，第 107 页。

世愈乱而《春秋》之文愈治，其义与时事正相反。盖《春秋》
本据乱而作，孔子欲明驯致太平之义，故借十二公之行事，为进化
之程度，以示后人治拨乱之世应如何，治升平之世应如何，治太平
之世应如何，义本假借，与事不相比附。[1]

浦伟忠、汪高鑫亦认为何休的三世说寄寓着他本人的社会理想，[2]是皆合
理之论。

根据此前有关谶纬"为汉制法"主旨的讨论，结合汉代人们"太
平"追求的整体思想氛围，应当说，何休由混乱而"太平"的"三世
说"，的确集中反映了他本人的"太平"理念与期待，这也符合前揭
《解诂》所呈现的"王汉"主旨。吉川忠夫指出，何休的《公羊注》不
仅表明了《春秋》是专门为汉王朝而作的信念，而且其中也可以明显看
出何休在《公羊经传》与汉制之间寻求脉络的态度，亦可使人发现，"在
《公羊解诂》中与清流士人的思潮相呼应的言说还是不少的。这一情况
使人想到何休与现实有着很深的相互关联。但是这还是如同在获麟的解
释上，或是在衰乱、升平、太平的三世说中所明确看到的，是以出色而
观念性、理念性的思考为其特征的。其中，现实与理念微妙地相互交
错。……大概与对现实的绝望的深度成反比，对太平的希冀的幅度增加
了"。[3]所论甚是。尽管可能只是"文致太平"，但在灾异、谶纬深刻影

① 皮锡瑞：《经学通论》第4部分"春秋"，中华书局，1954，第23页。

② 浦伟忠：《何休与〈公羊〉学三世递进的历史进化观》，《史学史研究》1993年第1期，第29页；汪高鑫：《董仲舒与汉代历史思想研究》，商务印书馆，2012，第216~217页。

③ 吉川忠夫「党锢と学问——とくに何休の场合」『东洋史研究』第35卷3号、1976。此据吉川忠夫《六朝精神史研究》，第64~65页。相关讨论亦参中嶋隆藏「何休の思想」『集刊东洋学』第19号、1968、23-36页；田中麻沙巳「何休『春秋公羊解诂』の"太平"について」京都女子大学人文学会编『人文论丛』第36号、1988、44-65页；南部英彦「何休の霸道观：陈蕃等の经世意识を手挂かりに」山口大学教育学部编『山口大学教育学部研究论丛』第53卷第1号、2003、1-23页。

响时人价值去取的神圣氛围中，我们恐难否定为学者倾心所从的经学论著，没有其基于现实理解的"微言大义"。

第三节　澄清天下：汉末游学与士林统一价值的结成

在进入有关清议、党祸的正式讨论前，我们先对汉末士人抵抗运动的思想、组织基础做一番检讨。如第一章所论，经过西汉中后期以降的经纬架构，"汉家"逐渐凝固为美好、理想秩序的代名词，成为一个寄托着人们"太平"追求的神圣存在；万民"归心皇汉"，"汉家"乃"天下之天下"。此种对理想秩序的强烈慕求，在汉末朝政秩序日趋紊乱的背景下，亦深刻灌注于经学之中。

通过将郑玄、何休作为汉末士人的典型代表，对其学术、思想世界进行微观考察，我们发现，在谶纬神学的持续影响下，汉末经学呈现出融摄现实、招致"太平"的趋向。现在让我们将目光转向汉末社会的一般情况：从经学之授受、传播的角度，检视汉末士林统一价值得以形成的条件与路径，在此基础上进一步探寻汉末经学对士人价值、行为选择的潜在影响。

所谓汉末士林统一价值的结成，与"士之群体自觉"[①]或群体认同大略相当，其与经学的授受、传播紧密相关，而经学之传播则受到汉末游学之风的深入影响。在充分翻检史籍，同时参阅相关研究成果的基础上，我们可先将汉末游学之总体情况整理、列示如下。

---

① 　余英时：《士与中国文化》，上海人民出版社，1987，第287~400页。

表 2　汉末游学情况统计

姓名	籍贯	出身	游学区域与求学内容	出处
郑玄	北海高密	"郑玄少给县为吏"；"玄少为乡啬夫"	"玄自游学，十余年乃归乡里"；"游学周、秦之都，往来幽、并、兖、豫之域"；师事扶风马融，习古文《费氏易》等	《八家后汉书辑注·司马彪续汉书》卷三、《后汉书·郑玄传》
仲长统	山阳高平		"年二十余，游学青、徐、并、冀之间"	《后汉书·仲长统传》
张驯	济阴定陶		"少游太学，能通《春秋左氏传》。以《大夏侯尚书》教授"	《后汉书·张驯传》
申屠蟠	陈留外黄	"家贫，佣为漆工"	"始与济阴王子居同在太学"；"申屠蟠尝游太学"	《后汉书·申屠蟠传》、《后汉纪》卷二二
符融	陈留浚仪	"少为都官吏"	"后游太学，师事少府李膺。膺风性高简，每见融，辄绝它宾客，听其言论"	《后汉书·符融传》
蔡邕	陈留圉		"邕与李则游学，时在弱冠，始共读《左氏传》"	《北堂书钞》卷九八引《蔡邕别传》
范冉	陈留外黄	"少为县小吏，年十八，奉檄迎督邮"	"到南阳，受业于樊英。又游三辅，就马融通经，历年乃还"	《后汉书·范冉传》
刘陶	颍川颍阴	"济北贞王勃之后"	"陶时游太学"	《后汉书·刘陶传》
贾彪	颍川定陵		"少游京师，志节慷慨，与同郡荀爽齐名"	《后汉书·贾彪传》
张衡	南阳西鄂	"世为著姓。祖父堪，蜀郡太守"	"衡少善属文，游于三辅，因入京师，观太学，遂通《五经》，贯六艺"	《后汉书·张衡传》
董班	南阳宛		"少游太学，宗事李固，才高行美，不交非类"	《后汉书·李固传》注引《楚国先贤传》
延笃	南阳犨		"少从颍川唐溪典受《左氏传》……又从马融受业，博通经传及百家之言"	《后汉书·延笃传》

续表

姓名	籍贯	出身	游学区域与求学内容	出处
何颙	南阳襄乡		"少游学洛阳。颙虽后进，而郭林宗、贾伟节等与之相好，显名太学"；"少与郭泰、贾彪等游学洛阳，泰等与同风好"	《后汉书·何颙传》《八家后汉书辑注·张璠后汉纪》
岑晊	南阳棘阳	"父豫，为南郡太守，以贪叨诛死"	"晊年少未知名，往候同郡宗慈……慈与语，大奇之，遂将俱至洛阳，因诣太学受业"	《后汉书·岑晊传》
郭亮	汝南	李固弟子	"年始成童，游学洛阳"	《后汉书·李固传》
服虔	河南荥阳		"少以清苦建志，入太学受业。有雅才，善著文论，作《春秋左氏传解》，行之至今"	《后汉书·服虔传》
李郃	汉中南郑	"县召署幕门侯吏"	"父颉，以儒学称，官至博士。郃袭父业，游太学，通《五经》。善《河》《洛》风星"	《后汉书·李郃传》
李固	汉中南郑	"司徒郃之子"	"尝自负书，千里寻师，亲给洒扫，学行根深，无所不贯"；"少好学，常步行寻师，不远千里"	《后汉纪》卷二一、《后汉书·李固传》
祝龟	汉中南郑		"远学汝颍及太学"	《华阳国志》卷一〇
马融	扶风茂陵	"将作大匠严之子"	"融从其（挚恂）游学，博通经籍。恂奇融才，以女妻之"	《后汉书·马融传》
任安	广汉绵竹		"少游太学，受《孟氏易》，兼通数经。又从同郡杨厚学图谶，究极其术。……学终，还家教授，诸生自远而至"	《后汉书·任安传》
董扶	广汉绵竹		"少游太学，与乡人任安齐名，俱事同郡杨厚，学图谶。还家讲授，弟子自远而至"	《后汉书·董扶传》
段恭	广汉雒		"少周流七十余郡，求师受学，经三十年"	《华阳国志·广汉士女》

姓名	籍贯	出身	游学区域与求学内容	出处
郭泰	太原介休	"家世贫贱。早孤"	"就成皋屈伯彦学，三年业毕，<u>博通坟籍</u>。<u>善谈论，美音制</u>。乃游于洛阳。始见河南尹李膺"	《后汉书·郭太传》[1]
卢植	涿郡		"少与郑玄俱事马融，<u>能通古今学，好研精而不守章句</u>"	《后汉书·卢植传》
魏朗	会稽上虞	"少为县吏"	"从博士郤仲信学《春秋图纬》，又诣太学受《五经》"	《后汉书·魏朗传》
程曾	豫章南昌		"受业长安，习《严氏春秋》……会稽顾奉等数百人常居门下"	《后汉书·程曾传》
华佗	沛国谯		"游学徐土，<u>兼通数经</u>"	《后汉书·华佗传》
王延寿	南郡宜城	父王逸为校书郎	"少游鲁国"	《后汉书·王逸传》
唐檀	豫章南昌		"少游太学，<u>习《京氏易》、《韩诗》、《颜氏春秋》，尤好灾异星占</u>。后还乡里，教授常百余人"	《后汉书·唐檀传》
张奂	敦煌酒泉	"父惇，为汉阳太守"	"奂少游三辅，<u>师事太尉朱宠，学《欧阳尚书》</u>"	《后汉书·张奂传》
高彪	吴郡无锡	"家本单寒，至彪为诸生"	"游太学。……尝从马融欲访<u>大义</u>，融疾不获见"	《后汉书·高彪传》
士燮	苍梧广信	"父赐，桓帝时为日南太守"	"燮少游学京师，事颍川刘子奇，<u>治《左氏春秋》</u>"	《三国志·魏书·士燮传》
尹珍	牂牁		"从汝南许慎、应奉受经书图纬，学成，<u>还乡里教授，于是南域始有学焉</u>"	《后汉书·南蛮西南夷列传》

[1]案，即郭泰，范晔因避其父名讳作郭太。

说明：整理过程中参阅刘太洋《汉代游学之风》(《中国史研究》1998年第4期)中的"汉代游学状况表"，增补"出身""求学内容""资料来源"，订正了一些讹误之处。

细绎表2所列信息，我们能够得出以下结论。

第一，汉末游学之风颇盛，规模亦不容小觑，此从上举诸事例中即可窥见一斑。《后汉书·儒林列传》序曰："自光武中年以后，干戈稍戢，专事经学，自是其风世笃焉。其服儒衣，称先王，游庠序，聚横塾者，盖布之于邦域矣。若乃经生所处，不远万里之路，精庐暂建，赢粮动有千百，其耆名高义开门受徒者，编牒不下万人。"[①] 方燕统计指出："《后汉书》明确记载有游学经历者128人，而名师大儒门下从学者云集，及门弟子数百上千，著录弟子竟有达万六千人者。"[②] 据史载，甚至有不少名儒正是在游学途中不幸去世的，如任末"奔师丧，于道物故"，服虔"遭乱行客，病卒"等。[③] 综之，适如《后汉书·王符传》记载："自和、安之后，世务游宦，当涂者更相荐引。"[④] 于此可见东汉游学（游宦）风气之盛。

第二，"通经"仍是汉末游学的主要内容。从表2中也可看到，史籍中明确记载不少游学者千里寻师之目的即受学通经，如郑玄、张驯、蔡邕、范冉、张衡、延笃、李郃、马融、任安、魏朗、华佗、唐檀、张奂、士燮、尹珍等。张鹤泉考察指出："因为东汉国家倡导经学，'明经'的意识已深入人心，所以游学者追求的是通晓经术。"[⑤] 陈雁认为张鹤泉的观点应只适用于东汉早期，到了东汉后期，士人游学的目的则有所变

① 《后汉书》卷七九下《儒林列传下》，第2588页。
② 方燕：《东汉游学活动初探》，《四川师范大学学报》2000年第2期，第71页。
③ 王子今：《东汉的"学习型社会"》，《读书》2010年第1期。另，徐幹《中论·谴交》曾激烈批评汉末的交游风气，曰："且夫交游者出也，或身殁于他邦，或长幼而不归。父母怀茕独之思，思人抱东山之哀，亲戚隔绝，闺门分离。无罪无辜，而亡命是效……非仁人之情也。"此据池田秀三「徐幹『中論』校注（下）」『京都大学文学部研究紀要』第25号、1986、119页。标点略异。
④ 《后汉书》卷四九，第1630页。
⑤ 张鹤泉：《东汉时代的游学风气及社会影响》，《求是学刊》1995年第2期，第105页。

化，即由通晓经术逐渐转变为交接名士，由此达到获得社会地位及名誉之目的。① 根据下文讨论可知，汉末游学虽然出现了新的特点与变化，但"通经"仍是其主要内容之一。只不过与张鹤泉指出的"在游学者中，大多数为按家法通晓经术"有所不同，汉末游学者更多地打破了按家法通经的传统，呈现出融通数经（包括今、古经文）以及兼通经、纬的特点。

第三，汉末游学者所自区域或籍贯以陈留、颍川、南阳三郡为最，其次即汉中与广汉地区，更远则至贵州、岭南等地（如士燮来自广信、尹珍来自牂牁），这与稍前的情况大体一致，但所自区域有所拓展。所往区域则以京师太学为最，其次即名儒大贤所在地。进一步观察可以发现，汉末的诸多游学者中，既有世家子弟（刘陶、张衡、李固、马融、王延寿等），也有秩微小吏（郑玄、符融、范冉、魏朗等），还有寒家子弟（申屠蟠、郭泰、高彪等），足见汉末游学之风已泽及广泛的社会阶层，并被不同身份、家世的人们所接受和践行。要之，众多汉末游学者来自帝国的不同地理、文化区域，分属汉家的不同社会阶层，他们通过游学而"通经"，并逐渐突破区域与阶层之区隔，融入统一的价值世界中。如清人赵翼之论："然经义之专门名家，惟太学为盛，故士无有不游太学者。及东汉中叶以后，学成而归者，各教授门徒，每一宿儒，门下著录者至千百人，由是学遍天下矣。"②

第四，汉末游学还呈现出一些新特点，为此前所不见。一是研究者多所指出的游学动机或目的之变化。东汉后期的游学，在"通经"的目的之外，还融进了交结名士、拜谒权贵的意图，如表2所举符融"游太

① 陈雁：《东汉魏晋时期颍汝、南阳地区的私学与游学》，《文史哲》2000年第1期，第74页。
② 赵翼：《陔馀丛考》卷一六"两汉时受学者皆赴京师"条，商务印书馆，1957，第296页。另外，赵翼在《廿二史札记》中也曾指出："自汉末郑康成以经学教授，门下著录者万人，流风所被，士皆以通经缋学为业。"（赵翼撰，王树民校证《廿二史札记校证》，第312页）

学，师事少府李膺"，董班"游太学，宗事李固……不交非类"，何颙
"少与郭泰、贾彪等游学洛阳，泰等与同风好"，郭泰"游于洛阳。始见
河南尹李膺"，以及张奂"师事太尉朱宠"等，即属此类。《三国志·邴
原传》注引《邴原别传》："（原）欲远游学，诣安丘孙崧。崧辞曰：'君
乡里郑君，君知之乎？'原答曰：'然。'崧曰：'郑君学览古今，博闻强
识，钩深致远，诚学者之师模也。君乃舍之，蹑屐千里，所谓以郑为东
家丘者也。君似不知而曰然者，何？'原曰：'先生之说，诚可谓苦药良
针矣；然犹未达仆之微趣也。'"[①] 邴原所言之"微趣"，陈雁认为"应是
追求志同道合的同志"，并进一步以《三国志·王修传》注引王隐《晋
书》所记邴原之子邴春的游学记载来支持这一说法："（王）褒以为春性
险狭，慕名意多，终必不成，及后春果无学业，流离远外。"据此认为
慕名"恐怕是当时许多士人参加游学的主要目的"。[②] 其论可从。

　　二是与游学动机变化紧密相关的师生关系之变化。由于游学目的更
多地趋向追求志同道合的同志[③]，故相较于此前具有一定依附性质的功利
化师生关系而言，汉末游学中师生间相互利用的动机和要素有所淡化，
他们结成同盟关系，共同构筑道德与价值高墙，以抵抗戚、宦主导的
"浊流"势力，志在"澄清天下"。所以才会出现诸如"党锢之祸"中门
生甘冒生命危险为师殡尸的惊人事迹。

---

① 《三国志》卷一一《邴原传》，第 351 页。

② 陈雁：《东汉魏晋时期颍汝、南阳地区的私学与游学》，《文史哲》2000 年第 1 期，第 74 页。
相关讨论亦参聂济冬《游学与汉末政治》，《山东大学学报》2007 年第 6 期。

③ "同志"一词在汉末游学与党议之中频见，如"（郭泰）卒于家，时年四十二。四方之士千
余人，皆来会葬。同志者乃共刻石立碑"，"（刘）陶为人居简，不修小节。所与交友，必
也同志。好尚或殊，富贵不求合；情趣苟同，贫贱不易意"，"延熹九年，党事起，太尉陈
蕃争之不能得，朝廷寒心，莫敢复言。彪谓同志曰：'吾不西行，大祸不解'"，"（窦）
武于是引同志尹勋为尚书令，刘瑜为侍中，冯述为屯骑校尉；又征天下名士废黜者前司隶李
膺、宗正刘猛、太仆杜密、庐江太守朱寓等，列于朝廷"（《后汉书》卷六八，第 2227 页，
卷五七，第 1842 页，卷六七，第 2216 页，卷六九，第 2241~2242 页）。

综合以上讨论，在汉末颇为盛行、规模亦甚可观的游学活动中，不同区域、不同阶层的士人不仅学习先进，问学于名师大儒，并且在学术上相互借镜、交流，由此逐渐打破不同经书、图纬及其他诸种学问之间的藩篱。也是在此过程中，士人间不同区域及阶层之区隔得到一定程度的突破，所以才有可能铸成为众多士人认可、接受的统一价值，并为汉末士人"抵抗运动"的兴起奠定牢固的思想和组织基础。[1] 核查汉末众多游学通经者，便可发现其中相当一部分即党人之属。[2]

如果说汉末游学与士林统一价值的结成，为党议及士人"抵抗运动"的兴起提供了思想与组织前提，那么汉代确立的一整套有关皇权合法性建构的"民意"保障机制，便可视为清议、党议兴起的政治文化背景，同时也是引发党祸的深层制度根源。

第四节　考会群心：君民互动与皇权合法性建构

通过对以郑玄、何休为中心的汉末经学通纬旨趣之探微，我们得

---

[1]　赵璐强调，东汉的游学规模远比西汉时壮大，师生之间以及书籍上的交流亦更频繁，并且在该过程中"某些礼节、仪式、价值观和美德成为他们的常识。汉代文人虽然似乎并不认识其他每一位文人，但他们却有着这样的社会共同点，由此形成庞大的群体和亲密的圈子"。伊沛霞则从"庇护者"和"托庇者"私人关系、私人圈子建立的角度讨论了包括"党锢之祸"在内的东汉中后期的政治社会活动。东晋次详细考察了东汉时期地方教育的发展、儒学的普及和全国性知识阶层的形成，认为来自全国各地的诸生通过太学、郡国学、私学等儒学学习场所形成交友和师徒关系，从整体上对全国性知识阶层的形成及横向联络发挥了重要作用：这种因游学引起的师生关系之扩大、叠层，与全国范围内扩展开的诸生间交游关系结合在一起，超越了家族生活、乡里社会的空间，使整个东汉社会浸透了家族式的社会关系。论见 Zhao Lu, *In Pursuit of the Great Peace: Han Dynasty Classicism and the Making of Early Medieval Literati Culture*, p.172；伊沛霞（Patricia Buckley Ebrey）《东汉庇护者与托庇者关系考论》，范兆飞译，《社会科学战线》2013 年第 1 期；东晋次《东汉时代的政治与社会》，第 109~141 页。

[2]　此可对比参看金发根《东汉党锢人物的分析》（《中央研究院历史语言研究所集刊》第 34 本下册，1963 年）一文的统计。

以重估汉末经学中不可忽视的谶纬要素，以及由两者融合引发的汉末学术思想中的政治关切与信仰属性。顺此而下则可发现，在学、术交融与经、纬互渗的汉末学术体系中，流贯其间的"为汉制法"旨趣与"想望太平"诉求，还内在地影响、支配着汉末士人群体的价值观念及行为趋向，甚至某种意义上构成汉末士人群体的行动指南和价值归宿。此种思想与历史的互动过程，集中而典型地体现在以"澄清天下"、重塑太平秩序为标举的党人运动中。

具体言之，谶纬神学不仅通过塑造汉末士人之价值世界从而推毂其抵抗运动，而且它还融进原始道教神学体系中，从而使得汉末宗教团体在价值观念及行为实践方面皆有类于士人群体者。《后汉书·范滂传》载："（滂）少厉清节，为州里所服，举孝廉、光禄四行……慨然有澄清天下之志。"《后汉纪·孝灵皇帝纪》又载："太后新摄政，政之巨细多委陈蕃、窦武，同心戮力，以奖王室，征用天下名士参政事，于是天下英隽知其风指，莫不人人延颈想望太平。"① 而《太平经·天咎四人辱道诫》则有论："今天乃清且明，道乃清且白，天与道乃最居上，为人法。清明者好清明，故三光上著天，各从其类，合如为形。天之为形，比若明镜。比若人之有两目洞照，不欲见污辱也。若比圣王之前，常欲清明，不欲见污辱，污辱之则得灭死之过也。"② 《太平经钞·辛部》亦载："天地格法，善者当理恶，正者当理邪，清者当理浊。不可以恶理善，邪理正，浊理清。此反逆之，令盗贼不止，奸邪日生，乃至大乱，各从此起。帝王将任臣，必详其选举，当以天心。"③ 两相对比即可发现，深

① 分见《后汉书》卷六七，第2203页；袁宏《后汉纪》卷二三，《两汉纪》（下），张烈点校，中华书局，2002，第443页。
② 王明:《太平经合校》卷一一七，中华书局，1960，第659~660页。
③ 王明:《太平经合校》卷一二〇至卷一三六，第697页。

受谶纬影响的士人之追求与原始道教之追求，实具某种相通性。此外，曹魏时期的道经《大道家令戒》[1]载曰："五霸世衰，赤汉承天，道佐代乱，出黄石之书以授张良。"[2]大略转抄自东晋时期上清经《皇天上清金阙帝君灵书紫文上经》及《上清后圣道君列纪》的《太平经钞·甲部》[3]更直言："澄清大乱，功高德正，故号太平。若此法流行，即是太平之时。"[4]由是观之，党人"澄清天下"之志向与原始道教尚清去浊、"道佐代乱"之追求，皆深受"致太平"思潮之影响，因而其行事风格、价值取向等亦颇有相似处。[5]

那么，党人"澄清天下""想望太平"的价值理念是如何形成的，对党人运动的兴起产生了怎样的作用？党锢之祸的实质又是什么？党锢之祸作为中国历史上影响较大的党争事件，[6]历来备受关注，并因此成为东汉以降士人反复讨论和现代学术聚焦研究的重要问题。有关东汉党祸的起因，范晔《后汉书》记载，术士牢修因怀恨河南尹李膺案杀其师张成之事，"上书诬告膺等养太学游士，交结诸郡生徒，更相驱驰，共为部党，诽讪朝廷，疑乱风俗。于是天子震怒，班下郡国，逮捕党人，布告

---

① 胡适、陈世骧、吉冈义丰、大渊忍尔、柳存仁、饶宗颐等认为《大道家令戒》成书于曹魏时期；汤用彤、唐长孺认为成书于十六国元魏时期；杨联陞初主元魏成书说，后归曹魏说；小林正美则认为出于刘宋末。笔者赞成曹魏成书说。相关学术史梳理及研究可参马承玉《〈正一法文天师教戒科经〉的时代及与〈老子想尔注〉的关系》，《中国道教》2005 年第 2 期；柏夷（Stephen R. Bokenkamp）《〈大道家令戒〉与早期天师道》，李澄译，《世界宗教文化》2022 年第 6 期；姜生《"秦人不得真道"考》，《文史哲》2021 年第 1 期。

② 《正一法文天师教戒科经》，《道藏》第 18 册，第 236 页。

③ 详参王明《论〈太平经钞〉甲部之伪》《〈太平经〉目录考》二文，皆据氏著《道家和道教思想研究》，中国社会科学出版社，1984。

④ 王明：《太平经合校》卷一至卷一七，第 10 页。

⑤ 详参本书终章第一节。

⑥ 需要说明的是，东汉党祸共有两次，分别发生在延熹九年（166）和建宁二年（169），本节主要聚焦于第一次党祸，在探讨士人价值等问题时则旁及第二次党祸中的有关史事。

天下，使同忿疾，遂收执膺等"。① 仔细分辨便可发现，这段看似因果清晰的记述实则充满了疑问：牢修之言究竟是不是捕风捉影的"诬告"？党人的罪名是否有依据？天子震怒的原因，究竟是对"诬告"之言信以为真，抑或仅是其欲加之罪的因势发作？

秦蓁较早指出，党祸之起确乎涉及桓帝的个人私怨，桓帝的继位问题乃是引发党锢之祸的深层原因。② 汪华龙、张继刚分别从桓帝刘志与清河王刘蒜之嗣统权问题、周福"因师获印"之议两个角度对秦蓁之论做出补充。③ 牟发松在川胜义雄等前贤讨论的基础上，以党祸前后的谣言解析为线索，对党祸成因进行了详细考察。④ 卜宪群则在一项有关先秦至汉魏时期乡里舆论与国家关系的长时段考察中，就汉魏之际乡论的新变化予以揭示，其中亦论及士人对乡论的操控及其组织化问题。⑤ 以上讨论从不同角度、程度不一地证成了党祸确非桓帝轻信盲从宦者诬言，而是其本人借题发挥的结果。这些论说在重新审视党锢之祸史实基础的同时，也考察了汉末的制度和文化生态，给人以重要启发。然而，看似题无剩义的问题背后，尚存些许未能完全疏通的疑难：士人更相驱驰的条件是什么？共为部党的基础为何？如何切实理解谣言在党祸兴起过程中的作用，其主导权何以为士人所握？疑乱风俗何指？紧随"诬告"而至的天子震怒与大兴党禁，究竟出于怎样的动机和目的，又主要针对党人的何种行为？基于以上疑问，我们希望跳出具体的政治事件归

---

① 《后汉书》卷六七《党锢列传》，第 2187 页。

② 秦蓁：《溯源与追忆：东汉党锢新论》，《史林》2008 年第 3 期。

③ 汪华龙：《党锢始于"甘陵南北部"考论》，《秦汉研究》第 6 辑，陕西人民出版社，2012；张继刚：《从"因师获印"之议看党锢之祸》，《求索》2012 年第 9 期。

④ 牟发松：《范晔〈后汉书〉对党锢成因的认识与书写——党锢事件成因新探》，《华东师范大学学报》2012 年第 6 期。

⑤ 卜宪群：《乡论与秩序：先秦至汉魏乡里舆论与国家关系的历史考察》，《中国社会科学》2018 年第 12 期。

因与单纯的集团斗争分析模式，拟将"党锢之祸"置入广义且更深层的皇权合法性构成及其运作场域中予以考察，以所谓"共为部党，诽讪朝廷，疑乱风俗"之"罪名"解析为中心，检视士人如何通过主导地方至中央谣言传播的方式操控民意，由此加剧皇权合法性与地方风俗、民众意愿的深层紧张关系，最终引发皇权危机，酿成党祸。

先看皇权合法性的构成及其运作场域。经过汉初几十年的探索，汉帝国终于确立起一整套旨在加强皇帝与万民及朝野之间具体联系的文化统治机制。具体地说，这套机制主要包括齐风俗、举谣言、行察举、征隐逸、赐民爵五方面的内容。

汉人对风俗的看法在《汉书·地理志》及《风俗通义·序》中有集中反映。班固《汉书·地理志下》曰：

> 凡民函五常之性，而其刚柔缓急，音声不同，系水土之风气，故谓之风；好恶取舍，动静亡常，随君上之情欲，故谓之俗。孔子曰："移风易俗，莫善于乐。"言圣王在上，统理人伦，必移其本，而易其末，此混同天下一之虖中和，然后王教成也。①

应劭《风俗通义·序》曰：

> 风者，天气有寒煖，地形有险易，水泉有美恶，草木有刚柔也。俗者，含血之类，像之而生，故言语歌讴异声，鼓舞动作殊形，或直或邪，或善或淫也。圣人作而均齐之，咸归于正；圣人废，则还其本俗。《尚书》："天子巡守，至于岱宗，观诸侯，见百

---

① 《汉书》卷二八下，第1640页。

年，命大师陈诗，以观民风俗。"《孝经》曰："移风易俗，莫善于乐。"传曰："百里不同风，千里不同俗，户异政，人殊服。"由此言之，为政之要，辩风正俗，最其上也。[①]

在班固、应劭的叙述中，风俗不只是地理风化、生活习俗的文化内容，而被认为是与圣人施教、君师王化紧密相关的从属于礼乐教化范畴的政治内容。[②]元朔元年（前 128）冬十一月，武帝诏曰："公卿大夫，所使总方略，壹统类，广教化，美风俗也。"[③]在这里，"美风俗"作为公卿大夫的职责之一，被置于与总方略、壹统类、广教化并列的位置，甚至一定意义上还与它们构成对等和互文关系，足见汉廷对其重视之程度。由此亦可理解，帝王亲授风俗使循行天下何以能够成为汉帝国的一项重要政治制度。史料显示，风俗使一般为"八人"[④]，也有"六人"[⑤]"十二人"[⑥]"二十四人"[⑦]的记载。与汉人对风俗的认识及定位紧密

---

① 应劭撰，王利器校注《风俗通义校注》，中华书局，1981，第 8 页。

② 党超：《论两汉风俗观念的政治文化特性》，《史学月刊》2012 年第 5 期。

③ 《汉书》卷六《武帝纪》，第 166 页。

④ 如《汉书》卷一二《平帝纪》："遣太仆王恽等八人置副，假节，分行天下，览观风俗。"《汉书》卷九九上《王莽传上》："遣大司徒司直陈崇等八人分行天下，览观风俗。"《后汉书》卷八一《谯玄传》："（平帝）四年，选明达政事能班化风俗者八人。"《八家后汉书辑注·谢承后汉书》卷四："（顺帝）汉安元年，选遣八使，巡行风俗。"同卷又载："时诏遣八使巡行风俗，皆选有威名者……号曰'八俊'。"《八家后汉书辑注·司马彪续汉书》卷四记云："汉安元年……（帝遣八使巡行风俗），与侍中杜乔等八人同日受诏，持节分出……名振郡国，号曰'八隽'。"（《汉书》，第 357、4066 页；《后汉书》，第 2667 页；周天游辑注《八家后汉书辑注》，第 92、105、431 页）另，《汉书·平帝纪》与《后汉书·谯玄传》所言似指同一次巡行，其中亦牵涉不少问题，详参曹金华《后汉书稽疑》，中华书局，2014，第 1106 页。

⑤ 如《汉书》卷六《武帝纪》："今遣博士大等六人分循行天下，存问鳏寡废疾，无以自振业者贷与之。"（第 180 页）

⑥ 如《汉书》卷八《宣帝纪》："遣大中大夫强等十二人循行天下，存问鳏寡，览观风俗。"卷九《元帝纪》："临遣光禄大夫褒等十二人循行天下。"（第 258、279 页）

⑦ 如《汉书》卷八《宣帝纪》："复遣丞相、御史掾二十四人循行天下。"（第 268 页）

相关，风俗使职责重大，其巡行天下的主要任务即代行天意，宣示"圣德"，搜访民情民意，按察各地施政情况，惩处有违"圣政"者，同时也承担着举贤征隐的职责。①

除"王教"外，风俗还是与大一统紧密相关的内容。大一统不仅强调"天下远近大小若一"，同时它也意味着万里同风。如汉人终军、王吉所言："夫〔天〕命初定，万事草创，及臻六合同风，九州共贯，必待明圣润色，祖业传于无穷"，"《春秋》所以大一统者，六合同风，九州共贯也"。②风俗齐美正是圣德与王化、郅治与太平的重要表征，正如贤人皆得其位、野无遗贤即是天下大治的表征一样。所以齐风俗堪谓王权合法性建设的重要环节，亦是收拢民心、隆崇皇权、昭示"太平"的重要举措。在此意义上，我们方可理解王莽授意编造"风俗齐同"③谎言的"荒谬"逻辑——因为天下齐同、万里同风乃是检验圣人制礼作乐成效好坏、致治太平与否的一项重要指标。

总之，有汉一代，风俗不仅属于与百姓生活息息相关的文化范畴，也属于与王化紧密一体的政治范畴；遣风俗使观风化俗不仅是整饬社会

---

① 比如上揭宣帝时巡行："存问鳏寡，览观风俗，察吏治得失，举茂材异伦之士。"元帝时巡行："存问者老鳏寡孤独困乏失职之民，延登贤俊，招显侧陋，因览风俗之化。相守二千石诚能正躬劳力，宣明教化，以亲万姓。"顺帝时巡行："持节分出，案行天下贪廉，墨绶有罪便收，刺史二千石以驿表闻，威惠清忠。"又如《汉书》卷六四《终军传》："元鼎中，博士徐偃使行风俗。偃矫制，使胶东、鲁国鼓铸盐铁。"卷七七《宽饶传》："（宣帝）以宽饶为太中大夫，使行风俗，多所称举贬黜，奉使称意。"卷八一《孔霸传》："成帝初即位，举为博士，数使录冤狱，行风俗，振赡流民，奉使称旨，由是知名。"卷八五《谷永传》："立春，（成帝）遣使者循行风俗，宣布圣德，存恤孤寡，问民所苦，劳二千石，敕劝耕桑，毋夺农时，以慰绥元元之心，防塞大奸之隙。诸夏之乱，庶几可息。"（第2817、3244、3353、3471页）

② 《汉书》卷六四《终军传》，第2816页，卷七二《王吉传》，第3063页。

③ 史载平帝元始五年，王莽为粉饰太平，上表谎称"今天下治平，风俗齐同"；不久又授意风俗使"言天下风俗齐同，诈为郡国造歌谣，颂功德，凡三万言"（《汉书》卷九九上《王莽传上》，第4071、4076页）。

的一项具体举措，更是事关国本的重要议题。因为在顺天应民的皇权合法性体系中，社会风俗的败坏即暗示圣王之失德，圣王失德即意味着其统治资格的丧失。据此，如果真像术士牢修所言，党人有"疑乱风俗"之行，那便意味着本来与帝王同心同德、共致太平的万民，因为士人的教唆和操控，脱离了君民和洽的理想秩序，万里同风的齐美风俗将由此遭到破坏，而帝王也就成了真正离心离德之"寡人"。所以"疑乱风俗"诚可谓撼动皇权根基的大罪。

与齐风俗这一加强君民朝野联系的举措经常相伴相生的还有举谣言之制，[①] 所谓观风纳谣是也。风谣作为民愿民意的非常规表达，或曰非制度化诉说，[②] 天然地具有"制作"的隐秘性及传播的自由性。这样的内在属性，不仅使其一定程度上免于政治权力的干预，保护了无名的参与者、传播者，在此前提下还能够比较充分地揭示令百姓敢怒不敢言的恶霸行径与不合理的施政举措等难以正面抗议的现实问题。正因如此，对于风谣的采纳不仅于古有征，[③] 更作为一项整肃吏治、考核政绩的重要制度在汉代得以贯彻。如《后汉书·循吏列传》载光武帝"广求民瘼，观纳风谣。故能内外匪懈，百姓宽息"。《后汉书·李郃传》："和帝即位，分遣使者，皆微服单行，各至州县，观采风谣。"[④] 而采风的效果亦甚显

---

① 应注意，"举谣言"乃东汉特有的一项制度，然而如下所论，西汉亦有据歌谣奖惩官吏的做法，其间异同实则反映了两汉间制度、文化等方面的传承与演变。

② 白瑞旭（K. E. Brashier）指出，在天人感应的宇宙观笼罩下，兆民的满意或不满之气会影响物质世界，继而为王朝风俗使之类的官员所采获。当然，兆民的如是表达，重要的是其如风一般的当下感觉而非稳定的理性思考。论见 K. E. Brashier, *Ancestral Memory in Early China*, Cambridge, MA: Harvard University Asia Center, 2011, pp.257-260。

③ 先秦谓之采诗。如《白虎通》卷六《巡狩篇》引《尚书大传》："见诸侯，问百年，太师陈诗，以观民风俗。"（陈立：《白虎通疏证》，第 289 页）又，《汉书》卷三〇《艺文志·六艺略》曰："古有采诗之官，王者所以观风俗，知得失，自考正也。"（第 1708 页）

④ 《后汉书》卷七六，第 2457 页，卷八二上，第 2717 页。

著。如《后汉书·羊续传》记载："中平三年，江夏兵赵慈反叛，杀南阳太守秦颉，攻没六县。拜续为南阳太守。当入郡界，乃羸服间行，侍童子一人，观历县邑，采问风谣，然后乃进。其令长贪絜，吏民良猾，悉逆知其状，郡内惊竦，莫不震慑。"①

有关以谣资政的记载，典型者如《后汉书·刘陶传》："光和五年，诏公卿以谣言举刺史、二千石为民蠹害者。"注曰："谣言谓听百姓风谣善恶而黜陟之也。"②《后汉书·蔡邕传》载蔡邕奏言："夫司隶校尉、诸州刺史，所以督察奸枉，分别白黑者也。伏见幽州刺史杨憙、益州刺史庞芝、凉州刺史刘虔，各有奉公疾奸之心……五年制书，议遣八使，又令三公谣言奏事。"③应劭《汉官仪》载："三公听采长史臧否，人所疾苦，还条奏之，是为举谣言也。顷者举谣言，掾属令史都会殿上，主者大言，州郡行状云何，善者同声称之，不善者默尔衔枚。"④至于采谣的具体过程，须特别留意一个问题：为了有效采撷真正反映民情的谣言，风俗使或行政长官往往会依赖在地方上颇有威望的父老阶层。如《汉书·韩延寿传》载："颍川多豪强，难治，国家常为选良二千石。先是，赵广汉为太守，患其俗多朋党，故构会吏民，令相告讦，一切以为聪明，颍川由是以为俗，民多怨仇。延寿欲更改之，教以礼让，恐百姓不从，乃历召郡中长老为乡里所信向者数十人，设酒具食，亲与相对，接以礼意，人人问以谣俗，民所疾苦，为陈和睦亲爱销除怨咎之路。"⑤

之所以会特别仰仗父老阶层，乃是因为"谣言"的民间基础不仅与

---

① 《后汉书》卷三一，第1110页。
② 《后汉书》卷五七，第1851页。
③ 《后汉书》卷六〇下，第1995~1996页。
④ 《后汉书》卷六七《范滂传》注引《汉官仪》，第2204页。
⑤ 《汉书》卷七六，第3210页。

汉代的政治、社会制度相关，还深植于积久的汉代文化风俗与民间秩序中。具体地说，即与作为尊老敬贤观念直接体现的民间乡饮酒礼有关。这也是"乡人谣"得以形成的重要原因。众所周知，古老的"乡饮酒礼"即按照齿位（生理年龄）决定饮酒的先后顺序，①它体现了人类朴实的敬老意识与自然秩序观念。通过研究者之考察，汉代的民间秩序中相当程度保留了先民的如是观念，所以才会有"非吏而得与吏比"的"乡三老"和"里父老"出现。②汉代的选官制度——察举制也正是在这样的基础上，方才得以深入贯彻、执行。

行察举正是皇权合法性之民意基础的第三个保障措施。史籍记载显示，这种依据"歌谣"奖惩官吏的做法在西汉时期已初现端倪。如《汉书》载成帝时冯立迁五原太守，徙西河、上郡，"立居职公廉，治行略与野王相似，而多知有恩贷，好为条教。吏民嘉美野王、立相代为太守，歌之曰：'大冯君，小冯君，兄弟继踵相因循，聪明贤知惠吏民，政如鲁、卫德化钧，周公、康叔犹二君。'后迁为东海太守，下湿病痹。天子闻之，徙立为太原太守"。③至东汉光武、明帝之际，逐步形成了较为稳固的以民间歌谣作为考核郡国长官政绩的"举谣言"制度。④从《后

---

① 此方面讨论最详者当属西嶋定生，参见氏著《中国古代帝国的形成与结构——二十等爵制研究》。

② 相关讨论参见守屋美都雄《中国古代的家族与国家》，第 142~159 页；鹰取祐司「漢代三老の变化と教化」『東洋史研究』第 53 卷第 2 号、1994、1-32 页；张金光《有关东汉侍廷里父老僤的几个问题》，《史学月刊》2003 年第 10 期；马新《里父老与汉代乡村社会秩序略论》，《东岳论丛》2005 年第 6 期；牟发松《汉代三老："非吏而得与吏比"的地方社会领袖》，《文史哲》2006 年第 6 期；黄今言《汉代三老、父老的地位与作用》，《江西师范大学学报》2007 年第 5 期。

③ 《汉书》卷七九《冯立传》，第 3305 页。

④ 相关讨论参见黄宛峰《汉代考核地方官吏的重要环节——"举谣言"与"行风俗"》（《南都学坛》1988 年第 3 期）、胡宁为《"举谣言"与东汉吏政》（《中山大学学报》2004 年第 6 期）、吕宗力《汉代的谣言》（第 111~119 页）等。

汉书》所载九十余例谣言看，[①]其兴起无疑有着广泛深厚的民间基础，尽管其所反映的并不一定都是平民的心声。这是因为，植根于民间舆论的"谣言"，同样构成汉代察举制度中士人声望的重要来源，因而自然存在人为操纵之可能。[②]

根据民意反馈举贤良、行察举，此项人才选拔制度的初衷应同样基于皇权与民意互动的基本原则，故亦可谓皇权合法性构建与维护之重要举措。细言之，为兑现带领万民共致太平的承诺——此亦为圣王、天子之使命与根基所在——搜寻贤人参政辅君，不致其埋没，便成为良好的国家政治生活的题中之义。贤良的重要职责在于代言君师，行教化于天下，齐美风俗，由此达至太平。如董仲舒在"举贤良对策"中所言："古之王者明于此，是故南面而治天下，莫不以教化为大务。立大学以教于国，设庠序以化于邑，渐民以仁，摩民以谊，节民以礼，故其刑罚甚轻而禁不犯者，教化行而习俗美也。"[③]据此，行察举与齐风俗皆基于承天命、顺君心、从民望的希求，两者由是存在关联性。比如《汉书·武帝纪》载元朔元年（前128）有司奏议："今诏书昭先帝圣绪，令二千石举孝廉，所以化元元，移风易俗也。不举孝，不奉诏，当以不敬论。不察廉，不胜任也，当免。"[④]

事实上，贤人得其位正是致治太平的重要表征。如刘向奏言："臣愚以为宜退恭、显以章蔽善之罚，进望之等以通贤者之路。如此，太平之门开，灾异之原塞矣。"[⑤]《潜夫论·考绩篇》亦谓："夫圣人为天口，

---

① 详参尚恒元等编《二十五史谣谚通检》，山西古籍出版社，2005，第458~461页。
② 相关讨论参见阎步克《察举制度变迁史稿》，辽宁大学出版社，1991，第327页；吕宗力《略论民间歌谣在汉代的政治作用及相关迷思》，《社会科学战线》2008年第9期。
③ 《汉书》卷五六《董仲舒传》，第2503~2504页。
④ 《汉书》卷六，第167页。
⑤ 《汉书》卷三六《楚元王传》，第1932页。

贤人为圣译。是故圣人之言，天之心也。贤者之所说，圣人之意也。先师京君，科察考功，以遗贤俊，太平之基，必自此始，无为之化，必自此来也。"① 故当遭遇地震等灾异时，皇帝多会下达求贤令，希其监督自身德行，禳除灾异之源。如《汉书·成帝纪》载："盖闻天生众民，不能相治，为之立君以统理之。君道得，则草木昆虫咸得其所；人君不德，谪见天地，灾异娄发，以告不治。朕涉道日寡，举错不中，乃戊申日蚀地震，朕甚惧焉。公卿其各思朕过失，明白陈之。'女无面从，退有后言。'丞相、御史与将军、列侯、中二千石及内郡国举贤良方正能直言极谏之士，诣公车，朕将览焉。"② 由是可见帝王对察举的重视程度及其如此判断、作为的原因所在。

在行察举、荐人才这项制度的逻辑而非时间延长线上，还存在征隐逸这一特殊的求贤现象。隐士本意隐居不仕之人，自其原始定义审之，当无涉政治。然而自其被赋予"不合作"的内涵后——比如《周易·文言》"天地闭、贤人隐"、《论语·微子》"天下有道则见，无道则隐"等论说——隐士便与政治合法性的问题产生了关联。在先秦秦汉时期的理想国家构想和论述中，贤人居其位、野无遗贤被视为君王有德、礼乐教化大善、天下致治太平之重要表征，故尊隐、征隐、招隐自然成为这一时期的常见政治主题。比如《后汉书·章帝纪》载建初五年（80）春二月庚辰朔，日有食之，诏曰："朕新离供养，愆咎众著，上天降异，大变随之。……公卿已下，其举直言极谏、能指朕过失者各一人，遣诣公车，将亲览问焉。其以岩穴为先，勿取浮华。"③ 又如《后汉书·安帝纪》载永初元年（107）秋七月戊辰，诏曰：

---

① 王符撰，汪继培笺、彭铎校正《潜夫论笺校正》，第 72 页。

② 《汉书》卷一〇，第 307 页。

③ 《后汉书》卷三，第 139 页。

昔在帝王，承天理民，莫不据琁机玉衡，以齐七政。朕以不德，遵奉大业，而阴阳差越，变异并见，万民饥流，羌貊叛戾，夙夜克己，忧心京京。间令公卿郡国举贤良方正，远求博选，开不讳之路，冀得至谋，以鉴不逮。而所对皆循尚浮言，无卓尔异闻。其百僚及郡国吏人，<u>有道术明习灾异阴阳之度琁机之数者</u>，各使指变以闻。二千石长吏明以诏书，博衍幽隐。朕将亲览，待以不次，冀获嘉谋，以承天诚。①

为应对灾变，安帝求贤征隐之心堪谓虔敬。而在即位时征召隐逸，其强烈的政治象征意味无疑进一步凸显。如顺帝初登大位，"聘南阳樊英、江夏黄琼、广汉杨厚、会稽贺纯，策书嗟叹，待以大夫之位。是以岩穴幽人，智术之士，弹冠振衣，乐欲为用，四海欣然，归服圣德"。②除皇帝亲招外，丞相、刺史、博士以及地方郡守等，亦多有征召隐逸之举。③

综之，征隐逸一方面当然是出于为政府输送、储备人才之动机，另一方面也肇因于隐逸的政治象征功用及其与皇权合法性构筑之间的内在关系。而隐逸的政治象征性，则当与其手握天命推演和阴阳道术等神秘知识，故此具有类似祥瑞甚至足以禳灾的神秘内涵紧密相关。④如李寻言："窃见往者赤黄四塞，地气大发，动土竭民，天下扰乱之征也。……宜急博求幽隐，拔擢天士，任以大职。"⑤另外，《续汉书·五行志》载顺帝阳嘉元年（132）十月中，"望都蒲阴狼杀童儿九十七人"，李固对策

---

① 《后汉书》卷五，第 210 页。

② 《后汉书》卷六三《李固传》，第 2081 页。

③ 相关讨论参见蒋波《汉代的"招隐士"》，《秦汉研究》第 5 辑，陕西人民出版社，2011。

④ 详参本书第五章。

⑤ 《汉书》卷七五《李寻传》，第 3181~3182 页。

以之为灾变警示："陛下觉寤，比求隐滞，故狼灾息。"①从中我们不难发现，在时人的观念中，隐逸的确被赋予了神秘力量，而且这种力量是与灾异（天命）及皇权合法性（神圣性）联动一体的，可谓保障君民朝野互动之神学思想体系的重要组成部分。

除以上所论几点外，赐民爵实可谓加强君民联系，以此构筑皇权合法性之民意保障机制的最直接措施。此点确如西嶋定生之精彩论述所揭示，但凡发生举国大事，比如灾异笼罩、民生艰难之大悲，抑或祥瑞显现来集、四夷宾服来朝、令立皇后太子、皇子顺利降诞、祭祀大典告成、重大工程完结等普天同庆之大喜，为昭示帝国一体、天下一家，与民共愁苦同欢庆，践履"天下非一人之天下，天下之天下"的政治构设，天子往往采取包括普遍赐爵在内的诸多举措，以示与民共享忧喜，并借此加强天子与汉家每位子民之间的具体内在联系。故"这种爵制是皇帝支配权借以实现的场地……这个场地乃是把皇帝与民联结在一起的具体的秩序结构"。②

这里应特别留意，与前论举贤良、征隐逸等出现的场合相似，见诸史籍的两汉九十次赐民爵实例中，有相当一部分也是出于太子即位、祥瑞降集或灾异并生的场合，如此便有力说明了赐民爵与皇权合法性之间的联系。宣帝朝尤多因祥瑞而赐民爵之事。如本始元年（前73）"五月，凤皇集胶东、千乘。……赐天下人爵各一级，孝者二级，女子百户牛酒。租税勿收"。神爵四年（前58）二月诏："乃者凤皇甘露降集京师，嘉瑞并见。修兴泰一、五帝、后土之祠，祈为百姓蒙祉福。鸾凤万举，蜚览翱翔，集止于旁。斋戒之暮，神光显著。荐飨之夕，神光交错。或降于

---

① 《后汉书》志一三《五行一·狼食人》，第3285~3286页。
② 西嶋定生：《中国古代帝国的形成与结构——二十等爵制研究》，第310页。

天，或登于地，或从四方来集于坛。上帝嘉向，海内承福。其赦天下，赐民爵一级，女子百户牛酒，鳏寡孤独高年帛。"①因灾异而赐民爵者，如元帝永光二年（前42）二月诏："今朕获承高祖之洪业，托位公侯之上，夙夜战栗，永惟百姓之急，未尝有忘焉。然而阴阳未调，三光晻昧。元元大困，流散道路，盗贼并兴。……为民父母，若是之薄，谓百姓何！其大赦天下，赐民爵一级，女子百户牛酒，鳏寡孤独高年、三老、孝弟力田帛。"②事实上，举贤良、征隐逸、赐民爵都曾出现在观风纳谣的过程中，可知它们同为构建皇权合法性之民意保障机制的重要组成部分。

综上所论，汉家统治合法性及国家秩序的良性推展离不开民意的支持，故君民互动成为帝国制度的内在牵引。此种理念的表现形式与保障机制，集中反馈于齐风俗、举谣言、行察举、征隐逸、赐民爵等举措或制度中。某种意义上可以说，东汉皇权的合法性即建筑于基层民众的评价和认可之上（虽然这种"民望"很大程度上也包含政府之参与制作）。所以，一旦有人试图主导舆论、风俗，操控民意，那么势必触及皇权的合法性问题，引发政治危机。

第五节　民意操控、皇权危机与党锢之祸

在发掘党议及士人抵抗运动兴起的思想与组织基础——士林统一价值的结成，以及清议、党议发生的制度场域和政治文化背景，同时厘清汉代皇权合法性构建中的"民意"保障机制后，我们便可仔细探考士人群体究竟如何触动皇权合法性之根本，并由此招致党祸。

---

① 《汉书》卷八《宣帝纪》，第242、263页。
② 《汉书》卷九《元帝纪》，第288页。

一　士人主导谣言局面的形成

按史所载，牢修加诸党人而引发天子震怒的罪名是"交结诸郡生徒，更相驱驰，共为部党，诽讪朝廷，疑乱风俗"。那么，党人究竟做了什么才会落下如此话柄？这样的指控在多大程度上成立？在范晔的历史记述中，"党锢之祸"与党人之议紧密相连，党人之议则始于"乡人谣"，"乡人谣"依次向上传递发展为"郡人谣""学中语"。《后汉书·党锢列传·序》：

> 初，桓帝为蠡吾侯，受学于甘陵周福，及即帝位，擢福为尚书。时同郡河南尹房植有名当朝，乡人为之谣曰："天下规矩房伯武，因师获印周仲进。"二家宾客，互相讥揣，遂各树朋徒，渐成尤隙，由是甘陵有南北部，党人之议，自此始矣。后汝南太守宗资任功曹范滂，南阳太守成瑨亦委功曹岑晊，二郡又为谣曰："汝南太守范孟博，南阳宗资主画诺。南阳太守岑公孝，弘农成瑨但坐啸。"因此流言转入太学，诸生三万余人，郭林宗、贾伟节为其冠，并与李膺、陈蕃、王畅更相褒重。学中语曰："天下模楷李元礼，不畏强御陈仲举，天下俊秀王叔茂。"又渤海公族进阶、扶风魏齐卿，并危言深论，不隐豪强。自公卿以下，莫不畏其贬议，屣履到门。[1]

适如川胜义雄指出，从"乡人谣"到"郡中谣"再到太学之"学中

---

① 《后汉书》卷六七，第 2185~2186 页。

语"，此为逐层上升的"重层结构"。① 值得追问的是，作为第一圈层谣言的"乡人谣"——"天下规矩房伯武，因师获印周仲进"，其产生的机制为何？我们首先应对此则谣言的意思略做疏解。房伯武即时任河南尹的房植，闻名于当朝；周仲进即官任尚书的周福，曾为桓帝之师。谣言称房植为天下之规矩，周福不过是非关才能的"因师获印"，一褒一贬，指向非常明确，故该则谣言极有可能是在以房植为代表的集团之主导下形成的，尽管其力争表现为第三方的"乡人谣"形式。实际上，"二家宾客，互相讥揣，遂各树朋徒"的记载，已经暗示此种流布于乡里的针锋相对之谣言，当出于二家宾客及其朋徒之手；② 而"郡中谣""学中语"之价值褒贬倾向及集团归属，自然更为明显。③

案，廖伯源在研究汉代考课制度时发现，汉代之考课在以九等分别高下次第的同时，亦附加评语书明事实："盖汉代之选举人才，无论征辟、察举，皆重其人之乡里名声。考课附品评语之法，为士人所熟悉，士人间互相称誉标榜，亦袭用之，是即此类七字、八字之标榜语。"④ 吕宗

① 川胜义雄：《六朝贵族制社会研究》，第 46 页。

② 此亦符合东晋次对"乡论"的界定："所谓乡论，是指在后汉后期的地方社会，根据士大夫豪族阶层为主体形成的政治、社会的约束力来评论人物的核心议论。"［东晋次：《后汉的选举与地方社会》，徐世虹译，刘俊文主编《日本中青年学者论中国史（上古秦汉卷）》，上海古籍出版社，1995，第 592 页。并参氏著『後漢時代の政治と社会』名古屋大学出版会、1995、279-285 頁］

③ 应予说明的是，尽管党祸前后士人群体从下至上的谣言操控行为的确于史可征，然士人之外的其他群体亦有以"谣言"见举者，包括以"妖言""讹言"等形式发起宗教性运动等。详参吕宗力《汉代的谣言》。

④ 廖伯源：《汉代考课制度杂考》，此据《秦汉史论丛》，台北：五南图书出版公司，2003，第 150~152 页。另案，屈涛最近撰文就海内外学界研究汉末标榜风气的三种视角（儒家化的大族角度、"贵族"角度、"士人自觉"角度）予以反思，继而从两汉时期"儒宗"称呼的使用情况切入，探垦此跨越朝野间不同人群影响力的形成过程和动力，揭示东汉后期儒者推崇表达及彼此关系强化的来源及特点。这对我们理解把握汉末儒生群体的多面向特点，及其在汉末历史进程中与其他人群的往来互动，不无启发意义（屈涛：《朝廷与儒宗——〈鲁峻碑〉所见汉末儒者标榜风气的形成》，《魏晋南北朝隋唐史资料》第 44 辑，上海古籍出版社，2021）。

力赞成此说，并进一步提出："这种七字歌谣，议题狭窄，语言格式化、
概念化，难以引起一般民众的共鸣，但在统治阶层、知识群体中，却颇
具舆论效应。"①从"乡人谣"的格式、议题来看，其出于士人之手的判断
当可成立；而自范晔所述党议的兴起过程观之，士人的意志、价值则是
借助作为民意体现的乡里风谣来实现的，这表明党议兴起前后的"民意"
一定程度上乃为士人所操控。那么，此般局面究竟是如何形成的？

士人对"乡论"的主导，当与本章第三节所论汉末游学风气及士人
之价值传播紧密相关。具体言之，通过游学逐步突破地域、阶层之区隔从
而达成统一的士林价值，在此基础上通过讲学教授、以礼教化等价值引领
和传播的方式——汉末碑刻及文献所载士人隐居乡里教授，以及诸多循吏
教化乡里的事例即堪典型——抑或经由卖药、占卜、望气、堪舆等道术广
泛介入民众生活从而与民众发生具体联系的方式，②对乡里评价体系产生
影响，此即士人主导"乡论"的两条主要途径。这两种方式之所以能够成
功，或者说士人主导乡里价值的局面之所以能够形成，深层的原因在于，
士人执守的价值与当时的乡邑秩序更加契合，也可以理解为，士人所信从
的价值本就生发于汉代以及更早的乡邑社会传统中。进一步说，正因为士
人所追求的理想社会秩序与大众习以为常的乡约秩序更为贴近，所以士林
价值才能够很自然地得到大众之接受与拥护；与此同时，"乡论"也因其
深厚的民间文化习俗根柢，而被"清流"之士赋予一种先天的道德正当
性，并因之成为他们主导舆论的利器。

士人以至士林的统一价值，内容究竟为何？根据史书所载，我们可
从"清议"及两次"党祸"中大致分析出士人所坚守之价值，主要包括

---

① 吕宗力：《略论民间歌谣在汉代的政治作用及相关迷思》，《社会科学战线》2008 年第 9 期。

② 甚至还常常有隐士受到乡人的供养或者成为一方民众共同维护的重要人物，详参本书第
　　五章。

以下诸端。

第一，极重道义。这表现为僚属之于长官、门生之于座主，以及朋友之间守诺如金、生死不弃的可贵品质。如申屠蟠"始与济阴王子居同在太学，子居临殁，以身托蟠，蟠乃躬推辇车，送丧归乡里。遇司隶从事于河、巩之间，从事义之，为封传护送，蟠不肯受，投传于地而去。事毕还学"。又如陈蕃被害后，宗族门生故吏皆斥免禁锢，"蕃友人陈留朱震，时为铚令，闻而弃官哭之，收葬蕃尸，匿其子逸于甘陵界中。事觉系狱，合门桎梏。震受考掠，誓死不言，故逸得免"。[1]类此事例汉末频见，无怪乎范晔会慨叹，后汉之所以崩而不解、乱而不亡，全靠士人讲求节义的一股力量，使之延续近百年，论曰："（陈蕃等）功虽不终，然其信义足以携持民心。汉世乱而不亡，百余年间，数公之力也。"[2]

第二，"忠孝成俗"。主要表现在僚属与主官、子女与父母以及师生之间超越常情、中道甚至法度的行服、奔丧等。桓典为坐法诛死的主官收葬行服一例即堪典型。史载："典字公雅，复传其家业，以《尚书》教授颍川，门徒数百人。举孝廉为郎。居无几，会国相王吉以罪被诛，故人亲戚莫敢至者。典独弃官收敛归葬，服丧三年，负土成坟，为立祠堂，尽礼而去。"另外，《后汉书》所载下事亦属此类："民有赵宣葬亲而不闭埏隧，因居其中，行服二十余年，乡邑称孝，州郡数礼请之。郡内以荐蕃，蕃与相见，问及妻子，而宣五子皆服中所生。蕃大怒曰：'圣人制礼，贤者俯就，不肖企及。且祭不欲数，以其易黩故也。况乃寝宿冢藏，而孕育其中，诳时惑众，诬污鬼神乎？'遂致其罪。"[3]"乡邑称孝，州郡数礼请之"说明在一般人看来其行可谓至孝，然而陈蕃自有更

① 《后汉书》卷五三《申屠蟠传》，第1751页，卷六六《陈蕃传》，第2171页。
② 《后汉书》卷六六《陈蕃传》，第2171页。
③ 《后汉书》卷三七《桓典传》，第1258页，卷六六《陈蕃传》，第2159~2160页。

明确、严苛的价值判断，所以不仅不嘉奖其行，反而"致其罪"。士人行服、奔丧、会葬等方面的事例所在多有，依此可见汉末士人在"忠孝成俗"方面所行之远。[①] 而其目的，其实亦在于凸显"清流"与"浊流"之间的差异[②]，以清洁的道德伦常为其认同与斗争的力量来源。

除此之外，士人还表现出让爵、让举、让封、让财等风尚，亦皆与前此相类。《日知录》卷一三"两汉风俗"条谓："汉自孝武表章六经之后，师儒虽盛，而大义未明，故新莽居摄，颂德献符者遍于天下。光武有鉴于此，故尊崇节义，敦厉名实，所举用者，莫非经明行修之人，而风俗为之一变。至其末造，朝政昏浊，国事日非，而党锢之流，独行之辈，依仁蹈义，舍命不渝，'风雨如晦，鸡鸣不已'，三代以下风俗之美，无尚于东京者。"[③] 总之，尽管不乏为求名节的虚伪之行，但汉末士人以至士林的确普遍坚持着植根于乡邑传统的重要价值，以抗拒戚、宦强权派的昏浊行径。在此意义上可以说，这些价值也同样构成汉末尚"清"风尚[④] 的重要内容。

总之，东汉的普遍游学之风为汉末士林统一价值的结成创造了条

① 相关讨论亦参张蓓蓓《东汉士风及其转变》，台北：台湾大学出版委员会，1985，第 11~24 页。

② 对"清流""浊流"的界定及划分请参杨联陞《东汉的豪族》，《清华学报》1936 年第 4 期。

③ 顾炎武撰，黄汝成集释《日知录集释》，第 752 页。

④ 上田早苗曾指出"清"乃东汉魏晋南北朝间最频繁的用词。川胜义雄进一步论及"清"成为当时上大夫最重要的生活理念："党锢事件以后，由十一般士大夫普遍倾向于隐逸君子的方向，因而'清'的理念自觉地流行起来。……'清静寡欲'、'清虚'等'清'的理念的普及与流行，也与在浊流势力重压之下，隐逸的观念，即儒家道家融合的观念，向一般知识阶级的渗透相应。"渡边信一郎则将"清"作为 2~7 世纪中国的一种意识形态与国家观念予以考察。以上讨论参见上田早苗「貴族的官制の成立——清官の由来とその性格」『中国中世史研究：六朝隋唐の社会と文化』東海大学出版会，1970，此据《日本中青年学者论中国史（六朝隋唐卷）》，第 1~26 页；川胜义雄《六朝贵族制社会研究》，第 70~71 页；渡边信一郎「清——あるいは二—七世纪中国における——イデオロギー形态と国家」『京都府立大学学术报告·人文』第 31 号，1979，1-16 页。相关讨论还可参李金鲜《汉代豪族尚"清"意识研究》，渤海大学硕士学位论文，2015；韩经太《"清"美文化原论》，《中国社会科学》2003 年第 2 期；袁济喜《汉末魏晋以"清"为美探源》，《中国人民大学学报》2016 年第 1 期。

件，从而为自下而上、统一有序的党议之展开奠定了重要的思想与组织基础。与此同时，士人（包括处士、隐士）在乡里的教化，不仅促进了士林价值的广泛传播，使得士林价值与乡里传统得以有效融合，还进一步获得了民众的道德同情与舆论支持，使得"清流"士人在汉末的"抵抗运动"中占据了道德制高点，赢得了舆论的主导地位。如上节讨论所示，由于汉代具有深厚的以言举人的政治传统，士人群体能够在官方程序之外，根据自己的价值标准品评人物，这也就意味着他们掌握了本应隶属于皇权的强大的舆论权力及评价体系——而这并非普通的权柄，实是不可触碰的关系皇权合法性根基的"命门"。在此基础上我们方可理解，为何会形成"自公卿以下，莫不畏其贬议，屣履到门"的局面。甚至范晔亦直言不讳，曰："处士横议，遂乃激扬名声，互相题拂，品核公卿，裁量执政。"[1] 无怪乎宦者会指控其"诽讪朝廷，疑乱风俗"，而皇帝也因之一触即爆，党祸遂旋即燃起。

二　士人群体的组织化发展

"交结诸郡生徒，更相驱驰，共为部党"的罪名缘何而起？《党锢列传》载：

> 又张俭乡人朱并，承望中常侍侯览意旨，上书告俭与同乡二十四人别相署号，共为部党，图危社稷。以俭及檀彬、褚凤、张肃、薛兰、冯禧、魏玄、徐乾为"八俊"，田林、张隐、刘表、薛郁、王访、刘祇、宣靖、公绪恭为"八顾"，朱楷、田槃、疏耽、

---

[1]　《后汉书》卷六七《党锢列传》，第2186、2185页。

薛敦、宋布、唐龙、嬴咨、宣褒为"八及"，**刻石立埠，共为部党**，而俭为之魁。灵帝诏刊章捕俭等。……又州郡承旨，或有未尝交关，亦离祸毒。其死徙废禁者，六七百人。①

据此可知，士林的统一价值在对士人个人道德行为产生实际影响的同时，还对"党人"从地方至中央的组织化实现，产生了重要的推动作用。具体地说，由于士人的晋升渠道在汉末渐为有实权的外戚、宦官所掌控，②为打破此种浑浊、黑暗的局面，已经在相当程度上突破阶层、地域区隔的数量庞大的士人群体，基于观风纳谣、以言举人的汉代政治传统，发起了自下而上的以人物品评及自我标榜为主要内容的舆论斗争运动，目的在于对日益腐败的选官制度拨乱反正，在浑浊的体制之外，按照他们的价值标准及理想设定，重塑汉家荐举贤良的旧传统，另立人才评价的新秩序。于是，在士林统一价值或认同的基础上，分散各地的"清流"党人，凭借他们所掌握的人物评鉴权力，逐渐形成了包括"三君""八俊"等三十五人在内的天下名士称号序列。③

① 《后汉书》卷六七，第2188页。
② 案，《后汉书·朱穆传》载朱穆"上疏请罢省宦官"曰："案汉故事，中常侍参选士人。建武以后，乃悉用宦者。自延平以来，浸益贵盛，假貂珰之饰，处常伯之任，天朝政事，一更其手，权倾海内，宠贵无极，子弟亲戚，并荷荣任，故放滥骄溢，莫能禁御。凶狡无行之徒，媚以求官，恃执怙宠之辈，渔食百姓，穷破天下，空竭小人。愚臣以为可悉罢省，遵复往初，率由旧章，更选海内清淳之士，明达国体者，以补其处。即陛下可为尧舜之君，众僚皆为稷契之臣，兆庶黎萌蒙被圣化矣。"（《后汉书》卷四三，第1472页；又见袁宏《后汉纪》卷二二，有删减）可见宦官对士人晋升渠道的把控早已出现，后趋严苛。相关讨论可参阅步克《察举制度变迁史稿》，第80~81页。
③ 牟发松对天下名士称号序列产生的具体时间进行了较详考辨，指出："实际上党锢名士代表人物的称号、题目、名次，以及三者整合为一个体系化的序列，都经历了一个长期演化的过程，只因范书之前的诸多《后汉书》均已亡佚，《〈党锢传〉序》所载名士称号序列，才被认为是最标准的版本。……东晋刘宋间，甚至上溯到三国时代，党锢名士序列的称号及其组成人员是相当稳定的，但序列中的名次却并不稳定。"（牟发松：《范晔〈后汉书〉对党锢成因的认识与书写——党锢事件成因新探》，《华东师范大学学报》2012年第6期）

此中尤其值得注意的地方，是该序列超越政府的"组织性"。川胜义雄指出："这种有着统一性的社会群体依照正确的儒家价值基准自行评价人物，并且还排列座次，这些与政府的任命或选举无关。……明显意味着一种无视政府的行为。"此种"按照政府官僚的序列另外制造一个名士的序列"无异于"反对政府的在野党建立自己的影子内阁"。[①] 渡边义浩亦明确指出："'党人'运动逐渐形成了和东汉国家不同的'党人'自律秩序，这一点和以往的运动有着本质上的区别。'党人'的自律秩序是按照人物评价来排名的，最大的特征是其排列顺序与东汉皇帝权力没有关系。"[②] 牟发松指出："地方名士群体也走向组织化，其中最突出的莫过于以张俭为首的山阳郡名士称号序列，实际上这是一种模仿当时所谓'弹'（或作单、僤、墠）的闾里结社组织而成立的名士团体……山阳郡名士组织的内部结合更紧密，体制外党派性质更明显。"[③] 伊沛霞则从东汉中后期以来"私人关系"建立的角度，讨论了门生故吏等庇护者与托庇者共同组成的网络，以及这种网络独立于常规政府体制之外的组织方式。[④] 从党人相互评鉴的题目（评鉴的具体内容）及其"刻石立墠"的做法（类如已发现的汉章帝建初二年《侍廷里父老僤买田约束石券》，见图6）等具体层面可以看出，其所坚持的价值的确与汉代乡邑之价

---

① 川胜义雄：《六朝贵族制社会研究》，第11、67页。

② 渡边义浩：《日本有关的"儒教国教化"的研究回顾》，松金佑子译，《新史学》第14卷第2期，台北：三民书局，2003，第179~214页。并参氏著『後漢国家の支配と儒教』雄山閣，1995、394-401页。案，陈寔堪谓党人成为社会权威的典型。史载陈寔因党锢废免居乡，"（乡间）有争讼，辄求判正"，"退无怨者"，并号称"宁为刑罚所加，不为陈君所短"，可见"陈寔的社会声望，足以挑战政府司法机构的权威"。论见牟发松《范晔〈后汉书〉对党锢成因的认识与书写——党锢事件成因新探》，《华东师范大学学报》2012年第6期。

③ 前揭牟发松《范晔〈后汉书〉对党锢成因的认识与书写——党锢事件成因新探》。相关讨论亦参东晋次《后汉的选举与地方社会》，《日本中青年学者论中国史（上古秦汉卷）》，第581~582页。

④ 伊沛霞：《东汉庇护者与托庇者关系考论》，《社会科学战线》2013年第1期。

值—秩序存在深度契合，而其结成的"影子内阁"，亦正是建筑于士林统一价值之上的理想政治模式与社会秩序。

图6　汉《侍廷里父老僤买田约束石券》原石

说明：现藏偃师博物馆。

依此观之，正是由于士人之所信所守与汉末戚、宦持政所导致的国家"私物化"之间，发生了"清""浊"价值的严重对撞，加上士人之价值理念从地方至中央连接一体得以实现，士人群体之"抵抗运动"遂于此时崛兴。在此过程中，从地方至中央的谣言不仅成为连接、组织"清流"之士的工具，也成为士人群体表达其价值、声援党人斗争的重要媒介。进而言之，士人所抵抗的正是国家公权被戚、宦侵吞的"私物化"（"浊化"）走向；[1]其振臂"澄清天下"之最终目的，即希望浊乱的天下向其理想的社会秩序回归——此亦与前揭士人群体之"为汉制法"旨趣深相契合。据此，汉末两次党祸的总体性质应定义为，中央及地方的士人群体（包括部分豪侠）为抗拒"汉家"秩序持续滑向异质或崩解的边缘，而连接发起的舆论批判与政治对抗运动。如此动机推动下所形成的名士序列不免让人心生疑窦，所以桓帝才会"轻信"宦臣之言（第二次党祸时年幼的灵帝则实际受控于宦者）。自然，宦臣之言也并非尽是"污蔑之词"，而是一定程度上揭示了党人另立秩序以替代朝廷权威的"真实"动机。

综上所论，"交结诸郡生徒，更相驱驰，共为部党，诽讪朝廷，疑乱风俗"，此中每一项指控，都可谓从根本意义上瓦解国家统治基础与皇权合法性的"重罪"，而党人对谣言的主导行为，及其外在于皇权评价体系的组织化发展趋向，在一定程度上又的确能够与之对应。由此也就可以理解桓帝不惜大规模牵连地方至中央的有关士人，也要牢固控制、扼杀舆论源头的做法了。要言之，从皇权合法性的"民意"建构机制，到士人群体对谣言自下而上的操控，此间矛盾显然已触及皇权合法性建构中的根本问题，给本就面对不同即位人选声音、对权力敏感异常的桓帝造成了进一步的心理压迫，[2]所以才会出现一触即爆的失控局面，在对皇权体察入微的宦臣的精心策划和控告下，终致党锢之祸。

---

① 李固在《对策后复对》中提出"权去外戚，政归国家""招会群儒，引问得失，指摘变象，以求天意""又宜罢退宦官，去其权重，裁置常侍二人，方直有德者，省事左右"的政治主张，即较为典型地反映了党人的理想与诉求（《后汉书》卷六三《李固传》，第 2075、2077 页）。

② 相关讨论参见秦蓁《溯源与追忆：东汉党锢新论》，《史林》2008 年第 3 期。张向荣也曾对两次党祸的兴起背景、演进过程以及所涉人物、事件予以细致梳理，详参氏著《三国前夜：士大夫政治与东汉皇权的崩解》，上海人民出版社，2024。

结　语　天命与民意之间的汉代皇权

大量史籍记载显示，在常规的人才察举制度之外，以举贤良、征隐逸为主要呈现方式的超常规人才征辟行为，大多是天子悟于灾变的"荒政"举措，以此回应民望；同样，给天下人赐民爵的"施惠"行为，亦有促使其发生的政治氛围——灾异警示则帝王反躬罪己、抚慰民心。与此同时，举贤良、征隐逸、赐民爵往往都是通过观风纳谣的方式来执行、实现的，其中缘由亦与民意相关。因为无论是在先秦的经典、传说还是汉家的现实政治体制中，风谣均被认为是民意的直接表达与真实呈现。通过观风纳谣，一方面能够掌握郡情、民情，以便为齐风俗、举谣言、行察举、征隐逸提供参照，达到为公家资政及发掘、输送贤良的政治目的；另一方面观风纳谣也是实现君民及朝野沟通、交流、互动的重要途径，在此基础上，作为天人沟通代理人的天子便可向上天传达民情、民意，完成天心与民意的感应和交通，最终解除灾异、获致太平。

由是可见，在汉代浓厚的"天人感应"氛围包裹下，为完成皇权合法性建构，天子一方面被要求"奉天之命"，牧养万民，另一方面也被要求顺应民望，负有了解、传达、满足民意的神圣职责和使命。[①] 如此，汉代的皇权及政权合法性便被限定在了天命与民意之间。衡诸历史，上承天命、下遂民望的思想其实早在先秦时已有相当明确的表达，如《左

---

① 雷戈提出，如何使民众切身感受到皇帝与民同在的真实性和皇恩的神圣性，构成秦汉皇权秩序扩展的轴心。秦汉皇权秩序的扩展也是沿着皇帝与民众相结合这条基线推进的。详参雷戈《天高皇帝近：面向民众开放的皇权秩序建构——秦汉皇帝和民众之间复杂关系的互动和呈现》，《人文杂志》2014 年第 12 期。

传》昭公十三年载叔向总结获取、维护政权之条件曰："获神，一也；有民，二也；命德，三也；宠贵，四也；居常，五也。"其中，"获神"（顺天）与"有民"（应民）即被当作最重要的两个条件。《管子·牧民》强调民心之于政权兴废的重要性，曰："政之所兴，在顺民心，政之所废，在逆民心。"到汉代，先秦时期的天命、民心之论则因灾异学说的转嫁而被进一步宗教化，[①]并被镶嵌进国家的政治制度，运用于具体的实践和操作中了。

尽管如此，除反常的祥瑞、异象、灾变之外，天命的显现并非稳定的日常要素，在更多的情况下，上天的意旨被笼统地归诸民意的表达，天命与民意、民望经常被当成一而二、二而一的东西。[②]由此，民意对皇权、政权合法性的意义得到进一步凸显，而作为民心、民意承载体的风俗与谣言，其重要性也被进一步放大。汉末党议兴起过程中，从"乡人谣"到"郡中谣"再到"学中语"，其间明显融入了士人价值导向的褒贬裁度。这种未经官方认证且带有士人主观判断性质、内含着片面真相的言论，经过广大群体（主要是士人群体）之传播，从乡里上升至郡县，最后流入权力最上层，由此凝聚成一定的社会共识与舆论力量，并对东汉末年的政治走向产生重要影响。

如上所论，汉末广泛的游学及经学授受，为不同区域、阶层之士人突破各自的地理、文化区隔，达成统一的价值取向，提供了必要保障。

---

① 《春秋繁露》之论堪为典型："天之生民，非为王也，而天立王以为民也。故其德足以安乐民者，天予之；其恶足以贼害民者，天夺之"，"天生之，地载之，圣人教之。君者，民之心也；民者，君之体也。心之所好，体必安之；君之所好，民必从之"。（苏舆：《春秋繁露义证》，第220、320页）相关讨论可参楼劲《魏晋以来的"禅让革命"及其思想背景》，《华东师范大学学报》2017年第3期。

② 郭璞曾针对大兴初年（318）会稽郡井出钟事件评论道："盖王者之作，必有灵符，塞天人之心，与神物合契，然后可以言受命矣。"（《晋书》卷七二《郭璞列传》，第1901页）"塞天人之心"云云，颇堪玩味。

在此基础上，士林统一价值的结成，及其与民间价值—秩序的契合，最终成为士人掌控、主导具有一定社会共识意义之谣言的关键因素。此后，谣言在士人的干预下不仅成为连接、组织"清流"之士的有力工具，也成为士人群体表达其价值，声援党人斗争的重要媒介。适如日本学者串田久治所指出，"谣"是中国知识分子所拥有的"一种隐然的势力"，"是中国知识分子智慧的结晶，它是当时的社会良心的体现，代表着一般民众对社会政治提出的选择"。[①] 也是在此意义上，我们说，谣言不但能够反映一个时代的精神样貌与价值裁度，关注谣言在不同势力间的运作、传播情况，及其对社会人心以至政权更迭产生的潜在影响，还能发掘另一维度的历史真实。

然而，士人对谣言的裁决、主导，不仅意味着他们的行为具有僭越皇权的民意操控属性，还实际掀起了从乡里至朝堂的舆论串联与政治斗争，引发皇权合法性危机，最终酿成惨烈的党锢之祸。细审这一过程，可以发现，作为"清流"代言人的党人群体与作为"浊流"代言人的戚、宦实权派之间的对抗，既可以说是两种用人理念及其实现路径的对抗，也可以说是以灾异论为基础的信仰包裹的政治传统（其中也有不少虚伪、投机、玩弄权术者）与作为其对立面的露骨的权力腐败（其中亦不乏同情民众、支持改革者）之间的较量，抑或说是"汉家"传统的守护者与其破坏者之间的直接冲撞。在此过程中，传统的守护者为对抗其敌人、重塑理想秩序，选择绕开被"腐蚀"的权力顶点——天子，结成外在于国家官僚体系的组织化形式，由此他们被指证为传统及当前政治秩序两方面的破坏者，受到了严酷的弹压和打击。依此反观党祸背后的

① 见串田久治《汉代的"谣"与社会批判意识》，邢东风译，《中国哲学史》1996年第1~2期，第118、117页。详细讨论亦可参同氏著作『王朝滅亡の予言歌——古代中国の童謡』大修館書店、2009；『中国古代の"謠"と"予言"』。

多重权力对抗，我们可以看到奔涌向前的历史理性与留恋传统的主体价值之间的矛盾冲突及其引发的悲剧，也可以发现思想与历史之间、文化与权力之间的扭结、互动。

回顾党议兴起、党祸展开的历史过程，我们还可以发现一个有趣的现象，即矛头直指国家大政的谣言，其"制造者"却并非为宦朝廷的当事臣僚，而是身居乡里的士人；其发起地亦非刮起政治旋风的朝堂，而是看似远离政治中心的权力末梢——乡里。如是现象说明，尽管我们仍可说朝堂是汉末直接的政治角逐场，但包括皇权在内的中央权力，其实际的合法性来源却远在乡里。如此方可理解，皇帝、群臣、身居政治中心的世家大族始终重视权力的发迹地——乡里，甚至对基层乡里的"牧守""三老"乃至普通民众时有"讨好"姿态的种种行为（包括仪式性的赐爵政策以及"共治天下"之类的政治宣言等）；汉代的齐风俗、举谣言、行察举、征隐逸、赐民爵等举措与制度，也只有放在这样的权力运作场域中，方能获得合理解释。以长时段视野观之，汉唐时期的皇权一方面始终宣称"奉天承运"，似有其承上的"神统"；另一方面，又不得不绍续"圣统"，不断巩固周代以来的"重民"传统，宣称"水能载舟亦能覆舟"。由此，皇权便成为兼摄理性与非理性的综合体，一定程度上受限于天命与民心这两种势力，并在这样的政治文化空间中运作推演、发展变迁。

值得注意的是，尽管在汉代这套话语系统中，"民"无疑是被抽象的大写之民，但民意、民心之向背也的确构成君主贤明与否、政权为天命所佑所弃的重要依据。因此，民意、民心才成为"革命""禅代"过程中屡试不爽的主要武器，治理天下的帝王亦需采取各种举措，谨慎经营民心、民意，以证明自己的贤明和政权之合理合法。同时帝王还尤其敏感于提防人为操控所致的民意嬗变——比如对政治性预言之警惕，对具有政治象征意义的隐士之尊招，对"妖言""妖贼"活动之"厌胜"等——以此规避因民意与时势之相互借力而滑向"天下云集响应"的不可控局面。所以，在"君—民依存"的政治文化笼罩下，圣君与天命—民心相互约束，实际上都成为理念化的存在，不可能与现实中的状况完全对应，但也并非不具任何实效的"借口""遮羞布"。这是神圣化、伦理化的"父家长制"国家秩序的重要特点和必然归宿。①理解了这一点，我们才能更好地把握汉代"天下一家"的真实内涵，解明齐风俗、举谣言、行察举、征隐逸、赐民爵等汉家制度的内在动机，由此进一步洞见在汉代历史舞台上，包括帝王、臣僚、隐士、"妖贼"等在内的不同人群，究竟如何围绕"天命"与"民意"进行争夺，以达成各自或现实或理想、或复杂或单纯的目标，②而"汉家"也在国家与社会的互动中，在各阶层的推动下，历经王莽篡汉、光武中兴、党锢之祸、黄巾之乱，最终走向崩解。

---

① 西嶋定生精准地指出，秦汉时期以父子拟君民、以家拟国的结合形态，导致"专制统治与德治统治，实际上互为表里而趋于一致"（西嶋定生：《中国古代帝国的形成与结构——二十等爵制研究》，第446~450页）。

② 在这一意义上可以说，以灾异、禅让、革命、图谶、祥瑞、符命等文本和物质为外在表达形式的天命—民意制作，绝非无关紧要的"政治修辞术"，而是一套广泛深入人心，且足以撼动实际权力的"实践中的制度"。

第三章

师汉：原始道教的官僚性特质与乌托邦追求

师汉国在句稚西南。……国称王，皆奉大道清洁，修法度、汉家威仪，是以名之曰师汉国。

——《太清金液神丹经》卷下

引　言　原始道教的"官僚性"谜题

"如律令"乃道教尤其是天师道中使用极频繁的符咒用语，在此之前它本是两汉诏令书檄之常辞，此一现象反映出道教对汉廷公文书体、文辞之吸取或刻意模仿。除此之外，道教对汉制的吸收或模仿还包括礼仪（如即位仪式）、制度（如官僚等级制度）等诸要素，甚至有道经径直将法位比作王位，由此道教的神灵世界几可谓世俗官僚体系的"翻版"。如《玄都律文》载："律曰：男官、女官、主者，受法箓治职之号，譬如王位，至于选补，皆由天台。而顷者众官辄便私相拜署，或所受治小而加入大治，或以身所佩法以授人，此皆不合冥典。"① 又杜光庭《道德真经广圣义》曰："世人修行，自凡而得道，自道而得仙，自仙而得真，自真而得圣，圣之极位升为太上。太上者，六通万德，无不毕备，绍法王位，统临万圣，即得居此尊。名亦如代间皇帝，代代绍位，皆得称之。"②

道教模仿汉制，此种现象究竟意味着什么，又说明了什么问题？不少西方学者从较早时期起，便对道教的"官僚性"特点给予了强烈而持

① 《道藏》第 3 册，第 460 页。
② 《道藏》第 14 册，第 324 页。

续的关注。① 如司马虚（Michel Strickmann）研究证明，早期道教是一个"官僚机构巨大而有序的帝国的范例"，一个"文书的王国"。② 索安更透彻地指出："道教万神殿的官僚特征植根于中华帝国的行政管理机构"；③ "超自然的官僚机构中多样化的官职名称主要反映着汉代社会中的下层官僚管理单位"。④ 有关道教"官僚性"组织、仪式的研究意义，她曾高屋建瓴地指出："对于中国宗教，我们缺少更适当的概念，如果我们更仔细地研究用什么来与'官僚政治'和'行政'做比较，这将会是一条更有成果的探索路线。"⑤

　　田海（Barend J. ter Haar）在寻求对中国传统文化中"政治"这一概念的不同理解时，亦曾涉及道教与官僚体系的关系。他指出："在中国传统文化当中，'政治'概念意味着'天'的规范能力对俗世的管理。帝国体制、道士和地方神灵，它们的权威都从上天派生而来，并以非常类似的方式得到表达和合法化。因此，与皇帝及其代表们的任务一样，道士和地方神灵的任务也是政治性的，只不过它们活动在'天下'的不同

---

① 当然，道教的"官僚性"属性除早为古代士人所察觉外，亦曾在中国现代化进程中引起学人的关注，如顾颉刚在《读书笔记》"道士与帝制"条中引伯祥（王钟麒）之言云："道士一切摹仿朝廷，奏表时称臣，各地城隍派神接任，几年一换。（刚案：道观仿皇宫，如北京东岳庙，苏州穹窿山。又法师执笏。）此教不除，甚易引起帝制也。"在此基础上，顾颉刚叙述了苏州的城隍情况，继而总之曰："如此看来，张天师实是鬼神界的皇帝。"（《顾颉刚读书笔记》卷一，中华书局，2011，第381、382页）细审之，二人所论虽有其明显的现实指向，相关言说在今天看来亦不无漏误，但他们对道教"官僚性"特质的观察足谓洞然。此条材料承朱永清学兄见告，特此申谢。

② Michel Strickmann, *Chinese Magical Medicine*, Stanford: Stanford University Press, 2002, p.5. 另亦可参索安的讨论，见 Anna Seidel, "Traces of Han Religion in Funeral Texts Found in Tombs", 秋月观暎主编『道教と宗教文化』平河出版社，1987、46页。此据赵宏勃中译文《从墓葬的葬仪文书看汉代宗教的轨迹》，《法国汉学》第7辑，中华书局，2002，第137页。

③ 索安：《国之重宝与道教秘宝——谶纬所见道教的渊源》，《法国汉学》第4辑，第44页。

④ 索安：《从墓葬的葬仪文书看汉代宗教的轨迹》，《法国汉学》第7辑，第137页。

⑤ 索安：《早期道教仪式》，吕鹏志、常虹译，《宗教学研究》2006年第4期。

部门而已（虽然有些重叠）。只要道士和神灵没有侵犯帝国的最高统治权，并在一定程度上承认帝国对其行为的控制（比如册封头衔），其中的潜在摩擦就不会导致镇压行动。中国的宗教，或者至少是其中的一个重要部分，其性质基本是政治的，而'政治'的领域并不仅仅限于人与人之间的关系。"① 另外，倪辅乾（Peter Nickerson）、黎志添也围绕道教与官僚体系的问题进行了专门研究。②

　　概言之，以上讨论的重要创见，即敏锐地觉察到早期道教对世俗官制的仿照，并对此做出解释，③可谓烛照幽微之论。然而不无欠缺者：其一，对此现象本身的解释论证尚不够具体、系统；其二，现象背后所牵涉的诸多历史问题亦有待进一步发覆、深析。比如，对原始道教的"官僚性"特征，或者更准确地说是对其仿拟"汉家"之制的宗教形态之揭示，于我们进一步认识原始道教的宗教性格而言究竟有何帮助，可以向我们传递出何种更深层次的历史讯息？作为中国的大型本土宗教——道教，其兴起与汉家秩序之崩溃，又存在怎样的内在联系？此皆本章所拟探考的问题。

① Barend J. ter Haar, *Ritual and Mythology of the Chinese Triads: Creating an Identity*, Leiden: E. J. Brill, 1998, p.315. 此据李恭忠中译本《天地会的仪式与神话：创造认同》，商务印书馆，2018，第304~305页。

② Peter Nickerson, "Taoism, Death, and Bureaucracy in Early Medieval China," Ph.D. diss., University of California, Berkeley, 1996；Lai-Chi tim, "The Demon Statutes of Nüqıng and the Problem of the Bureaucratization of the Netherworld in Early Heavenly Master Daoism," *T'oung Pao*, Vol. 88, 2003, pp. 251-281. 录入黎志添编《道教研究与中国宗教文化》，香港：中华书局，2003。

③ 在探讨彼世官僚制组织形式的声音中，也有学者尝试提出中国神灵空间的"非官僚制"特征。比如夏维明（Meir Shahar）和魏乐博（Robert K. Weller）提出："中国的超自然界并非仅仅是中国政治体系的工具，亦非其社会等级结构的简单物化。我们现在知道，神系的官僚制层面仅是其诸多层面之一。……在神灵本身的形象之中，官僚主义的意象与社会违抗和离经叛道同时并存。"这种观点当然有利于我们深入思考中国宗教神灵秩序及其隐喻来源的复杂性，然而正如柏夷所指出："夏维明和魏乐博认为标志非官僚神灵的许多特征，对我来说并非不可能是日常中国政体中实际任职官僚的特征。"论见柏夷《道教神系》，孙齐译，《道教研究论集》，中西书局，2015，第109、110页。

第一节　五斗米道组织形态对汉代国家构造之效法

汉献帝建安二十年（215），曹操率军攻打"雄据巴、汉垂三十年"①的张鲁势力，史载：

> （张）鲁闻阳平已陷，将稽颡（归降），（阎）圃又曰："今以迫往，功必轻，不如依（杜濩）赴朴胡相拒，然后委质，功必多。"于是乃奔南山入巴中。左右欲悉烧宝货仓库，鲁曰："本欲归命国家，而意未达。今之走，避锐锋，非有恶意。宝货仓库，国家之有。"遂封藏而去。②

张鲁口中的"国家"何指？姜生认为，"张鲁所谓的'国家'本有宗教天国之意"，而其做法"与太平道有相同的思想根源"，即《太平经》中"财物乃天地中和所有"，因而反对任何"壅塞天地中和之财"的观念。此处"张鲁所谓归命'国家'，是对曹操而非汉家的承认"，表明张鲁对曹操天命黄德的接纳。③其说甚是。又，成书于曹魏时期的道经《大道家令戒》记述曰：

> 人意乐乱，使张角黄巾作乱，汝曹知角何人？自是以来，死者

---

① 《三国志》卷八《张鲁传》，第263页。
② 《三国志》卷八《张鲁传》，第264~265页；并见《后汉书》卷七五《刘焉传》，第2437页，略异。
③ 姜生：《曹操与原始道教》，《历史研究》2011年第1期，第9页注⑦、第10页。

为几千万人邪？……哀哉可伤！至义国殒颠，流移死者，以万为数，伤人心志。自从流徙以来，分布天下。[①]

此处"义国"是天师后人追忆张鲁政权之称谓。从其哀叹"义国殒颠"可以发现，在天师道看来，"国家"确乃其神圣理想之所系，故可"归命"于彼。那么这样的"国家"应当如何确立？

据《三国志·张鲁传》记载，凭借五斗米道建立割据势力的张鲁政权，曾一度成为人们的向往之地，"民夷便乐之"：

> 鲁遂据汉中，以鬼道教民，自号"师君"。其来学道者，初皆名"鬼卒"。受本道已信，号"祭酒"。各领部众，多者为治头大祭酒。皆教以诚信不欺诈，有病自首其过，大都与黄巾相似。诸祭酒皆作义舍，如今之亭传。又置义米肉，悬于义舍，行路者量腹取足；若过多，鬼道辄病之。犯法者，三原，然后乃行刑。不置长吏，皆以祭酒为治，民夷便乐之。

同传裴松之注引鱼豢《典略》曰：

> 熹平中，妖贼大起，三辅有骆曜。光和中，东方有张角，汉中有张脩。骆曜教民缅匿法，角为太平道，脩为五斗米道。太平道者，师持九节杖为符祝，教病人叩头思过，因以符水饮之，得病或日浅而愈者，则云此人信道，其或不愈，则为不信道。脩法略与角同，加施静室，使病者处其中思过。又使人为奸令祭酒，祭酒主以《老子》五千文，使都习，号为"奸令"。为鬼吏，主为病者请祷。

---

① 《道藏》第 18 册，第 236 页。

请祷之法，书病人姓名，说服罪之意。作三通，其一上之天，著山上，其一埋之地，其一沉之水，谓之三官手书。使病者家出米五斗以为常，故号曰"五斗米师"。实无益于治病，但为淫妄，然小人昏愚，竞共事之。后角被诛，脩亦亡。及鲁在汉中，因其民信行脩业，遂增饰之。教使作义舍，以米肉置其中以止行人；又教使自隐，有小过者，当治道百步，则罪除；又依月令，春夏禁杀，又禁酒。流移寄在其地者，不敢不奉。①

仔细分析以上材料，即可发现张鲁政权的治"国"之"道"，由此亦可进一步对历有争议的张鲁政权之性质做出比较清晰的判断。

首先我们可就以上材料对张鲁政权的"国家建制"做一细致分析。按材料所述，张鲁为最高"领袖"，自号"师君"。其下为率领部众的"祭酒"。"祭酒"又分为不同等级和性质者，如"治头大祭酒"所领部众较多，"奸令祭酒"则都习《老子》五千文。最下为初学者，皆名"鬼卒"，或称"鬼兵"。"祭酒"和"鬼兵"的称号在《隶续》卷三所载《米巫祭酒张普题字》中亦可得见："熹平二年三月一日，天表鬼兵胡九，□□仙历道成，玄施延命，道正一元，布于伯气。定召祭酒张普，萌（盟）生赵广、王盛、黄长、杨奉等，诣受《微经》十二卷。祭酒约施天师道法无极才。"②此外，在安徽亳县发现的著名的桓帝延熹七年（164）字砖中，除了"但抟汝属，仓天乃死"等可能与黄巾

---

①　《三国志》卷八，第263、264页。

②　洪适：《隶续》卷三，《隶释·隶续》，第309页。

口号有关的重要字样外，同样能够见到"祭酒"一词。[1] 可以发现，五斗米道在所谓上、下级的划分方面与世俗政权有所不同，显然是以宗教修行之深浅为标准而进行的，若此，则这些称号的特别含义便值得进一步追问。

初名"鬼卒"乃因张鲁之"道"本为"鬼道"。[2] "师君"的字面意思逻辑上应有四种可能。其一，以君为师，即效法君王之治。其二，为君之师，即辅佐君王之治，结构似"辅汉"之说。其三，以"师"饰"君"，若"师"之"君"，结构似"素王"之说。索安根据敦煌本《老子变化经》[3] 的内容提出，老子既然已经"随日九变"，和"太一"相同，何以不是皇帝？作者回答说这是因为老子乃是"道"的拟人化，这个道是君主所应遵循之道，却非君主本身，所以具备天子的"仪章"。在此基础上进一步指出，汉初黄老学派希望道与君主合一的尝试未能成功，所以这个道只能体现在神化的老子而不是现实的君主身上，有如儒家所说"素王"，这表明道教既是皇帝权力的对抗者，又是其补足者。[4] 其四，以"君"饰"师"，为"师"之敬称，"君"为后缀，[5] 含义似"天师"一词。无论何解，遍检史籍可知，张鲁确未径称

① 亳县博物馆：《安徽亳县发现一批汉代字砖和石刻》，《文物资料丛刊》（2），文物出版社，1978。

② 相关讨论参见刘昭瑞《"老鬼"与南北朝时期老子的神化》，《历史研究》2005 年第 2 期。

③ 有关《老子变化经》的成书时间，索安、菊地章太、孙齐等皆论之为汉末，笔者亦赞成此说。详参本书第四章第四节。

④ 见索安「漢代における老子の神格化について」吉岡義豊、ミシェル・スワミエ編『道教研究』第 3 册、豊島書屋、1968、24—25 頁。

⑤ 巫鸿曾着力讨论铜镜铭文中"其师命长"与五斗米道的关系，并尤其强调"师"在早期道教中的神秘含义。苏奎则针对性地提出了不同意见。相关讨论见巫鸿《地域考古与对"五斗米道"美术传统的重构》《无形之神——中国古代视觉文化中的"位"与对老子的非偶像表现》，氏著《礼仪中的美术——巫鸿中国古代美术史文编》，三联书店，2005，第 499、520 页；苏奎《铜镜铭文"其师命长"的考察》，《考古》2009 年第 3 期。

"君""王"，① 说明其并无替代汉家的意向，而仅希冀建立自己理想的"宗教王国"。

　　"祭酒"之信仰渊源可上溯至上古礼仪，而其作为称谓则当取材于"汉家"制度。《续汉书·百官志》载："博士祭酒一人，六百石。本仆射，中兴转为祭酒。"刘昭引胡广注曰："官名祭酒，皆一位之元长者也。古礼，宾客得主人馈，则老者一人举酒以祭于地，旧说以为示有先。"② 可见，"祭酒"之称虽本汉制学官名，但源于古礼，又为五斗米道借用，因此具有了宗教性。③ 石泰安指出："祭酒是在共同体生活范围内施加其道德和宗教影响的地方官吏、耆老和公正人物所组成的阶层……宗教运动从这个阶层中选择他们的称号，这出自于他们和民众的起义连在一起的本质。这不仅因为祭酒称号使他们感到非常亲切，也因为这个称号作为贤者，不论是'儒教的'还是'道教的'，被普遍地认为反映出和上古黄金时代相似的朴素生活的理想。"④ 是论对理解五斗米道的宗教理想颇有启发意义，只是从文献记载看，应当说"祭酒"之职更直接的是对汉家制度的仿照，追慕上古"黄金时代"则是第二步的推原与可能。

---

① 杨宽发现，黄巾运动亦存在此显著的特点，就是始终没有称帝称王（杨宽：《论黄巾起义与曹操起家》，原载《文汇报》1959 年 7 月 4 日，此据《曹操论集》，香港：三联书店，1960，第 387 页）。

② 《后汉书》志二五《百官二》，第 3572 页。

③ 赵益指出："早期民间教团奉酒的意义所在，是召集道民聚会时祭祀通神及行法的需要，因此设立'祭酒'一职以职掌之。此与儒者以祭酒为学官同起一源，都是原始宗教奉酒祭祀的遗存。"（赵益：《道教"祭酒"小识》，《中国典籍与文化》1999 年第 4 期，收入氏著《六朝南方神仙道教与文学》，上海古籍出版社，2006）

④ 石泰安：《公元 2 世纪政治的宗教的道教运动》，《国际汉学》第 8 辑，第 414 页。另需注意，如宁可讨论指出，五斗米道的基层组织"集宗教祭坛、集会场所和组织名称为一而称'治'，正好显示它是承袭了汉代里、社合一的传统"。除设治外，署职、命籍、厨会、义舍等大抵也存在汉代里社的影子。由此他总结道："张鲁的五斗米道，明显地继承了传统的社特别是汉代里社的宗教巫术活动内容和组织形式，并保留了若干传统的社的生活互助职能，已是纯粹的宗教会社了。"论见宁可《五斗米道、张鲁政权和"社"》，此据氏著《宁可史学论集》，中国社会科学出版社，1999，第 493~518 页，引文见第 506、517 页。

与这些称呼紧密相关，在据信保留着早期天师道重要仪式内容的《千二百官仪》（简称《官仪》）中，[①]我们更能发现数百个官君名号，这对于认识五斗米道的"官僚性"特质具有重要意义。如其中记载的不少将军名号，即当与西汉中后期以降数量众多且具一定宗教性质、以"将军"名号发起的民众起义密切相关。[②]除将军名号外，《官仪》罗列神界

---

① 根据学者的研究，久已亡佚的《官仪》与今本《正一法文经章官品》（简称《官品》），存在重要相似处。陈国符较早指出，《官品》即《千二百官章》（简称《官章》）（《道藏源流考》，中华书局，1963，第360页）。稍后日本学者福井康顺进行了更详研究，认为《官章》即《官仪》，《官品》即据《官仪》而作，成书年代在《抱朴子》以降、梁以前（「『天官章本千有二百』考」『道教の基礎的研究』37-52頁）。刘琳详细对比了《登真隐诀》所引《官仪》与《官品》，发现《官仪》与《官品》"多数是文字相同或仅有小小不同"，只是"有少数几条内容不大相同或大不相同"，故此判断《官品》"乃是张道陵所著《千二百官仪》的一个节抄本"（《三张五斗米道的一部重要文献——〈正一法文经章官品〉》，《古籍整理与研究》1989年第4期）。日本学者小林正美进一步确认《千二百官仪》乃张陵或张鲁所作，是天师道上章之仪所用的根本经典（「『千二百官仪』の思想と成立」『六朝道教史研究』創文社、1990、389-400頁）。丁培仁通过对《官仪》部分名称的考察，认为其为汉代名物观念，故确信《官仪》为汉代作品（《求实集：丁培仁道教学术研究论文集》，巴蜀书社，2006，第448页）。王宗昱进一步考察认为，今本《官品》并不是传世的《千二百官仪》的原本，而是从传世章本中抄录汇编而成的，但所抄汇的材料，确实是目前确知最早的请官仪式（《〈正一法文经章官品〉初探》，程恭让编《天问·丙戌卷》，江苏人民出版社，2006，第239~256页）。蔡雾溪（Ursula-Angelika Cedzich）与傅飞岚（Franciscus Verellen）亦认为《官品》出自原本《官仪》（见 Ursula-Angelika Cedzich, "Zhengyi fawen jing zhangguan pin," in Kristofer Schipper and Franciscus Verellen, eds., *The Taoist Canon: A Historical Companion to the Daozang*, Chicago & London: The University of Chicago Press, 2004, pp.133-134; Franciscus Verellen, "The Heavenly Master Liturgical Agenda According to Chisong Zi's Petition Almanac," *Cahiers d'Extrême-Asie*, Vol. 14, 2014, p.293, note 6）。最近，蔡雾溪观点略有变化，认为《官仪》"保留有早期道教的思想体系及其实践活动的重要痕迹"，但又"颠覆性地提出从未存在过一份明确的《千二百官仪》原本，最初开始流传的文本反而是内容互有交叠却又互不相同的多种稿本，就如同它现在流传下来的形式所展示的一样"（详细讨论见 "The Organon of the Twelve Hundred Officials and Its Gods," in *Daoism: Religion, History and Society*, No. 1, 2009, pp.1-93）。

② 对《官仪》中将军称号的较早讨论，见葛兆光《张道陵"军将吏兵"考》，《汉学研究》1998年第2期，第228页，收入氏著《屈服史及其他：六朝隋唐道教的思想史研究》，三联书店，2003。后余欣在《信仰与政治：唐宋敦煌祠庙营建与战争动员关系小考》一文中亦曾论及（《浙江与敦煌学——常书鸿先生诞辰一百周年纪念文集》，浙江古籍出版社，2004，第261页）。有关汉代"将军"名号宗教性质的讨论参见姜生《原始道教之兴起与两汉社会秩序》，《中国社会科学》2000年第6期，第184页。

官吏名称的方式，亦与记载汉代官制的《汉官》极为相似，①显示出五斗米道刻意仿拟汉制的宗教组织方式。

其次，我们可对五斗米道所建"国家"的公众生活内容（包括法令制度）展开分析。引文提及于"义舍"中置"义米肉"，供行人"量腹取足"，并指出"义舍"若"今之亭传"。案，应劭《风俗通》言："汉家因秦，大率十里一亭。亭，留也，今县有亭长。又语有亭待，盖行旅宿食所馆也。"②两相比照，张鲁"义舍"之制的确有很大可能取材于汉家的传舍制度。③但张鲁借用此制时，同样注入了独特的宗教要素，即引文所言过食者"鬼道辄病之"，而且"义舍"似对"国家"之人皆可开放，非仅如传舍之官用。④又据材料看，"国家"的"法令制度"包括："犯法者，三原，然后乃行刑"，"有小过者，当治道百步，则罪除"，"依月令，春夏禁杀，又禁酒"。即，首先给犯法者三次感化、悔过的机会，再量罪施刑，而其惩处方式则以"公建"（修道路）为主，带有自我赎罪的意味。这虽与汉律罚犯人筑城的"城旦"等相似，却带有明显的宗教（道德）性质。⑤

综合来看，张鲁采取的是以"道"治"国"的方略，要求在"国

---

① 吕鹏志：《唐前道教仪式史纲（一）》，《宗教学研究》2007年第2期。录入氏著《唐前道教仪式史纲》，中华书局，2008。

② 应劭撰，王利器校注《风俗通义校注》，第493页。

③ 有关秦汉传舍制度研究的学术史梳理及最新考察见侯旭东《传舍使用与汉帝国的日常统治》，《中国史研究》2008年第1期，收入氏著《汉家的日常》，北京师范大学出版社，2022。

④ 钱大昕认为张鲁的"义舍""义米肉"之"义"字含有"皆与众同之意"。见钱大昕《十驾斋养新录》卷一九，杨勇军整理，上海书店，2011，第372页。

⑤ 案，《太平经》丁部《阙题》云："推酒之害万端，不可胜记。……从今已往，敢有市无故饮一斗者，笞三十，谪三日……各随其酒斛为谪。酒家亦然，皆使修城郭道路官舍，所以谪修城郭道路官舍，为大土功也；土乃胜水，以厌固绝灭，令水不过度伤阳也。"（王明：《太平经合校》，第214~215页）《太平经》对因过而被罚做土功者赋予了五行相克的神秘内涵，两者思想的相似性于兹可见。

家"范围内坚持"诚信不欺诈"的道德规范，并以宗教律令强化之，即"皆教以诚信不欺诈，有病自首其过"，"施静室，使病者处其中思过"。在"国家"建制和公众生活方面多仿汉家之制。此外，值得注意的是，五斗米道或者更准确地说是早期天师道，在法服方面（包括衣、帻、冠、带、笏、舄）也大规模仿拟汉代官服，以致引起佛教之大肆攻讦，而此后道教内部的法服改革亦皆以革除与朝廷相近者为重。[①]南北朝时期的道教教职中又增加了"高功"职称，符箓中出现了"值日功曹""急急如律令"等语，余嘉锡认为"高功"同样出自汉官职称，而上述符箓"皆依仿汉制为之"。[②]那么，如此容易招致误解甚至灾厄的大范围汲取汉制的做法究竟意味着什么？张鲁势力所欲为何？

　　深层次考量，五斗米道对"汉家"之制的无限靠近，当然与其宗教理想有关。据上所论，对"汉家"制度的无忌吸纳，使得汉代"天下一家"理想秩序在五斗米道宗教理想中所占有的无可替代的地位彰显无遗。[③]职是可见，注入独特宗教思想内涵后的"汉家"，或曰宗教化、神

---

① 　孙齐：《中古道教法服制度的成立》，《文史》2016 年第 4 辑。

② 　余嘉锡：《读已见书斋随笔·高功》，《余嘉锡论学杂著》，中华书局，2007，第 672 页。"如律令"句式汉墓解注瓶多见，程大昌、赵彦卫多论及其与汉代诏令文书之关系。论见陈槃《汉晋遗简识小七种》，上海古籍出版社，2009，第 41 页。

③ 　这里当然还应注意到另一种可能性，即张鲁所建乃系"政教合一"的政权，有相当的地域范围和治下信众，因而成立相应的官僚组织符合其现实需求；对时人而言，最熟悉的就是汉代制度，事实上他们也不可能凭空生造一套制度，而只能从过去寻求资源，然后加以改造，并注入宗教和相应的理念。现实需求驱动一个组织去选择、移用其熟悉的资源，这固然是很直接且不乏解释力的说法，然而从第一章中我们对"汉家"神学属性及时人对"汉家"信仰心态的揭示即可发现，"自我神化"的汉家制度本身已被附益、灌注了信仰成分。在此基础上可以合理判断，在汉家土壤中生长起来的宗教组织，其对母体制度基因的传承，绝非简单的基于现实需求的有意识学习、挪用，而当理解为类似于文化本能的无意识行为，或曰一种丧失理性计较、判断的信仰行为。退一步说，即便存在现实的动因，那么可能的情况也是，道教起初便为"政教合一"的形式，"政"与"教"的部分自然相互渗透，而后终于形成你中有我、我中有你的形态，此即后文将予展开的"政治与信仰的双螺旋"结构和过程。

学化的"汉家"，当系五斗米道宗教乌托邦之原型。若此，我们便在实证层面具体呈现了由谶纬架构起来的"汉家"神学对原始道教的内在形塑作用。是亦可见，在五斗米道灰色、神秘的宗教基底上，同样渲染着"辅汉"、求"太平"的绚丽色彩，[①]故此不难理解其描摹"汉家"之制的"官僚性"特质。

综上所论，结合传世文献与金石资料，通过对"师君""祭酒""鬼卒"等教内称号和"义舍""三原""行刑"等教内制度的深度剖析，可以解明五斗米道大范围效仿汉制的"官僚性"特质。五斗米道刻意汲取汉制的现象不仅具体反映出其宗教乌托邦追求，更从实证层面揭示了"汉家"神学对原始道教的内在形塑作用和原始道教从精神角度保存"汉家"秩序的宏阔愿景。此即原始道教发起汉末宗教—政治运动、重建"太平"理想秩序的逻辑起点。进而可判断，五斗米道立教之纲或当脱胎于"汉家"之制，因而具有明显的在世"官僚性"特质；与此同时，出于宗教立教之考量，五斗米道又对这层"官僚性"赋予独特的宗教内涵，故也呈现出一定的出世特性。

这一特点亦与六朝时期道教对王朝秩序观念的仿效保持一致。都筑晶子指出："东晋中后期兴起于南人寒门寒人之中的新道教运动，其理想的世界可以说是对地上王朝的秩序观念以及身份制官僚组织所作的一个隐喻。"[②]结合以上讨论可知，五斗米道所求者，乃是以"汉

---

① 《老子想尔注》中多见对君王"神器"的张目，如"狂或［惑］之人，愚［图］欲篡弑，天必煞之，不可为也"，"吾、道也，同见天下之尊，非当所为，不敢为之。愚人宁能胜道乎？为之，故有害也"，"国不可一日无君，五帝精生，河雒著名，七宿精见，五纬合同，明受天任而令为之，其不得已耳，非天下所任，不可妄庶几也"，"非天所任，往必败失之矣"（饶宗颐：《老子想尔注校证》，上海古籍出版社，1991，第36、37页）。这一点亦与《太平经》同（详参本书第四章），反映了五斗米道的非对抗性或非颠覆性。

② 都筑晶子：《六朝时代的江南社会与道教》，谷川道雄编《魏晋南北朝隋唐史学的基本问题》。

家"为理想模型，并润饰以独特、神秘之宗教想象的"太平国家"。质言之，五斗米道渴慕的宗教乌托邦，一定程度上即是对"汉家"精神秩序的继承与宗教化、固态化表达，因而具有历史与宗教合一的国家宗教性格。[①] 只不过与黄巾太平道的实践和遭际不同，五斗米道以更平稳的方式与现世政权达成妥协，并在现世短暂兑现了其宗教理想。朝政的腐坏、天灾的持续以及宗教理想长期不得伸张的失望，加之汉末风起云涌的"代汉"思潮强烈冲击着人们对"汉家"天命的信赖感，东部的黄巾太平道与西部的五斗米道，在其神圣的"太平"理想愿景及对"汉家"郅治无限回味的激励下，终于发起深刻影响汉魏历史进程的宗教—政治运动，由此拉开了汉魏禅代与"汉家"秩序解体的历史大幕。

第二节　太平道神灵世界的构筑与汉家制度

　　第二章在讨论汉末清议"乡人谣"格式及来源时曾提及汉代的考课制度，而乡人谣从议题到内容均明显存有考课评语的影响痕迹。这里，我们将讨论一项盛行于汉代且与考课制度紧密相关的制度——上计（包

---

① 石泰安曾极富先见地讨论并证明道教组织是在民间信仰对立面上建立的，也是对被宣称为堕落和有害的民间信仰的一种变革。此论一反诸多学者将巫术等民间信仰作为道教渊源的观点，颇有见地，惜其未能进一步发掘道教与"汉家"的更深层关系，故此阻碍了他对早期道教组织形态及本质属性的进一步认识。论见 Rolf A. Stein, "Religious Taoism and Popular Religion from the Second to Seventh Centuries," in Holmes Welch and Anna Seidel, eds., *Facets of Taoism: Essays in Chinese Religion*, New Haven: Yale University Press, 1979。

括正月旦朝会），及其对太平道神灵世界构筑之影响。[①]

作为具有一百七十卷庞大规模的《太平经》之节钞，《太平经钞》自然可以算作已经散佚的《太平经》的主体内容。在《太平经钞》"壬部"，存有一份关于太平道神灵世界组织架构与"行政"流程、制度方面的详细记录，为我们检视太平道之教法、制度提供了宝贵资料。为便讨论，兹征引如下：

> （A）上皇神人之尊者，自名委气之公，一名大神，常在天君左侧，主为理明堂文之书，使可分别，曲领大职。当为君通神仙，录未生之人，各有姓名，置年岁月及日时。当上升之期，使神往师化其身乃上之。随其智能高下，各各使不忘部署分别，各令可知，使自状其能，却乃任之。奏上，出言曰，大神为上主领群神，各有所部，宜服明之，勿使有疑。令寿命长籍，宜当谛之。圣明有心，宜以白日所有生。复而以簿书筹算相明，可在计曹，主领钱数珍宝之物。诸当上计之者，悉先时告白，并计曹者，正谓奏司农，当大月三十日，小月二十九日，集上大神明堂，勿失期，如天君教，皆不得失平旦三刻之间也。明堂大神上承五刻集奏，如天君旧令从事。大神受君之敕，部下司农，司农受敕，使下所部州郡国。言所部领所主，当上簿入司农委输者，各以所出送书到。如懈惰不时送

---

① 近来，王承文撰文对《太平经》中的定期斋戒制度进行了详细考察，其中涉及汉代上计、拘校、朝会制度对道教神灵定期考校的影响，颇具启发。论见王承文《汉代道教定期斋戒制度及其渊源论考》，《姜伯勤教授八秩华诞颂寿史学论文集》，广东人民出版社，2019，第294~319页。相关内容亦曾录入氏著《汉晋道教仪式与古灵宝经研究》，中国社会科学出版社，2017。本节内容将进一步细读《太平经钞·壬部》中有关道教神灵世界描述的文献（包括对该段材料的结构性分解），并聚焦于揭示材料中所体现出的上计与朝会两方面的要素，由此补充论证汉家制度对太平道思想、教法的内在影响。本节讨论的对象虽与王文存在重叠，但分析角度、论证过程、指向目标，皆有一定差异。

者，司农辄上明堂大神，上白天君，出教下司农，令郡国催促，不失后书。……各慎其职，各明其事。天君皆预知，不言音，宜详所问，不用此言。水旱无常，灾害并生，人民疾病，死生无数，不用天君教令致也。天君教出告大神，卿相中二千石文书，群僚在职之神，务尽其忠，务尽其行，上称天君之心。天君与诸师化之，当得升度者就而正。各使成神光景，随其尊卑所化之神，皆随有职位次第官属。天君敕大神常化成之。人各自度量，志意日高，贪慕上升。……（B）朝天谒见，自有常日。当以月初建，大神小神，自相差次，铨次尊卑。朝大臣不过平旦朝会。群神各明部署，案行无期，务明其文书，督责有职之人，先坐其事，当如天君教令。有所白，辄开明堂，乃得所言。各有所明，各有所带，不得无有功效。（C）天君敕大神，群僚集会，各正其仪，勿使有过，差以法令，各察所部。天上觉知，其过不除。各慎所职，无为诸神所得短。天君敕大神曰，郡国之中，有圣智志意，常念贪生之术，愿与生神同行，与天合思。……（D）慕仁善化，上其姓名于大神，使曹有文辞，数上功，有信可任。曹白其意，天君当自有数，众神所举各令保。是郡国选择，务取尤善。天君敕明堂，诸当为天君理众职，务平其心。各行天上所部，使有分理，皆尽忠诚，通达所知，务成其功，务理其所。[1]

对于该部分文献的出处，王明曾有简略说明。他在整理《太平经》时，发现经卷一三七至卷一五三经文全缺，故以钞壬部略补，钞无题目。而据敦煌目约略可见者，有"闭奸不并责平气象决""阴念为善得

---

[1]　王明：《太平经合校》，第710~712页。

善为恶戒""效请雨止雨决""三统不宜有刑决""力学问得封不敢失三事决""委气大神圣上明堂文书决""朝天谒见敕""群僚正仪敕""明堂务平书上勿恐迷决""明古今文决"等篇目。① 细绎文献，第一部分（A），主要介绍委气之公（一位大神）的主要职责——"理明堂文之书"，及其接受上计的具体流程，据此或可判断其为"委气大神圣上明堂文书决"篇目下的内容。第二部分（B），起始即谓"朝天谒见，自有常日"，据此可判断这部分当属"朝天谒见敕"篇目下的内容。第三部分（C），起头处"天君敕大神，群僚集会，各正其仪"云云，表明该部分当属"群僚正仪敕"篇目下的内容。第四部分（D），主要讲述各职司务必公允持正，选任良善之士，使之各有分理，皆尽忠诚，据此或可判断其为"明堂务平书上勿恐迷决"篇目下的内容。

综观这份记录可发现，太平道神灵世界与汉帝国制度一样，具有浓厚的"文书行政"色彩。无论是在天君左右的大神，还是司农及其以下的部州郡国主等，办公行政的过程都少不了簿书、法令。下面我们便逐一拆解该文本究竟反映了太平道的哪些思想、教法，及其各自的来源为何。

第一部分（A）内容比较丰富。它首先介绍了委气之公的重要职责在于代行天君之命，总理明堂文书，掌管群神名箓命籍，主司群神之考核升仙大职。何故也？《太平经》在多处均有回应："夫人者，乃理万物之长也。其无形委气之神人，职在理元气；大神人职在理天；真人职在理地；仙人职在理四时……何乎？凡事各以类相理。无形委气之神人与元气相似，故理元气。大神人有形，而大神与天相似，故理天。"复曰："不失铢分，知之不乎？是委气无形自然之所服化也。故三台七星，

①　王明：《太平经合校》，重印后记，第762页。

辅正天威，日月照察是非，使有自然，然后无有中悔之者。故复申敕诸所部主，各令分明，受罚不怨，此之谓也。"① 可见，大神之所以掌握如是要职，乃在于他与天相似，具有能够辅正天威、照察是非的资质和能力。结合下文将要讨论的汉代上计制度，大神之职司、地位应大体相当于丞相（东汉时为司徒）或御史大夫（东汉时为司空）。

在讲述大神职司之后，材料集中记载了太平道神灵世界的"上计"制度。即每逢大月三十日、小月二十九日，各地各层级诸神将其勘察的奏报汇集到大神所掌管的明堂处，时限为平旦（五更）三刻，明堂大神延迟至五刻，接着按照天君教令进行集中奏报处理。受计敕令下达的流程为"大神受君之敕，部下司农，司农受敕，使下所部州郡国"。如果出现因为懈惰导致未能按时奏报者，"司农辄上明堂大神，上白天君，出教下司农，令郡国催促，不失后书"。严格的奏报上计流程和制度，目的在于保障各地执行天君教令，避免出现灾害；责成"群僚在职之神，务尽其忠，务尽其行，上称天君之心"，并于年终筹算，最终将受计的结果作为神灵考谪升迁的重要依据。

这里应特别注意，引文中"诸当上计之者"云云，明确承认太平道神灵世界的考谪制度实来源于世俗社会的"上计"制度。案，上计制度最早可追溯至战国时期，如严耕望讨论指出："至迟战国时有岁计之政。"② 侯旭东进一步总结道："上计作为地方官府向上级机构汇报工作的年度性活动，至晚战国时代已经出现，一直到唐代还在实行。帝国建立后，上计就分为县向郡（汉代还有国）上计，与郡（国）向朝廷上计两种，成为上级官府掌握下级治绩的重要渠道，与官员考课黜陟有直接联

① 王明：《太平经合校》，第88、582页。

② 详参严耕望《中国地方行政制度史：秦汉地方行政制度》，上海古籍出版社，2007，第257~268页。

系，亦成为赋税征收、钱物与人员调发的基本依据。"①《续汉书·百官志》注引胡广曰："秋冬岁尽，各计县户口垦田，钱谷入出，盗贼多少，上其集簿。丞尉以下，岁诣郡，课校其功。功多尤为最者，于廷尉劳勉之，以劝其后。负多尤为殿者，于后曹别责，以纠怠慢也。诸对辞穷尤困，收主者，掾史关白太守，使取法，丞尉缚责，以明下转相督敕，为民除害也。"②可见上计确乃朝廷掌握各地治绩、衡定官员考课的重要制度。③

西汉时，朝廷中的主计者为丞相与御史大夫，皇帝本人并不亲自参与受计。如《汉书·王成传》载："（宣帝）诏使丞相御史问郡国上计长吏守丞以政令得失，或对言前胶东相成伪自增加，以蒙显赏，是后俗吏多为虚名云。"④既然皇帝不受计，那么上计的地点往往就安排在丞相府。如《汉书·黄霸传》载宣帝五凤三年（前 55）张敞奏述发生于丞相府的受计：

> 敞奏霸曰："窃见丞相请与中二千石博士杂问郡国上计长吏守丞，为民兴利除害成大化条其对，有耕者让畔，男女异路，道不拾遗，及举孝子弟弟贞妇者为一辈，先上殿，举而不知其人数者次之，不为条教者在后叩头谢。丞相虽口不言，而心欲其为之也。长吏守丞对时，臣敞舍有鹖雀飞止丞相府屋上，丞相以下见者数百人。边吏多知鹖雀者，问之，皆阳不知。丞相图议上奏曰：'臣问

---

① 侯旭东：《丞相、皇帝与郡国计吏：两汉上计制度变迁探微》，《中国史研究》2014 年第 4 期。

② 《后汉书》志二八《百官五》，第 3623 页。

③ 相关讨论参见廖伯源《汉代考课制度杂考》，《秦汉史论丛》。

④ 《汉书》卷八九，第 3627 页。

上计长吏守丞以兴化条，皇天报下神雀。'后知从臣敞舍来，乃止。郡国吏窃笑丞相仁厚有知略，微信奇怪也。……汉家承敝通变，造起律令，所以劝善禁奸，条贯详备，不可复加。<u>宜令贵臣明饬长吏守丞</u>，归告二千石，举三老、孝弟、力田、孝廉、廉吏<u>务得其人，郡事皆以义法令捡式，毋得擅为条教</u>；敢挟诈伪以奸名誉者，必先受戮，以正明好恶。"<u>天子嘉纳敞言，召上计吏，使侍中临饬如敞指意</u>。①

　　从上述记载可以看出，上计的主要流程就在于"问"与"对"。张敞因对丞相黄霸受计过程中重教化的倾向表示担忧，所以建议宣帝"宜令贵臣明饬长吏守丞，归告二千石，举三老、孝弟、力田、孝廉、廉吏务得其人，郡事皆以义法令捡式，毋得擅为条教"，宣帝听从其言，于是召上计吏，使侍中临饬。魏斌指出："汉代朝廷主管部门受计后，会有一个仪式活动，由丞相（西汉末以后为大司徒）、御史大夫出面主持。仪式分为两个步骤。其一是宣读戒敕，内容集中在文书行政、课田养民、狱讼等地方官府职责，戒敕宣读后由上计吏带回郡国。其二是'问'地方行政状况，内容是关于郡国守令履行职责、地方风俗等问题，上计吏根据这些问题回答所属郡国情况。"②两相参照可以发现，皇帝"使侍中临饬""贵臣明饬长吏守丞，归告二千石""务得其人"云云，与前揭《太平经》文中"天君教出告大神，卿相中二千石文书，群僚在职之神，务尽其忠，务尽其行""是郡国选择，务取尤善。天君敕明堂，诸当为天君理众职，务平其心"，颇有相近处。可见汉家受计、戒敕等

---

① 《汉书》卷八九，第3632~3633页。

② 魏斌：《五条诏书小史》，《魏晋南北朝隋唐史资料》第26辑，武汉大学文科学报编辑部，2010，第8页。

仪式环节对太平道神灵考谪的思想与教法所产生的直接影响。

东汉时，上计制度有了重要变化，其中最重要的部分即皇帝在司徒、司空受计后还将亲自参与问计，而其问计的场合即是下文将要讨论的正月旦朝会。①

上引《太平经》第二部分（B）主要讨论朝会，内容虽不多，但所述皆清晰显豁。第三、四部分（C、D）则是对第二部分朝会的补充内容，所以在此同时考察。按照其描述，"朝天谒见"（朝会）是有固定时间的，即每月初一。届时，大神小神按照尊卑秩序，依次朝见，时限为当日的凌晨三刻至五刻（平旦）。群神当明晓自己的职责和所处的位置，对他们的巡行考察将不定时进行，所以群神务必核查其准备的文书，督责当职之人按照天帝教令行事。如果神灵有需上奏，便开明堂纳言，此时方可禀告。奏告时要求各自说明管辖之事，备好上报的材料，不得做没有功效的事情。当天君令众神议事时，要求大家各自端正仪态，不得出现差错，并按照法令巡察各自的管辖区域，如果发现问题则施以严惩，所以诸神皆当慎其职守，不要为其他神灵所揭举。当然，天君心里自有衡量，要求各郡国务必择优上任，各职司皆有所理，恪尽职守，皆尽忠诚，通达所知，务成其功，务理其所。

察诸史籍，《太平经》在这里所描述的神灵朝觐天庭、接受询问考谪的制度实际上就是对汉代上计制度至东汉阶段新发展出的朝会内容的借鉴或移植。《续汉书·礼仪志》载："每（月朔）岁首［正月］，为大朝受贺。其仪：夜漏未尽七刻，钟鸣，受贺……百官受赐宴飨，大作乐。其每朔，唯十月旦从故事者，高祖定秦之月，元年岁首也。"注引胡广曰："公卿以下每月常朝，先帝以其频，故省，唯六月、十月朔朝。

---

① 详参侯旭东《丞相、皇帝与郡国计吏：两汉上计制度变迁探微》，《中国史研究》2014年第4期。

后复以六月朔盛暑，省之。"①据此可知，本来为公卿每月初一的朝会，因为过于频繁而被下令简化，改为仅每年六月、十月朔日（初一）朝觐，之后又因盛暑而省免六月朔，唯十月朔朝不变。上引《太平经》载月初建朝天谒见之制，以及前揭"当大月三十日，小月二十九日，集上大神明堂"，当即以汉家每月常朝之制为据。

当然，汉家的朝会上计制度中更重要的是正月旦举行的朝会。蔡质《汉仪》载：

> 正月旦，天子幸德阳殿，临轩。公、卿、将、大夫、百官各陪（位）朝贺。蛮、貊、胡、羌朝贡毕，见属郡计吏，皆（陛）觐，庭燎。宗室诸刘（亲）会，万人以上，立西面。位既定，上寿。（群）计吏中庭北面立，太官上食，赐群臣酒食……谒者引公卿群臣以次拜，微行出，罢。卑官在前，尊官在后。德阳殿周旋容万人。②

这里，"群臣以次拜""卑官在前，尊官在后"云云，与《太平经》所载"大神小神，自相差次，铨次尊卑"亦基本一致。群臣陪位朝贺于德阳殿以次拜的场景，③也不得不让人联想到诸神群僚集会、各正其仪的画面。是皆可见汉家上计制度在太平道神灵秩序构建中的深远影响。

《太平经》所载与"上计"制度紧密相关的另一项神灵考谪制度——"考过拘校"，实际上也受到汉家制度的深入影响，王承文对此

---

① 《后汉书》志五《礼仪中·朝会》，第3130~3131页。

② 《后汉书》志五《礼仪中·朝会》李贤注引，第3131页。

③ 有关汉代朝会仪节的详细考察请参渡边信一郎《元会的建构——中国古代帝国的朝政与礼仪》，沟口雄三等编《中国的思维世界》，孙歌等译，江苏人民出版社，2006，第364~376页。

有专论，①兹不赘述。另外，《太平经》中反映出的太平道对孝的强调、邮亭的设置、犯罪后受鞭笞或罚以修路等，②亦皆与汉家制度存在极大相似性，当有不容低估的内在联系，读者或可一一检核。总之，正如西部的五斗米道大范围效法汉家组织制度一样，东部的太平道同样大量汲取汉家仪制，以为其思想之形成、教法之建构、性格之塑造提供重要资源。而汉末五斗米道、太平道以下的六朝道教，也一以贯之地延承着汉末道教的"师汉"属性，中古道教传授仪对汉代皇帝即位礼之借鉴，以及成汉政权的"汉家"认同与宗教乌托邦实践，即是其中的典型案例。

第三节　中古道教传授仪对汉代皇帝即位礼之化用

前曾提及，在六朝道经《太清金液神丹经》中，有一个名为"师汉国"的神仙乐土："在句稚西南，从句稚去船行可十四五日，乃到其国。国称王，皆奉大道清洁。"之所以得名若此，即因其"（修）汉家威仪，是以名之曰师汉"。③"师汉"即师法"汉家"。据此，"师汉国"这一宗教乌托邦，可谓直白地传递出中古道教与"汉家"之间的隐秘关联——

---

① 王承文：《汉代道教定期斋戒制度及其渊源论考》，《姜伯勤教授八秩华诞颂寿史学论文集》，第 294~319 页。

② 相关论说参见王明《太平经合校》，第 591~594、698、215 页。

③ 《道藏》第 18 册，第 759 页。案，师汉国亦见载于三国时万震所著《南州异物志》（据《太平御览》卷七九四引录），唯记叙更简，内容略异，当为《太清金液神丹经》之所本。有关《太清金液神丹经》卷下与万震《南州异物志》关系及其成书时间等问题的讨论，请参饶宗颐《〈太清金液神丹经〉（卷下）与南海地理》，《饶宗颐二十世纪学术文集》卷 7《中外关系史》，台北：新文丰出版公司，2003，第 5~74 页；姜生、汤伟侠主编《中国道教科学技术史·南北朝隋唐五代卷》第 28 章《〈太清金液神丹经〉卷下研究"，第 864~879 页；韩吉绍《葛洪南海游记：〈太清金液神丹经〉卷下新证》，《四川大学学报》2022 年第 4 期。

是即本节从传授仪与即位礼之关系切入所拟探考的问题。

有关中古道教神学、仪式与汉帝国形态之联系，康德谟（Max Kaltenmark）从"灵宝"一词出发检讨了皇家珍宝、家传法宝与符之间的共通属性，由此触及道教灵宝观念与河图、洛书所喻上古国家神权观念之间的关系；石泰安系统考察了早期道教的理想国诉求及其影响下的价值观念与行为实践，其中也涉及道教与汉帝国的关系问题；索安在以上讨论的基础上，详细梳理了贯穿于皇权、谶纬、道教之中的相通天命和珍宝观念，以及六朝道教授箓与王朝之间的关系；姜生指出，"中国历史上的所谓'道教'，本质上乃为古老的汉帝国遗传于世的精神化身。当可作如是之言，'道教'之魂神即'汉鬼'之魂神；'道教'之仪轨即汉墓之仪轨；'道教'之理想即汉帝国的理想"。[①] 此外，西嶋定生、尾形勇、松浦千春、金子修一、李俊方、阙海等就汉代皇帝即位礼，丸山宏、王卡、吕鹏志、刘仲宇等就道教尤其是天师道传授仪，相继进行了专题研究。[②]

尽管论题的相关方面早有如上丰硕成果问世，但具体指向汉代皇帝

---

① 康德谟：《关于道教术语"灵宝"的笔记》，杜小真译，《法国汉学》第 2 辑，清华大学出版社，1997；石泰安：《公元 2 世纪政治的宗教的道教运动》，《国际汉学》第 8 辑；索安：《国之重宝与道教秘宝——谶纬所见道教的渊源》，《法国汉学》第 4 辑；姜生：《汉帝国的遗产：汉鬼考》，第 532 页。

② 西嶋定生「漢代における即位儀礼——とくに帝位継承のばあいについて」『中国古代国家と東アジア世界』東京大学出版会、1983、93-112 頁；尾形勇「中国古代における帝位の継承——その正当化の過程と論理」『史学雑誌』1976 年第 3 期；松浦千春「漢より唐に至る帝位継承と皇太子——謁廟の礼を中心に」『歴史』第 80 号、1993、63-82 頁；金子修一：《古代中国与皇帝祭祀》第六章"中国古代即位礼仪的场所"，肖圣中等译，复旦大学出版社，2017，第 148~167 页；李俊方：《两汉皇帝即位礼仪研究》，《史学月刊》2005 年第 2 期；阙海：《汉代皇帝"二次即位"的另面—— 一个基于政治文化视角的观察》，《史林》2021 年第 5 期；丸山宏「正一道教の受録に関する基礎的な考察」『筑波中国文化論叢』第 10 号、1991；王卡：《敦煌残抄本陶公传授仪校读记》，《敦煌学辑刊》2002 年第 1 期；吕鹏志：《天师道登坛告盟仪——〈正一法文法箓部仪〉考论》，《宗教学研究》2011 年第 2 期；同氏：《天师道授箓科仪——敦煌写本 S.203 考论》，《中央研究院历史语言研究所集刊》第 77 本第 1 分，2006 年；刘仲宇：《道教授箓制度研究》，中国社会科学出版社，2014。

即位礼 ① 与中古道教传授仪 ② 之间的仪式与思想异同，两者间的融通渠道、承接关系，以及中古道教之"师汉"动机与个中缘由，则迄今未有专门论及者。是以本节钩稽文献，通过策命与上刺、剑—玺与剑—印、郊庙与盟誓三方面的对比研究，着重从仪式形态、仪式过程的角度，揭示中古道教传授仪对汉代皇帝即位礼之仿拟与转化。

一　即位礼与传授仪的基本内容

有关汉代皇帝即位礼，目前所见资料较为系统的当属《续汉书·礼仪志》。在"大丧"条中，史官先叙述皇帝"登遐"（去世）的过程，在一系列大丧礼之后，凶礼转为嘉礼，开始太子的即位仪式：

> ［1.1］三公奏《尚书·顾命》，太子即日即天子位于柩前，请太子即皇帝位，皇后为皇太后。奏可。群臣皆出，吉服入会如仪。太尉升自阼阶。当柩御坐北面稽首，**读策毕，以传国玉玺绶东面跪授皇太子，即皇帝位。中黄门掌兵以玉具、随侯珠、斩蛇宝剑授太尉，告令群臣，群臣皆伏称万岁**。或大赦天下。遣使者诏开城门、宫门，罢屯卫兵。群臣百官罢，入成丧服如礼。兵官戎。三公，太常如礼。③

有关此条材料的主要分歧出现在对首句的理解上，其余的仪式环

---

① 此将"天子"即位礼与"皇帝"即位礼统称为皇帝即位礼。天子与皇帝即位的区分及其各自的仪式呈现形式，皆详下文。

② 为方便与汉代皇帝即位礼展开多层面的比较，由此揭示中古道教与汉家意识形态之间的深层关联，我们将择取道教传授仪的广义概念，包括经、诫、箓的授受流程及其相关仪式过程。应予说明的是，广义的传授仪难免会与其他道教仪式，如醮箓仪、阅箓仪、登坛告盟仪等重叠、交叉，这些部分的内容亦皆纳入传授仪范畴，同为本节之考察对象。

③ 《后汉书》志六《礼仪下》，第 3143 页。

节都交代得比较清楚。首句中"太子即日即天子位于柩前"与紧接其后的"请太子即皇帝位"之间似有阙文。因为，尽管两汉存在天子即位与皇帝即位两个礼仪阶段，[①]但言毕即天子位旋即言即皇帝位，仍然于理不通。西嶋定生认为"太子即日即天子位于柩前"与"即皇帝位"并列，是对下面内容的总结；松浦千春则提出该句话上连《尚书·顾命》，属三公所奏、汉儒所理解的《顾命》的内容，下面皆是讲太子即皇帝位的事情。李俊方分析指出以上两种观点的问题所在，并在西嶋定生与尾形勇研究的启示下，提出整段内容与两汉其他的皇帝即位礼相合，确当为皇帝即位；不过因受公羊学"国君一体"思想影响，在"内禅"即位中，柩前即位接受先帝世俗权力的同时也继承了他的天命，于是作为一种精神象征的天子即位便自动完成了，不必一一受诸上帝受命的神秘仪式。[②]

该说提出柩前即位的同时完成天子即位，有一定启发意义。但昭帝开始增加谒庙程序后，从刘贺等即位流程可明显看出，谒庙才能完成即天子位，即先受玺完成皇帝位继承，再择日谒庙完成天子位继承。故此，柩前即天子位再以天子的身份谒庙，是很不合情理的，更别提再次即天子位之矛盾了。综合考之，很有可能的一种情况是，昭帝以前内禅在柩前即皇帝位的同时自动完成天子即位，昭帝时皇帝即位与天子即位两分，由是增加谒庙即天子位的环节，如此以至东汉；外禅则通过柴燎告天的方式完成天子位的继承。

在西汉，我们则可明确看到天子即位与皇帝即位两个阶段，唯其流程不晰。如《史记·孝文本纪》载文帝之即位过程：

[①] 天子与皇帝即位两阶段说，首肇于西嶋定生，其后尾形勇、松浦千春、金子修一、李俊方等又分别从不同角度予以讨论。论见前揭文。

[②] 详参李俊方《两汉皇帝即位礼仪研究》，《史学月刊》2005年第2期。

　　[1.2]代王驰至渭桥，群臣拜谒称臣。代王下车拜。太尉勃进曰："愿请间言。"宋昌曰："所言公，公言之。所言私，王者不受私。"太尉乃跪上天子玺符。代王谢曰："至代邸而议之。"遂驰入代邸。群臣从至。丞相陈平、太尉周勃、大将军陈武、御史大夫张苍、宗正刘郢、朱虚侯刘章、东牟侯刘兴居、典客刘揭皆再拜言曰："子弘等皆非孝惠帝子，不当奉宗庙。臣谨请与阴安侯列侯颀王后与琅邪王、宗室、大臣、列侯、吏二千石议曰：'大王高帝长子，宜为高帝嗣。'愿大王即天子位。"代王曰："奉高帝宗庙，重事也。寡人不佞，不足以称宗庙。愿请楚王计宜者，寡人不敢当。"群臣皆伏固请。代王西乡让者三，南乡让者再。丞相平等皆曰："臣伏计之，大王奉高帝宗庙最宜称，虽天下诸侯万民以为宜。臣等为宗庙社稷计，不敢忽。愿大王幸听臣等。臣谨奉天子玺符再拜上。"代王曰："宗室将相王列侯以为莫宜寡人，寡人不敢辞。"遂即天子位。……即日夕入未央宫。……于是夜下诏书曰："间者诸吕用事擅权，谋为大逆，欲以危刘氏宗庙，赖将相列侯宗室大臣诛之，皆伏其辜。朕初即位，其赦天下，赐民爵一级，女子百户牛酒，酺五日。"……辛亥，皇帝即阼，谒高庙。①

　　对比诸汉帝即位可发现，文帝即位比较特殊，没有在高庙进行，而是先继天子位再继皇帝位、谒庙。如上所载，文帝在受天子玺符、即天子位之后，即日入未央宫，连夜下诏大赦天下。十月辛亥即皇帝位，谒高庙。对此马端临提出："古之受终革命者，必告于天地、祖宗，尧舜之禅让，汤武之征伐，未之有改。汉承秦后，典礼隳废，以古人所以郊祀

① 《史记》卷一〇，第415~418页。

天地者，施之五畤之淫祠，而未尝有事天地之礼。高皇帝平秦灭项，诸侯王推戴即皇帝位于汜水之阳，亦不闻有燔燎告天之事，于义缺矣。"①
实际上，即位礼从西汉到东汉，也有一个逐步发展的过程。同时，如前所提及，告天、祭天与否也与"内禅""外禅"有关。《续汉书·祭祀志上》开篇就记载了光武帝的即位告天之礼：

　　［1.3］建武元年，光武即位于鄗，为坛营于鄗之阳。祭告天地，采用元始中郊祭故事。六宗群神皆从，未以祖配。天地共犊，余牲尚约。其文曰："皇天上帝，后土神祇，眷顾降命，属秀黎元，为民父母，秀不敢当。群下百僚，不谋同辞，咸曰王莽篡弑窃位，秀发愤兴义兵，破王邑百万众于昆阳，诛王郎、铜马、赤眉、青犊贼，平定天下，海内蒙恩，上当天心，下为元元所归。谶记曰：'刘秀发兵捕不道，卯金修德为天子。'秀犹固辞，至于再，至于三。群下曰：'皇天大命，不可稽留。'敢不敬承。"

注曰：

　　《黄图》载元始仪最悉，曰："元始四年，宰衡莽奏曰：'帝王之义，莫大承天；承天之序，莫重于郊祀。祭天于南，就阳位；祠地于北，主阴义。圆丘象天，方泽则地。圆方因体，南北从位。燔燎升气，瘗埋就类。牲欲茧栗，味尚清玄。器成匏勺，贵诚因质。天地神所统，故类乎上帝，禋于六宗，望秩山川，班于群神。皇天后土，随王所在

① 马端临：《文献通考》卷八九《郊社考》，第2727页。

而事祐焉。……'于是定郊祀，祀长安南北郊，罢甘泉、河东祀。"①

　　显然，"为坛营于鄗之阳""六宗群神皆从""天地共犊，余牲尚约""班于群神"等记载，昭示祭天、告天之礼具有与神灵盟誓的神圣属性，这也切合天子即位之要义。

　　以上概要介绍了即位礼的基本内容，那么道教传授仪的情况如何呢？如前所述，广义的道教传授仪包括经、诫、箓的传授及相关仪式过程。由于关涉道教珍宝的合法传授，故其可谓道教仪式中至为神圣的一大种类。下面试以 6 世纪晚期成书的《无上秘要》卷三八《授洞神三皇仪品》所总结、梳理的传授《洞神三皇经》的完整仪式为例，对道教传授仪的基本内容做一概述。经载：

　　　　［2.1］设坛法：次设坛宿露……三皇镇坐法：……

　　　　三皇本命信：本命随年数，天子用足数，公侯用丈数，庶人用尺数。三坐亦尔。天子用紫绫，自他用绢随方色，悉置人皇案上，金龙三枚。庶人用金环。（右出《灵宝斋经》）

　　　　三皇法信：信用白绢四百尺，贫者四十尺。其镇坐、本命及信三种。若有功行，贫穷不堪办者，可随分量力为之，不可以此为准。（右出《灵宝斋经》）

　　　　次入坛烧香发炉法：……

　　　　次北向再拜天皇真君，次向西南再拜地皇真君，次向东北再拜人皇真君，次以所受经首二尺舒之于案上，俱再拜。弟子在西面东伏，师西面长跪，称位号。三洞弟子小兆真人姓名甲上启：太上元

————————————

① 《后汉书》志七《祭祀上》，第 3157~3158 页。

君、仙都大神、三皇真君，今欲授某郡县乡里某甲等三皇宝文，未知可否？伏地须告命。便伏，一时顷无风，便起，再拜，弟子又伏地，师长跪，<u>读盟文</u>：（A）太岁某乙某月某朔某日某乙某郡县乡里清信弟子某甲年若干岁，今诣师某岳先生姓名甲，受三皇内文天文大字，并及众符，赍信如法，约以长生丹水为盟，画一为信。（B）某甲授道，不得隐真出伪，某甲受道，当承师之盟誓，不得不孝不仁，不忠不良，贪淫凶勃，妄传非其人，咎师怨道，口是心非。（C）得道之后，背叛本师，谤讪真正，当身受大殃，延及子孙。次共噉丹水，以朱笔共画一于盟文之下。

次弟子对信伏地，师执经长跪。存思三宫神，存思三宫……次传经咏：……次弟子长跪受经。讫，礼师再拜。讫，师徒各再拜三皇君。讫，次咏阳歌三首三周：……

次还仙官法：太上灵宝无上三洞弟子某岳先生某甲等上启：虚无自然元始天尊、无极大道太上道君、高上玉皇、已得道大圣众至真、诸君丈人……<u>先师盟授三宝神经</u>，供养尊礼，<u>立功为先</u>，以某月某日谨与某等传经行道，建立斋直，烧香忏谢。今传授事毕，所请天仙、地仙、飞仙……各随功受赏，进品上秩，复诸天位，谨上启闻。（右出《明真经》）

次复炉法：……次游诵一首而出：……①

此外，《无上秘要》卷三七《授道德五千文仪品》、卷三九《授洞玄真文仪品》、卷四〇《授洞真上清仪品》还分别总结了《道德五千文》《洞玄真文》《洞真上清经》的传授仪式，同时结合其他道经文献所载

---

① 《道藏》第25册，第126~127页。

中古道教传授仪的情况，我们可大体归纳出其流程与内容：设坛→受法信→入坛、发炉→拜神取经→上启、读盟文、画一→存思、传经诵、传经、礼师、师徒拜神咏歌→还仙官、上启→复炉、游诵、出坛。[①] 概言之，整个仪式可简单分为构筑神圣空间、迎神、拜神、盟誓、传经（授箓）和送神六个步骤。盟誓授经是传授仪的关键节次，所以我们可以看到，在正史《隋书》所扼要记载的道教授箓仪式中，盟誓（包括法信）占据主要地位。《隋书·经籍志四》载：

[2.2] 其受道之法，初受《五千文箓》，次受《三洞箓》，次受《洞玄箓》，次受《上清箓》。箓皆素书，纪诸天曹官属佐吏之名有多少，又有诸符，错在其间，文章诡怪，世所不识。受者必先洁斋，然后赍金环一，并诸赞币，以见于师。师受其赞，以箓授之，仍剖金环，各持其半，云以为约。弟子得箓，缄而佩之。[②]

通过对即位礼与传授仪基本内容的梳理，我们可对两者做一简单对比。首先，即位礼的要义在于嗣位。由于"王者不受私"，为了将上天之子、兆民之父这一神圣地位确立的重大事件公开昭告神灵及生民，以此坦荡显示皇皇帝位之合理、合法，如何将即位之事化为天地万民共鉴的神圣仪式，就是其主要考虑的问题。围绕这一核心，即位礼至关重要的环节包括：三公奏《尚书·顾命》→策命（读册、行礼）→授

① 相关讨论亦可参大渊忍尔『道教とその経典——道教史の研究 其の二』創文社、1997、331-343 頁；王承文《敦煌古灵宝经与晋唐道教》，中华书局，2002，第 266~276 页；吴羽《敦煌写本中所见道教〈十戒经〉传授盟文及仪式考略——以 P.2347 敦煌写本为例》，《敦煌研究》2007 年第 1 期；吕鹏志《天师道登坛告盟仪——〈正一法文法箓部仪〉考论》，《宗教学研究》2011 年第 2 期。
② 《隋书》卷三五，第 1092 页。

玺（礼）→请出玉具、随侯珠、斩蛇剑，告令群臣，群臣行跪拜礼→皇帝即位礼完成，大赦天下→如为内禅，谒高庙（东汉时又加入光武庙），天子即位礼完成（昭帝以前，在枢前即皇帝位的同时自动完成天子即位）；若为外禅，则登坛祭告天地、百官陪位、柴燎告天，受命即天子位。与之相对，道教传授仪的要义在于经、诫、箓的传授，围绕这一核心，传授仪主要由筑坛、迎神、拜神、盟誓、传经（诫、箓）、送神六个节次构成。由此可见，两者的要义具有相似性，都是神圣之物的传授仪式。其次，由于仪式的神圣属性，两者均有昭告上天的起头环节——策命、迎神。再次，最能直观反映两者要义的仪式环节——授玺、传经（诫、箓）是整个仪式过程的核心。最后，为了增强仪式的神圣性及公开性，两者都利用了信物并附加与神盟誓性质的环节：即位礼中用了玉具、随侯珠与斩蛇剑，附加谒庙或祭天的环节；传授仪中则使用了法信（剑有时亦为法信），附加非常重要的登坛告盟节次。总之，即位礼与传授仪存在若干共通处，但也有不少具体差别，下文择其要者，逐条予以分析。

二 策命与上刺：关于"天宝"传递的启告

仔细考察有关皇帝即位礼的相关史料可以发现，无论是同姓（包括王朝与皇室双重姓氏）之间的内部传承（内禅），还是异姓之间的禅代（外禅），策命都是即位礼中必不可少的重要环节。比如有关安帝的即位过程，《后汉书·安帝纪》载：

[1.4]（延平元年）八月，殇帝崩，太后与兄车骑将军邓骘定策禁中。其夜，使骘持节，以王青盖车迎帝，斋于殿中。皇太后

御崇德殿，百官皆吉服，群臣陪位，引拜帝为长安侯。皇太后诏曰："……朕惟平原王素被痼疾，念宗庙之重，思继嗣之统，唯长安侯祜质性忠孝，小心翼翼，能通《诗》、《论》，笃学乐古，仁惠爱下。……其以祜为孝和皇帝嗣，奉承祖宗，案礼仪奏。"又作策命曰："惟延平元年秋八月癸丑，皇太后曰：咨长安侯祜：（A）孝和皇帝懿德巍巍，光于四海；大行皇帝不永天年。（B）朕惟侯孝章帝世嫡皇孙，谦恭慈顺，在孺而勤，宜奉郊庙，承统大业。今以侯嗣孝和皇帝后。（C）其审君汉国，允执其中。'一人有庆，万民赖之。'皇帝其勉之哉！"读策毕，太尉奉上玺绶，即皇帝位，年十三。太后犹临朝。九月庚子，谒高庙。辛丑，谒光武庙。①

由是可见，内禅中的策命一般由（A）先帝功业之颂扬、（B）即位者合法性说明（血缘、德行等）、（C）引典劝勉新任帝君三部分构成。再看外禅中的情况，《三国志·文帝纪》载：

[1.5]汉帝以众望在魏，乃召群公卿士，告祠高庙。使兼御史大夫张音持节奉玺绶禅位。册曰："咨尔魏王：（A）昔者帝尧禅位于虞舜，舜亦以命禹，天命不于常，惟归有德。（B）汉道陵迟，世失其序，降及朕躬，大乱兹昏，群凶肆逆，宇内颠覆。赖武王神武，拯兹难于四方，惟清区夏，以保绥我宗庙，岂予一人获乂，俾九服实受其赐。今王钦承前绪，光于乃德，恢文武之大业，昭尔考之弘烈。皇灵降瑞，人神告征，诞惟亮采，师锡朕命。佥曰尔度克协于虞舜，用率我唐典，敬逊尔位。（C）於戏！天之历数在尔躬，

———————————
① 《后汉书》卷五，第203~205 页。

允执其中，天禄永终；君其祇顺大礼，飨兹万国，以肃承天命。"乃为坛于繁阳。庚午，王升坛即阼，百官陪位。事讫，降坛，视燎，成礼而反。改延康为黄初，大赦。

注引《献帝传》曰：

> 辛未，魏王登坛受禅，公卿、列侯、诸将、匈奴单于、四夷朝者数万人陪位，燎祭天地、五岳、四渎，曰："皇帝臣丕敢用玄牡昭告于皇皇后帝：汉历世二十有四，践年四百二十有六，四海困穷，三纲不立，五纬错行，灵祥并见，推术数者，虑之古道，咸以为天之历数，运终兹世，凡诸嘉祥民神之意，比昭有汉数终之极，魏家受命之符。汉主以神器宜授于臣，宪章有虞，致位于丕。丕震畏天命，虽休勿休。群公庶尹六事之人，外及将士，泊于蛮夷君长，佥曰：'天命不可以辞拒，神器不可以久旷，群臣不可以无主，万几不可以无统。'丕祇承皇象，敢不钦承。卜之守龟，兆有大横，筮之三易，兆有革兆，谨择元日，与群寮登坛受帝玺绶，告类于尔大神；唯尔有神，尚飨永吉，兆民之望，祚于有魏世享。"[①]

显然，外禅中的策命淡化了血缘的因素，而着重强调天命与功业层面的问题。具体包括三部分内容：（A）以"尧舜禅让"故事（图7为其在汉画中的呈现形式）言明天命不常、惟归有德的道理，（B）着力凸显两家德行和功业的差距、强调禅代的合法性，（C）勉励新帝王。策命文结构的差异，主要原因在于内禅与外禅的合法性诉求不同，从中透露出

---

① 《三国志》卷二，第62、75页。

"私"的血缘与"公"的天命，在帝国秩序构建中同时发挥作用，以及不同形势之下人们的不同侧重和选择。那么，如此郑重其事的策命到底有何深意？它在皇帝即位礼中又发挥着怎样的作用？

图 7　莒县东莞出土 1 号画像石正面拓片（局部）

说明：原石现藏莒县博物馆。人物榜题从左至右分别为"尧""舜""侍郎""大夫"，
尧似正将冠帽让予舜。

资料来源：刘云涛：《山东莒县东莞出土汉画像石》，《文物》2005 年第 3 期。

尾形勇从"私"的帝室与"公"的国家秩序构造的角度，仔细寻绎、检视策命在使皇帝即位克服私家（世袭、血缘）属性而被正当化为公位传承中的关键作用。他指出，"'皇帝即位册文'在即位礼仪中所起的作用与皇后和诸侯王的场域没有什么不同。即'传位'时或继承'皇帝位'时的一般的'册'，与皇帝对皇太子、诸侯王以下的'臣下'们的'册'属于同样的范畴。注意到这种情况时，可以推断，现任（前）皇帝和由这个皇帝'册'立的下一代皇帝之间的关系仍然是'君臣'关系"，"以'册'为媒介，把'君臣'关系导入同姓内的'传位'活动中去，意味着巧妙地利用'君臣'秩序的特征，把实际上的'天下为家'的继承，以拟制的方式转换为'天下为公'的继承。因此，介于继承过程中的'册'，应理解为把血缘、血统的方式继承的'皇帝位'变成

'公'位的一种手段"。在此基础上，尾形勇总结道："作为'公'位的'皇帝'位，要按照血缘关系来'传位'，就必须建立一种包含由'有能、有德之子'继承'皇帝'位这一观念理论。而且，为了补充这种理论的脆弱性，不得不引入册立下一代'皇帝'的做法。即'皇帝'位的继承，是通过'公'的'君臣'关系的媒介，被正当化的。"①此论甚是。然而尾形勇主要讨论的是策命在内禅中的意义，有关其在外禅中的表现，以及皇帝册立下一代皇帝背后所蕴涵的观念，将在下文与传授仪上剌节次的对比中予以显现。

如材料2.1所示，在《洞神三皇经》传授仪中，奏启、上剌的仪式节次被安排于师傅正式读盟文、传经以前。经载："三洞弟子小兆真人姓名甲上启：太上元君、仙都大神、三皇真君，今欲授某郡县乡里某甲等三皇宝文，未知可否？"上启的内容表明，授经乃神圣之大事，必得首先上报天曹、取得天庭首肯。《正一法文法箓部仪》"授太一三盟大券口剌"详细记叙了这一仪式的主要内容及操作过程：

（A）某郡县乡里男女生官某甲等，年如干岁，字某乙，户属师主某乙治男女官某乙等，禀性慈仁，素体温良；炼炁积年，厕身秘门；参染真要，阶缘上道。奉受太一金刚契令，晓知三炁飞仙之诀。虽备众契，未遂登坛，生死大盟。今赍信仪，连名誓身，束骸告臣，求受太一三盟登坛大券、明真大讳、三百六十图号、千二百口诀，依先师本法告传。谨状。

（B）具位系天师某治炁臣某甲稽首再拜，上启太上无极大道、太上老君、太上丈人、太一帝君、皇天上帝、无极元君、道德众

---

① 尾形勇：《中国古代的"家"与国家》，第228~230页。

尊、三天法师正一真人、门下典者、施行飞仙君吏：臣运逢天通，系命玄教，衔宣法化，搜索有道，游行世界，拔度天人。今有宿命因缘，从虚无中来。某郡县乡里男女官某甲，年如干岁。甲等素染玄教，练备真文，奉受众契，修行真秘，虽备上法，未破玄誓。今相携率，操赍法仪，束骸诣臣，求受太一登坛三盟生死处仙大券、黄素证誓。臣昔从大洞真人某奉受，约当传授后贤。察甲等专诚乐道，在可成就。辄克某月某日时于某岳山之中，共立黄坛，证誓五帝，分符破契，告盟天地，付授秘局，施行口诀。谨先于此某郡县乡里中，露白刺奏上天曹。特愿太一帝君皇上大道留神照察，若甲等有骨法，合便依法付授玄都；无骨法，愿为考正，徙上玉策，名备天仙。到某日某时良日吉辰，灵岳之中，黄坛之上，稽首告盟，誓天证地，付授玄一高上之道，生死大盟，存亡成仙。谨以启闻，立须报应。臣甲诚惶诚恐，稽首再拜以闻。①

　　细绎经文可发现，该仪式节次由（A）牒文（末尾"谨状"二字可明）、（B）口刺（念诵刺文）两部分构成。两部分连在一起，当同时上奏。吕鹏志考察指出，这里的口读刺文与该经前一部分所列文书中用于登坛告盟仪的书面刺文略有不同，"显系后者的变例"。②对比二者可发现，"谨先于此某郡县乡里中，露白刺奏上天曹。特愿太一帝君皇上大道留神照察，若甲等有骨法，合便依法付授玄都"等文字表明，口刺实际上更详细地说明了上刺的功用在于正式的告盟仪式之前，奏请太一帝君预先检核受盟人有无名备天仙的资质，然后再于正式的登坛告盟仪中给

---

① 《道藏》第 32 册，第 202 页。

② 吕鹏志：《天师道登坛告盟仪——〈正一法文法箓部仪〉考论》，《宗教学研究》2011 年第 2 期。

予新身份的确证。这与即位礼中通过读策文的方式告启嗣位者优秀资质的做法，颇有异曲同工之处。

这里应予辨析的是，即位礼中的策命所启告的对象到底是祖灵还是天帝。前揭尾形勇文以为，策命表明了先帝与新帝之间仍是君臣关系，揭示了帝王臣从于"祖灵"的原因。是论明确了策命背后的权力所在，具有一定合理性。然而，若我们进一步检省策命背后的权力之源便会发现，一方面继任者当然承袭了祖灵手中的权力；另一方面，更为重要的是，这种权力的终极赋予者当为天帝，无论是先帝策命新君，抑或帝王策命皇后、诸侯等。历史地看，策命之制起源甚古，早在周代已较成熟。[①]《尚书·顾命》记载周康王即位时，"太史秉书，由宾阶陟，御王册命"，[②]明言天子即位时宣读命书的正是与巫、祝关系密切而职责在于"究天人之际"的太史，可见策命与天命之关联在其早期阶段已较明显。在汉代的皇帝即位礼中，"天子""皇帝"之双重身份与两阶段礼仪，更清晰地展示出即位礼与天命的紧密关系。策命作为受玺即位前的重要环节，其功能与传授仪中的上刺相似，实际上也是奏请、启告天帝就嗣位者的资质与合法性进行审查——这里的受告对象显然不是诸先帝之灵，因为据策文可知，先帝的权力亦为天帝所授予，所以策文仍需言明其功绩，再将天命合法传予后继者。其实，无论是策命皇后、诸侯，还是新帝，策文与诏文无一不举着"奉天之命"[③]的旗号，其中的合理逻辑是，

---

① 董芬芬：《周代策命的礼仪背景及文体特点》，《南京师大学报》2013 年第 1 期；黄明磊：《西周册命制度新探》，社会科学文献出版社，2022。

② 《尚书正义》卷一八，阮元校刻《十三经注疏》，第 240 页。

③ 如《春秋繁露》所载："天子受命于天，诸侯受命于天子，子受命于父，臣妾受命于君，妻受命于夫。诸所命者，其尊皆天也，虽谓受命于天亦可。天子不能奉天之命，则废而称公，王者之后是也。……曰：不奉顺于天者，其罪如此。"（苏舆：《春秋繁露义证》卷一五《顺命》，第 412~413 页）

在天子受命于天的神学体系中，皇帝（天子）终归只是代言天命罢了。

总之，即位礼与传授仪中，策命与上刺的功能均在于启告"天宝"即将传递，奏请天帝（太一）审查新继者（继皇位或法位者、受经者）是否合符天意，而后再以与神盟誓的方式确立下来。由此可见，两者之中都蕴涵着古老而神圣的天命传递观念：不论是"国之重宝"，还是"道教秘宝"，[①] 都是受命于天、代言天命的"天宝"。与此同时，皇位与法位认定前的启告，还反映出二者的相似性，表明其合法性皆上系于天，在神性来源方面同根同源。古老的天命信仰与巫王一体的商代文化或是其共同的文化渊源。如诸多研究者考察指出，天命信仰在殷周之际发生革命性变化，[②] 继而道术为天下所裂，天命信仰发生分流，政治的天命与宗教的天命便从此各言其所言、各据其所据了。事实上，作为传授仪核心节次的盟誓即源于古老的方士传统；而作为皇帝即位礼重要环节的祭天郊庙，同样来源甚古，对此笔者将在下文的讨论中予以展开。

三　剑—玺与剑—印：天命的载体及象征

如材料 1.1 及下揭材料 2.3、2.4 所示，在汉代皇位即位礼与中古道教传授仪中，都出现了作为仪式重要凭信的剑与玺（印）。它们各自有着怎样的文化内涵？仪式功用为何？又是否具有相同的知识基础或信仰渊源？我们先看斩蛇剑与传国玺。

斩蛇剑在汉代政治传统中重要象征地位之确立，开始于众所周知的高祖斩蛇神话。《史记·高祖本纪》载："高祖以亭长为县送徒郦山，徒

---

① 　索安：《国之重宝与道教秘宝——谶纬所见道教的渊源》，《法国汉学》第 4 辑。

② 　近期较为系统的讨论请参罗新慧《周代天命观念的发展与嬗变》，《历史研究》2012 年第 5 期。

多道亡。自度比至皆亡之，到丰西泽中，止饮，夜乃解纵所送徒。曰：
'公等皆去，吾亦从此逝矣！'徒中壮士愿从者十余人。高祖被酒，夜径
泽中，令一人行前。行前者还报曰：'前有大蛇当径，愿还。'高祖醉，
曰：'壮士行，何畏！'乃前，拔剑击斩蛇。蛇遂分为两，径开。行数
里，醉，因卧。后人来至蛇所，有一老妪夜哭。人问何哭，妪曰：'人杀
吾子，故哭之。'人曰：'妪子何为见杀？'妪曰：'吾子，白帝子也，化
为蛇，当道，今为赤帝子斩之，故哭。'人乃以妪为不诚，欲告之，妪
因忽不见。后人至，高祖觉。后人告高祖，高祖乃心独喜，自负。诸从
者日益畏之。"[①]显然，无论做何解释，斩白蛇这一"壮举"经老妪夜哭、
申诉之渲染，以及"诸从者"之传播，自然发酵为非同寻常的神异；而
当汉帝终于赢得天下后，该事件作为布衣受命得天下之预言与征祥的性
质，在更大权力的干预下，理所当然地被进一步放大，并连同感生、异
相等记述，共同构成汉家受命创国的政治神话。[②]

　　随着汉家统治的展开，政治、制度、文化建设的主观需求与实际力
度越来越大，作为见证高祖功业，同时也是系列建国神话中唯一的实物
遗迹，斩蛇剑得到了汉家的尊崇与珍视，甚至被立祠祭祀。汉宣帝神爵
元年（前61），"以方士言，为随侯、剑宝、玉宝璧、周康宝鼎立四祠于
未央宫中"，[③]其中所言"剑宝"即斩蛇剑。当然，另外三件也都是被认
作天命与国祚象征的珍宝。此外，在汉代及后世的诸多记载中，我们均

---

① 《史记》卷八，第347页。

② 有关斩蛇剑的讨论可参王子今《"斩蛇剑"象征与刘邦建国史的个性》，《史学集刊》2008
　年第6期；吕宗力《汉代开国之君神话的建构与语境》，《史学集刊》2010年第2期；陈晔
　《"刘邦斩蛇"与"斩蛇剑"的文化史考察》，《福建师范大学学报》2012年第3期。最近，
　木黑杏子亦撰文梳理斩蛇剑历史的展开，并扼要提及其对道教宝剑思想的影响，论见目黑
　杏子「漢の高祖の"斬蛇劍"——その歴史的展開について」『東洋史研究』第77卷第1号、
　2018。

③ 《汉书》卷二五下《郊祀志下》，第1249~1250页。

可发现斩蛇剑对于汉代政治文化的意义，及其作为一种王朝建立方式之象征的重要影响。大约成书于东汉末年的《三辅黄图》云："太上皇微时佩一刀，长三尺，上有铭字难识……上皇息其旁，问曰铸何器，工者笑曰，为天子铸剑，慎勿言。曰：得公佩剑杂而治之，即成神器，可克定天下。……上皇以赐高祖。高祖佩之斩白蛇是也。及定天下，藏于宝库，守藏者见白气如云出户，状若龙蛇。"①这里便特别强调了斩蛇剑克定天下的神性。《西京杂记》也着重描述了斩蛇剑的奇异外观及性能："汉帝相传以秦王子婴所奉白玉玺、高祖斩白蛇剑。剑上有七采珠、九华玉以为饰。杂厕五色琉璃为剑匣。剑在室中，光景犹照于外，与挺剑不殊。十二年一加磨莹，刃上常若霜雪。开匣拔鞘，辄有风气，光彩射人。"②又，《刀剑录》云："前汉刘季在位十二年，以始皇三十四年，于南山得一铁剑，长三尺。铭曰赤霄，大篆书。及贵，常服之。此即斩蛇剑也。"《晋书·张华传》载："武库火，华惧因此变作，列兵固守，然后救之，故累代之宝及汉高斩蛇剑、王莽头、孔子屐等尽焚焉。时华见剑穿屋而飞，莫知所向。"③

　　正是由于其被赋予的神性及与天命、政治合法性的紧密联系，斩蛇剑方才与传国玺一起，被当作皇帝即位礼中的重要信物，在政治传承中发挥着不容忽视的作用。有关传国玺的出现、形制等问

---

① 何清谷：《三辅黄图校注》卷六"灵金内府"条，三秦出版社，1995，第331页。本段文字亦见《拾遗记》卷五，记述基本相同。

② 葛洪撰，周天游校注《西京杂记》，三秦出版社，2006，第26页。

③ 陶弘景：《古今刀剑录》，此据程荣纂辑《汉魏丛书》，吉林大学出版社，1992，第747页；《晋书》卷三六，第1073~1074页。《宋书·五行志》载该事曰："晋惠帝元康五年闰月庚寅，武库火。张华疑有乱，先固守，然后救灾。是以累代异宝，王莽头，孔子履，汉高断白蛇剑及二百万人器械，一时荡尽。"（《宋书》卷三二，第933页）《异苑》亦云："晋惠帝元康五年，武库火，烧汉高祖斩白蛇剑、孔子履、王莽头等三物。"（《异苑·谈薮》，范宁校点，中华书局，1996，第8页）

题，光武时期卫宏所著《汉旧仪》曰："秦以前以金、玉、银为方寸玺。秦以来天子独称玺，又以玉，群下莫得用。其玉出蓝田山，题是李斯书，其文曰'受命于天，既寿永昌'，号曰传国玺。"[①]《汉书》则在详细记载王莽抢夺汉家传国玺的过程中追叙了传国玺的来历：

> 初，汉高祖入咸阳至霸上，秦王子婴降于轵道，奉上始皇玺。及高祖诛项籍，即天子位，因御服其玺，世世传受，号曰汉传国玺。以孺子未立，玺臧长乐宫。及莽即位，请玺，太后不肯授莽。莽使安阳侯舜谕指。舜素谨敕，太后雅爱信之。舜既见，太后知其为莽求玺，怒骂之曰："而属父子宗族蒙汉家力，富贵累世，既无以报，受人孤寄，乘便利时，夺取其国，不复顾恩义。人如此者，狗猪不食其余，天下岂有而兄弟邪！且若自以金匮符命为新皇帝，变更正朔服制，亦当自更作玺，传之万世，何用此亡国不祥玺为，而欲求之？我汉家老寡妇，旦暮且死，欲与此玺俱葬，终不可得！"……太后闻舜语切，恐莽欲胁之，乃出汉传国玺，投之地以授舜，曰："我老已死，如而兄弟，今族灭也！"舜既得传国玺，奏之，莽大说，乃为太后置酒未央宫渐台，大纵众乐。[②]

王莽对传国玺的执着与太后的"顽固"，都说明了传国玺作为天命的载体及皇权合法性的象征已深入人心，诚然具有无可替代的意义。

---

① 《后汉书》卷四八《徐璆传》注引，第1621~1622页。

② 《汉书》卷九八《元后传》，第4032~4033页。

也是出于这样的原因，传国玺常常陷入多方抢夺之中，最终难逃消失于乱世的命运。[①] 有趣的是，随着传国玺神话秘闻广泛深入人心，甚至"妖贼"亦借用玺印，以此"论证"其合法性。如《后汉书·刘盆子传》载："赤眉忽遇大军，惊震不知所为，乃遣刘恭乞降，曰：'盆子将百万众降，陛下何以待之？'帝曰：'待汝以不死耳。'樊崇乃将盆子及丞相徐宣以下三十余人肉袒降。上所得传国玺绶，更始七尺宝剑及玉璧各一。"[②]《后汉书·桓帝纪》更有记载："冬十月……勃海妖贼盖登等称'太上皇帝'，有玉印、珪、璧、铁券，相署置，皆伏诛。"注引《续汉书》曰："时登等有玉印五，皆如白石，文曰'皇帝信玺'、'皇帝行玺'，其三无文字。璧二十二，珪五，铁券十一。开王庙，带王绶，衣绛衣，相署置也。"[③] 东汉妖贼制造、使用皇帝玺印，或即道教符箓、法印信仰之缘起，因此我们在东汉出土的诸多解注文中多可看到"黄神越章"等道符、法印性质的文字与图案。[④]

揆诸历史，传国玺与斩蛇剑的组合，在后世相关论说中还被赋予了更多的政治文化内涵及天命象征意蕴。如汉末应劭著《汉官仪》载："侍

①　三国时，孙吴史书《吴书》有关传国玺的记载即充满种种疑问，大概此时已难觅传国玺的踪影。对该问题的更多讨论参见田中一辉《玉玺的行踪——正统性的冲突》，《第九届中国中古史青年学者国际会议论文集》，武汉大学，2015 年 8 月；彭丰文《九鼎、传国玺与中国古代政治传承意识》，《宗教信仰与民族文化》第 9 辑，社会科学文献出版社，2016；谢一峰《论唐宋时期传国玺地位的下移》，《唐史论丛》第 25 辑，三秦出版社，2017；阿部幸信《魏晋南北朝皇帝玺管窥：玉玺、金玺与"传统"的虚像》，楼劲、陈伟主编《秦汉魏晋南北朝史国际学术研讨会论文集》，中国社会科学出版社，2018，第 228~262 页。

②　《后汉书》卷一一，第 485 页。

③　《后汉书》卷七，第 315~316 页。

④　相关讨论可参吴荣曾《镇墓文中所见到的东汉道巫关系》，《文物》1981 年第 3 期；王育成《东汉道符释例》，《考古学报》1991 年第 1 期；方诗铭《黄巾起义先驱与巫及原始道教的关系——兼论"黄巾"与"黄神越章"》，《历史研究》1993 年第 3 期；王育成《中国古代道教法印研究》，《中国历史博物馆馆刊》1993 年第 2 期；刘昭瑞《论"黄神越章"——兼谈黄巾口号的意义及相关问题》，《历史研究》1996 年第 1 期；张勋燎、白彬《中国道教考古》第 1 册，线装书局，2006。

中，左蝉右貂，本秦丞相史，往来殿内，故谓之侍中。分掌乘舆服物，下至亵器虎子之属。武帝时，孔安国为侍中，以其儒者，特听掌御唾壶，朝廷荣之。至东京时，属少府，亦无员。驾出，则一人负传国玺，操斩蛇剑，（参）乘。"① 南朝齐谢朓《侍宴华光殿曲水奉敕为皇太子作》曰："玺剑先传，龟玉增映；宗尧有绪，复禹无竞。"他还有 "炎灵遗剑玺，当涂骇龙战"（《和伏武昌登孙权故城》）的诗作。② 另外，南朝梁沈约《齐故安陆昭王碑文》之 "出纳惟允，剑玺增华"，③ 李白《流夜郎半道承恩放还兼欣克复之美书怀示息秀才》之 "一朝让宝位，剑玺传无穷"，④ 亦皆用玺剑传国之典。甚者，也许同样受到天命象征之影响，斩蛇剑的叙事模式还向东泽及日本天皇神话之创制。诸多古代日本文献所载 "三神器"——八咫镜（《唯一神道名法要集》作 "内侍所神镜"，在伊势神宫）、天丛云剑（《唯一神道名法要集》作 "草薙宝剑"，在热田神宫）、八坂琼曲玉（《唯一神道名法要集》作 "神玺八坂琼"，在皇宫，与御玺一起作为天皇相传的正统凭据），其中两件即剑与玺，而草薙剑更与大蛇紧密关联在一起，足见斩蛇剑与传国玺在东亚文化圈的深远影响。⑤

---

① 　《后汉书》卷九《献帝传》注引《汉官仪》，第 367~368 页。

② 　曹融南：《谢朓集校注》，中华书局，2019，第 117、334 页。

③ 　萧统编，李善等注《六臣注文选》，中华书局，2012，第 1097 页。

④ 　此据《李白全集编年笺注》，中华书局，2015，第 1395 页。

⑤ 　相关讨论请参西嶋定生「草薙剣と斬蛇剣」『中国古代国家と東アジア世界』；内田康《"三种神器神话"的多元性——从《剑卷》的 "宝剑传说" 论起》，高启豪译，（台北）《中外文学》2005 年第 5 期；戸矢学『三種の神器——"玉・鏡・剣" が示す天皇の起源』河出書房新社，2012；冯渝杰《汉唐中国的 "神剑—王权" 叙事及其对日韩越的影响》，《学术月刊》2023 年第 8 期。此外，如研究者指出，欧洲中世纪也存在类似的 "王权御宝"（包括王冠、权杖、正义之手、剑、马刺、戒指等），并被用于国王的祝圣加冕礼上，成为传递王权本质与权力行使模式的神器。此类王权御宝授予的意义，"在于借由纯粹的世俗物件，构建王家权力的法理意识和美学感性。王权物件不能制造国王，但它们在政治意识和心理情感上，却发挥强大的作用。授予王权器物的仪式，不仅在视觉感官上，再制国王自身与权力的关系；同时也在意识形态上，传达事物的秩序和权力的实践理性"。参见陈秀凤《王权剧场：中世纪法兰西的庆典、仪式与权力》，台北：联经出版事业股份有限公司，2022，第 26、164 页。

　　作为民族宗教的道教，其信仰、仪式中的重要法器——剑与印，当同样受到斩蛇剑与传国玺的影响，甚至就是对其神圣功能、属性之仿拟与转化。实际上，剑—玺与剑—印本就有着共同的文化土壤。早在先秦时期，剑即因其铸造技术与佩戴者的特殊性，而被赋予神圣意义，这在该时期的铸剑神话、文学表达、尚剑习俗及葬制葬仪中，均有一定程度体现。斩蛇剑神话即当植根于先秦时期的神剑思想，而道教法剑信仰也是在此一传统脉络中逐渐得以演生。① 这便是斩蛇剑神话与道教法剑信仰兴起的共同文化渊源。至于剑发展为道教传授仪及天师嗣位过程中的重要信物，则经历了较长的历史过程。

　　在早期道教思想体系中，剑首先被赋予了宗教服制礼仪的重要功用。据最早的系统道教经典《太平经》所载，五方神中最尊贵的中央之神即为持剑形象，并且《太平经》还特意强调了刀、剑的高低贵贱之别："北方为镶楯刀，北方者物伏藏逃，镶楯所以逃身者也；刀者，小人所服，亦常以避逃以害人，非上君子之有也；故其神来，亦以此为节。中央者，为雷为鼓为剑；中央者，土也，五行之主也，鼓亦五兵之长也，剑亦君子道德人所服也，亦五兵之长也；故中央神来，以此为节。"② 五方神皆配相应之兵器，而只有其中最尊的中央神有资格配备五兵之长的剑，说明剑在早期道教神灵体系中已被赋予非同一般的神学内涵。或许正是由于这个原因，在《太平经》这部主体成书于汉代的早期道教经典中，我们还可看到铸剑技术的有关记载："使工师击治石，求其中铁，烧治之使成水，乃后使良工万锻之，乃成莫耶。"③ 据此，我们能够比较清晰地获知流传于当时道门内的铸剑术流程。

---

① 　冯渝杰：《先秦楚地之尚剑习俗与道教法剑信仰的兴起》，《江汉考古》2018 年第 2 期。

② 　王明：《太平经合校》卷七二《五神所持诀》，第 300 页。

③ 　王明：《太平经合校》卷七二《不用大言无效诀》，第 296 页。

到了东晋南朝时期，在道教的神学体系中，剑已经发展出丰富而成熟的内涵，且于不同道脉中均有突出表现。葛洪认为天文符剑可以辟邪度灾："要于防身却害，当修守形之防禁，佩天文之符剑耳"，"符剑可以却鬼辟邪"。还引《金简记》详言之："以五月丙午日日中，捣五石，下其铜。……皆粉之，以金华池浴之，内六一神炉中鼓下之，以桂木烧为之，铜成以刚炭炼之，令童男童女进火，取牡铜以为雄剑，取牝铜以为雌剑，各长五寸五分，取土之数，以厌水精也。带之以水行，则蛟龙巨鱼水神不敢近人也。"[①] 此外，在葛洪的记叙中，甚至道教的尊神太上老君也被明确描述为佩剑形象："身长九尺，黄色，鸟喙，隆鼻，秀眉长五寸，耳长七寸，额有三理上下彻。足有八卦，以神龟为床，金楼玉堂，白银为阶，五色云为衣，重叠之冠，锋铤之剑。"[②] 足见至迟到东晋时，剑已在道教神学体系中占据要位。在上清派的道教体系中，则逐渐浮现出承接汉代尸解传统而来的"剑解"修仙术，出现了《剑经》《石精金光藏景录形经》这般专门总结、讨论"托形剑化"及铸剑方法等内容的经典。[③] 在道教灵宝派的体系中，剑经常与符、咒配合使用，被作为高功施行仪式过程中的重要法器，具有浓厚的宗教色彩。此外，这一时期还涌现出高道为帝王铸造神剑的历史现象，如陶弘景曾应梁武帝之命造神剑十三口，天师寇谦之为北魏太武帝铸神剑，高道司马承祯为唐玄宗铸景震剑（参图 8）……表明道教之剑的丰富内涵也成功引起世俗社会最高权力所有者的关注。

正是因为剑所具有的丰富内涵及其在道教神学体系中的重要地位，

---

① 　分见王明《抱朴子内篇校释》卷九《道意》、卷一九《遐览》、卷一七《登涉》，中华书局，1985，第 177、336、307~308 页。

② 　王明：《抱朴子内篇校释》卷一五《杂应》，第 273 页。

③ 　韩吉绍：《〈剑经〉与汉晋尸解信仰》，《文史哲》2018 年第 3 期。

图 8　景震剑

资料来源：《道藏》第 6
册，第 685 页。图像经拼
接处理。

在至为神圣的中古道教传授仪中，剑也被当作
参与、见证神圣盟约的重要法信而具有不可替
代的意义。如前揭南北朝时期天师道经典《正
一法文法箓部仪》所载法信中即包括"明镜一
面""青铜剑一枚"。① 又如约出世于 6 世纪的
灵宝经典《洞玄灵宝丹水飞术运度小劫妙经》
所载：

　　[2.3]赤松子其年十月五日受大洞宝章、
三十六部妙经、三洞真科、道德要戒于玄都宝城
山中，破金投鱼，蛟龙结钩，登坛尽[画]一，
宝信为质，用飞云锦百尺、玉札二枚、金龙二
口、鱼一双、剑二十四具、白素四十尺、五方明
镜以度其文。②

再如，南北朝上清派道经《上清高上玉真众道综
监宝讳》载该经之传授仪式为：

　　[2.4]（A）维某年太岁某月朔某日子某州县
乡里洞玄自然无上三洞弟子某，奉行三洞法师某
先生某甲，奉受《高上玉真众道综监宝讳》，荷
佩受恩。（B）今传某州郡某县某乡里某甲，年

----

① 《道藏》第 32 册，第 199 页。
② 《道藏》第 5 册，第 857 页。

若干岁，某甲赍仪信，誓身求受《高上玉真众道综监宝讳》，授某甲受讳之后，开口不得妄泄，某甲并赍先死父母名讳，以为证约，不敢漏慢。（C）如或违约，某甲生死父母同刑于地狱，某甲受风刀之考。某甲画一为信，如太上老君律令。

　　右高上玉真众道综讳宝诀契。

　　上真金十二两、锦百尺、紫纹九十尺、绛纹八十尺、白纹六十尺、皂纹五十尺、黄纹一百二十尺、九寸面镜十枚、七尺剑一口。

　　右九种，受上帝宝诀，歃血盟天而传，必得其人，秘之。①

　　州郡、县、乡里的行政设置，表明该经或当出于南北朝时期。此外，值得注意的是，与剑同为法信的常常还有镜，原因在于剑、镜被赋予了相似的神圣宗教内涵与功能。葛洪《抱朴子内篇·登涉》在解答登山之道时曾指出镜的功能："万物之老者，其精悉能假托人形，以眩惑人目而常试人，唯不能于镜中易其真形耳。是以古之入山道士，皆以明镜径九寸已上，悬于背后，则老魅不敢近人。或有来试人者，则当顾视镜中，其是仙人及山中好神者，顾镜中故如人形。若是鸟兽邪魅，则其形貌皆见镜中矣。又老魅若来，其去必却行，行可转镜对之，其后而视之，若是老魅者，必无踵也，其有踵者，则山神也。"② 可见，在道教神学体系中，剑、镜皆是颇具灵力的神器。③ 进言之，作为道教神器之镜，或同样与谶纬渗入的汉代政治神学存在一定关联，此可在"握镜"这一象征帝王天命的叙事中得到印证。如第一章所揭汉纬《春秋演孔图》言：

---

① 　《道藏》第 6 册，第 750 页。

② 　王明：《抱朴子内篇校释》卷一七《登涉》，第 300 页。

③ 　详参福永光司「道教における鏡と剣——その思想の源流」『東方学報』第 45 号、1973。

"有人卯金，兴于丰，击玉鼓，驾六龙……有人卯金刀，握天镜。"[①]结合谶纬"为汉制法"之主旨及此后历史时期中有关"握镜"的种种言说，[②]镜与天命的关系或即架起二者相似神学框架的内在因素。

　　在传授仪法信的延长线上，当作为张天师世家传承的信物及教权之象征的"天师剑"神话形成之时，剑在道教神学体系中便获得了至为神圣和崇高的地位。今存文献中最早明确记录天师剑者，应属唐杜光庭所撰《道教灵验记》和《神仙感遇传》。[③]《道教灵验记·天师剑愈疾验》载：

> 天师剑，五所铸。状若生铜，五节连环之柄，上有隐起符文、星辰日月之象，重八十一两。尝用诛制鬼神，降剪凶丑。升天之日，留剑及都功印，传于子孙。誓曰：我一世有子一人，传于印剑及都功箓。唯此，非子孙不传于世。顶上有朱发十数茎，以表奇相，于今二十一世矣。其剑时有异光，或闻吟吼，乍存乍亡，颇彰灵应。至十六世，天师好以慈惠及人，忧轸于物，以神剑灵效，每有疾苦者，多借令供养，即所疾旋祛。[④]

---

①　安居香山、中村璋八辑《纬书集成》，第580页。

②　如南朝梁萧绎《玄览赋》："唯天为大，唯尧则之。唯地为厚，唯王国之。粤羲皇之握镜，实乃神而乃圣。"（《艺文类聚》卷二六，上海古籍出版社，1999，第474页）北魏杨衒之《洛阳伽蓝记·龙华寺》："魏篆仰天，玄符握镜。玺运会昌，龙图受命。"（周祖谟校释《洛阳伽蓝记校释》卷三，中华书局，1963，第129页）

③　王见川指出："杜光庭提到的云锦山仙居观张天师传承信物印、剑、都功箓，和龙虎山张天师传承法物印、剑，应是在梁至唐中叶间形成的说法。"在此基础上，吴真进一步梳理了天师剑传说如何从"道士宝剑"类型故事中"专名化"为张天师子孙所独有的过程。论见王见川《龙虎山张天师的兴起与其在宋代的发展》，高致华编《探寻民间诸神与信仰文化》，黄山书社，2006，第42页；吴真《正一教权象征"天师剑"的兴起与传说》，《华南师范大学学报》2014年第3期。

④　《云笈七签》卷一二〇《道教灵验记·天师剑愈疾验》，《道藏》第22册，第832页。

据此记载我们发现，代表天命并作为教权象征，同时颇具灵效的剑、印、都功箓，于此成为天师传位的信物，因而相较于此前所具有的宗教功能，它们也被赋予了更多更高的神性。所以可以看到，天师剑除了能够治病救人，更堪佐国辅命，这就与为汉家制命、作为汉家天命之政治象征的"斩蛇剑"具有了相似的功能。杜光庭《神仙感遇传》卷一载：

> 因中元，（丰尊师）请众道流二十余人修黄箓道场。十五夜，明月如昼，天无纤云。忽凉风暴至，雷声一震，坛中法事，次失丰所在。异香满山，人皆惊异逡巡。丰至，曰：适天师与三天张天师并降，赐我神剑。令且于山中修道，续有旨命，即出人间，用此剑扶持社稷。视功德前，果有剑长三尺余，有纸一幅，长四五尺，广三尺，与人间稍同，但长阔顿异，非工所制作。刺史卢司空闻神剑之事，于大厅开黄箓坛，请丰及道众以彩舆盛剑迎请入州。去州门三二百步，剑飞跃如电，径入坛心，欢玩殊久。欲送节度使，奏闻丰曰：天师云，佐国之时，自当有太上之命，今非其时，不可遽出。[1]

尤其值得注意的是，在南朝梁成书的李膺《益州记》（又名《蜀记》）所载天师张陵之神话中，如同高祖斩蛇及日本天皇草薙剑神话一样，也出现了大蛇，曰："张陵避病疟于丘社之中，得咒鬼之术书，为是遂解使鬼法。后为大蛇所噏，弟子妄述升天。"又言："张陵入鹤鸣山，自称天师，汉熹平末，为蟒蛇所噏，子衡奔出寻尸，无所获，负清议之

---

[1] 《道藏》第10册，第886页。

讯，乃假设权为，以表灵化之迹。"① 而佛教徒甚至直指张陵创建二十四治乃是仿效汉高祖建立汉王朝的仪式，《法苑珠林·破邪篇》云："沛人张陵，客游蜀土，闻古老相传，昔汉高祖应二十四气，祭二十四坛，遂王有天下。陵遂杀牛祭祀二十四所，置以土坛，戴以草屋，称二十四治。治馆之兴，始乎此也。"② 如索安指出，这是对"道经中关于天师道运动建立部分的一种聪明的歪曲，天师二十四治的建立并不是模仿汉高祖，而是通过道与天师之间强有力的契约关系建立的，正如过去在古昔时代由上天与圣王缔结的契约"。③ 该论说虽不无道理，但佛教徒的指控恐怕也并非空穴来风。

案，在曹魏时期出世的道经《正一法文天师教戒科经·阳平治》中，天师曾自叙其从汉始皇帝那里获得王神气，以之为受道治民的权柄："教谢二十四治、五气中气、领神四部行气、左右监神、治头祭酒、别治主者、男女老壮散治民：吾以汉安元年五月一日，从汉始皇帝王神气受道，以五斗米为信，欲令可仙之士皆得升度。"④ 在约出于南北朝时期的早期天师道法箓《太上正一盟威法箓》中，太上一官童子箓、太上十官童子箓、太上七十五官童子箓、太上三五赤官斩邪箓、太上护身将军箓、太上二十四治气箓、太上护身延年解一切灾厄箓、太上保命长生箓、太上凤凰解秽妙箓、太上解妖害宝符妙箓、太上老君授徐甲延生保命箓、太上招财镇宝妙箓、太上九一河图宝箓、太上百五十将军男仙灵

---

① 道宣：《广弘明集》卷八《二教论·服法非老九》引李膺《蜀记》，《中华大藏经》第62册，中华书局，1993，第1034页。

② 周叔迦、苏晋仁校注《法苑珠林校注》，中华书局，2003，第1664页。释明概《决对傅奕废佛法僧事》所载与此大体相同（《广弘明集》卷一二）。

③ 索安：《国之重宝与道教秘宝——谶纬所见道教的渊源》，《法国汉学》第4辑，第95页。

④ 《道藏》第18册，第238页。对经文中"汉始皇帝"及"王神气"诸概念的详细考辨请参姜生《汉始皇帝考——天子君权与天师教权之源》，《文史哲》2023年第3期。

策的授予，皆冠有相同的起头："维某年某月某日，某州县乡里，某宫观受某法箓，姓某素被新出老君、太上高皇帝王神气在身，不能自分别，今赍信诣三洞法师臣某，请受（某箓）。"[①] 在至为神圣的法位授箓仪式中，专门强调道人素被老君及高皇帝王神气，而授箓的三洞法师亦自称臣某，这无疑直白地展现了高祖神话与汉家制度对道教神学体系内在而深刻的影响。结合本节开头提及的"师汉国"之说，我们或可更好地理解天师剑作为天师嗣位的重要法宝和凭信（包括剑在传授仪中所承担的法信角色），与斩蛇剑在汉代皇帝即位礼中所扮演角色的相通之处。道教对剑与印的使用，与作为汉代皇权象征的传国玺及斩蛇剑，具有极大的重合度。其神圣权力的合法性根源，在于它们都是天命的物化象征，只不过一个用于宗教的天师领域，一个用于政治的天子领域罢了。道教传授仪，尤其是天师道对剑、印的崇信和使用，无疑是对"汉家"神学的一种仿拟与化用。

四　郊天谒庙与登坛告盟：天命授接仪式之异同

通检材料 1.1 至材料 1.5 可发现，内禅即位礼中有谒高庙的仪式环节，而在外禅中则使用燔燎告天这一仪式环节。谒高庙的意义、功用是什么？祭天告天具有怎样的内涵？两者之间的相通之处为何，又有着怎样的差异？

前曾提及汉高祖的建国神话，实际上，在有关"汉家"的系列神话中，高祖均占有举足轻重的地位，其神化形象因之日益深入人心，甚至在部分臣属看来，汉家之天下即等同于高祖之天下。如《汉书·佞幸

---

① 《道藏》第 28 册，第 466~478 页。

传》载："（董）贤父子亲属宴饮，王闳兄弟侍中中常侍皆在侧。上有酒所，从容视贤笑，曰：'吾欲法尧禅舜，何如？'闳进曰：'天下乃高皇帝天下，非陛下之有也。陛下承宗庙，当传子孙于亡穷。统业至重，天子亡戏言！'上默然不说，左右皆恐。"[①]甚至高祖本人生前就表现出类似看法，并开始自我神化，提出世奉宗庙无绝的意见。《汉书·高帝纪下》载刘邦在求贤诏中如是言："今吾以天之灵，贤士大夫定有天下，以为一家。欲其长久，世世奉宗庙亡绝也。贤人已与我共平之矣，而不与吾共安利之，可乎？"[②]可以想见，从高祖开始，敬奉宗庙已提上重要日程，渐成"汉家故事"。[③]

更堪注意者，由于身为开国之君，按照彼时的观念，高祖理所当然地被认作受命之主，自当受到汉家帝王子孙之敬奉。[④]更何况高祖还开创了亘古未有的布衣天子传奇，以至于西汉褚少孙亦将之归于"天命"，其论曰："天命难言，非圣人莫能见。舜、禹、契、后稷皆黄帝子孙也。黄帝策天命而治天下，德泽深后世，故其子孙皆复立为天子，是天之报有德也。人不知，以为泛从布衣匹夫起耳。夫布衣匹夫安能无故而起王天下乎？其有天命然。"[⑤]故此，天命的享有成为昭帝及其以后汉家诸帝内禅即位必谒高庙的内在原因。其中的逻辑在于，继体守文之君当通过谒庙的方式，从受命之主那里获取天命，由此合法继承天子之位。这样

① 《汉书》卷九三，第 3738 页。

② 《汉书》卷一下，第 71 页。

③ 郭善兵在汉代"告庙"祭礼的框架中分析了即位礼中谒庙传统的成立，并总结梳理了史书所见的汉代即位谒庙礼（郭善兵：《汉代皇帝宗庙祭祖制度考论》，《史学月刊》2007 年第 1 期）。

④ 《史记·外戚世家》"自古受命帝王及继体守文之君"，《索隐》案："继体谓非创业之主，而是嫡子继先帝之正体而立者也。守文犹法也，谓非受命创制之君，但守先帝法度为之主耳。"（《史记》卷四九，第 1967~1968 页）

⑤ 《史记》卷一三《三代世表》，第 505~506 页。

的合法性接替方式，在王莽即位谒庙的仪式过程中，得到了清晰展示。

《汉书·王莽传》载："以汉高庙为文祖庙。莽曰：'予之皇始祖考虞帝受禅于唐，汉氏初祖唐帝，世有传国之象，予复亲受金策于汉高皇帝之灵。惟思褒厚前代，何有忘时？汉氏祖宗有七，以礼立庙于定安国。其园寝庙在京师者，勿罢，祠荐如故。予以秋九月亲入汉氏高、元、成、平之庙。诸刘更属籍京兆大尹，勿解其复，各终厥身，州牧数存问，勿令有侵冤。'"又"总说符命"曰："至丙寅暮，汉氏高庙有金匮图策：'高帝承天命，以国传新皇帝。'明旦，宗伯忠孝侯刘宏以闻，乃召公卿议，未决，而大神石人谈曰：'趣新皇帝之高庙受命，毋留！'于是新皇帝立登车，之汉氏高庙受命。"尽管如此，在"思汉"浪潮奔涌之时，王莽对高祖庙表现出明显的忌惮，以致采取了类似厌胜的举措。《王莽传》载："莽梦长乐宫铜人五枚起立，莽恶之，念铜人铭有'皇帝初兼天下'之文，即使尚方工镌灭所梦铜人膺文。又感汉高庙神灵，遣虎贲武士入高庙，拔剑四面提击，斧坏户牖，桃汤赭鞭鞭洒屋壁，令轻车校尉居其中，又令中军北垒居高寝。"[1]篡汉的王莽对高庙的特殊情感充分说明了高庙与天命受取的紧密联系。

高庙在汉人心中的神圣地位，还在两汉之际隗嚣政权立高庙之事中得到了有力体现。该事在《后汉书·隗嚣传》《后汉纪·后汉光武皇帝纪》及《东观汉记·隗嚣载记》中的记载大体相似。《后汉书》载：

> 嚣既立，遣使聘请平陵人方望，以为军师。望至，说嚣曰："足下欲承天顺民，辅汉而起，今立者乃在南阳，王莽尚据长安，虽欲以汉为名，其实无所受命，将何以见信于众乎？宜急立高

---

① 《汉书》卷九九《王莽传》，第 4108、4113、4169 页。

庙，称臣奉祠，所谓'神道设教'，求助人神者也。……"嚣从其
言，遂立庙邑东，祀高祖、太宗、世宗。嚣等皆称臣执事，史奉
璧而告。祝毕，有司穿坎于庭，牵马操刀，奉盘错鍉，遂割牲而
盟。……既而衅血加书，一如古礼。①

通过立高庙的方式见信于众，说明高庙在当时民众心中的认同程度颇
高，"穿坎于庭""割牲而盟"则是借助盟誓的形式，增强其与高祖庙的
内在联系，以期获得神灵与百姓之认可。所谓"一如古礼"，大体上就
是模仿"汉家故事"，即位盟誓。

　　基于上述原因及背景，谒高庙作为汉家皇帝即位礼之最终环节，当
可理解（光武庙盖亦因相似的原因在东汉被同时拜谒）。事实上，已经
接受皇帝玺绶、即皇帝位二十七日的刘贺，最终被废的理由之一便是
"祖宗庙祠未举"："高皇帝建功业为汉太祖，孝文皇帝慈仁节俭为太宗，
今陛下嗣孝昭皇帝后，行淫辟不轨。《诗》云：'籍曰未知，亦既抱子。'
五辟之属，莫大不孝。周襄王不能事母，《春秋》曰'天王出居于郑'，
繇不孝出之，绝之于天下也。宗庙重于君，陛下未见命高庙，不可以承
天序，奉祖宗庙，子万姓，当废。"② 由是可见，皇帝即位拜谒高庙（包
括光武庙），一方面当然有汉家以孝治天下之国策的影响，③ 另一方面也
受到天命观念的制约，是汉家天命传承之必需。这和上文所论通过策命
的方式启告天命的传递，亦存在内在的承递逻辑。

―――――――――――

① 《后汉书》卷一三《隗嚣传》，第514页。
② 《汉书》卷六八《霍光传》，第2945~2946页。
③ 《汉书·东方朔传》载汉武帝妹妹隆虑公主之子昭平君因犯法获死罪，狱系内官。由于其
　公主子的身份，廷尉请上论断，汉武帝为之垂涕叹息，良久乃曰："法令者，先帝所造也，
　用弟故而诬先帝之法，吾何面目入高庙乎！又下负万民。""吾何面目入高庙乎"之说，即
　表明高庙具有家族宗庙属性（《汉书》卷六五，第2851~2852页）。

至于外禅即位礼中的祭天告天仪节，如材料 1.3 所载光武帝刘秀即位"为坛营于鄗之阳。祭告天地……六宗群神皆从，未以祖配。天地共犊，余牲尚约""燔燎升气，瘗埋就类""禋于六宗，望秩山川，班于群神"，材料 1.5 所载曹丕即位，"乃为坛于繁阳。庚午，王升坛即阼，百官陪位。事讫，降坛，视燎""登坛受禅，公卿、列侯、诸将、匈奴单于、四夷朝者数万人陪位，燎祭天地、五岳、四渎"。这些记载显示，外禅即位礼中郊天、祭天之目的乃在于天命传授并获神灵认可护佑，即通过神圣盟誓的方式让天地山川群神共同见证即祚受禅这一神圣时刻。

如上所述，皇帝即位礼中天命的授接是通过内禅中的谒高庙与外禅中的燔燎告天完成的，这一环节的完成也意味着即位礼仪的正式告成与真正结束。而在道教传授仪中，尽管登坛告盟并非仪式的最后步骤，却因其承担天命授受的神圣事务，而成为整个仪式的最核心节次。① 至于盟誓的具体形式、内容，除上揭材料所示外，我们还可以《正一法文法箓部仪》所载"黄素三盟登坛仪"为例，对之予以进一步剖析：

　　[2.5] 某国号某年太岁某某月朔日子某时，系天师某治炁太一道士三洞法师五岳游行先生某郡某县某乡某里真人男官某，昔从三洞法师太一道士男官某受老君元义天地日月五星上三天真一太一，普督五亿五万五千五百五十五亿万重诸天、诸日月星辰、诸仙府、诸世间、诸地山岳、天神地祇、五岳四渎、三河九江、四海八极、山神水灵、千鬼万灵，一切皆属上三天真一太一。（A）今谨以某岁月朔日子某时，传付某郡县乡里真人某甲，年如干岁，禀炁清淳，好道乐生，阴阳中和，五炁治身，先受黄图契令、真天赤箓、

---

① 盟誓在教团道立教之初便有十分突出的表现，最堪典型者即"三官手书"与"正一盟威"之说，详参陶金《盟约：道教法箓的精神内涵与授度仪式》，上海古籍出版社，2023。

真天三一真一太一素券，从来积年，未能飞仙，今求进受上三天真一太一。三十二天帝位符信，受持金刚，分真形，投金鱼，（B）称与诸天地水三官结盟，对共分金破契，刻臂嚼血，饮丹结发，身命为誓：与某甲共为一身，同心合契，奉行天真，修行神仙，志同齐举，飞升上天，不得耽染色欲，不专正一；一旦受道之后，三十六年，遇贤听传可授之人，不得妄传，不得自欲高位，不崇根本，背向异辞，二心两舌，诽谤师道，攻伐师主。（C）一旦违负契令，身谢三官，长为下鬼，削除生名，不得怨恨。甲自好乐神仙，时不拘迫，手共画一为信。①

细绎文本，仪式中先有授者（真人男官某）的自我陈命（包括身份介绍），接着由授者念诵盟誓文，最后"画一为信"。该经末尾处详细记载了"太一三盟付授仪"各项流程的操作及含义，其中也包括"画一"："画一，左手指天，右手画地，以左手指中央，师便言：系天师某治陈，昔从大洞弟子某受太一登坛盟券，今依法传授弟子某甲，受此证约，当依真师盟坛大约，不得攻根伐本，指师谤道，泄露灵盟，一旦有违，万殁谢罪，生死沈沦，上告天灵，下示地祇，中誓贤人，三证灵盟，义不相负，谨共画一为信。"②

从材料 2.1、2.4、2.5 所载可以看出，传授仪中盟誓文的结构与春秋战国时期形成的盟誓文基本一致，同样由（A）盟誓缘起（包含受盟人身份、盟誓时间说明）、（B）遵誓要求、（C）违盟恶果三部分构成。③

---

① 《道藏》第 32 册，第 198 页。

② 《道藏》第 32 册，第 203 页。

③ 有关先秦盟誓内容、流程等问题的讨论可参陈梦家《东周盟誓与出土载书》，《考古》1966 年第 5 期；对先秦盟誓文结构的分析参见吴承学《中国古代文体形态研究》，中山大学出版社，2002，第 15 页。

不过，在具体内容上，传授仪与先秦时期的盟誓仍有不同处。比如先秦盟誓需杀牲、用牲，传授仪尽管一定程度上还保留着歃血的传统，但由于道教尚清神学的制衡，其程度明显减弱，甚至发展出相应的避免用血的替代方式。又如传授仪中法信的使用以及"画一"也是先秦盟誓中不曾有过的传统。① 再如，由于道教传授仪受到南方方士传统的影响，所以表现出较大的隐秘性，此亦与先秦传统不一。② 总之，要将经、戒、箓等"道教秘宝"合法传授，必获天帝应允、与神盟契，并在诸神监督下进行。

综上所论，在即位礼中，郊天告庙是礼仪的最后步骤，也是礼仪起效的最重要步骤。同样，盟誓亦是传授仪中的核心环节。那么，两者之间有何异同？据上所论，两者都渊源于先秦的盟誓传统，因此在誓词、道具、流程等方面俱有相似处。通过盟誓这一神圣行为，皇位、法位之合法性便获得天命见证，去除了私相授受的私人行为之嫌疑，由此得到众人的认可与牢固的盟约保障。概言之，即位礼与传授仪中的核心环节，就在于"山盟海誓"、天地鉴明，与神祇缔结不可任意妄为的神圣盟约，由此获得神圣力量保护，享天永命。但是，由于两者适用的场合分别是世俗的政治领域与神圣的宗教领域，故两者间也存在若干不同，主要差别在于操作人、见证者以及誓言宗教化的程度。汉代皇帝即位礼既是刘氏乃至汉氏的问题，还涉及圣统与宗统、政治与血缘、公与私的矛盾。因此，即位礼中的谒庙、郊天，一方面必须强调高皇帝之天下系刘氏永传，新皇帝即位当获祖灵之认可及授权；另一方面亦要强调作为天下一家之"公"权力代表的帝位，实乃秉受天命，故需行郊天之

---

① 孙瑞雪：《魏晋南北朝道教传授仪式中的盟誓》，《世界宗教研究》2013 年第 3 期。

② 吕鹏志：《天师道登坛告盟仪——〈正一法文法箓部仪〉考论》，《宗教研究》2011 年第 2 期；韩吉绍：《早期丹法传授仪及其黄金崇拜》，《宗教学研究》2013 年第 1 期。

礼、与神盟誓，以此昭显合法性的同时，祈求获得神灵庇护，永享国祚。道教传授仪由于并不存在血缘、宗统问题，当然也不存在祖灵认可问题——宗教的特质之一即去除世俗血缘，与神缔结关系，建立并力求参与到神灵世界中。职是之故，道教传授仪尤其凸显登坛告盟，希望通过与神盟誓的方式，在神灵的认可及护佑下获得神圣之位或神圣之物。

五　"汉家故事"与中古道教的师汉行为

秦帝国是中国第一个大一统帝国，但在短短二世十五年的时间里便土崩瓦解，以至于其施行、崇扬的许多制度、文化都未及深入人心。继秦而起的汉帝国，在"过秦"的讨论中建立了一系列恩威并重的统治制度，数度开创盛世局面，国祚维持四百余年之久。在汉帝国施行的一系列政治制度、文化举措中，有关高祖异相、起兵祥瑞等建国神话，作为一种建立统治合法性的有效措施，在有汉一朝产生了深远影响。如本书第一章所论，正是在隆崇建国神话、铸立汉家神统以及转接灾祥征兆理论的基础上，汉代的"天下一家"神学——"汉家"方才得以确立，并日渐深入人心；先秦时期"天下为公"的构想也正是通过此般非理性的方式，终于得到一定程度的实现。"汉家"因之成为颇具信仰属性的神圣空间，并对此后的历史、文化发展产生内在而不可忽视的作用。

汉代皇帝即位礼中出现的斩蛇剑、谒高庙等有关汉高祖的内容，均是在汉代历史发展过程中逐渐被赋予政治象征意义的，经久而凝固为人们传诵与记忆中的"汉家故事"。[①] 这样的"故事"，在经学、谶纬一次

---

① 有关"汉家故事"的讨论可参渡边信一郎《东汉古典国制的建立——汉家故事和汉礼》，张娜译，《法律史译评》第 5 卷，中西书局，2017；刘凯《从"南耕"到"东耕"："宗周旧制"与"汉家故事"窥管——以周唐间天子／皇帝耤田方位变化为视角》，《中国史研究》2014 年第 3 期。

又一次的渲染下，获得了信仰效力；加之人们本对"汉家"普遍抱有依赖与归命之情，斩蛇剑、传国玺、祭天告庙、受玺传绶等由是成为通贯于汉代社会上下的神圣记忆。信仰产生于社会，是社会心态的独特映像。从汉代文化、社会肌体中脱胎、成长起来的，教义之一即天师辅佐天子以致太平的原始道教，也被打上了"汉家"印记；而在世的"官僚性"特质，更使其神学、仪式、制度等无可避免地受到"汉家"之影响，汲取、仿拟"汉家"之"故事"因之成为原始道教自我性格塑造的重要方式。

中古道教传授仪中，无论是从上刺（上启）到告盟的仪式流程，还是仪式中使用的剑、印等物质凭信，抑或是贯穿始终的天命授受思想，都明显存有"汉家故事"的痕迹。而在《太上正一盟威法箓》所载授箓仪式中，更有"某宫观受某法箓，姓某素被新出老君、太上高皇帝王神气在身"的直白言论，足见中古道教传授仪对汉代皇帝即位礼之刻意仿拟。实际上，灾异、谶纬、经学"为汉制法"的神学接力棒，在汉末便主要转接到了原始道教手中，所以才会渐次出现"辅汉""师汉"之思潮与行动，其目的则在于将有关"汉家"的神圣记忆转化为宗教仪式予以保存。这也是对民族记忆的宗教化保存，符合民族宗教之属性与特质。可以说，原始道教宛如汉帝国的一面镜子，尽管可能只是"虚像"的呈现，甚至有时存在一定程度的变形，但从原始道教中能够窥见时人对汉帝国的认识，体会到他们的心境，理解他们对"汉家"的情感与信仰。①

这样的倒影式呈现，从汉末至六朝一直存在于道教的思想、组织与仪式中。索安曾极富洞见地指出："如我们所知，没有汉王朝的衰落，

---

①　比如中古时期托姓刘、张、李的数十次起义、起兵事件，之所以托姓刘、张、李，亦皆与汉家故事紧密相关。详细讨论请见本书第六章。

就没有道教。事实上，道教受到两个具有决定意义的影响：一是皇权被数不清的叛乱首领所竞逐，二是在当时形成的许多小的地方权力中心里，追随者被组织在一个模仿汉王朝的行政管理机构中。天师道从这些地方性的太平救世运动中成长起来，重建大汉王朝的希望和理想保存在整个六朝时期的道教组织中。"① 司马虚进一步阐明："道教仪礼都是基于汉代宫廷礼仪而发展的，因此在国家长期分裂的情况下，道士们借此来表达自己对故国难以自抑的怀念之情。"② 作为民族宗教，道教将神圣的"汉家故事"仪式化、宗教化，不断重温、展演神圣的历史记忆，并且将其与民众生老病死的日常生活紧密联系起来，客观上起到了保存中华文化基因的作用。道教也由此成为真正意义上的"中华文化基因库"，③ 在中华民族自我认同与族群凝聚方面，发挥了不容忽视的作用。

最后应提请读者注意的是，有关中古道教传授仪仿拟汉代皇帝即位礼的本项考察，限于资料的数量与性质，主要着眼点仍在于不同性质的仪式文本之对比细读，由此梳理出两种仪式形态及过程的若干相同与相异处，并进一步回应佛教因素之外中古道教仪式的本土渊源问题。由于上述史料限制及问题设定，我们无法就逻辑上较易发现的、两种仪式间的具体影响路径或方式问题，给出贴合"历史主义"旨趣的解析。尽管如此，在仪式形态的比对、分析过程中，参照既有研究成果，两种仪式间的传承路径及其辩证关系，也隐约得以呈示：虽然中古道教传授仪中

---

① 索安：《国之重宝与道教秘宝——谶纬所见道教的渊源》，《法国汉学》第 4 辑，第 70 页。

② Michel Strickmann, "On the Alchemy of T'ao Hung-ching," in Holmes Welch and Anna Seidel, eds., *Facets of Taoism: Essays in Chinese Religion*. 感谢韩吉绍先生惠赐大译。

③ 此处借用了施舟人的说法，但在使用情境方面又有一定差异（参施舟人《中国文化基因库》，北京大学出版社，2002，第 8~27 页）。

不乏仿拟汉代皇帝即位礼的痕迹——因为两者分享着同样来自上天的神圣受命，但当宗教化的道教传授仪形成以后，一种平行于皇帝系统的神圣权力系统也随之形成，并以"道佐代乱"（即天师辅佐天子致治太平）的神圣叙事，[①] 反向影响皇帝即位仪式。源于皇帝即位礼的传授仪式，又转而为皇帝即位礼"加注"神性，此即汉魏六朝时期皇帝即位礼与道教传授仪之间纠结、辩证的递进关系。对二者关系的分析，或许能够为我们进一步把握道教的国家宗教性格及其与"汉家"的内在牵连，理解中国古代宗教仪式与世俗礼仪之互动，提供一个重要的观察角度和实例支撑。

第四节　成汉政权的汉家认同与宗教乌托邦实践

成汉是五胡十六国中最早建立的政权。在流传下来的有限资料中，成汉与巴賨、道教之关系，一直是研究者聚焦、讨论的重要话题。不过，纵观既往研究，[②] 有关成汉政权与道教的关系及其属性问题，尚有一些未

---

① 详参本书第四章。

② 陈寅恪较早提出成汉政权的宗教背景问题（陈寅恪：《天师道与滨海地域之关系》，《金明馆丛稿初编》）。唐长孺从种族、宗教的角度解释了范长生与巴氏李氏结合的原因及其在巴氏据蜀时所起的作用（唐长孺：《范长生与巴氏据蜀的关系》，《魏晋南北朝史论丛续编》，三联书店，1959）。段玉明在唐长孺研究的基础上，对范长生五斗米道的领袖身份、李氏率领的六郡流民的民族及信徒身份、范长生与陈瑞之间的可能关联及其支持成汉政权的宗教动机进行了补充论述（段玉明：《范长生与巴賨据蜀关系再探》，《云南教育学院学报》1989 年第 3 期）。刘九生着重讨论了西晋惠帝太安二年（303）七月（范长生支持李雄）以前巴賨李氏集团的活动（刘九生：《巴賨建国的宗教背景》，《陕西师大学报》1986 年第 1 期）。祁泰履就成汉政权与道教的关系进行了全景式描述（Terry Kleeman, *Great Perfection-Religion and Ethnicity in A Chinese Millennial Kingdom*, Honolulu: University of Hawaii Press, 1998）。陈侃理讨论指出了天师道在曹魏西晋时期的分化，以此审视李、范合作成功的原因（陈侃理：《赵李据蜀与天师道在曹魏西晋时期的发展》，《北大史学》第 13 辑，北京大学出版社，2008）。

能说通、说透之处。尤其是成汉政权在标举"汉"的同时，又呈现出明显的崇道理念，两者间的关系及其实质，值得进一步探讨。下面我们便从君主出生神话的建构、封国的动机及策略、国家官僚组织架构、政权的道教性格等角度入手，梳理成汉政权效习"汉家"的具体举措，由此揭橥成汉政权的"汉家"认同、道教性格及其宗教乌托邦践履。

在汉帝国施行的一系列政治制度、文化举措中，高祖异相、起兵祥瑞等神话，作为构建统治合法性的有效方式，不仅风行一时，也对此后历史发展产生了深远影响。如第一章所揭，《史记·高祖本纪》曾载刘媪梦与神遇而蛟龙覆于其上遂产高祖的神话，继而又详细记载了高祖醉酒斩白蛇之事。① 历史地看，史书毫不掩饰地载录以上内容，一方面反映了时人不同于现代价值、审美的"心理真实"，另一方面似也折射出汉初奠定的政治文化已然发展为"汉家故事"的内在要素，为汉家君臣子民所默认、遵从。继两汉之际天命淆乱之后崛起的汉家新主——光武帝，也同样采用了与高祖诞生神话及奇异经历相似的叙事手法，史载刘秀出生时"有赤光照室中。钦异焉，使卜者王长占之。长辟左右曰：'此兆吉不可言。'……初，道士西门君惠、李守等亦云刘秀当为天子"。② 相较于高祖，在光武帝的诞生神话中，还增加了"卜者""道士"等本具神职人员属性的"见证者"。

有汉一朝较长时期的稳定发展，一定程度上验明、展示了以"神异书写"为外在表达的政治文化，在确立统治者权威、收束惶恐疑惑之人心、奠定政权合法性方面不可低估的实效。由此，汉代确立的该种政治文化传统，大致在宋以前的七百余年中，都成为不同朝代、不同政权难以逾越的"典范"，而以"汉"为标的的成汉政权在这方面当然会有更

---

① 详参《史记》卷八，第341、347~348页。
② 《后汉书》卷一下《光武帝纪下》，第86页。

显著的表现。《晋书·李雄载记》曰："李雄，字仲儁，特第三子也。母罗氏，梦双虹自门升天，一虹中断，既而生荡。后罗氏因汲水，忽然如寐，又梦大蛇绕其身，遂有孕，十四月而生雄。常言吾二子若有先亡，在者必大贵。荡竟前死。雄身长八尺三寸，美容貌。少以烈气闻，每周旋乡里，识达之士皆器重之。有刘化者，道术士也，每谓人曰：'关陇之士皆当南移，李氏子中惟仲儁有奇表，终为人主。'"① 由于龙、蛇、虹三者之间存在相互比附的关系，②"梦大蛇绕其身，遂有孕"的记载，不免让人想起刘媪梦感蛟龙而诞高祖的感生神话，而"双虹自门升天，一虹中断"的记载，则隐约透露出"赤帝子斩杀白帝子"的影子；"道术士"预言"终为人主"的记载，又不得不让人联想到光武帝出生时的异象。显然，在成汉宣扬统治者天命合法性的叙事中，其中的意象、情节、主题都多有暗合"汉家故事"者。此般相似度应非偶然，而当有人为意志的介入。正是这样的意志，促使统治阶层在时人熟识的政治文化传统中进行搜索，并完成了最后的择取与融合工作。③

　　除君主出生神话外，成汉的封国动机及策略，也反映了其对崩溃的"汉家"秩序的追慕与恢复之愿望。根据研究者梳理、统计，成汉建

---

① 《晋书》卷一二一，第 3035 页。

② 相关讨论可参沈睿文《唐宋墓葬神煞考源——中国古代墓葬太一出行系列研究之三》，《唐研究》第 18 卷，北京大学出版社，2012。

③ 从华夷关系的角度，胡鸿发现十六国君主的诞载之异与奇表之异是高度模式化的，"十六国君主的种种奇异之处，都能在华夏历史上帝王圣贤的'奇异库'中找到。这些神异原本是华夏帝王们专属的符号，在建构应天受命的理想君主形象时，十六国的帝王与他们的史臣们，没有更多的素材可资利用，他们所用的论证正统性和合法性的全部符号资源都来自'历史'，而且只能是华夏帝国的'历史'"（胡鸿：《十六国的华夏化："史相"与"史实"之间》，《中国史研究》2015 年第 1 期）。大的方面来说确实如此，作为持续四百余年的强大政治体，汉帝国实乃十六国无法回避的、必须共同直面的政治文化遗产。不过从具体层面考量，成汉作为十六国的最早政权，其明确的"汉家"旗号及封国动机、官僚组织、治国方略等诸多层面所反映出的汉家认同，都说明成汉政权当有具体针对性的学习对象——"汉家"，这与其他诸政权较为笼统地学习汉、魏、晋等华夏文化，实有微妙之别。

国之初即开始将封国放在其实际统治范围以外的广大地区。比如封李慕为陇西王，封国位置在秦州；李辅为齐王，封国位置在青州；李流为秦王，封国位置在雍州；李庠为梁王，封国位置在豫州。[①] 对于这种不顾实际情况的"虚妄"行为，今人难免会讥其臆想、荒诞，然而这种现象在十六国时期的普遍存在，说明"虚封"并非无意义的政权之自我妄想。作为十六国中最早建立的政权，成汉将封国放置在权力控制范围以外的九州之境，实际上应是对其向往的天下秩序及政权合法性之刻意昭示。即，通过哪怕只是象征性的完整天下秩序的建构与"占有"，成汉统治者亦可彰显其作为天下之主与天子身份持有者的合法性，希望以此赢取民心，为其进一步的天下秩序构建奠定重要的民意基础。

尽管分封九州的宏伟蓝图并未全部实现，但从成汉建国初期的封建举措，已可大致看出其完整的规划理念，其理想中的版图以及希企恢复的天下秩序，应是以完全占有天下九州的统一帝国——"汉家"为模板的。如此动机在十六国时期的最早政权成汉这里，或许体现得尚不够充分，但在紧接其后的汉赵政权处便有更明确的反映了。如研究者讨论指出，刘渊以匈奴单于后裔的身份起兵，又以汉匈曾结兄弟为名，自许为汉朝的正统继承者，故理应承接汉代的统治疆域与天下秩序，凡是汉代设立的郡县、派遣官员理理之处，皆是必须"恢复"的区域。刘渊建国初期尚未扩张版图，其册命的封国位置，几乎都在实际统辖范围之外，也就是全为西晋的疆域。刘渊册命的用意，实为宣告自己即将代表汉朝正统，恢复汉朝疆域。[②]

---

①　王安泰：《皇帝的天下与单于的天下——十六国时期天下体系的构筑》，童岭主编《皇帝·单于·士人——中古中国与周边世界》，中西书局，2014，第90页。

②　王安泰：《汉赵封国与天下秩序的建构》，《中国中古史集刊》第3辑，商务印书馆，2017，第84~86页。

值得注意的是，与成汉同一时期标举"汉家"旗号者，①除北部的匈奴族刘渊（304 年称汉王、建汉国，"追尊刘禅为孝怀皇帝，立汉高祖以下三祖五宗神主而祭之"）②，还有西北的刘芒荡（自称"汉后"）③，南部的张昌、刘尼（称"汉后"）④。似乎在这一时期，东、西、南、北诸地都先后兴起了"汉祚复兴"、恢复大汉、重建汉家秩序的社会思潮，而成汉实开其先。

图 9　直书汉兴铜钱

资料来源：曾咏霞：《成都小南街遗址出土的直书汉兴钱》,《中国钱币》2002 年第 2 期。

---

① 如立国号"汉"，称"汉皇帝""汉王"，改元"汉兴"，铸造图 9 所示的"汉兴"钱。《魏书》卷九六《李雄传》："寿，字武考。初为雄大将军，封建宁王，以南中十二郡为建宁国，至期，徙封汉王。既废期自立，改年为汉兴，又改号曰汉，时建国元年也。"（《魏书》，中华书局，1974，第 2111 页）《晋书》卷一二一《李寿载记》："遂以咸康四年僭即伪位，赦其境内，改元为汉兴。……追尊父骧为献帝。"（第 3044 页）《华阳国志》卷九《李寿志》亦载："寿亦生心，遂背思明所陈之计，称汉皇帝。尊父骧曰献帝，母昝氏曰太后。下赦，改元汉兴。"（常璩著，任乃强校注《华阳国志校补图注》，第 500 页）

② 《晋书》卷一〇一《刘元海载记》载刘渊谓群臣曰："汉有天下世长，恩德结于人心，是以昭烈崎岖于一州之地，而能抗衡于天下。吾又汉氏之甥，约为兄弟，兄亡弟绍，不亦可乎？且可称汉，追尊后主，以怀人望。"（第 2649 页）

③ 《晋书》卷五《孝怀帝纪》载，永嘉三年（309），"平阳人刘芒荡自称汉后，诳诱羌戎，僭帝号于马兰山"（第 119 页）。

④ 《晋书》卷一〇〇《张昌传》载："太安二年，昌于安陆县石岩山屯聚，去郡八十里，诸流人及避戍役者多往从之。昌乃易姓名为李辰。……造妖言云：'当有圣人出。'山都县吏丘沈遇于江夏，昌名之为圣人，盛车服迎之，立为天子，置百官。沈易姓名为刘尼，称汉后，以昌为相国，昌兄昧为车骑将军，弟放广武将军，各领兵。于石岩中作宫殿，又于岩上织竹为鸟形，衣以五彩，聚肉于其傍，众鸟群集，诈云凤凰降，又言珠袍、玉玺、铁券、金鼓自然而至。乃下赦书，建元神凤，郊祀、服色依汉故事。"（第 2612~2613 页）

另外，成汉政权的官僚组织架构，同样在一定程度上反映了其内在的汉家认同。《晋书·李雄载记》载李雄称成都王时大封功臣：

> 以永兴元年僭称成都王，赦其境内，建元为建兴，除晋法，约法七章。以其叔父骧为太傅，兄始为太保，折冲李离为太尉，建威李云为司徒，翊军李璜为司空，材官李国为太宰，其余拜授各有差。

又载：

> 雄时建国草创，素无法式，诸将恃恩，各争班位。其尚书令阎式上疏曰："夫为国制法，勋尚仍旧。汉晋故事，惟太尉、大司马执兵，太傅、太保父兄之官，论道之职，司徒、司空掌五教九土之差。秦置丞相，总领万机。汉武之末，越以大将军统政。今国业初建，凡百未备，诸公大将班位有差，降而竞请施置，不与典故相应，宜立制度以为楷式。"雄从之。①

据此可知，建国前后大成政权的政府机构、职官体系均基本参照汉晋制度设立，比如在成汉的职官体系中，属于汉官者有大将军（李寿、李势、李广）、骠骑将军（尹奉）、车骑将军（李越、王韬）、卫将军（尹奉），而四征、四镇、四安也都是汉魏以来的旧官，品秩第三。此外，尚书、司隶、侍中、中常侍、廷尉、太史令、刺史、太守、校尉等同样出自汉晋之行政职官体系。杨伟立曾在万斯同《伪成将相大臣年

---

① 《晋书》卷一二一，第3036页。

表》的基础上进一步考察成汉的职官，并据此指出："成·汉的职官制度完全按汉、魏、晋的模式建立和完善起来。也就是说，以賨人李氏为核心的政权机构全盘汉化，从组织形式看，毫无民族特色，这与賨人汉化程度深及其与州郡大姓（即汉族地主）的合作分不开。"① 允为的论。

不过，这样的体系大概在建国后不久便有所调整。如下文所论，在范长生与李雄联合治理的时期，根据《晋书》及《华阳国志》记载，其情形是"为国威仪无则，官无秩禄，职署委积，班序无别，君子小人服章不殊"。这种转向当与范长生的道教化治理思想和政策有关。从"威仪无则""服章不殊"来看，范长生的道教思想与此前同样在四川地区兴起却被残酷镇压的陈瑞道团是有所区别的。《华阳国志》卷八载：

> 瑞初以鬼道惑民，其道始用酒一斗，鱼一头，不奉他神。贵鲜洁。其死丧、产乳者，不百日不得至道治。其为师者曰祭酒。父母妻子之丧，不得抚殡入吊，及问乳、病者。后转奢靡，作朱衣、素带、朱帻、进贤冠。瑞自称天师。徒众以千百数。（王）濬闻，以为不孝。诛瑞及祭酒袁旌等，焚其传舍。益州民有奉瑞道者，见官二千石长吏，巴郡太守犍为唐定等，皆免官或除名。蜀中山川神祠皆种松柏。濬以为非礼，皆废坏烧除，取其松柏为舟船，惟不毁禹王祠及汉武帝祠。又禁民作巫祀。于是蜀无淫祀之俗。②

朱衣、素带、朱帻、进贤冠，显系模仿汉代官服，③ 可见陈瑞道团

---

① 杨伟立：《成汉史略》，重庆出版社，1983，第44~47页。

② 常璩著，任乃强校注《华阳国志校补图注》，第439~440页。

③ 相关讨论参见孙机《汉代物质文化资料图说（增订本）》，上海古籍出版社，2008，第248~250页；孙齐《中古道教法服制度的成立》，《文史》2016年第4辑。

在威仪与服章方面是采取等级有差的态度。范长生与陈瑞道团思想的差异，原因之一或在于，至经历张鲁、陈瑞道团因模仿世俗官僚体制而被误解并遭到残酷镇压后，范长生即依其《老子》《易经》方面的修养，[①]调整了思想与制度，由此逐渐与世俗官僚体制的敏感区域拉开距离。尽管如此，"汉家"在原始道教身上印下的"胎记"，仍无可避免地被继承下来。如陈瑞道团仿汉家官服、设汉武帝祠，范长生则化用张良"王者师"及张道陵"辅汉"故事。总之，考察成汉君主出生神话、封国及官僚组织结构可以发现，中古时期的"汉家"认同，完全超出了此前研究带给我们的淡薄印象。由于汉家四百年间确立起来的传统太过强大，以至于整个中古时期人们都依然相当程度地生活在"汉家"的"阴影"下，[②]无论政治生活抑或日常信仰。

"汉家"认同之外，成汉政权还有一个引人注目的特点，即该政权所具有的道教性格，这在政权建立前的汉中、蜀中活动，建立过程中以及建立之后政策制定与执行等方面，均有明显体现。政权建立前李氏在蜀中的活动，比较典型地反映在其以"郫中细子"的身份靠近、拉拢蜀中壮大的李家道势力。对此刘九生考察较为翔实，他提出："如果说李特以'郫中细子'自命，意在强调他是名符其实的李家道信徒，那末，范长生求道养志之地青城山跟鹤鸣山（天师道五斗米的发源地）和郫县（李家道的起源地）相邻，家本涪陵丹兴却要自称'蜀才'，蜀人奉

---

①　唐明邦：《范长生的易学思想》，《宗教学研究》2001 年第 4 期。

②　案，沈约在《宋书·武帝纪下》"史臣曰"起首处说出的感受或可视作彼时社会心态的一种典型表达，曰："汉氏载祀四百，比祚隆周，虽复四海横溃，而民系刘氏，慄慄黔首，未有迁奉之心。"（《宋书》，第 60 页）文学思想视角下"汉帝国阴影"议题的讨论请参 Charles Holcombe, *In the Shadow of the Han: Literati Thought and Society at the Beginning of the Southern Dynasties*, Honolulu: UHP, 1994.

之若神，都说明他是蜀中李家道的精神领袖。"① 刘氏钧稽发微，对李特与范长生的地域关联、民族关系、信仰背景等予以分析，由此梳理出成汉建国战略的合理性及李特、范长生联盟得以形成的内在机缘，颇具启发性。

在此基础上，我们还可从中古时期之政治—宗教传统的角度，进一步理解李特、范长生之间的独特关系，及其依以形成的基础。当然，此亦为成汉政权道教性格的有力明证。史载范长生曾在李氏起家过程中发挥过扭转局势的关键作用，由此可见范长生"实有称帝的力量"。② 然而，李雄之所以欲迎立范长生为君而臣之，原因尚不止于此。《晋书·李雄载记》曰：

> 雄以西山范长生岩居穴处，求道养志，欲迎立为君而臣之。长生固辞。雄乃深自挹损，不敢称制……范长生自西山乘素舆诣成都，雄迎之于门，执版延坐，拜丞相，尊曰"范贤"。长生劝雄称尊号，雄于是僭即帝位，赦其境内，改年曰太武。追尊父特曰景帝，庙号始祖，母罗氏为太后。加范长生为天地太师，封西山侯，复其部曲不豫军征，租税一入其家。③

任乃强提出："不言劝雄自王而云自立者，盖亦劝雄与其众耕垦自给，奉行'太平道'之治术。非即劝雄自立为封建王国之首领。此其与李雄诸人思想意识根本分歧处。然李雄个人，思想上实曾受其影响。李雄之政治方法，颇与其他封建大领主不同……而实接近于平等自治思想之反映

---

① 刘九生：《巴賨建国的宗教背景》，《陕西师大学报》1986 年第 1 期。
② 唐长孺：《范长生与巴氏据蜀的关系》，氏著《魏晋南北朝史论丛续编》。
③ 《晋书》卷一二一，第 3036 页。另亦见《魏书》卷九六《李雄传》。

也。"① 任氏以为，李雄之所以会拥戴范长生自立，是因为其个人受到了范长生基于太平道的平等自治思想之影响。此从经济角度予以反向回溯，具有一定合理性，但仍未切近问题的实质。

　　从"范贤"与"天地太师"之尊号出发，联系汉代以来"天师"辅佐"天子"的政治—宗教传统，可以认为李雄迎立范长生为君而甘愿臣之的做法，乃源于汉代以来积淀深厚的政治文化与宗教信仰。"范贤"之号即为道教尊贤传统之反映。② 至于"天地太师"之号，我们可从以下几个方面分别予以解析。首先，"太师"二字应源于《周官》之中作为"三公"之首的"太师"。《尚书》言："立太师、太傅、太保，兹惟三公，论道经邦，变理阴阳。"《孔传》曰："师，天子所师法；傅，傅相天子；保，保安天子于德义者。"③ 据此，"太师"二字起初便有天子之师的内涵，但彼时尚无宗教内涵。这一名号的神化，应始于两汉之际王莽颁布的"保灾令"。按本书第一章所揭《汉书·王莽传》云："东岳太师典致时雨……南岳太傅典致时奥……西岳国师典致时阳……北岳国将典致时寒。"又言："东岳太师、立国将军保东方三州一部二十五郡；南岳太傅、前将军保南方二州一部二十五郡；西岳国师、宁始将军保西方一州二部二十五郡；北岳国将、卫将军保北方二州一部二十五郡。"④ 稍后即爆发了"妖人"自称"南岳大师"的动乱。⑤

　　道经中则多见某岳先生的名号，皆有特定的宗教内涵。六朝时期古灵宝经《太极真人敷灵宝斋戒威仪诸经要诀》对包括五岳先生在内的几

---

① 　常璩著，任乃强校注《华阳国志校补图注》，第 487 页。

② 　有关原始道教"尊贤"思想的讨论请参本书第五章。

③ 　《尚书正义》卷一八，阮元校刻《十三经注疏》，第 235 页。

④ 　《汉书》卷九九中，第 4101、4142~4143 页。

⑤ 　《后汉书》卷二四《马援传》，第 838 页。

种道士称号，均予以细致说明："太极真人曰：学士若能弃世累，有远游山水之志，宗极法轮，称先生。常坐高座读经，教化愚贤，开度一切学人也。假令本命寅卯，属东方二辰，称东岳先生。四方效此。辰戌、丑未生，称中岳先生。若复清真至德，能通玄妙义者，随行弟子同学为称某先生。某人钩深致远，才学玄洞，志在大乘，当称玄称先生，或游玄先生，或远游先生，或宣道先生，或畅玄先生。略言其比，不可逆载。须世有其人，学者称焉，大都法如是耳。言名上清，清斋七日。先生位重，不可妄称，鬼神不承奉，以天考考人。夫先生者，道士也。于此学仙，道成曰真人。体道大法，谓之真人矣。"① 综合以上讨论可知，"天地太师"的尊号，与"东岳太师""南岳太师""东岳先生""南岳先生"之类的称号实有相似处，具有明显的宗教内涵，唯其将某岳置换为天地，以示其修行更深、地位更尊。由是可见，李雄对作为蜀中"精神领袖"的范长生确有信仰层面的尊崇，此从前揭李雄"郫中细子"的自称中亦可得以旁证。

除此之外，李雄"不敢称制"却愿臣之于范长生的原因，还与两汉之际兴起的"李氏为辅"之谶及早期道教辅弼圣王的神学思想有关。依此，范长生大概是以"天师"自居，并凭借其术数知识推演出李氏当承绍祚运，而李氏亦顺从天命，以范长生为"佐命"之天师。② 所以，李雄与范长生之间的关系，实可谓汉代以来天子与天师之政治—宗教关系的严肃实践。③ 值得注意的是，此般"政治与信仰的双螺旋"结构与过程，在稍后的历史舞台上亦有展开。比如"王者师"张良辅佐汉高祖赢

---

① 《道藏》第 9 册，第 872 页。

② 《十六国春秋·蜀录·李雄》载："建兴元年，雄以西山范长生岩居穴处，求道养志之士，欲迎为君而臣之。长生固辞曰：'推步太元，五行大会甲子，祚钟于李，非吾节也。'"（崔鸿撰，汤球辑补《十六国春秋辑补》，聂溦萌、罗新、华喆点校，中华书局，2020，第 882 页）

③ 详参本书第四章第五节。

得天下的"辅汉"故事，及与之承接相续的原始道教"佐君致太平"之宗教理想，不仅对中古时期道教神学体系的构建持续发挥作用，而且成为该时期某些君臣的效法对象——中古道教针对刘裕与刘宋王朝之"佐命"性质的系列论述，以及北魏太武帝拓跋焘与崔浩、寇谦之的君臣关系构拟，即是其中的典型案例。[①] 这亦从一个侧面展示了道教的"师汉"理念和实践，及其在形塑中古时期之"汉家"认同方面的潜在机理。

此外，成汉政权建立后，其一系列的方略、政策，也同样反映出该政权别具一格的宗教王国色彩。《华阳国志·李雄志》载：

> 雄乃虚己受［爱］人，<u>宽和政役</u>。远至迩安。年丰谷登，乃<u>兴文教，立学官</u>。其赋，男丁一岁谷三斛，女丁一斛五斗，疾病半之。户调绢不过数丈，绵不过数两。事少役稀，民多富实。至乃<u>同门不闭，路无拾遗，狱无滞囚，刑不滥及</u>。但<u>为国威仪无则，官无秩禄，职署委积，班序无别，君子小人，服章不殊，货贿公行，惩劝不明。行军无号令，用兵无部伍。其战，胜不相让，败不相救；攻城破邑，动以虏获为先。故纲纪莫称</u>。[②]

《晋书·李雄载记》亦有相似记载：

> 雄性宽厚，<u>简刑约法</u>，甚有名称。氐苻成、隗文既降复叛，手伤雄母，及其来也，咸释其罪，厚加待纳。<u>由是夷夏安之，威震西土。时海内大乱，而蜀独无事，故归之者相寻</u>。雄乃兴学校，置史官，听览之暇，手不释卷。其赋男丁岁谷三斛，女丁半之，户调

---

① 详参本书第六章第四节。

② 常璩著，任乃强校注《华阳国志校补图注》，第485页。

绢不过数丈，绵数两。事少役稀，百姓富实，闾门不闭，无相侵盗。……雄为国无威仪，官无禄秩，班序不别，君子小人服章不殊；行军无号令，用兵无部队，战胜不相让，败不相救，攻城破邑动以虏获为先。此其所以失也。①

从"简刑约法""宽和政役"，"为国无威仪，官无禄秩，班序不别""服章不殊""惩劝不明""行军无号令，用兵无部队"等记载看，固然如任乃强所说，此中蕴涵着平等自治的思想。然而更值得注意的是，这些理念与举措显与《道德经》之政治思想相吻合。系统考察《道德经》文本可发现，宣扬基于自然辩证思想的政治理念，强调"自然""无为"，反对人为的等级差异，讲求"治大国若烹小鲜"、切忌用力过猛等，恰是其核心所系。如《道德经》第二章："天下皆知美之为美，斯恶已；皆知善之为善，斯不善已。故有无相生，难易相成，长短相形，高下相倾，音声相和，前后相随。是以圣人处无为之事，行不言之教；万物作焉而不为辞。生而不有，为而不恃，功成而不居。夫唯不居，是以不去。"第三章："不尚贤，使民不争；不贵难得之货，使民不为盗；不见可欲，使民心不乱。是以圣人之治，虚其心，实其腹，弱其志，强其骨。常使无知无欲。使夫知者不敢为也。为无为，则无不治。"第十二章："宠辱若惊，贵大患若身。何谓宠辱？宠为下，得之若惊，失之若惊，是谓宠辱若惊。"第四十六章："服文彩，带利剑，厌饮食，资货有余，是谓盗夸，非道哉。"第五十章："民多利器，国家滋昏；人多技巧，奇物滋起；法令滋彰，盗贼多有。故圣人云：'我无为，而民自化；我好静，而民自正；我无事，而民自富；我无欲，而民自朴。'"第

① 《晋书》卷一二一，第3040页。

六十章："民不畏威，大威至矣。"[1]仔细阅读以上经文，《道德经》似乎刚好构成成汉政治举措及治国理念的对应性解说，自然也可视为成汉政权道教性格的有力证明。而以《道德经》为治国理民之纲要的实践，在其前辈——同样活跃于四川地区的汉末五斗米道那里，便早有呈现。史载五斗米道以《老子》五千言为常设的教习之作，并专设"奸令祭酒"一职，"都习《老子》五千文"。

概言之，以道治国即成汉的治国理念，体现了该政权的宗教属性及宗教乌托邦追求，而"闾门不闭，路无拾遗，狱无滞囚，刑不滥及"的记载，则说明此般理念的确有被成功贯彻施行过。另外，如石泰安考察所得，李雄传记中"有理想国特别是大秦乌托邦的典型主题和关于土著居民与五斗米道的联系的内容（如所谓每三年一换轮流坐庄）"，而"皇帝李雄死后，他的墓虽被称为'安都'，但在晚于李雄时代的故事中，这一名称成了大秦首府的名字"，并被移用至地下世界，成为类似酆都的所在。[2]石泰安所指出的理想国——大秦的影子，可以说再次验证了成汉政权的宗教乌托邦属性，以及原始道教的"官僚性"特质与理想国诉求对成汉政权的深远影响。

综上所论，原始道教作为"汉家"精神、制度的保存体，与"汉家"之关系至为密切。在此意义上，对道教之吸纳与尊奉、对道教式宗教乌托邦之构想与践履和对理想化的"汉家"精神、制度之承袭，实可谓同一问题的不同面向。成汉政权的"汉家"认同意识与道教性格具有内在的紧密联系，很大程度上契合了当时的时代思潮（思汉、忆汉）及巴蜀的地域文化（根基深厚的道教传统），这亦是其宗教乌托

---

① 魏源：《老子本义》，《诸子集成》本，上海书店，1986，第2~3、9、43、47、59页。
② 石泰安：《公元2世纪政治的宗教的道教运动》，《国际汉学》第8辑，第397~399页。

邦实践能够在一段时间内获致成功的原因所在。与此同时，令人称奇的是，原始道教的官僚性特质与宗教乌托邦构想，除了在汉末五斗米道政权那里有所体现外，居然还能够在"汉家"覆亡百年后同样位于四川地区的短暂政权——成汉得以践行。一瞬的宗教王国却成就了独一无二的信仰遗迹。探考成汉政权的政治制度建设及其兴衰过程可以发现，成汉确可谓对"汉家"理想制度和原始道教乌托邦构想进行了一次隆重的实践。尽管这样的尝试很快就被证明是行不通的，但这个宗教王国在历史长河中的短暂闪现，却真实地见证了"汉家"的持久影响力，以及原始道教的宗教乌托邦构想曾在中古中国产生了怎样的神奇效应。

结　语　神圣"汉家"与原始道教的理想国诉求

经历征战伐谋与价值激烈冲撞、重组的战国时代，在强大的权力、军事以及制度、动员能力之内外合力作用下，空前庞大的秦帝国终于建立起来。然而，这一法律严密、朝野井然、制度理性高扬的统一帝国，却在短短的十五年后，便于陈胜、吴广率先发起并陆续得到响应的反抗运动中，土崩瓦解了。秦帝国二世而亡的现实，给继踵其后的汉帝国传递了无比宝贵的试错经验：帝国的生命仅靠刚性的制度管控，终究无法长久维持下去；统一帝国秩序之长存，尚需人心的归服与认同。

可以说，正是伴随"过秦"的追问与逼迫反思，方才出现了汉初几十年间去法家、扬黄老的国策基调，其后汉帝国又进一步开启了"国教化"的步伐。"宗教化"便是其经过若干年探索，最终寻找到的应对人心归附与国家认同难题的治世良方。后来的历史发展证明，此方法在一定时期内的确卓有成效。在这一国策的推动下，阴阳五行、灾异祥瑞、经学谶纬前后相继，为汉文化增制出大量神学成分，使得包括皇帝在内的"天下人"无不笼罩于神学迷雾中。而这些文化要素的调制者——方士化的儒生，也因之成为汉帝国神圣性格的重要塑造者。

汉文化中神学要素的注入，汉帝国神圣性格的形成，以及包括皇帝在内的"天下一家"秩序的构建，在开凿出"汉家"圣俗两面特质的同时，更将"汉家"认同成功灌注到"天下人"的意识中。于是我们便可理解，何以灾异迭现之时，道术之士会主动挺身而出，为君主分担、解忧，助帝王体道修文"致太平"。"天下非一人之天下，天下之天下"的意识，以及与天命紧密相连的汉帝国之神圣性格，乃是促使有道之士乃至普通民众主动参与建设、修缮他们的理想生存空间——"汉家"的深层因素。

与人们投身、归命"汉家"这一颇具信仰属性之理想生存空间的逻辑相类，"汉家"或曰神学层面的精神性汉帝国（相对于世俗层面的物质性汉帝国而言），正是以"师汉"为要旨的原始道教之所以附着理想国诉求的远因，一定意义上亦可谓原始道教的理想国原型。其中的逻辑在于，灾异学说、今文经学以至谶纬神学支撑下的"国教化"过程及其最终成果——"汉家"，在汉帝国意识形态与原始道教神学之间架起了联系的桥梁，由此形成了汉帝国与原始道教之间相通的理想国范型。换言之，如本书第一章所证，在汉帝国体魄中注入神性的是谶纬（谶纬的母体则是灾异学说与今文经学），从谶纬手中接过神学接力棒的则是原始道教。把握谶纬—"汉家"—原始道教—理想国这一逻辑序列，我们便能够更好地理解原始道教的"师汉"行为与"辅汉"动机。要言之，以谶纬之神圣叙事为基础建构起来的"汉家"，具有明显的信仰属性；而脱胎于"汉家"的原始道教，由于受到汉帝国神圣性格或曰"汉家"信仰属性的影响，也被赋予了独特的国家宗教性格、强烈的"辅汉"

情结[①]以及内生性的理想国诉求。

当然，从汉代国家神学的构筑过程和原始道教的形成过程把握两者之间的生成关系，亦是理解"汉家"与理想国诉求的重要途径。从西汉初期开始，大批儒生与方士前后相续，通过今文经学、谶纬神学、原始道教等或"合理"或"神秘"的知识体系，深刻影响汉代的意识形态，最终成功塑造了汉帝国的神圣性格，使得"汉家"一定意义上成为天下人归命的信仰空间。在如此政治与文化氛围的长期笼罩下，原始道教以其"身国同治"的神学理念，进一步促进个人信仰与国家信仰的融合，人们对于"汉家"的内在认同，由此得以巩固。而且，信仰的强大惯性，使得人们对于"汉家"的认同并没有因为汉帝国秩序的崩解而旋即消失。所以我们才看到，在汉亡百年后，中国的东、西、南、北诸地，都兴起了"汉祚复兴"、恢复大汉、重建汉家秩序的社会思潮，并付诸具体的政治实践；这些思潮与实践的背后，总有道教的身影。通过对中古时期"汉家"历史记忆的考察可知，统治四百余年的汉家秩序之解体，标志着传统意义上与天命紧密锁定的绝对价值之陨落，从此而后，无论是玄学的兴起、三教争衡局面的形成，抑或是"中华的崩溃与扩大"，实质上都是人们走出"汉家"阴影，重寻文明发展的出口和重建绝对价值的历史过程，直到新的世界级的大帝国再次屹立于亚洲之东。

实际上，从汉代国家神学这一母体中脱胎而出的原始道教，对"汉家"不仅具有强烈的认同感，甚至两者之间还存在同质性。所以当"汉家"行将崩解时，原始道教便致力于将理想的"汉家"形态封存于其宗教记忆中，从教义、组织到仪式、生活，无不映现出"汉家"之神魂风韵。如前所论，五斗米道不仅大范围吸纳、仿拟"汉家"之礼仪、法度

---

① 　详参本书第四章。

及组织架构，甚至在服饰、文书、择日等生活细微处，亦紧随"汉家"之制。故而，作为中国民族宗教的道教，一定意义上确可谓"汉家"民众生活方式的抽象化表达与仪式化呈现，亦可谓汉代民族精神的高度凝定或宗教化再生。原始道教大规模仿拟汉制的"师汉"行为，在助其形成"国家宗教"性格的同时，亦为其赋予了鲜明的汉文化特质，打上了独特的汉文化标识。因此，只有充分认识到原始道教依以生长、发皇的汉文化土壤，并充分理解原始道教的国家宗教特质及民族宗教属性，我们才有可能开启发掘"汉家"宗教性格、掀揭原始道教神秘面纱，进而理解原始道教与汉帝国意识形态之间复杂隐秘联系的研究门径。原始道教的理想国诉求，亦当置于"师汉"的大背景中，方能予以合理认识。

广而言之，如果将原始道教的以上特质，纳入中国本土宗教发展的长时段进程中予以考察，或许我们还能够更新有关中国宗教与社会之内在关系的认识。某种意义上，正是原始道教的"官僚性"特质与理想国诉求，奠定了中国本土宗教独特的"在世性"特征，赋予了中国本土宗教对于宽泛意义上的"人间性"与"政治"的强烈兴趣和持续的关注热情——包括对"太平"的期待，以及对"革命"的认同等。以历法推演及关联宇宙观为基底的"灾异—太平"思想，可谓中国本土宗教始终执着于"理想国"诉求，并积极参与其所理解的神学意义上的"国家政治"的重要原因。在此意义上可以说，汉代与汉文化的确为中国本土宗教的性质写定了核心基调，进而使其逐渐发展为影响中国历史演进的重要力量。于是我们看到，中国本土宗教的理想国诉求，在不同的历史时期，以不同的形式反复出现，[①]对朝代更嬗、政权迭兴、权力竞逐以及所谓的农民起义等，都产生了不容忽视的深远影响。

---

① 三石善吉：《中国的千年王国》，李遇玫译，上海三联书店，1997。

第四章

辅汉："致太平"思潮与黄巾初起动机考

——兼论原始道教的国家宗教性格

天师张道陵，字辅汉，沛国丰县人也。

本太学书生，博采五经。

——《神仙传·张道陵》

引　言　"太平"与"革命"

今天，我们常将"太平"与盛世连用，以其为无灾异战火、政治平稳安定、社会繁荣昌盛的指代。然而，如果仔细追溯其语源，梳理其流变，我们会发现"太平"一词其实还融摄着远盛于今意的丰富历史内涵。

"太平"一词在历史上的运用极为广泛。有将"太平"加诸皇帝、公主称号之上者，如汉哀帝（"陈圣刘太平皇帝"）、妖贼王始（"太平皇帝"）、北魏太武帝（"太平真君"）、唐太宗（"太平天子"）、唐高宗与武则天之女（"太平公主"）；有直接以"太平"为年号者，如孙亮（256年改元"太平"）、赵廞（定300年为"太平元年"）、王始（403年改元"太平"）、冯跋（409年改元"太平"）、拓跋焘（440年改年号为"太平真君"）、柔然伏名敦可汗豆仑（485年改年号为"太平"）、萧方智（556年改元"太平"）、林士弘（以616年为"太平元年"）、赵光义（976年改年号为"太平兴国"，吴越钱俶亦用之）、耶律隆绪（1021年改元"太平"）、李婆备（1130年发动起义，年号"太平"未详何时）、徐寿辉（以1356年为"太平元年"）；[①]还有将"太平"冠诸书名者，最典型者如

---

① 李崇智编著《中国历代年号考（修订本）》，中华书局，2001，第18、21、48、52、69、86、64、94、160、176、170、200页。

《太平经》、《太平两同书》与日本的《太平记》；直到晚近尚有大规模的举号"太平"的民变（太平天国运动，1851~1864）。

可见，从至尊的帝王到卑微的山贼，从汉族到胡族，从汉代到晚清，从中国到日本，从政治领域到宗教领域，"太平"一词都能够与之相属，或为其张皇声势，或为之赋予特殊寓意。可以说，"太平"即代表一种能够满足人间社会所有期待的完满形态，是具有宗教属性的终极理想秩序（图10）。因为这种"全能性"，"太平"秩序既可以是政治意义的（如皇帝称号、年号），也可以是宗教意义的（如《太平经》、太平道），还可以是文化、艺术意义的（如《太平记》）。一言之，"太平"乃融摄

图 10　四川省青川县文物管理所藏汉"太平未央"瓦当

资料来源：感谢青川县文管所孙禹女史供图。

所有美好的终极价值归宿。

不过,在深厚的"师古""法古"文化传统中,越是美好的时代越会被悬置于更古的时期,甚至退回至一元复始、万象更新的宇宙原初。于是,"太平"又与"革命"联系起来。《易经·革》象曰:"天地革而四时成,汤武革命,顺乎天而应乎人,革之时大矣哉。"《杂卦》:"革,去故也;鼎,取新也。"[1] 意即革故鼎新乃宇宙自然之运转法则,而革命则是基于革故鼎新或"日新"法则的顺天应人之神圣行为。又,《后汉书》载班固《东都赋》云:"且夫建武之元,天地革命,四海之内,更造夫妇,肇有父子,君臣初建,人伦寔始,斯乃虑羲氏之所以基皇德也。"李贤注引《帝王纪》曰:"'庖牺氏,风姓也。制嫁娶之礼,取牺牲以充庖厨,以食天下,故号庖牺。后或谓之伏牺。'言光武更造夫妇如伏牺时也。"[2] 其中要义亦在于,由于宇宙如自然万物之生长消息,具有周期历运,所以每次革新都可以通过回归宇宙周期性变革的节点达到万象更新的自新目标,是即"光武更造夫妇如伏牺时"的内在逻辑。自新的主要方式包括自禅受命及定正朔、改元、易服色等。随着历史发展,最初并无政权鼎革意义的周期性宇宙革新、历运更替思想,逐渐被挪用至宗教性的周期性革命(比如"千禧年"预言)之中,遂演替出接近今义的内涵。

通过下面的讨论我们将发现,汉代的"太平"祈望与其说是一种社会思潮或朝野诉求,毋宁说是在普遍的天命信仰笼罩下,由谶纬、道教、历数等神圣知识共同制造的政治神学。此般政治神学在劝上与教下的互动过程中,因为经、纬杂糅,学、术交融,而成为流贯朝野的普遍知识

---

[1] 《周易正义》,阮元校刻《十三经注疏》,第60、96页。

[2] 《后汉书》卷四〇下《班固传》,第1360~1361、1362页。

与信仰追求，同时自然包涵社会思潮与朝野诉求之属性。"太平"乃"汉家"之理想所系，它既是贯通汉末经学、谶纬与道教的知识基础，亦是汉末士人、隐逸、宗教群体的共同价值归宿，还是促成汉魏禅代及汉家秩序解体的思想要素。从"太平"与"革命"的神圣内涵及其联系出发，有关《太平经》、太平道与黄巾运动的具体关系，包括其与"汉家"理想秩序的幽隐关联等，或许皆可获得别样的认识和理解。

第一节　学说史的论争焦点

以太平道、五斗米道贯通汉末几类人群，并试图对汉末历史予以整体理解的研究，早在 20 世纪 30 年代便已兴起。如序章中所论及，陈寅恪、钱穆、福井康顺、宫川尚志、石泰安、川胜义雄曾先后不同程度地探讨五斗米道与黄巾的相通处。另外，漆侠等对黄巾运动的时代背景及过程也做了较细梳理，[①]松崎つね子则从黄巾与宦官关系的角度进一步揭示其政治内涵。[②]其中，针对石泰安之论，索安承认："确如石泰安所指出，我们可以把道教的组织和教职制度解释为从精神角度对汉王朝所失去的天下秩序的重建。当汉朝政府垮台后，道教天师和祭酒们在信仰者眼中，就变成了中国民众神圣的王者。"[③]吉川忠夫亦关注到石泰安之说，认为"'太平'理想才是流贯于东汉末社会上下的东西；生活在这一困难时代的人们，是寄托于'太平'一词所表达的社会理想来探索现实课

---

① 漆侠等：《秦汉农民战争史》，三联书店，1962，第 129~183 页。

② 松崎つね子「黄巾の亂の政治的側面——主として宦官との関係からみて」『東洋史研究』第 32 卷第 4 号、1974。

③ 索安：《国之重宝与道教秘宝——谶纬所见道教的渊源》，《法国汉学》第 4 辑，第 43 页。

题之解决的"，"尽管五斗米教团是宗教集团，私塾是学问集团，尽管有
着这样的不同，但都是在这个困难的时代而目的在于各自理想的完成而
聚集起来的人们的集团"。[1]陈启云进一步对清议、党锢与黄巾间的隐奥
关联钩稽发微，认为"太平道和黄巾的发展，是得到士大夫的同情庇护
或支持的。黄巾的平息，也和士大夫态度的转变很有关系"。[2]

　　对黄巾运动宗教层面的专门考察亦早有展开。在 20 世纪 50 年代末
掀起的"替曹操翻案"的大讨论中，杨宽注意到黄巾运动有个显著的特
点，"就是始终没有称帝称王"。[3]索安指出："张角宣布自己是宗教领袖、
圣师并且有新帝王的超凡魅力，这一点显然比那个世纪的前辈反叛者们
要进了一步。他的称号（'大贤良师'）反映了黄巾军的乌托邦倾向，试
图把宗教的组织和王朝的政治组织融合为一个救世的帝国。"[4]康德谟认
为："几乎可以肯定，（黄巾）起义的首领们并不想建立一个农民政权，而
仅仅想改变朝代及宇宙的循环。"[5]方诗铭提出黄巾所奉事的原始道教宗
教实体的名称是"大道"，即统治者和民间共同尊奉的老子神化后的"太
上老君"，"大道"教人"积善"，黄巾起义即"善道"与"凶恶"的斗
争。[6]姜生指出："虽然太平道不主张革命，却发动百万之师与汉家相难，
根本原因就在于原始道教的历数信仰及其宇宙观下的天地毁坏终末说，

---

[1]　吉川忠夫：《六朝精神史研究》，第 438~439 页。

[2]　陈启云：《关于东汉史的几个问题：清议、党锢与黄巾》，氏著《儒学与汉代历史文化——
　　陈启云文集》（2），第 212 页。并参陈启云《荀悦与中古儒学》第 2 章第 3 节"儒生、道
　　士与黄巾军"，第 36~45 页。

[3]　杨宽：《论黄巾起义与曹操起家》，《曹操论集》，第 387 页。

[4]　索安：《老子和李弘：早期道教救世论中的真君形象》，王宗昱译，《国际汉学》第 11 辑，
　　大象出版社，2004，第 188~189 页。

[5]　Max Kaltenmark, "The Ideology of the T'ai-P'ing ching," in Holmes Welch and Anna Seidel
　　eds., *Facets of Taoism: Essays in Chinese Religion*, p.45.

[6]　方诗铭：《黄巾起义的一个道教史的考察》，《史林》1997 年第 2 期。

未能在汉家天子身上得到解决，与此相应的是天师（天帝使者）下降传道教民，助汉家更命以避终末之灾的教团行动——此即黄巾起义的根源所在。"①

　　与黄巾运动宗教属性研究紧密相关的是对今本《太平经》成书时间的考察。晚清学人沈曾植可能最早注意到《太平经》的成书与流布问题。②汤用彤则较早地对今本《太平经》的成书时间做出系统考察，确认今本《太平经》为汉代著作。③王明亦持此说。④前引福井康顺著作对《太平经》的成书与传承也做出较详梳理，认为东汉的《太平经》在唐以前便已散佚，今本《太平经》是从6世纪晚期的《太平洞极经》中逐渐演变出来的。⑤大渊忍尔对福井氏的观点持否定态度，经详细论证提出《太平经》成书于东汉末。⑥陈国符指出："后汉末叶，太平道流布甚广，传世亦颇久。于《太平经》之渊源，因地域或时代之不同，传闻盖各异其辞。"⑦康德谟与坎德尔均认可《太平经》中主要包含的是汉代的思想内容，并就此展开论述。⑧Jens Ostergard Petersen 较为详细地梳

---

① 　姜生：《曹操与原始道教》，《历史研究》2011年第1期，第8页。

② 　沈曾植：《海日楼札丛》卷六"太平经"条，上海古籍出版社，2009，第234页。

③ 　汤用彤：《读〈太平经〉书所见》，《国学季刊》第5卷第1号，1935年。此据《汤用彤学术论文集》，中华书局，1983。

④ 　王明：《论〈太平经〉的成书时代和作者》，《世界宗教研究》1982年第1期。

⑤ 　福井康顺『道教の基礎的研究』214-255頁。

⑥ 　大淵忍爾『初期の道教——道教史の研究 其の一』創文社、1991、101-136頁；大淵忍爾『道教とその経典——道教史の研究 其の二』507-555頁。

⑦ 　陈国符：《道藏源流考·〈太平经〉考证》，第87页。

⑧ 　Max Kaltenmark, "The Ideology of the T'ai-P'ing ching," in Holmes Welch and Anna Seidel eds., *Facets of Taoism: Essays in Chinese Religion*, p.19; Barbara Kandel, *Taiping Jing: The Origin and Transmission of the "Scripture on General Welfare": The History of an Unofficial Text*, Hamburg: Gesellschaft für Natur und Völkerkunde Ostasiens, 1979.

理了《太平经》在汉代的传播情况。^①马恩斯（B. J. Mansvelt Beck）、郭艾思（Grégoire Espesset）亦判断今本《太平经》是东汉的作品。^②施舟人、傅飞岚认为，尽管今存《太平经》中包含着很多汉代的内容，但也有相当多的证据表明它出于六朝晚期。^③Barbara Kandel 在前文讨论的基础上进一步提出，今本《太平经》的形成可以分成几个阶段，虽然其间也经历了东晋南朝道士的重编，但经中的主要内容反映的当是东汉时期的观念。^④

以上讨论可最终汇总到黄巾运动与今本《太平经》之关系这一问题中。对此，秋月观暎较早专文讨论了黄巾之乱与太平道法的思想关联，但所涉不深。^⑤同一时期，大渊忍尔发表了长篇论文《中国之民族宗教的成立》，对张角的教法进行了更详细的研究，并进一步通过与《太平经》文本的详细比对分析，确认黄巾之乱与《太平经》之间存在异乎寻常的联系。^⑥杨宽亦有专文细论两者的密切关联。^⑦熊德基认为:"《太平经》与黄巾的思想绝不相似，而是两种敌对的阶级意识的反映。《太平

① Jens Ostergard Petersen, "The Early Traditions Relating to the Han Dynasty Transmission of the Taiping Jing," Part 1& Part 2, *Acta Orientalia*, Vol. 50, 1989, pp.133-171, Vol. 51, 1990, pp.173-216.

② B. J. Mansvelt Beck, "The Date of the Taiping Jing," *T'oung Pao*, Vol. 66, 1980, pp.149-182. Grégoire Espesset, "Cosmologie et trifonctionnalité dans l'idéologie du *Livre de la Grande paix (Taiping jing),*" Paris: Université Paris 7, Ph.D.diss., 2002.

③ Kristofer Schipper and Franciscus Verellen, eds., *The Taoist Canon: A Historical Companion to the Daozang*, pp.277-280.

④ Barbara Hendrischke（此改随夫姓）, *The Scripture on Great Peace: The Taipingjing and the Beginnings of Daoism*, Berkeley: University of California Press, 2006.

⑤ 秋月観暎「黄巾の亂の宗教性——太平道教法との関連を中心として」「東洋史研究」第 15 卷第 1 号、1956。

⑥ 原載『历史学研究』第 179、181 号、1955。此据氏著『初期の道教——道教史の研究 其の二』77-246 頁。

⑦ 杨宽:《论〈太平经〉——我国第一部农民革命的理论著作》,《学术月刊》1959 年第 9 期。

经》也与黄巾等无关。"[1]戎笙提出"后张角颇有其书焉"是"有其书不一定信其书"。[2]针对熊德基及戎笙的观点，喻松青做出反驳，认为黄巾与太平道、《太平经》的关系密切，《太平经》内容的复杂性和双重性"决定了它所产生的效果和影响也是复杂和具有双重性的"。[3]唐长孺进一步提出，张角为首的太平道与《太平经》有关是可信的，但"决不能无条件地把传世《太平经》就当作'张角颇有其书'之《太平经》"，"作者反对农民反抗的立场非常鲜明，因而决不可能对黄巾起义具有思想上的指导作用"。唐氏推论，"襄楷所献的《太平经》是一种历经改窜，对统治阶级绝对无害，而且还可以'兴国广嗣，消灾延祚'的'神书'"，张角所有的《太平经》却是包含五德终始理论的另一版本，"这种《太平经》流行于民间，黄巾起义被镇压后就逐渐消失了"。[4]

　　通检以上讨论，可以发现，多数有关黄巾与《太平经》关系的争论，似乎都默认了一个并非无须证明的前提——黄巾运动的农民起义性质。这可能是引发争议，使诸家难以达成共识的一个重要原因：一方面研究者囿于既定思维，以黄巾运动的农民起义性质为讨论之基本前提，讨论方向遂自然指向"革命"学说与"起义"行动；另一方面研究者虽然发现今本《太平经》中也存有符合"农民起义"诉求的言说，但其主体内容与核心观念却是在探讨如何辅助帝王解除灾厄、寻求"致太平"的方法，这些主张与农民阶级是根本对立的，两者不可能有关系，遑论"思想纲领"之说。值得注意的是，在众多有关黄巾的研究中，姜生一

①　熊德基：《〈太平经〉的作者和思想及其与黄巾和天师道的关系》，《历史研究》1962 年第 4 期。

②　戎笙：《试论"太平经"》，《历史研究》1959 年第 11 期。

③　喻松青：《〈太平经〉和黄巾的关系——和熊德基同志商榷》，《新建设》1963 年第 2 期。并参喻松青《道教的起源和形成》，《历史研究》1963 年第 5 期。

④　唐长孺：《太平道与天师道——札记十一则》，钟国发整理，《中华文史论丛》2006 年第 3 期。

反世俗史观的认识模式，从宗教的内在逻辑出发，竭力考索黄巾种种行为背后的神学动力，发掘潜伏于历史运动之下的"隐线索"，形成了不同于前说的解释框架。这样的视角转换，打开了汉魏历史变迁研究的新局面，对于重新认识黄巾之乱的性质，颇具启发意义。我们将延续此一思路，以黄巾运动之初始动机为突破口，进一步检视黄巾神学思想的核心，探考黄巾与"汉家"神学的内在关联，及其与今本《太平经》的关系，希望以此加深对该时期宗教与历史关系的理解。

第二节 范晔《后汉书》对黄巾之乱的认识与书写

历史书写掌握在供职于朝堂的知识阶层手里，显隐间自会受到官方正统意识形态的牵制与形塑；即便是不必为正统回护的私人修史，由于修史者个人知识结构、价值立场、史观乃至信仰等方面的不同，亦难免存在有意无意的褒扬或遮蔽。黄巾运动裹挟巨大的社会能量，带给东汉政权以强烈冲击，自此以后，汉廷名存实亡，很快趋于解体。所以，史书对黄巾之记载几乎一致性地呈现出贬斥、呵骂的局面，以"妖妄""蛾贼"为乱国之罪魁。尽管如此，在看似密不透风的话语掩盖下，一些不经意的征引、叙述或许就是打开历史秘门的锁钥。

据《续汉志》注引晋杨泉《物理论》，黄巾发难之日，"被服纯黄，不将尺兵，肩长衣，翔行舒步，所至郡县无不从，是日天大黄也"。[1]"尺兵"，或指短兵器，或即"尺兵寸铁"，以示黄巾不携兵器。大渊忍尔认为："'不将尺兵'明显与事实不符，'被服纯黄'也是夸张之语，并

---

[1] 《后汉书》志一七《五行五》，第3346页。

不意味着都穿黄衣。这显示六朝时代继承了志怪小说盛行之风尚，黄巾被附加了夸张和神秘化传说的事实。"① 尽管《续汉志》的作者司马彪为西晋人，然而《物理论》的作者杨泉则生活在去汉不久的三国时代，而"杨氏一族由梁国徙居会稽的时间、原因，与汉末黄巾起义、豫州兵乱有关"。且从后世《物理论》辑本看，② 其所论内容确乃宇宙万物万事之"理"，而杨泉本人也相当注重实证精神，所以被研究者认为是"宇宙观比扬雄、王充等先驱者更为坚实"的思想家，其"唯物主义的哲学思想具有比王充更彻底、更合理的内涵"。③ 由此，我们不妨首先提出这样一个假设，即杨泉之语并非全然向壁虚构，而是反映了一定的历史真实。果真如此，那么从此材料中我们又能够发现什么？如果说"被服纯黄""肩长衣，翔行舒步"等类似的宗教行为尚可解释，在并不禁止私有兵器的汉代，④ 参与"有组织有准备"的"起义"或"反抗"而"不将尺兵"，则实在无法说通。而且史籍专门记下此一特点，表明黄巾的独特行为的确给时人留下了深刻印象。

案，《太平经》曾明确建议汉家帝王"急绝兵""断金兵"，"敢有持者，悉有重罪"。因为"欲使阳气日兴，火大明，不知衰时者，但急绝由金气，勿使其王也。金气断，则木气得王，火气大明，无衰时也"，意即汉家天命火德，故君王作为"火精道德之君"，理当效法上古圣人，绝金气、厌不祥。《太平经》结合汉代的政治、社会现实进一步论述道："帝王

---

① 　大渊忍尔『初期の道教——道教史の研究 其の二』21 頁。

② 　清人孙星衍辑《物理论》一卷，存《平津馆丛书》乙集之三；孙星衍之前清人章宗源已辑得《物理论》初稿，孙氏之书即在章氏所辑基础上"重加校正，补所未备"而成。

③ 　以上引文见魏明安、赵以武《傅玄评传（附杨泉评传）》，南京大学出版社，1996，第371、418 页。

④ 　《吕思勉读史札记》乙帙"汉世犹用铜兵"条，上海古籍出版社，2005，第632 页；范学辉：《论两汉的私人兵器》，《山东大学学报》1999 年第 1 期；林永强：《论汉代私兵器与社会治安》，《甘肃联合大学学报》2008 年第 1 期。

戒赐兵器与诸侯，是王金气也。金气王则木衰，木衰则火不明，火不明
则兵起之象。"① 此外，《太平经》在描述养神、存思、守一之术时，亦曾
提及得道之人"无兵杖而威"的神仙威仪："道之生人，本皆精气也，皆
有神也。假相名为人，愚人不知还全其神气，故失道也。能还反其神气，
即终天年，或增倍者，皆高才。……关炼积善，瞑目还观形容，容象若
居镜中，若窥清水之影也，已为小成。无鞭策而严，无兵杖而威，万事
自治。岂不神哉？谓入神之路也。"② 如此，黄巾"不将尺兵"的"怪诞"
做法，极有可能是基于其宗教、神学逻辑的"合理"行为；更进一步说，
黄巾运动之初始动机可能并不在于暴力反抗或者起义颠覆，而更有可能
是自觉禁绝金气之象的兵刃，以维护汉家火德之运，并通达其"入神之
路"。③ 前引杨宽、康德谟、索安、姜生等已不同程度地注意到黄巾运动
非现实指向的宗教追求或关怀，具有一定合理性。下面我们再从有关史
料中寻绎黄巾究竟所求为何，期冀由其初始动机入手，逐步探得实质。

从上引《物理论》所言，我们看到了不全同于正史记载的黄巾形象。其
实，结合宗教经籍等非正统文献仔细解读正史记载，亦可发现一些问题。史载：

> 初，钜鹿张角自称"大贤良师"，奉事黄老道，畜养弟子，跪
> 拜首过，符水咒说以疗病，病者颇愈，百姓信向之。角因遣弟子
> 八人使于四方，以善道教化天下，转相诳惑。十余年间，众徒数
> 十万，连结郡国，自青、徐、幽、冀、荆、杨、兖、豫八州之人，
> 莫不毕应。……讹言"苍天已死，黄天当立，岁在甲子，天下大
> 吉"。以白土书京城寺门及州郡官府，皆作"甲子"字。中平元年，

① 王明：《太平经合校》卷六五《断金兵法》，第224~225、226页。
② 王明：《太平经合校》卷一五四至卷一七〇《分别形容邪自消清身行法》，第723~724页。
③ 关于原始道教的"辅汉"神学，详见本章第四节。

大方马元义等先收荆、杨数万人，<u>期会发于邺</u>。元义数往来京师，以中常侍封谞、徐奉等为内应，约以三月五日内外俱起。未及作乱，而张角弟子济南唐周上书告之，于是车裂元义于洛阳。……角等知事已露，晨夜驰敕诸方，一时俱起。皆着黄巾为摽帜，时人谓之"黄巾"，亦名为"蛾贼"。杀人以祠天。……所在燔烧官府，劫略聚邑，州郡失据，长吏多逃亡。旬日之间，天下响应，京师震动。①

　　首先，虽然这份官方文本对黄巾教法的描述未必准确，但对于黄巾兴起状况的记述则应属可信。案《初学记》引《太平经》曰："悟师一人教十弟子，十以教百，百以教千，千以教万。"②大渊忍尔认为这是太平道教法能够短时间内在如此广泛地域传播的基本原因，而且黄巾"善道"之教法与《太平经》所述亦颇多重合，足证黄巾宗教信仰背景及其与《太平经》关系之确然。③细考《太平经》原文，可知《初学记》引文中"悟师"之"悟"当通"惧（误）"，其意乃为疏解"天下邪说"之生成模式。然太平道亦可谓传播迅疾，"十余年间，众徒数十万"，几乎覆盖当时帝国版图的整个东部地区。另外，张角"遣弟子八人使于四方"的做法，应是对汉家"八使"（"风俗使"）巡行传统之效习。④

① 《后汉书》卷七一《皇甫嵩传》，第2299~2300页。
② 徐坚等：《初学记》卷二三，中华书局，1962，第552页。
③ 大渊忍尔『初期の道教——道教史の研究 其の二』25、101-136页。
④ 有关汉代巡行使与齐风俗的讨论，详参本书第二章第四节。特别值得注意的是，《无上秘要》卷九引《洞玄元始五老赤书玉篇经》也记述了太一八神于每月二十三日周行天下，司察天人善恶言行，以此为校理禄命、分别善恶提供依据："元始灵宝南天大圣众至真尊神，无极大道南上赤帝，丹灵老子、太和玉女、长生司马注生君、司命、司录、南极度世君，万福君，常以月二十三日上会灵宝太玄都玉京山洞灵元阳之馆，奉斋朝天真，共集校天民禄命长短，分别善恶。其日，敕太一八神使者下与三官考召，周行天下，司察天人善恶言行。其日，有修奉灵宝真经，烧香行道，斋戒愿念，不犯禁忌，则司命、长生司马注上生簿，延算益命，勒下地官，营卫佑护，别为善民；有违科犯戒，减算缩年。"（《道藏》第25册，第28页）

其次,黄巾口号是其意愿的有效浓缩,尤其值得注意。已有不少研究者指出黄巾口号的宗教性,认为它受到五德终始说的影响,意欲甲子时日以黄代赤、以土德代替汉家火德,获致大吉。[①] 然而,黄巾的口号虽置"苍天""黄天"于相对相承之立场,但"苍"与"黄"并不构成直接相应于五行理论的五色生克关系,故该口号与五行相生或相胜说皆难吻合。[②] 验诸史籍则可发现,在"皆着黄巾为摽帜",直称"黄天泰平",信奉"中皇太乙"之道的"黄巾"之前,便早已出现若干相类事例,如顺帝末"皮冠黄衣,带玉印,称黄帝"的马勉举事,也有其他举号"黄帝""黄帝子"的动乱。[③] 而出土材料中,大量"黄神""黄

---

① 吕思勉认为,"苍天"疑当作"赤天",当时奏报者讳之,乃改"赤"为"苍"矣(《秦汉史》,第 736 页);刘序琦在此基础上又有进一步总结、论证(《谈"苍天已死,黄天当立"》,《江西师范大学学报》1985 年第 3 期)。贺昌群则以甲子谶言解黄巾口号(《论黄巾农民起义的口号》,《历史研究》1959 年第 6 期)。大渊忍尔以为,"苍"为青为木,汉为火德,火因木盛,木死则火灭(『初期の道教——道教史の研究 其の二』22-24 页);汤其领亦持相同意见(《秦汉五德终始初探》,《史学月刊》1995 年第 1 期)。还有释"苍天"为水德者,以为黄巾擅改汉德然后克之(雏飞:《"苍天"试解》,《史学月刊》1981 年第 5 期),或以为改汉德为木德然后克之(赵克尧、许道勋《论黄巾起义与宗教的关系》,《中国史研究》1980 年第 1 期)。刘九生则系统论述了黄巾口号的天文历数背景,并以"土王四季"解"以黄代苍"(《黄巾口号之谜》,《陕西师大学报》1985 年第 2 期)。胡克森释"苍"为水之蓝色,象征东汉的水德,"黄"则象征黄巾农民政权的土德,表示土胜水(《原始道教的兴起与"五德终始说"的演变——东汉黄巾军口号与"五德终始说"关系讨论》,《史学月刊》2014 年第 6 期)。

② 熊德基以为"苍天"为古之口语"天老爷",并无实义(《〈太平经〉的作者和思想及其与黄巾和天师道的关系》,《历史研究》1962 年第 4 期);方诗铭同意此说并有更深发挥(《黄巾起义先驱与巫及原始道教的关系——兼论"黄巾"与"黄神越章"》,《历史研究》1993 年第 3 期)。刘昭瑞提出其为对应于"黄天"的"有意志、有神力的神"(《论"黄神越章"——兼谈黄巾口号的意义及相关问题》,《历史研究》1996 年第 1 期)。王子今则充分征引传统典籍与出土文献,认为"苍天"乃汉代"社会下层民众普遍寄托社会公平与社会安定的希想的万能的神"(《汉代民间的"苍天"崇拜》,《学术月刊》1998 年第 6 期)。凡此论述皆以口号无涉五德说。

③ 方诗铭:《黄巾起义先驱与巫及原始道教的关系——兼论"黄巾"与"黄神越章"》,《历史研究》1993 年第 3 期。

神越章""黄神使者""天帝使者"之称谓，[1] 以及早于黄巾的"熹平元年"黄色人形木牍之出现，[2] 亦较为明确地指向"天神之贵者"——中黄太乙（黄帝、黄神、太一皆其谓也）。[3] 这说明，将黄巾口号中的"黄天"，理解为黄巾崇奉的黄神，具有顺乎历史逻辑的合理性，这在《续汉书·五行志》有关"黄人"（实为"黄神"）与"黄天"的自然勾连中，也得到了有力印证："熹平二年六月，雒阳民讹言虎贲寺东壁中有黄人，形容须眉良是，观者数万，省内悉出，道路断绝。……到中平元年二月，张角兄弟起兵冀州，自号黄天。"[4]

翻检史书，无论是直述还是转引，"黄天"一词皆仅见于张角口号，"黄家"则与"汉行""赤气""赤德""赤家"并置，显属五德终始理论，并颇有言者。以此，"黄天"与"黄家"实分殊有别，当非相承于"苍天"的五德终始之说，况"苍天"本也绝难代言火德之汉家。[5] 虽然从下文引述《太平经》关于"天将太平"的解释中，我们亦可发现其中所包涵的五行学说，但它实则与五帝说紧密关联在一起。所以，即便黄巾口号前两句受到五行理论的影响，"苍天"亦当为"青帝"，黄天则为"黄帝"或"黄神"，其意非为五德终始。[6] 仔细揣摩，四句口号逐层

---

① 吴荣曾：《镇墓文中所见到的东汉道巫关系》，《文物》1981 年第 3 期。

② 董远成：《长沙东汉"熹平元年"人形木牍》，《湖南省博物馆馆刊》第 10 辑，岳麓书社，2014。

③ 有关黄帝、天帝等早期道教天神演进史的研究成果梳理及讨论请参三浦国雄《不老不死的欲求：三浦国雄道教论集》第一部第一章"道教的天——以'早期天师道'中的'天帝'为中心"，王标译，四川人民出版社，2017。

④ 《后汉书》志一七《五行五》，第 3346 页。

⑤ 刘昭瑞：《论"黄神越章"——兼谈黄巾口号的意义及相关问题》，《历史研究》1996 年第 1 期。

⑥ 福井重雅认为黄巾口号的重点在于"黄天当立"，"苍天"并没有实际意义，而"黄天"也与五行无关，指的是张角所奉事的"黄老道"的崇拜对象。张角之前马勉等自称的"黄帝"的含义同样如此。见福井重雅「黄巾の乱と起義の口号」『大正大学研究紀要』第 59号、1974。

推进，文意贯一，其要旨与落脚点在于最后的呼喊、召唤"太平"（大吉），意为黄天甲子之日，即是天下太平之时；而黄巾亦皆着黄衣以感应天心。《三国志》载张角"遣八使以善道教化天下……自称黄天泰平"。^①"黄天"即是"泰平"（太平）的自然征象，^②亦是其崇尚之对象（黄巾曾修书曹操，称其崇"中黄太乙"），天下"泰平"才是其最后所望达到的理想。这意味着，黄天甲子时，黄巾所崇拜的位居天空正中的最高神——太一（太乙）将归于正位，^③天下亦将随之结束纷乱，重归阴阳有序状态，万物各居其所，迎来"太平"（图11）。

这里还应辨析的是，从黄巾"被服纯黄，不将尺兵"，希于黄天甲子日感应、召唤天下大吉，以及自称"大贤良师""黄天泰平"等材料出发，仅凭

图11　"太平未央大吉"汉砖铭

资料来源:《汉砖铭精粹》，上海书画出版社，2008，第19页。感谢王家葵先生赐教释惑。

---

① 《三国志》卷四六《孙坚传》，第1094页。

② 间嶋润一亦以为口号前两句受谶纬与灾异思想的影响，描述的是一种由宇宙最高神引起的"太平"将临的异常天象。见间嶋潤一『鄭玄と「周礼」: 周の太平国家の構想』462-463頁。

③ 《史记》卷二八《封禅书》记亳人谬忌向武帝上奏曰:"天神贵者太一，太一佐曰五帝。"（第1386页）有关汉代太一信仰的研究，可参钱宝琮《太一考》（原载《燕京学报》专号第八，1936，此据《李俨　钱宝琮科学史全集》第9卷，辽宁教育出版社，1998，第202~230页）、丁培仁《太一信仰与张角的中黄太一道》（《宗教学研究》1984年第1期）等。

"以中常侍封谞、徐奉等为内应，约以三月五日内外俱起"的"单方证词"，并不能绝对判定黄巾意欲里应外合、夺取政权，颠覆汉家之治，而同样可据多方证据理解为约起宗教请愿，表达普天希企、感召、迎接"太平"之意。只不过，可能对于黄巾来说，初衷本非相难于汉家的宗教行为（此从当事一方之宗教典籍的叙述中可见一斑），却被教团之外的部分朝臣及部分教内人士，理解为颠覆政权的武装暴动，所以才会出现正史中部分的"叛乱化"记载，也才会出现由漫不经心至惊慌而起、酷烈镇压的局促调转。黄巾也正是在这样的被迫对抗中很快走向军事化，完成了由"辅汉"而"代汉"的神学转轨。

实际上，范晔记载之部分失实，在处死马元义时间的问题上，即有比较明确的体现。如上所引，有关马元义被处死的时间，《后汉书·皇甫嵩传》记载为临近起义的二月。然而，对照同书中相关人物、事件的记述以及其他文献的有关记录，可以判定该时间不确。案，《后汉书·张让传》载："诏使廷尉、侍御史考为张角道者，御史承（张）让等旨，遂诬奏（张）钧学黄巾道，收掠死狱中。而让等实多与张角交通。后中常侍封谞、徐奉事独发觉坐诛。"①《孝灵帝纪》载张钧死于四月。② 两相结合可知，封谞、徐奉当诛于四月之后。复案袁宏《后汉纪》记载："五月乙卯，黄巾马元义等于京都谋反，皆伏诛。"③ 这里明确说马元义等被处死的时间为五月，"等"所包括的人物，应即范书所言内应"中常侍封谞、徐奉"。又，《太平御览》引司马彪《续汉书》曰："张角别党马元义为山阳所捕得，锁送京师，车裂于市。"④ 据此，参照多方记录可知，马

---

① 《后汉书》卷七八，第 2535 页。

② 《后汉书》卷八载："(夏四月)，侍中向栩、张钧坐言宦者，下狱死。"（第 348 页）

③ 袁宏：《后汉纪》卷二四《孝灵皇帝纪中卷》，《两汉纪》（下），第 476 页。

④ 《太平御览》卷六四五《刑法部》，中华书局，1960 年影印本，第 2889 页。

元义或因唐周告密而于京师逃亡至山阳,后被捕得并押解至京,处以车裂之刑;而作为马元义内应的封谞、徐奉,亦当与马元义一起伏诛于袁《纪》所载之五月。

至于三月五日这一时间的意义,根据该时期相关思想资料之反馈,也可做出不同于范晔"后见之明"的解释。丁培仁指出,除了前人多有所释的甲子岁,三月五日亦别具神学蕴义(以附会三、五数字组合的形式来表达),这在《汉书·律历志》以及诸多谶纬文献中皆有反映。如《汉书·律历志》:"三五相包而生。"《易纬·辨终备》:"三五环复。"《春秋保乾图》:"阳起于一,天帝为北辰,气成于三,以立五神,三五展转,机以动运。"《云笈七签》卷六引《太平经》:"三五气和,日月常光明,乃为太平。"[①] 可见,约起于三月五日,乃因这一天在历法及神学上有"展转"变动、"复反"太平之可能。[②] 这实与前汉甘忠可师徒所宣扬的自禅受命的"更受命"思想相近,[③] 而并非丁氏所谓"祈天神佑","要在'三五'吉期一举夺取政权",是"解释朝代更替",发起"革命"的神学依据。[④] 且依丁文所论,若单讲起义之条件与时机等,早在此前数年便已具备,大可不必等到客观上并不甚有利的中平元年三月五日。[⑤] 结合上面有关口号内涵的讨论,可以认为,或许"内外俱起"并非揭竿

---

① 以上见丁培仁《关于黄巾起义时间的几个问题——兼与刘九生同志商榷》,《四川大学学报》1986 年第 2 期,第 109 页。

② 需注意,《史记·天官书》中也有"为国者必贵三五""为天数者,必通三五"之言,其意亦指以历数推演为根柢的内摄人事兴衰、德运流转与朝代更迭的天道(天运、天命)循环周期律,而其所"贵"、所"通"以及司马迁之欲"究"者,皆指数理所解开或透示出的宇宙运行与变易规律中的机运、机要者也(《史记》卷二七,第 1344、1351 页)。

③ 《汉书》卷七五《李寻传》,第 3192 页。相关讨论参见徐兴无《刘向评传》,第 353 页。

④ 宋均注"三五"之言"三,三正也。五,五行也。三正五行,王者改代之际会",亦当如是观之,这与《白虎通》解释改元与正朔的理论大致相当。

⑤ 丁培仁:《关于黄巾起义时间的几个问题——兼与刘九生同志商榷》,《四川大学学报》1986 年第 2 期,第 110 页。

起义（范晔"未及作乱"云云，当是后出与"他者"之见），而仅是尽量广泛地表达、实施普天请命之愿也——此亦颇类汉哀帝时"关东民传行西王母筹，经历郡国，西入关至京师"①的宗教运动。因为，尽管由于计划泄露而提前匆忙发起行动，也不至于"不将尺兵"，百姓"襁负"而至，②"所至郡县无不从"。如此看来，黄巾初起时似本无赴战之意，故亦无相应之作战准备或计划。

又据晋人干宝《搜神记》载，张角黄巾"初起于邺，会于真定，诳惑百姓曰：'苍天已死黄天立，岁名甲子年，天下大吉。'起于邺者，天下始业也，会于真定也。小民相向跪拜信趣出，荆、杨尤甚。弃财产，流沉道路，死者数百。"③刘九生认为此可补正史之阙，为"真史料"无疑。真定记载之不虚，可从黄巾的动向中找到有力证明。事实上，"黄巾大起义，就是沿着朝雒阳截然相反的方向：邺→广宗→下曲阳一线进行，并且日趋激化的"，这表明："（1）张角根本上无意于夺取雒阳，推翻东汉王朝，（2）而是要在太行山东侧真定一带武装割据。"④言张角"无意于夺取雒阳，推翻东汉王朝"，实可谓孤明先发之论；而在"太行山东侧真定一带武装割据"，似仍可细绎。根据下文围绕《太平经》的讨论，宗教理想应是制约初期黄巾行为的更重要的因素，所以即便是"割据"，也应是建立类似西部五斗米道的"宗教乌托邦"，以期避灾致太平。适如姜生所指出："即使这种割据得以建立，同样不是太平道最终

---

① 《汉书》卷一一《哀帝纪》，第 342 页。《汉书·五行志》《汉纪·哀帝纪》对此记载更详。有关此次运动的详细讨论请参本书补论第二节。

② 《后汉书》卷五四《杨赐传》载："黄巾帅张角等执左道，称大贤，以诳耀百姓，天下襁负归之。"（第 1784 页）针对该条记载的讨论参见陈启云《关于东汉史的几个问题：清议、党锢与黄巾》，氏著《儒学与汉代历史文化——陈启云文集》（2），第 210 页。

③ 此据干宝《搜神记》卷一二"赤厄三七"条，李剑国辑校《新辑搜神记·新辑搜神后记》，中华书局，2007，第 194 页。参校《法苑珠林校注》卷四四，第 1369~1370 页。

④ 以上讨论见刘九生《黄巾口号之谜》，《陕西师大学报》1985 年第 2 期，第 18~19 页。

目的所在,而只是暂时的地上天国,以图救世,以期天下之'真定'。"①
据此,从黄巾口号以及黄巾的行进路线中,我们可以更深入地理解黄巾
的目的与性质。而前引杨泉所记黄巾发难日"不将尺兵"云云,恐怕也
并非全然无据的虚妄之言。

再次,"所在燔烧官府,劫略聚邑,州郡失据,长吏多逃亡。旬日
之间,天下响应,京师震动"云云,同样含有夸大记述的成分。黄巾之
起,规模确甚庞大,加上京师"内应",难免引发人心慌乱,造成天下
皆动的印象。然而情况远非如此简单。东汉《曹全碑》(立于中平二年,
185)记:"(光和)七年(即中平元年)三月,除郎中,拜酒泉禄福长。
妖贼张角,起兵幽冀,兖豫荆杨,同时并动。而县民郭家等复造逆乱,
燔烧城寺,万民骚扰,人襄(古'怀'字)不安,三郡告急,羽檄仍
至。"②县民"复造逆乱","万民骚扰",说明黄巾运动中的动乱要素并
不单纯,应是多方原因共同促成的结果。并且,类似情况亦曾出现在西
部五斗米道中,芦山汉碑《樊敏碑》载:"季世不祥,米巫凶虐,续蠢青
羌,奸狡并起,陷附者众。"③又案,《后汉书·刘焉传》载:"是时益州
贼马相亦自号'黄巾',合聚疲役之民数千人,先杀绵竹令,进攻雒县,
杀郡俭,又击蜀郡、犍为,旬月之间,破坏三郡。马相自称'天子',
众至十余万人,遣兵破巴郡,杀郡守赵部。"《三国志·刘焉传》并载其
事,曰:"是时,(凉)[益]州逆贼马相、赵祇等于绵竹县自号黄巾,合
聚疲役之民,一二日中得数千人,先杀绵竹令李升,吏民翕集,合万余
人,便前破雒县,攻益州杀俭。又到蜀郡、犍为,旬月之间,破坏三

---

① 姜生:《曹操与原始道教》,《历史研究》2011 年第 1 期,第 23 页。
② 高文:《汉碑集释(修订本)》,第 473 页。
③ 洪适:《隶释》卷一一,《隶释·隶续》,第 128 页。

郡。相自称天子，众以万数。"① 可见，在人心思变的时代氛围和紧张异常的思想环境中，一旦出现大规模的群体骚乱，借此机会浑水摸鱼、发泄怨气者，或许并不在少数；而对于过度惊慌失措，一时难以掌握动乱之真实局面的官府而言，不分青红皂白地将一切动乱归诸"蛾贼"，把大小纷乱通通扣到"黄巾"头上，似乎也就成为最便捷的应对态度和最简单的处置方法了。

实际上，从史书不同的片段记载中，我们同样可以看到问题的另一面。史载黄巾未起时，地方州郡官吏虽知张角之活动，却代为隐讳，不肯公文镇压或上奏朝廷：

> 时钜鹿张角伪托大道，妖惑小民，（刘）陶与奉车都尉乐松、议郎袁贡连名上疏言之，曰："圣王以天下耳目为视听，故能无不闻见。今张角支党不可胜计。前司徒杨赐奏下诏书，切敕州郡，护送流民，会赐去位，不复捕录。虽会赦令，而谋不解散。……州郡忌讳，不欲闻之，但更相告语，莫肯公文。宜下明诏，重募角等，赏以国土。有敢回避，与之同罪。"（灵）帝殊不悟，方诏陶次第《春秋》条例。②

《资治通鉴》载："初，钜鹿张角奉事黄、老……郡县不解其意，反言角以善道教化，为民所归。"③ 黄巾兴起后，朝廷不少士大夫仍对黄巾太平道抱持同情态度，如张钧、向栩皆反宦官而同情黄巾，甚至宦官中亦有

---

① 《后汉书》卷七五，第2432页；《三国志》卷三一《刘二牧传》，第866页。
② 《后汉书》卷五七《刘陶传》，第1849页。
③ 《资治通鉴》卷五八《汉纪五十》，灵帝光和六年，中华书局，1956，第1864页。

持同样态度者，如吕强。① 至于灵帝"殊不悟"，则有更深刻的原因。《后汉书·王允传》载:"(王允)于贼中得中常侍张让宾客书疏，与黄巾交通，允具发其奸，以状闻。灵帝责怒让，让叩头陈谢，竟不能罪之。"② 灵帝既已确认张让暗通黄巾却并未施以严惩，着实让人难以理解。有研究指出:"事实上，灵帝本人即信道，且一直在与道教徒相交通。……似乎皇帝并未将道教的信仰者们整个看作一个威胁自己统治的大教团来对待，中常侍封谞、徐奉、张让，以及'故中常侍王甫、侯览'等交通太平道的做法，或许也是基于同当时皇帝一样的心态。"③ 如此看来，除了基于法律与严峻政治生态的可能忌讳外，我们还能够历史地、逻辑地判断，这些可怪现象实际反映出朝廷州郡上下对太平道的教义和宣传持同情、理解甚至接纳态度者不在少数。个中原因或在于，"身国同治"的宗教特质，使得黄巾自觉以辅佐汉家、治致太平为其最高追求，其"辅汉"神学本不构成汉家的威胁，加之黄巾的宗教教义与理想，正暗合西汉以来"致太平"的社会心理需求，所以会被人们视为无害国事的"善道"，也就在情理之中了。

最后，此言黄巾初起时"杀人以祠天"，殊不知何据。吕思勉认为"此为东夷之俗。修法略与角同，其原当亦出于东方"，又言:"角之起也，杀人以祠天，此东夷用人之旧，而被发亦东夷之俗。"④ 此以上古东夷旧俗作解，意颇牵强，恐难成立。细绎黄巾太平道之教义，没有任何

---

① 事详《后汉书》卷七八《张让传》、卷八一《独行列传》、卷七八《吕强传》。相关讨论参见陈启云《关于东汉史的几个问题:清议、党锢与黄巾》，氏著《儒学与汉代历史文化——陈启云文集》(2)，第207~209页。

② 《后汉书》卷六六，第2173页。事又见《后汉书》卷七八《张让传》，第2535页。

③ 姜生:《东汉原始道教与政治考》，《社会科学研究》2000年第3期。

④ 吕思勉:《秦汉史》，第749页;《吕思勉读史札记》，第773页。

迹象表明他们能够接受如此反教义的行为，①张角即自称"大贤良师"，而太平道亦教导人们与凶恶相争，"以善道教化天下"。所以，此条记载或系掺杂了如上所揭之其他浑水摸鱼者行事后的以讹传讹，故亦不能径直作为认识、描摹初期黄巾形象的客观记录。

　　总之，尽管《后汉书·皇甫嵩传》有关黄巾运动的叙述，确系今存文献中认识、判断黄巾运动属性的最完整记录，然其可靠性却并非毋庸置疑。站在"历史书写"或"史料批判"的立场，结合宗教经卷等多元史料，对其进行不同角度的考辨与解读，便有望发掘黄巾不同于既定印象的另一面向。

第三节　汉末的"太平"追求与《太平经》之救世神学

　　从史籍反馈的信息看，确如吉川忠夫所感受的那样，对"太平"的追求乃是流贯于汉末社会上下，并深刻影响时人价值取向与行为抉择的重要思想伏流。此种思想的确立可以追溯到战国末至秦汉以来逐步兴起的谶纬神学中，也与灾异学说的发展紧密相关。②在天地之灾祥征兆及圣人应天受命的相关论述中，"太平"作为一种圣王治下的终极理想状态被反复提及。

　　按诸史籍，武帝时"太平"一词开始频繁出现，此与作为当时国家大事的制礼作乐活动紧密相关。从武帝参与制作的《郊祀歌》中可以发现，对于神祇的歌赞与对太平功业之祈福、颂扬，往往相继而起、

---

① 称号"天公""地公""人公"将军亦取天、地、人三合之义，此在《太平经》中多有阐述；而在黄巾给曹操的书信中更明言其不祀鬼神。论详下。

② 详参本书第一章。

相伴而生,故诚如渡边信一郎所论,《郊祀歌》当是武帝时期祭祀空间与政治空间的双重呈现。[①]而武帝的"太平"祈望,以及由此所施行的包括制礼作乐在内的诸多措施,也的确可在经史典籍中寻绎出其因果关联。《礼记·乐记》言:"王者功成作乐,治定制礼。"[②]《吕氏春秋·仲夏纪·大乐》在更早时已提出:"天下太平,万物安宁,皆化其上,乐乃可成。"[③]其后的《白虎通义·礼乐》则对"致太平"与"制礼作乐""更制"之间的关系予以进一步发挥:"太平乃制礼作乐何? 夫礼乐所以防奢淫。天下人民饥寒,何乐之乎? 功成作乐,治定制礼。"紧接其后复论之曰:"王者始起,何用正民。以为且用先代之礼乐,天下太平,乃更制作焉。《书》曰:'肇称殷礼,祀新邑。'此言太平去殷礼。《春秋传》曰:'曷为不修乎近而修乎远? 同己也。可因先以太平也。'必复更制者,示不袭也。又天下乐之者,乐所以象德表功,而殊名也。"又曰:"武王曰《象》者,象太平而作乐,示已太平也。"[④]可见,制礼作乐乃圣王向天地神祇展示功业,向天下万民宣示"太平",以此获得天命与民心的双重认可,德化宇内、宾服四夷的重要举措,具有重要的政治象征意义。

于是,从建元元年(前140)立五经博士始,武帝采取了一系列致治太平的举措。《汉书·礼乐志》:"至武帝即位,进用英隽,议立明堂,制礼服,以兴太平。"[⑤]《汉书·武帝纪》"赞"曰:"孝武初立,卓然罢黜百家,表章《六经》。遂畴咨海内,举其俊茂,与之立功。兴太学,修郊祀,改正朔,定历数,协音律,作诗乐,建封禅,礼百神,绍

①　渡辺信一郎『中国古代の楽制と国家: 日本雅楽の源流』文理閣、2013、30-87 頁。

②　阮元校刻《十三经注疏》,第1530页。

③　陈奇猷校释《吕氏春秋新校释》,第259页。

④　陈立:《白虎通疏证》卷三《礼乐》,第98、99~100、103页。

⑤　《汉书》卷二二,第1031页。

周后，号令文章，焕焉可述。后嗣得遵洪业，而有三代之风。"①如史籍所示，这些举措的实施，甚至武帝"致太平"理想的确立，都与儒生、方士之推动紧密相关，五畤等祭祀体系的改革，正朔、历数、封禅等诸多事项的进行，也都离不开儒生、方士的深度参与。比如，武帝一系列创制的开启便离不开董仲舒、公孙弘对"太平之致""建太平之道""太平之原"等的判断与鼓吹。《汉书·董仲舒传》载董仲舒仰赞武帝功业曰："今陛下并有天下，海内莫不率服，广览兼听，极群下之知，尽天下之美，至德昭然，施于方外。夜郎、康居，殊方万里，说德归谊，此太平之致也。"同传董仲舒举贤良对策曰："陛下有明德嘉道，愍世俗之靡薄，悼王道之不昭，故举贤良方正之士，论议考问，将欲兴仁谊之休德，明帝王之法制，建太平之道也。"②同书《儒林列传》亦载公孙弘谏言武帝："今陛下昭至德，开大明，配天地，本人伦，劝学兴礼，崇化厉贤，以风四方，太平之原也。"③《董仲舒传》论及董氏在该系列举措中的重要作用："自武帝初立，魏其、武安侯为相而隆儒矣。及仲舒对册，推明孔氏，抑黜百家。立学校之官，州郡举茂材孝廉，皆自仲舒发之。"④可见，早期经典中有关"太平"与圣王制礼作乐之论述，儒生、方士的"太平"鼓吹，武帝的系列"太平"创制，《郊祀歌》受武帝之命而作及其中包含的诸多"太平"祈福、颂扬之语，皆存在一定程度的关联。

武帝之后，昭帝、宣帝、哀帝亦皆游意、向往"太平"，至东汉诸帝无有改之者，由此广泛流及士人、隐逸等群体之思想认识。概括言

---

① 《汉书》卷六，第212页。

② 《汉书》卷五六，第2511、2519页。

③ 《汉书》卷八八《公孙弘传》，第3594页。

④ 《汉书》卷五六，第2525页。

之,汉人所求之"太平"至少具有以下七方面的内涵。[①]第一,天地和洽,灾异不生。如《白虎通义》:"太平之时,时雨时旸,不以恒旸而以时旸,天地之气宣也。"《韩诗外传》:"小雅曰:'有弇凄凄,兴云祈祈。'以是知太平无飘风景雨明矣。"[②]第二,君王圣明,贤人齐聚。如刘向奏言:"臣愚以为宜退恭、显以章蔽善之罚,进望之等以通贤者之路。如此,太平之门开,灾异之原塞矣。"《潜夫论·考绩篇》:"夫圣人为天口,贤人为圣译。是故圣人之言,天之心也。贤者之所说,圣人之意也。先师京君,科察考功,以遗贤俊,太平之基,必自此始,无为之化,必自此来也。"[③]第三,政治清明,奸乱绝息。王充引"儒者"言:"太平之时,屈轶生于庭之末,若草之状,主指佞人。佞人入朝,屈轶庭末以指之,圣王则知佞人所在。"王符则直言:"奸乱绝则太平兴矣。"[④]第四,礼乐隆兴,刑狱见弃。如荀悦评论:"玄雅礼乐之风阙焉,故太平之功不兴。"王充称引"儒书"言:"尧、舜之德,至优至大,天下太平,一人不刑。"[⑤]第五,德泽四夷,天下归心。《史记·夏本纪》载禹行九州,"声教讫于四海。于是帝锡禹玄圭,以告成功于天下。天下于是太平治"。《论衡》亦称:"周时天下太平,越裳献白雉,倭人贡鬯

---

① 赵璐讨论指出,汉代文人对"太平"的描述通常不甚明确,因而定义也不统一。尽管如此,也没有阻止这个词成为知识分子和政治话语的焦点。与此同时他又提出,"太平"是一种兼容所有社会差别,而不存在任何社会冲突的理想状态。论参 Zhao Lu, *In Pursuit of the Great Peace: Han Dynasty Classicism and the Making of Early Medieval Literati Culture*, pp.174-175。

② 陈立:《白虎通疏证》卷六,第 275 页;许维遹:《韩诗外传集释》卷八,中华书局,1980,第 292 页。

③ 《汉书》卷三六《楚元王传》,第 1932 页;王符撰,汪继培笺,彭铎校正《潜夫论笺校正》卷二,第 72 页。

④ 黄晖:《论衡校释》卷一七,第 758 页;王符撰,汪继培笺,彭铎校正《潜夫论笺校正》卷五,第 236 页。

⑤ 荀悦:《汉纪》卷二三《孝元皇帝纪》,《两汉纪》(上),第 407 页;黄晖:《论衡校释》卷八,第 359 页。

草。"①第六，万物瑞应，各得其序。蔡邕《祖德颂》序曰："昔文王始受命，武王定祸乱，至于成王，太平乃洽，祥瑞毕降。"王充于批判中称引："儒者论太平瑞应，皆言气物卓异，朱草、醴泉、翔凤、甘露、景星、嘉禾、萐脯、蓂荚、屈轶之属。"②第七，兆民福庆，生命久长。《韩诗外传》载曰："太平之时，无喑瘫、跛眇、尪蹇、侏儒、折短，父不哭子，兄不哭弟，道无襁负之遗育，然各以其序终者，贤医之用也。"《论衡》引"儒者"言曰："太平之时，人民伺长，百岁左右，气和之所生也。"《申鉴》曰："太平之世，事闲而民乐遍焉。"③

　　要言之，"太平"可谓西汉中后期以来汉人勠力追寻的最高政治理想，④同时通过相互关联的神学宇宙体系，"太平"所指代的天地祥和、万物有序，又与人们的信仰紧密结合在一起，构成社会全体的终极追求——因为"太平"即意味着人人所居之生存空间的最理想状态。从史籍载叙看，汉人对"太平"的渴慕、追寻确甚强烈。王充《论衡·宣汉篇》集中辩驳了多数儒者所谓汉无"太平"之说。实际上，致太平抑或未致太平，皆反映出汉人强烈的"太平"期许与追求：

　　　　儒者称五帝、三王致天下太平，汉兴已来，未有太平。……此言妄也。

　　　　孔子曰："如有王者，必世然后仁。"三十年而天下平。汉兴，

---

① 《史记》卷二，第77页；黄晖：《论衡校释》卷八，第375页。
② 邓安生：《蔡邕集编年校注》，河北教育出版社，2002，第3页；黄晖：《论衡校释》卷一七，第752页。
③ 许维遹：《韩诗外传集释》卷三，第93页；黄晖：《论衡校释》卷一，第31页；荀悦撰，黄省曾注，孙启治校补《申鉴注校补》卷四，第170页。
④ 对汉唐时期作为政治理想之"太平"的初步梳理与讨论，参见孙英刚《神文时代：谶纬、术数与中古政治研究》，第108~120页。并参钟国发《魏晋南北朝隋唐的道教末世太平理想》，《传统中国研究集刊》第9、10合辑，上海人民出版社，2012，第250~271页。

至文帝时，二十余年。贾谊创议，以为天下洽和，当改正朔、服色、制度，定官名，兴礼乐。文帝初即位，谦让未遑。<u>夫如贾生之议，文帝时已太平矣</u>。汉兴二十余年，应孔子之言“必世然后仁”也。汉一世之年数已满，太平立矣，贾生知之。<u>况至今且三百年，谓未太平，误也。且孔子所谓一世，三十年也。汉家三百岁，十帝耀德，未平如何？夫文帝之时，固已平矣，历世持平矣。至平帝时，前汉已灭，光武中兴，复致太平</u>。

如以瑞应效太平，宣、明之年，倍五帝、三王也。夫如是，孝宣、孝明，可谓太平矣。

……近与周家断量功德，实商优劣，周不如汉。何以验之？……孝宣、孝明符瑞，唐、虞以来，可谓盛矣。……夫实德化则周不能过汉，论符瑞则汉盛于周，度土境则周狭于汉，汉何以不如周？独谓周多圣人，治致太平？①

“太平”意味着理想秩序和绝对意义，它是一套能够将所有的社会个体信仰牵持在一起的神学—宇宙观，从而也必然内在、深刻地影响着置身其间的人的行为，乃至历史走向。②比如有关汉末士人的群体志向或价值旨归，东汉国史称之曰：“太后新摄政，政之巨细多委陈蕃、窦武，同心戮力，以奖王室，征用天下名士参政事，于是天下英隽知其风指，莫不人人延颈想望太平。”③

---

① 黄晖：《论衡校释》，第 815、817~818、820、822~823 页。

② 王莽为招致“太平”，示己乃天命所属，不仅改易制度，大兴礼乐，还轻启边事，用兵匈奴，可谓至矣尽矣。相关讨论参见陈苏镇《〈春秋〉与“汉道”：两汉政治与政治文化研究》，第 360~374 页。亦参本书第一章第四节。

③ 袁宏：《后汉纪》卷二三《孝灵皇帝纪上卷》，《两汉纪》（下），第 443 页。《后汉书》卷六六《陈蕃传》载："蕃与后父大将军窦武，同心尽力，征用名贤，共参政事，天下之士，莫不延颈想望太平。"（第 2169 页）

《太平经》被认为是早期道教的重要经典，从中可透见汉代信仰的许多内容，因而历来受到研究者重视。有关《太平经》的成书，如前所述，学术界尚有一些争议。我们认为今本《太平经》大部分内容渊源有自，其主体至少汉末已经成型；其传承与"再出"问题则与道教"师授"的特质及黄巾之后的沉浮命运紧密相随。[①]

《太平经》可谓对包括黄巾在内的时人之"太平""大吉"热望的系统表达。《太平经·三合相通诀》曰："天气悦下，地气悦上，二气相通，而为中和之气，相受共养万物，无复有害，故曰太平。……父母子三人同心，共成一家，君臣民三人共成一国。"[②]《太平经钞·癸部》释《太平经》之名曰："太者，大也；大者，天也；天能覆育万物，其功最大。平者，地也，地平，然能养育万物。经者，常也；天以日月五星为经，地以岳渎山川为经。天地失常道，即万物悉受灾。帝王上法皇天，下法后地，中法经纬，星辰岳渎，育养万物。故曰大顺之道。"[③]如此，"太""平""经"分别对应释为"天""地""常"三字，"太平经"意即"天地之常道"。"天地失常道，即万物悉受灾"，故《太平经》撰作之目的，即辅佐帝王以"大顺之道"治国教民。[④]关于《太平经》之主旨，《后汉书·襄楷传》载宫崇所献之神书（《太平清领书》）"专以奉天地顺五行为本，亦有兴国广嗣之术"，又曰："其言以阴阳五行为家，而多巫

---

① 有关道教"师授"特质的讨论，参见吉川忠夫「師受考——『抱朴子』内篇によせて」『東方学報』第 52 号、1980。此据氏著《六朝精神史研究》，第 425~461 页。

② 王明：《太平经合校》，第 149 页。

③ 王明：《太平经合校》，第 718 页。

④ 张建群：《〈太平经〉的成书与"太平"思想研究》第四章第一节"《太平经》中'太平'的名义"，台湾师范大学博士学位论文，2006，第 100 页。对《太平经》中"太平"思想的讨论还可参龚鹏程《受天神书以兴太平——〈太平经〉释义》，氏著《道教新论》，台北：学生书局，1991；陈林《正文正辞以兴太平——〈太平经〉文治太平思想浅议》，《宗教学研究》2000 年第 2 期。

觋杂语。"① 唐释玄嶷《甄正论》亦言:"有《太平经》百八十卷,是蜀人于吉所造……多说帝王理国之法,阴阳生化等事。"② 从今本《太平经》看,其特点亦基本如此,所以被认为是针对东汉王朝的危机解释理论与政治改良方案。③

那么,《太平经》所求之"太平"到底具有怎样的标准,又当如何实现?《敬事神十五年太平诀》载:

"今天将太平,宁亦可预知邪哉?""然,可知占天五帝神气太平,而其岁将乐平矣。""何谓也?愿闻之。""然,春也青帝神气太平,夏也赤帝神气太平,六月也黄帝神气太平,秋也白帝神气太平,冬也黑帝神气太平。""今以何明之?""然,太平者,乃无一伤物,为太平气之为言也。凡事无一伤病者,悉得其处,故为平也。……五帝太平一岁,人为其喜乐顺善;二岁,地上为其太乐;三岁,恩泽究竟于天;四岁,风气顺行;五岁,九神不战,祅恶伏灭;六岁,而究著六纲;七岁,乃三光更明;八岁,而恩究达八方;九岁,阴阳俱悦;十岁,万物悉各得其所。为数小终,物因而三合之,乃天地人备,故三十岁而太平也。今上皇气出,真道至以治,故十五年而太平也。如不力行真道,安得空致太平乎?此十五岁而太平者,乃谓帝王以下及臣大小,案行真道,共却邪伪,故十五年而平也。……是故凡象,乃先见于天神也。天神不平,人安得独称平乎哉?是故五帝更迭治,可皆致太平。其失天神意者,皆

① 《后汉书》卷三〇下,第1081、1084页。
② 《大正新修大藏经》,台北:新文丰出版公司,1983,第52册,第569页。
③ 林富士:《试论〈太平经〉的主旨与性质》,《中央研究院历史语言研究所集刊》第69本第2分,1998年;韩吉绍:《"承负说"与两汉灾异论》,《史学月刊》2007年第12期。

不能平其治也。是故谨顺四时，慎五行，无使九神战也。故当敬其行而事其神。"①

仔细比较可发现，除宗教性意味更强之外（加入了五帝与五行思想），此中反映出的"太平"景象及热切希望，与前引人们的"太平"表达之间，并无本质区别。《太平经》的主旨与黄巾求取天下大吉、太平（"泰平"）的宗教理想深相契合，足证二者关系密切，具有思想上的内在统一性，是对长期以来"致太平"思潮的集中和宗教化表达。

需指出，论者多以《太平经》中对"反逆"的反复讨伐，作为其反对农民反抗立场的"铁证"。其实，这种思路存在两个亟待澄清的误区。第一，此所谓"反逆"，在今天看来显非叛乱造反，而是指对天地间应然秩序的扰乱行为，是《太平经》神学思想体系的有机构成部分，如"夫人不得不知道，小人无道多自轻，共作反逆，犯天文地理，起为盗贼相贼伤""天地格法，善者当理恶，正者当理邪，清者当理浊。不可以恶理善，邪理正，浊理清。此反逆之，令盗贼不止，奸邪日生，乃至大乱，各从此起"。② 第二，即使这种讨伐有其现实指向，也是针对黄巾之前诳称"天子""皇帝""黄帝子"之类的叛乱而发。③ 研究者已指出，初期的黄巾并非盗贼或流民的集合，④ 亦不以颠覆汉家为目的。对诳称天命者

① 王明：《太平经合校》，第 398~400 页。
② 王明：《太平经合校》，第 244、697 页。
③ 黄巾之前的叛乱有：永嘉元年（145）九江马勉称皇帝，历阳华孟自称黑帝；建和元年（147）陈留李坚自称皇帝；建和二年（148）长平陈景自号黄帝子；和平元年（150）扶风裴优自称皇帝；永兴二年（154）蜀郡李伯诈称宗室，立为太初皇帝；延熹八年（165）勃海盖登篡称太上皇帝；延熹九年（166）沛国戴异称太上皇；熹平元年（172）会稽人许生自称越王。相关讨论可参多田狷介「黄巾の乱前史」『東洋史研究』第 26 卷 4 号、1968；福井重雅「黄巾の乱と傳統の問題」『東洋史研究』第 34 卷 1 号、1975；三石善吉《中国的千年王国》，第 25 页。
④ 鈴木中正『中国史における革命と宗教』東京大学出版会、1974、16 頁。

的讨伐,实乃太平道"承天驱除""辅汉"除灾思想的有力反映。如是倾向,在前文所引《太平经》建议帝王"急断兵"及下述"为汉国辟捕千贼万盗"的记载中,亦可得见一斑。

又当注意,《太平经》所反映出的黄巾的"太平"祈望,与东汉正统儒术之间,亦颇有相近处。间嶋润一即在其著作中专门考察了太平道之太平与郑玄对周公招来太平过程之解释的相似点。[①] 此外,从文献中我们也可看到其他汉末儒者的"太平"论述。[②] 综此可知,对"太平"之祈望、追寻,确可谓贯穿汉末社会上下的普遍情结。尽管不同群体对"太平"的具体理解或有出入,但在最终指向上,都无一例外地存在共通的神学寄托。终极美好状态的神学属性即是"太平"的本质所在。与此同时,《太平经》作为这股思潮最集中、最直接的表达文本,也对黄巾运动构成了明显有力的思想支撑。可以说,"太平"祈望既是连接黄巾运动与今本《太平经》的核心要素,亦是促成二者繁茂生长的思想生态。

至此,考虑到汉末灾异不断、[③] 政治浊乱的背景,我们便能够理解黄巾之以"善道教化天下"的宗教诉求和生命关怀,明晓其高呼"天下大吉"的具体内涵,亦可想见黄巾所至郡县百姓扶老携幼、襁负而至却又手无寸铁的臃肿散漫之状。种种迹象透露出,黄巾运动之初始动机并非颠覆汉家,所以有关武装对抗的重要准备都不具备,之后也只是向着洛阳的相反方向行进。黄巾运动兴起之初,地方、中央官员以及皇帝的

---

① 详参本书第五章。

② 如《公羊传》隐公元年何休注,又见宣公十五年、哀公十四年,阮元校刻《十三经注疏》,第 2200、2287、2352、2353 页。

③ 据谢仲礼统计,东汉 196 年中共发生日食 86 次、地震 59 次、水灾 84 次、旱灾蝗灾 69 次,而仅汉安帝在位 19 年间就有地震 22 次、水灾 17 次、旱灾蝗灾 15 次,平均每年接近 3 次(谢仲礼:《东汉时期的灾异与朝政》,《中国社会科学院研究生院学报》2002 年第 2 期)。

暧昧态度，说明他们之间或许以默认的方式存在深层的共通意愿——黄巾运动正是汉末时人在经历长期灾异现实与精神恐慌之后，类似宗教祈愿性质的集体诉求之表达。如此或可解释，聚徒数十万之众、"八州俱起"的黄巾运动，其主力何以在短短九个月的时间里便告失败。黄巾运动乃为时人"太平"理想的一次广阔范围的宗教化表达，是尝试解除灾殃、更新天地、招致"太平"的宗教—政治运动。

第四节　由"佐命"而"更命"：黄巾的神学变迁轨迹

当帝国政府集中精锐大力围剿黄巾之时，西面的五斗米道运动却以其相对和缓的非对抗方式建立起割据政权，并在此后的一段时期里获得平稳发展。史称张鲁势力"雄据巴、汉垂三十年"，"民夷便乐之"。[①] 单就这一现象看，东、西两端的教团似乎性质各异，具有全然不同的宗教理想与人间目的。然而事情的本质并非如此。

如本章第一节所述，相关讨论共同揭示出这样一个事实：虽然传播路径难明，但确如石泰安所指出的那样，东、西部教团之间存在着一个共通的基调或基础。案，《老子想尔注》是五斗米道的教习之作，[②] 从

---

① 《三国志》卷八《张鲁传》，第 263 页。

② 有关《老子想尔注》的成书时间及其与五斗米道的关系，学界意见基本一致，可定其为五斗米道的教习经典。但关于《想尔注》的作者及其与《太平经》的关系，尚存在一些争议。饶宗颐与大渊忍尔对两部经典的关系做了比较详细的考察，认为两者相通处甚多。姜生对学界长期流行的《想尔注》作了张陵或张鲁之手的看法提出不同意见，详细考察后提出《想尔注》应作于原五斗米道首领张修之手。论见饶宗颐《〈想尔注〉与〈太平经〉》，氏著《老子想尔注校证》；大渊忍尔『初期の道教——道教史の研究 其の一』247-308 页；姜生《〈老子想尔注〉三题》，《华学》第 9、10 辑，上海古籍出版社，2008，第 1514~1527 页。

《想尔注》中我们多可发现"致太平""令太平"之说:"人君欲爱民令寿考,治国令太平,当精心凿道意,教民皆令知道真;无令知伪道耶知也","会不能忠孝至诚感天,民治身不能仙寿,佐君不能致太平;民用此不息,倍城邑虚空,是故绝诈圣邪知,不绝'真圣道知'也","圣人能不散之,故官长治人,能致太平","治国之君务修道德,忠臣辅佐务在行道,道普德溢,太平至矣","上圣之君,师道至行,以教化天下,如治太平符瑞,皆感人功所积,致之者,道君也"。[①] 前文论及"太平"作为《太平经》的最重要主旨,亦是黄巾运动的最高追求,此可说明,对"太平"的追求,也可谓太平道与五斗米道的共通基础。[②]

复案,葛洪《神仙传》载:"天师张道陵,字辅汉,沛国丰县人也。本太学书生,博采五经。"[③] 此条记载的历史真实性虽难验证,却能够与史实互参,应有所据;其中透露出几点难得的重要信息,有助于对早期道教思想之理解。首先,"天师"之称虽早有所见,却是假手于张道陵而得发扬。其在史籍中留下的痕迹,典型者如汉碑《米巫祭酒张普题字》

---

① 饶宗颐:《老子想尔注校证》,第 13、24、36、38、44 页。

② 相关讨论可参饶宗颐《〈想尔注〉与〈太平经〉》,《老子想尔注校证》,第 88~91 页。需注意,《想尔注》中也有明显批判《太平经》的地方,这反映出《想尔注》对待《太平经》的矛盾态度:一面接续其旨意,一面又贬斥、改易其教法。据此可以推知,《想尔注》的成书时间应在《太平经》之后。

③ 葛洪撰,胡守为校释《神仙传校释》,中华书局,2010,第 190 页。王承文认为"如同在《抱朴子内篇》中老子被改造为从事金丹炼养的神仙一样,葛洪在《神仙传》中也对张陵的宗教形象作了彻底的改造,使张陵与其天师道教法没有任何关系,反而是一位纯粹炼丹的神仙方士。……张道陵在《神仙传》中的宗教形象,应该说完全是葛洪有意改造的结果"(王承文:《六朝前期江南"李家道"与天师道关系考——以葛洪〈抱朴子内篇〉为中心》,《唐长孺先生百年诞辰国际学术研讨会暨唐史年会论文汇编》,2011)。司马虚也曾论及此,请参 Michel Strickmann, "On the Alchemy of T'ao Hung-ching," in Holmes Welch and Anna Seidel, eds., *Facets of Taoism: Essays in Chinese Religion*, pp. 167–169。可以认为,张道陵形象中炼丹部分的内容确有可能出于葛洪的附加或改易,但张道陵字"辅汉"及"本太学书生,博采五经"之记载与汉末的思想学说背景甚为契合,故应为汉末天师道既有之言说。论详下。

所记"天师道法无极"之言，① 以及《太平经》"问答体"（凡83篇）所录"真人纯"与"天师"之间的问答。② 另外，同样不可忽视的是，"天师"一词本身也具有独特的神学含义。③

其次，"辅汉"一词颇当引起注意。"辅汉"即辅翼"汉家"，这种思想的直接渊源当可追溯至包括得黄石公授书而为"帝王师"的张良在内的汉初受命神话，④ 如汉纬《诗·含神雾》载："圣人受命必顺斗，张握命图授汉宝。"⑤《孝经援神契》载孔子听闻获麟而道汉家受命预言："天下已有主也，为赤刘，陈、项为辅，五星入井，从岁星。"⑥ 另案，在今存谶纬文献中，尚有三篇题作《河图挺佐辅》《春秋佐助期》《论语摘辅象》的文献，从题名看皆当与"汉辅"思想有一定关联。如陈槃所论，尽管《河图挺佐辅》大部分内容已亡佚，残存文献中亦不见直接涉及"辅佐"的论述，但"佐辅""辅佐"皆为汉人常辞，以河出图为"挺"图亦为汉纬常辞，且在当时的谶纬与正史文献中多见"辅佐"之相关论说，故可推测其与辅佐有关，论曰："萧、曹、陈、韩之名见于谶纬，余信其亦必如张良之名于谶纬，由谶纬作者为阿谀汉氏之受命，制造神话，因连类附会其'佐辅'。"《春秋佐助期》中"佐助期"一语在《易纬·乾凿度》

① 洪适：《隶续》卷三，《隶释·隶续》，第 309 页。洪跋云此题字"今在蜀中"，又《舆地纪胜》卷一四六记载此碑碑记有"汉灵帝时《张道陵碑》"（中华书局，1992，第 3951 页）。

② 熊德基：《〈太平经〉的作者和思想及其与黄巾和天师道的关系》，《历史研究》1962 年第 4 期。

③ Anna Seidel, "Le Fils du Ciel et le Maître Céleste," *Transactions of the International Conference of Orientalists in Japan*, No. XXIV, 1979, pp.119–127.

④ "辅佐""佐命"乃汉代的常见主题，如《易纬·是类谋》载"易姓待出，辅左应期"。安居香山、中村璋八辑《纬书集成》，第 285 页。延熹九年《山阳太守祝睦后碑》亦有"佐辅斗枢，功冠帝庭"之语。相关讨论可参保科季子「張良と太公望——漢六朝期受命思想における"佐命"」『寧楽史苑』第 59 号、2014、1-13 頁。

⑤ 《太平御览》卷八〇二《珍宝部一》，第 3558 页。案，"顺斗"当与第一章所论王莽"旋席随斗柄而坐"含义一致。

⑥ 安居香山、中村璋八辑《纬书集成》，第 992 页。

中作"佐助之期"，意谓天地神灵佐助受命帝王之期会，因论曰："今检《春秋佐助期》遗文，则星占为多，盖谶纬作者以为帝王之起，天地神灵所以佐助之者，其道匪一，天垂象见吉凶，是亦一佐助之谓也。"①

此外，"辅汉"以及与之相近的词语也在两汉之际有关"篡汉""复汉"的思潮和运动中多有所见，如邓晔、于匡分别自称"辅汉左将军""辅汉右将军"，加入更始后各改为"复汉将军""辅汉将军"，投降刘秀后称号不变。董宪、张步则分别接受刘永"翼汉大将军""辅汉大将军"之封号。此外，冯衍为"立汉将军"，王常获封"汉忠将军"，公孙述亦称"辅汉将军"，李通被拜为"辅汉侯"，商人王岑则自称"定汉将军"，汉末王宠亦自称"辅汉大将军"。② 适如前引清人赵翼所言："历观诸起事者，非自称刘氏子孙，即以辅汉为名。"到东汉，"辅汉"以及与之类似的"汉辅（甫）""辅国"等词更多地见诸碑刻及印章之中，成为士人的字号，表明此种观念或心态真实存在于当时社会。③ 如《谒者景君墓表》碑阴载诸生服义者有"弟子刘封字汉辅"；④《广汉属国侯李翊碑》刻有"君讳翊，字辅国"；⑤《杨震碑》碑阴有"河东杜辅汉""平原□丘辅汉"；⑥第一章引《韩敕碑》碑阴

---

① 陈槃：《古谶纬研讨及其书录解题》，第324~325、349~350页。对三书名的释义亦见王楚《纬书书名臆解稿》，《中央研究院历史语言研究所集刊》第92本第1分，2021年，第69~70页。

② 邓晔称"辅汉将军"之事见于《汉书》卷九九，又见《东观汉记》卷九。《后汉书》卷一、卷一六、卷一七皆记为"复汉将军邓晔、辅汉将军于匡"。董宪、张步、冯衍、王常、公孙述、李通、王岑、王宠之事分别见于《后汉书》卷一二、卷一二、卷二八上、卷一五、卷一三、卷一五、卷一三、卷五○。

③ 另外，第一章第三节所列举汉代碑刻中的"汉兴""汉久""汉长""汉丰""汉昌""汉平""汉举""汉威""汉贤""汉德""汉侯"等人名（字号），以及汉代封泥所见的"定国""安汉"人名（吴式芬、陈介祺《封泥考略》，浙江人民美术出版社，2013，第1013、1015页），亦可纳入同样的社会文化、心态中予以审视。

④ 洪适：《隶释》卷六，《隶释·隶续》，第69页。

⑤ 洪适：《隶释》卷九，《隶释·隶续》，第102页。

⑥ 洪适：《隶释》卷一二，《隶释·隶续》，第137页。

有"山阳南平阳陈汉甫"；《刘宽碑》碑阴载生名，其中也有"谋州□弘汉甫"，《王纯碑》碑阴所载诸门生人名中亦有"中山刘辅汉""安平孔汉辅"。1980 年云南曲靖八塔台墓地 69 号墓出土了"王辅汉印"（图 12）。[1]

需注意，如研究者指出，东汉时期的"辅佐"话语作为一种共同知识，

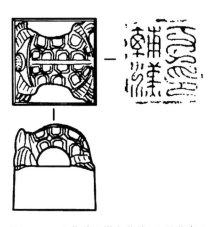

图 12　云南曲靖八塔台墓地 69 号墓出土
"王辅汉印"

除为功臣、士人所熟练运用外，也多被外戚、宦官用作政治修辞，并在具体历史语境中表达不同的政治诉求。[2]

复次，如唐长孺所言，张道陵为沛国丰县人的记载，可能正是东、西部教团颇多相似的重要原因。[3]最后，言张道陵"本太学书生，博采五经"，则道出了早期道教与汉末经学、儒生之间可能的交

---

[1]　据载，此印为龟钮、方形印台的铜印（参图 12 所示），带边框，通高 1.7、印台边长 1.7 厘米，印面铸有阳文篆书四字，笔画圆润，有缪篆风格，左起上下读作"辅汉王印"。到底应释作"辅汉王印"还是"王辅汉印"，研究者尚有争论。事实上，此般屈曲缠绕的印文风格目前仅见于两汉私印，且汉魏时期的官印龟钮皆有龟首，此印则无，亦表明此印当属私印。既为私印，印文自当读作"王辅汉印"。同时，如上所揭，"汉辅"作为名、字本也常见于东汉史籍与碑刻，复堪印证。有关此印之讨论可参杨勇《云贵高原出土汉代印章述论》，《考古》2016 年第 10 期，第 93~94 页。

[2]　张官鑫：《宦官与安顺之际政治——兼论东汉中后期的"辅佐"观念》，复旦大学硕士学位论文，2022。

[3]　唐长孺：《太平道与天师道——札记十一则》，《中华文史论丛》2006 年第 3 期。有关讨论亦参丁煌《汉唐道教论集》，中华书局，2009，第 9~15 页；又参柳存仁《汉张天师是不是历史人物》，《道教史探源》，北京大学出版社，2000，第 67~136 页。另外，清末民初学者刘咸炘亦曾搜集有关天师的记录，以为"张天师辅汉之事"虽记载不详，却应当为真。他感叹道："史惟因其孙而溯述之，亦因其毁之，又混之于黄巾张鲁，众口诟詈久矣。儒者一言神奇，便訾为诡诞。既有成见，记述安得翔实？"［刘咸炘：《天师事辑》，收入氏著《蜀诵》，此据《推十书（增补全本）》丙辑第 3 册，上海科学技术文献出版社，2009，第851~872 页］此承朱永清学兄见告，特谢于兹。

流背景。五斗米道令教众诵习《老子》五千言，又专设"奸令祭酒"讲授，而黄巾亦对贤良学问之士心存敬意，张角即自称"大贤良师"。复据史载，建安元年（196）郑玄由徐州还高密，途遇黄巾数万人，"见玄皆拜，相约不敢入县境"。①围绕这一事件，第五章将予详论的黄巾与郑玄有关"太平"解释的相似点，亦堪为证。

　　职是可见，太平道与五斗米道之间确有相互贯通的基调，尤其是"致太平"与"辅汉"之说，甚合《太平经》之旨。②《太平经》曾于多处明言其理想："帝王良辅，相与合策共理致太平"，"天下贤儒尽悉乐往辅其君"，"真人得吾道，深思其意，以付下古之人，使其象而为之，以除群灾害之属，上以安天地之气，下以助帝王为治"，"不中帝王之师，安而中天上之师哉"，"愿得天师道传弟子，付归有德之君能用者"，"冀得神祇之心，以解天下忧，以安帝王，令使万物各得其所，是吾愿也"。③又，前已详论黄巾运动非颠覆的初始动机，这说明：至少在黄巾运动兴起之初，两者对汉家的合法性认同尚无明显分歧，而皆以"辅汉"为志向。这一点在前揭五斗米道经典《千二百官仪》中，有更明确的表达："承天大兵十万人……上历逆清玄君百万人，收地上盗贼，逐捕逃亡，全不得脱；日月大兵十万人，绛衣，主阴阳，为汉国辟捕千贼万盗，主收之。"④千贼万盗自然包括黄巾之前僭称"皇帝""太上皇"之类

---

① 　《后汉书》卷三五《郑玄传》，第 1209 页。

② 　饶宗颐指出，"《想尔》此注，其义实多因《太平经》之说，故屡屡提及'太平'字眼……《太平经》亦见'天师'、'天师道'诸名，足见《太平经》与天师道关系之深切"，"《想尔》此注，大部分即以《太平经》解《老子》"。李养正提出："黄巾起义失败后，太平道受打击，《太平经》亦被禁止公开传播，故这里只提《五千文》而不提《太平经》。……而《太平经》则是张鲁传道和治理其独立王国的思想依据。"参见饶宗颐《老子想尔注校证》，第 89、90 页；李养正《〈太平经〉与早期道教》，《道协会刊》1982 年第 9 期。

③ 　王明：《太平经合校》，第 217、416、636、663、82、189 页。

④ 　《正一法文经章官品》卷一"逐盗贼"条，《道藏》第 28 册，第 538 页。

的历次叛乱，所以此条经文诚可谓充分言明了五斗米道辅翼"汉国"的动机与立场。不仅如此，原始道教对"汉家"的这种神往与眷念，在此后的道教经典中仍频频可见，如前揭六朝道经《太清金液神丹经》所记"师汉国"。姜生指出，汉末黄巾与桓、灵二帝或多或少都是相同的黄老道信仰者，而本与汉家一体的儒生集团，却随着汉末儒术之衰微渐趋没落（党祸即其表现之一），所以他们才会选择与张角、张鲁携众以宗教仪式相难于汉家。① 可见，黄老道信仰与儒生团体当是连接"黄巾"与"汉家"而使之有所同的主要因素。这是理解黄巾初起动机与"辅汉"神学的关键。那么，究竟是何原因促使黄巾太平道在与汉家对峙的道路上渐行渐远，从而造成其与五斗米道此后迥然有别的宗教命运？

考诸史籍，可以发现，秉着"辅汉"的神圣使命，在灾异纷出、人心惊惶的氛围下，原始道教曾数次尝试解除汉家灾厄，但是旨在讨论"兴国广嗣之术"的经书并不为俗世帝王所接受。"信徒屡屡呈献却再三遭拒，甚至为此付出惨痛的生命代价，已经形成'得道不得行'的局面，于是汉家最终被原始道教徒们以历数推算和判断为失去了合法性、不合天帝意志的政权，且人民将因此而面临天地毁灭的末日灾难。"② 同时，汉末各种黄家"代汉"的思潮不断涌起，人们对汉家乃"天命"所属的认识也逐渐动摇。如《后汉书·杨厚传》载："永建二年，顺帝特征，诏告郡县督促发遣。厚不得已，行到长安，以病自上，因陈汉三百五十年之厄。"注引《春秋命历序》曰："'四百年之间，闭四门，听外难，群异并贼，官有孽臣，州有兵乱，五七弱，暴渐之效也。'宋均注云：'五七三百五十岁。'当顺帝渐微，四方多逆贼也。"③ 又，《益部

---

① 姜生：《汉帝国的遗产：汉鬼考》，第 4 页。
② 姜生：《曹操与原始道教》，《历史研究》2011 年第 1 期。
③ 《后汉书》卷三〇上，第 1048~1049 页。

者旧传》载光禄大夫翟酺曾据《图》《书》之意,上奏顺帝灾异屡起之因由及应对之策略,曰:"汉四百年将有弱主闭门听难之祸,数在三百年之间。(宜升)[斗]历改宪,(宜)行先王至德要道,奉率时禁,抑损奢侈,宣明质朴,以延四百年之难。"[①]光和元年(178),杨赐亦上书言:"加四百之期,亦复垂及。"[②]又,侍中陈群、尚书桓阶奏请魏王受禅:"汉自安帝已来,政去公室,国统数绝,至于今者,唯有名号,尺土一民,皆非汉有,期运久已尽,历数久已终,非适今日也。是以桓、灵之间,诸明图纬者,皆言'汉行气尽,黄家当兴'。"[③]曾经位为太史承、黄初中为太史令的许芝,详细回顾了盛行于当时且已应验的曹魏代汉之谶:

> 《易传》曰:"圣人受命而王,黄龙以戊己日见。"七月四日戊寅,黄龙见,此帝王受命之符瑞最著明者也。……《易运期》又曰:"鬼在山,禾女连,王天下。"臣闻帝王者,五行之精;易姓之符,代兴之会,以七百二十年为一轨。……汉行夏正,迄今四百二十六岁。又高祖受命,数虽起乙未,然其兆征始于获麟。获麟以来七百余年,天之历数将以尽终。帝王之兴,不常一姓。<u>太微中,黄帝坐常明,而赤帝坐常不见,以为黄家兴而赤家衰,凶亡之渐</u>。[④]

---

① 《后汉书》卷四八《翟酺传》注引《益部耆旧传》,第1605页。此处,灾异、历法、国祚(德运)紧密衔接到一起,反映了知识、思想、信仰在该时期的复杂交融状态。相关讨论可参张齐明《"遵尧顺孔"与"古不通今"——两汉历元之争的经学困境》,《人文杂志》2018年第2期;邸积意《两汉经学的历术背景》,上海古籍出版社,2022。

② 《后汉书》卷五四《杨赐传》,第1780页。

③ 《三国志》卷一《武帝纪》注引《魏略》,第52~53页。

④ 《三国志》卷二《文帝纪》注引《献帝传》,第63~64页。对许芝上奏背景、内容等方面的分析,请参菊地大「漢魏禅譲過程と皇帝即位」『国学院大学大学院紀要』第41辑、2009、271-275页。

甚至山林隐逸之士亦认为汉行将尽，不可强求力存。如隐士徐穉言："大树将颠，非一绳所维，何为栖栖，不遑宁处？"[①]在此思潮影响下，亦有尝试"代汉"的实践者。史载"前中山相张纯私谓前太山太守张举曰：'今乌桓既畔，皆愿为乱，凉州贼起，朝廷不能禁。又洛阳人妻生子两头，此汉祚衰尽，天下有两主之征也。子若与吾共率乌桓之众以起兵，庶几可定大业。'举因然之。……（中平四年）举称'天子'，纯称'弥天将军安定王'，移书州郡，云举当代汉，告天子避位，敕公卿奉迎"[②]。士人阎忠在皇甫嵩大破黄巾、威震四方之际，劝其趁势平乱天下，"然后请呼上帝，示以天命，混齐六合，南面称制，移宝器于将兴，推亡汉于已坠"[③]。李休亦曾建言张鲁举号，《三国志》载："时汉中有甘露降，子朗见张鲁精兵数万人，有四塞之固，遂建言赤气久衰，黄家当兴，欲鲁举号。"[④]可见天下人心几乎一致倒向了"汉行气尽"的立场，且不乏蠢蠢欲动、意有所图者。

除谶纬与五德终始说之影响外，汉末的天道改易及"终末"论说，亦是导致黄巾神学转向的又一重要因素。汉末灾异频发，政治浊乱，人心惶惑，以致时人多有濒于"末世"之感，继而生发出天道崩坏的绝望慨叹。如终章所引汉末士人基于天道观察而做出潜隐选择时所言："天下所废，不可支也"，"道之将废，所谓命也"，等等。又如，仲长统《昌言》云："悲夫！不及五百年，大难三起，中间之乱，尚不数焉。变而弥猜，下而加酷，推此以往，可及于尽矣。嗟乎！不知来世圣人救此之

---

① 《后汉书》卷五三《徐穉传》，第 1747 页。

② 《后汉书》卷七三《刘虞传》，第 2353 页。

③ 《后汉书》卷七一《皇甫嵩传》，第 2303 页。

④ 《三国志》卷九《曹爽传》注引《魏略》，第 290 页。

道，将何用也？又不知天若穷此之数，欲何至邪？"①此番言说代表了汉末时人倍觉苦难却又不知如何得救及天命将要何往的悲观认识。此外，范晔亦曾在《孝献帝纪》末尾处发表评议，曰："传称鼎之为器，虽小而重，故神之所宝，不可夺移。至令负而趋者，此亦穷运之归乎！天厌汉德久矣，山阳其何诛焉！"②言辞之间，满是无奈与无力。适如置身汉末时空氛围下人们很自然地生发出悲观、消极、绝望的情绪，记述这段历史的史家范晔，亦感同身受地将此般令人唏嘘又叫人捉摸不定的人事代谢、王朝兴亡归诸"天厌汉德久矣"。

考诸文献，汉末时人对天道改易的认识，或应植根于西汉时蔚为大观的天人感应与阴阳终始学说。《春秋繁露》卷一二《阴阳终始》曰：

> 天之道，终而复始。故北方者，天之所终始也，阴阳之所合别也。……天所起一，动而再倍，常乘反衡再登之势，以就同类，与之相报，故其气相侠，而以变化相输也。春秋之中，阴阳之气俱相并也。中春以生，中秋以杀。由此见之，天之所起其气积，天之所废其气随。③

是论之要义，在于阴、阳二气之"合""别"产生天道终、始，合、别的轮转，带来四季的更替，据此总结出"天之所起其气积，天之所废其气随"的认识。值得注意的是，此一由阴阳而四季（包括对应方位之变换）的推演，或与《周易》卦气理论存在一定联系，如《焦氏易林》即

---

① 《后汉书》卷四九《仲长统传》，第1649~1650页。
② 《后汉书》卷九，第391页。
③ 苏舆：《春秋繁露义证》，第339~340页。

有言曰："天之所坏，不可强支。"① 总之，正是在天道终而复始的认识基础上，汉末时人才会做出天道变易的判断，继而选择相信这一"事实"。如面对董卓的毒酒，弘农王刘辩悲歌曰："天道易兮我何艰！弃万乘兮退守蕃。逆臣见迫兮命不延，逝将去汝兮适幽玄！"妃子唐姬亦抗袖而歌曰："皇天崩兮后土颓，身为帝兮命夭摧。死生路异兮从此乖，奈我茕独兮心中哀！"② 是说即将"汉家"及其个人命运的终了归结于天道的变易、崩颓。

更系统的"终末"论说则出现在早期道教经典中。例如在下文第五章有关黄巾与郑玄之易学知识的讨论中，我们提及汉末道经《老子中经》即以术数（"太一行九宫"）计算灾害的发生日期。当然，敏感捕捉并积极回应时人的"终末"意识，本系此类修道以度灾厄之宣教经典的题中之义。如其言曰：

> 三合之岁，水旱兵饥，灾害并起。三合之岁，阴阳隔并，感天动地，害气流行，昼行则伤谷，中有人即疾疫，中谷即饥贵。……当期之世，水旱蝗虫，五谷饥贵，兵革并起，人民疾疫，道路不通，负老提幼，散流他方，其父母妻子兄弟，哀气内发，摧肝绝肠，略为奴婢，不知县乡。……即遭乱世，远去深藏；圣主明世，道可照而行也。③

而早期道教"承负论"中所凝结的"终末"意识亦甚典型，《太平经·解承负诀》曰：

---

① 徐传武、胡真校点集注《易林汇校集注·蒙之夬》，上海古籍出版社，2012，第169页。

② 《后汉书》卷一〇下《皇后纪下》，第451页。

③ 《道藏》第22册，第145页。

天地开辟已来，凶气不绝，绝者而后复起，何也？……因复过去，流其后世，成承五祖。<u>一小周十世，而一反初</u>。……帝王其治不和，水旱无常，盗贼数起，反更急其刑罚，或增之重益纷纷，<u>连结不解，民皆上呼天，县官治乖乱，失节无常，万物失伤，上感动苍天，三光勃乱多变，列星乱行；故与至道可以救之者也</u>。①

"帝王其治不和"导致水旱无常等灾害发生，使得民皆上呼于天，继而由苍天感动引发"三光勃乱多变，列星乱行"——因"天之所起其气积，天之所废其气随"，故可由感应而变易。检诸文献，《太平经》此处的描述与稍后道经所述"末世"景象基本相同。如成书于曹魏时期的《大道家令戒》载:"或行善未知真正，愚愚相教，邪邪相传，不自屏恶，更相谤讪，君臣争势，父子不亲，夫妇相妒［嫉］，兄弟生分，因公行私，男女轻淫，违失天地，败乱五常，外是内非，乱道纪纲，至今三天恚怒，杀气纵横，五星失度，太白扬光，变风冬雷，彗孛低昂。"同篇又载:"汉嗣末世，豪杰纵横，强弱相陵，人民诡黠，男女轻淫，政不能济，家不相禁，抄盗城市，怨枉小人，更相仆役，蚕食万民，民怨思乱，逆气干天。故令五星失度，彗孛上扫，火星失辅，强臣分争，群奸相将，百有余年。"②同其他宗教教典一样，《太平经》在宣示"终末"的同时，也提供了因应解救之道，故曰"至道可以救之者也"。细绎之，《太平经》为宣示其解救之道，进一步强调"末世"的可怖，直谓"但逢其承负之极，天怒发，不道人善与恶也，遭逢者，即大凶矣"，

---

① 王明:《太平经合校》卷一八至卷三四，第 22~23 页。
② 《道藏》第 18 册，第 236~237 页。

即在遭受"承负"最厉害的时候，天亦不再区分人之善恶，遭逢即"大凶"。而其提供的"解除"之术则可"为皇天解承负之仇，为后土解承负之殃，为帝王解承负之厄，为百姓解承负之过，为万二千物解承负之责"，[①] 可谓神力巨大。

值得注意的是，如神塚淑子所指出，《太平经》中经常提及的"天道循环"概念，是和道教的"终末与再生"概念有密切关系的。[②] 此外，在敦煌本《老子变化经》（S.2295）中也保留着明显的汉末"终末论"言说。[③] 如：

> 天地事绝，吾自移运，当世之时，简淬［择］良民……一毛道成，教告诸子：吾六度大白横流，疾来逐我，<u>南狱［岳］相求，可以度厄</u>，恐子稽留，立春癸巳，放纵罪囚，吾谷惊起，民人有忧，疾病欲至，饿者纵横。[④]

要之，西汉中后期以来频繁的灾异现实与灾异论说，以及宗教的不断发展，使得汉末社会弥漫着一种强烈的"终末"思想和情绪，透示

---

① 王明：《太平经合校》，第370、57页。

② 神塚淑子「『太平経』の承負と太平の理論について」『名古屋大学教養部紀要・A』第32輯、1988、41-75頁。亦见氏著『六朝道教思想の研究』創文社、1999。

③ 按照索安的研究，《老子变化经》的成书时间当在公元185~215年之间。原文中老子在公元132~155年间频繁"出世"，表现出一种"弥赛亚降临的末世氛围"［ザイデル（索安）「漢代における老子の神格化について」吉岡義豊、ミシェル・スワミエ編『道教研究』第3冊、34頁］。菊地章太亦重申汉末成书说（菊地章太「敦煌写本『老子变化経』の構造と生成」『東洋学研究』第46号、2009、372-350頁）。近来，孙齐以《老子变化经》后半部分为中心，讨论其与王方平的关系及其中的"南岳度厄"观念，再次支持了汉末成书说，并强调经文中的"终末"意识（孙齐：《敦煌本〈老子变化经〉新探》，《中国史研究》2016年第1期）。

④ 《中华道藏》第8册，华夏出版社，2014，第182页。

出时人对苦难现实的悲观乃至绝望心态。但是如同所有宗教都会在论说
"终末"的同时指出获救之路一样,汉末"终末论"的另一面即是救世
(救灾)神学——亦即人们对"太平"理想秩序的慕求。"终末"与"太
平"正是影响汉末社会运动的关键思想与神学因素,亦是制约汉魏历史
演进的内在逻辑与深层要素。

如此,在谶纬神学、五德终始说以及汉末之天道改易、"终末"论
说的合力影响下,宗教理想始终不得伸张的黄巾也难抵时代洪流,最终
改变一直以来的"辅汉"之志,转而寻找新"出世"的人间圣王,以佐
其"代汉",解除天下殃咎,招致"太平"。在历经选与被选的过程后,
曹操成为符合其期待的最佳人选。① 黄巾由"辅汉"而"代汉"的神学
转变,其具体的发生时间和契机我们不得而知,然而从文献记载看,至
迟在曹操攻打青州黄巾之时,这种转变已经完成,黄巾"代汉"之心已
定(实际转变当在黄巾初起不久,在其美好的宗教愿景与"辅汉"之
初心被惨烈的现实击打粉碎之后)。史载初平三年(192),黄巾移书
曹操,曰:

昔在济南,毁坏神坛,其道乃与中黄太乙同,似若知道,今更
迷惑。汉行已尽,黄家当立。天之大运,非君才力所能存也。②

由于黄巾此时对汉家由"辅"而"代"的神学转变已确定不移,所
以其对曹操似为同"道"却又力存汉家的矛盾行为表示不解。复
案,曹操曾呼张鲁五斗米道为"妖妄之国",③ 同时又"挟天子以令诸

① 姜生:《曹操与原始道教》,《历史研究》2011 年第 1 期。
② 《三国志》卷一《武帝纪》注引《魏书》,第 10 页。
③ 《三国志》卷一四《刘晔传》,第 445 页。

侯"，此中所包含的天命认识，及其对汉家态度的微妙变化，亦颇可玩味。

黄巾因受时代整体价值观之影响而发生神学转向，这自是非常重要的内在演进线索；然而，同样不可忽视的是，前文业已指出，初期的黄巾运动实际在短短九个月时间里即告结束，此后便迈向了下一阶段。黄巾的主力被迅速击溃后，余部的活动呈现出诸多不同于初期阶段的复杂要素，包括分布区域的无规律性、活动中不确定动乱的发生、军阀等不同势力的卷入与利用，以及人们对"黄巾"的泛化理解等。这些不同的复杂要素之叠加，使我们不得不将后阶段的黄巾运动与其初期阶段区别看待。即，初期的黄巾运动，从上文的分析来看，尽管朝廷及史家皆欲将之定性为犯上作乱的政治暴动，但实际上很可能只是一场比较单纯的基于其特定宗教—神学逻辑所展开的集体祈愿活动；而之后的黄巾由于被迫卷入不同政治、军事势力的争夺中，故已失去单纯作为宗教群体的身份，成为实际影响汉魏之际历史变迁的重要政治力量。

杨剑宇注意到："前期黄巾军主要由张角十多年中吸收、组织起来的'太平道'信徒组成，而后期黄巾军却主要由非宗教信徒的饥民组成。"[1]刘序琦指出："试问：为什么经过十几年准备的、以太平道教徒为主体的前期黄巾起义只坚持了短短九个月就失败了，而由饥民组成的黑山军却坚持了二十年之久？为什么张梁领导的'精勇'的黄巾军在广宗遭到皇甫嵩的偷袭失利后，竟有五万人赴河而死？这恐怕与宗教意识有关。"[2]此皆入质之论。细言之，此种宗教意识盖当与太平道之"水官"祭祀及东晋时孙恩一众穷戚投海而自谓水仙、登仙堂者相类。初期与后期黄巾

---

① 　杨剑宇：《后期黄巾起义之考察》，《华东师范大学学报》1983 年第 3 期，第 48 页。

② 　刘序琦：《关于后期黄巾起义的评价问题》，《江西师范大学学报》1987 年第 2 期，第 33 页。

混溶难分的原因或在于,官方文本对黄巾作为"叛乱者"的最初"定调"既已形成,在此基础上,人们更习惯性地将大、小动乱甚至军阀派系泛称为"黄巾"。于是我们看到几乎一边倒地呵骂"黄巾"并予"定罪"的情况,以致人们可能已经很难想象初期黄巾基于特定的宗教(神学)逻辑而理所当然地秉持"辅汉"之动机了。

《淮南子·兵略训》曰:"古得道者,静而法天地,动而顺日月,喜怒而合四时,叫呼而比雷霆……故得道之兵,车不发轫,骑不被鞍,鼓不振尘,旗不解卷,甲不离矢,刃不尝血。"[1]前揭《千二百官仪》亦言:"承天大兵十万人……日月大兵十万人绛衣,主阴阳为汉国辟捕千贼万盗,主收之。"综合以上讨论,"得道之兵"的思想或许正是引导初期黄巾自拟天兵——"天兵"与张角三兄弟自命的"天公""地公""人公"将军等刚好形成一套宗教性格明显且对应于三十六方"军将吏兵"[2]治理方法的"神官体系"[3]——同时信仰心态对其队伍支配作用更甚,由此自然迥异于其后期表现的一个重要原因。另外,自拟"天兵"的心态、行为与王莽旋席随斗柄而坐以与汉兵相峙,以及东晋时王凝之入靖室请大道许鬼兵相助,颇有相似处,[4]说明黄巾本有其时代信仰之依据。这里应特别注意,上列材料还提供了一个非常重要的历史信息,即以"天兵天

---

[1]　刘文典:《淮南鸿烈集解》,冯逸、乔华点校,中华书局,1989,第493~494页。此条材料承姜生先生提示,特致谢忱。

[2]　葛兆光:《张道陵"军将吏兵"考》,《汉学研究》1998年第2期。

[3]　天、地、人三公及前揭太一八使的神学架构,实与汉家三公职官和汉帝八使酷似,这又再次印证了原始道教"师汉""辅汉"情结的有关论说。

[4]　《汉书·王莽传》载汉兵攻入在即,"天文郎桉栻于前,日时加某,莽旋席随斗柄而坐,曰:'天生德于予,汉兵其如予何!'莽时不食,少气困矣"(第4190页)。《晋书·王凝之传》载:"王氏世事张氏五斗米道,凝之弥笃。孙恩之攻会稽,僚佐请为之备。凝之不从,方入靖室请祷,出语诸将佐曰:'吾已请大道,许鬼兵相助,贼自破矣。'既不设备,遂为孙恩所害。"(《晋书》卷八〇,第2103页)

将"自拟的黄巾，与五斗米道一致，针对的刚好是汉国境内的"千贼万盗"和妄图窃取"汉家"天命的各种僭越叛贼，以践行其作为帝王师[①]的"辅汉"使命。如此方可真正理解何以黄巾始终没有称王称帝——根源正在于，黄巾初起乃为"辅汉"，而非代替"汉家"、另立神权。就此观之，黄巾初起的动机，除"太平"祈愿之外，或当包括以"大贤良师""天师"的身份佐助汉家，由此在与恶逆的对抗中自拟天兵而不战自胜。

无论信仰的巨浪曾经掀起怎样波澜壮阔的社会运动，汉末具体的历史时空已经不可能复原，这就决定必然有部分史实最终无法清晰获知。缘此，对于那场发生在汉魏禅代前夕、影响持久深远的宗教—政治运动，我们并不试图对之进行线性化的历史再现。我们所尝试解决的，是以杨泉《物理论》所载"（黄巾）不将尺兵"等语为切入点，秉持"史料批判"的基本立场，对有关黄巾运动的各方记录，尤其就《后汉书·皇甫嵩传》中有关黄巾运动的集中叙述，做一不同角度的观察与辩证解读，据此辨明黄巾初起之际的可能情形，以宗教的视角理解彼时的宗教运动。

可以说，正是存在由"辅汉"到"代汉"的主旨变化，我们才能够理解史籍中针对黄巾不无矛盾的记述：一方面，如前所论，黄巾运动兴起之初似乎毫无作战之准备；另一方面，史书中也不乏后期黄巾作战勇猛之记载，如陶谦称青州黄巾军"妖寇类众，殊不畏死，父兄歼

[①] 在儒家帝王师与老子神化思潮的两相催生下，以老子为帝王师的传统自东汉开始逐渐流行于世。有关此点，目前所能见到的较早资料当是陈相边韶于桓帝延熹八年（165）所作的《老子铭》："世之好道者触类而长之，以老子离合于混沌之气，与三光为终始，观天作谶，降升斗星，随日九变……自羲、农以来，（世）为圣者作师。"（洪适：《隶释》卷三，《隶释·隶续》，第 36 页）相关讨论参见索安「漢代における老子の神格化について」吉岡義豊、ミシェル・スワミエ編『道教研究』第 3 册、5-77 頁。

殪,子弟群起,治屯连兵,至今为患"。[1] 其中合理的可能性是,黄巾兴起之初,由于其教义既契合时人之需,亦利于汉家之治,所以并没有引起地方及中央官员的不适,相反,不少官员甚至皇帝对之亦持部分接纳的态度。然而朝政的腐坏、天灾的持续以及宗教理想始终不得伸张的失望,加之汉末风起云涌的"代汉"思潮的激烈冲击,黄巾终于脱离其最初设定的思想轨道和行动逻辑,并将其强烈的救世愿望化作实际行动,走上另寻应天受命之"真人",从而佐其代汉、解除灾异、获致"太平"的道路。

人是历史的"剧作者",又是历史的"剧中人",[2] 历史往往就是在人心与形势的复杂交织、相互推进中形成的。由于黄巾运动裹挟社会力量在汉末形成了较大势力,所以最终亦难免卷入不同政治集团的角逐,并由此深刻影响汉魏历史之演进。总之,在西汉以来强烈的"太平"祈望氛围笼罩下,以"善道"教化天下,自称"黄天泰平"的黄巾,其"终极关怀"在天上而非人间。黄巾初起时的动机并非武装反抗或政权颠覆,而只是基于其"辅汉",即"天师"辅佐"天子"以致"太平"理想世界的神学逻辑,举行的类似于哀帝时关东民众历经郡国传行西王母筹至京师的大型宗教活动,以此表达他们希企"太平"的强烈愿望。这种大规模的宗教行动,发生在政局动荡、人心倾危的汉魏鼎革前夕,预示其必遭打压、"审判"、"变性"的历史命运。

更进一步看,如果说黄巾有一个转变的过程,那么这当与汉家躁进、苛烈的应对态度有关。而史籍中不无矛盾的追述,一方面反映了正统观念及时代氛围对史家著史的影响,另一方面或正透露出时人认识

---

① 《三国志》卷八《陶谦传》注引《吴书》,第250页。

② 马克思在分析蒲鲁东的历史观时提出,要把人"当成他们本身历史的剧中人物和剧作者"(《马克思恩格斯选集》第1卷,人民出版社,1972,第113页)。

的变化过程。汉末思潮错综交织，却在总体上呈现出由"辅汉"至"代汉"的变化趋势，即从以维护汉家合法性为主流到宣布汉家气行已尽、德运已终的变化过程。从今本《太平经》里，我们很难找到明显反对汉家之论述，[①] 相反，"辅汉"的态度却很坚定，并且其中所反映出的"太平"愿景又与黄巾运动的终极追求深相契合。据此可判断：今本《太平经》，至少其主体部分，就是从《包元太平经》以至《太平清领书》承传而来，它是对西汉中后期以来人们所执着追求的"太平"理想的宗教化表达，而其成书最晚在黄巾运动兴起之初即告完成。

　　风云诡谲的汉末思潮推纵着人们的现实选择，历史也由此呈现出不少看似矛盾的面向。这种矛盾及变化在掀起汉末抵抗运动的社会各阶层中，[②] 包括黄巾与曹操的有关作为里，得到了很好反映。黄巾运动是汉末危机背景下人们对《太平经》所描绘之蓝图的隆重践行，从这一点出发，它与之前的民众叛乱确有较大不同。作为兼具宗教、政治属性的黄巾运动，其与同时期发生于西部的五斗米道运动遥相呼应，二者的性质与目的在汉末历史变迁大潮下，愈发令人难以把握。尽管如此，若能置身时代氛围，进而真正深入宗教的世界，摒弃根深蒂固的世俗审判心态（包括"阴谋论"及"成王败寇"的史观或思维惯式），以此重新检视"正统"史籍与"妖妄"之书各自的所扬所蔽，发掘掩藏其间的历史讯息，我们便有望在寻求历史真相的道路上踏近一步，获取理解黄巾乃至时人思想、行为逻辑的关键锁钥，打开汉魏历史理解的另一扇窗户。

---

① 　虽然《太平经》中也曾出现因上书未果而忧心人之罪责的相关表述，却仍不见"革命"之意。经言："故夫要道秘谛，乃所以承天心而顺地意，可以长安国家，使帝王乐者也；而反禁绝，不以力化，人有谪于天，罪不除也。"（王明：《太平经合校》，第 433 页）

② 　川勝義雄「漢末のレジスタンス運動」『東洋史研究』第 25 卷第 4 号、1967、386-413 頁。

第五节 佐君致太平:天子与天师的神性互补

如前所论,无论是原始道教的"师汉"行为,还是黄巾太平道的"辅汉"情结,其中皆蕴涵一个至为重要的观念——天子与天师的神性关联。究竟天子与天师具有怎样的内在关系?这种关系的思想和知识基底是什么,又有着怎样的发展变迁过程?本节将聚焦于此,着力分析天子与天师的神性互补问题。

考诸史籍可发现,天子与天师这对神圣角色的前身,当系先秦时期的"君—师"概念。[1]案,《国语·晋语一》曰:"成闻之:'民生于三,事之如一。'父生之,师教之,君食之。非父不生,非食不长,非教不知生之族也,故壹事之。"[2]该说从周代朴素的礼乐教化及政治理想出发,将父生、师教、君食归为一事,认为此三者即生民成"人"的三要素,故当"事之如一"。即是说,父母生养、受师教化、食君之禄,此为人伦之大者,而君、师之联系亦基于此中的家国逻辑。相似的思想在《尚书》《孟子》《荀子》中亦有体现。《尚书·泰誓》言:"天佑下民,作之君,作之师,惟其克相上帝,宠绥四方。"[3]《孟子·梁惠王上》引曰:"天降下民,作之君,作之师,惟曰其助上帝宠之。四方有罪无罪惟我在,天下曷敢有越厥志?"[4]此处的君、师,亦皆为教化生

---

[1] 有关"尊尊、亲亲、贤贤"、"吏道、父道、师道"以及"君、亲、师"三分观念发展过程的讨论,请参阅阎步克《士大夫政治演生史稿》第四章第二节"'礼治'传统与'三统'分化",北京大学出版社,1996,第140~157页。

[2] 《国语》,第251页。

[3] 《尚书正义》卷一一,阮元校刻《十三经注疏》,第180页。

[4] 《孟子正义》卷四,阮元校刻《十三经注疏》,第2675页。

民、辅佐上帝的重要职司。在这里，由于上帝的存在，君、师在政治、人伦角色之外，也被赋予了一定的神圣内涵。《荀子·礼论》载："天地者，生之本也；先祖者，类之本也；君师者，治之本也。无天地恶生？无先祖恶出？无君师恶治？三者偏亡焉，无安人。故礼上事天，下事地，尊先祖而隆君师，是礼之三本也。"[1] 相较于前论，《荀子》此番言说除了增列天地、先祖之外，更具体指明作为礼之三本，隆君师与事天地、尊先祖具有同等重要的功用，所以一定程度上也被赋予了超越人伦的神圣意义。而在明显受到谶纬神学影响的《白虎通义》中，君、师亦被置于与天、地秩序并列的人伦秩序中："天道莫不成于三：天有三光，日、月、星；地有三形，高、下、平；人有三等，君、父、师。"[2]

与"君—师"传统趋近的还有"帝王师"传统。验诸史籍，早在战国末期的文献中已可看到简单的圣王师名录，如《荀子·大略》所载。而在最近公布的《清华大学藏战国竹简》（叁）中，则可见到带有"世系"性质所以或可视作"帝王师名录"早期形态的《良臣》篇。[3] 比较完整的圣王师名录，迄今发现的最早记载当属《吕氏春秋·孟夏纪·尊师》，在《吕氏春秋》之后的《韩诗外传》则具体记载了"十一圣人"的帝王师，东汉的《白虎通·辟雍》亦征引《论语谶》言及诸多帝王师。此后，或是由于谶纬神学之影响，在桓帝时期边韶所作《老子铭》

---

[1]　王先谦：《荀子集解》卷一三《礼论篇》，沈啸寰、王星贤点校，中华书局，1988，第349页。

[2]　陈立：《白虎通疏证》，第131页。

[3]　相关讨论可参韩宇娇《清华简〈良臣〉的性质与时代辨析》，《中国高校社会科学》2013年第3期；杨蒙生《清华简（叁）〈良臣〉篇管见》，《深圳大学学报》2014年第2期；杨栋、刘书惠《由〈吕氏春秋·尊师〉论清华简〈良臣〉中的"世系"》，《四川文物》2015年第5期。

中，老子已是"世为圣者作师"的神圣身份。保存在敦煌文书中的汉末道经《老子变化经》更详细记述了老子在不同时期作为帝王师的神圣经历。以上所论有关战国秦汉帝王师观念之发展与宗教化变迁，我们将在第六章详细展开，此不赘述。

真正完成君师关系宗教化的系统论说，出现在东汉道经《太平经》中。在继承师教思想的基础上，《太平经》融合阴阳五行学说，认为天子（君）乃上承天心、调理阴阳者，天师（师）则具有经天验道的神圣知识，故可辅佐帝王去灾异、致太平。《太平经》论曰："阴阳治道，教及其臣，化流其民，受命于天，受体于地，受教于师，乃闻天下要道"，"夫师者，乃天地凡事教化之本也"，"道者，乃皇天之师，天之重宝珍物也。为者其行当若天成"，"古圣贤帝王将兴，皆得师道，入受其策智，以化其民人，师之贵之，乃言其能知天心意，象天为行也。天上亦尊贵善道人，言其可与和风气，顺四时，承五行，调风雨，助日月星宿为光明也，而使万物兴也"，"师者悉解天下辞，悉乃得称大师者，所谓能解天下天下[1]文也。故得称皇帝王君师也"。[2]更系统的阐述如下：

古者圣帝明王，重大臣，爱处士，利人民，不害伤……夫师，阳也，爱其弟子，导教以善道，使知重天爱地，尊上利下，弟子敬事其师，顺勤忠信不欺。二人并力同心，图画古今旧法度，行圣人之言，明天地部界分理，万物使各得其所，积贤不止，因为帝王良辅，相与合策共理致太平。如不并力同计，不以要道相传，反欲浮

----

① 后一"天下"疑为衍文。
② 王明：《太平经合校》，第 21、517、656、660、705 页。

华外言，更相欺殆，逆天分理，乱圣人之辞，六极不分明，为天下大灾。帝王师之，失其理法，反与天地为大仇，不得神明意，天下大害者也。

生者象天，养者象地，施者象仁。此三者，天地人之大纲也……明之者师也，谓先知之称师，当主证而明之。自古至今，凡文出皆天地也，故天地先出之；明之者师也，故夫文出皆有师，行之者县官也。古者帝王承天意，受师教，力行以除去灾害，以称天心，得延年益命，此之谓也。造之者天，明之者师，行之者帝王，此三事者相须而成。天不出文，师无由得知；师不明文，帝王无从得知治。故天将兴帝王，必有奇文出；明师使教帝王县官，令得延年益寿，是佑帝王之明证也。

"今天道自有衰盛吉凶，何反言师化之首乎？""天地不与人语也，故时时生圣人，生圣师，使传其事。此主天时且吉乐，故生善师，使善言善化。天道将乱凶衰，则生恶师，使教化恶也。……故善师出，恶师伏，是天盛衰之征，是主天也。"①

要言之，《太平经》的以上论说，实际上着重强调了天师的神学内涵、具体作用，及其对天子的重要性，甚至从本体论意义上肯定了"天""师""帝王"三者相辅相成的内在关系。可以说，正因为植根于这样的神学思想体系，原始道教方才展现出浓厚的现世关怀，并以佐君致太平为其至关重要的人间理想与宗教追求。根据此后不久的道教内部追忆及自我陈述，五斗米道或天师道神学体系中确有为"国师"的理想（参图 13）。曹魏时期成书的《大道家令戒》追忆道：

———————————————

① 　王明：《太平经合校》，第 216~217、704、651 页。

魏氏承天驱除,历使其然,载在河雒,悬象垂天,<u>是吾顺天奉时,以国师命武帝行天下</u>,死者填坑。既得吾国之光,赤子不伤身,重金累紫,得寿遐亡。七子五侯为国之光,将相掾属,侯封不少,银铜数千,父死子系,弟亡兄荣,<u>沐浴圣恩</u>。……从今吾避世,<u>以汝付魏,清政道治</u>,千里独行,虎狼伏匿,卧不闭门。奸臣小竖,不知<u>天命逆顺</u>,强为妖妄,造者辄凶,及于子孙。①

图 13 封泥"国师之印章"(左)
"天帝神师"龟钮铜印(右)

资料来源:吴式芬、陈介祺:《封泥考略》,第883页;罗福颐:《秦汉南北朝官印征存》,文物出版社,1987,第87页。

刘宋时期的道经《三天内解经》亦载:

此时六天治兴,三道教行,<u>老子帝帝出为国师</u>。伏羲时号为郁华子,祝融时号为广寿子,神农时号为大成子,黄帝时号为广成子,颛顼时号为赤精子,帝喾时号为录图子,帝尧时再出,号务成子,帝舜时号尹寿子,夏禹时号为真行子,殷汤时号锡则子。

化民百日,万户人来如云。制作科条,章文万通,<u>付子孙传,世为国师</u>。法事悉定,人鬼安帖,张遂白日升天,亲受天师之任也。……天师受太上正一盟威之道、三天正法,<u>付子孙传,为国师</u>,

---

① 《道藏》第18册,第237页。

谓当终于无穷，岂有杂错。从来未几，而今六天故事渐渐杂错。师
胤微弱，百姓杂治，祭酒互奉异法，皆言是真正，将多谬哉。①

而据《云笈七签》的总结回顾，张道陵被授予天师之名的由来亦如下述：

张天师，沛国丰县人也。讳道陵，字辅汉。禀性严直，经明
行修，学道有方。……以汉安元年丁丑诏书迁改，不拜。遂解官入
益州部界。以其年于蜀郡临邛县渠亭山赤石城中，静思精至。五月
一日夜半时，有千乘万骑来下至赤石城前，金车羽盖，步从龙虎鬼
兵，不可称数。有五人：一人自言吾是周时柱下史也，一人自言吾
是新出太上老君也，一人云吾是太上高皇帝中黄真君也，一人言
吾是汉师张良子房也，一人言吾是佐汉子渊天师外祖也。子骨法
合道，当承老君忠臣之后。今授子鬼号传世，子孙为国师，抚民
无期。于是道陵方亲受太上质敕，当步纲蹑纪，统承三天，佐国扶
命，养育群生，整理鬼气，传为国师。依其度数，开立二十四治、
十九静庐，授以正一盟威之道，伐诛邪伪，与天下万神分符为盟，
悉承正一之道也。②

可见，天师辅佐天子堪称原始道教之重要教义，而与佐国扶命等紧密联
系在一起。结合此前诸论，可以说，正如老君“帝帝出为国师”一样，
原始道教的教义诚然具有明确的人间性格。“佐君致太平”既昭示了原
始道教的独特教义及属性，亦可谓其政治—宗教理想的精练表达。

总之，在经学、谶纬而至原始道教的承接、发展过程中，君师关系

---

① 《道藏》第 28 册，第 413、414~415 页。
② 此据张君房编《云笈七签》卷二八，李永晟点校，中华书局，2003，第 632 页；又参《道
藏》第 22 册，第 204 页。

的神化程度越发深入，终于演变为天子与天师这样一组相辅相成的神圣角色。天师的神圣使命即佐君致太平，[①]为此，他们不仅传道授经，还主动上献神书，以求解除汉家之厄，致治太平。然而历史的发展并未从其所愿。于是，宗教理想始终不得伸张的原始道教，最后毅然踏上了另寻真人以佐其命的救世之路，这就是隐伏于汉末政治—宗教运动以至汉魏禅代历史过程中的天子与天师之神性互补的内在逻辑。索安认为:"太平思想和《变化经》教团之间的不同也许仅仅是同一个思想体系中的不同:东方的太平部落黄巾军要争取明君权威下的新王朝，四川的运动要求的是直接做所有圣主的导师。他们都不再寄希望于皇家的统治，而是要听从一个降下人世的神化的圣贤的指导。"[②]"他们都不再寄希望于皇家的统治"的判断明显存在问题。从前论五斗米道"师汉"及太平道"辅汉"神学观之，太平道抑或五斗米道都并非宣称要取代天子奉天牧民的地位，而仅安然于引导人君调理阴阳、崇奉真道，以此远离灾异、救济兆民、致治太平的佐命天师之位。

历史地看，天子与天师紧密互补关系之出现，应与中国古代帝国的宗教性格紧密相关——政治的宗教化与宗教的政治化如一体的"双螺旋"，构成这一时期的典型特征。需注意，天子(政治)与天师(宗教)的共生互补关系，当源起于古老的天命信仰，故可视为天命信仰的分流，或曰天命信仰在政治与宗教领域的不同呈现。[③]凭借宗教化的天子

---

① 　《太平经合校·癸部》载有"救迷辅帝王法":"大道变化无常……教不重见，时不再来。急教帝王，令行太平之道。道行，身得度世，功济六方含生之类矣。"前揭《老子想尔注》言:"会不能忠孝至诚感天，民治身不能仙寿，佐君不能致太平……是故绝诈圣邪知，不绝'真圣道知'也。"(王明:《太平经合校》，第731~732页;饶宗颐:《老子想尔注校证》，第24页)

② 　索安:《老子和李弘:早期道教救世论中的真君形象》，《国际汉学》第11辑。

③ 　乐维(Jean Levi)曾指出，国家的官员与道教的天师就像中国祭司职位的两面，两者在很多方面都扮演着相同的角色[乐维:《官吏与神灵——六朝及唐代小说中官吏与神灵之争》(1986年初刊)，张立方译，《法国汉学》第3辑，清华大学出版社，1998]。

与天师之佐命共生关系，理念上的绝对王权受到了类似"帝王师"角色的"天师"之约束；儒家的帝王师理想，则因向着宗教化的天师掘进，而得到进一步实现。据此，天子与天师的关系一定意义上确可谓上古王权与教权关系的孑遗。与此同时，秦汉时期的新型政治体制，以及包裹其外的灾异政治文化，也历史地增列至这一演进脉络中，为天子与天师之组合关系加注神性，由此构成该组关系确立的近因。这一关系之确立，在凸显宗教的天师之力量，以及从信仰层面限制王权独大之势的同时，[①]实际上也进一步"论证"了天子的独特神性，从而以稳定的宗教叙事将天子不可替代的地位凝固下来。

第六节　原始道教的国家宗教性格

"五四"时期，鲁迅曾提出"中国根柢全在道教"的著名命题，[②]以此概论道教对于认识、理解传统中国的关键作用。在百余年来的现

---

① 君与师、天子与天师这样的"二圣"组合，或许还受到"圣不独立，智不独治"的神秘思想之影响。《全三国文》卷三三载蒋济之言曰："圣不独立，智不独治。神武之王，亦须佐辅。"（严可均辑《全上古三代秦汉三国六朝文》，中华书局，1958，第 1241 页）《风俗通义·山泽》载："《孝经》曰：'圣不独立，智不独治，神不过天地，同灵造虚，由立五岳，设三台。'《传》曰：'五岳视三公，四渎视诸侯，其余或伯或子男，大小为差。'"王利器注曰马国翰以下引《传》为《援神契》，定此为《孝经援神契》文，当是（应劭撰，王利器校注《风俗通义校注》，第 445 页）。在"圣不独立，智不独治"思维的影响下，或许较易理解"佐命"的思想：不仅天子需要天师、三公辅佐，如张衡《西京赋》所言"佐命则垂统，辅翼则成化"，理想的为政模式也是众星拱北辰的样子，如《论语》载"为政以德，譬如北辰居其所而众星拱之"。且五岳亦有各自的辅山或佐命之山，这在道经中多有所见，此不赘述。

② 鲁迅在《1918 年 8 月 20 日致许寿裳》中提出："前曾言中国根柢全在道教，此说近颇广行。以此读史，有许多问题可以迎刃而解。"此据《鲁迅全集》第 11 卷，人民文学出版社，1981，第 353 页。

代学术研究中,道教亦被公认为中国本土宗教与民族宗教,堪谓打开中国传统文化迷宫的重要切口。然而,由于道教在其成立后的长期历史阶段中,总以不同面貌广泛弥散于中国民众生活各层面,表现出杂而多端的样态,故此颇难让人把握其内在的特征与属性。于是,如何科学地判断道教的总体属性,也就成为阻滞相关研究推进的一道学术难题。有鉴于此,有意识地卸载后期历史呈现及层累知识带给我们的刻板"印象",重新回归问题本源处寻绎"真相"之不同可能,从考察原始道教成立初期的形态入手,或可为聚讼纷纭的道教起源、定义、属性问题,开辟出一条合理的探索路径,继而为全面认识、理解道教的面貌及其在中国传统文化生态中的作用、地位,提供不同的观察角度。

　　进入正式讨论之前,为避免不必要的语意分歧,我们首先需对论题中的"原始道教"及"国家宗教"概念予以说明和界定。"原始道教"的提法首先源于日本学界。日本学者将道教划分为原始道教(又称"古道教",指寇谦之以前的道教)、旧道教(以正一教为中心)以及新道教(以全真教为中心)三个历史发展阶段。[1] 管见所及,第一次具体使用"原始道教"这一词语的应是福井康顺。福井氏在《道教の基础的研究》一书中,即将第一篇命名为《原始道教の研究》。福井氏此处所言"原始道教",据其所论乃特指"太平道"与"五斗米道"。此后该词在学界的使用频率增高,指涉范围亦有所变化。[2] 本书所指"原始道教"根据论题范围,主体仍然界定为公元 2 世纪前后的"太平道"

---

[1]　此据福井康顺等监修《道教》第 1 卷,朱越利译,上海古籍出版社,1990,第 4~5 页。

[2]　如姜生即将"原始道教"的下限延至葛洪时期。论见姜生《原始道教之兴起与两汉社会秩序》,《中国社会科学》2000 年第 6 期,第 179 页;《曹操与原始道教》,《历史研究》2011 年第 1 期,第 4 页。

及"五斗米道"，同时"五斗米道"方面稍有下延，时至曹魏建国前后为止。

这里提出的"国家宗教"不同于"国家祭祀"等概念，它并不意味着原始道教已经真正进入国家层面，在国家的制度及政治文化生活中占有重要位置，而是说原始道教在教法、教义、组织架构、宗教诉求等诸多层面的拟定，均以世俗国家之意识形态、礼仪制度、组织秩序为参照，并进一步与被世俗国家定性为淫祀、妖异的民间信仰拉开距离，将"佐君致太平"设置为最高宗教—政治理想，由此自然成为一个兼摄"出世"与"在世"属性的"官僚性"组织，而具有明显的"国家宗教性格"。下面让我们从学术史的检讨开始，以天子与天师的神圣内涵及其依存关系为主要着力点，开启对原始道教属性、特征的再认识。

对原始道教性格或属性的判断与道教的定义问题紧密相关，因此自当置于学术史的梳理、批判中予以综合论证。有关道教的定义，许地山提出："道教底渊源非常复杂，可以说是混合汉族各种原始底思想所形成的宗教。"[1] 傅勤家认为："道教袭庄老之玄言，学巫祝之祭祷，行方士之术数，包罗已至猥杂，更摹效佛经，抄袭名字，尤为识者所鄙。"[2] 任继愈主编《中国道教史》先提出"中国道教的产生过程是多源的、多渠道的和逐渐靠拢而成的"，接着分析了早期道教的主要来源，包括古代宗教和民间巫术、战国至秦汉的神仙传说与方士方术、先秦老庄哲学与秦汉道家学说、儒学与阴阳五行思想、古代医学与体育卫生知识。[3] 卿希泰主编《中国道教史》认为："道教是以'道'为最高信仰而得名，相信

---

[1]　许地山：《道家思想与道教》，氏著《道教史》，上海古籍出版社，1999，第143页。

[2]　傅勤家：《中国道教史》，上海书店出版社，1984，第241页。

[3]　任继愈主编《中国道教史》，上海人民出版社，1990，第7~16页。

人们经过一定修炼可以长生不死,得道成仙。……与此同时,它还吸收了阴阳家、墨家、儒家包括谶纬学的一些思想,并在中国古代宗教信仰的基础上,沿着方仙道、黄老道的某些思想和修持方法而逐渐形成。"[①]黄钊主编《道家思想史纲》认为,堪舆、建除、胎息、变化、风角、遁甲、七政、六日七分、逢占等"荒诞的迷信加上两汉的谶纬和神仙黄老的妄说,构成了汉末道教的基础"。[②]

　　酒井忠夫与福井文雅对日本学界有关道教定义的讨论进行了归纳总结,分成十三种,包括:以道教为在道家名称下混合神仙道与天师道,特别包含民间信仰,并融合佛、儒之教义、仪式,以长生升天为教旨,为消灾弭祸而行各种方术的宗教;从神仙道教吸收服食炼养,从道家哲学吸收治心养性,从民间信仰吸收多神,从巫祝吸收章醮之法,将这些综合统一起来的宗教;从古老的民间信仰发展起来,具体形式可分为拥有道观和道士的教团组织的成立道教与总称民间一切道教信仰的民众道教;道教是适应中国社会各阶层,特别是庶民阶层要求的宗教,官僚统治阶层在私人领域也信仰道教,逸民(民间知识分子)则整理道教义理;道家是哲学的道,道教是宗教的道,道教祭祀以老子为中心的多神,经历了原始道教、旧道教、新道教的发展过程;道教是将中国民间的咒术信仰、老庄思想、神仙思想以及其他种种宗教性或拟宗教性的要素综合在一起的宗教,东汉末最早出现的教团是在当时农村的社会条件下和民众信仰的基础上创立的;道教是综合自古以来的民间信仰、神仙说和老庄思想,以老子为开创者,模仿儒教的道德学说与佛教的因果报应思想、佛经、佛教教团组织而建立起来的宗教;

---

① 　卿希泰主编《中国道教史》第1卷,四川人民出版社,1996,第1页。
② 　黄钊主编《道家思想史纲》,湖南师范大学出版社,1991,第242~243页。

等等。①

　　欧美学界有关道教的定义大体上不出以上观点，多强调道教自然主义、神秘主义方面的属性。这一点当然无可厚非，毕竟这些传统也的确是形塑道教"杂而多端"性格的重要因素。然而令人不无遗憾的是，或许太过执着于道教中"术"的内容，研究者基本上忽略了道教与王朝尤其是道教依以成型的汉王朝的政治意识形态（包括政治文化）之间的关系。尽管如上所述，不少研究者也曾指出道教对儒家思想等方面的吸收，但儒家文化只是王朝意识形态的一部分，所以讨论的焦点仍未直指道教的"国家宗教性格"。索安归纳提出："迄今为止，还没有哪一项研究是直接针对道教和帝国宫廷之间的关系，或者针对帝国祭天仪式与道教仪式之间结构上的类同。"② 索安的判断是正确的。20世纪的中国道教研究，大概由于受到世界整体学术潮流之影响，大多偏向人类学、民俗学、文献学的取径，而相对缺乏历史学角度的检讨，因此同样未能充分认识到作为中国民族宗教的道教的"政治性"倾向与"在世性"特征。

　　针对以上有关道教性质、渊源的诸多论点，我们首先应该批判的是，原始道教非但不是如部分研究者所界定的巫祀、民间信仰的汇流，反而坚定地站在淫祀以及以之为基础的民众叛乱的对立面上。如前文详细讨论的太平道、五斗米道大规模仿拟汉制的教法、仪式、制度及其"为汉国辟捕千贼万盗"等佐君致太平的言论与实践，就是原始道教"在世性"与"政治性"的最好证明。《老子想尔注》中，在在可见的对设坛祭饯、存思、培胎炼形、附身，以及黄帝、容成、玄女、龚子的房

---

① 　福井康顺等监修《道教》第1卷，第3~6页。
② 　安娜·塞德尔：《西方道教研究编年史》，蒋见元、刘凌译，上海古籍出版社，2000，第78页。

中术等后世常见道教法术之批判,亦充分显示出原始道教视此前诸多信仰——某种程度上亦是其生发的土壤——为"邪文""伪伎",而愿追从"真道"的性格。① 如《想尔注》言:

> 真道藏,耶文出,世间常伪伎称道教,皆为大伪不可用。何谓耶文?其五经半入耶,其五经以外,众书传记,尸人所作,悉耶耳。
>
> 道用时,帝王躬奉行之,练明其意,以臣庶于此,吏民莫有不法效者。知道意贱死贵仙,竞行忠孝质朴,□端以臣为名,皆忠相类不别。今道不用,臣皆学耶文习权诈随心情,面言善内怀恶;时有一人行忠诚,便共表别之,故言有也。道用时,臣忠子孝,国则易治,时臣子不畏君父也,乃畏天神。……今欲复此,疾要在帝王当专心信道诚也。
>
> 谓诈圣知耶文者,夫圣人天所挺生,必有表,河雒著名。然常宣真,不至受有误耶道,不信明圣人之言,故令千百岁大圣演真,涤除耶文。今人无状,裁通经艺,未贯道真,便自称圣,不因本,而章篇自撰,不能得道言,先为身,不劝民真道可得仙寿,修善自勤,反言仙自有骨录,非行所臻,云无生道,道书欺人。……会不能忠孝至诚感天,民治身不能仙寿,佐君不能致太平,民用此不息,倍城邑虚空,是故绝诈圣邪知,不绝"真圣道知"也。②

于此可见原始道教批判巫祀等民间信仰的明确态度。六朝时更有

---

① 相关讨论可参龚鹏程《早期天师道》,氏著《道教新论》,北京大学出版社,2009,第118~131页。

② 饶宗颐:《老子想尔注校证》,第22~24页。

"神不饮食""师不受钱"的道教"清约"，[①]是亦可见道教与古代牺牲宗教相分野的持续努力。实际上，关于道教与民间宗教的关系，石泰安曾极富洞见地指出，中古时期，妖妄、淫祀等"异端"因素都被归结到了在三教竞争中失败的"道教"一方；道教之所以经常被人们误解为先秦秦汉时期民间巫术、信仰、方术的综合体，原因在于，"两大宗教为获得统治者或人民的支援而竞争，学者们倾向于将各种各样的'民间'成分都归到失败的宗教名下"。[②]可见，"倒放电影"和成王败寇式的叙事倾向，在原始道教的研究和认识上也有反映，尽管这可能并非研究者的有意识行为。

其次，在追溯道教之渊源时，当注意把握一个原则：不能将道教的渊源无限制地上溯。因为，但凡文化溯源性质的讨论，如果不加限定，可以说都会在先秦传统中找到一定因素，那么这样的讨论势必会削弱问题的实际意义（其中道理正如悉尼·胡克所说："原因的原因的原因，就不是原因了"）。尽管思想、文化、信仰有其传承性和一定的稳定性，但若无严格的界定，溯源总是会无约束、无休止的。如上所见，在定义道教，认识道教之性格、属性的问题上，许多研究者实际上正是因为没有把握好这一原则，所以才会将道教的发生时间不断上移，以至于追寻到墨家、神仙等周秦传统中去。[③]

最后，关于道教的起源，不少研究均指向其地方文化来源，尤其是巴蜀地区的本地巫鬼信仰。虽然原始道教与四川地区关系密切，但绝不能简单地认为道教起源于四川的地域文化和信仰。如在此前的学术史梳

---

① 施舟人：《道教的清约》，《法国汉学》第 7 辑，第 157、158、161 页。

② 石泰安：《二至七世纪的道教与民间宗教》，吕鹏志译，《法国汉学》第 7 辑，第 39 页。

③ 典型者如闻一多《神仙考》，《闻一多全集》卷 1《神话与诗》，三联书店，1982；萧登福《周秦两汉早期道教》，台北：文津出版社，1998。

理中我们便可看到，不少研究早就指出道教的东部来源可能（包括东西部教团的传承关系），近年来又有研究者依据考古资料提出道教之中原起源的可能性问题。[①] 总之，传世史料和出土资料都指向了道教中的多元文化要素及不同起源的可能，这种多元性实际上正好与汉帝国兼收并蓄之文化特征相符合。

通过以上的反向排除及史观厘定后，我们再来正面讨论原始道教与"汉家"的关系。在此前讨论的基础上，我们可从以下四方面概述原始道教的国家宗教性格。第一，仔细检视《太平经》《老子想尔注》等原始道教经典，可发现其主要的教法及特征即身国同治、去病消灾、致治太平。而在今文经学→谶纬神学→原始道教的汉代思想、信仰发展脉络中，则可清晰发现原始道教去灾致太平的宗教教义，实则根植于以灾异论为基础的汉代国家神学。这说明原始道教的教法、特征乃承接汉代国家神学而起，具有"为汉制法"与续汉神魂的国家宗教性格。第二，如第三章所详论，原始道教诸多仪式与制度的原型亦当源起于"汉家"，因而具有明显的"师汉"痕迹，如传授仪、章仪、朝仪、服制等，此亦可说明原始道教的仪式、制度形态具有深受"汉家"影响的国家宗教性格。第三，原始道教的叙事方式，比如"六天"[②]"禹穴"[③]等神灵、神话体系之架构，应受到汉代儒学、谶纬神学的影响。又如《太平经》中天师与真人之间的"问答体"及其疏解模式，亦可见汉代经学之影响痕迹。[④] 这

---

① 参张勋燎、白彬《中国道教考古》第 1 册第四章"从东汉墓葬解注器看中原地区初期天师道的性质和形成原因"。

② 王宗昱:《道教的"六天"说》,《道家文化研究》第 16 辑,三联书店,1999。

③ 康德谟:《关于道教术语"灵宝"的笔记》,《法国汉学》第 2 辑。

④ 尽管如此,《太平经》对"章句"及谶纬之学皆有批评,反映了它对待传统的矛盾态度。相关讨论请参 Zhao Lu, *In Pursuit of the Great Peace: Han Dynasty Classicism and the Making of Early Medieval Literati Culture*, pp.162-169。

也反映出原始道教有别于民间巫祀、信仰的国家宗教性格。第四，原始道教在汉末掀起的大规模仿习汉家的"国家化"行为，以及以"汉家"为理想国家范本所发起的追寻理想国家（"致太平"）的宗教运动，颇为鲜明地反映出原始道教"道佐代乱"、佐君致太平的宗教—政治理想，由此更明确昭示出原始道教的国家宗教性格。

综之，如索安所指出："敬畏天命的君主是道教的基础，而道教是一种可以用古老王朝神话在神灵世界中的投影来概括其特点的宗教。"[①]虽然诸如道教的灵宝概念等，的确有更早的渊源，但正如我们前此不断证明的那样，原始道教的性格无须追溯至更古的传统，而应主要受到"汉家"神学之影响。只不过在此后的历史发展进程中，随着"汉家"神圣性格的不断消散，道教不断地"清整""屈服"，不断地被污名化、妖魔化，终于导致原始道教的国家宗教性格逐渐淹没于历史长河，最后淡出人们的视野，远离社会集体记忆，而不再为人所知所识。

结　语　汉魏之际的政治神学与社会运动

"政治神学"何谓？古典时期的"政治神学"，简言之即教会神学的政治论述。20世纪中叶以后，"政治神学"经常被运用到有关宗教、神学、意识形态在社会运动兴起、政治秩序构建以及历史发展变迁中所起作用的相关讨论中。马克·里拉将"政治神学"界定为："一种在神启（无论这种神启是什么）的基础上，给公共权威，以及行使权威的制度以合法性的学说。"并进一步解释说："神学是一种智识训导（或规训）：

---

① 索安：《国之重宝与道教秘宝——谶纬所见道教的渊源》，《法国汉学》第4辑，第97页。

它是一种思维方式。它从假设神、人和世界之间的神启关联出发,并对这种关联进行例行的探索。政治神学,正如我希望定义的那样,来自于这样的原则:政治合法性来自于那种关联——不多,也不少。"[①] 这也是我们在这里所使用的广义上的"政治神学"概念。如上所论,汉魏之际政治神学的主要内容,即有关"太平"的塑造与诉求。汉末"致太平"的政治神学一方面继续受到"汉家法周"之"复古"思潮——具体表现为《周礼》尤其是周公招来太平神话——的影响,另一方面则与谶纬的兴起及灾异思想的发展紧密相关。

以"国家—社会"理论为基础的"社会运动",在社会学领域的代表性定义有:"一个多元的个人、团体、组织间非正式互动的网络,在一个共享的集体认同的基础上,参与政治或文化冲突"(迪亚尼),"规模较大、相对持久并具有社会改造理念的运动"(克罗斯利),以及"有许多个体参加的、高度组织化的、寻求或反对某些特定社会变迁的体制外政治行为"(赵鼎新),等等。[②] 根据此前有关士人"澄清天下"及原始道教祈望太平的讨论,汉末的"社会运动"可定义为,在"致太平"、寻求理想国家的统一理念支撑下,由士人群体、隐逸群体(士人群体之另外一端)和宗教群体针对权力执掌集团所发起的前后相续的抗议活动。

历史发展充满了人的选择,而人的选择往往受制于特定的价值与心态。人有自由意志,因而历史一定程度上会受到人的意志之牵制与影响。事实上,在推动历史前进的"合力"构成中,有一部分便是人的意志,于是历史发展的某些侧面或可谓人类意志的外化。与此同时,

---

① 马克·里拉:《政治神学的回归》,姜清远译,李强、张新刚主编《政治神学》,北京大学出版社,2017。

② 见蔡禾主编《城市社会学讲义》,人民出版社,2011,第238~239页。

在推动历史前进的"合力"中，还有相当一部分并不属于人的自由意志——它们可以是复杂力量织就的"形势""时势"，可以是自古以来、渊源有自的"传统"，可以是人们日用而不知的"习俗"，也可以是沉潜日久的"迷信"或信仰"古层"，还可以是表面沉静如海而一石便可激起千层浪的社会"人心"——甚至个人的思考、行为等，反而会更多地受到这些因素的影响与制约，历史的发展自然也难逃如是力量之左右。

在此意义上，马克思关于人是历史的"剧作者"，又是历史"剧中人"的经典判断，应当再次引起我们的重视。具体到某一遽变时期，历史宛如奔腾不止的大河，社会人心仿若不时而起的卷浪，不同的人群与势力可谓争流的百舸，具体的个人则堪谓船上的操控手；面对浩荡涌进的历史大河，真正有智慧的英雄不但善于察形观势，探测时代发展的大潮与走向，还懂得如何指挥、掌握船舵，凭借其意志与力量驾驭浪潮，从而在最终的大浪淘沙中胜出。因此，"顺势"或"造势"，"奉天之命"或"制造天命"，最终无非都是"顺应人心"或"操控人心"的举措；"水能载舟亦能覆舟"，此诚不虚。

那么，汉魏之际的政治神学与社会运动之间究竟是一种怎样的关系？如前文细证，根据史料记载，"致太平"的思想学说与信仰诉求，即影响汉魏之际民情动荡、牵引人心前进方向的重要力量。而"致太平"之所以能够发展为引领社会的政治神学，则在于它有效弥合了不同群体间的价值沟壑，融会了不同个体的生命信仰，遂自然演变为全民的信仰与政治诉求。同时，它还进一步纠合谶纬神学、原始道教与五德终始学说，至此终于拧成一股卷动社会人心、影响汉末时势的巨大力量。可以说，正是"致太平"的政治神学，内在地制约着谶纬神学、原始道教以及五德终始学说的论证方向，由此牵引社会人心之起伏，并最终推动了汉魏之际从士人、隐逸到宗教信徒的"抵抗运动"。

除了"致太平"这一总括性的神学思潮之外,两汉时期的社会运动及历史走向,还具体受到"玄丘制命"与"道佐代乱"两股神学思想支流的牵制。"玄丘制命"背后体现的是天子受命、牧养万民的神学思想,反映的是天子与万民的关系;[1]"道佐代乱"则体现了以道佐君、致治太平的神学思想,隐含着天师与天子的关系。[2] 所以,"玄丘制命"与"道佐代乱"之间,是以天为中心(代言人为儒、为孔子)与以道为中心(代言人为道、为老子)的两种神学之间的争锋,是"天子"与"天师"背后的逻辑支撑,同时还隐含着汉代的儒道交涉、抗衡,以及两者起伏、交融的发展线索。据此,"玄丘制命"与"道佐代乱"呈现的是两股神学的角力与互动,以及儒道交涉背景下的"汉家"兴嬗。概言之,从"玄丘制命"至"道佐代乱",对应的正是从谶纬神化"汉家"

---

[1] 在汉家与天命建立联系的道路上,"素王"孔子曾发挥关键作用。如前揭汉纬《春秋演孔图》载:"玄丘制命,帝卯行也。"《孝经援神契》记载更详,言孔子随含儿见麟,麟吐图三卷,上有文曰:"周亡,赤气起,火耀兴,玄丘制命,帝卯金。"与"玄丘制命"相似的表达还见诸汉纬《春秋汉含孳》:"孔子曰:'丘览史记,援引古图,推集天变,为汉帝制法,陈叙图录。'"同篇又谓:"丘水精……为赤制方。"另外,郅恽上书王莽,以谶纬证刘氏享天永命时,也曾有类似表达:"汉历久长,孔为赤制,不使愚惑,残人乱时。"苏竟《与刘龚书》亦称:"孔丘秘经,为汉赤制。"刻于东汉建宁二年(169)的《史晨碑》有:"臣伏念孔子,乾坤所挺,西狩获麟,为汉制作,故《孝经援神契》曰:'玄丘制命帝卯行。'又《尚书考灵耀》曰:'丘生仓际,触期稽度为赤制,故作《春秋》,以明文命,缀纪撰书,修定礼义。'臣以为素王稽古,德亚皇伉。"(洪适:《隶释》卷一,《隶释·隶续》,第23页)

[2] "道佐代乱",即大道佐君,代乱致治;落实到尘世,其意愿则可表述为:天师辅佐天子平息灾异乱世,达致太平。案,在道家和早期道教文本中,"佐命"和"佐君"的观念,有着连续的发展线索。从《道德经》中的哲学性话语"以道佐人主"(见魏源《老子本义》第二十五章),到《老子铭》中的"自羲农以来,世为圣者作师",再到太平道"以善道教化天下"及《老子想尔注》"佐君不能致太平"之说的提出,我们可以清晰发现"道"的人格化及老子神格化的演进之路。而曹魏时期的道经《大道家令戒》则详细追叙了"道佐代乱"的"历史"和背景,其中提及:"道乃世世为帝王师,而王者不能尊奉,至倾移颠殒之患,临危济厄,万无一存。……五霸世衰,赤汉承天,道佐代乱,出黄石之书以授张良。"(《道藏》第18册,第236页)

内涵、经学"王汉"到原始道教"师汉""辅汉""代汉"的神学演进轨迹，以及与之纠缠一体的、从两汉之际的天命竟夺到汉魏禅代的历史展开过程。汉帝国的神圣性格即蕴涵于这样的神学演进轨迹与历史展开过程中。

综之，尽管谶纬、道教、五德终始等思想总是指向超越生活的更高处，给人以魔幻、虚妄之感，但它们对彼时舆论及社会人心的引导却是真实无疑的。汉魏之际的历史变迁也恰恰深刻受制于此般政治神学之影响。诚如姜生所指出："正是'黄德'这个出于历数而又被社会心态化、神圣化的虚无缥缈却足以颠覆人心的东西，成为赢取人心夺取政权的一个关键。"① 若此，则有关汉魏之际政治神学与社会运动之内在关联的讨论，其中饱含的一种自觉，即揭示影响社会人心的非理性因素，探考信仰与秩序同频共振的具体、有效机制，由此进一步认识人性中驱之不散的非理性内容，切近信仰笼罩下的人之言行。

---

① 　姜生：《曹操与原始道教》，《历史研究》2011 年第 1 期，第 24 页。

第五章

代汉：汉末隐逸的知识构成与政治影响

——黄巾拜郑玄事表微

是以桓、灵之间，诸明图纬者，
皆言"汉行气尽，黄家当兴"。

——《三国志·武帝纪》注引《魏略》

引　言　远离政治中心的政治象征

以远离庙堂、隐居不仕的"不合作"态度为基本特征的隐逸群体，是中国古代历史和文化中的重要组成部分。[①] 正史对隐逸群体的程式化记载，以及有关隐逸人士的文学、艺术作品，深刻影响并形塑了人们对隐逸群体的印象和认知。[②] 基于历史学的立场，在前人研究的基础上，我们尚需仔细追问的是，隐逸群体如何界定？他们是否果真与社会无涉？在具体的历史环境中，隐逸群体究竟扮演着怎样的角色、发挥着何种作用？隐逸看似远离尘嚣，但历史上不同王朝均有招隐、尊隐的政策与实践，[③] 这之中又有何历史深意？更进一步的问题是，隐逸群体是否完全表现为一种被动的角色，他们是否也有主动参与社会的一面？

自我定位于社会与国家之外的隐逸群体，历史上却屡屡获得社会和国家之重视，比如王朝总要表态征隐、招隐，并以"野无遗贤"为天下

①　参见蒋星煜《中国隐士与中国文化》（中华书局 1943 年首版，此据上海人民出版社 2009 年修订版）及张立伟《归去来兮：隐逸的文化透视》（三联书店，1995）。

②　关于隐逸形象之"制作"的讨论参见林育信《制作隐士：六朝隐逸史传之历史叙事研究》，台湾清华大学博士学位论文，2007；相关研究亦可参胡翼鹏《"隐"的生成逻辑与隐士身份的建构机制—— 一项关于中国隐士的社会史研究》，《开放时代》2012 年第 2 期。

③　胡秋银：《论汉晋南朝的隐逸政策》，《社会科学辑刊》2002 年第 1 期，第 101~107 页；蒋波：《汉代的"招隐士"》，《秦汉研究》第 5 辑，第 129~138 页。

大治的重要表征，说明在当时的观念中，隐逸乃是王朝"合法性"认定必不可少的一个要素。与此同时，隐逸声名之获取与否主要据其与朝廷间的距离而定，一旦入朝进仕，隐士的身份即告结束，这说明隐逸身份乃是在自我认识与朝堂界定的矛盾张力中形成的。若果如此，则王朝尊隐的原因，除了慑于隐逸在社会上所享有的声誉和影响力之外，是否也有来自隐逸一方主动作为的影响？即，在君一民依存的社会体系中，隐逸群体是否拥有主动争取自身话语权力的意愿和方式？

就本书讨论的范围而言，两汉之际及东汉后期隐逸之风大兴，至范晔《后汉书》则专辟《逸民列传》，这是今天所见最早的正史"隐逸传"，此后历代史书多有沿袭。[①]《后汉书·逸民列传》的增列，说明东汉的隐逸群体已经具备较大的社会影响力，所以史家才一改以往将隐逸人物散记于各传的做法。那么，东汉隐逸兴起究竟具有怎样的历史与思想背景？相较于此前的隐逸思想和行为，东汉隐逸群体具有怎样的独特性？隐逸群体的大规模出现对"汉家"秩序而言又意味着什么？在汉末诡谲多变的时代大潮中，隐逸群体的表现如何？他们与其他社会群体之间又有着怎样的深层关系？这些问题直接牵涉对汉末思想文化以及汉魏历史变迁的综合理解，却长期没能得到学界的充分重视。[②]本章拟就此展开讨论。

---

① 参见徐冲《"汉魏革命"再研究：君臣关系与历史书写》第二章"王朝与隐逸"（北京大学博士学位论文，2008）。相关讨论也参王营绪《二十四史〈隐逸传〉编撰研究》，福建师范大学硕士学位论文，2007。

② 在与增渊龙夫的讨论过程中，川胜义雄最早将汉末隐逸问题纳入汉魏历史变迁视角下予以详细检讨，并以之为汉末"抵抗运动"的重要构成环节。论见川胜义雄《六朝贵族制社会研究》。增渊龙夫的评论见「後漢薫鋼事件の史評について」『一橋論叢』第 44 卷第 6 号、1960、727-746 頁，此据增淵龍夫『中国古代の社会と国家』岩波書店、1996、296-317 頁。双方的争论亦可参谷川道雄《中国的中世——六朝隋唐社会与共同体》中的评论，此据氏著《中国中世社会与共同体》（马彪译，中华书局，2002），第 76~82 页。

第一节　朝野之间：先秦至东汉初的隐逸思想与实践

大约早在商末周初，有关隐逸的思想与实践即已出现，其典型代表是伯夷、叔齐。《周易》遁卦（☶）的原始意义亦当与隐逸思想相关。至战国时，隐逸思想的发展业已呈现出相当复杂的样貌，儒、道、法三家对隐逸的价值及社会影响等，均表现出不同的理解与认识倾向。[1]

庄子从强调个体生存意义的角度出发，认为"隐"的本质不在于任何外在的表现形式（如隐身何处、如何生活等），亦反对任何名目之刻意追求（如名、利等），因为这些外在形式最终都会有损性命。《大宗师》曰："若狐不偕、务光、伯夷、叔齐、箕子、胥余、纪他、申徒狄，是役人之役，适人之适，而不自适其适者也。"《骈拇》亦云："伯夷死名于首阳之下，盗跖死利于东陵之上，二人者，所死不同，其于残生伤性均也。奚必伯夷之是，而盗跖之非乎？"《缮性》谓："古之所谓隐士者，非伏其身而弗见也；非闭其言而不出也；非藏其知而不发也，时命大谬也。当时命而大行乎天下，则反一无迹；不当时命而大穷乎天下，则深根宁极而待。此存身之道也。"所以"隐故不自隐"也。[2]

与庄子极端地强调"出世"的彻底性不同，孔子主张"危邦不入，乱邦不居。天下有道则见，无道则隐"，"隐居以求其志，行义以达其

---

[1]　郜积意：《汉代隐逸与经学》，《汉学研究》2002 年第 1 期。

[2]　王先谦：《庄子集解》，《诸子集成》本，第 38、55、99 页。

道"，①即将隐逸视为一种对抗"无道"的社会性行为，更强调隐逸在社会影响层面的意义。

庄子言隐表现出极端的"弃世"倾向，孔子言隐显示出一定的"入世"性和现实关怀，韩非则极言社会纲纪法要之重，由此在现实理解上自然将隐逸推至另一极端。韩非言："古有伯夷、叔齐者，武王让以天下而弗受，二人饿死首阳之陵。若此臣者，不畏重诛，不利重赏，不可以罚禁也，不可以赏使也，此之谓无益之臣也"，"若夫许由、续牙、晋伯阳、秦颠颉、卫侨如、狐不稽、重明、董不识、卞随、务光、伯夷、叔齐，此十二人者，皆上见利不喜，下临难不恐，或与之天下而不取，有萃辱之名，则不乐食谷之利。……此之谓不令之民也"。又言："离俗隐居，而以非上，臣不谓义"，"民之急名也甚，其求利也如此，则士之饥饿乏绝者，焉得无岩居苦身以争名于天下哉"。②由此可见，韩非几乎完全否定隐逸的思想和行为，认为隐逸者的恬淡颠覆了君主权力和法律制度得以施行的"二柄"（杀戮之谓刑，庆赏之谓德）；隐逸者及其行为也成为脱逸于法之管控的政治对立面，因而被认为是一种对法律制度和君主权威构成严重挑衅的"反世"行为。

道、儒、法三家所论证的弃世、入世、反世三种价值倾向的隐逸观，成为后世隐逸群体寻求身份定位时最重要的思想来源。"居庙堂之高"与"处江湖之远"，成为主导隐逸群体在不同历史时期、历史情境中，做出不同价值去取和行为选择的两种颇具悖论性质的核心要素。

就隐逸实践来说，先秦时亦已出现不同动机和类型的隐逸之士。如《论语》中出现的几位隐士，孔子即将其划为三类："不降其志，不辱其

---

① 刘宝楠:《论语正义》,《诸子集成》本，第 163、361 页。
② 以上分出《奸劫弑臣》《说疑》《有度》《诡使》，王先慎:《韩非子集解》,《诸子集成》本，第 75~76、307~308、24、314 页。

身"的伯夷、叔齐，"言中伦，行中虑"的柳下惠、少连，以及"隐居放言，身中清，废中权"的虞仲、夷逸。①

　　秦至东汉初，有关隐逸的思想与实践有两方面值得注意。第一，史书记载显示，秦汉之交的隐逸开始对王朝政治产生实际影响，朝廷也开始施行尊隐、招隐的相关政策。两相比照，此前的隐逸或是纯粹的个人行为及价值选择，或以彻底逃离政治为目的，且基本停留在理论探讨及传说层面，所以对朝堂政治很难产生实际影响。汉初隐逸对政治产生实际影响的典型事例，即汉初"商山四皓"对刘邦废立太子事件的参与。《史记·留侯世家》载：

　　　　上欲废太子，立戚夫人子赵王如意。大臣多谏争，未能得坚决者也。吕后恐，不知所为。人或谓吕后曰："留侯善画计策，上信用之。"吕后乃使建成侯吕泽劫留侯……强要曰："为我画计。"留侯曰："此难以口舌争也。顾上有不能致者，天下有四人。四人者年老矣，皆以为上慢侮人，故逃匿山中，义不为汉臣。然上高此四人。今公诚能无爱金玉璧帛，令太子为书，卑辞安车，因使辩士固请，宜来。来，以为客，时时从入朝，令上见之，则必异而问之。问之，上知此四人贤，则一助也。"于是吕后令吕泽使人奉太子书，卑辞厚礼，迎此四人。四人至，客建成侯所。②

　　从留侯张良的建议中，不难发现作为隐逸的四皓具有不畏权势的特立独行之价值观，甚至相当"傲慢"，所以张良建议太子亲自"卑辞安

---

①　蒋波：《秦汉时期的隐逸现象及相关问题研究》，西北大学博士学位论文，2012，第15页。
②　《史记》卷五五，第2044~2045页。

车"，"使辩士固请""以为客""从入朝"。《史记》又曰：

> 四人从太子，年皆八十有余，须眉皓白，衣冠甚伟。上怪之，问曰："彼何为者？"四人前对，各言名姓，曰东园公，角里先生，绮里季，夏黄公。上乃大惊，曰："吾求公数岁，公辟逃我，今公何自从吾儿游乎？"四人皆曰："陛下轻士善骂，臣等义不受辱，故恐而亡匿。窃闻太子为人仁孝，恭敬爱士，天下莫不延颈欲为太子死者，故臣等来耳。"上曰："烦公幸卒调护太子。"四人为寿已毕，趋去。上目送之，召戚夫人指示四人者曰："我欲易之，彼四人辅之，羽翼已成，难动矣。吕后真而主矣。"……上起去，罢酒。竟不易太子者，留侯本招此四人之力也。①

从刘邦见知四皓及与四皓的对话来看，刘邦颇以此四人为高，故有"大惊"之态与"求公数岁"之语、"目送"之行。而从整件事情的结果看，四皓的影响力也的确相当惊人，司马迁谓"（上）竟不易太子者，留侯本招此四人之力"。那么四皓的影响力究竟来自哪里？从其与刘邦的对答可知其中要义："窃闻太子为人仁孝，恭敬爱士，天下莫不延颈欲为太子死者，故臣等来耳。"话里的意思是，作为隐士的四皓可以代表天下贤士表态，而著名隐士的"上朝"往往会被当作"天下归心"的象征。需特别注意者，四皓自称"臣等"，表明其已放弃与政权的对峙身份，转而认同、归附王朝的天下秩序。故此，其言"天下莫不延颈欲为太子死者"是相当有分量的，这种分量体现在颇具象征意义的大隐、贤人极言其对太子权力合法性的认可以至于归附。对比刘邦自己求公数岁

---

① 《史记》卷五五《留侯世家》，第2046~2047页。

而不至的情况，此语尤其值得品味，所以刘邦才会说出"彼四人辅之，羽翼已成，难动矣。吕后真而主矣"这样的话——四人辅之当然难成羽翼，但四人的态度则可代表天下士人之心声。此已接近后文将予讨论的隐逸的象征意义与神学内涵（如图14所示，"商山四皓"已明确进入此后的墓葬图像系统中）。后世对该事件真实性的怀疑，[①]或是因为缺少对隐逸的象征意义与实际功能的"了解之同情"。

图14　河南邓州出土南朝彩色"南山四皓"榜题画像砖

说明：现藏中国国家博物馆。

值得注意的是，汉初的隐逸思想与实践还当与盛行于时的黄老思想有关。这方面最典型的事例即黄石公三试张良，以及张良功遂身退，"愿弃人间事，欲从赤松子游"。[②]此外，张良与汉初黄老道的隐微关联及其

———————————

① 如司马光即完全否认该事的真实性，认为："凡此之类，皆非事实。司马迁好奇，多爱而采之。"见《资治通鉴》卷一二引司马光案语。此外，钱谦益、袁枚、王鸣盛等亦颇疑之，论见蒋波《秦汉时期的隐逸现象及相关问题研究》，西北大学博士学位论文，2012，第50~51页。

② 事见《史记·留侯世家》《汉书·张良传》。

辅佐汉家的伟绩，或即天师道创始者张道陵字"辅汉"并被传为张良世
孙的一个重要原因。①

　　第二，这段时期里有关隐逸的思想与实践另一个值得注意的地方，即
两汉之际出现了隐士的"第一个高潮期"。②细言之，"高潮期"可从以下数
字得到反映。饶宗颐于 20 世纪 30 年代撰著《西汉节义传》，搜集了 78 个
在王莽执政期间选择隐居不仕与 26 个宁死不屈于王莽权威之人的资料。文
青云在前者基础上加上孔奋和严光，一共是 80 人，并进一步根据不仕王莽
的原因等情况将这些人分成四类：一是拒绝为王莽效力，同时也拒绝为光武
帝效力的人，共计 15 人；二是不愿在王莽时做官却在光武帝时接受了官职
的人，共计 25 人；三是除了在王莽时期拒绝做官外其他情况一无所知的人，
共计 3 人；四是在光武帝掌握全国的控制权之前就已死掉的人，共计 37 人。
同时前两类人中亦有不同情况者。③蒋波《秦汉时期的隐逸现象及相关问题
研究》文末亦附有"两汉之际隐士统计表"，考得隐士 80 名，并有详细分类
统计。④

　　上述统计数字给人最直观的感觉，就是隐逸对政治的"参与"相对
于汉初来说，程度明显加深了。不过，相较于我们接下来将要分析的后
汉的隐逸而言，该时期的隐逸尽管规模亦甚壮大，但基本还是呈现为以
不合作态度来抗拒政治的消极"受动者"形象，即不管是王莽时因义愤
而不仕，抑或光武时因受招、鼓舞而出仕，隐逸之士都缺少主动的"发

---

① 　详参本书第六章第二、三节。
② 　高敏：《我国古代的隐士及其对社会的作用》，《社会科学战线》1994 年第 2 期，第 151 页。
③ 　Aat Vervoom, *Men of the Cliffs and Caves: The Development of the Chinese Eremitic Tradition to the End of the Han Dynasty*, The Chinese University of Hong Gong, 1990. 此据徐克谦中译本《岩穴之士：中国早期隐逸传统》，山东画报出版社，2009，第 112~117、127~130 页。
④ 　蒋波：《秦汉时期的隐逸现象及相关问题研究》，西北大学博士学位论文，2012，第 25 页，表 2 见第 142~148 页。

声"机会，也甚少有主动的社会参与，因而只能根据朝堂的政策趋向或皇帝个人好恶，决定自己或仕或隐，很难谈及以声望对峙王朝的话语权力。

综上，在先秦至东汉初的时期里，人们对隐逸的认识以及隐逸实践本身，已近纷繁多歧。尽管如此，在东汉以谶纬言灾异的特殊思想—知识氛围中孕育出的汉末隐逸思想和实践，却别有非凡处。下面让我们以颇具象征意义的黄巾拜郑玄事——郑玄作为今古文经学大师，亦是屡征不就的贤人、隐者，在社会上享有极高声望，而黄巾则是对汉魏历史演进产生重大影响的宗教群体——为中心，来展开有关汉末隐逸之知识构成与政治影响的讨论。

第二节　黄巾拜郑玄事的历史隐义

《后汉书·郑玄传》曾记载经学大师郑玄道遇黄巾而受其敬拜的事迹：

> 会黄巾寇青部，（郑玄）乃避地徐州，徐州牧陶谦接以师友之礼。建安元年，自徐州还高密，道遇黄巾贼数万人，见玄皆拜，相约不敢入县境。[1]

此事每为后人道及，往往以为美谈。如《册府元龟》将此条目归诸"德行"之下，《渊鉴类函》则归诸"义感"一类。今人论及此事，亦多作为

---

[1] 《后汉书》卷三五，第1209页。

郑玄操行高尚或汉末民风淳朴之证。①这种直接却未免流于表面的看法，显然忽视了隐藏于该事件背后更深层次和更复杂的历史讯息。探考黄巾拜郑玄这一极富象征意义的历史事件，尚需超越传统史家可能并未自觉的政治、学术上的正统意识和道德评判，而以更趋客观的现代学术眼光再行检视。

柳诒徵认为："（郑）玄兼治今古文家法，遍注群经，凡百余万言。黄巾贼皆知其名，不犯其境。东汉人之知重学者，亦一最美之风气也。"紧接其下则论曰："汉人之学，不专治经也。周、秦诸子之学，汉时实能综括而章明之"，"汉之经师，多通阴阳之学……其后则由阴阳家而变为谶纬，据《后汉书·樊英传》，则谶纬之学，与《京氏易》同出于一原"。②此已显示出将黄巾拜郑玄事纳入经纬互融的汉末整体学术氛围中予以考察之倾向。贺昌群论曰"汉人以经义断事，以儒术缘饰吏治"，故此有两汉风俗质朴淳厚之美，而汉末百余年间，"乱而不亡，不可谓非儒术之教也"，"郑玄自徐州还高密，道遇黄巾数万人，见玄皆拜，相约不敢入县境。可知汉末之乱，盖祸由上起，当世变日亟，而一般社会犹存淳朴之风，自是一代教化之所泽也"。③此意以儒术缘饰吏治、教化民风为黄巾拜郑玄之根由，仍具一定卓见。于迎春也指出："东汉社会儒学化的深刻程度，最终由郑玄在普通民

---

① 如言此事展现了"郑玄的为人和他的高深学问所获取时人的崇敬之情"（陈全方：《郑注经学与周原考古》，王振民编《郑玄研究文集》，齐鲁书社，1999，第174~175页）等。甚至近人章太炎亦不出传统理解之范围，他将此事与杜林、孟翼，姜肱及其弟季江逢贼获释之事并论，认为"此三事者，固由诸公言行足以动人，亦以当时民俗醇厚，感慕名德使然也"（章太炎：《菿汉三言·菿汉昌言·区言一》，辽宁教育出版社，2000，第115~116页）。

② 柳诒徵：《中国文化史》第一编第三十二章"两汉之学术及文艺"，中国人民大学出版社，2012，上册，第370~372页。

③ 贺昌群：《汉唐精神》，《贺昌群文集》第3卷，商务印书馆，2003，第140页。

众中所获得的巨大声誉昭显出来。"①

　　道教研究学者王明认为，两汉习《京氏易》者甚众，且多与灾异学说紧密相关，黄巾"相约不犯孙先生舍"之孙期，以及郑玄，皆习《京氏易》，进一步考察则可发现："终汉之世，习《京氏易》者，往往兼善图纬及黄老之言。"②从《易》、图纬与黄老相容的角度以证，这又将郑玄与黄巾之间可能存在的思想交叠，向前推进了一步。日本学者川胜义雄虽也认为黄巾拜郑玄之事属于"寇贼受隐者德化一类的例子"，"或许与'螟不犯境'等一类表现相同"，只是为了赞扬隐者贤人的道德之高；但他同时也指出，此事显示出"一般民众对逸民人士是有着亲近感的，如黄巾等将他们视作'所谓贤人'（引《后汉书·姜肱传》语）"。③此可谓将黄巾拜郑玄之事纳入汉末崇隐氛围予以整体考察的最早尝试。此外，黄留珠亦简要论及秦汉时期农民起义军及一般人的敬贤观念。④王德敏、庄春波指出："齐地的经学大师郑玄对经学理性的批判和总结与齐地方士们的早期道教的神学批判相汇合，标志着一个时代的终结和另一个时代的开始。……（黄巾拜郑玄）这一事实使人不得不相信，在齐文化的精神深处，在对终极关怀的价值取向上，郑玄与太平道——黄巾军的战士们，又是相通的。"⑤这一判断显示出作者直观觉察到该事件的可能意义，然而遗憾的是，从其论证过程可以发现，他们并没有熟练掌握汉末学术、信仰方面的基本资料，当然也不可能有更多触及问题实质的论证。

---

①　于迎春：《秦汉士史》，北京大学出版社，2000，第 304 页。

②　王明：《〈周易参同契〉考证》，原刊《中央研究院历史语言研究所集刊》第 19 册，1948 年，此据氏著《道家和道教思想研究》，第 251~252 页。

③　川胜义雄：《六朝贵族制社会研究》，第 33 页。

④　黄留珠：《秦汉历史文化论稿》，三秦出版社，2002，第 207~208 页。

⑤　王德敏、庄春波：《齐文化与中国传统文化》，齐鲁书社，1997，第 197~198 页。

在以上讨论的基础上，我们将首先辨析史籍载录黄巾拜郑玄事的可靠程度与真实性，以及史传作者可能之价值介入与叙事之方式或技艺问题。然后考察黄巾敬拜郑玄之根由所在，从此事项中推导出黄巾的行事逻辑。黄巾究竟基于何种立场，又出于怎样的认识，而对经学大师郑玄一致报以敬畏态度，且恪守约定，终于无犯郑乡？最后我们将聚焦于黄巾的此种行为在东汉末的社会环境中，究竟是非典型的偶发个例，还是当时社会文化的一种常态及自然显露？由此引申出隐逸与汉末地方伦理—价值秩序的话题。以下顺次论之。

一 《后汉书》之叙事风格与黄巾拜郑玄事的真实性问题

黄巾拜郑玄之事，除了上引《后汉书·郑玄传》之记载外，袁宏《后汉纪》亦曾记曰："黄巾贼数万人经玄庐，皆为之拜，高密一县不被抄掠。"①《北堂书钞》卷八五引《郑玄别传》云："玄道遇黄巾贼数万人，见玄皆再拜，相戒不入玄境。"②《太平御览》卷五四二引《别传》条亦作"再拜"，无"相戒"句。③由于《三国志》裴注已引《郑玄别传》，其成书当早于范书，故《本传》所录或当出于《别传》，两处记载也仅有"拜"与"再拜"、"相约"与"相戒"的细微差别。与此同时，《后汉纪》则将"道遇"改作"经玄庐"，且多出"高密一县不被抄掠"之语，适可与《本传》相互补足。《后汉纪》成书在《后汉书》之前，且从史料之保存与裁取等角度看，《后汉纪》较诸《后汉书》亦不无胜义，所以有

① 袁宏：《后汉纪》卷二九《孝献皇帝纪》，《两汉纪》（下），第 558 页。
② 虞世南：《北堂书钞》卷八五《礼仪部六》，孔氏三十三万卷堂影钞本，第 17 册，第 3 页。
③ 《太平御览》卷五四二《礼仪部二十一》，第 2549 页。

"比诸家号为精密"之评价。[1] 又，葛洪《抱朴子外篇》卷二五《疾谬篇》载："康成之里，逆旅望拜。"卷三九《广譬篇》言："秦王之宫，未若康成之间。"[2] 皆引黄巾拜郑玄之典。综合观之，考虑到别传在三国两晋时期的广泛流行，[3] 以及郑玄在曹魏时期曾被追认为"先贤"的事实，[4]《郑玄别传》完成于当时的可能性颇高，故或为黄巾拜郑玄事之最初史源。同时，以上不同载录也反映出，黄巾拜郑玄之事亦非简单地前后承说，而是呈现出多元并存的情况。

尽管从史源学层面可一定程度排除单文孤证之险，但问题并未就此解决。黄巾拜郑玄事的可信性尚需进一步检验、辨析。其中最大的疑难处或在于：《后汉书》中类似于黄巾相约不犯学人乡梓者尚有其他几则事例。《儒林·孙期传》载："（孙期）少为诸生，习《京氏易》《古文尚书》。家贫，事母至孝，牧豕于大泽中，以奉养焉。远人从其学者，皆执经垄畔以追之，里落化其仁让。黄巾贼起，过期里陌，相约不犯孙先生舍。"《袁闳传》载："延熹末，党事将作，闳遂散发绝世，欲投迹深林。……及母殁，不为制服设位，时莫能名，或以为狂生。潜身十八年，黄巾贼起，攻没郡县，百姓惊散，闳诵经不移。贼相约语不入其间，乡

---

① 语出《郡斋读书志》卷二。关于《后汉纪》史料价值的讨论，可参卫广来《袁宏与〈后汉纪〉》（《山西大学学报》1985 年第 3 期）、陈长琦《论〈后汉纪〉的史学价值》（《黄淮学刊》1990 年第 3 期）、董文武《〈后汉纪〉对〈后汉书〉的校勘价值》（《古籍整理研究学刊》1999 年第 3 期）、赵国华《〈申鉴〉成书时间考——兼论〈后汉纪〉的史料价值》（《秦汉研究》第 1 辑，三秦出版社，2007）、安部聡一郎「袁宏『後漢紀』・范曄『後漢書』史料の成立過程について——劉平・趙孝の記事を中心に」（『史料批判研究』第 5 号、2000、113-140 頁）等。

② 分见杨明照《抱朴子外篇校笺》（上），中华书局，1991，第 612 页；同氏《抱朴子外篇校笺》（下），中华书局，1997，第 380 页。

③ 相关讨论参见逯耀东《魏晋别传的时代性格》，氏著《魏晋史学的思想与社会基础》，中华书局，2006；仇鹿鸣《略谈魏晋的杂传》，《史学史研究》2006 年第 1 期。

④ 徐冲：《"二十四贤"与"汉魏革命"》，《社会科学》2012 年第 6 期。

人就闵避难，皆得全免。"另又有"寇贼"不犯贤人之宅的几处记载。《徐稺传》附其子《徐胤传》言："（徐胤）笃行孝悌，亦隐居不仕。太守华歆礼请相见，固病不诣。汉末寇贼从横，皆敬胤礼行，转相约敕，不犯其闾。"《周黄徐姜申屠传》附《荀恁传》谓荀恁"少亦修清节。资财千万，父越卒，悉散与九族。隐居山泽，以求厥志。王莽末，匈奴寇其本县广武，闻恁名节，相约不入荀氏闾"。《列女·姜诗妻传》载："赤眉散贼经（姜）诗里，弛兵而过，曰'惊大孝必触鬼神。'时岁荒，贼乃遗诗米肉，受而埋之，比落蒙其安全。"①

钟书林以为，"《后汉书》中这些重复雷同的叙事，都是范晔对他创作意图的强调"，"这是一种近乎虔诚的叙述，仿佛在进行着神圣的儒家说教法会。相约不入境的重复叙述，再次体现了（范晔）对儒学君子的景仰之情。顽寇都能被儒学君子所感化，更何况其他的呢？所有这些有意重复，都淋漓尽致地展现了范晔崇尚儒学的心态"。②徐冲则从史书编撰的视角提出，此种雷同应与范晔撰写该部分内容时取材的郡国上计报送之素材有关，即格套化的贤人书写很可能源于各郡国为隆显本地治绩的包装或制作。③不可否认，《后汉书》呈现出的这种近乎程式化的叙事方式，难免给人以造作之嫌。然而纯粹的文本分析同样存在主观臆测的风险，所以我们不能止步于此。应继续认真追问的是，范晔这种"重复叙事风格"，究竟是其个人主观倾向之介入使然，抑或只是汉代社会风气之一般写照？

从后文我们对《逸民列传》等内容的分析看，尽管不能彻底排除

① 《后汉书》卷七九上，第 2554 页，卷四五，第 1526 页，卷五三，第 1748 页，卷五三，第 1740 页，卷八四，第 2783 页。

② 钟书林：《〈后汉书〉文学初探》第四章第三节"叙事重复雷同的成因探析"，中国社会科学出版社，2010，第 169 页。

③ 徐冲：《观书辨音：历史书写与魏晋精英的政治文化》，北京大学出版社，2020，第 95 页。

范晔个人因素影响的可能性，我们仍可认定《后汉书》之叙事内容基本可靠。与此同时，相较于立论甚险的单纯的文本分析，从当时学术、思想的复杂交融样貌以及不同知识群体的交流情况入手，或许才是疏解此中隐奥更合理的做法。即，黄巾拜郑玄之事，并非所谓掌握话语权的知识精英为抬高经学大师郑玄而虚构的一幕演出（类似于佛教的"圣传书写"），实际上其作为最富代表性的事例，恰好客观反映了东汉末年不同知识相互交融的一般面向：通晓天文、术数，且谶纬、易学知识深厚的郑玄，与同样具有一定神学背景的黄巾太平道之间，存在思想交叠处；而对于极力推崇乃至神化"贤人"的太平道来说，敬拜郑玄自然也在情理之中。缘此，在没有切实可靠证据出现的情况下，笔者不赞成将黄巾拜郑玄之事判断为子虚乌有的论说；相反，通过对社会、知识背景的梳理，我们将尽力揭橥隐蔽其间的思想图景。

二　郑玄的学说基底与太平道样貌之一端

郑玄向以兼综的"通人"气象而为人称善，如范晔论曰："郑玄括囊大典，网罗众家，删裁繁诬，刊改漏失，自是学者略知所归。"[1] 清末经学家皮锡瑞评述道："学者苦其时家法繁杂，见郑君闳通博大，无所不包，众论翕然归之，不复舍此趋彼。"[2] 实际上，郑玄的博通尚不止于此。仔细对照可以察见，在郑玄的丰赡学问中，对今、古文经学的融通，对谶纬（图谶）的深入吸纳，以及对易学的精湛阐释，都或多或少、或隐或显地与早期道教思想存在交叠。

---

[1]　《后汉书》卷三五《郑玄传》，第1213页。

[2]　皮锡瑞：《经学历史》五"经学中衰时代"，第149页。

（一）郑玄之谶纬学与早期道教中的谶纬要素

虽然郑玄对待谶纬的态度常为反对者所诟病，但批评者或许不知，谶纬恰是其融通今、古文经学的学说基底所在。适如不少学者所考察指出的那样，广摄杂取的谶纬文献与今文经学存在异常复杂、紧密之关系。[①] 通过谶纬的桥梁作用，今、古文经学之间得以更好地融通。那么，在郑玄的学说体系中，谶纬到底占比几何？如本书第二章所引，吕凯曾考辑、罗列郑玄著作中谶纬的引用情况，使我们得以了解其大致样貌；杨天宇亦曾引清人郑珍考证，认为郑玄著作总计六十余种，其中纬书类即多达十种。[②]

谶纬对郑玄之学术究竟有多大程度的影响？我们可略举"六天"说的例子以明之。"六天"说是郑玄对周代祭祀制度的一种解释，在郑玄的经学体系中占有重要位置。具体言之，郑玄依于《周礼》及《春秋纬》，将天区分为实体与作用两个层面，认为昊天上帝是天的实体，其功用对应于五时而有五帝，又认为"帝"就是"天"，合即六"天"。[③]《礼记·郊特牲》孔疏言：

> 先儒说郊，其义有二。案《圣证论》以天体无二，郊即圆丘，

---

① 吕宗力「緯書與西漢今文經學」安居香山主編『讖緯思想の綜合的研究』；陈槃：《谶纬命名及其相关之诸问题》，氏著《古谶纬研讨及其书录解题》，第 163~173 页；《七纬》，钟肇鹏、萧文郁点校，中华书局，2012，前言，第 7~12 页；郑杰文：《齐派今文经学与谶纬关系的初步考察》，《齐鲁学刊》2003 年第 5 期。

② 吕凯：《郑玄之谶纬学》；杨天宇：《郑玄三礼注研究》，第 19~21 页。

③ 陈中浙、刘钊：《儒家"六天"说辨析》，《孔子研究》2002 年第 3 期。乔秀岩对此亦有论及，见乔秀岩《论郑王礼说异同》，《北大史学》第 13 辑，北京大学出版社，2008，第 8~9 页。新近讨论参见陈赟《郑玄"六天"说与禘礼的类型及其天道论依据》，《陕西师范大学学报》2016 年第 2 期。

圆丘即郊。郑氏以为天有六天，丘、郊各异。今具载郑义，兼以王氏难。郑氏谓天有六天，天为至极之尊，其体只应是一。而郑氏以为六者，指其尊极清虚之体，其实是一，论其五时生育之功，其别有五，以五配一，故为六天。据其在上之体谓之天，天为体称。……因其生育之功谓之帝，帝为德称也。

孔颖达接着列举了郑玄以"帝"为"天"的说明：

《小宗伯》云："兆五帝于四郊。"《礼器》云："飨帝于郊，而风雨寒暑时。"帝若非天，焉能令风雨寒暑时？又《春秋纬》"紫微宫为大帝"，又云："北极耀魄宝。"又云："大微宫有五帝坐星：青帝曰灵威仰，赤帝曰赤熛怒，白帝曰白招拒，黑帝曰汁光纪，黄帝曰含枢纽。"是五帝与大帝六也。又五帝亦称上帝，故《孝经》曰："严父莫大于配天，则周公其人也。"下即云："宗祀文王于明堂，以配上帝。"帝若非天，何得云严父配天也？[①]

特别注意，郑玄引《春秋纬》中的五帝说为其"六天"说的关键证据，此一点向为后人所诘责（另即郑玄全据《周礼》之言，深信《周礼》为周制，对《礼记》等其他典籍之记载不以为然）。如《旧唐书·礼仪志》中录贞观二年（628）礼部尚书许敬宗之奏文云：

据祠令及新礼，并用郑玄六天之议，圆丘祀昊天上帝，南郊祭太微感帝，明堂祭太微五帝。谨按郑玄此义，唯据纬书，所说

---

① 阮元校刻《十三经注疏》，第1444页。

> 六天，皆谓星象，而昊天上帝，不属穹苍。故注《月令》及《周
> 官》，皆谓圆丘所祭昊天上帝为北辰星耀魄宝。……考其所说，
> 舛谬特深。①

马端临亦以为：

> 康成注二《礼》，凡祀天处必指以为所祀者某帝。其所谓天者
> 非一帝，故其所谓配天者亦非一祖，于是释禘、郊、祖、宗，以为
> 或祀一帝，或祀五帝，各配以一祖。其病盖在于取谶纬之书解经，
> 以秦汉之事为三代之事。②

　　综上所述，可以认为，构成郑玄有关周代祭祀制度（亦为王朝官方
祭礼）之重要解释的"六天"说，其关键资料来源即所引谶纬文献。③谶
纬对郑玄学说的影响程度，于此可见一斑。池田秀三更进一步认为纬书是
郑玄经学综合体系化的核心理念——"六艺一体观"的最大要素，纬书学

---

① 《旧唐书》卷二一，第 823 页。
② 《文献通考》卷六八《郊社考》，第 2077 页。
③ 需注意，如陈赟讨论指出，尽管郑玄确从《春秋纬》《孝经纬》《河图》等纬书中袭取了
　　"六天"的架构及具体名目，但若就"耀魄宝""灵威仰""赤熛怒"等名目而言，纬书其
　　实并非始作俑者，对此孙星衍、黄以周已有辨析。进而回归经学及郑玄所处时代，可以发
　　现，郑玄的"六天"说虽在概念化的过程中采用了纬书，但其经学根基仍在《周礼》；且
　　其所构建的庞大天人体系，除经纬之学外，还综合采撷了当时的天文、律历、象数、算
　　术等各种知识。另外，虽然五天帝的名目来自纬书，但纬书中并无《月令》所表述的五
　　人帝配食五天帝的思想，《月令》中五人帝之上也并没有五天帝，将《月令》中的五人帝
　　与《周礼》的五天帝结合为一个大系统，亦是来自郑玄的思想。因此，王肃以及后来的
　　批郑者将郑玄的"六天"说完全归结为纬书，并以拒绝纬书的坚定态度拒绝郑学，以致
　　将其观点归诸"谶纬之妖说"的种种做法，最终都不能完成对郑玄"六天"说的思想批
　　判（陈赟：《郑玄"六天"说与禘礼的类型及其天道论依据》，《陕西师范大学学报》2016 年
　　第 2 期）。

即郑玄学术的根柢，拔除了纬书，就无法说明郑玄的学术：因为郑玄相信纬书乃孔子所作，"只要是孔子制作纬书，经与纬的融合即为必然"。①

颇有意思的是，在郑玄手里得到彰显并产生极大影响的"六天"说，也是早期道教②经典中的重要概念，尽管是受批判的对象，却拥有毋庸置疑的重要地位。早期道典中，常见"六天""六天故气"对应"三天正法"的说法。最堪典型者，如刘宋时道经《三天内解经》载："太上于琅琊以《太平道经》付干吉、蜀郡李微等，使助六天检正邪气。微等复不能使六天气正，反至汉世群邪滋盛，六天气勃，三道交错，疠气纵横，医巫滋彰，皆弃真从伪，弦歌鼓舞，烹杀六畜，酌祭邪鬼，天民夭横，暴死狼藉。……汉安元年壬午岁五月一日，老君于蜀郡渠亭山石室中与道士张道陵将诣昆仑大治新出太上。太上谓世人不畏真正而畏邪鬼，因自号为新出老君，即拜张为太玄都正一平气三天之师，付张正一明〔盟〕威之道，新出老君之制，罢废六天三道时事，平正三天，洗除浮华，纳朴还真，承受太上真经制科律。"③在陶弘景汇编、批注的《真诰》中更发展出"酆都六天宫"（"六天鬼神之宫"）的系统说法。④据此，有学者认为是否用血食牺牲祭祀死人是道教与"六天"的

---

① 池田秀三：《纬书郑氏学研究序说》，《书目季刊》第 37 卷第 4 期，2004 年，第 59~78 页。

② 此处所言"早期道教"，与日本学界所提"原始道教"（又称古道教，指寇谦之以前的道教）大略相当（参见福井康顺等监修《道教》第 1 卷，第 4 页）。汉末时东部的黄巾太平道与西部的五斗米道，由于史料所限，均难知其详，然而从为数不多的材料中，仍可见两者相似处甚多，相关论述可参下揭石泰安文。另应注意，虽然大多早期道教文本之成书时间难以遽断，但宗教文本具有稳定的思想延承性，故以"追忆"等形式写就的内容，同样可以一定程度反映同一阶段中更早时期的宗教思想。

③ 《道藏》第 28 册，第 414 页。

④ 近来，姜生围绕"酆都六天宫"在汉画中的初期表现形态，展开了系列讨论，对于认识汉晋时期"六天"信仰的历时发展颇具启发。论见姜生《汉帝国的遗产：汉鬼考》，第 173~203、475~478 页；《狐精妲己图与汉墓酆都六天宫考》，《复旦学报》2018 年第 4 期。

根本分歧。[①]众所周知，虽然谶纬也同样构成早期道教的重要思想渊薮，[②]然而自言神圣的道经文献向来叙述模糊，往往不会提及具体的人、事，故此不敢妄断早期道教有否受到郑玄"六天"说的影响。不过二者共同享有谶纬这一思想资源，故在思想深处存在交叠现象，则应属可信。

（二）郑玄之易学成就与早期道教的易学背景

郑玄早年"造太学受业，师事京兆第五元先，始通《京氏易》、《公羊春秋》"[③]等，后又师事扶风马融，习古文《费氏易》，然其今文《易》的内核却并未因此而改变。池田秀三指出："郑玄释《易》，所用者为爻辰说、卦气说、爻体、互体等方法；这些方法皆属今文《易》。据言郑玄传《费氏易》，确实是用费氏本作为模板，惟其实质则为纯粹的今文《易》。就郑玄最初所学是《京氏易》这一点来看，这是理所当然之事；其《易》说可说是继承《京氏易》，而发展成的。"[④]可从。郑玄之易学著作宏富，主要有《周易注》《易赞》《易论》《易纬注》等，今仅存《易纬注》。他以《礼》注《易》，强调"不易之论"。有学者总结郑玄易学的特点及其在易学史上的地位，认为郑玄之易学冲破了家法的束缚，他

---

① 王宗昱：《道教的"六天"说》，《道家文化研究》第 16 辑。相关讨论又可参施舟人《道教的清约》，《法国汉学》第 7 辑，第 149~167 页；陈中浙《刘宋天师道的"六天"说》，《中国道教》2005 年第 3 期；渡辺義浩「両漢における天の祭祀と六天説」『両漢儒教の新研究』汲古書院、2008、101-127 頁；王皓月《道教"六天"概念的形成及发展》，《儒道研究》第 3 辑，社会科学文献出版社，2016。

② 参见康德谟《关于道教术语"灵宝"的笔记》，《法国汉学》第 2 辑；索安《国之重宝与道教秘宝——谶纬所见道教的渊源》，《法国汉学》第 4 辑；李养正《〈太平经〉与阴阳五行说、道家及谶纬之关系》，《道协会刊》1984 年第 15 期；刘昭瑞《〈老子想尔注〉杂考》，《敦煌研究》2004 年第 5 期；李铁华《〈太平经〉与谶纬关系考析》，《宗教学研究》2013 年第 1 期；萧登福《谶纬与道教》，台北：文津出版社，2000。

③ 《后汉书》卷三五《郑玄传》，第 1207 页。

④ 池田秀三：《纬书郑氏学研究序说》，《书目季刊》第 37 卷第 4 期，2004 年，第 70 页。

虽精通象数学，但亦传《费氏易》，"取十翼之理说易；言礼象，重人事；崇尚训诂，不谈卦变，有义理易之倾向"。"郑氏以敏锐的思维和渊博的知识，在两汉已有的易学成就的基础上，建构起一个闳通博大、精微深刻的易学体系，成为两汉易学象数之大成。……郑易的问世，结束了两汉以来易学各自为派、相互攻击的局面，标志着当时易学达到了空前的统一和繁荣。"[①]

如此卓著的易学成就，当是郑玄在当时社会获致崇高声望的原因之一。这对我们理解黄巾拜郑玄之事，亦颇具启示。王明注意到，两汉习《京氏易》者甚众，且多与灾异学说紧密相关，如桓帝时平原襄楷善天文阴阳之术，上疏陈灾异，援引《京房易传》为言，可见"当时宫中黄老浮屠并祀，与《京氏易》同为应时之道术也"。又，前引灵帝时黄巾"相约不犯孙先生舍"的济阴孙期，与郑玄皆习《京氏易》。范史《方术传》载广汉折像"通《京氏易》，好黄老言"，常璩《华阳国志·广汉士女》亦云折像"事东平虞叔雅，以道教授门人，朋友自远而至"。"凡此所引，终汉之世，习《京氏易》者，往往兼善图纬及黄老之言。"[②]案，《汉故谷城长荡阴令张君表颂》（简称《张迁碑》）载张迁"治《京氏易》"，"黄巾初起，烧平城市，斯县独全"。[③]结合前论可知，此方汉碑不仅能够复证《后汉书》所载黄巾拜郑玄事并非虚构，且对我们认识、

① 林忠军：《象数易学发展史》第1卷，齐鲁书社，1994，第175、124页。
② 以上引文及论述皆据王明《〈周易参同契〉考证》，氏著《道家和道教思想研究》，第252页。
③ 高文：《汉碑集释（修订本）》，第490页。另外，围绕此碑的讨论见程章灿《读〈张迁碑〉志疑》，《文献》2008年第2期；同氏《读〈张迁碑〉再志疑》，《文献》2009年第3期；赵楠《关于〈张迁碑〉若干问题的思考》，复旦大学出土文献与古文字研究中心网，http://www.gwz.fudan.edu.cn/SrcShow.asp?Src_ID=1131，2010年4月20日；吴朝阳、晋文《读〈张迁碑〉辨疑——与程章灿先生商榷》，《文史哲》2011年第1期。从碑文内容分析，笔者赞成吴朝阳、晋文之说。

判断《京氏易》与黄巾之可能关系，提供了关键证据。由此，具有黄老学知识背景的黄巾太平道与有着《京氏易》背景的郑玄之间，存在思想和同之可能，[①] 更可明也。

早期道教对易学的吸收情况，除了至为明显的《周易参同契》外，还可从《太平经》对"天数"起讫、运转图式之解说，以及《老子中经》[②]运用九宫计算法（源于《河图》《洛书》）讨论阴阳运转、灾异周期的记载中得见一斑（《易》与阴阳灾异的结合正好也是《京氏易》的最大特点[③]）。《太平经》卷四〇《丙部之六》"分解本末法"曰：

> 天数乃起于一，终于十，何也？天初一也，下与地相得为二，阴阳具而共生。万物始萌于北，元气起于子，转而东北，布根于角，转在东方，生出达，转在东南，而悉生枝叶，转在南方而茂盛，转在西南而向盛，转在西方而成熟，转在西北而终。物终当更反始，故为亥，二人共抱一为三皇初。[④]

---

① 《京氏易》与黄老之间的交叠或当与芜杂的谶纬神学之跨接有关。按《小黄门谯敏碑》载："其先故国师谯赣，深明典奥，谶录图纬，能精微天意，传道与京君明。"察诸史籍，谯敏字汉达，乃东汉桓灵时人，谯赣即焦延寿，京君明即京房，"谶录图纬……传道与京君明"表明时人并未将《焦氏易》、谶纬、《京氏易》刻意加以区别，而是当作同类知识混而用之。谶纬对早期道教的影响则可在前揭桓帝延熹八年边韶所作《老子铭》中得见一斑，其文曰："老子离合于混沌之气，与三光为终始，观天作谶。"

② 有关《老子中经》出于东汉的讨论，参见 Kristofer Schipper and Franciscus Verellen, eds., *The Taoist Canon: A Historical Companion to the Daozang*, p.92. 又参施舟人《〈老子中经〉初探》，《道家文化研究》第 16 辑；刘永明《〈老子中经〉形成于汉代考》，《兰州大学学报》2006 年第 4 期。最近，部同麟撰文重新讨论《老子中经》的成书问题，认为其应当造作于"中经"风潮盛行的刘宋时期，但他同时也认为今本《老子中经》确实存在大量因袭前世道经的问题，此乃学者断代过早的原因。论见部同麟《〈老子中经〉新探》，《中国本土宗教研究》第 4 辑，社会科学文献出版社，2021。

③ 陈侃理：《京房的〈易〉阴阳灾异论》，《历史研究》2011 年第 6 期。

④ 王明：《太平经合校》，第 76~77 页。

其中所说元气由北向东北（对应"子"）—东—东南—南—西南—西—西北依次轮转，最终周而复始，又从西北位（对应"亥"）开启新的循环。在这一运转图式中，八方位分别对应八卦，且其生养盛衰过程亦合卦气说，于此可见易学影响之深入。《老子中经》曰：

> 三元之日会，合于己亥。三元者，太一、太阴、宫气是也。元三［三元］俱起己亥。<u>太一左行，岁一辰</u>；害气右行，四孟，岁行一孟；太阴右行，三岁一辰。<u>九年行方，四九三十六年</u>。三元俱合于亥。三合之岁，水旱兵饥，灾害并起。……故天地之会，四十五岁一小贵，九十岁一小饥；一百八十岁一大贵，三百六十岁一大饥。五百岁，贤者一小（聚）；千岁，圣人一小聚；三千六百岁，圣人大会；万八千岁，真人一小出治；三万六千岁，至极仙人一出治；三百六十万岁，天地一大合。①

《老子中经》的九宫计算法，显然受到"太一行九宫"学说的影响，却更为复杂；②而阐述"太一行九宫"学说影响最大者即郑玄注《易纬·乾凿度》。文曰："太一者，北辰神名也。下行八卦之宫，每四乃还于中央。中央者，北辰之所居，故谓之九宫。天数大分，以阳出，以阴入。阳起于子，阴起于午，是以太一下九宫，从坎宫始，自此而从于坤宫，又自此而从于震宫，又自此而从于巽宫，所以（从）［行］半矣，还息于中央之宫。既又自此而从于乾宫，又自此而从于兑宫，又自此而从于

---

① 《道藏》第22册，第145页。有关该段经文的整理与理解，参见姜生《曹操与原始道教》，《历史研究》2011年第1期，第21~22页。
② 有关"太一行九宫"之意义等研究，参见钱宝琮《太一考》，《李俨　钱宝琮科学史全集》第9卷，第202~230页。

艮宫，又自此而从于离宫，行则周矣，上游息于太一之星而反紫宫。行起从坎宫始，终于离宫也。"① 可以发现二者思维存在贯通处，或皆受到以术数言灾异的知识和信仰氛围之影响。

　　此外，"阳九百六"的灾异计算法在早期道教中的阐释、运用，② 同属早期道教吸纳易学知识的重要表现，而郑玄亦尤善天文、历算，③ 以致达到"出神入化"的境地，对社会人心也产生了较大影响。比如《本传》曾载郑玄自言命终后获验证之事。④ 又，《世说新语·文学》开篇即载马融、郑玄以"术"斗"法"之事："郑玄在马融门下，三年不得相见，高足弟子传授而已。尝算浑天不合，诸弟子莫能解。或言玄能者，融召令算，一转便决，众咸骇服。及玄业成辞归，既而融有'礼乐皆东'之叹，恐玄擅名而心忌焉。玄亦疑有追，乃坐桥下，在水上据屐。融果转式逐之，告左右曰：'玄在土下水上而据木，此必死矣。'遂罢追。玄竟以得免。"⑤ 虽然此事的真实性颇有可疑，⑥ 但该传闻反映了人们对郑玄之"术"推崇备至乃至神化的心态，殆无疑义。

---

① 《后汉书》卷五九《张衡传》注引《易·乾凿度》郑玄注，第 1912~1913 页。又参安居香山、中村璋八辑《纬书集成》，第 32~33 页；《七纬》，第 45~46 页。相关讨论可参林忠军《试论郑玄易数哲学》，《孔子研究》2003 年第 3 期。

② 小林正美：《六朝道教史研究》，李庆译，四川人民出版社，2001，第 388~393 页；李丰楙：《六朝道教的终末论——末世、阳九百六与劫运说》，《道家文化研究》第 9 辑；同氏：《传承与对应：六朝道经中"末世"说的提出与衍变》，（台北）《中国文哲研究集刊》1996 年第 9 期；丁培仁：《从〈无上秘要〉看六朝道教关于灾难的论述》，《宗教学研究》2010 年第 4 期；吴羽："阳九百六"对中古政治、社会与宗教的影响》，《学术月刊》2014 年第 2 期。

③ 《郑玄别传》载："玄少好学书数，十三诵《五经》，好天文、占候、风角、隐术。年十七，见大风起，诣县曰：'某时当有火灾。'至时果然，智者异之。年二十一，博极群书，精历数图纬之言，兼精算术。"（余嘉锡：《世说新语笺疏》，中华书局，1983，第 189 页）

④ 《后汉书·郑玄传》载："五年春，梦孔子告之曰：'起，起，今年岁在辰，来年岁在巳。'既寤，以谶合之，知命当终，有顷寝疾。……其年六月卒。"（《后汉书》卷三五，第 1211 页）

⑤ 余嘉锡《世说新语笺疏》，第 189~190 页。

⑥ 参冯浩菲《马融追杀郑玄说质疑》，《文献》1997 年第 3 期。

综上，郑玄之易学成就名重当时，拥有黄老学知识背景的黄巾太平道可能也吸纳了易学知识以为阐释教义之用。由此，黄巾与郑玄可谓又一次分享了共同的学术、思想资源，两者之思想交集进一步加深。

（三）郑玄与黄巾关于"太平"解释的相似点

黄巾与郑玄的思想交叠，还直接而突出地表现在他们对于"太平"的阐释上。首先应当说明，"太平"乃西汉中后期以来汉人勠力追寻的最高政治理想，受其影响，历史上还酿出了王莽代汉的壮阔一幕。汉末之时，人们对"太平"的祈望愈发强烈，并借此掀起了声势浩大的政治与宗教抵抗运动。① 郑玄与黄巾的"太平"论述，即是在这样的氛围和背景下完成的。

郑玄的"太平"解释，主要体现于他在《周礼》注中对周公避居东国等系列事件的注释，以及对《尚书中候》的相关解释和征引上。对此，日本学者间嶋润一专门讨论、总结了太平道之太平与郑玄对周公招来太平过程之解释的相似点。他认为，郑玄根据《易·说卦传》中有关"东"之方位与天神"帝"的记述，将周公的东国避居和昊天上帝的神意联系在了一起："从两者的根干部分来说，昊天上帝与'中黄太一'都是作为宇宙最高神的北极神"，"太平道根据《易·说卦传》'万物出乎震，震东方也'将东方作为救济的方位。这与作为宇宙最高神的'中黄太一'相结合，成了'中黄太一'让救济者张角在东方出现。……将'中黄太一'换成'昊天上帝'，张角换成周公，几乎就与郑玄的解释一样了"；"太平道的口号'苍天已死，黄天当立'的异常现象和（成王打开'金縢之书'时）雷电疾风的异变，两者皆由宇宙最高神引起。太平

———————————
① 详参本书第四章。

道的场合，是表现'中黄太一'在后汉王朝的终末中实现太平之世的神意。另一方面，雷电疾风的异变，则是表现昊天上帝让周公招来太平的神意"。①是论颇具启发意义。

黄巾太平道对"太平"之解释，集中体现在《太平经》中。比如本书第四章所揭《太平经钞·癸部》释《太平经》之名曰："太者，大也；大者，天也；天能覆育万物，其功最大。平者，地也，地平，然能养育万物。经者，常也；天以日月五星为经，地以岳渎山川为经。天地失常道，即万物悉受灾。帝王上法皇天，下法后地，中法经纬，星辰岳渎，育养万物。故曰大顺之道。"《三合相通诀》亦言："天气悦下，地气悦上，二气相通，而为中和之气，相受共养万物，无复有害，故曰太平。"②据此，黄巾太平道之目的也在于辅佐帝王治世，终至灾害止息、万物各得其所的"太平"理想状态。结合上论可知，围绕"太平"的解释与理解，郑玄与黄巾确有深相契合之处。

以上从谶纬、易学以及"太平"言说三方面，讨论了郑玄与黄巾可能的思想交集。这说明，黄巾亦具有一定的知识水平与政治素养（黄老学本身即是融修身、治国于一体的学说），而并非正统史家及文人所笼统指斥的无识乱民（史籍一般呼为"妖""贼"；上章同样论及黄巾并非盗贼或流民的集合），此从黄巾与包括皇帝在内的诸多上层人

---

① 間嶋潤一『鄭玄と「周礼」——周の太平国家の構想』終章「周公の太平招来をめぐる鄭玄の解釈と太平道の太平」451、462-463 頁。感谢姜生先生购置、赐阅本书以及汪力学兄对该部分内容的精准翻译。另，赵璐从汉代经学传统与经典阐释的角度，讨论了郑玄、何休、《太平经》之"太平"理解，认为郑玄与何休之间相似多于不同，《太平经》则致力于超越作为其生长土壤的经学与谶纬。此外，陈苏镇曾论及汉末道教兴起对正统儒家礼制的挑战，其中也包括其各自的"太平"论述，分见 Zhao Lu, *In Pursuit of the Great Peace: Han Dynasty Classicism and the Making of Early Medieval Literati Culture*, pp.137-169；陈苏镇《郑玄的使命和贡献——以东汉魏晋政治文化演进为背景》，《国学研究》第 26 卷，北京大学出版社，2010，第 65~87 页。
② 王明：《太平经合校》，第 718、149 页。

士多有交通的史实中，也可略见一斑。^①另，葛洪《神仙传》载："天师张道陵，字辅汉，沛国丰县人也。本太学书生，博采五经。"左慈："少明五经，兼通星纬，见汉祚将尽，天下乱起……乃学道术，尤明六甲。"刘根："少时明五经，以汉孝成皇帝绥和二年举孝廉，除郎中，后弃世道，遁入嵩高山。"^②此亦说明黄巾太平道中至少一部分人是具有一定知识水准的。通过后文的论述我们将看到，后汉末的儒生、道人、方士、隐逸之间，实际上皆存在近似的知识结构，而在其行动与行为方式中，亦不无相通之基调。黄巾运动并非简单的农民之乱，由此更可明矣。所以黄巾亦尊重有学识修养的贤者，尤其是和他们所持神学宇宙观念有相通之处的郑玄、张迁、孙期等，甚至还修书曹操指其行为与黄巾存在相通处，表明其对曹操的部分认同态度。如此等等，皆足以明。

尽管郑玄反对黄巾的态度一向明确（这其中当然也有学术上的"正统"与"异端"之辨，如同刘向、歆父子反对甘忠可师徒一般），甚至命自己唯一的儿子率家兵抗击黄巾、营救孔融（此时的"黄巾"属袁谭所部之黑山黄巾降兵，郑玄之子在此次抗击中被围杀），^③但支撑其"经神"^④

---

① 姜生：《东汉原始道教与政治考》，《社会科学研究》2000年第3期。案，《后汉书》卷一〇下《灵思何皇后纪》记载："生皇子辩，养于史道人家，号曰'史侯'。"李贤注："道人谓道术之人也。"并引《献帝春秋》曰："灵帝数失子，不敢正名，养道人史子眇家，号曰'史侯'。"由此亦可透见皇室与道人之交通情况（第449页）。

② 葛洪撰，胡守为校释《神仙传校释》，第190、275、298页。

③ 《后汉书》卷三五《郑玄传》，第1212页。郑珍、周寿昌、王利器对该事的不同记载又有辨析，见王利器《郑康成年谱》，齐鲁书社，1983，第170~174页。关于此点，如本书第四章所论，聚徒数十万之众且八州俱起的规模浩大的黄巾运动，其主力在短短九个月的时间里便已覆灭。此后的黄巾运动，其活动范围之无规则散布、活动中不确定动乱事件屡发以及不同军事、政治势力的卷入乃至主导等，都增加了更多更复杂的因素，故应与最初阶段的黄巾运动区别看待，而郑玄所反之黄巾亦指军阀介入后被进一步泛化的黄巾。

④ 王嘉《拾遗记》载："京师谓康成为'经神'，何休为'学海'。"（《拾遗记》卷六，齐治平校注，中华书局，1981，第155页）

称号的宏博学识仍然赢得黄巾之尊崇。尤其是在黄巾同样阐发乃至信从的知识领域，郑玄成就斐然，堪称水准最高者，无怪乎黄巾会对其产生自觉的思想认同，更甚者或引其为同"道"。此即黄巾对郑玄礼敬不怠的思想根源。

第三节　汉末学、术交融与隐逸的知识构成

黄巾对郑玄的敬拜，不仅反映了所谓的"妖贼"对道术通达者的自觉思想认同，这一象征性历史事件实际上也是汉末时人对隐沦民间的贤人隐者抱有神秘理解倾向及普遍尊崇心态的自然呈现。在进入正式讨论之前，为避免不必要的分歧，让我们首先对隐逸的内涵做一说明。

此处拟取宽泛概念对类型多元的汉末隐逸予以界定，[1]认为凡隐迹民间（无须终生不仕），又具有超越普通乡民之学问水准或知识技能，且倚其所学获致生活保障与名望者，皆可谓隐士（包括文献中所谓高士、处士等有隐逸行为或表现者），但与社会全无接触的纯粹隐者将被排除在外。这意味着，除日本学者增渊龙夫、川胜义雄、都筑晶子及安部聪一郎等所谓的儒家式"逸民式人士"[2]外，我们还将"独行"、方士

---

[1]　关于汉末隐逸类型的划分，可参阅黄宛峰《论东汉的隐士》,《南都学坛》1989 年第 3 期；齐涛《论东汉隐士》,《安徽史学》1992 年第 1 期；聂济冬《东汉士人隐逸的类型、特征及意义》,《民俗研究》2011 年第 1 期；王仁祥《先秦两汉的隐逸》, 台湾大学出版委员会, 1995。

[2]　相关表述不尽相同，但意思大体一致。见增淵龍夫「後漢薰錮事件の史評について」『一橋論叢』第 44 卷第 6 号、1960、727-746 頁, 此据增淵龍夫『中国古代の社会と国家』296-317 頁；川胜义雄《六朝贵族制社会研究》, 第 18~41 頁；都築晶子「"逸民的人士"小論」『名古屋大学文学部三十周年記念論集』1978；安部聡一郎「隠逸・逸民的人士と魏晋期の国家」『歴史学研究』第 846 号、2008、34-42 頁, 此据《中国中古史研究》第 3 卷, 中华书局, 2013, 第 89~104 頁。

纳入讨论之列。这是因为，如前文论及，早在西汉时，《京氏易》与黄老学、谶纬等已有兼善互通者。不仅如此，由于经、纬日渐交叉融渗，"学"（道）与"术"之间日趋掺杂，且在当时的历史语境中，并没有"道"高于"术"的明显言说与观念。此种趋势至东汉尤盛。通过下文的讨论可知，东汉后期如襄楷①、樊英这类兼具经、纬道术与"内""外"之学②者，以及诸如向栩、袁闳这般亦儒亦道之人，亦不在少数，甚或更为常态。

在业已界定汉末隐逸之概念的前提下，我们便可进入汉末学、术交融的话题了。对此，我们可从以下三个层面进行把握。第一，学说的横向流动，即东汉游学之风致使区域壁障逐渐瓦解。前揭刘太洋"汉代游学状况表"所举 106 名游学者中，东汉即有 51 人，来自全国三十多个郡国，包括酒泉、会稽、吴郡、岭南等地。③ 方燕统计得知，《后汉书》明确记载有游学经历者 128 人，一些名师大儒门下，及门弟子往往数百上千，甚至还出现了著录弟子万六千人者。④ 于此可见东汉游学之盛。东汉游学活动最直接的结果，即促进了不同地区以及各种学术之间的交流与融通。如郑玄"以山东无足问者，乃西入关，因涿

---

① 从本书前后多处论及襄楷的相关情况，可知其的确堪称汉末学、术交融的典范人物，如下文表 3 所引《后汉书》本传径直将其与荀爽、郑玄并列，俱以博士征。然终章第一节在讨论游侠、党人、术士的思想与活动关联时，所引《九州春秋》又直称其为"术士"。同时，表 3 还提及其上太平神书，该章前揭本传又载其善天文阴阳之术，上疏陈灾异，援引《京房易》。其于学、术之间来回游弋，并兼具多重身份的样貌，可谓反映汉末芜杂学术生态和不同身份人群互动的鲜活案例。

② 东汉初"宣布图谶于天下"（《后汉书》卷一下《光武帝纪下》，第 84 页），"言五经者，皆凭谶纬为说"（《隋书》卷三二《经籍志一》，第 941 页），由此"七经纬"被称为"内学"，而原来之经书则相应地被称作"外学"。相关论说见任蜜林《汉代内学：纬书思想通论》，巴蜀书社，2011；同氏《汉代"秘经"：纬书思想分论》，中国社会科学出版社，2015。

③ 刘太洋：《汉代游学之风》，《中国史研究》1998 年第 4 期。

④ 方燕：《东汉游学活动初探》，《四川师范大学学报》2000 年第 2 期。

郡卢植，事扶风马融"，学成辞归，而马融乃喟然谓门人曰："郑生今去，吾道东矣。"①

第二，纵向的交流，特别是"党锢之祸"后知识群体的民间下移，带来阶层区隔的突破。陈启云曾将党锢事件后士大夫的反应分为逃往各地、深入民间，发展秘密组织，在学术著作中阐述革命思想三种情况。②川胜义雄更明确指出，两次党锢事件使知识阶级的抵抗战线遭受了沉重打击，于是知识阶层的思潮开始朝"隐逸君子"方向倾斜，整个抵抗运动的核心随之向"左翼"集中。"左翼"即处于清流势力延长线上的逸民方向，它正向民众方面接近。所以，由在乡邑秩序的崩溃过程中分离出来的并无多少知识的小农、贫农所建立的宗教组织，接续抵抗运动的步伐，黄巾运动由此登上历史舞台。③此皆极富启发之论。我们拟从汉末学、术交融与隐逸之知识构成的角度，对迄今尚无人细绎的知识群体究竟如何接近、影响民众之价值观念，以及以何种方式"参与"汉末社会运动的问题，予以尝试性解答。

第三，不同"知识"间的融合，即借由谶纬的桥梁作用，促成儒学的儒术化倾向（如向栩主张诵《孝经》退黄巾等），同时道教也吸纳经学与谶纬中的有关内容，其神学体系更趋完备。兹据《后汉书》"逸民""方术""独行""儒林"列传等，对东汉中后期隐逸群体的知识构成及主要事迹，略做勾勒（表3），由此亦可管见汉末学、术交融之一斑。

---

① 《后汉书》卷三五《郑玄传》，第1207页。
② 陈启云：《关于东汉史的几个问题：清议、党锢与黄巾》，《儒学与汉代历史文化——陈启云文集》（2），第202~206页，并参同氏《荀悦与中古儒学》，第3页。
③ 川胜义雄：《六朝贵族制社会研究》，第27~28、69~70页。

表3　东汉中后期隐逸统计

姓名	知识背景	营生方式及主要事迹	资料来源
高凤 （章、和）	少为书生……专精通读，昼夜不息。 太守连召请……自言本巫家，不应为吏	其后遂为名儒，乃教授业于西唐山中。 邻里有争财者，持兵而斗，凤往解之，不已，乃脱巾叩头，固请曰："仁义逊让，奈何弃之！"于是争者怀感，投兵谢罪	《后汉书·逸民列传》
矫慎 （安、顺）	少好黄老，隐遁山谷，因穴为室，仰慕松、乔导引之术	与马融、苏章乡里并时，融以才博显名，章以廉直为称，然皆推先于慎。 年七十余……忽归家，自言死日，及期果卒	《后汉书·逸民列传》
法真 （号玄德先生） （顺）	好学而无常家，博通内外图典，为关西大儒。 同郡田弱荐真曰："处士法真，体兼四业，学穷典奥……将蹈老氏之高踪……"	弟子自远方至者，陈留范冉等数百人（《征士法高卿碑》载："四海英儒，履义君子，企望来臻者，不可胜纪也。……其辞曰：'……彪章蒙，作世师，辞皇命，确不移……'"） 友人郭正称之曰："法真名可得闻，身难得而见……可谓百世之师者矣！"（碑亦言百世之师也）	《后汉书·逸民列传》、《艺文类聚》卷三七"隐逸下"
郎宗 （安）	学《京氏易》，善风角、星算、六日七分，能望气占候吉凶	常卖卜自奉。 时卒有暴风，宗占知京师当有大火，记识时日，遣人参候，果如其言。诸公闻而表上，以博士征之。……夜县印绶于县廷而遁去，遂终身不仕	《后汉书·郎颛襄楷列传》
郎颛 （顺）	少传父业，兼明经典……昼研精义，夜占象度，勤心锐思，朝夕无倦	隐居海畔，延致学徒常数百人……州郡辟召，举有道、方正，不就。 顺帝时，灾异屡见，阳嘉二年（133）正月，公车征，颛乃诣阙拜章。 上书荐黄琼、李固，并陈消灾之术	《后汉书·郎颛襄楷列传》
襄楷 （桓）	好学博古，善天文阴阳之术。 闻宫中立黄老、浮屠之祠。此道清虚，贵尚无为，好生恶杀，省欲去奢……	桓帝时，宦官专朝，政刑暴滥，又比失皇子，灾异尤数。延熹九年（166），楷自家诣阙上疏。 上琅邪宫崇受于吉神书，不合明德。太傅陈蕃举方正，不就。乡里宗之，每太守至，辄致礼请。中平中，与荀爽、郑玄俱以博士征，不至，卒于家	《后汉书·郎颛襄楷列传》

续表

姓名	知识背景	营生方式及主要事迹	资料来源
张楷（安）	通《严氏春秋》、《古文尚书》。性好道术，能作五里雾	家贫无以为业，常乘驴车至县卖药，足给食者，辄还乡里。……隐居弘农山中，学者随之，所居成市……五府连辟，举贤良方正，不就	《后汉书·郑范陈贾张列传》(《谢承后汉书》卷三部分载同)
申屠蟠（桓）	隐居精学，博贯《五经》，兼明图纬	(年十五时，因同郡缑氏女玉为父报仇事进谏外黄令梁配)乡人称美之。(王)子居临殁，以身托蟠，蟠乃躬推辇车，送丧归乡里	《后汉书·周黄徐姜申屠列传》
姜肱（桓）	博通《五经》，兼明星纬	士之远来就学者三千余人。诸公争加辟命，皆不就。二弟名声相次，亦不应征聘，时人慕之	《后汉书·周黄徐姜申屠列传》
李南（和）	少笃学，明于风角	后举有道，辟公府，病不行，终于家	《后汉书·方术列传上》
廖扶（安）	习《韩诗》、《欧阳尚书》，教授常数百人。专精经典，尤明天文、谶纬、风角、推步之术	扶感父以法丧身，惮为吏。及服终而叹曰："老子有言：'名与身孰亲？'吾岂为名乎！"遂绝志世外。……州郡公府辟召皆不应。就问灾异，亦无所对	《后汉书·方术列传上》
樊英（安、顺）	少受业三辅，习《京氏易》，兼明《五经》。又善风角、算，《河》《洛》七纬，推步灾异	隐于壶山之阳，受业者四方而至。州郡前后礼请不应；公卿举贤良方正、有道，皆不行。(预言成都大火之日)天下称其术蓺。初，英著《易章句》，世名樊氏学，以图纬教授。英既善术，朝廷每有灾异……所言多验	《后汉书·方术列传上》
唐檀（安、顺）	少游太学，习《京氏易》、《韩诗》、《颜氏春秋》，尤好灾异星占	后还乡里，教授常百余人。永宁元年（120），南昌有妇人生四子，(刘)祇复问檀变异之应。檀以为京师当有兵气，其祸发于萧墙。至延光四年（125）……果如所占	《后汉书·方术列传下》

姓名	知识背景	营生方式及主要事迹	资料来源
公沙穆（桓）	长习《韩诗》、《公羊春秋》，尤锐思《河》《洛》推步之术	时暴风震雷，有声于外呼穆者三，穆不与语……穆诵经自若……时人奇之。后遂隐居东莱山，学者自远而至。迁弘农令。县界有螟虫食稼……穆乃设坛谢曰："百姓有过，罪穆之由，请以身祷。"于是暴雨……螟虫自销，百姓称曰神明。（穆明晓占候，使弘农人独免水淹之害）	《后汉书·方术列传下》
向栩（桓）	少为书生，性卓诡不伦。恒读《老子》，状如学道。又似狂生，好被发，着绛绡头。……不好语言而喜长啸……有弟子，名为"颜渊""子贡""季路""冉有"之辈	或骑驴入市，乞丐于人，或悉要诸乞儿俱归止宿，为设酒食。时人莫能测之。郡礼请辟，举孝廉、贤良方正、有道，公府辟，皆不到。征拜侍中，每朝廷大事，侃然正色，百官惮之。会张角作乱，栩上便宜，颇讥刺左右，不欲国家兴兵，但遣将于河上北向读《孝经》，贼自当消灭。中常侍张让谗栩不欲令国家命将出师，疑与角同心，欲为内应。收送黄门北寺狱，杀之	《后汉书·独行列传》
杜抚（章）	受业于薛汉，定《韩诗章句》（《后汉纪》载薛汉尤善说灾异谶纬）	后归乡里教授。沈静乐道，举动必以礼。弟子千余人	《后汉书·儒林列传下》
王远（桓）	学通五经，尤明天文图谶、《河》《洛》之要，逆知天下盛衰之期，九州吉凶，如观之掌握	举孝廉，除郎中，稍加中散大夫。……后弃官，入山修道。道成，汉孝桓帝闻之，连征不出。使郡国逼载……不答诏。乡里人累世相传供养之。……在陈家四十余年，陈家曾无疾病死丧，奴婢皆然。（亦自言死日）	《太平广记》卷七引《神仙传》

续表

姓名	知识背景	营生方式及主要事迹	资料来源
蔡郎（桓）	既讨三五之术，又采"二南"之业。以《鲁诗》教授	生徒云集，莫不自远并至。栖迟不易其志，箪食曲肱，不改其乐……是以德行儒林……帝曰予闻……潜乐教思……养徒三千	《蔡中郎集》卷三《琅邪王傅蔡郎碑》

细绎表 3，并据未予列出的记录，关于东汉中后期的隐逸面貌，我们可大致得出以下结论。其一，教授是隐逸的主要营生手段或生活方式（弟子盈门是常见情况），这一点亦堪与东汉碑刻所记参酌互证。[①] 其二，隐逸大多表现出相当复杂的知识构成。兼通儒经自不必说（如法真、郎颛、申屠蟠、姜肱、廖扶、樊英，以及前引左慈、刘根等），此外他们还广涉图谶（图纬）、灾异、星占、推步、风角、黄老、道术等，并且喜研术数的总体倾向更有胜于通《五经》者。我们还可发现汉末儒者、隐逸、方士、道人之间，一定程度上存在相似的知识结构。其三，隐逸常常因道术验明而获至声名，但又往往拒绝由此招致的朝廷征辟。其四，隐逸不但赢得了地方百姓的尊崇，在乡里教化中发挥重要作用，而且在相当程度上也获得了士大夫的追从，成为一股影响社会的重要力量，如"蓟子训者，不知所由来也……有神异之道。……于是子训流名京师，士大夫皆承风向慕之"。[②]

以宽泛的标准衡量——是亦符合文献、碑刻资料所反映出的东汉人所理解的隐逸之范围[③]——汉末的隐逸群体数量不可谓不庞大，[④] 因此我

---

① 安部聪一郎：《隐逸、逸民式人士与魏晋时期的国家》，《中国中古史研究》第 3 卷，第 99~100 页；相关讨论又参吉川忠夫《郑玄的学塾》，蒋晓亮译，《魏晋南北朝隋唐史资料》第 40 辑，上海古籍出版社，2019。

② 《后汉书》卷八二下《方术列传下》，第 2745 页。

③ 对该问题的讨论可参安部聪一郎《隐逸、逸民式人士与魏晋时期的国家》，《中国中古史研究》第 3 卷，第 99、101、103 页。

④ 有关隐逸在后汉总体发展情况的讨论可参文青云《岩穴之士：中国早期隐逸传统》，第 131~188 页。

们或可将其称为介于"庙堂之高"与"江湖之远"的中间知识阶层。进一步说，他们实际上像开放的"知识中转站"一样，担负着联结、疏通不同学问、术数甚至方技的作用，最终自当促进"学""术"间的融合。所以我们方才看到《后汉书》之"逸民""方术""独行""儒林"列传中，很多人都有着相近的知识结构，甚至行为方式、价值追求方面亦有相似者，如于精舍教授、诵经、言谶，甚至如公沙穆之祈雨等。[①]

　　出现这种情况当然有社会的原因，即东汉的学术交流与普及带来地域及阶层区隔的突破；也有学术发展的内部原因，即我们或可将隐逸的行为归之于"对于与政治紧密相关的经学的变质和礼教的形式化所进行的反抗"。[②] 然而更深层的原因在于，如本书第一章所论，以灾异神学为思想基础建立起来的"汉家"秩序，将天下人纳入其中，"天下非一人之天下，天下之天下"，于是所有人在理论上都有追求家国天下之"太平"的权利，以维护自身的合理生存空间。所以，当"天下"出现灾异不断、朝政昏暗等严重问题时，与之密切相关的信仰危机随即产生，皇帝自需下罪己诏、反躬自省，而人们亦理所当然地纷纷转向曾经构筑起"汉家"秩序的谶纬中，去学习、寻找或聆听"天命"，以祈盼"太平"的到来。在汉末这种特殊的思想—知识背景下，拥有解释"汉家"秩序

---

① 宫川尚志亦曾指出儒生诵经与道士、方士的相通处。参见宫川尚志『六朝史研究·宗教篇』80-83 頁。稍后石泰安在此基础上进一步发挥，指出廉洁正直的儒者、方士和隐士的行动规律与黄巾、五斗米等道教运动之间存在共通的基调和基础，"即虽然由于集团和运动的不同，而有不同的表现方式，但他们有与大部分人的精神相通的基础"（石泰安：《公元 2 世纪政治的宗教的道教运动》，《国际汉学》第 8 辑，引文见第 375~376 頁，与此紧密相关的论述还见第 380、400~401 頁，特别是第 401~404 頁）。

② 安部聪一郎：《隐逸、逸民式人士与魏晋时期的国家》，《中国中古史研究》第 3 卷，第 103~104 頁。都筑晶子也有类似叙述，见都築晶子「後漢後半期の処士に関する一考察」『琉球大学法文学部紀要·史学地理学篇』第 26 号、1983、13-55 頁。该文承任熹女史帮忙联系、查找和传递，特致谢忱。

（包括天命所属）的知识权力，又身处朝堂与普通乡民之间，且具一定独立价值者，正是这一数量庞大的隐逸群体。

进一步考察可发现，如果从经学、谶纬与原始道教的交错关系及发展历程看，儒道并进的共融之势，堪谓推动汉末"学""术"交融日趋深化、隐逸群体亦儒亦道知识结构形成，以及不同人群渐次掀起政治、宗教运动的潜在动因。据此，儒道共融即是理解汉末国家、社会互动与学术、信仰互诠的一条重要线索。我们可分别从自上而下的儒学社会化与自下而上的道教国家化两个视角，来观察这一互动过程。

从上往下看，儒家经典在趋向统一化、标准化的同时，亦逐步走向杂糅化、谶纬化。儒家经典注疏开始深入吸纳易学、术数、原始道教神学等内容，最终由郑玄集其大成。导致这种情况出现的原因在于，方士与儒生长期共事，灾异神学日渐深入国家政治生活中，使得儒学向儒术转化；经学亦改头换面，以谶纬形象出现，以此"为汉制法"、追慕"太平"。除经典的谶纬化外，儒家名士的行事方式、生活习性亦渐受方士、道人熏染，由此呈现出神秘化、道教化的样态，向栩等人堪称典型。

从下往上看，原始道教亦开启了尚清除浊的去巫俗化进程。相关表现包括：其一，道教经典开始仿效经学的表达形式，如《太平经》中真人与天师的问答方式与经学经典中的问答方式颇有相似处；其二，吸收经学和谶纬的重要内容，如《真诰》篇名的命名方式，以及"禹穴"等内容对经学、谶纬相关元素的吸纳；其三，排斥血祀巫俗而以"清"为上。更堪注意者，原始道教（包括五斗米道与太平道）在汉末还掀起了大规模仿习"汉家"的"国家化"运动，包括组织管理方式、奖惩措施、服制礼仪等；而其行为方式、知识结构与终极追求等，则趋向儒家化，如崇尚贤人、追寻理想国家（"致太平"）等。

正因为儒学社会化与道教国家化这两个交互影响的思想进程之展

开，表面上分处朝野、分属不同知识背景与社会阶层的人们，才表现出
共通的行为方式、思想基调与价值追求，甚至在现实的政治、社会生活
中，亦呈现出复数性的叠加状态。

第四节　隐逸的神秘内涵与汉末崇隐之风

如上所论，汉末隐逸群体亦儒亦道知识结构的形成，受到汉代以
"灾异—救济"为内核的国家神学之影响，与普遍笼罩其时的神学氛围
具有一定内在联系。察诸史籍，汉末隐逸群体也因其掌握的知识，反向
推动着汉代国家神学与社会氛围的变化，一定意义上成为"汉家"天命
的操弄者。造作、缘饰、传播谶纬，宣扬终末思想，此即汉末隐逸群体
推毂时代思潮、影响社会人心、"论证"汉家天命去留的主要方式。

展开来说，大概正是因为隐逸群体手中所握有的，恰是能够推演、
解释"汉家"天命盛衰去留的知识权力，汉末隐逸群体才会被人们赋予
如是特殊之价值，成为颇具象征意义的知识群体。概括言之，汉末的人
们对隐逸群体的特殊理解和想象主要有以下几点。

第一，贤人隐者皆手握奇方秘诀，或本具"神力"，故可助君王解
除天下灾殃，获致"太平"。《太平经》载有明显包含此意的几则表述：

今四境之界外内，或去帝王万万里，或有善书，其文少不足，
乃远持往到京师；或有奇文殊方妙术，大儒穴处之士，义不远万
里，往诣帝王，衒卖道德……或有四境夷狄隐人胡貊之属，其善人
深知秘道者，虽知中国有大明道德之君，不能远故贵其奇文善策殊
方往也。今天师言，乃都合古今河洛神书善文之属，及贤明口中诀

事，以为洞极之经，乃后天地开辟以来，灾悉可除也，帝王长游乐，垂拱无忧也。

今帝王乃居百重之内，去其四境万万余里，大远者多冤结，善恶不得上通达也；奇方殊文异策断绝，不得到其帝王前也；民臣冤结，不得自讼通也。为此积久，四方蔽塞，贤儒因而伏藏，久怀道德，悒悒而到死亡。

一曰先顺乐动天地四时帝气，一事加三倍以乐天，令天大悦喜，帝王老寿，祅恶灭，天灾害悉除去，太阳气不战怒，国界安。而知常先动顺乐之者，天道为之兴，真神为之出，幽隐穴居之人，皆乐来助正也……（案，东汉道经《老子中经》言："天神皆助真也，雷公击鼓也。太白扬光，白帝持弩，蚩尤辟兵，青龙守门，武夷在庭，珣蛇玄武，主辟凶殃。"）

明辟四门，乐得天下奇文殊策，希见之物，贤明异术，可以长安天下而消灾异。古者圣人在位，常力求隐士贤柔，可以共理。①

《后汉书·郭太传》亦记载汉末著名隐者郭泰"与李膺同舟而济，众宾望之，以为神仙焉"。②又，后文所引东汉《肥致碑》载肥致"常隐居养志"，"舍止枣树上，三年不下"，"时有赤气，著钟连天，及公卿百辽［僚］以下无能消者。诏闻梁枣树上有道人，遣使者以礼娉［聘］君……应时发算，除去灾变"。也许是因为隐者深居简出的独特生活方

---

① 王明：《太平经合校》，第 331~332、335、640~641、304 页。

② 《后汉书》卷六八，第 2225 页。安部聪一郎认为从诸家"后汉书""后汉纪"到蔡邕《郭有道碑文》，再到《抱朴子外篇·正郭》、范晔《后汉书·郭太传》，郭泰的人物形象经历了从主要作为隐者到成为人物评价者并将其比作圣人的变化过程（安部聪一郎「『後漢書』郭太列傳の構成過程：人物批評家としての郭泰像の成立」『金沢大学文学部論集·史学考古学地理学篇』第 28 号、2008、13-110 頁）。

式，汉末时人对其确有神秘化的理解倾向，甚至幻想他们拥有"神仙"的神力，以助帝王治世，带来人间"太平"。

第二，贤人隐者如同太平神兽麒麟、凤凰等祥瑞之属，①他们的现身往往意味着天下之安然与"太平"。帝王治善天下，隐逸自然现身，相反，贤人藏匿则是国家"剧病"的标志：

> 下上乃得天地之心意，三光为其不失行度，四时五行为其不错，人民莫不欢喜，皆言善哉，万物各得其所矣。恩洽神祇，则名闻远方，群神瑞应奇物为喜而出，天下贤儒尽悉乐往辅其君，为不闭藏，仙人神灵乃负不老之方与之，祆祥为其灭绝……
>
> 四境之外，其有所贡进善奇异策，用之有大效者，且重赏赐之也。如此……远方无有余遗策善字奇殊方也，人皆一旦转乐为善也。隐士穴处人中，出游于都市，观帝王太平来善之宅，无有自藏匿者也。风雨为其时节，三光为其大明，是天大喜之效也。
>
> 夫帝王乃承天心而治，一当称天心，不称天心为过。故其治无善放应，当退使思过，如此则天已喜，而天下莫不尽忠信，尽其能力者也。幽隐远方闻之，无藏其能者也。其上书急者，人命至重，不可须臾。
>
> 神道至众，染习身神，正心意，得无藏匿。……其事时矣，事

---

① 徐冲在讨论两晋南朝"隐逸列传"成立的过程中曾指出，东晋末桓玄"充隐"（胡三省注"实非隐者而以之备数"）的做法，"与前此后此所推行的开建楚国为楚王、加九锡、制造祥瑞等措施在性质上并无不同"，又言："本是宣示王权之和合的隐逸，借由'禅让'被组织进了王朝'革命'的程序之中。就这一点而言，其与'祥瑞'的意识形态地位颇多相通之处；也可以成为理解中国古代王权之复杂性格的一个节点。"见徐冲《中古时代的历史书写与皇帝权力起源》，第249、250页。

皆职矣，神道来矣，贤者谋矣，吉人到矣，邪者不来矣，<u>清明见</u>
<u>矣，四方悦矣，幽人隐士出矣，得天心矣</u>……真人来辅矣，天下善
应矣，各以其事来矣，去愤乱矣。

人民云乱，皆失其居处，老弱负荷，夭死者半，<u>国家昏乱迷</u>
<u>惑，至道善德隔绝，贤者蔽藏，不能相救</u>，是不大剧病邪？故当力
正之。①

徐冲通过对两晋南朝"隐逸列传"的仔细考察，亦得出"正当王朝
价值的完整实现，需要以'隐逸'的存在为其必要条件"的结论。② 如
上引材料所示，两晋南朝对隐逸的此种描画，至少应部分接续了汉末时
人对隐逸的认识。

第三，贤人隐者与天地秩序的运行紧密相关，甚至能够直接感应天
意。此类思想或早有萌发，如《论语·尧曰》言："举逸民，天下之民归
心焉。"《周易·文言》亦有"天地闭、贤人隐"的说法。至汉末，此种
思想得到进一步彰显。兹举《太平经》中数条文献以明之。

大神人时见教其治意；真人仙人大道人悉来为师，助其教化；
<u>圣人贤者出，其隐士来为臣</u>；凡民奴婢皆顺善不为邪恶，<u>是乃天地</u>
<u>大喜之征也</u>。

天见照，见其类，令贤圣策之而思之，<u>当索幽隐道人德人仁人</u>
<u>以反复其气，立相应矣</u>。……<u>古者圣人将御天道，索道德仁贤明共</u>
<u>御之，乃居安也</u>。故道人属天，德人属地，仁人属中和。故三统不

---

① 王明：《太平经合校》，第 416、332~333、153、718~719、188~189 页。
② 徐冲：《中古时代的历史书写与皇帝权力起源》，第 248 页。

和，三贤理之。故太平气至，万物皆理矣。

是故古圣贤重举措求贤，无幽隐，得为古。得其人则理，不得其人则乱矣。

死破因休衰之气致逆灾，天时雨，邪害甚众多，不可禁防也。此诸废气动摇乐之，则致恶气大发泄，贤儒藏匿，县官失政，民臣难治，多事纷纷，不可不戒之慎之也。

明刑不可轻妄用，伤一正气，天气乱；伤一顺气，地气逆；伤一儒，众儒亡；伤一贤，众贤藏。①

或许正是由于如上几点原因，隐士（高士）形象才会进入墓葬图像体系，成为陪伴死者升往仙界的"仙友"。②如四川新津宝子山汉代石棺画像中的俞伯牙、钟子期形象以及雅安高颐阙（建于汉献帝建安十四年，209）上所刻伯牙、子期，即属此类（图15）。这一推测可在汉代铜镜铭文中得到证实。如建安十二年（207）重列式神兽镜铭："吾作明竟，幽涑宫商。周刻容象，五帝天皇。白牙单琴，皇帝除凶。朱鸟玄武，白虎青龙。万禽列木，众神见容。服者豪贵，长寿益年。建安十二年。""吾子明镜"重列式神人神兽纹镜铭："吾子明镜，幽涑金刚。四朱家元，六合设张。造于荆昌，图刻万疆。伯牙陈乐，众神见容。统德序道，俸初三皇。通丞五行，福禄见从。服者公卿，其师命长。""曾年益寿"铭半圆方枚神兽镜铭："吾作明镜，幽涑三商。雕刻无极，配像万疆。白牙举乐，众神见容。百精并存，福禄

① 王明：《太平经合校》，第90、714、184、642、109页。
② 姜生认为汉代墓、祠中不同时期的"历史人物"（先圣）济济一堂的画面，反映了汉人以往昔圣贤为仙，通过道德检核之人死后可以与圣贤为友，与之相伴或同列于仙界的信仰（论见姜生《汉代列仙图考》，《文史哲》2015年第2期；亦见氏著《汉帝国的遗产：汉鬼考》，第10~11、216页等）。其说甚是。以高士为仙友与以圣贤为邻，其理一也。

见从。富贵安居，子孙番昌。曾年益寿，其师命长。"① 直到南北朝时，墓葬艺术中还见有"南山四皓"（即汉初之"商山四皓"）、竹林七贤等高士图像，其意义皆当与墓主升仙有关。② 这又再次印证了我们的判断。

图 15　四川新津宝子山石棺右侧仙人六博与伯牙抚琴（上）
四川雅安高颐阙上的伯牙与钟子期图（下）

　　尤需注意，汉末隐逸的神秘内涵除了贯流至当时的思想与信仰世界，进而渗入墓葬图像所架设的有关死后世界之象征系统外，还切实融

---

① 《莹质神工 光耀阳羡——宜兴民间收藏铜镜精品集》，文物出版社，2013，第 287 页；《镜涵春秋：青峰泉、古镜堂藏中国古代铜镜》，文物出版社，2012，第 199 页；《古镜今照：中国铜镜研究会成员藏镜精粹》（上），文物出版社，2012，第 239 页。

② 相关讨论参见郑岩《南昌东晋漆盘的启示——论南北朝墓葬艺术中高士图像的含义》，《考古》2002 年第 2 期，后收入氏著《从考古学到美术史：郑岩自选集》，上海人民出版社，2012，第 91~110 页。

入彼时的生活世界中，带来社会范围的崇隐之风，造成不容低估的影响。前揭表 3 所举汉末隐士王远，即因其明经、修道、先知的"神通"，而为"乡里人累世相传供养"。《太平广记》引《神仙传》载：

> 王远，字方平，东海人也。举孝廉，除郎中，稍加中散大夫。学通五经，尤明天文图谶、《河》《洛》之要，逆知天下盛衰之期，九州吉凶，如观之掌握。后弃官，入山修道。道成，汉孝桓帝闻之，连征不出。使郡国逼载，以诣京师，远低头闭口，不答诏。乃题宫门扇板四百余字，皆说方来之事。
>
> 远无子孙，乡里人累世相传供养之。同郡太尉陈耽，为远营道室，旦夕朝拜之，但乞福，未言学道也。远在陈家四十余年，陈家曾无疾病死丧，奴婢皆然。六畜繁息，田桑倍获。远忽语陈耽曰："吾期运当去，不得久停，明日日中当发。"至时远死。……远卒后百余日，耽亦卒。①

可知，王远不仅获得乡里人累世相传供养，而且受到太尉陈耽"营道室"和"旦夕朝拜"等至高礼遇，居陈家四十余年而福泽人畜，甚至一度引起桓帝重视，却连征不出，虽有郡国逼载，终不答诏。此般事迹清晰透示出汉末时人已将他们对晓天知命、预决吉凶之贤人隐者的尊崇心态化作实际行动，以供养隐者的方式祈求其指导，由此趋利避害、接福祛灾。幸运的是，除传世文献所记王方平事迹外，在近年出土的东汉碑刻《肥致碑》（图 16）上，亦载有相类之事，文曰：

---

① 《太平广记》卷七，中华书局，1961，第 45~46 页。

图 16　东汉《肥致碑》原石

说明：刊于东汉建宁二年（169），1996 年出土于河南偃师南蔡庄村，现存偃师市商城博物馆。

君讳致，字苌华，梁县人也。其少体自然之恣［姿］，长有殊俗之操，常隐居养志。君常舍止枣树上，三年不下，与道逍遥。行成名立，声布海内，群士钦仰，来集如云。时有赤气，著钟连天，及公卿百辽［僚］以下无能消者。诏闻梁枣树上有道人，遣使者以礼娉［聘］君。君忠以卫上，翔然来臻，应时发算，除去灾变。拜瀄［掖］庭待诏。……君神明之验，讥彻玄妙，出窈入冥，变化难识。行数万里不移日时，浮游八极，休息仙庭。……功臣五大夫雒阳东乡许幼仙，师事肥君，恭敬烝烝。解止幼舍，幼从君得度世而去。幼子男建，字孝苌，心慈性孝，常思想神灵。建宁二年，大［太］岁在己酉五月十五日丙午直建。孝苌为君设便坐，朝莫［暮］举门，恂恂不敢解［懈］殆［怠］。敬进肥君，餟顺四时所有。神仙退泰，穆若潜龙，虽欲拜见，道径无从。……土仙者大伍公，见西王母昆仑之虚［墟］，受仙道。大伍公从弟子五人：田伛、全□中、宋直忌公、毕先风、许先生，皆食石脂仙而去。[①]

与王方平一样，肥致亦少有仙姿，及长修道，谙熟应时发算之知识，具有除去灾变、预知方来之"神通"，并且同样受到名望家族（"功臣五大夫"）之尊崇、供养，获得天子征召，具有较大影响力。而同碑所

---

① 据碑拓录文，参校黄展岳《肥致碑及相关问题》(《考古》2012 年第 5 期，第 59~60 页) 及张勋燎、白彬《中国道教考古》(第 335~336 页)。相关讨论又参王育成《东汉肥致碑探索》,《中国历史博物馆刊》1996 年第 2 期；虞万里《东汉〈肥致碑〉考释》,《中原文物》1997 年第 4 期；姜生《肥致碑：东汉道教的珍贵文物》, (香港)《弘道》1998 年第 1 期；刘昭瑞《论肥致碑的立碑者及碑的性质》,《中原文物》2002 年第 3 期；王家葵《汉肥致碑考疑》,《宗教学研究》2001 年第 2 期；Kristofer Schipper, "Une stèle taoïste des Han Orientaux récemment découverte," in Jacques Gernet & Marc Kalinowski, *En suivant la Voie Royale: Mélanges offerts en hommage à Léon Vandermeersch,* Paris: l'École Française d'Extrême-Orient, 1997。

载大伍公及从弟子五人，或许也是类似的修仙小团体，借此可窥汉末方
士、隐士、术士、神仙道人之身份交融状况及其具体发挥作用、影响人
心之方式，亦可透见汉末社会思想与大众信仰之一般面向。

　　太尉及其家族供养王方平，功臣五大夫及其家族师事、尊奉肥致，
此般社会现象显示，汉末地方官吏或者地方上的威望人物与方士、隐
士、术士、处士、道人等群体之间存在深入的交通互动。案，立于建安
二十一年（216）的《绥民校尉熊君碑》记载了绥民校尉熊君（一说其
姓名为熊尚）因治绩广受吏民拥戴，去世后又被立碑颂扬之事：

　　　　复莅五年，政隆上古，浓［流］移归怀，襁负而至，吏民作诵
　　曰：彼熊父兮，解我患（周）［害］，安我□［流］移，遭母忧□□
　　去官。阳九应会，王室威□，君功显宿著，海内谘美。……君春秋
　　七十有一，以廿一年三月廿七日丙寅卒官。吏民怀慕，官属五从黄
　　郭□□奚汤□扶送灵□，哀如凋伤，顾见农夫，泣泪路堭，皆怀凄
　　怆，哀我惠君。……于是刊碑，以示后绲。其词曰：赫赫熊君……
　　河雒挺录，为国毗辅。……昊天忽然，枕荣终祐。丧我良则，国失
　　良辅。……故长沙茶陵长文春，字季秋，质操贞良，慈仁汜爱，治
　　天官、日度、风角、列宿，明知圣术，在官修德，民歌遗风。春秋
　　七十，以道殒迁，宗胤不纪，故为宣昭。故桂阳阴山、豫章□长、
　　重安侯相杜晖，字慈明，体质弘亮，敦仁好道，治《易梁丘》、《春
　　秋公羊氏》，综览百家，无所不甄。典历三城，居官清惠，遗爱在
　　民。春秋六十终，族后□术，故因显德，以示来胤。①

---

① 　洪适：《隶释》卷三，《隶释·隶续》，第131~132页。

碑文中"丧我良则，国失良辅"，尤其是"河雒挺录，为国毗辅"，寥寥数语的娴熟运用，显示出碑文作者应习知《河图挺佐辅》等纬书。[①]同时碑文中所流露出的作者对熊君的浓烈感情，说明两人生前交谊匪浅。而文末所附长沙、桂阳两位地方官，或"明知圣术"，或"综览百家"，皆反映出汉末地方官具有学、术兼修的素质，并与地方上富有影响力的隐士、处士、术士等具有相似的知识结构——或许这就是他们交通往来的重要原因之一。综之，熟知图谶，援术解经，以德术治民，教化民心，制作"太平"，民以之为父，甚至奉之如神，汉末此般官吏形象与当时的隐逸群体颇有相通，据此亦可推知汉末政、教交融之一端。

第五节　汉末隐逸的社会角色与政治参与

那么，被赋予如是神秘力量的汉末隐逸群体，对社会、政治带来了怎样的影响？前文业已提及，汉末的隐逸并非只是文学作品中"独善其身""明哲保身"的符号性存在。如上揭表3所示，他们实际上通过讲学授徒、著书立说、卜筮卖药、乡里教化等多种形式，广泛参与到民众生活中，又经由这些途径，传播知识，发挥价值，从而成为汉末地方伦理—价值秩序的重要引导者和影响者，并进一步推动汉末的政治、社会变动。

有关隐逸影响政治、社会的具体表现，我们可略举数例以明之。两

---

① 相似的"辅汉""佐命"之表达，亦见诸其他汉碑，如《汉豫州从事尹宙碑》"当渐鸿羽，为汉辅臣"，《平都相蒋君碑》"上帝赋命不均，丧汉良辅、社稷之镇"，《司隶从事郭究碑》"当享爵寿，作汉辅毗，灵祇贪哀"，《太尉杨震碑》"圣汉龙兴，杨熹佐命"（《全后汉文》，第1039页；洪适：《隶释·隶续》，第76、120、136页）。

汉之际著名隐士逢萌曾隐居琅邪劳山（今莱州即墨东南，有大劳、小劳山），"人皆化其德"，"北海太守素闻其高，遣吏奉谒致礼，萌不答。太守怀恨而使捕之。吏叩头曰：'子康大贤，天下共闻，所在之处，人敬如父，往必不获，祇自毁辱。'太守怒，收之系狱，更发它吏。行至劳山，人果相率以兵弩捍御，吏被伤流血，奔而还。后诏书征萌，托以老耄，迷路东西，语使者云：'朝廷所以征我者，以其有益于政，尚不知方面所在，安能济时乎？'即便驾归。连征不起，以寿终"。①此虽东汉初之事，但以汉末隐逸群体之影响力而言，类似的情况亦当存在。比如表 3 所举东汉隐士中，襄楷，"乡里宗之，每太守至，辄致礼请"；公沙穆，"百姓称曰神明"；又如赵炳，"百姓神服，从者如归"；刘根，隐居嵩山，太守史祈以其为妖妄，责曰："汝有何术，而诬惑百姓？"②

汉末隐逸不仅在民众中具有重要影响力，赢得部分士大夫追从，也在帝王面前表现出足资对抗的独立评判价值。如东汉中后期著名隐士樊英曾数次拒绝朝廷征召：

> 永建二年，顺帝策书备礼，玄纁征之，复固辞疾笃。乃诏切责郡县，驾载上道。英不得已，到京，称病不肯起。乃强舆入殿，犹不以礼屈。帝怒，谓英曰："朕能生君，能杀君；能贵君，能贱君；能富君，能贫君。君何以慢朕命？"英曰："臣受命于天。生尽其命，天也；死不得其命，亦天也。陛下焉能生臣，焉能杀臣！臣见暴君如见仇雠，立其朝犹不肯，可得而贵乎？虽在布衣之列，环堵之中，晏然自得，不易万乘之尊，又可得而贱乎？陛下焉能贵臣，

---

① 《后汉书》卷八三《逢萌传》，第 2760 页。

② 分见《后汉书》卷三〇下《襄楷传》，第 1085 页，卷八二下《方术列传下》，第 2731、2742、2746 页。

焉能贱臣！臣非礼之禄，虽万钟不受；若申其志，虽箪食不厌也。陛下焉能富臣，焉能贫臣！"**帝不能屈，而敬其名**，使出就太医养疾，月致羊、酒。①

"受命于天"等话语，与本书第四章第五节所引《太平经》之"受命于天，受体于地"不无相通。同时，此或与该时期的身神与星神之说有关。案，蔡邕《陈太丘碑文》曾盛赞碑主陈寔："含元精之和，应期运之数。"又引何进遣使吊祭之辞曰："征士陈君，禀岳渎之精，苞灵曜之纯。"碑铭曰："峨峨崇岳，吐符降神。"② 是皆意指陈寔乃天降的国之良佐圣才，乃星、岳精气之所降生。同样的表达也见于《杨震碑》之颂辞，曰："穆穆杨公，命世而生。乃台吐耀，乃岳降精。"③ 范晔《后汉书》则载郎颉赞李固之言曰："元精所生，王之佐臣，天之生固，必为圣汉。"④ 由是可见，樊英之所以不屈于顺帝，乃根源于他对自己身体和性命之神圣来源的明确定位——非为"受之父母"，而是受之于天，类如元精或星、岳精气之化生。顺帝或是出于对其隐逸身份的尊重和收揽人心、巩固政权的需要，而对他的这番神圣化言辞表示默认和接纳。

　　不过，对于隐逸的价值，人们也存在一定的认识差异。范晔论曰："汉世之所谓名士者……虽弛张趣舍，时有未纯，于刻情修容，依倚道蓻，以就其声价，非所能通物方，弘时务也。及征樊英、杨厚，朝廷若

① 《后汉书》卷八二上《方术列传上》，第 2723 页，标点略异。

② 邓安生：《蔡邕集编年校注》，第 375、376 页。案，此类言说在谶纬中亦有所见，如《孝经钩命决》曰："五岳吐精。"宋均注："吐精，生圣人也。"（安居香山、中村璋八辑《纬书集成》，第 1004 页）

③ 洪适：《隶释》卷一二，《隶释·隶续》，第 136 页。

④ 《后汉书》卷三〇下《郎颉传》，第 1070 页。对该条材料的分析及相关问题之展开参见张官鑫《宦官与安顺之际政治——兼论东汉中后期的"辅佐"观念》，复旦大学硕士学位论文，2022。

待神明，至，竟无它异。英名最高，毁最甚。李固、朱穆等以为处士纯盗虚名，无益于用，故其所以然也。然而后进希之以成名，世主礼之以得众，原其无用亦所以为用，则其有用或归于无用矣。"①显然，范晔尚不解隐逸到底具有何种价值。不过他同时表示："汉世异术之士甚众，虽云不经，而亦有不可诬。"②东汉时期的士人也早已表达了与范晔同样的困惑。光武建安中，朝廷征辟隐士周党为议郎，党以病去职，复被征，不得已，"乃着短布单衣，谷皮绡头，待见尚书。及光武引见，党伏而不谒"。博士范升奏曰："党等文不能演义，武不能死君，钓采华名，庶几三公之位。臣愿与坐云台之下，考试图国之道。不如臣言，伏虚妄之罪。而敢私窃虚名，夸上求高，皆大不敬。"可见，对隐逸到底具有怎样的价值，朝廷应否征辟、任用，士人之间也存在不同看法。而在范升启奏后光武帝的说法与做法，则表现出朝廷与隐逸之间微妙而紧张的价值制衡关系。《后汉书》继之曰："书奏，天子以示公卿。诏曰：'自古明王圣主必有不宾之士。伯夷、叔齐不食周粟，太原周党不受朕禄，亦各有志焉。其赐帛四十匹。'党遂隐居黾池，著书上下篇而终。邑人贤而祠之。"③如此，双方通过各取所需的方式——光武自比于明王圣主，赐周党帛四十匹，以显其尊隐与善政；而周党不从于权力，弃职于朝廷，也保护并进一步加强了其贤人隐士的名声——将彼此间紧张的价值对立关系悄然化解。

　　目前在汉末隐逸的认识上，学界亦存分歧。前引川胜义雄著作力证隐逸在汉末"抵抗运动"及中古贵族制之成立过程中，发挥了重要的价值和作用；增渊龙夫则以为川胜氏之说存在对当时知识阶级之现实

① 《后汉书》卷八二上《方术列传上》，第 2724~2725 页，标点略异。
② 《后汉书》卷八二下《方术列传下》，第 2740 页。
③ 《后汉书》卷八三《逸民列传》，第 2761、2762 页。

动向的理想化嫌疑。① 松本雅明、都筑晶子、安部聪一郎、徐冲先后讨论指出了汉末隐逸（处士）的教授活动与地方社会的长官及士人关联在一起，进而成为汉末地方秩序重要影响力量的事实。至于汉末隐逸群体之影响是否上升到国家秩序层面，以及如何认识他们在国家层面的地位与作用，则尚有不同意见。② 尤应注意，安部聪一郎从史料批判的角度，对川胜氏以汉末隐逸为中古贵族制母体的论断提出了严峻挑战。他指出，东汉末党锢时期的"名士排行"是支撑川胜氏关于乡论的自律式积累（此为贵族制成立的基础）的主要史料之一，然而仔细考察却可发现，该材料实际出现于西晋后，因而无法证明它在汉末即已存在。③

安部对川胜的质疑，及其对范晔《后汉书》中有关汉末隐逸形象之"政治性"成分的去除（主要针对人物评议方面的影响力），当然有其合理性，因为该部分内容确有可能来自西晋后的价值附加。然而，汉末隐逸也并非简单的"明哲保身"式存在。他们因其所学可言天命去留，而其言论在百姓甚至朝堂中又拥有不容小觑的影响力。隐逸即以如此方式参与到汉末历史发展中。如隐士徐稺曾言："大树将颠，非一绳所维，何为栖栖，不遑宁处？"④ 以此直指汉家将溃。更甚者，"桓、灵之间，诸明图纬者，皆言'汉行气尽，黄家当兴'"。⑤ 此外，前揭汉末方士王远

---

① 增淵龍夫「後漢黨錮事件の史評について」『中国古代の社会と国家』296-317 頁。
② 松本雅明「後漢の逃避思想」『東方学報』第 12 卷第 3 号、1942、381-412 頁；都築晶子「後漢後半期の処士に関する一考察」『琉球大学法文学部紀要·史学地理学篇』第 26 号、1983；安部聪一郎：《隐逸、逸民式人士与魏晋时期的国家》，《中国中古史研究》第 3 卷，第 89~104 页；徐冲：《中古时代的历史书写与皇帝权力起源》单元四第二章"'处士功曹'小论"，第 183~208 页。
③ 安部聪一郎「党錮の"名士"再考——贵族制成立過程の再検討のために」『史学雑誌』第 111 卷第 10 号、2002、1591-1620 頁。
④ 《后汉书》卷五三《徐稺传》，第 1747 页。
⑤ 《三国志》卷一《武帝纪》注引《魏略》，第 53 页。

因"尤明天文图谶、《河》《洛》之要"，故可"逆知天下盛衰之期，九州吉凶，如观之掌握"，其所撰谶记，颇有一定影响。《三国志·虞翻传》注引《吴书》载会稽太守王朗兵败于孙策，向南逃窜，"翻始欲送朗到广陵。朗惑'王方平记'，言：'疾来邀我，南岳相求。'故遂南行。既至候官，又欲投交州。翻谏朗曰：'此妄书耳。交州无南岳，安所投乎？'乃止"。① 此所谓"王方平记"即王远撰作的谶记。② 王朗惑于被易学大家虞翻视为"妄书"的"王方平记"，说明"王方平记"确有相当程度的流传，且具备一定的预言性及影响力，故王朗亦欲应谶而往南岳。③

参照表 3 所示，明图纬者除了朝堂部分士人外（如前揭光武帝即曾令尹敏、薛汉整理谶纬），更多的则集中于宽泛而数量庞大的隐逸群体，④ 由此可见汉末隐逸的政治影响。从此角度言之，川胜义雄的讨论总体上确有其合理性。⑤ 只不过因为汉末隐逸群体"参与"政治的方式比较特殊——不是直接加入政治活动（如清议等），而是以价值输出的方式，包括以政治象征性的隐士身份自立，依恃其学说讲学授徒，以及通过占卜、卖药等方式与民众接触，达成知识教化及价值传递之目

---

① 　《三国志》卷五七，第 1317 页。标点略异。

② 　"谶记"乃两汉之交以降的惯用语，并常与"河图""洛书"连用，称"河洛谶记"，如《抱朴子内篇·遐览》载："郑君不徒明五经、知仙道而已，兼综九宫三棋、推步天文、《河》《洛》谶记，莫不精研。"（王明：《抱朴子内篇校释》，第 338 页）

③ 　相关讨论请参孙齐《敦煌本〈老子变化经〉新探》，《中国史研究》2016 年第 1 期。

④ 　关于谶纬作者的更详讨论，请参本书第一章。

⑤ 　牟发松针对安部关于"名士排行"后出的讨论也指出："鉴于《东观汉记》全书已佚，而且该书'安顺以下'原本就'亡缺者多'，鉴于诸家后汉书中后成书者总是汲取、利用先成书者，所以三君八俊等名士称号序列之见于魏晋乃至以后成书的史著中，却不意味着这一称号序列亦形成于这些史著成书之时。"（牟发松：《范晔〈后汉书〉对党锢成因的认识与书写——党锢事件成因新探》，《华东师范大学学报》2012 年第 6 期，第 11 页）

的，进而影响作为汉代皇权合法性建构要素的民心、民意，① 由此间接参与政治意识形态的建构或解构——所以其"政治性"作用较难为人所识解。② 以此价值输出的方式达到解构"汉家"意识形态的目的，此即汉末隐逸群体独特的政治"参与"方式，亦即汉末隐逸群体独特的"政治性"内涵。

实际上，以王方平为代表的汉末隐逸人士，似皆有"通五经"之类的知识基础，而尤明天文图谶。他们因仕途受阻，广泛活跃于民间乡里，并凭借其所掌握的知识赢得乡民尊崇。在隐逸与乡民的互动过程中，宗教氛围愈发浓厚，并逐步构筑起汉末特殊的地方伦理—价值秩序。在早已盛行的灾异学说之影响下，宗教氛围浓厚的地方秩序与手握谶纬神学并日渐走向"神化"的隐逸人士，逐步酿造出"终末论"思想——其大体内容即"王方平记"之所谓。王方平、肥致等隐逸之士，皆可推演、预言天命，亦能测算自己的死日（同郑玄）。如此，汉末的灾异、终末思想的确与广义的汉末隐逸群体紧密相关，而黄巾神学以及汉末总体社会氛围由"辅汉"至"代汉"之转向，亦当与这部分手握特殊知识的群体牵连颇深。这其中当然还有久已成型的五德终始学说之影响。上述几种思想的叠加影响或汇流，正是促使"汉家"神学不可遏制地走向解体的深层原因。

把汉末隐逸放入当时连续的思想—历史世界予以整体观察，也许便能够发现其行为的思想意义与"政治"价值——黄巾拜郑玄事的内在蕴涵亦豁然得解。即，隐逸的特别价值正是人们崇隐的根源，而《后汉书》之记载恰系此般思想生态的"真实"写照。教化也好、授学也罢，

---

① 详参本书第二章。

② 宋、明人即多以"明哲保身"作为表扬或贬损申屠蟠的主题词（参王子今《汉末政治风暴与"处士"的文化表现》，《社会科学》2012 年第 1 期）。

实际都是一种"价值输出"。而通过对其活动的更细致分析，我们发现，汉末隐逸所传播、交流的，正是图谶、望气、星占、卜算等关系"汉家"之"天命"的道术思想。与此同时，民众对握有这些知识的贤人隐者亦不无敬畏、崇信之情。因之，隐逸这类介于庙堂之高与江湖之远、作为中间知识阶层的群体，便实际主导了汉末地方的伦理—价值秩序建构，①对汉末的社会运动以至汉魏禅代，都产生了潜存不显却至为深远的影响。

　　另当注意，汉末隐逸对社会人心的影响及其在政治上的象征意义，在三国蜀地隐士杜微的事迹中亦有典型呈现。《三国志·杜微传》载：

> 杜微字国辅，梓潼涪人也。少受学于广汉任安。刘璋辟为从事，以疾去官。及先主定蜀，微常称聋，闭门不出。建兴二年，丞相亮领益州牧，选迎皆妙简旧德，以秦宓为别驾，五梁为功曹，微为主簿。微固辞，舆而致之。既致，亮引见微，微自陈谢。亮以微不闻人语，于坐上与书曰："服闻德行，饥渴历时，清浊异流，无缘咨觐。王元泰、李伯仁、王文仪、杨季休、丁君幹、李永南兄弟、文仲宝等，每叹高志，未见如旧。猥以空虚，统领贵州，德薄任重，惨惨忧虑。朝廷（主公）今年始十八，天姿仁敏，爱德下士。天下之人思慕汉室，欲与君因天顺民，辅此明主，以隆季兴之功，著勋于竹帛也。以谓贤愚不相为谋，故自割绝，守劳而已，不图自屈也。"微自乞老病求归，亮又与书答曰："曹丕篡弑，自立为

---

① 　雷家骥曾从社会文化保持的角度论及隐逸的意义和书写，曰："在当时，隐逸冲虚之士，实被视为社会文化元气的最后保持者……研究这些人物，无异含有探求在乱世中如何维持社会教化，以及未来复兴之道的意义，这是高士、逸民诸类史著日丰的原因。"精英群体的认识、书写与大众层面的接受、理解正好构成隐逸完整意义的两端，故可参酌互证。论见雷家骥《中国古代史学观念史》，北京师范大学出版社，2018，第259页。

帝，是犹土龙刍狗之有名也。**欲与群贤因其邪伪，以正道灭之。怪君未有相诲，便欲求还于山野。……君但当以德辅时耳，不责君军事，**何为汲汲欲求去乎！"其敬微如此。[1]

杜微受学于绵竹任安，任安则从同郡杨厚学图谶（参表2），故杜微所处时代虽略晚，但其知识背景实与汉末一脉相承。[2]"国辅"之字，似可反映杜微之"政治"志向；"常称聋，闭门不出"的怪诞行径，或是其积累声望的刻意之行。诸葛亮对其礼敬有加，以及"但当以德辅时"的直白表达，则反映了"隐逸"与"王朝"之间的内在张力，亦可谓隐逸微妙"政治性"功用之自然表露。

至此，结合前论通观之，谶纬之大兴及其与阴阳灾异学说的持续影响，不仅使得东汉政治进一步紧系于天命，民众亦被广泛纳入这样的神学—宇宙体系中。由此，"太平"成为社会全体之最高期待，天命则可根据一定的步骤推演、预知。汉末隐逸群体拥有关切天命所属之知识的现实，一方面成为民众尊崇贤人隐者的思想根源，另一方面也促进了人们对隐逸之神秘化理解倾向与想象的形成，以致兴起更为普遍的汉末崇隐之风。郑玄作为兼善谶纬与易学的今古文经学大师，也慕求"太平"理想秩序，亦是屡征不就的贤人，在社会上享有极高之声望，所以，郑玄获得具有救世的宗教神学教义、对"贤人"尊崇有加，同时祈望"黄天泰平"的黄巾之敬拜，实为情理之中的事情。在此基础上可以说，黄巾拜郑玄既非一种简单的隆崇圣贤的历史书写或程式化修辞，亦非偶发的非典型案例，而是汉末学术（经学）与

---

[1]　《三国志》卷四二《杜微传》，第1019~1020页。此条材料承张官鑫学兄提示，特此致谢。

[2]　有关杨厚、任安、杜微等巴蜀学派士人之关系、师承及学术的详细讨论请参雷家骥《中国古代史学观念史》，第282~293页。

信仰（太平道）之交融互渗生态的自然呈现。而促成各种学说尤其是"道""术"汇融者，正是为广大隐逸之士所握有的括囊万象的谶纬神学，以及以易学为核心的阴阳灾异学说。作为学术与信仰的跨接者，汉末隐逸群体不仅拥有亦儒亦道的知识构成，并因之成为疏通不同知识的"中转站"，而且他们凭借其政治象征意义，进一步发展为朝野之间的中间知识阶层，由是以教授、卜筮等价值输出的方式广泛活跃于民间，在汉末地方伦理—价值秩序之坍塌与重建方面，发挥了潜在却不容忽视的作用。汉魏之际历史文化变迁剧烈，各种思潮错综交织，当我们克服现代价值介入所致的"儒家中心主义"心态，而以宗教的视野重新检视古史，[1]或许便能够发现久为人们所忽视的汉代学术（如经学）之信仰底蕴，以及宗教神学之非神秘、非异端属性，黄巾拜郑玄事的"政治性"内涵亦由此得以疏解。

结　语　儒、道交涉与学、术共融

章太炎在《驳建立孔教议》一文中曾厉叱汉儒致儒学"变种"之恶，曰："及燕、齐怪迂之士，兴于东海，说经者多以巫道相糅……以经典为巫师豫记之流，而更曲傅《春秋》，云为汉氏制法，以媚人主，而梦政纪。昏主不达，以为孔子果玄帝之子，真人尸解之伦。谶纬蜂起，怪说部彰，曾不须臾……巫道乱法，鬼事干政，尽汉一代，其政事皆兼循神道。"[2]验诸前论，可知此一裁断虽系章氏针砭时弊与不解宗教本质

---

① 有关从宗教理解古史的理论探讨请参姜生《汉帝国的遗产：汉鬼考》，第32~36页。
② 章太炎：《驳建立孔教议》，《章太炎全集》第4册，上海人民出版社，1984，第196页。

的偏狭之言，却出人意料地从相反方向扼要地指明了汉代政事、知识、宗教杂糅以存的文化生态，故亦颇具启发。

那么，基于此般芜杂又融通的文化生态，我们究竟应当如何更全面、更深层次地认识和理解汉魏之际的历史变迁？汉魏禅代何以能够酿成、上演？不同人群（士人群体、隐逸群体、宗教团体）在此过程中表现出的行为及其作用、意义又当如何把握？汉末思潮错综交织，而各种学说之间，尤其是"道""术"间的交融互渗，使得该时期的历史更显扑朔。前人的研究可能更多地关注到"合理的"思想面向（甚至思想层面的讨论也只以补足物质、经济层面的讨论为目的），对"神秘"或"迷信"的内容则往往以"审判者"姿态观之，偏见甚深，故相关研究中自然呈现出过度"人文化"的解释倾向。尽管此种倾向可能深刻受制于时代的一般价值标准，却并非史学工作者应有的求真态度。

本章对黄巾拜郑玄事钩稽发微，从谶纬学、易学以及对于"太平"的解释三个方面，推求黄巾与郑玄可能之思想交融，并进一步将黄巾拜郑玄事纳入汉末整体知识背景下予以理解，由此引申出汉末隐逸与地方伦理—价值秩序的话题，勾勒出汉末隐逸亦儒亦道的知识构成，以及他们在汉末社会运动中作为引导、连接人们价值观念的中间知识阶层所发挥的重要作用。在此过程中，我们更多地看到经学、谶纬、神学、术数这些被人们视为不同种类甚至区隔显然的知识的共通处。在祈望"太平"的强烈氛围笼罩下，汉末社会运动即深刻受制于这些"合理"与"神秘"知识之合力。

与此同时，对汉末士人、隐逸、宗教诸类人群的贯通研究，还让我们看到，表面上分处朝野、分属不同知识背景与社会阶层的人们，实际上却存在共通的行为方式、思想基调、价值追求，甚至在现实的政治、社会生活中亦不无关联。[①] 那么，如是跨越阶层区隔的思想与现实交通，何以能够实现？原因在于，战国末期兴起的阴阳学说，经过董仲舒及其门人以及同时期大批阴阳灾异学家的发展阐扬，逐渐渗透至国家、社会的各角落。在此基础上，通过建立高度抽象、连贯的"天—人"秩序及其解释体系，又得以将汉家统治包裹进这套话语系统中。同时，五行理论亦顺利融入当时的政治文化，渐为帝王、兆民所接受，并最终发展成以天命为核心的五德终始学说。加之谶纬神学之滥觞，终于促成颇具神学属性的汉代"天下一家"政体之形成。由此，以"灾异—救济"为内核的国家神学，理所当然地成为生活于"汉家"神圣空间中的人们的思想基调，无论是居庙堂之高的士人、朝臣，抑或是处江湖之远的信徒、游侠与隐士，概莫能外。在祈望"太平"的相通价值及"天下一家"政体之支持下，不同阶层所抱持的不同知识与信仰，便具备熔铸一体的基础和可能。

总之，对汉末"学""术"之交流，经学之通纬风尚，以及经学、谶纬、原始道教之"太平"理解等方面的揭示，让我们较为清晰地观测到汉末不同知识间的共通处，或者说这些在今人看来或"合理"或"神秘"的知识，在汉代却存在深层的交融互渗，且分别掌握这些不同知识的人群也互有交通，彼此间存在深层的共通价值。对居于朝野之间的汉末隐逸群体亦儒亦道知识结构的讨论也让我们看到，汉末的隐逸群体作为一种外在于国家与社会的"第三势力"，对保持汉魏历史的稳定过渡同样发挥了不容忽视的推动作用。显然，这些情况与"大、小传统"理论[②] 所刻画的社会结构存在较大差距。

---

① 详参本书终章第一节。

② Robert Redfield, *Peasant Society and Culture: An Anthropological Approach to Civilization*, Chicago: The University of Chicago Press, 1956, pp.70-71.

以上所论提示我们，研究历史的差异面固然重要，然而相通性的研究同样不可忽视。看似知识修养高下悬隔的士人群体与宗教团体，却因覆盖极广的阴阳、灾异、谶纬学说，以及亦儒亦道、亦仕亦处并且客观上承担着"知识中转站"功用的隐逸群体，而具有共通的知识结构、一致的价值追求。由此，不仅"高雅"的经学裹挟着"低俗"的谶纬、术数，"神秘"的道经同样沉潜着富于"理性"的价值追求。要言之，现代价值视域下或属不同文化传统的汉末诸类人群，其思想文化方面的相通性实际上却至为明显。此种思想界限模糊、价值观念胶着的状态，意味着单向度、单中心的自上而下式的文化传播与教化模式——此系"大、小传统"理论的本质所在——并不适用于汉末。

处江湖之远的隐逸群体，与民间术士、道士一同形成了对抗中央意识形态的多极文化中心；远离政治的权力中心同样证明整个社会的结构并非单线的"统一治"模式。进言之，抛却知识分类的正统与异端、合理与神秘等后见之明，我们便可看到汉末不同人群间的深层相通性，以及他们之间的内在交流、互鉴等更为复杂、立体的思想样貌和历史面向。尤其是对介于朝野之间的隐逸等"边缘"人群的研究，或可一定程度打破"儒家中心观"主导下的"教—化"模式，[①] 让我们看到更加多维的历史图景，以及与之相应的多中心权力格局。反之，如果我们始终囿于"大、小传统"理论所描塑的"理想型"思维方式，并以此为前提去认识汉末的社会结构、思想文化，那么我们在突破古今时空阻碍与神

---

① 屈涛近来也撰文提醒研究者应注意避免夸大汉末儒生群体的能动性和自律、自觉性，儒生影响力的形成是多方合力的结果，它既离不开相关制度、平台乃至私人关系等社会背景的支持，也与儒家成长和逐渐被接受的历史进程相关。因之，对东汉后期儒者群体的观察不能只站在儒家立场，或局限于儒学、儒者本身，而需从与之直接或间接互动的群体，如皇帝、官吏等各自的角度加以审视（屈涛：《朝廷与儒宗——〈鲁峻碑〉所见汉末儒者标榜风气的形成》，《魏晋南北朝隋唐史资料》第 44 辑，第 1~28 页）。

圣—世俗价值隔阂的道路上，便很可能无法迈出重要的一步——那就是尽力站在古人的立场，理解彼时交融互摄的知识与信仰世界，由此"发现"汉魏之际的多面历史图景与颇具弹性的社会空间。

第六章

忆汉：中古时期的神圣姓氏与历史脉动

汉氏载祀四百，比祚隆周，虽复四海横溃，
而民系刘氏，慄慄黔首，未有迁奉之心。

——《宋书·武帝纪下》

引　言　姓氏名号背后的荣耀与悲情

历史地看，一个姓氏的崛起，往往难逃与其他姓氏之竞争。竞争的方式包括多个层面。胜出者为维持、巩固其优势地位，常常会依仗其掌握的权力，就该姓氏的神圣性进行更多的包装与论证。于是，在政治与文化、信仰的复合加持、推动下，一个普通的私家姓氏上升为国姓，再由国姓跃升至神圣姓氏。经此质变后，耀眼的神学光环使之成为人们臣服、尊奉、信从的强大存在，主动为之"佐命"者有之（如"刘氏当王、李氏为辅"之谶），丢弃自己的卑微姓氏而自愿受其荫蔽者亦有之（如下文所论中古时期的托姓起义）。由此，如同滚雪球一般，一个超级大姓就在这样复杂的思想与历史之交互进程中成长起来。

梳理相关研究史可知，世家大族（或称门阀、贵族）因其在中古国家、社会体系中占有的重要地位，历来备受研究者重视，以致不少学人即以"贵族（制）社会"或"士族社会"来总括此一时代的基本特质。亦因此故，有关中古姓氏、族望之具体研究向不乏人，也取得了令人瞩目的丰硕成果。[①] 以世家大族为中心的阶级升降、政治集团及皇权属性分析，可谓此前士族研究的主要关注点与落脚点。

这样的研究范式，由于中古史领域"新资料"（墓志、碑刻等）、"新方法"（"史料批判""历史书写"等）的应用，在近年发生了一些变化，即"目前学者的研究越来越关注士族谱系中的层累构造，郡望的伪冒、攀附、混淆甚至虚构等现象"。[②] 对这些"伪托""冒袭""附丽""虚构""想象"等"攀龙附凤"行为的讨论，一定程度上超越了此前固定的家族血缘式理解和研究，让我们看到家族谱系、"族望"、"郡望"背后那些非事实的成分，颇具启发意义。

然而不无遗憾者，对部分姓氏宗教内涵讨论的缺失，或即阻碍该方向研究步伐向更深层次迈进的一大原因。事实上，中古时期个别姓氏无疑被赋予了宗教或神学属性，以致宗教领袖、胡人等无不托姓于彼，唯其如此方能大范围号召民众揭竿而起。如下文讨论所揭示，这种号召力既非来自世俗意义上的"大姓"背后的权力或资源，也不是基于血缘关系和宗祖情结的人们对于自己家族姓氏所抱有的近乎神圣的感情，[③] 亦非异姓兄弟式的"虚拟血缘关系"。[④] 此种屡试不爽的号召力正是来自该姓氏所独具的神圣性。中古时期的刘、李、张氏即存在不同于纯粹世俗姓氏的神性内涵，所以不同阶层、种族之人多承风向慕之，或改姓以从，

---

① 相关学术史梳理及讨论参见容建新《80 年代以来魏晋南北朝大族个案研究综述》，《中国史研究动态》1996 年第 4 期；陈爽《近 20 年中国大陆地区六朝士族研究概观》，《中国史学》第 11 卷，2001 年；仇鹿鸣《士族研究中的问题与主义——以〈早期中华帝国的贵族家庭——博陵崔氏个案研究〉为中心》，《中华文史论丛》2013 年第 4 期；范兆飞《权力之源：中古士族研究的理论分野》，《学术月刊》2014 年第 3 期。

② 仇鹿鸣：《士族研究中的问题与主义——以〈早期中华帝国的贵族家庭——博陵崔氏个案研究〉为中心》，《中华文史论丛》2013 年第 4 期，第 310 页。

③ 何晓明：《中国姓名史》第二章第四节"姓的改动"，武汉大学出版社，2012，第 60 页。

④ 谢元鲁：《论中国古代社会的虚拟血缘关系》，《史学月刊》2007 年第 5 期。

或托姓举事，大抵皆欲借其神圣，以行教化，并壮声威。由此而往，自然逐渐发展为深刻影响该时期权力竞逐乃至政权更迭的重要力量。

　　生命的悲剧意识来自对超越卑微之伟大、超越短暂之永恒的渴望。为避免走向身名俱灭的残酷结局，王侯将相抑或卑微小民，都会有"功绩铭乎金石"的强烈冲动。于是，中古时期见诸无数高矮碑刻、大小佛道造像记中的一列列姓名，便不仅是"纪念碑"的装饰性符号，也诉说着一个个生命的永恒欲动。同此道理，史籍载录中"刘举""李弘"等不断为人伪托的纯粹符号式的姓名，在封存无数纤小生命反抗奴役、拯救世人、献祭于道的虔诚信仰的同时，也努力保留着他们脱离卑微、追求伟大的滚烫心性。作为掩藏自己的面具，"别人"的姓氏名号，不仅见证着"胜利者"的荣光，也反衬着无数"无名者"的悲情。

第一节　汉家的光影：刘、李、张氏神化的历史背景

　　作为个人、群体的象征性符号以及一种社会分类体系，姓名可谓观察社会有机体的隐性密码。[①] 从姓氏自然延伸出的血缘与家族，则正好构成观察基层社会秩序及国家政治结构、治理模式等方面的巧妙视角。由此，通过姓名考察古代帝国的结构与统治秩序等，成为近年的新兴课题，相关研究成果陆续问世。[②] 与姓氏问题密切相关，中国古代社会尤其是中古时期，存在一个特别值得注意的历史现象，即包括方士、宗教

---

① 有关姓名功能、意义、性质等方面的理论总结与探讨可参纳日碧力戈《姓名论》，社会科学文献出版社，2015，第1~38、123~162页。

② 代表性成果如侯旭东《中国古代人"名"的使用及其意义——尊卑、统属与责任》，《历史研究》2005年第5期；魏斌《吴简释姓——早期长沙编户与族群问题》，《魏晋南北朝隋唐史资料》第24辑，2008；魏斌《单名与双名：汉晋南方人名的变迁及其意义》，《历史研究》2012年第1期。

领袖、胡人在内的一部分人，往往以易姓或托名的方式，发动民众、揭竿而起。何以有的姓氏即具有如此之威望和号召力，而成为聚众者屡屡假借的对象？这种现象背后是否蕴藏更多的历史讯息？有关此一时期的刘、李、张三姓氏，前人研究成果尤多，而仔细梳理学术史可发现，密集的研究之下，似仍有未发之覆。

对于刘氏的研究，汤用彤、方诗铭、刘陶注意到道经中多与李弘一并出现的刘举，并讨论了以之为旗帜的"妖人"起义，其中方诗铭着意于"汉祚复兴"谶记与刘根、刘渊起义起兵的关系。[1] 李锦绣、王永平、杨梅、孙英刚也分别讨论了与刘氏有关的谶记，包括"刘氏主吉""刘氏当王"与金刀之谶等。[2] 长田夏树、园田俊介则梳理了匈奴刘氏的谱系及祖先传说等。[3] 有关李氏的研究，较早关注者当属陈寅恪，其言："大约周、隋李贤、李穆族最盛，所以当时有'李氏将兴'之说。"[4] 索安从弥赛亚信仰的角度探讨了中古时期老子与李弘的救世主形象。[5] 姜士彬（David G. Johnson）以赵郡李氏为例，揭示了中世贵族没落的一个侧

---

[1] 汤用彤：《康复札记》"'妖人'刘举"条、"'妖贼'李弘"条，《汤用彤学术论文集》，第310页；方诗铭：《"汉祚复兴"的谶记与原始道教——晋南北朝刘根、刘渊的起义起兵及其他》，《史林》1996年第3期；刘陶：《略论〈老君音诵诫经〉中的"刘举"》，《宗教学研究》2015年第4期。

[2] 李锦绣：《论"刘氏主吉"——隋末唐初山东豪杰研究之二》，《史林》2004年第5期；王永平：《"刘氏当王"谶语与唐代政治》，《中国史研究》2005年第2期；杨梅：《也谈"李氏将兴"与"刘氏当王"》，《兰州大学学报》2006年第3期；孙英刚：《南北朝隋唐时代的金刀之谶与弥勒信仰》，《史林》2011年第3期。

[3] 長田夏樹「百済鎮将劉仁願の出自について——匈奴系劉氏の系譜」『神戸外大論叢』第32卷第3号，1981；園田俊介「南北朝時代における匈奴劉氏の祖先伝説とその形成」『中央大学大学院研究年報』第34号，2004。

[4] 陈寅恪：《读书札记一集》，三联书店，2001，第26页。

[5] A. Seidel, "The Image of the Perfect Ruler in Early Taoist Messianism: Lao-tzu and Li Hung," *History of Religions*, Vol.9, No.2-3, 1969-1970, pp.216-247.

面。^①唐长孺比较系统地梳理了史籍与道经中有关李弘的记录，王明则分析了李弘起义与弥勒信仰的关系。^②李丰楙结合唐人小说、道教图谶与敦煌道经写卷讨论唐代创业及李氏相关问题，毛汉光则从"李氏当王"之谶阐释了李渊的崛起。^③此外，砂山稔、杨绍溥、方诗铭、李锦绣、李刚、萧登福、王永平亦就"李氏当王""李氏将兴"以及李家道等展开论述。^④至于张氏，张政烺早在 20 世纪 30 年代便讨论了玉皇张姓问题，并在与杨向奎、劳榦的通信中论及张氏与汉之国姓刘氏的关系。^⑤矢野主税较早关注到中古张氏族望的演变，狩野直祯、抚尾正信则分别就以张氏为中心的东汉豪族生活和吴郡张氏与佛教之关系予以讨论。^⑥郭锋对唐代

①　David G. Johnson, "The Last Years of A Great Clan: The Li Family of Chao Chün in Late T'ang and Early Sung," *Harvard Journal of Asiatic Studies*, Vol.37, No.1, 1977.

②　唐长孺:《史籍与道经中所见的李弘》，氏著《魏晋南北朝史论拾遗》，中华书局，1983，第 208~217 页；王明:《农民起义所称的李弘和弥勒》，氏著《道家和道教思想研究》，第 372~380 页。

③　李丰楙:《唐人创业小说与道教图谶传说——以神告录、虬髯客传为中心的考察》，《中华学苑》第 29 辑，1984；同氏:《唐代〈洞渊神咒经〉写卷与李弘——兼论神咒类道经的功德观》，《第二届敦煌学国际研讨会论文集》，1991，第 481~500 页；毛汉光:《李渊崛起之分析（论隋末"李氏当王"与三李）》，《中央研究院历史语言研究所集刊》第 59 本第 4 分，1988 年。

④　分别参砂山稔『隋唐道教思想史研究』第 1 部第 1 章、平河出版社、1990、69-92 頁；杨绍溥《明代前后农民领袖称十八子考释——兼论古谶李氏当王与农民起义》，《明史研究》第 3 辑，黄山书社，1993；方诗铭《释"张角李弘毒流汉季"——"李家道"与汉晋南北朝的"李弘"起义》，《历史研究》1995 年第 2 期；李锦绣《论"李氏将兴"——隋末唐初山东豪杰研究之一》，《山西师大学报》1997 年第 4 期；李刚《唐高祖创业与道教图谶》，《宗教学研究》1998 年第 3 期；萧登福《谶纬与道教》第九章"六朝道佛二教谶记中之应劫救世说——论李弘与弥勒"，第 450~506 页；王永平《从"李氏当王"到"刘氏当王"——兼论谶语与唐代政治》，《首都师范大学史学研究》第 3 辑，北京燕山出版社，2005。

⑤　张政烺:《玉皇姓张考》《关于〈玉皇姓张考〉的通信》，据氏著《文史丛考》，中华书局，2012，第 183~195 页。

⑥　矢野主税「張氏研究稿」『社会科学論叢』第 5 号、1955；狩野直禎「後漢時代地方豪族の政治生活——犍為張氏の場合」『史泉』第 22 号、1961；撫尾正信「呉郡張氏と仏教」『竜谷史壇』第 56、57 号、1966。

张氏的碑志与谱牒材料进行了较全面的整理研究。[①]仇鹿鸣梳理了中古南阳张氏郡望的构拟过程。[②]刘昭瑞较早讨论了汉代托称"张"姓的宗教领袖问题，姜生亦曾就原始道教首领多有易姓张、李以聚众的现象进行剖析。[③]保科季子则从汉魏六朝受命思想的角度检视了张良与姜尚的形象塑造问题。[④]

总体上看，不同范式或方法、视野的遮蔽，使得刘、李、张氏蕴藉的神圣属性或宗教内涵并未引起研究者的更多注意，"神圣姓氏"因之成为中古姓氏、族望研究中的一个盲点；由"神圣姓氏"延展开的刘、李、张氏与"汉家"的内在联系，亦为此前研究所不及。有鉴于此，本章内容拟以"张王刘李陈，天下一半人"中的刘、李、张氏为中心，探讨中古时期易姓聚众现象所体现的姓氏的神圣属性，以及由此带来的溢出于世俗纲常与王朝控制的神圣权力。

一　"汉家"神学的铸成与刘氏"享天永命"

西汉初期，刘姓宗室在整个王朝的重要领域或重要区域均享有控制权，[⑤]这从汉初同姓封国数量和高祖"非刘氏而王者，若无功上所不置而

---

① 郭锋：《唐代士族个案研究——以吴郡、清河、范阳、敦煌张氏为中心》，厦门大学出版社，1999。

② 仇鹿鸣：《制作郡望——中古南阳张氏的形成》，《历史研究》2016 年第 3 期。

③ 刘昭瑞：《论"黄神越章"——兼谈黄巾口号的意义及相关问题》，《历史研究》1996年第1期；姜生：《原始道教三题》，《西南民族学院学报》1997 年第 6 期。

④ 保科季子「張良と太公望—漢六朝期受命思想における"佐命"」『寧楽史苑』第 59 号、2014。

⑤ 相关讨论可参西嶋定生《中国古代帝国的形成与结构——二十等爵制研究》，第 18~48 页；守屋美都雄《中国古代的家族与国家》，第 142~159 页；李开元《汉帝国的建立与刘邦集团：军功受益阶层研究》，第 119~138 页。

侯者，天下共诛之"①的誓言即可看出。汉朝初创时，或为形势所迫，化家为国的"家天下"思想仍然主导着统治阶层的行为与政策制定等。在这样的政治、文化氛围下，刘氏以强力的方式维持着它的至高地位：刘邦即曾以赐姓刘氏的方式，表达他对前朝宗室的笼络和对臣下的奖励。②然而化家为国的"家天下"思想很快与"大一统"帝国的成长趋势及人们的文化思想需求发生抵牾，所以战国中后期以来"天下非一人之天下，天下之天下"的政治诉求，便于汉初的休养生息期结束后重新回归社会，成为人们的最高政治追求。在董仲舒及其后学之灾异学说的持续影响下，皇权、朝政、人事皆被纳入"天人感应"的神学宇宙体系中，如此便初步奠定了汉代"天下一家"神学的学理基础。

真正完成"汉家"神学构建的，是与董仲舒存在千丝万缕联系且作为经学之变种形态而存在的谶纬。如前所论，通过高扬建国神话，确立汉家神统以及转接灾祥征兆之论的方式，谶纬最终完成"汉家"神学的构造，从而使得"汉家"超越了刘氏的私家属性，成为万民共享共建的"天下一家"。神学化势必要求对世俗经验之超越、提升。在此意义上，"汉家"神化本身便包含着"天下为公"与非独刘氏、人皆可能的两重发展属性。由于这种属性，两汉之际掀起了由"篡汉"至"复汉"的天命竞夺。在此过程中，本为"汉家"神学所切断的私姓刘氏与天命的紧密关联，因着"刘氏复起，李氏为辅"等谶语，被重新建立起来，并广泛流传于社会，影响深远。此即刘氏神化的历史背景。

如本书第一章所揭举，在反莽思汉历史大潮来临的前夕，西平人郑

---

① 《史记》卷一七《汉兴以来诸侯王年表》，第801页。《汉书》卷四〇《王陵传》载为："非刘氏而王者，天下共击之。"（第2047页）

② 如"垓下之围"后"封项伯等四人为列侯，赐姓刘氏"；商讨定都事宜时"拜娄敬为奉春君，赐姓刘氏"（《汉书》卷一下《高祖帝纪下》，第50、58页）。

恽西行至长安，上书王莽：

> 汉历久长，孔为赤制，不使愚惑，残人乱时。智者顺以成德，愚者逆以取害，<u>神器有命，不可虚获</u>。上天垂戒，欲悟陛下，令就臣位，转祸为福。<u>刘氏享天永命</u>，陛下顺节盛衰，取之以天，还之以天，可谓知命矣。若不早图，是不免于窃位也。且尧舜不以天显自与，故禅天下，陛下何贪非天显以自累也？

郅恽自称依天命言事，以谶纬证刘氏享天永命，必再受命，而王莽"顺节盛衰"，暂获天下，当"知命"而还，否则不免于"窃位"，必受贪天之累。

　　郅恽"据经谶"证"刘氏享天永命""必再受命"之事，引发了更多的社会回响。史载该事发生后的第二年，魏成大尹李焉即与卜者王况谋事。王况谓焉曰："汉家当复兴。君姓李，李音徵，徵火也，当为汉辅。"[1] 不久，王、李二人事泄被杀，但"刘氏复起，李氏为辅"的谶言却不胫而走，王莽的宗卿师李守以及宛人李通等皆曾援引起事。[2] 正是在"刘氏享天永命""刘氏复起"这类谶言的不断鼓吹下，刘氏再次踏上了超越私家姓氏以臻于神化的演进之路。

　　经历两汉之际的大变动，班彪感慨伤愍而撰《王命论》，试图系

---

① 《汉书》卷九九下《王莽传下》，第 4166 页。
② 《后汉书》卷一五《李通传》，第 573 页；《后汉书》卷一上《光武帝纪上》，第 2 页。案，除"刘氏复起"之谶，还有"刘氏当复兴""刘氏真人当更受命"等类似的谶言。如《汉书·王莽传》："卫将军王涉素养道士西门君惠。君惠好天文谶记，为涉言：'星孛扫宫室，刘氏当复兴，国师公姓名是也。'"《后汉书·刘玄传》："（方望）谓安陵人弓林等曰：'前定安公婴，平帝之嗣，虽王莽篡夺，而尝为汉主。今皆云刘氏真人，当更受命，欲共定大功，何如？'"（《汉书》卷九九下，第 4184 页；《后汉书》卷一一，第 473 页）

统总结经、谶之"为汉制法"者，由此重新厘正淆乱的汉家天命。《汉书·叙传》记叙《王命论》之撰作背景曰：

> （班彪）年二十，遭王莽败，世祖即位于冀州。时隗嚣据垄拥众，招辑英俊，而公孙述称帝于蜀汉，天下云扰，大者连州郡，小者据县邑。嚣问彪曰："往者周亡，战国并争，天下分裂，数世然后乃定，其抑者从横之事复起于今乎？将承运选兴在于一人也？愿先生论之。"对曰："周之废兴与汉异。……王氏之贵，倾擅朝廷，能窃号位，而不根于民。是以即真之后，天下莫不引领而叹，十余年间，外内骚扰，远近俱发，<u>假号云合，咸称刘氏</u>，不谋而同辞。……今<u>民皆讴吟思汉，乡仰刘氏</u>，已可知矣。"嚣曰："先生言周、汉之势，可也，至于但见<u>愚民习识刘氏姓号</u>之故，而谓汉家复兴，疏矣！昔秦失其鹿，刘季逐而掎之，时民复知汉虖！"既感嚣言，又愍狂狡之不息，乃著《王命论》以救时难。[1]

于此可见，班彪与隗嚣的根本分歧在于，班彪笃信"汉家复兴"天命在刘氏，故谓"假号云合，咸称刘氏"，"今民皆讴吟思汉，乡仰刘氏"；而隗嚣并不认为汉家就等于刘氏，故谓"但见愚民习识刘氏姓号之故，而谓汉家复兴，疏矣！"实际上，从谶纬构建的"汉家"神学超越私家、私属的"公天下"性质看，汉家确实不等于刘氏；可历史的实际情况是，"天下一家"的公属性并没有妨碍"愚民"以刘氏为"一家之主"的主观判定，而且经历"淆乱天命"的王莽"篡汉"事件后，人们

---

[1]　《汉书》卷一○○上，第4207页。

更加坚定了刘氏"享天永命"的想法。是故班彪、隗嚣两者分执一端，各具一定合理性。这是由"汉家"神学的两属性质决定的，也反映了历史本身的复杂性。

令人不无感叹者，两汉之际兴起的"刘氏复起"类谶言并未伴随汉魏历史的变迁而销声匿迹。两晋南北朝时期，作为"刘氏复起"类谶言的变相形式——"汉祚复兴"在社会上时有泛起，并深刻牵动彼时的社会、政治神经，值得引起注意。[1] 此时的刘氏之谶，因与日渐成熟且拥有广泛民间基础的道教发生紧密联系，宗教性更强，亦更具号召力。比如，一般认为北魏寇谦之所著《老君音诵诫经》即曾以"太上老君"口吻，批评诳称"刘举""李弘"者，导愚民于不臣：

> 世间诈伪，攻错经道，惑乱愚民，但言老君当治，李弘应出，天下纵横返逆者众。称名李弘，岁岁有之，其中精感鬼神，白日人见，惑乱万民，称鬼神语。愚民信之，诳诈万端，称官设号，蚁聚人众，坏乱土地。称刘举者甚多，称李弘者亦复不少，吾大瞋怒！念此恶人，以我作辞者，乃尔多乎！世间愚痴之人，何乃如此。……天地运动，人众鬼兵，无有边际，见我威光，无不弪伏我哉！愚人诳诈无端，人人欲作不臣，聚集逋逃罪逆之人，及以奴仆隶皂之间，诈称李弘。[2]

《老君音诵诫经》在批评"世间诈伪"以刘举、李弘之谶惑乱愚民行为的同时，并没有忘记批评世间"愚民""愚痴之人"的盲信行为，

---

[1]　相关讨论参见方诗铭《"汉祚复兴"的谶记与原始道教——晋南北朝刘根、刘渊的起义起兵及其他》，《史林》1996 年第 3 期。

[2]　《道藏》第 18 册，第 211~212 页。

其口吻与隗嚣批判愚民误混刘氏及汉家者，颇有几分相似，显示出道教内部的"清整"意愿及向上层靠拢的精英意识。"称刘举者甚多"，折射出刘氏宗教神性所散发出的独特魅力，此层意思在《太上洞渊神咒经》[①]中有更明确的表达。《洞渊神咒经》卷一《誓魔品》载：

> 道言：自伏羲以来，至于汉末，人民大乐，多不信道，悉受天气、自然、耶魔……世欲末时，宋人多有好道心，奉承四方，吾先化胡，作道人，习仙道者，中国流行。还及刘氏苗胤生起，统领天下……道气兴焉。

> 道言：汝等谛听吾言，今为汝等说来世劫尽时之运。自伏羲三千年大水洪溢，人民半死，死已。卅六年，万姓返乱，自共相煞，至周秦之灭，人民复死。及汉魏末时，人民流移，其死亦半。乃至刘氏五世子孙，系统先基。尔时，四方教教，危治［殆］天下，中国人民悉不安居。为六夷驱逼，逃窜江左，刘氏隐迹，避地淮海。至甲午之年，人民［民］还住中国，长安开霸，秦川大乐。六夷宾伏，悉居山薮，不在中川，道法盛矣。木子弓口，当复起焉。

> 道言：五世之孙刘子，王治天下，其后大汉人民多有值三宝者。何以故？此世世急，人思道心。山林隐士，不可称数。见大劫欲尽，受经者十有七八。三灾垂及，汝等道士有缘之者，乃能信之耳。[②]

---

① 关于《洞渊神咒经》的成书时间，小林正美有详细讨论，认为"卷一和卷五的部分构成了二卷本《神化神咒经》，可以说这二卷本《神化神咒经》正是《洞渊神咒经》的原本"，而其成书时间，当在"东晋极末期或是刘宋最初期"。论见小林正美《六朝道教史研究》，第355、359页。相关讨论亦见刘国梁《试论〈太上洞渊神咒经〉的成书年代及其与佛教的关系》，《世界宗教研究》1983年第3期。

② 录文据叶贵良《敦煌本〈太上洞渊神咒经〉辑校》，中国社会科学出版社，2013，第8~9、11、27页。标点略有改动。原文作"至甲午之年，刘氏还往中国"，此处从《道藏》本。

　　道经直接将结束"万姓返乱"而至"道气兴""道法盛"的原因或希望系之于"刘氏苗胤""刘氏子孙"，显示刘氏在彼时道教中的确享有类似"神王"的至尊地位。这在用于象征天下太平大治的仙道盛行、泽及四夷和山林隐逸之士归道等"瑞象"中，亦有明确体现。唐长孺认为，经文多次提及刘氏，"表达了江南人民渴望南北统一，重建汉族政权的心情，而把希望寄托在刘氏，可能因为刘是汉朝国姓（刘裕亦自称汉后），我疑心此经刘氏'五世之孙'与《音诵诫经》所说又一个多次被作为人民起义首领的刘举有关"。[①] 当近其实。

　　道经对刘氏的神化，在公元 5 世纪成书的《三天内解经》中达到一个顶点。案，《三天内解经》卷上载：

> 　　刘氏之胤，有道之体，绝而更续，天授应图，中岳灵瑞，二十二璧，黄金一饼，以证本姓。九尾狐至，灵宝出世，甘露降庭，三角牛到，六钟灵形，巨兽双象，来仪人中，而食房庙之祇，一皆罢废。治正以道，荡除故气，此岂非太上之信乎？宋帝刘氏是汉之苗胄，恒使与道结缘。宋国有道多矣。[②]

　　仔细分析可发现，这里的叙述融合了汉代的"卯金刀"等谶言，即将汉时谶纬对刘氏的神化转接过来，与道教"三天"等神学思想结合在一起，而谓刘氏乃"有道之体"。此般带有总结意味的神性赋予，是为了向世人证明刘氏并非普通的世俗姓氏，它的较高神性应是其王治天下的神学基础，愚民自当追随而不能怀疑、否定天命。

---

① 唐长孺：《史籍与道经所见的李弘》，《魏晋南北朝史论拾遗》，第 214 页。
② 《道藏》第 28 册，第 415 页。

二　从"李氏为辅"到"李氏当王"

大约刘氏神化的同时，李氏神化的步伐便已开启。在这重意义上，刘氏、李氏或可算得上"神圣同盟"，一定程度上都是"汉家"神学的催生物。那么，刘、李是如何被绑定到一条神学绳索上的？上揭两汉之际兴起的"君姓李，李音徵，徵火也，当为汉辅"及"刘氏复兴，李氏为辅"类谶言，透露了其中的关键秘密。毫无疑问，"刘氏复兴"是指刘氏重新握得天命神权，成为天命所往的"汉家"之主、君临天下的神圣帝王。"李氏为辅"则是预言在刘氏复兴过程中，李氏亦受天命所托，担负辅佐刘氏复兴的神圣使命。当然，它也自然而然地包含着这样的结果，即刘氏复兴后李氏亦当享有辅命大臣——"帝王师"的尊崇地位。如上引史料所揭示，与辅命思想相关的另一重要依据是，在汉家"尧后火德"与五音、五行对应的理论中，"李"的发音为五音中的徵，刚好对应五行之火，故可佐火德之汉。

"帝王师"正是"汉家"神学赋予李氏的神性内涵。而谶纬之所以能够锁定李氏与帝王师的联系，乃在于战国至秦汉时期深厚的"圣王师"观念为之奠定了牢固的思想基础，[1]神仙黄老思想尤其是老子的神化则是促成这种"特权垄断"与一对一关系建成的关键。虽然战国末的文献中已有部分圣王师的记录（如《荀子·大略》），然而比较完整的圣王

师名录当首见于《吕氏春秋·孟夏纪·尊师》：

> 神农师悉诸，黄帝师大挠，帝颛顼师伯夷父，帝喾师伯招，帝尧师子州支父，帝舜师许由，禹师大成贽，汤师小臣，文王、武王师吕望、周公旦，齐桓公师管夷吾，晋文公师咎犯、随会，秦穆公师百里奚、公孙枝，楚庄王师孙叔敖、沈尹巫，吴王阖闾师伍子胥、文之仪，越王句践师范蠡、大夫种。此十圣人六贤者未有不尊师者也。今尊不至于帝，智不至于圣，而欲无尊师，奚由至哉？此五帝之所以绝，三代之所以灭。①

　　细读引文可发现，《吕氏春秋》列出"十圣人六贤者"尊师的目的，在于讽喻当时"无尊师"的现实，由此它将尊师传统与国运兴衰连接起来，认为不甚"尊""智"的统治者还无尊师之道，这正是"五帝之所以绝，三代之所以灭"的要因。于此可见儒生对"师"的重视程度。而将国运国祚与"帝王师"之辅佐相关联，此或"李氏为辅"以至老子代为帝王师信仰兴起的思想渊源。稍晚于《吕氏春秋》的《韩诗外传》记载了"十一圣人"的帝王师：

> （鲁）哀公问于子夏曰："必学然后可以安国保民乎？"子夏曰："不学而能安国保民者，未之有也。"哀公曰："然则五帝有师乎？"子夏曰："臣闻黄帝学乎大填，颛顼学乎禄图，帝喾学乎赤松子，尧学乎务成子附，舜学乎尹寿，禹学乎西王国，汤学乎贷子相，文王学乎锡畴子斯，武王学乎太公，周公学乎虢叔，仲尼学乎老聃。

---

① 　陈奇猷校释《吕氏春秋新校释》，第207页。

此十一圣人，未遭此师，则功业不能著乎天下，名号不能传乎后世者也。"①

这里应对帝喾之师赤松子、尧之师务成子附引起特别注意。两位帝师都是神仙黄老学说中的重要人物，并发展为后世道教中的重要仙人。这说明，大略至西汉初，神仙黄老思想已渗透至"帝王师"的论述中，由此进一步推动了"帝王师"观念的神化。相较于《吕氏春秋》之记载，《韩诗外传》对"师"的强调也更进一步：若未遭逢此师，则十一圣人根本没有"功业"甚至"名号"可言。在"帝王师"思想神化过程中迈出关键一步的应是作为经学变种形式，同时一定意义上具有原始道教经文性质的谶纬文献。② 案，《白虎通·辟雍》：

> 《论语谶》曰："五帝立师，三王制之。"帝颛顼师绿图，帝喾师赤松子，帝尧师务成子，帝舜师尹寿，禹师国先生，汤师伊尹，文王师吕望，武王师尚父，周公师虢叔，孔子师老聃。③

也是在谶纬之大兴时期，老子的神化步伐加紧推进。④ 在帝王师与老子神化思潮的两相催生下，以老子为帝王师的传统逐渐流行于世。关于此，目前所能见到的较早资料当是陈相边韶于桓帝延熹八年（165）所作的《老子铭》：

---

① 许维遹：《韩诗外传集释》，第195~196页。
② 姜生「漢代道教経典の終末論について（上）」『東方宗教』第92号、1998。
③ 陈立：《白虎通疏证》，第255页。汉纬《论语比考》所记与此大体一致，见安居香山、中村璋八辑《纬书集成》，第1067页。
④ ザイデル「漢代における老子の神格化について」吉岡義豊、ミシェル・スワミエ編『道教研究』第3冊、5-77頁。

世之好道者触类而长之，以老子离合于混沌之气，与三光为终始，<u>观天作谶</u>，降升斗星，随日九变，与时消息，规矩、三光、四灵在旁，存想丹田，太一紫房，道成身化，蝉蜕渡世。自羲、农以来，（世）为圣者作师。①

到这里，老子已因其"离合于混沌之气，与三光为终始，观天作谶，降升斗星，随日九变，与时消息"的至高神性，以及"道成身化，蝉蜕渡世"的巨大神力，理所当然地成为伏羲、神农以来的诸圣人王者之师。而在成书于汉末的《老子变化经》中，更鲜明详细地展示了老子所为圣者师的名录：

老子合元，沆元混成，随世沉浮，退则养精，<u>进则帝王师</u>。皇苞羲时号曰温爽子。皇神农时号曰春成子，一名陈豫。皇祝融时号曰广成子。帝颛顼时号曰赤精子。帝喾时号曰真子，一名鈲。黄帝时号曰天老。帝尧时号曰茂成子。帝舜时号曰廓叔子，化形，舜立坛，春秋祭祀之。夏禹时老子出，号曰李耳，一名禹师。殷汤时号曰斯宫。周父［文］皇时号曰先王国柱下吏。武王时号曰卫成子。成王时号曰成子，如故。……秦时号曰寋叔子。大［入］胡时号曰浮庆［屠］君。汉时号曰王方平。②

在此后的道教经文中，类似的老子代为圣王师的名录亦多有所见。

---

① 洪适：《隶释》卷三，《隶释·隶续》，第 36 页。此处遵从姜生对该则材料的重新标点，具体讨论请参姜生《汉墓龙虎交媾图考——〈参同契〉和丹田说在汉代的形成》，《历史研究》2016 年第 4 期，第 8 页。

② 经文录文，有关《老子变化经》成书时间的学术史总结及最新讨论皆见孙齐《敦煌本〈老子变化经〉新探》，《中国史研究》2016 年第 1 期。

如《一切道经音义妙门由起》所总结："《高上老子本纪》、《玄中记》、《濑乡记》、《神仙传》、《出塞记》并云老子为十二帝师；或云为十三圣师。"[1] 可见以老子为帝王师在道教中有着深厚的基础。

实际上，东汉时期以老子为帝王师的观念的形成，除了受到战国末以来儒生宣扬的帝王师思想之影响外，还与两汉之际兴起的"辅汉"思潮直接相关，当然此亦是"汉家"神学直接影响的结果。如本书第四章所论，"辅汉"即辅翼"汉家"，它在两汉之际有关"篡汉"与"复汉"的思潮、运动中多有所见。"辅汉"与道教发生直接联系，可从《神仙传》"天师张道陵，字辅汉"的记载中窥其一斑。这一点在五斗米道经典《千二百官仪》中有更明确的表达："承天大兵十万人……上历逆清玄君百万人，收地上盗贼，逐捕逃亡，全不得脱，日月大兵十万人绛衣，主阴阳为汉国辟捕千贼万盗，主收之。"而从五斗米道大规模汲取汉制的"官僚性"特质，更可透见其从精神角度保存"汉家"秩序的宏阔愿景。[2] 所以，以老子为帝王师的观念确可视为"汉家"神学之衍生——"辅汉"思潮影响的产物。

因为早期道教的"辅汉"动机与帝王师理想，我们看到，早期道教在社会运动方面并没有明确踏上代汉举号的称帝之路，"李氏为辅"之谶总体上亦保持在其目的设定中，未有犯规逾矩。然而，随着历史环境的改易及宗教神学的变迁，"李氏为辅"的谶言终于突破其潜在的自我设限，发展为"李氏将兴"以至"李氏当王"，并以此深刻影响魏晋南北朝隋唐时期的社会与政治。有关"李氏将兴""李氏当王"的谶言，学界讨论已较充分，故此不赘。只是"李氏为辅"至"李氏当王"的变

---

[1]　《中华道藏》第 5 册，第 608 页。

[2]　详参本书第三章。

化，无疑会激发其与"刘氏主吉""刘氏将兴""刘氏当王"等谶言的矛盾，这其中自有一个长期的斗争与"屈服"过程。李氏与曾经的神学联盟——刘氏间的纠葛互绊，夹杂着道、佛信仰之争，终于成就了中古时期持续上演的一出神圣姓氏驱动下的社会运动与政治变迁剧目。[①]

从"汉家"神学衍生的"辅汉"谶言，到早期道教老子（李耳）代为帝王师的神学观念，再到魏晋南北朝隋唐"李氏将兴""李氏当王"谶言的大行其道，一系列内在连贯的神学观念与思潮，使得李氏当之无愧地成为中古时期颇富神性的重要姓氏，影响远及东亚诸国。比如，根据李魏巍统计，汉字文化圈内至少存在 20 个有国号的各类李氏政权，称王称帝者共百余人，创亚洲乃至世界之最。[②] 李氏跨越时间、国别的姓氏魅力及其巨大的潜在号召力和社会驱动力，堪称人类文明史上的一道奇特风景。

三　"张握命图授汉宝"与"王者师"

与李氏的神化如出一辙，张氏最初也同样因为"汉家"神学的衍生所需，在思想浩荡起伏的汉代被赋予神性，而后被名正言顺地宗教化，并以俘获宗教领袖——天师道张氏一系的方式，发展为中国本土宗教的重要性征。

所谓"汉家"神学衍生所需，亦指辅翼汉家之事。对此，有一位关键的历史人物发挥了不可忽视的作用。此人就是汉家谋臣、良辅——留

---

① 可参孙英刚《南北朝隋唐时代的金刀之谶与弥勒信仰》，《史林》2011 年第 3 期；王永平《从"李氏当王"到"刘氏当王"——兼论谶语与唐代政治》，《首都师范大学史学研究》第 3 辑。

② 李魏巍：《汉字文化圈李氏政权考释——兼论古谶李氏当王》，《通化师范学院学报》2014 年第 1 期。

侯张良。① 历史上，张良为汉家创业天下运筹帷幄，厥功至伟。然而，引起人们更多关注的，则是他颇富传奇色彩的黄石公授书经历，及其修行仙道以至于愿弃人间事而从仙人游的所言所行。史载：

> 良尝闲从容步游下邳圯上，有一老父，衣褐，至良所，直堕其履圯下，顾谓良曰："孺子，下取履！"良鄂然，欲殴之。为其老，强忍，下取履。父曰："履我！"良业为取履，因长跪履之。父以足受，笑而去。良殊大惊，随目之。父去里所，复还，曰："孺子可教矣。后五日平明，与我会此。"良因怪之，跪曰："诺。"五日平明，良往。父已先在，怒曰："与老人期，后，何也？"去，曰："后五日早会。"五日鸡鸣，良往。父又先在，复怒曰："后，何也？"去，曰："后五日复早来。"五日，良夜未半往。有顷，父亦来，喜曰："当如是。"出一编书，曰："读此则为王者师矣。后十年兴。十三年孺子见我济北，谷城山下黄石即我矣。"遂去，无他言，不复见。旦日视其书，乃《太公兵法》也。良因异之，常习诵读之。②

黄石公对张良的考验与试探，显然具有一定的神仙道教色彩，所以此般情节设置似也成为后世宗教经典中师父试探弟子或仙人考验凡人故

---

① 刘昭瑞亦曾简论及托称"张"姓的宗教领袖问题。他提出："要在张姓人中找一个被神化了的著名人物并不难，这就是辅佐汉高祖刘邦夺取天下、功成身隐的神秘人物张良。他的事迹，无论是在正史中，还是在稗官小说中都极具宗教色彩，在后来的道教典籍中更不乏神话式的传说。如果上举诸张确系托名的话，他们所托自然就是在汉代人中极有影响的张良。"（刘昭瑞：《论"黄神越章"——兼谈黄巾口号的意义及相关问题》，《历史研究》1996年第1期）

② 《史记》卷五五《留侯世家》，第2034～2035页。

事的原型。其中最堪典型者，即《神仙传》中张道陵七试赵升的宗教故事。① 细绎两则文本可发现，仙人或师傅不厌其烦的"刁难"，正是为了考验潜在信徒的耐力及诚意。而考验的过程，亦往往充满神秘色彩。张良事迹中，黄石公本人及其出现和消失的时机、场景等，都被包裹上超凡或超验的外衣。关于黄石公的样貌，张守节《正义》引《孔氏汉书音义钞》云："黄石公（状）须眉皆白，杖丹黎，履赤舄。"颇有仙翁之感。而其消失时留下"谷城山下黄石即我"的一番话，更增添了该事的神秘意味。《留侯世家》载："子房始所见下邳圯上老父与《太公书》者，后十三年从高帝过济北，果见谷城山下黄石，取而葆祠之。留侯死，并葬黄石。每上冢伏腊，祠黄石。"② 赵升事迹中，则既有法术充斥其间（如虎不伤身故事等），亦不乏"死而复生"式的玄幻仙术之润饰。

当然，经受考验后的张良、赵升，都获得了师父的倾囊相授。更重要者，如《抱朴子内篇·至理》所述："按《孔安国秘记》云，良得黄石公不死之法，不但兵法而已。"③《史记》载："留侯从入关。留侯性多病，即道引不食谷，杜门不出岁余。"裴骃《集解》引《汉书音义》曰："服辟谷之药，而静居行气。"功成事遂后张良更明确表示"愿弃人间事"而从仙人游，却为吕后所阻止，"留侯乃称曰：'家世相韩，及韩灭，不爱万金之资，为韩报仇强秦，天下振动。今以三寸舌为帝者师，封万户，位列侯，此布衣之极，于良足矣。愿弃人间事，欲从赤松子游耳。'乃学辟谷，道引轻身。会高帝崩，吕后德留侯，乃强食之，曰：'人生一世间，如白驹过隙，何至自苦如此乎！'留侯不得已，强听而食"。所谓"学辟谷，道引轻身"，《集解》引徐广曰："一云'乃学

---

① 文本请参《太平广记》卷八《神仙传·张道陵传》，第57~58页。
② 《史记》卷五五，第2036、2048页。
③ 王明：《抱朴子内篇校释》，第113页。

道引，欲轻举’也。"① 《汉书·张良传》载为："乃学道，欲轻举。"颜师古注："道谓仙道。"② 所谓"赤松子"，司马贞《索隐》引《列仙传》曰："神农时雨师也，能入火自烧，昆仑山上随风雨上下也。"③ 成功接受考验的赵升，当然也获得了张道陵的"道要"，授道毕，终得白日飞升。

张良事迹中还有一个务当引起注意的地方，即黄石公授书张良时所言"读此则为王者师矣"，而张良告白欲从仙人游之心愿时亦言"今以三寸舌为帝者师"。汉纬《诗·含神雾》以神学化的方式进一步"确认"张良得黄石公授书乃系受命辅汉："圣人受命必顺斗，张握命图授汉宝。"④ 可见张良确实被认为是辅翼"汉家"创业的"王者师"或"帝者师"。此外，汉纬中还有更多有关张良受命辅汉的记载，如《易纬·乾凿度》曰："代者，赤兑；黄，佐命。宋衷注曰：此赤兑者，谓汉高帝也。黄者，火之子，故佐命，张良是也。"《河图》谓："期之兴，天授图，地出道，予张兵矜刘季起。"⑤ 《诗纬》复载："风后，黄帝师，又化为老子，以书授张良。"⑥ 可见，张良受命辅汉，的确与其时盛行的受命、"佐命"思潮紧密相关。⑦ 同时，《史记》对张良形象的"制作"，或即具有"辅汉"与"帝王师"之志的早期道教推崇张良且以其为重要仙人的主要原因，亦当为早期道教颇重张氏，甚至以之为神圣的宗教领袖之

---

① 　《史记》卷五五《留侯世家》，第 2044、2048 页。
② 　《汉书》卷四○，第 2037 页。
③ 　《史记》卷五五《留侯世家》，第 2048 页。
④ 　《太平御览》卷八○二《珍宝部一》，第 3558 页。
⑤ 　安居香山、中村璋八辑《纬书集成》，第 60、1223 页。标点略异。
⑥ 　《史记》卷五五《留侯世家》索隐，第 2049 页。
⑦ 　保科季子「張良と太公望——漢六朝期受命思想における"佐命"」『寧楽史苑』第 59 号、2014。

"家族姓氏"的原因之一。^①案，曹魏时期道经《大道家令戒》载：

> 道乃世世为帝王师，而王者不能尊奉，至倾移颠殒之患，临危
> 济厄，万无一存。……五霸世衰，赤汉承天，道佐代乱，出黄石之
> 书以授张良。道亦形变，谁能识真。^②

刘宋时期道经《三天内解经》则径直以张道陵为张良之玄孙，其"辅
汉"的使命亦当袭自张良：

> 自光武之后，汉世渐衰，太上愍之，故取张良玄孙道陵显明
> 道气，以助汉世，使作洛北邙山，立大法，帝王公臣以下，莫不
> 归宗。^③

晚出的据信为李淳风所注《金锁流珠引》^④更明确记载：

> 后圣君告黄石公曰："子为人师不？知岁星木精，下入桐木之
> 中，以雷初震声之时，伐取东枝为符，授子房，以霸刘氏为主，岂

---

① 案，《酉阳杂俎》曾载天翁张代刘之事："天翁姓张名坚……梦天刘翁责怒，每欲杀之，白
雀辄以报坚，坚设诸方待之，终莫能害。……刘翁失治，徘徊五岳作灾。坚患之，以刘
翁为太山太守，主生死之籍。"张政烺据此提出："刘为汉之国姓，张翁代刘翁或即'苍天
已死，黄天当立'之说。"劳榦亦谓："张氏兄弟意在取汉自代，则以张代刘之传言当自此
始。"皆堪洞见（论见张政烺《玉皇姓张考》《关于〈玉皇姓张考〉的通信》,《文史丛考》,
第183~195页）。然而必须指出，此当后起之观念，汉末黄巾初起时尚不见明确的"代汉"
思想，而以"辅汉"为其主旨。详细讨论请参本书第四章。

② 《道藏》第18册，第235页。

③ 《道藏》第28册，第415页。

④ Kristofer Schipper and Franciscus Verellen, eds., *The Taoist Canon: A Historical Companion to the Daozang*, p.1076.

不救得数十万人之命，卿可不是行阴德者之功？"①

　　除此之外，谶纬与道教还从"圣王"之后的角度对张氏予以论证，以此促进其神化。《易纬·是类谋》载："张、王、李、赵，皆黄帝之所赐姓。"②《风俗通义·佚文·姓氏》亦曰："张、王、李、赵，黄帝赐姓也。"③ 据此张氏源出于圣人黄帝，或许也是其获封神圣的一个原因。综之，张良在汉代国家神学中的重要地位，以及谶纬、道教对张良的神性"加注"，构成一种政治与信仰的"双螺旋"，并对汉代以降的中国历史文化产生了深远影响。比如近期研究发现，在中古各支张姓碑志中，往往以汉初的张良为最常见的攀附对象，邓名世《古今姓氏书辩证》卷一三引《元和姓纂》佚文总结道："唐有安定、范阳、太原、南阳、敦煌、修武、上谷、沛国、梁国、荥阳、平原、京兆等四十三望，大抵皆留侯远裔。"④ 如此现象颇当引起注意。

　　综上所论，仔细检讨学术史可发现，有关中古时期反复纠结、上演的"李氏将兴""李氏为辅""李氏当王"与"刘氏主吉""刘氏将兴""刘氏当王"等谶言掩映下的天命竞夺赛，研究者或囿于史观及历史分期之藩篱，论述的焦点多集中在政治史，射程常常限定于中古时段。除了追溯源头时简单提及或按需梳理外，并未对这些谶言最初的原生环境予以详细解析。在此般从后往前的"补记"方式或"追叙"策略之引导下，人们不可避免地掉入研究者的叙事"陷阱"，关注最多的往往是故事的主干——绚烂多彩的中古历史图景，而对作为故事缘起的汉

① 《金锁流珠引》卷一四《五行六纪所生下》，《道藏》第 20 册，第 422 页。
② 安居香山、中村璋八辑《纬书集成》，第 299 页。
③ 应劭撰，王利器校注《风俗通义校注》，第 496 页。
④ 邓名世：《古今姓氏书辩证》，江西人民出版社，2006，第 195 页。

代历史景象不甚了了。然而，当我们调转叙事的时间线，仔细考察这些谶言在汉代的历史语境（包括其知识基础、信仰背景及实际运用情况等），与此前不尽一致的画面便会逐渐显现出来。

　　浓厚的灾异政治文化对汉代的影响几乎是全方位的。基底性的灾异政治文化，以及由此生发出的信仰氛围，不但包裹着汉代的权力运作机制，[①]也塑造着汉代的宗教组织形态。于是，在汉代，政治的神学化特质与宗教的官僚性组织形态扭结在一起，构成交互推进的"双螺旋"，与天命紧密联系的"汉家"神学也在此过程中得以形成。"刘氏复起，李氏为辅"这样的谶言，作为"汉家"神学的题中应有之义，正是诞生于两汉之际的天命竞夺赛中，并与大致同时兴起的谶纬文献中的张良佐汉获命等神学论述具有共同的思想母体。刘、李、张氏即在此情形下结成"神圣同盟"，继而对汉代及中古之历史文化变迁，产生深远影响。可以说，刘、李、张氏在中古的神化，不仅昭示出"汉家"政治文化传统强烈、持久的影响，也激活了流贯于中古社会的"汉家"历史记忆。在这样的叙事

---

① 有关灾异在西汉的兴起、发展、变迁，及其与儒家经典结合后对政治权力变迁产生的影响、表现等，请参诸葛俊元的相关讨论。如其所云："灾异理论虽在实际上并不足以撼动政局，但却可以形成某种程度的舆论压力，让有心有力的人加以操作发挥"，"灾异论政是西汉政治当中极特别的一种现象，而灾异理论也是知识阶层积极于政治参与所衍生的产物。从其发展过程可看出，灾异的诠释并不具有固定性，而是随着政局的改变，有着适时地更新"，"元、成以降情势丕变，在政弱而学强的格局下，灾异思想虽在刘向、谷永、石显等人手中成为政治斗争的工具，或是在京房、翼奉手中成为帝王治术的一环，然整体而言，灾异现象与因之而成的谴告之说，对政局的影响力却是愈来愈大，每当灾异现象出现，便伴随着重大政治动荡，灾异思想几成评议政局的主要论述依据。灾异学说本有的'权力／责任'关系也在此种政、学关系底下逐渐成为汉世君臣汲取个人政治利益的手段，最终成为王莽篡汉的重要助力，终结了西汉帝国二百余年的国祚。"（诸葛俊元：《西汉学术与政治权力变迁》，第286~289页）历史地看，此种情势也大体延续到了东汉，但在具体历史情境、思想结构、变迁轨迹、作用机制等方面又呈现出若干差异。概言之，东汉时期灾异论渐次与谶纬神学、原始道教相汇合，最终形成一股巨大的思想洪流，从而内在地推动了汉魏禅代的实现及汉家秩序之崩解。对东汉时期作为政治抗议方式之灾异的讨论可参 Rafe de Crespigny（张磊夫），*Portents of Protest in the Later Han Dynasty: The Memorials of Hsiang K'ai to Emperor Huan,* Canberra: The Australian National University Press, 1976。

结构中，汉代创造的政治文化传统，便不再是中古绚丽思想花火的端绪，而是整个中古时代不得不面对或走出的庞大阴影。也是基于这样的顺时考察视角，我们方可明晰刘、李、张三姓氏之间的内在共生关系及其与"汉家"神学的紧密关联，并进一步探明中古刘、李、张氏神化的历史与宗教背景，[①] 揭示掩映于皇皇汉家神学光晕之后的中古思想幽景。

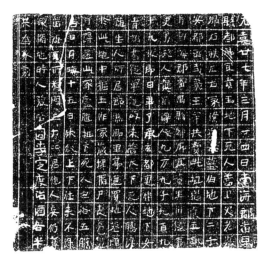

图 17　广州出土南朝宋元嘉二十七年（450）龚韬买地券拓片

说明：券文末句作"时人张坚固、李定度沽酒各半，共为券荊"。
资料来源：易西兵：《广州出土南朝龚韬买地券考》，《东南文化》2006 年第 4 期。

---

① 值得注意的是，六朝买地券、衣物疏中多见张坚固、李定度两位地下神灵（如图 17 所示），研究者曾先后对其形成、发展、性质、作用、民俗涵意等予以考察。在此基础上，刘安志进一步论及二神何以取姓张、李的问题，认为汉魏至南朝刘宋时期用"张甲、李乙"来指称那些不确定的人已成惯例，张坚固、李定度为民间创造的并无原型的专职神仙，取此二姓乃沿袭当时的通用传统和习惯，并无特别含义 [刘安志：《六朝买地券研究二题》，氏著《新资料与中古文史论稿（修订本）》，上海古籍出版社，2020，第 78~86 页]。是说从传统和习惯的角度解释被前人忽视的地下二神的取姓问题，眼光独到，具有一定合理性。不过，张坚固、李定度两位专职神仙并非"不确定"的人，而是具有与其名讳涵意紧密相关的特定宗教功能，由是推之，张、李二姓当非随意冠之。结合上文有关讨论，或可大体判断张、李二姓的神圣化及其对民众信仰的影响，乃是"张＋坚固"与"李＋定度"这类颇富实践理性倾向，同时又深染时代信仰印记的民众造神得以进入"宗教性随葬文书"的内在原因。

第二节 神圣姓氏与中古权力角逐

既然刘、李、张三姓氏之神化，皆根源于汉代政治文化与国家神学，那么此三姓氏在汉亡后的中古时期究竟产生了何种程度的具体影响？见载于史籍的中古时期历次托姓刘、李、张氏的起兵举事各自有着怎样的动机或诉求？托姓现象背后又是否隐藏着更多的历史信息？下面我们便针对这些问题做一详细探讨。

一 "汉祚复兴"、金刀之谶与诸刘之乱

如前文所揭示，因与持续四百余年汉家统治的密切关系，刘氏的国姓地位得以奠定。更重要的是，谶纬所构建的颇具信仰属性或宗教性格的汉代国家神学——"天下一家"，使得刘氏发展成为"享天永命"的神圣姓氏。对于总体上依然处于天命神学笼罩下的中古民众来说，刘氏与天命的对应关系，使其具有一种令人无法抵抗的神秘号召力。事实上，见诸史载的中古时期托姓刘氏的聚众起义确有不少，而与刘氏相关的带有预言性质的谶言正是促成其发生的关键因素。

翻检史籍，有关借刘姓发动民众的最早记录，当在"汉家复兴"谶言兴起之时。据《汉书·王莽传》载，卜者王况曾谓李焉"汉家当复兴"之谶，与此同时又为李焉作谶书，言"江中刘信，执敌报怨，复续古先，四年当发军。江湖有盗，自称樊王，姓为刘氏，万人成行，不受赦令，欲动秦、雒阳。十一年当相攻，太白扬光，岁星入东井，其号当行"。[①] 显然，王况

① 《汉书》卷九九下，第4166~4167页。

欲借社会上群起以应刘氏的实况，证明其所言不虚。然而大肆鼓吹刘氏复起，于王莽来说自是极大威胁，故王况终究难逃"狱治皆死"的命运。①

对借刘氏谋取权力、寻得民众支持的秘方运用更纯熟、影响更广泛的，是与王况同一时期的另一位人物卢芳。他先趁"王莽时，天下咸思汉德"，"诈自称武帝曾孙刘文伯"；②后入匈奴，与"假号将军李兴等结谋"，企图依仗匈奴、李兴等，兴复汉家。张璠《后汉纪·光武帝纪》载：

> 芳，安定人。属国胡数千畔在参蛮，芳从之，<u>诈姓刘氏</u>，自称西平王。会匈奴句林王将兵来降参蛮胡，芳因随入匈奴。留数年。单于以中国未定，欲辅立之，追毋楼且王求入五原，与<u>假号将军李兴</u>等结谋，兴北至单于庭，迎芳。芳外倚匈奴，内因兴等，故能广略边郡。③

诈姓刘氏，与假号将军李兴结谋，这又不得不让人联想到"汉家复兴，李氏为辅"的谶言。而"刘氏"在匈奴产生影响，亦有较大可能为"刘文伯"所传入，此或十六国时期匈奴族刘渊"冒姓刘氏"起事南下的一个远源。

此外，大致同一时期，还有王昌诈称成帝子起事称帝之事。《后

---

① 另需注意，或是出于同样的对于刘氏与汉家的忌惮心理，王莽还曾极其严肃地下诏禁止可能与"刘"姓产生实际关联或引发相应心理暗示的刚卯佩戴俗信及刀币之使用。诏曰："夫'刘'之为字'卯、金、刀'也，正月刚卯，金刀之利，皆不得行。博谋卿士，佥曰天人同应，昭然著明。其去刚卯莫以为佩，除刀钱勿以为利，承顺天心，快百姓意。"（《汉书》卷九九中《王莽传中》，第4109页）

② 《后汉书》卷一二《卢芳传》，第505页。《后汉纪》卷一《光武皇帝纪》亦有相近记载，唯文字表述略有出入。

③ 周天游辑注《八家后汉书辑注》，第687页。

汉书》载：

> 王昌一名郎，赵国邯郸人也。素为卜相工，明星历，常以为河北有天子气。时赵缪王子林好奇数（术数），任侠于赵、魏间，多通豪猾，而郎与之亲善。初，王莽篡位，长安中或自称成帝子子舆者，莽杀之。郎缘是诈称真子舆，云："母故成帝讴者，尝下殿卒僵，须史有黄气从上下，半日乃解，遂妊身就馆。赵后欲害之，伪易他人子，以故得全。（子）舆年十二，识命者郎中李曼卿，与俱至蜀；十七，到丹阳；二十，还长安；展转中山，来往燕、赵，以须天时。"……会人间传赤眉将度河，林等因此宣言赤眉当（至），立刘子舆以观众心，百姓多信之。更始元年十二月……立郎为天子。①

第二年，王昌即为刘秀所破，"夜亡走，道死，追斩之"。从其诈称刘氏后嗣的心态、背景、机缘，以及借助刘氏招揽人心的效果，可知当时的确存在适宜"神道设教"的知识氛围（普通人即可望气识命、推演天命，百姓亦多信之），而"刘氏"在此一知识氛围及社会心态中的影响力亦真实可稽。

随着汉魏禅让的实现，"汉家"秩序就此崩解，然而既成的社会观念，尤其是带有一定信仰属性的社会观念，绝不会旋即消失。于是，刘氏所具有的神圣属性、神秘力量，便在慢慢行进的中古历史上空，留下了一道长长的轨迹。衡诸历史，从魏晋迄于唐末，借助刘姓聚众起义，或在朝中引发政治事件者，可谓屡见不鲜。汉末魏初之时，名士孔融即因宣称有天下者不必刘氏，而招致祸患。《三国志》注引《典略》载：

---

① 《后汉书》卷一二《王昌传》，第 491 页。

及孔融有过, 太祖 (曹操) 使 (路) 粹为奏, 承指数致融罪, 其大略言:"融昔在北海, 见王室不宁, 招合徒众, 欲图不轨, 言'我大圣之后也, 而灭于宋。有天下者何必卯金刀?'"①

孔融的叛逆之言正好说明, 即便汉家政体崩解, 刘氏在人们心中也依然拥有讳莫如深的强大影响力, 以致曹操等汉末群雄皆不敢贸然称帝。至南北朝隋唐时, 刘氏对社会人心的影响仍未烬灭, 甚至一度有增强之势。比如萧齐大臣袁彖谏言君主不用"金柄刀子"一事, 堪为典型。《南齐书·袁彖传》载:

> (袁) 彖性刚, 尝以微言忤世祖, 又与王晏不协。世祖在便殿, 用金柄刀子治瓜, 晏在侧曰:"外间有金刀之言, 恐不宜用此物。"世祖愕然, 穷问所以。晏曰:"袁彖为臣说之。"上衔怒良久。②

连君主使用金柄刀子都成为忌讳, 足见"金刀之言"在南朝社会、政治中几乎成为众人默而识之又敏感异常的特殊"预言", 能令君主、大臣谈之而色变。③之所以刘氏之谶能够如此轻易地触动执政者的神经, 引起他们的警觉, 是有活生生的历史教训和现实依据的。《晋书·张昌传》载:

> 张昌, 本义阳蛮也。少为平氏县吏, 武力过人, 每自占卜, 言应当富贵。好论攻战, 侪类咸共笑之。及李流寇蜀, 昌潜遁半年,

---

① 《三国志》卷二一《王粲传》, 第 603 页。
② 《南齐书》卷四八, 中华书局, 1972, 第 834 页。
③ 孙英刚:《南北朝隋唐时代的金刀之谶与弥勒信仰》,《史林》2011 年第 3 期。

聚党数千人，盗得幢麾，诈言台遣其募人讨流。会《壬午诏书》发武勇以赴益土，号曰"壬午兵"。自天下多难，数术者云当有帝王兴于江左，及此调发，人咸不乐西征，昌党因之诳惑，百姓各不肯去。……太安二年，昌于安陆县石岩山屯聚，去郡八十里，诸流人及避戍役者多往从之。昌乃易姓名为李辰。……造妖言云："当有圣人出。"山都县吏丘沈遇于江夏，昌名之为圣人，盛车服出迎之，立为天子，置百官。沈易姓名为刘尼，称汉后，以昌为相国，昌兄昧为车骑将军，弟放广武将军，各领兵。于石岩中作宫殿，又于岩上织竹为鸟形，衣以五彩，聚肉于其傍，众鸟群集，诈云凤皇降，又言珠袍、玉玺、铁券、金鼓自然而至。乃下赦书，建元神凤，郊祀、服色依汉故事。……新野王歆上言："妖贼张昌、刘尼妄称神圣，犬羊万计，绛头毛面，挑刀走戟，其锋不可当。请台敕诸军，三道救助。"于是刘乔率诸军据汝南以御贼……大破之。[1]

细绎史载，张昌的事迹可谓假托神圣姓氏以聚众揭竿的典型案例。[2]张昌在李特四弟李流寇蜀之际聚党募众，欲借数术者言"诳惑"百姓，未获成功。后易姓名为李辰，拥立同样改姓名为"刘尼"、托称"汉后"的山都县吏丘沈为"天子"，以己为相国。这些行径显示出他对"刘氏复兴，李氏为辅"谶言的熟识，故图应谶。此外，张昌还造作"祥瑞"，郊祀、服色一皆依汉故事。如此露骨的言行，无怪乎王歆语其"妄称神圣"。然而，如果排除正史的叙事立场和视角，张昌本人究竟是

---

① 《晋书》卷一〇〇，第2612~2613页。
② 近来，北村一仁结合实地考察与方志史地文献，从地域社会史、历史地理学角度对张昌及其集团进行了新的考察和梳理。论见北村一仁《"义阳蛮"张昌之乱》，周鼎译，《上海书评》2020年7月27日。

否存在深陷神学泥淖的可能，[1]抑或仅因其深谙"神道设教"之理便能如此肆意操弄民心，未敢遽然断言。

与张昌大略同一时代且同样借助刘氏起义举兵的还有匈奴族刘渊（字元海）。[2]史载司马颖兵败于鲜卑，挟天子南奔洛阳，时刘渊意欲讨伐鲜卑，受到刘宣等人劝谏，故此弃而言曰：

> 善。当为崇冈峻阜，何能为培塿乎！夫帝王岂有常哉……虽然，晋人未必同我。汉有天下世长，恩德结于人心，是以昭烈崎岖于一州之地，而能抗衡于天下。吾又汉氏之甥，约为兄弟，兄亡弟绍，不亦可乎？且可称汉，追尊后主，以怀人望。

于是，永兴元年（304），刘渊乃设坛于南郊，即汉王位，下令曰：

> 昔我太祖高皇帝以神武应期，廓开大业。太宗孝文皇帝重以明德，升平汉道。世宗孝武皇帝拓土攘夷，地过唐日。中宗孝宣皇帝搜扬俊义，多士盈朝。是我祖宗道迈三王，功高五帝，故卜年倍于夏商，卜世过于姬氏。而元成多僻，哀平短祚，贼臣王莽，滔天篡逆。我世祖光武皇帝诞资圣武，恢复鸿基，祀汉配天，不失旧物，俾三光晦而复明，神器幽而复显。显宗孝明皇帝、肃宗孝章皇帝累叶重晖，炎光再阐。自和安已后，皇纲渐颓……故孝愍委弃万国，昭烈播越岷蜀，冀否终有泰，旋轸旧京。……今天诱其衷，悔祸皇

---

① 龙显昭即曾揭示张昌易名举事与"李家道"之影响不无关联。龙显昭：《论曹魏道教与西晋政局》，《世界宗教研究》1985年第1期。

② 对刘渊起兵之机缘、过程和心态的细致考察可参侯旭东《天下秩序、八王之乱与刘渊起兵：一个"边缘人"的成长史》，《史学月刊》2021年第8期。

> 汉，使司马氏父子兄弟迭相残灭，黎庶涂炭，靡所控告。孤今猥为
> 群公所推，绍修三祖之业。顾兹厄暗，战惶靡厝。但以大耻未雪，
> 社稷无主，衔胆栖冰，勉从群议。[1]

从这份"陈情书"可以看出，作为"冒姓刘氏"的匈奴人，[2]刘渊续接汉家正统之心甚明。关于刘元海冒姓刘氏，姚薇元认为"实包藏极深刻之政治野心：其意盖在冒充刘汉宗室，俾'兄亡弟绍，成汉高之业'也。观其称王之初，即以汉为国号，追尊后主（刘禅）为孝怀皇帝，立汉高祖以下三祖五宗神主而祭之，俨然光武、昭烈之所为，其用心固昭然若揭"。[3]又如研究者所论："这种以匈奴人而强攀汉朝宗室的行径，所谓'汉室外甥'，'兄亡弟绍'，刘渊自己也应该知道不能完全取信于人，因而他之所以'冒姓刘氏'必然另有其更为重大的原因，即是为了应谶——'汉祚复兴'，刘氏'系统先基'（即刘渊所说'恢复鸿基'）这个谶记。"[4]此外还应注意，连匈奴人亦托称刘氏起兵，这背后隐藏着一个重要信息，即刘氏与"汉家"作为一种深潜于社会机体中的神圣力量，对当时的非华夏政权也产生了不可抵挡的吸引力，并以不易觉察的方式影响着胡汉关系的发展；而前揭卢芳诈称汉后、易名刘文伯，继之入匈奴与假号李氏将军者起事的记载，则表明这种迹象在两汉之际已有显现。

诸多"刘氏"叛乱起义，亦是南北朝时期足够引起统治者戒备刘氏的重要原因。《老君音诵诫经》言："世间诈伪，攻错经道，惑乱愚

---

[1] 《晋书》卷一〇一《刘元海载记》，第 2649、2649~2650 页。

[2] 有关刘渊姓氏及匈奴刘氏源流的讨论，参见前揭園田俊介「南北朝時代における匈奴劉氏の祖先伝説とその形成」『中央大学大学院研究年報』第 34 号、2004。

[3] 姚薇元：《北朝胡姓考》内篇第二"刘氏"，中华书局，1962，第 47 页。

[4] 方诗铭：《"汉祚复兴"的谶记与原始道教——晋南北朝刘根、刘渊的起义起兵及其他》，《史林》1996 年第 3 期，第 6 页。

民，但言老君当治，李弘应出，天下纵横返逆者众。称名李弘，岁岁有之……称刘举者甚多，称李弘者亦复不少。"①将"刘举"与"岁岁有之"的"李弘"对列，可见托名"刘举"的叛乱诚然不少。今存史籍中，明确标明为"刘举"叛乱者，可以找出两条。《魏书》卷七载："（延兴三年，473）妖人刘举自称天子。"卷一〇复载："（北魏武泰元年，528）光州人刘举聚众数千反于濮阳，自称皇武大将军。"②

与道教有关的"妖人"造反，除了颇具符号性的"刘举"，尚有刘灵助。《魏书·刘灵助传》载：

> 刘灵助，燕郡人。师事刘弁，好阴阳占卜，而粗疏无赖，常去来燕恒之界，或时负贩，或复劫盗，卖术于市。后自代至秀容，因事尔朱荣。荣性信卜筮，灵助所占屡中，遂被亲待，为荣府功曹参军。……及尔朱荣死，庄帝幽崩。灵助本寒微，一朝至此，自谓方术堪能动众。又以尔朱有诛灭之兆，灵助遂自号燕王、车骑大将军、开府仪同三司、大行台，为庄帝举义兵。灵助驯养大鸟，称为己瑞，妄说图谶，言刘氏当王，又云"欲知避世入鸟村"。遂刻毡为人象，画桃木为符书，作诡道厌祝之法。民多信之。③

方诗铭认为刘灵助"画桃木为符书，作诡道厌祝之法"，当出于道教信仰，其所驯养的"大鸟"应即凤凰，代表着"天帝使者"，这与前揭

---

① 《道藏》第18册，第211页。

② 分见《魏书》卷七上《高祖纪上》，第140页，卷一〇《孝庄纪》，第259页。相似记载亦见《北史》卷三、卷五。有关"刘举"资料的梳理，可参汤用彤《康复札记》，《汤用彤学术论文集》，第310页。

③ 《魏书》卷九一，第1958~1959页。亦见《北史》卷八九《艺术刘灵助传》，第2927~2928页。

张昌"诈云凤皇降""建元神凤"以及刘渊"大赦改元（永凤）"的做法是一致的。[①]孙英刚则认为，将"凤凰"与道教连在一起似有不妥，而应主要在五德终始、天人感应，尤其是纬学内进行解释。[②]无论何解，刘灵助与道教的关系及其企图应"刘氏复起"之谶的动机与做法，是可以肯定且颇当引起注意的。令人瞠目的是，刘氏之谶除了与道教有所结合外，其影响在中古佛教中亦有明显体现，上揭孙英刚文即讨论指出，在402年到517年间，即有十余起刘姓的以佛教救世主为名的叛乱发生。[③]

　　从两汉之际"诈姓刘氏"的卢芳、王昌到西晋时"易姓名为刘尼"并称"汉后"的丘沈、"冒姓刘氏"起兵的匈奴人刘渊等，从中古道教中的"刘举"、刘根、刘灵助到中古佛教中的刘慧汪、刘光秀等，一皆与"刘氏复兴"之谶存在千丝万缕的联系。如此长时段的跨度不得不让人感叹，一种与姓氏有关的观念，一旦落实为笼罩人心的信仰，便足以影响社会发展、政治演进乃至历史变迁近千年。

二　谶纬、道教与李氏之乱

　　从早期的"李氏为辅"之谶及老子代为帝王师的神学观念，到此后"李氏将兴""李氏当王"谶言的兴起，伴随此种思想观念之变迁，中古时期的诸李之乱总体上亦经历了由不称王、帝而至举号创国的微妙转折，尽管其间也存在些许反复。

　　前揭新莽时期，卜人王况曾以"汉家当复兴。君姓李，李音徵，徵

---

① 　方诗铭：《"汉祚复兴"的谶记与原始道教——晋南北朝刘根、刘渊的起义起兵及其他》，《史林》1996 年第 3 期。

② 　孙英刚：《瑞祥抑或羽孽：汉唐间的"五色大鸟"与政治宣传》，《史林》2012 年第 4 期。

③ 　孙英刚：《南北朝隋唐时代的金刀之谶与弥勒信仰》，《史林》2011 年第 3 期。

火也，当为汉辅"之谶及总计十余万字专言王莽大臣吉凶日期的谶书，鼓动魏成大尹李焉举兵复汉，而后事泄被杀。此当为"李氏为辅"之谶激发应谶者举事并引起一定社会影响的最早记录。

永兴三年（306），巴人或賨人李雄在成都称帝，国号"大成"，此为东亚范围内最早的"李氏政权"。尤其值得注意的是，细检相关记载可发现，从李雄的政权到其兄弟李寿的政权，再到李雄之子李势的政权及其余部，我们已可看到"李氏为辅"至"李氏当王"的微妙变化，尽管史书对此并无明确表述。案，《晋书·李雄载记》曰：

> 雄身长八尺三寸，美容貌。少以烈气闻，每周旋乡里，识达之士皆器重之。有刘化者，道术士也，每谓人曰："关陇之士皆当南移，李氏子中惟仲儁有奇表，终为人主。"特起兵于蜀，承制，以雄为前将军。（李）流死，雄自称大都督、大将军、益州牧，都于郫城。……雄以西山范长生岩居穴处，求道养志，欲迎立为君而臣之。长生固辞。雄乃深自抑损，不敢称制……范长生自西山乘素舆诣成都，雄迎之于门，执版延坐，拜丞相，尊曰范贤。长生劝雄称尊号，雄于是僭即帝位，赦其境内，改年曰太武。[1]

上述材料显示，李氏家族的起兵，应一定程度受到"道术士"谶言的影响，其中"关陇之士皆当南移"云云，堪为一例。该则记载中，李雄与范长生的来往互动，[2] 包含着相当丰富的历史讯息。李雄因范长生

---

[1]　《晋书》卷一二一，第3035~3036页。另亦见《魏书》卷九六《李雄传》。

[2]　有关范长生与天师道传统的讨论参见唐长孺《范长生与巴氏据蜀的关系》，氏著《魏晋南北朝史论丛续编》，第155~162页。进一步的讨论，见段玉明《范长生与巴氏据蜀关系再探》，《云南教育学院学报》1989年第3期。

求道养志而欲迎立其为君，初读之下或觉怪异，然而当我们将李雄对范长生的敬戴及"范贤""天地太师"之尊号与"李氏为辅"之谶、老子代为帝王师及太平道敬贤教义结合起来，便可发现其间的合理逻辑。李雄"不敢称制"却愿臣之于范长生的原因在于，在"李氏为辅"之谶及早期道教辅弼圣王之神学思想的合力影响下，李雄选择了"善天文，有术数，民奉之如神"的"贤人"范长生，作为自己的辅弼对象。如索安所论："看起来，李雄是遵循了黄帝—老子的模式，把皇帝（兼信徒）和贤人之间的关系看成是互补的。贤人在政治的体系中是皇帝的属下，但是在精神的领域里却是皇帝的老师。"[1]在范长生拒绝李雄迎君的辞言中，有关祚运的归属问题，进一步说明了李雄、范长生的"天子"与"天师"迎立辞让之争，的确存在"汉家复兴、李氏为辅"之谶的影响痕迹。《十六国春秋》载：

> 建兴元年，雄以西山范长生岩居穴处，求道养志之士，欲迎为君而臣之。长生固辞曰："推步太元，五行大会甲子，祚钟于李，非吾节也。"
>
> 长生善天文，有术数，民奉之如神。[2]

应该说，在李雄和范长生之间，有关"天子"与"天师"的规范和制约尚未消失，所以才出现了两者"卑躬谦让"的一幕。李雄去世后，其弟李寿继位，改国号为"汉"。至李雄子李势被桓温攻破、该政权余部"复反"之时，曾经的"君""师"之位开始出现变化：

---

① 索安：《老子和李弘：早期道教救世论中的真君形象》，《国际汉学》第 11 辑，第 197~198 页。

② 《十六国春秋·蜀录·李雄》，此据崔鸿撰，汤球辑补《十六国春秋辑补》，第 882、885 页。

隗文、邓定等复反，立范贤子贲为帝。初，贤为李雄国师，以左道惑百姓，人多事之，贲遂有众一万。（周）抚与龙骧将军朱寿击破斩之。①

立"国师"范长生之子范贲为帝，表明范氏已由辅至主。而此后"伪称李势子"者，亦完全抛却"李氏为辅"的"婉转谦逊"，径称"以圣道王"。史载："太和中，蜀盗李金银、广汉妖贼李弘并聚众为寇。伪称李势子，当以圣道王，年号凤皇。又陇西人李高诈称李雄子，破涪城。"②可见，此时的李氏已越出"为辅"的本分，朝着"为王"的谶记迈进了。

在稍后频出的"李弘"起义中，我们即可明确看到李氏"应谶当王"的企图或动机了。《晋书·周札传》载："时有道士李脱者，妖术惑众，自言八百岁，故号'李八百'。自中州至建邺，以鬼道疗病，又署人官位，时人多信事之。弟子李弘养徒灊山，云应谶当王。故（王）敦使庐江太守李恒告（周）札及其诸兄子与脱谋图不轨。时莚为敦咨议参军，即营中杀莚及脱、弘，又遣参军贺鸾就沈充尽掩杀札兄弟子，既而进军会稽，袭札。"③《晋书·明帝纪》载："（太宁二年，324）术人李脱造妖书惑众，斩于建康市。"④"自言八百岁，故号'李八百'"的记载让我们很容易联想到葛洪对"布满江表，动有千许"之"李氏之道"的批判性记载。葛洪《抱朴子内篇·道意》：

---

① 《晋书》卷五八《周抚传》，第1583页。
② 《晋书》卷五八《周处传》，第1583页。
③ 《晋书》卷五八，第1575页。
④ 《晋书》卷六，第160页。

　　或问李氏之道起于何时。余答曰：吴大帝时，蜀中有李阿者，穴居不食，传世见之，号为八百岁公。……后有一人姓李名宽，到吴而蜀语，能祝水治病颇愈，于是远近翕然，谓宽为李阿，因共呼之为李八百，而实非也。自公卿以下，莫不云集其门，后转骄贵，不复得常见，宾客但拜其外门而退，其怪异如此。于是避役之吏民，依宽为弟子者恒近千人，而升堂入室高业先进者，不过得祝水及三部符导引日月行炁而已，了无治身之要、服食神药、延年驻命、不死之法也。（李宽）吞气断谷，可得百日以还，亦不堪久，此是其术至浅可知也。余亲识多有及见宽者，皆云宽衰老羸悴，起止咳噫，目瞑耳聋，齿堕发白，渐又昏耗，或忘其子孙，与凡人无异也。然民复谓宽故作无异以欺人，岂其然乎？吴曾有大疫，死者过半。宽所奉道室，名之为庐，宽亦得温病，托言入庐斋戒，遂死于庐中。……天下非无仙道也，宽但非其人耳。余所以委曲论之者，宽弟子转相教授，布满江表，动有千许，不觉宽法之薄，不足遵承而守之，冀得度世，故欲令人觉此而悟其滞迷耳。[①]

　　大渊忍尔指出，李家道和几十年后出现的李脱、李弘活动颇有相似处，包括两者都通过信仰疗法的方式吸引世人、领袖都用超自然的长寿神化自己等，尤其是两者都有"李八百"的称号，当非偶然相合。[②] 杨联陞进一步推论，"宽"和"弘"同义，所以生于葛洪（284~363）以前

---

① 　王明：《抱朴子内篇校释》卷九，第173~174页。
② 　论见大渊忍尔『道教史の研究』冈山大学共济会、1964、496-498页。有关"李家道"的教法特征及其与天师道之关系等问题的讨论请参王承文《六朝前期江南"李家道"与天师道关系考——以葛洪〈抱朴子内篇〉为中心》，《唐长孺先生百年诞辰国际学术研讨会暨唐史学会论文汇编》。

的李宽和晋时的李弘（324年被处死）当为同一人。[①] 若此，太宁二年的李脱、李弘起义及其与李家道的关系，便得到更明确的证实。而从他们"疗病""不死之法"等行为与教义可以看出，奠定李弘起义思想基础的，当是道教中颇富弥赛亚色彩的救世理论。

这种救世色彩除在上面提及的两次"李弘"起义中有所体现外，亦见于有史可据的汉唐时期的另外九次"李弘"（或"李洪"）起义中。[②] 在该时期的道经中，有关李弘"救世主"色彩的论述得到进一步展开。如《太上洞渊神咒经》卷一《誓魔品》载：

> 道言：真君者，木子弓口王治，天地大乐，一种九收，人更益寿，寿三千岁。乃后更易，天地平整，日月光明，明于常时。纯有先世、今世受经之人来辅真君。是以智人道士，诱化愚人，令受此经。此经消一切病，鬼贼伏散，万愿自果，所向合矣。若此经行之处，魔王助化，终不令人有恶。[③]

此言李弘为"真君"而非"辅"或"师"，当其治天下时天地万物皆清澈光明，一切疫病、鬼贼消失，雨顺风调，兆民康寿无忧。是皆宗教性的真君方能致此。

至隋唐时，有关"李弘（洪）""李氏当王"的谶言，以及由此引发

---

① 杨联陞：《〈老君音诵诫经〉校释——略论南北朝时代的道教清整运动》，《中央研究院历史语言研究所集刊》第28本上册，1956年，第42页。

② 汤用彤较早查出史籍中的4位李弘，此后方诗铭查出另外4位；王明查出1位；唐长孺查出的5位李弘（洪）中，有1位为之前所未及；王永平亦查出1位李洪（皆据王永平《从"李氏当王"到"刘氏当王"——兼论谶语与唐代政治》，《首都师范大学史学研究》第3辑）。梁栋查出的12位中，其一出自《辽史》，不在我们的讨论范围（梁栋：《敦煌本P.2444〈洞渊神咒经〉卷七〈斩鬼品〉研究》，兰州大学硕士学位论文，2014，第5~6页）。

③ 叶贵良：《敦煌本〈太上洞渊神咒经〉辑校》，第29页。

的相关社会、政治运动依然时有发生，甚至一度成为隋灭唐兴的促成因素之一，并在唐朝建立、"李氏当王"谶言实现后，对"刘氏当王"之谶进行了较长时期的打击与压制。^①"李氏"的深远影响由此可见一斑。

三　方仙道、原始道教影响下的张氏聚众起义

或许是因为颇具神仙黄老色彩的留侯张良之影响，^②以及战国末以来神仙黄老学说、方仙道的持续发展，西汉中后期便已出现张姓"妖贼"的聚众起义。《汉书·郊祀志》载：

> 成帝末年颇好鬼神，亦以无继嗣故，多上书言祭祀方术者……谷永说上曰："臣闻明于天地之性，不可或以神怪……及言世有仙人，服食不终之药，遥兴轻举，登遐倒景，览观县圃，浮游蓬莱，耕耘五德，朝种暮获，与山石无极，黄冶变化，坚冰淖溺，化色五仓之术者，皆奸人惑众，挟左道，怀诈伪，以欺罔世主。……汉兴，新垣平、齐人少翁、公孙卿、栾大等，皆以仙人、黄冶、祭祠、事鬼使物、入海求神采药贵幸，赏赐累千金。……元鼎、元封之际，燕齐之间方士瞋目扼掔，言有神仙祭祀致福之术者以万数。其后，平等皆以术穷诈得，诛夷伏辜。至初元中，有天渊玉女、钜鹿神人、轑阳侯师张宗之奸，纷纷复起。"^③

从谷永所说可以看出，战国、汉初至汉武时，好仙之风日盛，成仙

---

① 孙英刚：《南北朝隋唐时代的金刀之谶与弥勒信仰》，《史林》2011 年第 3 期。
② 中古时期各支张姓的碑志中，即以汉初的张良为最常见的攀附对象。参见仇鹿鸣《制作郡望——中古南阳张氏的形成》，《历史研究》2016 年第 3 期。
③ 《汉书》卷二五下，第 1260~1261 页。标点略异。

之法愈众，包括服食仙药、白日飞升、游昆仑蓬莱、修行五德、黄冶炼金之术等。这些成仙术皆可从马王堆帛画等出土资料获证，[1]足见谷永所言不虚。根据谷永的叙述逻辑，正是在这些传统的影响下，方才出现了初元时期的张宗之乱，故言："至初元中，有天渊玉女、钜鹿神人、轵阳侯师张宗之奸，纷纷复起。"颜师古注："轵阳侯，江仁也，元帝时坐使家丞上印绶随（张）宗学仙免官。""至初元中"之"至"，显示此乃承接此前的历史发展。轵阳侯随张宗"学仙免官"，则显示张宗乃是一位修仙方士；"复起"之说更无意间透露出史籍失载的前此之乱。[2]

汉末时，在伴随黄巾而起的其他起义军内部，出现了张姓主帅作战受伤至死，继任者改姓为张，继续领导义军战斗的记录。这个颇有意思的现象，向我们传递出"张氏"本身所具有的号召力。《三国志·张燕传》载：

> 张燕，常山真定人也，本姓褚。黄巾起，燕合聚少年为群盗，在山泽间转攻，还真定，众万余人。博陵张牛角亦起众，自号将兵从事，与燕合。燕推牛角为帅，俱攻廮陶。牛角为飞矢所中，被创且死，令众奉燕，告曰："必以燕为帅。"牛角死，众奉燕，故改姓张。[3]

案，"张牛角"亦名"青牛角"，结合起义军与黄巾太平道的并起关系，可以推断"张牛角"之名盖亦假托，目的在于攀附老子（老君）的神圣

---

① 姜生：《马王堆帛画与汉初"道者"的信仰》，《中国社会科学》2014年第12期。
② 李光璧在20世纪50年代的农民战争大讨论中已经注意到元帝初元年间钜鹿张宗所发起的宗教性活动，并怀疑张角与其家世有渊源（李光璧《汉代太平道与黄巾大起义》，《历史教学》1951年第6期）。更细致的讨论则见姜生《原始道教三题》（《西南民族学院学报》1997年第6期）。
③ 《三国志》卷八，第261页。

身份，以增加自身的神圣性及号召力。

可堪注意者，经历汉末"东部三张"（张角三兄弟）与"西部三张"（张陵、张修、张鲁）之乱后，"张氏之乱"并未就此止息。《三国志·孙策传》裴松之注引《江表传》载：

> 时有道士琅邪于吉，先寓居东方，往来吴会，立精舍，烧香读道书，制作符水以治病，吴会人多事之。（孙）策尝于郡城门楼上，集会诸将宾客，吉乃盛服杖小函，漆画之，名为仙人铧，趋度门下。诸将宾客三分之二下楼迎拜之，掌宾者禁呵不能止。策即令收之。诸事之者，悉使妇女入见策母，请救之。母谓策曰："于先生亦助军作福，医护将士，不可杀之。"策曰："此子妖妄，能幻惑众心，远使诸将不复相顾君臣之礼，尽委策下楼拜之，不可不除也。"诸将复连名通白事陈乞之。策曰："昔南阳张津为交州刺史，舍前圣典训，废汉家法律，尝着绛帕头，鼓琴烧香，读邪俗道书，云以助化，卒为南夷所杀。此甚无益，诸君但未悟耳。今此子已在鬼箓，勿复费纸笔也。"即催斩之，悬首于市。诸事之者，尚不谓其死而云尸解焉，复祭祀求福。[1]

孙策将建安八年（203）南阳交州刺史张津的行为等同于"能幻惑人心"因此颇有"诸事之者"的于吉，说明张津与于吉或当存在相近甚至相同的信仰传统，而道教背景下的"张氏之乱"似亦薪火犹存。刘昭瑞不无

---

[1] 《三国志》卷四六，第1110页。案，此则材料中孙策言张津死亡时间这一细节存在失真，对此陈寅恪等前辈学者已有所考。近来，朱永清在既有研究基础上，又从史源学角度对该则材料的真实性予以检讨，并进一步论及当时的政教关系问题。论见朱永清《汉晋之际神权与皇权之争——以干吉之死为中心蠡测》，《宜春学院学报》2019年第8期。

疑惑地指出："东汉魏晋时期，称张姓的宗教领袖或著名方术之士很引人注目。黄巾领袖的张角三兄弟、早期天师道的'三师'张陵三祖孙，五斗米道的创始者张修，都是张姓宗教领袖中最著名者。……以上作为宗教人物的诸人姓张是否仅为巧合呢？恐非如此。"[1] 从上揭张昌易名等诸多事例可以看出，宗教领袖多张姓的现象，诚非偶然。可以相信，该时期诸多托姓张氏者，很有可能受到"辅汉"神学之影响，包括史籍中未及言明的事例。

直至隋唐时，史籍中仍然能够见到因"方术人"之谶而欲举兵之张氏。史载张亮妻李氏"尤好左道，所至巫觋盈门，又干预政事"。复载之曰：

> 有方术人程公颖者，亮亲信之。初在相州，阴召公颖，谓曰："相州形胜之地，人言不出数年有王者起，公以为何如？"公颖知其有异志，因言亮卧似龙形，必当大贵。又有公孙常者，颇擅文辞，自言有黄白之术，尤与亮善。亮谓曰："吾尝闻图谶'有弓长之君当别都'，虽有此言，实不愿闻之。"常又言亮名应图箓，亮大悦。二十年，有陕人常德玄告其事，并言亮有义儿五百人。太宗遣法官按之，公颖及常证其罪。亮曰："此二人畏死见诬耳。"又自陈佐命之旧，冀有宽贷。太宗谓侍臣曰："亮有义儿五百，畜养此辈，将何为也？正欲反耳。"命百僚议其狱，多言亮当诛，唯将作少匠李道裕言亮反形未具，明其无罪。太宗既盛怒，竟斩于市，籍没其家。[2]

---

① 刘昭瑞：《论"黄神越章"——兼谈黄巾口号的意义及相关问题》，《历史研究》1996年第1期。

② 《旧唐书》卷六九《张亮传》，第2516页。此事亦见《新唐书》卷九五《张亮传》，中华书局，1975，第3829页。

"有弓长之君当别都"，其意类同"将兴"或"当王"，都是鼓动拥有一定神学属性的姓氏因而被认为具有"圣王"之才者起兵反叛的神秘预言。

此外，尚需特别留意的是，在敦煌文献中，有一篇题为《前汉刘家太子传》的变文（图 18），它由刘家太子故事、张骞得支机石及西王母会汉武帝、宋玉荐友、燕昭王误解书信、王闳谏汉哀帝这五个看似独立的故事构成。通过多方面的研究，学者基本达成了《前汉刘家太子传》（简称《太子传》）乃歌颂归义军张氏之作品的共识。[1] 近来，胡以存结合归义军时期瓜沙地区政治斗争的现实，进一步确证了《太子传》之"王权神话"的文本属性。他指出："《太子传》以'前汉刘家太子'故事暗示西汉金山国血统之正，又以汉武、张骞、西王母故事说明瓜沙开拓不易与昔日之辉煌，紧接呼唤贤才共襄盛事，开疆拓土，最后追述祖德震慑群小；它围绕南阳郡望及前汉太子身份，强调敦煌与中原、西汉金山国之与汉帝国间的密切联系，透露出中原李唐王朝衰颓倾覆后，汉人建立的西汉金山国在周边异族虎视的困境中力图宗承汉帝国以自立的企求。"[2] 作为远离中原王朝、身处异族包围之中的汉人小社会，如何在隔绝的地理与文化环境中，筛选出适合的社会、历史记忆，以维系个人、族群的身份认同，树立并持续巩固民众及政权之信心，的确是关系其生死存亡的头等大事。而其承汉避唐的选择则似乎说明，至少就敦煌来说，相较于"唐"而言，"汉"在当地民众及周边文化环境中烙刻下的印记，

---

[1]　有关讨论可参金文京「中国民間文学と神話伝説研究——敦煌本『前漢劉家太子伝（変）』を例として」『史学』第 66 卷第 4 号，1997、119-135 页；同氏《敦煌本〈前汉刘家太子传（变）〉考》，曾宪通主编《饶宗颐学术研讨会论文集》，香港：翰墨轩出版有限公司，1997；杨明璋《敦煌本〈前汉刘家太子传〉考论》，《敦煌学》第 28 辑，2010。

[2]　胡以存：《〈前汉刘家太子传〉与西汉金山国的建立》，《湖北理工学院学报》2018 年第 2 期，第 49 页。

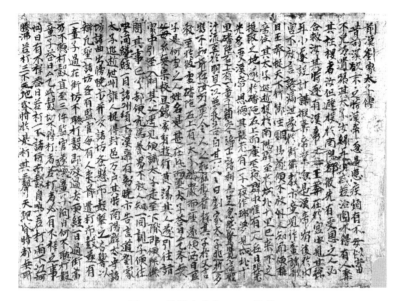

图 18　敦煌文书 P. 3645 卷首

说明：现藏法国国家图书馆。

应更深刻。当然，《太子传》中所叙"汉家故事"之所以具有更大的吸引
力与影响力（尤其是就张氏政权来说），其原因除汉家强大国力所造就
的辉煌业绩及其对于周边民族的深远影响外，[①]"汉家"神学（包括道教）
对于汉民族如同信仰一般的强大凝聚力，以及前揭刘、张二氏结成"神
圣同盟"的"故事"，亦皆为影响张氏选择的重要因素。透过归义军张氏

---

① 方诗铭指出，唐代多称中原或中国为汉，甚至西突厥、吐火罗、康国等西域诸国亦皆称
唐为汉，足见"汉"号影响之广远（论见《方诗铭文集》第 3 卷，上海社会科学院出版
社，2010，第 329~331 页），相关讨论亦参何德章《汉族族称的出现与定型》(《历史研究》
2022 年第 5 期）。另外，即使晚至辽代，汉家传统的影响力依旧可观。比如苗润博发现，
辽帝谥号虽然经历了由两字到多字的变化过程，但原本的两字谥，即"孝某"这样稳定的
结构，始终是其中最核心、最具辨识度的部分，因而一直被作为所有皇帝的统一称谓方
式。而这一固定核心内容的形成，正是辽人"舍近求远"、采行汉代谥法之结果。至于遥
遵汉法之因，则当与辽朝皇族比附汉家高祖以姓刘、后族比附萧何以姓萧，如是这般的身
份构建意识及王朝合法性制作实践密切相关（论见苗润博《〈辽史〉探源》附录二"辽代
帝王简谥钩沉——以王士点《禁扁》为中心"，中华书局，2020，第 411~431 页）。

创制"刘家太子传"这一鲜活的"历史标本"，适可反溯刘、张二姓氏的神圣性及其对于中古权力竞逐的深远影响。①

四　中古王朝秩序的内外虚实

刘、李、张氏何以能够发展成为中国社会中名列前茅的超级大姓？可以想见，氏族大姓的形成必然会经历漫长的演替过程，其间定当交织复杂的历史、文化要素。专制主义的中央集权国家形成以后，皇权笼罩民众生活各处，长期的权力规训，足令一些观念获得独立性。尤其是当这些观念成功贯彻或内化为社会的自觉认同，此种国家意志与政治、社会认同便会自然发展为支配人们生活方式、审美取向的隐性力量，久而久之，甚至会演变成一种不自觉或难以克制的文化惯性。如上所论，中国古代见诸史载的诸多命名、改名，就并非一般意义上的个人行为或纯粹的一己之好，而应视为一种渗透着特定文化权力、审美倾向及思维惯性的社会行为。鉴于历史上的姓氏名号内涵，很大程度上曾被灌注特定的社会意识与理想期待，或者说是当时社会意识在个人身上的无意流露，所以我们确可将其当作特定时期的思想遗迹。②

刘氏作为帝制中国之奠基时代的国姓，本具布衣天下的传奇色彩，

① 需指出的是，尽管与作为帝姓且均有建国之例的刘、李二氏不同，作为庶姓的张氏似仅有叛乱之例，但西汉金山国存立的事实与《前汉刘家太子传》这一史籍文本，却诚然凸显了张氏的神圣性及其所具有的王权（帝姓）属性。此外，亦如《前汉刘家太子传》中对"汉家"与张氏关系的强调性追述，政治上张良对"汉家"的辅佐，以及宗教上被认定为张良玄孙的张道陵的"辅汉"追求，大致皆以"汉时前谟"的方式，构成中古张氏的神圣性来源。易言之，作为"神圣姓氏同盟"中的一员，张氏亦被理所当然地赋予了神圣性，这既是张氏从王、郭、杨等世俗姓氏中脱颖而出，被天下万民选中的宗教、历史背景，亦是以"太平"理想社会为目标的中古时期诸多民众起义举事背后的精神动因，还是更为悠长的道教天师世系（即张天师世家所代表的神圣教权）的合法性根源。

② 相关讨论可参王丁《人名之为史料》，《中山大学学报》2020 年第 5 期。

加之经学、谶纬、道教等文化系统的论证与宣传，终被民众接纳为"享天永命"的神圣姓氏。李、张二姓则以辅佐国姓刘氏的身份，获得超越一般姓氏的崇高与神圣地位。随着历史发展及权势转移，三者呈现出主、辅姓氏间的竞争性发展关系。刘、李、张氏之所以能够在众多私家姓氏中脱颖而出，与其率先获得政治高位的"势"紧密相关。政治之"势"进一步成为文化占优、信仰聚焦的保障，于是刘、李、张氏屡屡成为汉代以降人们竞相攀附的对象，虚拟的族望、郡望应运而生，姓氏规模如同滚雪球一般不断壮大起来。这一现象说明，由于中国古代独特的家—国构成模式以及由此带来的思维和理解方式，姓氏名号不仅可以作为探查社会意识与民众精神的活化石，也能够成为打开中国古代国家—社会关系及国家秩序研究大门的一把钥匙。

由是可见，除学界讨论较多的族望、郡望外，托姓起义也为我们具体认识中古时期某一姓氏规模扩大的原因及方式，提供了新的观察角度和实例支撑。托姓起义背后的逻辑在于，发起者借助所托姓氏的权威或号召力，为自己无甚尊崇的世俗身份贴金加码，由此达到以术驭势、操控、俘获社会人心，增加起义成功概率之目的。这当然也意味着，他们用以假托的姓氏，在当时的社会中有着为人默认的独特魅力或隐性的神秘力量。托姓举事的实践，不仅验证、激活了沉潜于社会基底的人心默契，还进一步以明朗的实际行动扩散了这些姓氏的神圣性，从中可见宗教性的个人行为与社会人心的复杂联动，以及信仰在姓氏之神性加注、规模累加，乃至社会秩序、结构之塑造方面的潜在力量。

对神圣姓氏号召下社会运动与权力竞逐的讨论，还让我们看到，尽管没有明确、严格的世系传承，然而神圣性的号召使得相同姓氏的托称者代代而起，并且或隐或显地认同于一个最高的"宗教领袖"——其间情状适如"圣父"与"圣子"之关系。如此富于宗教性格的虚拟血缘，终于促成以神圣姓氏为核心的不同于世俗家系、族系之"虚拟族望"的形成——也是在这个意义上，我们或可将围绕神圣姓氏而具有时间纵度的虚拟家族血缘称之为"虚拟族望"，适如毛汉光将士族定义为"具有时间纵度的血缘单位"一样。①只不过与一般的世俗族望所具有的谱系性、地域性不同，"虚拟族望"基本不囿于族系与地域，它在超现实的世界建立起一张张以神圣姓氏为核心的大网，却往往因其超越世俗经验的神圣性而被赋予独特权力，并进一步凭借此种虚拟权力衍生的凝聚力、号召力，化身为对抗实际权力——皇权的重要力量。

　　神圣姓氏与"虚拟族望"的"发现"，让我们在惯常的历史实景中看到了一种非尽写实的权力。此种权力非为至高的皇权所赋予（尽管最初亦与神化的皇权相关，但此后即拥有可资对抗的独立力量），②亦非来源于大族贵胄，也不同于从儒学原理出发推扩的"家内血缘关系"；③这种权力的来源，在于其独特的神圣性——一种悬挂于缥缈而不知其所在的"先圣"或"神人"的神圣性。此层神圣性在同样来无影去无踪的谶言之鼓吹传播下，④得到进一步加强，其社会影响力与号召力随之增长，并逐渐发展成一种具有实际影响力却不为王朝秩序所覆盖、收摄的"虚拟权力"，由此深刻影响中古时期的社会、政治运动，乃至王朝更迭、历史变迁。

---

① 毛汉光：《中国中古社会史论》，第238页。

② 刘泽华曾提出"王权支配社会"的著名观点，认为："在社会结构诸多因素中，王权体系同时又是一种社会结构，并在社会的诸种结构中居于主导地位；在社会诸种权力中，王权是最高的权力；在日常的社会运转中，王权起着枢纽作用。"（刘泽华：《王权主义：中国文化的历史定位》，《天津社会科学》1998年第3期）以上研究或许能对此种观点略予补正。

③ 李旭曾讨论西晋当利里社碑题名所反映的"纯地缘结合仍寻求血缘化秩序"的现象，指出："此种血缘化秩序，并非基于真正的血缘，而是从儒学原理出发，推扩家内血缘关系，使一般人际关系伦理化。"论见李旭《"乡党"之"达尊"——西晋当利里社碑考释》，《历史研究》2015年第4期，第178页。

④ 有关谶言本质的讨论参见吕宗力《汉代的谣言》，第120~137页。

不论个人对其态度如何，正在经历的"后现代"过程都持续影响和改变着我们既有的学习和思考方式。在富于理性思考的学术研究领域，此种影响也同样不能免除。如研究者指出："为了摆脱因文化偏见而建立的核心、内涵、规律、典范、真实等概念，学者也开始研究一些边缘的、不规则的、变异的、虚构的人类文化现象。"[①] 这样的学术思潮对诸多学科表现出程度不一的影响，在中国中古史研究领域也引发了一些变化。近年来，研究者通过对游弋于王朝秩序边缘的人群——包括"海人"、"山客"、僧侣、道士、隐逸、"水上人群"等，或王朝权力末端之地域——基层社会、山岳、海滨与海岛——"生活图景"之考察，[②] 较大程度地丰富了此前有关王朝秩序的研究。

不难发现，处于统治边缘或权力末梢的人群，某种意义上即符合斯科特（James C. Scott）有关逃避者（runaway）、逃亡者（fugitive）或被放逐者（maroon）的定义，[③] 但他们是否皆为迫于权力的主动逃离，则尚可细究。此外，除了这种比较实际的"逃避统治的艺术"，还有一种如本部分内容所研究的，通过构建宗教或类宗教的"虚拟秩序"以对抗王朝强力统治的独特方式。据此，有关"虚拟秩序"的研究可谓是对单向度的"写实主义"的"统一治"或"中央—地方"研究模式之补充。易言之，王朝"虚拟秩序"及王朝秩序边缘的研究，不仅可以一定

---

① 王明珂：《华夏边缘：历史记忆与族群认同（增订本）》，第 4 页。

② 典型研究如徐冲《中古时代的历史书写与皇帝权力起源》单元四"隐逸列传"；魏斌《仙堂与长生：六朝会稽海岛的信仰意义》，《唐研究》第 18 卷；同氏《六朝名山的生活世界——以〈东阳金华山栖志〉为线索》，余欣主编《中古时代的礼仪、宗教与制度》，上海古籍出版社，2012；王子今《汉代的"海人"》，氏著《秦汉交通史新识》，中国社会科学出版社，2015；鲁西奇《中古时代滨海地域的"水上人群"》，《历史研究》2015 年第 3 期；陈鹏《"汉人"与"海人"：秦汉时期滨海人群的身份认同》，《人文杂志》2021 年第 8 期。

③ James C. Scott, *The Art of Not Being Governed: An Anarchist History of Upland Southeast Asia*, New Haven:Yale University, 2010, pp. 1–2.

意义上推进、更新王朝统治的研究范式，展示出更加多维的王朝统治的"立体空间"，还能够在骨架性、物质性的制度研究领域中，填绘出情感、精神与信仰的要素，让我们更多地看到中古王朝统治中的"活性空间"。

第三节　"道化四夷"与中古时期的蛮民改姓

中古时期托姓刘、李、张氏之起义起兵的背后，有着汉家、谶纬与道教的共同影响。除此之外，有限的资料显示，道教之中似乎还流传着诸如"得道后改姓名"、"因老君姓李，自令改姓李"，以及"道化四夷"等或与入道改姓传统有关的种种言说。而在南朝道经《正一法文太上外箓仪》中，一段有关蛮民受箓操作方法的记载无疑证实了此种传统的存在。搜罗检视中古时期的各类资料可以发现，这应是直接反映该时期蛮民入道改姓传统的唯一资料，吉光片羽，弥足珍贵。该经记载"下人四夷受要箓"之过程如下：

> 道教愚下下人得学，学依善人，受箓如法：称君主、乡居、男女民生官姓名、私人某（赐姓者得言姓）、年岁、某月日时生，家生蛮貊狄獠（随实言之），叩搏奉辞："先缘罪深，今生底下，甘苦在心，不敢有怨，虫草有幸，得奉道门，闻见善事，诚欣诚跃。某虽卑顽，谬知谨慎，夙夜尽勤，小心敢懈，贪生愿活，伏事君郎，承顺大家，仰希道祐，乞以休息，时治洒扫。君上赐与之物，豪分撰持，换易香油，给治净舍。今赍法信，请受符箓，伏愿明师赐垂哀遂，谨辞。"

　　四夷，云：某东西南北四方荒外（或某州郡县山川界内），夷狄羌戎，姓名，今居某处，改姓某，易名某，年岁、某月日时生。叩搏奉辞："先因丑恶，生出边荒，不识礼法，不知义方，矗秽之中，善根未绝，某年月日时，为某事（随某事）得来中国，闻见道科，弥增喜跃，含炁愿活，凭真乞生。依法赍信，奉辞以闻，伏愿明师特垂矜副，谨辞。"

　　凡下人受箓之后，别立白籍，师为缄封，三告上言，皆得预会观听，申令有功德者，善人放之，依良民也。①

　　可以看见，受箓之蛮貊狄獠及四夷，将依照授箓仪式的一般流程，首先上告自己的世俗身份、姓名（受赐华夏姓氏者得言姓）、生辰等，接着坦陈受箓的缘起和愿望，最后奉赍法信、乞师授箓。与汉民入道有所不同的是，受箓之蛮民在告明受箓愿望时，不仅要否定自己此前的身份——陈述自己出生边荒、不识礼法之鄙陋、丑恶，以及获取新身份、居于中国、身修上法之愿望——还需要在奉辞时行叩搏之仪。"叩搏"即"叩首""搏颊"之合称，是见诸魏晋南北朝道教中的一种忏悔、谢罪、首过仪式。作为叩首与搏颊的分立表达，如《老君音诵诫经》载：

　　老君曰：道官、箓生、男女民，烧香求愿法：入靖东向恩，三上香讫，八拜，便脱巾帽，九叩头，三搏颊。满三讫，启言：男官甲乙，今日时烧香，愿言上启。便以手捻香着炉中，口并言：愿甲乙以年七以来过罪得除，长生延年。……斋日六时烧香，寅午、戌

---

① 《道藏》第32册，第207页。

亥、子丑是六时。非斋日，朝暮。辰巳之日，天清明，夜半北向悔过，向天地叩头百下三十六，搏颊三过，三百下以为常则。先缘福深者，通神在近，先缘福浅者，八年得仙。明慎奉行如律令。

老君曰：三会日，道民就师治。初上章籍时，于靖前南正北向行立定位，各八拜、九叩头、九搏颊。再拜，伏地请章籍讫，然后朝贺师。明慎奉行如律令。①

又如《赤松子章历》载：

令曰：父有疾厄，儿受天师大治在身，父当冠带巾褐，叩头搏颊，子方入治奏章。②

这里应特别注意，叩搏或与早期道教中的涂炭斋关系匪浅。③尽管完整的涂炭斋已失传，但在佛教徒的批判中，我们尚可窥其一斑。《弘明集》卷七《〈戎华论〉折顾道士〈夷夏论〉》云：

首冠黄巾者，卑鄙之相也。皮革苦顶者，真非华风也。贩符卖箓者，天下邪俗也。搏颊扣齿者，倒惑之至也。反缚伏地者，地狱之貌也。④

释玄光《辨惑论》亦载：

---

① 《道藏》第18册，第214页。
② 《道藏》第11册，第191页。
③ 论见杨联陞《道教之自搏与佛教之自扑》，《杨联陞论文集》，中国社会科学出版社，1992。
④ 《弘明集》卷七，《中华大藏经》第62册，第816页。

涂炭斋者，事起张鲁，氐夷难化，故制斯法。乃驴辗泥中，黄卤泥面，擿头悬棺，埏埴使熟。此法指在边垂，不施华夏，至义熙初，有王公其次，贪宝惮苦，窃省打拍。吴陆修静甚知源僻，犹渥挍额悬糜而已，痴僻之极，幸勿言道。①

"搏颊扣齿""反缚伏地""乃驴辗泥中""窃省打拍"云云，确与前论叩首搏颊有相似之处。而"真非华风"、"氐夷难化，故制斯法"及"此法指在边垂，不施华夏"等说法，适可与《正一法文太上外箓仪》所载蛮民入道之仪相印证。

《正一法文太上外箓仪》中载蛮民、小人入道后便"别立白籍"。"白籍"本为东晋南朝一种区别于土著之"黄籍"的户口登记形式，是用白纸书写的户籍册，专用于登记土断后寓居江南侨郡的北方侨人。在南朝的道教神学体系中，白籍则被转借为三官手中注录待仙之鬼的简簿，其所录之鬼通过考谛、顺利飞仙之后方可名上金简玉册。约出于东晋南朝的道经《上清后圣道君列纪》载：

玄洲亦有黄金刻名之籍，不学而得尸解主者，若学得白日放尸之仙也。其次太山三官府有生之乡，脱无死之地，其人魂命不终于死，浮游无限，故以学仙道者，有成陆行之仙耳。当三十年一易地而处，转名而止，亦无死期。所以尔者，太山三官玄录白籍，不注有死之地故也，非三官之妄注于死地。太阴注死生，有黑录白簿，赤丹编简，受生先后，相次受死，亦先后相比其数，得六千简辄注一人无死地，其人率多长寿而难死，年多出一百岁，既死忽然而无

---

① 《弘明集》卷八,《中华大藏经》第 62 册, 第 823 页。

痛病矣。①

同时期的道经《洞真太上八素真经修习功业妙诀》亦载：

> 高上科曰：道士、祭酒男女，受真至法，并受上法宝经，星宿
> 正治，位次真一以上，并伏法受真好向之贤，亦不可不参受法难五
> 戒，及因缘大戒。既受至法，不受此五戒，名故不上仙都丹简，墨
> 箓玉历无名，三官白籍鬼名不除，灭度之后故为下鬼，魂不得仙，
> 考对无已，殃及子孙。其道民别有精诚否泰之验，不在此条中，纪
> 在墨箓上篇后也。②

蛮民、下民入道而"别立白籍"，意味着他们从此具备修仙、待仙的资
格，所以经文才言其"皆得预会观听，申令有功德者，善人放之，依良
民也"。可见，道教堪谓蛮民从荒外到中国、从野蛮到文明、从无资格
修仙的"弃民"到有资格飞仙的神圣"选民"的重要"渡口"，从而自
然成为蛮民汉化的重要纽带（参图 19）。③

历史地看，道教也确曾发挥"道化四夷"的重要作用。《三天内解
经》卷上载：

> 自天地开辟，乃有边夷羌、蛮、戎、狄，为中国之篱落，婚姻
> 嫁娶，各正其类，奉事至道，各专其真，不使杂错。自从汉光武之

---

① 《道藏》第 6 册，第 747~748 页。
② 《道藏》第 33 册，第 470 页。
③ 有关中古时期蛮民与"中华"之区别与交流的讨论，可参北村一仁「南北朝期"中华"世界における"蛮"地の空間性について」『東洋史苑』第 67 号、2006、33-38 頁。

图 19　北魏太和二十年（496）姚伯多造像碑

说明：陕西药王山博物馆藏。主龛中央为太上老君，两边各
一侍者。碑身四面皆有发愿文，其一为："愿故主国王以□□
物……边夷宾伏，灾害自罢。德流兆庶，善瑞榛祥。民乐贞信，
臣节忠良。道协灵应，族延未央。以道为基，与仙相望。"更有
胡人造道像者，如美国芝加哥菲尔德自然历史博物馆藏"乌乜
名造石像"与日本大阪市立美术馆藏"盖氏造三尊式道像"。
资料来源：李凇：《中国道教美术史》第1卷，湖南美术出版
　　　　社，2013，第211、216、224页。

后，世俗渐衰，人鬼交错。光武之子汉明帝者，自言梦见大人，长一丈余，体作金色。群臣解梦，言是佛真，而遣人入西国，写取佛经，因作佛图塔寺，遂布流中国。三道交错，于是人民杂乱，中外相混，各有攸尚。或信邪废真，梼祠鬼神，人事越错于下，天气勃乱在上，致天气混浊，人民失其本真。太上以汉顺帝时选择中使，平正六天之治，分别真伪，显明上三天之气。以汉安元年壬午岁五月一日，老君于蜀郡渠亭山石室中，与道士张道陵将诣昆仑大治，新出太上。太上谓世人不畏真正而畏邪鬼，因自号为新出老君。即拜张为太玄都正一平气三天之师，付张正一明［盟］威之道，新出老君之制，罢废六天三道时事，平正三天，洗除浮华，纳朴还真，承受太上真经。①

以上道经文献在追述"新出老君""正一明［盟］威之道"出世背景时，不经意间道出了重要历史讯息：随着汉帝国版图的不断扩展，中土与边境的交流日趋深入，此前汉民与羌、蛮、戎、狄等边夷之间"婚姻嫁娶，各正其类，奉事至道，各专其真，不使杂错"的状态渐生变化，汉地风俗日衰，遂现"人鬼交错"的局面。光武之后，随着佛教的传入，更形成了"三道交错，于是人民杂乱，中外相混，各有攸尚"的混杂状况。"新出老君"因之出世，并以正道教化天下。所以，在道教的历史追认与教义定位中，其出现之初，便已然被赋予"道化四夷"的神圣使命。

在中古时期的诸多道经中，我们则经常可见"胡兵"参与道教斋醮仪式的现象，如《赤松子章历》卷三《收除虎灾章》：

---

① 《道藏》第28册，第414页。

> 重请九夷、八蛮、六戎、五狄、三秦君，各随方位，春夏秋
> 冬，与某家宅三将军二十四吏兵士三十万人，勤加营护，一切众
> 生，并令扫荡，愿州县某家男女大小、牛马六畜，行来出入，不逢
> 虎狼众灾之难，毒害不过此境，并蒙全祐。[①]

同经卷六《保护戎征章》亦载："上请东方九夷君、南方八蛮君、西方
六戎君、北方五狄君各十二人。重请千里君、万里将军、祐护将军，共
营卫某身，随逐覆盖所在之处，常令安稳。辟斥众灾、疫疠鬼贼，使某
白刃不加，度脱厄难，官中清利，无他谴负，以为效信。"[②]进一步考察
可发现，不仅在道教内部仪式中可见蛮民要素之介入，在中古社会的具
体蛮民运动中，我们也同样可以看到道教的身影。如前揭两次托名李弘
（李洪）的反叛活动中，即存在明显的道教与蛮民合力的痕迹。又，《魏
书·崔挺传》载："武泰初，蛮首李洪扇动诸蛮。"[③]同书《费穆传》："妖
贼李弘于阳城起逆，连结蛮左，诏穆兼武卫将军，率众讨击，破于关口
之南。"[④]

　　总之，通过赐姓、改姓而入道，并进一步消泯夷夏之别，由此蛮民
被统一整合至"道"的信仰空间中，成为承奉大道的汉家或中土道民。
其中的逻辑或系如此：修道者先放下此前的世俗自我，包括抛弃作为自

---

① 《道藏》第 11 册，第 194 页。

② 《道藏》第 11 册，第 231 页。

③ 《魏书》卷五七，第 1269 页。

④ 《魏书》卷四四，第 1004 页。有关中古道教与蛮民的关系问题，陈寅恪、蒙文通、向达、
唐长孺、万绳楠、王家祐等前辈学人都曾有专文探讨，近期讨论可参张泽洪《中国南方少
数民族与道教关系初探》，《民族研究》1997 年第 6 期；孙齐《六朝荆襄道上的道教》，《隋
唐辽宋金元史论丛》第 8 辑，上海古籍出版社，2018。

我身份标志和自我界定的姓名；然后被重新赐予神圣的姓氏，实现由夷至夏、由俗入圣的身份"转变"。《正一法文太上外箓仪》中蛮民入道奉读的誓词，显示出道教在教化四夷放弃原有身份再进入中华文明体系方面的重要意义和作用，体现出作为民族宗教的道教所具有的强大的夷夏贵贱整合功能。[①] 这当然也是中华文化在长时期内始终作为东亚文明中心的要因之一。关于道教与中华文化的关系，陈寅恪曾如是论及："其真能于思想上自成系统，有所创获者，必须一方面吸收输入外来之学说，一方面不忘本来民族之地位。此二种相反而适相成之态度，乃道教之真精神，新儒家之旧途径，而二千年吾民族与他民族思想接触史之所昭示者也。"[②] 甚是。可以说，道教的"真精神"，亦是中华文明的真精神，它在应对外来文明冲击、保存中华思想基因、凝聚中华文化认同、守护中华文化本位方面，均发挥了不容忽视、不可替代的作用。

第四节　佐国扶命：中古时期的"汉家"记忆

如前所论，"辅汉""佐命"可谓汉代的重要政治与神学传统，中古时期托姓刘、李、张氏起义起兵的背后，即有此种传统之内在推动。进一步检视中古史则可发现，张良以"王者师"身份辅翼高祖夺得天下的"汉家故事"，以及原始道教佐君致太平的宗教理想，不仅推动了中古时期的某些托姓起义，而且也对该时期的道教神学体系构建持续发挥作用，甚至还成为中古时期部分君臣模仿或效法的对象。此中最堪典型

---

① 这一宗教功能亦与经学、道教的"太平"理想相关。如前所论，汉代经学、道教中的"太平"理想即包含德化四夷、天下归心的要素。

② 陈寅恪：《冯友兰中国哲学史下册审查报告》，《金明馆丛稿二编》，三联书店，2001，第284~285 页。

者，即道教针对刘宋开国皇帝刘裕与刘宋王朝本身的"佐命"性质的系列论证，以及北魏太武帝拓跋焘与崔浩、寇谦之的君臣关系构拟。

一 汉时前谟：张良、刘裕与道教

前揭《洞渊神咒经》曾借"道言"直陈刘裕为尧汉之苗胤、刘氏之五世孙，将统领天下人民，弘道炁、道法于江左，并于甲午年驱除六夷，还住中国，结束汉末以来持续的邪魔乱世，拯救人民于大晋末世。届时，真君李弘亦将复起，佐助大圣致治太平。显然，《洞渊神咒经》在汉末道经的基础上，强化、完善了终末论的神学体系，并在终末论的基础上提出道君出世以佐助圣人完成驱除故气、道炁兴盛、达于太平的宗教预言和宗教理想。所以，该经一方面坦然流露出为刘裕的神化张目以及对其扫除末世恶气的强烈期望，同时也顺势提出奉经传道、助时教化、辅佐真君的积极号召，呈现出一股经受不满、绝望后的强势重振势头。经曰：

> 道言：汝等受此经十卷供养之，行来将之缘身，万病自差，仕宦高迁，所愿从心，亦可见当来真君。真君不远，甲申灾起，大乱天下，天下荡除，更立天地，真君乃出。既来圣贤、仙人及受经文之者，一切来助，左右、东西、南北道士为佐，无有愚人。
>
> 道言：真君者，木子弓口王治，天下大乐，一种九收，人更益寿，寿三千岁。乃后更易，天地平整，日月光明，明拎常时。纯有先世、今世受经之人来辅真君。[1]

---

[1] 叶贵良：《敦煌本〈太上洞渊神咒经〉辑校》，第28、29页。

如果说《洞渊神咒经》在建立刘裕与汉家的联系方面还有所隐晦、保留，①那么《三天内解经》在仿拟"汉家故事"的道路上，显然走得更远。试看《三天内解经》之文：

> 刘氏汉帝乃是龙精之子，大圣遗体，应传二十四君，四百余年。帝胤难绝，故令光武中兴。其间中绝帝业者，皆由不信真正，无有辅翼，故群妖乱作，没于鬼官。
>
> 汉祚天授应图，甘露降庭，真人驾御，神凤来仪，日回影再，中三足乌、九尾狐，灵瑞晜焕，众圣辅翼，正道助之。自光武之后，汉世渐衰，太上愍之，故取张良玄孙道陵显明道气，以助汉世……当此之时，正气遁布。汉世前后帝王，凡四百二十五年之中，百姓民人得道者甚多。……刘氏之胤，有道之体，绝而更续，天授应图，中岳灵瑞，二十二璧，黄金一辫，以证本姓。九尾狐至，灵宝出世，甘露降庭，三角牛到，六钟灵形，巨兽双象，来仪人中，而食房庙之祇，一皆罢废。治正以道，荡除故气，此岂非太上之信乎？宋帝刘氏是汉之苗胄，恒使与道结缘。宋国有道多矣。汉时已有前谟，学士不可不勤之哉。②

这里除了有与《洞渊神咒经》类似的"刘氏之胤""汉之苗胄"之断言外，更明确展示出了对张良与汉家关系之模拟。经文中"张良玄孙道陵显明道气，以助汉世"的记载，直接以张道陵为张良之玄孙，如

---

① 需注意，《宋书·符瑞志》也记载了流行于当时的神言："江东有刘将军，是汉家苗裔，当受天命。"可与道经互释（见《宋书》卷二七，第784页）。

② 《道藏》第28册，第414、415页。

是观点在此前及同时期的道经中皆无所见。郭硕指出，这可能表明张良与张道陵血缘关系的建立正是在晋宋之际新发生的事情，"天师道以张道陵与张良的血缘关系为刘裕'恒使与道结缘'提供合理性，让天师道的理论较之佛教徒的祥瑞更为精致。由此可见，刘裕与道教徒的相互利用，才是晋宋之际天师道制造张良与张道陵血缘关系的关键"。[①]所论甚是。"中岳灵瑞，二十二璧，黄金一斤"之瑞，亦见载于《高僧传·释惠义传》《宋书·符瑞志》《南齐书·祥瑞志》《冥祥记》等文献，当为佛教首造而后为道教所借用。"食房庙之祇，一皆罢废"当指宋武帝永初二年（421）普禁淫祀之事，[②]其行亦甚合"神不饮食""师不受钱"的道教"清约"。[③]"汉时已有前谟"，根据文脉所示，当指包括张良"天授应图"以助汉祚，及张道陵"以助汉世"在内的汉代刘氏与道结缘之"故事"。

刘裕巧妙借用举号"汉祚复兴"的谶纬、道教神学以及流贯于公元4~5世纪的忆汉社会意识，制造汉高祖世孙身份欲行代晋之事的意图，也在具体史实中有所体现。史载东晋义熙十三年（417）正月，刘裕以舟师进讨，军次留城，经张良庙而修之，傅亮作文赞曰："夫盛德不泯，义存祀典，微管之叹，抚事弥深。张子房道亚黄中，照邻殆庶。风云玄感，蔚为帝师。夷项定汉，大拯横流。固以参轨伊、望，冠德如仁。若乃交神圯上，道契商洛，显默之际，窅然难究，渊流浩瀁，莫测其端矣。……可改构栋宇，修饰丹青，蘋蘩行潦，以时致荐。抒怀古之情，

---

① 郭硕：《名号与北魏政治文化变迁研究》，中山大学博士学位论文，2016，第 194 页。对该问题更新和更系统的论述，请参氏撰《"帝师"与"佐命"：张良形象与南北朝初期的政治实践》，《浙江大学学报》2022 年第 7 期。以上研究皆已修订录入氏著《北魏时代的名号变迁与政权转型》，中华书局，2024。

② 《宋书》卷一七《礼志四》，第 488 页。

③ 施舟人：《道教的清约》，《法国汉学》第 7 辑，第 149~167 页。

存不刊之烈。"①结合此前所论，在晋宋之际的社会氛围中，刘裕对张良庙的修缮，或被赋予超越具体事件的象征意义，故而具有宗教性与政治性合一的独特蕴涵。

二 "辅汉"故事的转用：帝师、天师与太平真君

对"天授应图"以助汉祚之"汉家故事"的仿拟、借用，与对原始道教佐君致太平教义的持续践行，在北魏崔浩、寇谦之二位合作辅佐"太平真君"拓跋焘的史实中，尚有更进一步体现，值得重新检视和梳理。

《魏书·太宗纪》记载，泰常七年（422）"夏四月甲戌，（太宗明元帝）封皇子焘为泰平王"。第二年，即泰常八年（423）十月戊戌，借牧土上师李谱文之名授受《录图真经》，诰命天师"辅佐北方泰平真君"。②杜光庭《历代崇道记》也曾追溯："太武敕令天下，造太平观共二百七十五所，度道士一千三百人。帝受箓，改太平真君元年，仍令四方内外上书言'太平真君皇帝陛下'，自后帝嗣位，并皆受箓。"③

在前文尤其是第四章中，我们曾反复讨论汉代儒、道诸家的"太平"论述以及汉末的"致太平"思潮，并详析太平道、五斗米道佐君致

---

① 《文选》卷三六《为宋公修张良庙教》，上海古籍出版社，1986，第1640~1642页。有关傅亮作文之内涵、意义及相关诸问题之讨论，请参刘宛如《三灵眷属：刘裕西征的神、圣地景书写与解读》，刘石吉等主编《旅游文学与地景书写》，高雄：中山大学出版社，2013；大平幸代「劉裕の北伐をめぐる文学——晋宋革命を演出した人とことば」『古代学』第9号，2017；童岭《义熙年间刘裕北伐的天命与文学——以傅亮〈为宋公修张良庙教〉、〈为宋公修楚元王墓教〉为中心》，《中华文史论丛》2019年第3期；冯典章《权力与知识的互动：晋宋嬗之时刘裕形象的建构》，《上海师范大学学报》2021年第5期。

② 《魏书》卷三，第61页，卷一一四《释老志》，第3051页。

③ 罗争鸣：《杜光庭记传十种辑校》，中华书局，2013，第361页。

太平的宗教理想与具体实践，由此我们得知"太平"作为一种终极理想秩序所具有的巨大号召力与深远影响力。直至中古，"太平"的号召力依然流贯于社会上下。中古时期，直接定年号为"太平"者，便有孙亮（256）、赵厷（300）、王始（403）、冯跋（409）、柔然伏名敦可汗豆仑（485）、萧方智（556）、林士弘（616）数人；而就在拓跋焘封命"太平"诸号之前不久，即有借天师道加号"太平将军"以图厌胜招福的事件发生。《晋书·赵王伦传》载孙秀以道教见宠于赵王伦，三王起兵讨伦之际：

> 使杨珍昼夜诣宣帝别庙祈请，辄言宣帝谢陛下，某日当破贼。拜道士胡沃为太平将军，以招福祐。秀家日为淫祀，作厌胜之文，使巫祝选择战日。又令近亲于嵩山着羽衣，诈称仙人王乔，作神仙书，述伦祚长久以惑众。[①]

可见，中古的"太平"论述和实践，实当承绍、脱胎于汉代的政治—宗教传统，这也是它能够持续发挥影响力的主要原因所在。而崔、寇二人加诸拓跋焘"太平"诸号的行为，以及拓跋焘"运属太平，淮岱率从，四海清晏"的政治理想，同样应当放置于汉代"致太平"传统的延长线上，方能予以合理理解。

绍续"汉家故事""汉时前谟"之佐君致太平的政治、宗教理想，在崔、寇二人各自的学术背景及朝堂合作中，有更具体而深入的展开。《魏书·崔浩传》载：

---

① 《晋书》卷五九，第1603页。

> （崔浩）少好文学，博览经史，玄象阴阳，百家之言，无不关
> 综，研精义理，时人莫及。……太宗初，拜博士祭酒，赐爵武城子，
> 常授太宗经书。每至郊祠，父子并乘轩轺，时人荣之。太宗好阴阳
> 术数，闻浩说《易》及《洪范》五行，善之，因命浩筮吉凶，参观
> 天文，考定疑惑。浩综核天人之际，举其纲纪，诸所处决，多有应
> 验，恒与军国大谋，甚为宠密。①

据此可见，崔浩少时即博览经史、兼综百家之言，年长则拜博士祭酒，
为太宗授书，并因综核天人、善占吉凶受宠，居帝王师之位。

世祖即位后，崔浩周遭的政治环境发生了微妙变化，而正是此时的
政治危机促使敏达异常的崔浩穷则思变，在其精心策划下，天师寇谦之
（图 20）正式登上北魏朝堂，由此开启了崔、寇二人联手深度影响北魏
政局二十余年的历史。②《魏书·崔浩传》载：

> 世祖即位，左右忌浩正直，共排毁之。世祖虽知其能，不免群
> 议，故出浩，以公归第。及有疑议，召而问焉。浩纤妍洁白，如美妇
> 人。而性敏达，长于谋计。常自比张良，谓己稽古过之。既得归第。
> 因欲修服食养性之术，而寇谦之有《神中录图新经》，浩因师之。
>
> 天师寇谦之每与浩言，闻其论古治乱之迹，常自夜达旦，竦意敛
> 容，无有懈倦。既而叹美之曰："斯言也惠，皆可底行，亦当今之皋繇

---

① 《魏书》卷三五，第 807 页。
② 早在 20 世纪 40 年代，陈寅恪便从阶级、知识、信仰、种族等角度对崔浩与寇谦之的联手
  问题予以探考。马瑞志（Richard B. Mather）则就寇谦之影响下的北魏宫廷政治及道教神权
  统治问题进行了较为系统的梳理（陈寅恪：《崔浩与寇谦之》，《金明馆丛稿初编》；Richard
  B. Mather, "K'ou Ch'ien-chih and the Taoist Theocracy at the Northern Wei Court,425–451,"
  in Holmes Welch and Anna Seidel, eds., *Facets of Taoism: Essays in Chinese Religion*）。

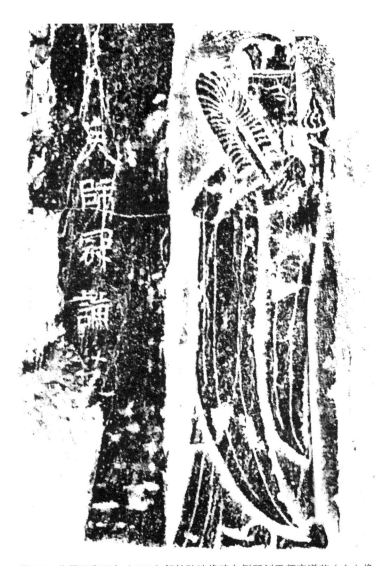

图 20　北周天和五年（570）郭始孙造像碑左侧所刻天师寇谦芝（之）像

资料来源：北京大学图书馆藏拓。感谢孙齐兄惠赐原拓照片，并参氏撰《芮城道教三百年史》,《唐研究》第 24 卷，北京大学出版社，2019，第 222 页。

也。但世人贵远贱近，不能深察之耳。"因谓浩曰："吾行道隐居，不营世务，忽受神中之诀，<u>当兼修儒教，辅助泰平真君，继千载之绝统。而学不稽古，临事暗昧。卿为吾撰列王者治典，并论其大要。</u>"浩乃著书二十余篇，上推太初，下尽秦汉变弊之迹，大旨先以复五等为本。[①]

该传在记载崔浩面临新的政治环境后，提出崔浩师事寇谦之的缘由，即其"欲修服食养性之术"。这可能是一种掩饰性的书写，抑或是未经谨慎辨析的简单判断。因为尽管崔浩与天师道首领卢循为中表兄弟，[②]但有资料显示崔浩也许并非天师道的信奉者，他甚至直斥天师道至为看重的《老子》为"败法文书"。史载："（浩）性不好《老》《庄》之书，每读不过数十行，辄弃之，曰：'此矫诬之说，不近人情，必非老子所作。老聃习礼，仲尼所师，岂设败法文书，以乱先王之教？袁生所谓家人筐箧中物，不可扬于王庭也。'"[③]联系前后记述，崔浩的学术积累应仍以宽泛的儒家经世致用知识为主，这也是寇谦之拜求其"撰列王者治典，并论其大要"的原因所在。而对崔浩来说，寇谦之神圣的天命代言人身份（天师）及其神秘的道术、道法，则是帮助"验证"其政治性论断，以使帝王、朝臣信服的重要手段，师事天师不过是一个幌子罢了。[④]《魏书·释老志》更详细地道明了其中的隐幽曲折：

> 始光初，奉其书而献之，世祖乃令谦之止于张曜之所，供其

---

① 《魏书》卷三五，第 815、814~815 页。

② 详参陈寅恪《天师道与滨海地域之关系》，《金明馆丛稿初编》，第 16 页。

③ 《魏书》卷三五《崔浩传》，第 812 页。

④ 郭硕曾列举北魏朝堂上由崔浩做出判断、寇谦之借天命助成的争夺神学—政治话语权的三例，可详参郭硕《名号与北魏政治文化变迁研究》，中山大学博士学位论文，2016，第 196~202 页。

食物。时朝野闻之，若存若亡，未全信也。崔浩独异其言，因师事之，受其法术。于是上疏，赞明其事曰："臣闻圣王受命，则有大应。而《河图》、《洛书》，皆寄言于虫兽之文。未若今日人神接对，手笔粲然，辞旨深妙，自古无比。昔汉高虽复英圣，四皓犹或耻之，不为屈节。今清德隐仙，不召自至。斯诚陛下侔踪轩黄，应天之符也。岂可以世俗常谈，而忽上灵之命。臣窃惧之。"世祖欣然，乃使谒者奉玉帛牲牢，祭嵩岳，迎致其余弟子在山中者。于是崇奉天师，显扬新法，宣布天下，道业大行。浩事天师，拜礼甚谨。人或讥之，浩闻之曰："昔张释之为王生结袜。吾虽才非贤哲，今奉天师，足以不愧于古人矣。"①

"时朝野闻之，若存若亡，未全信也。崔浩独异其言，因师事之，受其法术。于是上疏，赞明其事"云云，说明寇谦之的确是因崔浩有计划的极力举荐，方才获得了"道业大行"的机会。崔浩推举的核心理由则系之于天命：以寇谦之作比商山四皓和负出图录的龙马，并谓"清德隐仙，不召自至"，实为昭示天命的"应天之符"，务当予以重视。而据史料记载，"崔寇联盟"之所以能够形成，更重要的原因则在于二人在"致太平"理想上的默契，即对融政治性、宗教性为一体的佐君致太平之"汉时前谟"的想望、践行——体现为崔浩"自比张良"（帝王师）的作为②和寇谦之"佐国扶命"（天师）的信行——乃是促成崔、寇一拍即合的关键因素。至于寇谦之天师身份的获得，及其辅佐真君致治太

① 《魏书》卷一一四，第3052~3053页。
② 魏收对崔浩的总评即为："崔浩才艺通博，究览天人，政事筹策，时莫之二，此其所以自比于子房也。属太宗为政之秋，值世祖经营之日，言听计从，宁廓区夏。遇既隆也，勤亦茂哉。谋虽盖世，威未震主，末途邂逅，遂不自全。"（《魏书》卷三五《崔浩传》，第827~828页）

平的宗教理想，我们在《魏书·释老志》和他本人撰作的《老君音诵诫
经》中均可找到相应表达。《释老志》载：

> 谦之守志嵩岳，精专不懈，以神瑞二年十月乙卯，忽遇大神，
> 乘云驾龙，导从百灵，仙人玉女，左右侍卫，集止山顶，称太上老
> 君。谓谦之曰："往辛亥年，嵩岳镇灵集仙宫主，表天曹，称自天师
> 张陵去世已来，地上旷诚，修善之人，无所师授。嵩岳道士上谷寇
> 谦之，立身直理，行合自然，才任轨范，首处师位，吾故来观汝，
> 授汝天师之位，赐汝《云中音诵新科之诫》二十卷。号曰'并进'。"
> 泰常八年十月戊戌，有牧土上师李谱文来临嵩岳……遣弟子宣
> 教，云嵩岳所统广汉平土方万里，以授谦之。作诰曰："吾处天宫，
> 敷演真法，处汝道年二十二岁，除十年为竟蒙，其余十二年，教
> 化虽无大功，且有百授之劳。……赐汝《天中三真太文录》，劾召
> 百神，以授弟子。《文录》有五等……凡六十余卷，号曰《录图真
> 经》。付汝奉持，辅佐北方泰平真君，出天宫静轮之法。……其中
> 能修身练药，学长生之术，即为真君种民。"①

　　寇谦之两度获受神书，其中《录图真经》更是直言"辅佐北方泰平
真君"，这显然是汉纬《河图》《洛书》中天命授受之传统，亦即前揭崔
浩所谓"圣王受命，则有大应""始光初，奉其书而献之"。辅佐真君与
"谦之守志嵩岳"云云，则不得不让人联想到前揭《洞渊神咒经》所记
辅助真君以及《三天内解经》所记"天授应图，中岳灵瑞"；同时《晋
书·赵王伦传》中"令近亲于嵩山着羽衣，诈称仙人王乔"或亦出于同
一宗教传统。实际上，陈寅恪早有寇谦之新道教或当渊源于江左的推

---

① 《魏书》卷一一四，第3050~3051、3051~3052页。

论，而从《老君音诵诫经》提及东晋葛洪《抱朴子内篇》来看，此说当近其实。[①]同时，从"辅佐真君""守志嵩岳"等内容与造作于晋宋之际的《洞渊神咒经》《三天内解经》思想体系之相似度出发，亦可管窥寇谦之的学术源流。[②]至于寇谦之"佐国扶命"的理想，我们则可在《老君音诵诫经》中予以仔细观览：

> 老君曰：吾汉安元年以道授陵，立为系天师之位，<u>佐国扶命</u>。陵以地上苦难，不堪千年之主者，求乞升天。吾乃勉陵身元元之心，赐登升之药，百炼之酒，陵得升云蹑虚，上入天宫。<u>从陵升度以来，旷官置职来久，不立系天师之位</u>。
>
> 老君曰：吾得嵩岳镇土之灵集仙官主表闻称言：地上生民，旷官来久。世间修善之人，求生科福，寻绪诈伪经书，修行无效，思得真贤正法之教。宜立地上系天师之位为范则。今有上谷寇谦之，隐学嵩岳少室，精炼教法，捔知人鬼之情，文身宣理，行合自然，未堪系天师之位。吾是以东游，临观子身，汝知之不乎？吾数未

---

① 参王承文《敦煌古灵宝经与晋唐道教》，第 660~675 页。

② 对此可参马承玉有关《洞渊神咒经》在北方传播情况的讨论（马承玉：《从敦煌写本看〈洞渊神咒经〉在北方的传播》，《道家文化研究》第 13 辑，三联书店，1998，第 220~225 页）。此外，郭硕还指出："从时间上看，晋宋之际道教徒在嵩山大肆制造晋宋禅代的祥瑞之时，寇谦之恰好在嵩山隐居修道。其与刘宋制造此等祥瑞有无关系虽无从考证，但史籍称他与刘裕身边的将领毛修之关系密切，能知道这些祥瑞的主要内容应当并非难事。"（郭硕：《名号与北魏政治文化变迁研究》，中山大学博士学位论文，2016，第 194 页）有关寇谦之与毛修之在嵩山的交往，及其反映出的南北道教交流的更详讨论参见刘屹《寇谦之的家世与生平》，《华林》第 2 卷，中华书局，2002，第 271~281 页；同氏《寇谦之与南方道教的关系》，《中国中古史研究》第 2 卷，中西书局，2003，第 71~99 页。应该说，晋宋禅代的祥瑞不仅有道教徒的参与，甚至更早乃是源于佛教徒的制造，并且这些祥瑞流布很广，隐居嵩山的寇谦之知其主要内容当然是情理之中的事情。而寇谦之接近刘裕周边获知的更重要信息，或是江左道教如何试图通过操作经典、符箓等方式以为刘裕神权张目的技术过程。有关佛、道力量在嵩岳的进退升降，近期讨论可参姜望来《从嵩岳到华岳：北朝时期北方道教中心之转移》，《魏晋南北朝隋唐史资料》第 36 辑，上海古籍出版社，2017。

至，不应见身于世。**谦之，汝就系天师正位，并教生民，佐国扶命，勤理道法，断发黄赤。**①

这里，通过天师身份以及佐国扶命神圣职责之授予，寇谦之与张道陵对接上了，"道统"因之得以确立。与此相应，"辅真"②寇谦之效法"辅汉"张道陵的动机自亦表露无遗。需注意，寇谦之受命佐君致太平的事迹在《中岳嵩高灵庙碑》中亦有完整追记，此不赘举。

总之，如果说《洞渊神咒经》《三天内解经》为刘裕的神权张目尚是对"汉家尧后"、刘氏"享天永命"、张良受命辅翼高祖等"汉家"神学及故事的初步借用和发挥，那么崔浩与寇谦之对"太平真君"的合力辅佐，则堪称对汉代佐君致太平的"帝王师"和"天师"传统的深度仿效，并在具体的政治实践中对之予以精细化展开。在"崔寇联盟"中，与其说崔浩是天师道传统的继承者，毋宁说他更多地接近天命观念支撑下的儒家德治传统，他的政治理想即战国秦汉以来士人之"帝王师"理想。于是我们可以理解崔浩鄙弃老庄，"自比张良"的种种心理与行为。寇谦之自属天师道传统，其"佐国扶命"的宗教—政治理想，显系承接原始道教佐君致太平之教义。无可否认，道教的"国师""天师"理想，乃是基于儒家帝王师论说的宗教化推进，其中起到中间连接过渡作用的就是张良、张道陵这两位神化的人物，而崔、寇二人关系的建立亦正基于此。③尽管如此，"帝王师"与"天师"两

---

① 《道藏》第 18 册，第 210~211 页。

② 《魏书·释老志》载："世祖时，道士寇谦之，字辅真，南雍州刺史讚之弟，自云寇恂之十三世孙。早好仙道，有绝俗之心。"（《魏书》卷一一四，第 3049 页）《中岳嵩高灵庙碑》亦载："有继天师寇君名谦之，字辅真，高尚素志，隐处中岳卅余年。"

③ 庄宏谊认为崔浩、寇谦之二人有相互师礼学习之意，却对"天师"和"帝王师"两支传统的差异有所模糊。论见庄宏谊《立志为帝王师——寇谦之的宗教理想与实践》，《辅仁宗教研究》第 21 期，2010 年。

支传统在此后的历史发展过程中也并非完全相安无碍、融合无间，而是互有合作、竞争，各自根据不同的深层传统向前发展开去。

结　语　汉家、道教与中古心灵秩序

讨论至此，我们似可在此前数章所论道教之不同侧面——师汉、辅汉的动机，内生的理想国诉求，国家宗教性格，道化四夷之实践，神圣姓氏之影响——的基础上，对中古道教的功能、属性、立场，以及更大层面的道教之于中华历史文化的意义，做一综合梳理与总结提升。对此，我们可从以下五个方面着手展开。

第一，师汉：道教对"汉家"心灵的承绍。如此前数章讨论所示，谶纬神学通过高扬建国神话、铸立汉家神统以及转接灾祥征兆之论的方式，极大地扩充了"汉家"神学的内涵，"汉家"由是成为被抽掉私家经验的天下人之"家"——此"家"与天命建立紧密联系，其间的灾异或太平，关涉天下人的福祉及生命，所以实为颇具信仰属性的归命之所和天子所主的神圣空间。因为这种神圣属性，汉家的礼仪、法度、组织架构乃至生活方式等，皆被编织为一套吞吐宇内、完满自洽的巨大象征体系，成为神圣的"汉家"心灵之外在表现，亦是葆有神性的精神与生活秩序，得到兆民之归附、认同，并被进一步刻入有关"汉家"的集体记忆中。"汉家"秩序解体之际，其神圣的心灵则为脱胎于此的原始道教所葆有：五斗米道、太平道开始大范围仿拟汉家制度以构建其神灵世界之秩序。而在中古时期的道教世界里，"汉家"依然是其无法摆脱的"母题"。比如在中古道教传授仪中，无论是仪式流程，还是其间的物质凭信，都明显存有"汉家故事"的痕迹。要言之，谶纬神学构造了"汉家"的神圣心灵，原始道教则继谶纬神学而发，在"汉家"趋于崩解时，成为"汉家"心灵的承载者，[①]继而沉淀为汉民族精神的守护者。

第二，道化四夷：道教与中华心灵的扩散。如上节讨论所示，道教通过对蛮民赋姓，继而以入道仪式的方式，将其负载的中华心灵与中华文化撒播至帝国触角所到之处。在此过程中，道教展现出了强大的夷夏贵贱整合能量。尽管道教这种教化天下、扩散中华神圣心灵的方式并不具有强制性，但信仰与仪式背后实实在在的物质性优势，却使其客观上呈现出居高临下的文明话语权——蛮人、四夷、下人入道被认为是一种摆脱秽浊、鄙陋继而通往天朝上国的神灵恩赐。职是可知，作为中华心灵的承载者与精神秩序的调理者，道教具有明显的国家宗教性格，亦是中华文明意志的主动执行者。"道化四夷"之观念与实践的背后，适可窥见中国文化传统中根深蒂固的华夷观念之持续影响。这也是"中国"长时期具备如是强大文化向心力的重要原因之一。

第三，道教的仙术与仪式：汉民族生活方式的宗教化展演。信仰产生于社会，是社会心态的独特映射。仔细考察道教中纷杂的仙术及仪式可发现，其中无不渗透着汉民族的生活经验，故诚如姜生之精彩论断："'道教'本身是中国人传统生活观念及方式的仙化和神圣化：他们所居住的洞穴、建筑，他们所穿戴的衣冠，他们的所饮所食，包括烹调方式，都神化为他们追求神仙的方式！"[②]神仙世界的生活、组织、秩序甚至姓氏，亦直

[①] 一个非常值得注意的现象是，"汉家"与"道教"之政—教组合形式，似亦对中世日本的国家和文化构造产生了深层次影响。比如，在伊势神道的重要经典《类聚神祇本源》（成书于1320年）之首篇"天地开辟篇"中，度会家行即广泛征引《道德经》《淮南子》等典籍中的相关表述，构建了以道家"混沌"思想为核心的天地万物生成论和神祇本说，更径直以"汉家"指代中国，而以"本朝"自称（本朝又分为官家、社家和释家）。于此可见"汉家"与道家、道教之神圣、重要地位。《类聚神祇本源》原文据大隈和雄编『日本思想大系・中世神道論』岩波書店、1977、82-106頁；有关道家、道教思想对伊势神道影响的讨论请参高橋美由紀「伊勢神道の形成と道家思想」『伊勢神道の成立と展開』ぺりかん社、2010、32-63頁。

[②] 姜生、汤伟侠主编《中国道教科学技术史・南北朝隋唐五代卷》，第23页。

接从世俗世界转借过来。比如等级化、科层化的道教神灵世界及其"官僚性"特质，即中国政治文化的宗教性呈现；剑、镜、印等道教法器的使用，亦与世俗世界的器具构成圣、俗二重奏；甚至道教万神殿中多刘、李、张姓，也与这三家姓氏在汉魏两晋南北朝时期的扩展和神化脱不了干系。概言之，道教将神圣的"汉家故事"仪式化、宗教化，在恒久稳定的仪式中，不断重温、展演神圣的历史记忆，并且将其与民众生老病死的日常生活紧密联系起来，客观上起到了保存中华文化基因的作用。以此，"杂而多端"的道教便成为真正意义上的"中华文化基因库"，在中华民族自我认同与族群凝聚方面，发挥了不容忽视的作用。也因这样的功能和构造，道教还被赋予连接此岸与彼岸、融通历史与想象的虚实相间的属性，而王朝秩序中也增加了"虚拟权力"与"虚拟秩序"的重要向度。

第四，道士随军与诵经救国：王朝、民族的咒术拯救。中古时期的道经及史籍中，皆有道士随军的相关记录。[①]比如葛洪即有入军的经历，并著有《抱朴子军术》。在《抱朴子内篇》中，葛洪似曾道明道士随军的一个原因，乃在于以法术"避免"战场的死亡："但知书北斗字及日月字，便不畏白刃。帝以试左右数十人，常为先登锋陷阵，皆终身不伤也。郑君云，但诵五兵名亦有验。……临战时，常细祝之。……或佩西王母兵信之符，或佩荧惑朱雀之符，或佩南极铄金之符，或戴却刃之符，祝融之符。或傅玉札散，或浴禁葱汤，或取牡荆以作六阴神将符，符指敌人。或以月蚀时刻，三岁蟾蜍喉下有八字者血，以书所持之刀剑。或带武威符荧火丸。或交锋刃之际，乘魁履罡，呼四方之长，亦有明效。"[②]而《三国志》裴松之注引《江表传》所载孙策斩杀军中道士于

---

① 相关讨论参见姜生、汤伟侠主编《中国道教科学技术史·南北朝隋唐五代卷》，第21~23页；冯渝杰《道教法剑信仰衰落原因考》，《宗教学研究》2014年第1期。

② 王明：《抱朴子内篇校释》卷一五《杂应》，第269~270页。

吉之事，①则反映出道士入军的另一个原因，即"医护将士"。总之，道士随军同样反映了作为汉民族信仰的道教，在面对战争时的咒术拯救心愿。司马虚通过对《度人经》的研究，也得出道教作为民族心灵宗教化展现的认识："六十一卷本《度人经》有全面救度帝国所有忠心臣民的意思。……当《度人经》被信徒们在正确的指引下，按照新出的神霄礼仪，在遍布全国的新建神霄宫里进行吟诵时，就形成了一种强大的咒术氛围，被指认为是保卫国家反击敌人的活动。"②正是在战争或政权对峙这样的特殊场合和氛围中，如此带有的"护国保种"（道教有"种民"之说）色彩的宗教化实践，方才促使平常不易觉察的道教的民族立场得以明确展现。

第五，道教：中国文化精神的信仰之维。如上所论，脱胎于"汉家"的道教，既是"汉家"心灵的承载者，亦是中古民族精神和生活方式的表达者。如此，道教所展示出的即是中华民族的心灵秩序，道教的世界图景即是中国的镜像呈现，道教万神殿的成立发展史即是中华民族心灵秩序的变迁史。所以，通过对这一或许有所变形的"虚像"予以描摹，我们同样能够一定程度上捕捉时人心里的中国"内景"，触摸、感知映照到民众精神深处的古代中华的仪式、制度、性格与心灵秩序等。

综之，道教的"官僚性"特质、国家宗教性格，以及民族本位立场，正是中国文化精神的集中体现。道教堪称中国人和中国社会综合性的文化形态。道教万神殿堪谓中国历史文化与中华心灵的自我映照。从此角度出发，我们或许能够对鲁迅"中国根柢全在道教"的命题予以新的理解。

---

① 《三国志》卷四六，第1110页。

② 司马虚：《最长的道经》，刘屹译，《法国汉学》第7辑，第201页。

终 章

天讫汉祚：谶纬神学、原始道教
与汉家德运终始

谶纬蜂起，怪说部彰，曾不须臾……巫道乱法，
鬼事干政，尽汉一代，其政事皆兼循神道。

——章太炎《驳建立孔教议》

经过漫长的汉家→王汉→师汉→辅汉→代汉→忆汉之考察，我们基本厘清了汉魏禅代及"汉家"解体的递进逻辑。"汉家"的兴衰史启示我们，信仰对于统一帝国的神圣架构与统治秩序之维系，实具有不可替代的巨大作用；然而神圣的信仰必须与世俗的真实生活相匹相携，方可驱动帝国巨轮稳步前进，否则一旦现实坍塌而信仰如故，曾经的帝国强心针自然转变为制造迷梦的麻醉剂，帝国亦将挣扎、淹没于信仰的泡沫中，直至解体、破灭。面对权力的无序角逐与肆意践踏，本具"实践理性"（李泽厚化用康德之言）倾向、脆弱如纸的敬畏神圣之心，绝难经受赤裸裸的信仰挑战与人心考验。

几十年的天命论证、民心诱导及权力收束，终于促成汉魏禅代得以实现。人们对天命的抱守，说明汉魏之际的政治、历史发展，依旧笼罩于几百年来的天命信仰中，尚未彻底溢出信仰包裹的汉代权力运作机制。但是，也是在这漫长的权力与天命互动共进的历史进程中，人们对天命的信仰逐渐被榨干耗尽。可以说，汉魏禅代既是天命信仰导向、约束下的第一次政权禅让，同时也宣告了天命理想的终结。随着汉魏禅代的完成，天命的"谎言"终被残酷的政治现实戳破。此后的禅代，天命与民意的互动组合模式，被代之以权力对民意的规训模式，天命的论证成为无谓的多余，民意则成为权力的奴婢。

人的思想与行为合力铸就了历史。在终章，就让我们将此前讨论的所有内容，从人群与思想（知识）互动的角度，再次做一贯通性的考察梳理，以便进一步凸显掩映于"为汉制法"动机与"太平"理想背后的汉末学、术交融之势，包括由此带来的一定程度上打破朝野区隔的人群联动与阶层伸缩，点明推毂汉魏禅代实现的从"古代"跨向"中古"的时代基调与历史特质。

第一节　游侠·党人·"妖贼"·隐逸

东汉中后期，活跃于地方的游侠、经师，党祸后下潜至民间的党人，逐渐有影响、成势力的宗教信徒以及处于权力末端的隐逸、处士，在当时的政治、社会舞台上均有引人注目的表现。有意思的是，以上看似身份有别的几类人群，却可从有关他们学术、性情、事迹等方面的记述中透见其知识构成、价值归趋、行事风格方面所具有的跨越地域和阶层的相通处。

一　游侠传统与党人婞直之风

"婞直之风"（袁宏称为"肆直之风"）乃汉末士人，尤其是"党人"所表现出的一个十分突出的行事方式与性格特点。典型事例如《后汉书·党锢列传》所载："时河内张成善说风角，推占当赦，遂教子杀人。李膺为河南尹，督促收捕，既而逢宥获免，膺愈怀愤疾，竟案杀之。"此即彻底引爆"党祸"的"风角杀人"事件。同传又载："时张让弟朔为野王令，贪残无道，至乃杀孕妇，闻膺厉威严，惧罪逃还京师，因匿兄让弟舍，藏于合柱中。膺知其状，率将吏卒破柱取朔，付洛阳狱。受辞毕，即杀之。"另有："宛有富贾张汜者，桓帝美人之外亲，善巧雕镂玩好之物，颇以赂遗中官，以此并得显位，恃其伎巧，用势纵横。（岑）晊与牧劝瑨收捕汜等，既而遇赦，晊竟诛之，并收其宗族宾客，杀二百余人，后乃奏闻。"①此外，天下名士序列中的"八厨"，②亦明显展现出刚直不阿、爱憎分明、不惧权势的风范，与游侠仗义之行颇为接近。

或许正是由于这个原因，范晔在《党锢列传》中，开篇便叙述了从汉初"任侠之风"至汉末"婞直之风"的士风演进过程。关于"婞直之风"的形成，他扼要论之曰："逮桓灵之间，主荒政缪，国命委于阉寺，士子羞与为伍，故匹夫抗愤，处士横议，遂乃激扬名声，互相题拂，品核公卿，裁量执政，婞直之风，于斯行矣。"③在范晔看来，汉末"婞直之风"的形成，一方面应受到此前"任侠"风俗的自然熏习，另一方面则深受汉末政治局势及社会环境之影响。

当然，有此看法者并非范晔一人。葛洪在《抱朴子外篇·正郭》中亦曾借评判党人领袖郭泰之机，明言汉末清议之士与党人群体形似隐逸，实乃游侠：

　　（郭泰）此人有机辩风姿，又巧自抗遇而善用；且好事者为之羽翼，延其声誉于四方。故能挟之见准慕于乱世，而为过听不核实者所推策。及其片言所褒，则重于千金；游涉所经，则贤愚波荡。谓龙凤之集，奇瑞之出也。吐声则余音见法，移足则遗迹见拟。可谓善击建鼓而当揭日月者耳，非真隐也。

---

① 《后汉书》卷六七，第2187、2194、2212页。

② 范晔释"厨"为"能以财救人者也"。

③ 《后汉书》卷六七，第2185页。

> 无故沈浮于波涛之间，倒屃于埃尘之中，遨集京邑，交关贵游，轮刑策弊，匪遑启处？遂使声誉翕熠，秦、胡景附。巷结朱轮之轨，堂列赤绂之客，轺车盈街，载奏连车。<u>诚为游侠之徒，未合逸隐之科也</u>。

又引"故太傅诸葛元逊"（吴执政诸葛恪）之语：

> 林宗隐不修遁，出不益时，实欲扬名养誉而已。街谈巷议以为辩，讪上谤政以为高。时俗贵之歙然，犹郭解、原涉见趋于曩时也。①

郭解、原涉皆为西汉时期的著名游侠，而《正郭》篇的实际评议对象又是以郭泰为代表的汉末清议与党人群体。可见在去汉不久的诸葛恪、葛洪、范晔等人看来，汉末党人、清议之士与游侠的关系已不仅停留于表面，即党人并非只是表现出游侠特征或与游侠群体存在某种程度的关联，他们之间的价值与风范如此接近，以至于两者之间的界限已日趋消弭，令人实难分解。

那么，到底应该如何理解党人、清议之士与游侠群体的关系？牟发松在讨论党锢名士群体尚侠气质之渊源后指出："从党锢事变形成、发展及其消灭的全过程中，可以看到汉末'婞直'士风及其主体党锢名士与游侠风气的相似性。"具体来说包括以下六点：第一，轻死重气、义重于生；第二，外于体制或反体制的舆论、声望；第三，外于体制或反

---

① 杨明照：《抱朴子外篇校笺》（下），第453、464、472页。

体制的组织、群体；第四，疏财仗义；第五，复仇；第六，广泛交游。①
此可谓周全之论。下面拟就牟氏概括的第二、三、六点内容做进一步展
开，以此检讨汉末党人、游侠及所谓"妖贼"、术士相互交流的一般面
向，并由此说明这样的交流究竟在何种意义上成为可能。

实际上，牟氏总结的第二、三、六点特征，可统一归诸王朝秩序之
外的言论、行为及价值取向。外在于体制的评价标准，正是游侠群体最
重要的特征。②进言之，游侠的价值与行为实具有在王朝法律之外另立
"契约"，由此重新定义社会价值和规范的内在特征。应当思考的是，游
侠所结成的价值、秩序何以为社会所接受，其存在和被接受的基础是什
么？虽然游侠经历了数个阶段的演变，亦有不同的类型构成，但就汉代
游侠言行的整体情况而言，其较为稳定的特征大体包括：守信义，"已诺
必诚"；仗义疏财以至于损己利人；重气节，任情适性，快意恩仇；"不
爱其躯，赴士之厄困"又"羞伐其德"，接近个人英雄主义的价值取向
与行为方式；为坚持自己认为的"公"道可以"不轨于正义"。

仔细对照分析可以发现，游侠的性格特征、价值坚守不仅与士人
的理念相匹，如重信、重气节、坚持"公义"及深究"有道"与"无
道"之辨等（因而也得到了士人群体的认可和接受），亦与民间社会中
百姓默默遵从的价值秩序相契合，如讲信义、认同复仇合理、倡导忠孝
伦理等。是即游侠群体之所以能够较长时期存在于汉代社会，并被社会

---

① 牟发松：《侠儒论：党锢名士的渊源与流变》，《文史哲》2011 年第 4 期。

② 诸多研究者亦曾指出这一点。如吕思勉《秦汉史》，第 461~462 页；劳榦《论汉代的游侠》，
《文史哲学报》1950 年第 1 期；刘修明、乔宗传《秦汉游侠的形成与演变》，《中国史研究》
1985 年第 1 期；增渊龙夫《汉代民间秩序的构成和任侠习俗》，孔繁敏译，《日本学者研
究中国史论著选译》第 3 卷，第 526~545 页；彭卫《古道侠风》，中国青年出版社，1998；
林甘泉《秦汉帝国的民间社区和民间组织》，《燕京学报》新 8 期，北京大学出版社，2000；
卜宪群《秦汉社会势力及其官僚化问题研究之一——以游侠为中心的探讨》，郑州大学历
史学院编《高敏先生八十华诞纪念文集》，第 73~83 页。

接受的主要原因。[①] 这种沉潜于社会底层的共同价值既是汉末清议、党人群体与游侠群体的共同思想渊源，也是二者言行、价值如此接近的原因所在。据此，劳榦所提汉代游侠与黄老道家有"部分渊源"，二者在思想上兼容、相通，"彼此常常结合"，乃因二者"同属于社会较低阶级"；"游侠是汉代的民间行为而黄老是民间的信仰"，游侠之"任情适性""只有在道家之中可以适合"等观点，[②] 尽管不无漏误（如简单认为黄老、游侠属于较低阶级），[③] 却仍不乏洞见，具有一定合理性——游侠价值亦植根于深厚的民间传统，并与黄老信仰土壤上的"妖贼"（术士）存在千丝万缕的联系。

二　游侠、党人、术士的思想与活动关联

上载"风角杀人"事件，刘昭瑞据此引申论之："想李膺对张成一类人早已视之为社会的反对力量而随时伺机予以镇压，看来早期道教的兴起与党锢之祸的形成是有一定关系的。黄巾事起，东汉王朝在政治上的主要应对措施就是废除党锢政策，似亦可看出二者应有一定的关系。"[④] 认为汉末道教兴起与党锢之祸存在一定联系，堪称卓见；但以道

---

① 不过应注意，战国时期的游侠与秦汉之际以及两汉时期的游侠，其兴起、存在的社会原因各有不同。相关讨论请见宫崎市定「漢末風俗」『宮崎市定全集』第 7 卷、岩波书店、1992、133-166 頁。

② 分见劳榦《论汉代的游侠》，《文史哲学报》1950 年第 1 期；同氏《汉代的豪强及其政治上的关系》，《古代中国的历史与文化》，中华书局，2006。牟发松前揭文以为其论"颇难自圆其说"。

③ 本书第五章讨论指出，黄老之学已在史籍及汉碑中显示其广泛的接受度，它往往与图谶、《京氏易》等兼容，非仅术士用之，朝臣、帝王信从者亦不在少数。

④ 刘昭瑞：《"老鬼"与南北朝时期老子的神化》，《历史研究》2005 年第 2 期，第 177 页注④。

教为党人对立面的看法，却流于表面、有失偏颇。[①] 翻检史书可知，党人与术士"接引"的事例不在少数，最典型者，即陈蕃子陈逸与术士平原襄楷谋废灵帝之事。《三国志》卷一《武帝纪》载：

> 冀州刺史王芬、南阳许攸、沛国周旌等连结豪杰，谋废灵帝，立合肥侯，以告太祖。太祖拒之，芬等遂败。

裴松之注引司马彪《九州春秋》对此事有更详记述：

> 于是陈蕃子逸与术士平原襄楷会于芬坐，楷曰："天文不利宦者，黄门、常侍真族灭矣。"逸喜。芬曰："若然者，芬愿驱除。"于是，与攸等结谋。灵帝欲北巡河间旧宅，芬等谋因此作难，上书言黑山贼攻劫郡县，求得起兵。会北方有赤气，东西竟天，太史上言"当有阴谋，不宜北行"，帝乃止。敕芬罢兵，俄而征之。芬惧，自杀。

紧接其后，裴注又引《魏书》曰：

> 太祖拒芬辞曰："夫废立之事，天下之至不祥也。……造作非常，欲望必克，不亦危乎！"[②]

---

① 　如前所揭，士人清议运动与道教宗教活动两者相互支援、前后而起，由此连接为统一的汉末"抵抗运动"。详参川胜义雄「漢末のレジスタンス運動」『東洋史研究』第 25 卷第 4 号，1967。

② 　《三国志》卷一，第 4~5 页。

另外，素有道术且极有可能与张道陵有关的宦者栾巴，[①]亦当与党人牵涉匪浅。《后汉书·栾巴传》载："灵帝即位，大将军窦武、太傅陈蕃辅政，征拜议郎。蕃、武被诛，巴以其党，复谪为永昌太守。以功自劾，辞病不行，上书极谏，理陈、窦之冤。帝怒，下诏切责，收付廷尉。巴自杀。"[②]

史料显示，"术士"（方士）在汉代的活动范围甚广，他们不仅活跃于平民之间，亦与公卿、将军、诸侯甚至皇帝多有接触。[③]"风角杀人"事件中，术士张成曾"以方伎交通宦官，（桓）帝亦颇谇其占"。其弟子牢修亦曾借机上书告李膺等"养太学游士，交结诸郡生徒，更相驱驰，共为部党，诽讪朝廷，疑乱风俗"，由此引发第一次党祸。可见张成攀附权势，应即"浊流"的一员，而"善说风角"的方技或即其巴结权势的工具。不过也应注意，张成的做法可能恰好反映了人们对方技之"迷信"实乃当时社会的普遍情形。在"迷信"方术的整体社会氛围中，党人也并不例外，所以亦需借助术士的"占命（天）之技"，寻求起事的"天命"依据（上引史料中陈逸、王芬、太史、曹操等人皆如是）。复如本书第二章所揭李固上呈顺帝之对策言："《京房易传》曰：'君将无道，害将及人，去之深山以全身，厥妖狼食人。'陛下觉寤，比求隐滞，故狼灾息。"此以阴阳术数家京房的灾异论为其劝谏之重要依据，适可印证术数、方技为不同阶层、不同立场人群所共用的汉代历史情境。

进一步考察则可发现，不仅党人分别与游侠、术士存在内在关联，

---

①　详细讨论请参柳存仁《汉张天师是不是历史人物》，氏著《道教史探源》，第99~136页；同氏《栾巴与张天师》，李丰楙、朱荣贵主编《仪式、庙会与社区：道教、民间信仰与民间文化》，中研院中国文哲研究所筹备处，1996，第19~48页。

②　《后汉书》卷五七，第1842页。

③　陈槃：《战国秦汉间方士考论》，《中央研究院历史语言研究所集刊》第17本，1948年，第65~77页；收入氏著《古谶纬研讨及其书录解题》。

两汉时期术士与游侠之间亦有密切关系，[①] 此从南北朝佛道论争时佛教对早期道教历史的攻讦，以及道教内部出于自我"清整"之需而对其早期阶段的公开批判中，即可得见。如释玄光《辨惑论》指责道教犯有"五逆"，其四便为"侠道作乱"。[②] 为了与之区别，佛教立诫"不得卖弓刀军器""一切凶器仗皆不得受"。[③] 刘勰《灭惑论》则更直白地揭露、批判道教："避灾苦病，民之恒患；故斩缚魑魅，以快愚情。凭威恃武，俗之旧风；故吏兵钩骑，以动浅心。""是以张角、李弘，毒流汉季；卢悚、孙恩，乱盈晋末。余波所被，寔蕃有徒。"[④] 这样的批判甚至在道教内部亦从未停息，如葛洪在《抱朴子内篇》中即毫不避讳地提及早期道教的"逆乱"之行，且表现出强烈不满：

> 曩者有张角、柳根、王歆、李申之徒，或称千岁，假托小术，坐在立亡，变形易貌，诳眩黎庶，纠合群愚，进不以延年益寿为务，退不以消灾治病为业，遂以招集奸党，称合逆乱，不纯自伏其辜，或至残灭良人，或欺诱百姓，以规财利，钱帛山积，富逾王公，纵肆奢淫，侈服玉食，妓妾盈室，管弦成列，刺客死士，为其致用，威倾邦君，势凌有司，亡命逋逃，因为窟薮。[⑤]

---

① 增渊龙夫曾专论两汉时期的巫（与术士颇近）与侠之关系。见増淵龍夫「漢代における巫と侠」『中国古代の社会と国家』119-140 頁。

② 一作"挟道作乱"（《弘明集》卷八，《中华大藏经》第 62 册，第 823 页）。

③ 《佛说目连问戒律中五百轻重事经》（题注为东晋录）卷一，《中华大藏经》第 41 册，第 905、911 页。相关讨论参见冯渝杰《道教法剑信仰衰落原因考》，《宗教学研究》2014 年第 1 期。

④ 《中华大藏经》第 62 册，第 827 页。

⑤ 王明：《抱朴子内篇校释》卷九《道意》，第 173 页。

可以说，正是在此压力下，道教开启了内部的"清整"步伐。[①]大略成书于公元 3 世纪的道书《太上老君经律》之《老君说一八十戒》第 17 戒"不得妄与兵贼为亲"、第 62 戒"不得带刀仗"、第 115 戒"不得与兵人为侣"等戒律条文，以及六朝道经《太上洞玄灵宝三元品戒功德轻重经》之《三元品戒目录》中"不忠于上""私蓄刀仗兵器""合聚群众""轻凌官长有司"等罪目，[②]皆可视作道教清除"叛乱者"之"遗毒"，拒绝与游侠、刺客等群体再度发生关联的努力。

综合以上诸论，党人、游侠与"妖贼"（术士）皆有一定交结，并呈现出抵抗、反对政府秩序与权威的属性。他们的联结，实缘于同样的社会基础与一定程度的内在价值契合。如此，当"党锢之祸"发生后，在朝士人下潜至民间时，社会上才具有足够接纳他们的条件和基础。是即汉末隐逸群体得以生长的沃土。

三 党祸后士人下移与汉末隐逸之风

两次"党祸"无疑使士人群体遭受了沉重的打击。按史所载，第一次"党祸"，所染逮者"皆天下名贤"，范晔所谓"党事始自甘陵、汝南，成于李膺、张俭，海内涂炭，二十余年，诸所蔓衍，皆天下善士"。第二次"党祸"，"天下豪桀及儒学行义者，一切结为党人"。由此，"党

---

① 相关讨论参见杨联陞《〈老君音诵诫经〉校释——略论南北朝时代的道教清整运动》，《中央研究院历史语言研究所集刊》第 28 本上册，第 17~54 页；砂山稔「李弘から寇謙之へ——西曆四·五世紀における宗教の反亂と國家宗教」『隋唐道教思想史研究』69-92 頁；卿希泰主编《中国道教史》第 1 卷第 4 章"道教在南北朝的改造和充实"，第 389~556 页；葛兆光《屈服史及其他：六朝隋唐道教的思想史研究》，第 12~28 页；葛兆光《中国思想史》第 1 卷，第 341~374 页。

② 《道藏》第 18 册，第 219~220 页，第 6 册，第 880~882 页。相关讨论请参冯渝杰《道教法剑信仰衰落原因考》，《宗教学研究》2014 年第 1 期。

锢之祸"致使贤士大夫几近覆灭，"凶竖得志，士大夫皆丧其气矣"。[①]
司马光亦称："党人生昏乱之世……臧否人物，激浊扬清，撩虺蛇之头，
践虎狼之尾，以至身被淫刑，祸及朋友，士类歼灭而国随以亡，不亦悲
夫！"[②] 足见"党祸"牵连之众及对士人群体影响之巨。

　　如此情形下，士人群体"激浊扬清""澄清天下"的理想和志气备
受打击，转而对"汉家"之昏聩、崩离表现出近乎绝望的态度，[③] 更在
行动上开始践行孔子"天下有道则见，无道则隐"（《论语·微子》）之
劝诫。如党人领袖郭泰的同郡宋冲劝其为官，泰断然拒之曰："吾夜观
乾象，昼察人事，天下所废，不可支也。方今卦在明夷，爻直勿用之
象，潜居利贞之秋也。犹恐沧海横流，吾其鱼也。吾将岩栖归神，咀嚼
元气，以修伯阳、彭祖之术，为优哉游哉，聊以卒岁者。"[④] 此番言语表
明郭泰已萌生退意。另一党人延笃见衰世已至，亦不无感慨地说："夫道
之将废，所谓命也。"[⑤] 更有可论者，"自桓、灵之间，君道秕僻，朝纲日
陵，国隙屡启，自中智以下，靡不审其崩离"。[⑥] 可知，士人群体对当时
朝政走向与汉家天命兴废的整体判断，以及由此表现出的精神状态，在
两次"党祸"后，的确发生了重要转变。显然，他们认可天命即趋势，
并在这样的前提下对自身的仕、处做出安排，退隐乃是其观天象、察人
事的结果。

---

① 《后汉书》卷六七，第2189页，卷八，第330~331页，卷六九，第2244页。
② 《资治通鉴》卷五六，灵帝建宁二年十月条末"臣光曰"，第1823页。
③ 汉末士人对待汉家心态的此种转折，所带来的制度书写层面的一个变化或分歧，即我们在
　第二章所提及的，由张衡、胡广、蔡邕等人以汉制为中心的官制撰述到郑玄以"周礼"为
　中心的理想国制建构。
④ 袁宏：《后汉纪》卷二三《孝灵皇帝纪上》，《两汉纪》（下），第453页。大体相同之记载亦
　见诸《八家后汉书辑注·司马彪续汉书》卷五。
⑤ 《后汉书》卷六四《延笃传》，第2106页。
⑥ 《后汉书》卷七九下《儒林列传下》，第2589页。

价值判断必定内在地制约人们的行为趋向。汉末，基于历数、神学信仰的悲观情绪及其所抱持的近乎绝望的出世心态，在朝士人开始逐渐下潜至民间，同时社会中的多数士人亦选择隐于乡邑，拒绝出仕。如党人张俭："中平元年，党事解，乃还乡里。大将军、三公并辟，又举敦朴，公车特征，起家拜少府，皆不就。"[1]何夔："汉末阉宦用事，夔从父衡为尚书，有直言，由是在党中，诸父兄皆禁锢。夔叹曰：'天地闭，贤人隐。'故不应宰司之命。"[2]夏馥："诸府交辟，天子玄纁征，皆不就。尝奔丧经洛阳，历太学门。诸生曰：'此太学门也。'馥曰：'东野生希游帝王之庭。'径去不复顾。公卿闻而追之，不得而见也。"[3]黄宪："太守王龚在郡，礼进贤达，多所降致，卒不能屈宪。……宪初举孝廉，又辟公府，友人劝其仕，宪亦不拒之，暂到京师而还，竟无所就。年四十八终，天下号曰'征君'。"

申屠蟠对大将军何进的连续征辟皆辞不就：中平五年，"复与（荀）爽、（郑）玄及颍川韩融、陈纪等十四人并博士征，不至"；中平六年，"蟠及爽、融、纪等复俱公车征，唯蟠不到。众人咸劝之，蟠笑而不应。……唯蟠处乱末，终全高志"。襄楷于"中平中，与荀爽、郑玄俱以博士征，不至，卒于家"。名士徐稚之子徐胤亦"隐居不仕"，"太守华歆礼请相见，固病不诣"。陈寔："及党禁始解，大将军何进、司徒袁隗遣人敦寔，欲特表以不次之位。寔乃谢使者曰：'寔久绝人事，饰巾待终而已。'时三公每缺，议者归之，累见征命，遂不起，闭门悬车，栖迟养老。"[4]此外，选择隐逸的党人还包括姜肱、钟瑾、李昙、韦著、许

① 《后汉书》卷六七《党锢列传》，第 2211 页。

② 《三国志》卷一二《何夔传》注引《魏书》，第 379 页。

③ 袁宏：《后汉纪》卷二二《孝桓皇帝纪下》，《两汉纪》（下），第 431 页。

④ 《后汉书》卷五三《黄宪传》，第 1744~1745 页，卷五三《申屠蟠传》，第 1754 页，卷三〇下《襄楷传》，第 1085 页，卷五三《徐胤传》，第 1748 页，卷六二《陈寔传》，第 2067 页。

嘉、周勰等。[1]尽管隐逸之士的人数远逊于当时的士人总数，[2]但在明确载录姓名、事迹的党人群体中，如此规模的由朝而隐或隐而不朝者，亦着实可观。

应当注意，汉末士人群体下移后，并未真正安于"隐"，而是身隐心不隐。如我们在前面章节中所指出的，东汉的隐逸群体并非全然的社会受动者，他们以其特有的方式主动参与到汉末的社会运动中，与其他社会群体前后相继，共同掀起了声势浩大的"抵抗运动"，并对汉末的历史走向产生了深远影响。可以说，正是因为党人、游侠与"妖贼"（包括黄巾）、隐逸存在或显或隐的内在关联及价值相通处，所以才会出现汉末清议、党祸、黄巾相互支援、此起彼伏的抵抗之势，引发统治者的惶恐、担忧。史载："中常侍吕强言于帝曰：'党锢久积，若与黄巾合谋，悔之无救。'帝惧，皆赦之。"[3]

那么，对汉末诸类人群这种超越偶然的诸多相似之处，究竟应当如何理解？到底是何因素导致了不同人群间跨越庙堂与江湖、融会"正统"与"妖妄"之相通思想、行为及价值的生成？

第二节　经学、谶纬、道教之交互推进及其历史影响

"党锢之祸""黄巾之乱"作为东汉王朝崩解前夕渐次兴起的重大历

---

①　金发根：《东汉党锢人物的分析》，《中央研究院历史语言研究所集刊》第 34 本下册，第 544~546 页。

②　祝总斌：《〈后汉书·党锢传〉太学生"三万余人"质疑》，《中华文史论丛》2010 年第 1 期；同氏：《东汉士人人数考略》，《北大史学》第 19 辑，北京大学出版社，2014。

③　《后汉书》卷八《孝灵帝纪》注，第 348 页。

史事件，无论如何也无法摆脱与王朝覆亡的关系，所以相关研究从未停止。在此过程中，研究者逐渐发现"党祸"与"黄巾"间若隐若现的关联，并就两者的起承关系进行了精彩的融通性解释。在石泰安、川胜义雄等学者坚实研究的基础上，吉川忠夫巧妙地捕捉到"太平"理想对汉末不同人群的共同影响，显示出敏锐的学术直觉和准确的学术识断，然而此问题仅在其著作"后记"中，作为交代研究缘起和学术旨趣的内容一笔带过，[①]不免让人感到遗憾。下面我们将分别从士人与术士的相似知识构成、经学与谶纬的价值相通性以及经学与原始道教的共通追求三个方面，具体论述汉末不同种类知识间的共同价值追求——"太平"，究竟如何内在地影响、牵制汉末时人的行为与选择，由此促成党人、游侠、"妖贼"、隐逸的共通价值基调和行为趋向，并进一步构筑起汉魏禅代酝酿与实现的知识背景。

一　博通内外：经生、术士、隐逸的相似知识构成

汉末游侠、党人、"妖贼"、隐逸诸群体价值与行为的相通性，首先应直接导源于其相似的知识构成。此与本书第五章所论东汉的游学之风及汉末的学、术交融有关。具体言之，汉末经生、术士、隐逸的相似知识构成，可从以下两方面获得证明。

第一，出现了有关经生与经学的神秘化、术数化理解倾向及相关的实践操作。如《后汉书·独行传》载：

> （向栩）少为书生，性卓诡不伦。恒读《老子》，状如学道。又

---

① 吉川忠夫：《六朝精神史研究》，第 438~439 页。

似狂生，好被发，着绛绡头。……不好语言而喜长啸……有弟子，名为"颜渊""子贡""季路""冉有"之辈。或骑驴入市，乞丐于人，或悉要诸乞儿俱归止宿，为设酒食。时人莫能测之。郡礼请辟，举孝廉、贤良方正、有道，公府辟，皆不到。……征拜侍中，每朝廷大事，侃然正色，百官惮之。会张角作乱，栩上便宜，颇讥刺左右，不欲国家兴兵，但遣将于河上北向读《孝经》，贼自当消灭。①

史载五斗米道即以《老子》五千言为恒常的教习之作，并专设"奸令祭酒"一职，"都习《老子》五千文"。向栩"恒读《老子》，状如学道""着绛绡头""不好语言而喜长啸"等特征，很容易让人联想到原始道教的某些做法②与制度，然其弟子又纷纷诳称孔门之后，故实可谓亦儒亦道者也。更有意思的是，向栩竟当众提出北向读《孝经》以灭黄巾的建议。在这里，作为儒家经典的《孝经》显然已被术数化，并被赋予咒杀妖贼的神秘力量。复案，《风俗通义·怪神第九》曾记载郅伯夷诵经以剑击魅之事，进一步折射出东汉《孝经》术数化的现象："未冥楼镫，阶下复有火，（伯夷）敕：'我思道，不可见火，灭去。'……既冥，整服坐诵《六甲》、《孝经》、《易本》讫，卧有顷，更转东首，絮巾结两足帻冠之，密拔剑解带……再三，徐以剑带系魅脚，呼下火上，照视老狸正赤，略无衣毛，持下烧杀，明旦发楼屋，得所髡人结百余，因从此

---

① 《后汉书》卷八一《向栩传》，第 2693~2694 页。

② 史载汉末南阳张津尝着绛帕头，鼓琴烧香，读邪俗道书；而蛮首张昌、刘尼之部众亦皆"绛头"。

绝。"① 或许正因为《孝经》术数化程度的递进，六朝时期方才多次出现《孝经》入葬之事。如吉川忠夫所论，六朝普遍存在着可以称之为"《孝经》信仰"的宗教性感情。② 相似的情况又如前揭逸民高凤，《后汉书》载其"少为书生……专精诵读，昼夜不息"，"太守连召请……自言本巫家，不应为吏"。③ 可见高凤或亦兼习巫道与儒术。

对经生、经学的神秘化理解，还尤其典型地体现在经学大师"驯服"、感化叛军的相关史实中。如本书第五章所揭，汉末的士人郑玄、孙期、袁闳、徐胤、荀恁及列女姜诗妻都曾因其学识、贤德而得以保全乡里，使之免遭寇贼侵犯。进一步考察可发现，这些"义感"类事例并非徒有其形的"历史书写"，而是当时儒道共融之学术、信仰生态的自然写照；"妖贼"服膺经生，非感慕于名德，而确乎尊崇其学识也。

值得注意的是，对经书、经文的神秘化理解与操作，以及经生与术士的"斗法"主题，在梁武帝时期的重要文士殷芸所著文集中，已被有效融合进东汉时期豫章太守顾邵与庐山君激辩复庙的故事里：

> 顾邵为豫章，崇学校，禁淫祀，风化大行。历毁诸庙，至庐山庙，一郡悉谏，不从。夜，忽闻有排大门声，怪之。忽有一人，开阁径前，状若方相，自说是庐君。邵独对之，要进上床，鬼即入坐。邵善《左传》，鬼遂与邵谈《春秋》，弥夜不能相屈。邵叹其积辩，谓曰："《传》载晋景公所梦大厉者，古今同有是物也。"鬼

---

① 应劭撰，王利器校注《风俗通义校注》，第 428 页。有关此则材料的讨论请参姜生《〈风俗通义〉等文献所见东汉原始道教信仰》，《宗教学研究》1998 年第 1 期；近期讨论参见冯渝杰《神物的终结：法剑信仰兴衰变异的历史考察》，四川人民出版社，2019，第 42~44 页。

② 吉川忠夫：《六朝精神史研究》，第 425 页。

③ 《后汉书》卷八三《逸民高凤传》，第 2768~2769 页。

笑曰："今大则有之，厉则不然。"灯火尽，邵不命取，乃随烧《左
传》以续之。鬼频请退，邵辄留之。鬼本欲凌邵，邵神气湛然，不
可得乘。鬼反和逊，求复庙，言旨恳至。邵笑而不答。鬼发怒而
退，顾谓邵曰："今夕不能仇君，三年之内，君必衰矣，当因此时
相报。"邵曰："何事匆匆，且复留谈论。"鬼乃隐而不见，视门阁，
悉闭如故。如期，邵果笃疾，恒梦见此鬼来击之。并劝邵复庙。邵
曰："邪岂胜正！"终不听。后遂卒。[①]

顾邵禁毁庐山庙，庐山君至邵住所要求复庙，且以顾邵所擅长的《左
传》与其彻谈"斗法"，弥夜不能相屈。当油枯灯尽之时，顾邵烧《左
传》以续之，终于使得庐山君伏法请退。于此，经生与经书均被赋予
了神性，展现出与术士、"妖贼"、神灵相似的知识构成和直接对话甚至
"斗法"的力量。

　　第二，博通内外、亦儒亦道的知识群体——隐逸开始形成，并以术
数俘获民心、朝臣乃至帝王。如法真"好学而无常家，博通内外图典，
为关西大儒"，"同郡田弱荐真曰：'处士法真，体兼四业，学穷典奥……
将蹈老氏之高踪……'"；郎𫖮"少传父业，兼明经典，隐居海畔，延
致学徒常数百人。昼研精义，夜占象度，勤心锐思，朝夕无倦"；张楷
"通《严氏春秋》、《古文尚书》……性好道术，能作五里雾"；申屠蟠
"隐居精学，博贯《五经》，兼明图纬"；姜肱"博通《五经》，兼明星
纬"；等等。[②]

---

① 《太平广记》卷二九三《殷芸小说》，第2332页。标点乃重新推定。相关讨论见乐维《官
　　吏与神灵——六朝及唐代小说中官吏与神灵之争》，《法国汉学》第3辑，第32~59页。
② 分见《后汉书》卷八三，第2774页，卷二〇下，第1053页，卷三六，第1242~1243页，
　　卷五三，第1751页，卷五三，第1749页。

　　正是基于学术与信仰之交融互渗，不少隐逸以此俘获民众，赢得士人、朝臣追从。比如王远"学通五经，尤明天文图谶、《河》《洛》之要，逆知天下盛衰之期，九州吉凶，如观之掌握"，由此，"举孝廉，除郎中，稍加中散大夫。……后弃官，入山修道。道成，汉孝桓帝闻之，连征不出。使郡国逼载……不答诏"。值得注意的是，王远隐居乡里还得到了乡里人的供养："乡里人累世相传供养之……在陈家四十余年，陈家曾无疾病死丧，奴婢皆然。"①可见民众视其为神圣。又如前所揭"蓟子训者，不知所由来也……有神异之道……于是子训流名京师，士大夫皆承风向慕之"。这反映了士大夫对学、术兼修的隐逸高士之尊崇。再如《博物志》载："军祭酒弘农董芬学甘始鸱视狼顾，呼吸吐纳，为之过差，气闭不通，良久乃苏；寺人严峻就左慈学补导之术，阉竖真无事于斯，而遂声若此。"②可见神秘的道术知识对权贵仕宦而言，同样具有不可抵挡的诱惑力。

　　总之，游侠、党人、"妖贼"、隐逸诸类人群之所以存在价值与行为的相通处，最直接的原因乃在于他们具有相似的知识构成——一种学术与信仰交融互渗，博通内外、兼善经纬、亦儒亦道的知识构成。

二　为汉制法：汉末经学与谶纬神学的共同主旨

　　作为经学的变种，谶纬神学具有明确的"为汉制法"主旨，这一点在学界几为共识。问题在于，"为汉制法"究竟意味着什么？一向以理性思辨和学术论析著称的经学，在这方面是否果真与神秘的"妖妄之言"

---

① 《太平广记》卷七引《神仙传》，第 45 页。

② 张华撰，范宁校证《博物志校证》卷五《辨方士》，中华书局，1980，第 65 页。

判若两途？实际上，理性至上的价值观在中古史研究领域的长期过深介入，的确一定程度上遮蔽了人们的认知，由此也影响到相关领域的史实建构。汉代经学之理性而非神秘的面向、学术而非信仰的性格，正是这样一个亟待重新梳理的认知层累建构的领域。下面我们便基于本书第二章有关汉末经学通纬旨趣的讨论，从关涉《春秋》三传立意根本的"西狩获麟"出发（汉代的麒麟画像见图21），对汉末经学与谶纬神学的相通主旨——为汉制法，予以简要总结。

众所周知，"西狩获麟"可谓春秋学中的标志性问题，汉代今、古文经学对此均有浓墨重彩的发挥，适如华喆所总结："围绕'西狩获麟'的问题，汉代公羊家与左氏学者各有论述。公羊家侧重利用五德终始之说，把麒麟与汉朝德运联系在一起，以此为汉得天命的佐证。左氏学者本来并不像公羊这样攀附时政，但从贾逵开始改变态度，创造出'修母致子'学说，希望获得皇帝支持。……公羊也好，左氏也罢，'西狩获麟'解释的重心都从孔子转移到汉朝德运之上，成为郑玄所处时代春秋学的主流。"[1] 汉代经学史上，"西狩获麟"解释重心向汉朝德运的转移，整体上亦与西汉中后期以降不断深化、增强的"汉家"神学，以及日益高涨的颂汉、归汉、辅汉思潮相吻合。

具体到汉末经学领域，何休《公羊解诂》有关"西狩获麟"的相关解释，可谓汉代经学"为汉制法"主旨的总结性表达。[2]《公羊传》曰："西狩获麟，孔子曰：'吾道穷矣！'"何休注："夫子素案图录，知庶姓

---

① 华喆：《礼是郑学：汉唐间经典诠释变迁史论稿》，三联书店，2018，第168页。

② 陈澧指出："《春秋繁露·符瑞篇》云：'西狩获麟，受命之符。'是西汉时《公羊》家已有此说。……韩敕《造孔庙礼器碑》，云'后制百王，获麟来吐'；史晨《祀孔子奏铭》，云'西狩获麟，为汉制作'；又云：'获麟趣作，端门见征，血书著纪，黄玉响应，主为汉制，道审可行。'汉人多以获麟颂扬汉代。何邵公囿于风气，遂以注经也。"［陈澧：《东塾读书记（外一种）》，第204页］

图 21　彭山一号石棺局部之麒麟图（上左）
江苏邳州燕子埠乡尤村出土 "麒麟" 榜题汉画像石（上右）
中国三峡博物馆藏忠县新生镇邓家沱遗址出土汉无名阙局部之麒麟汉画像（下）

资料来源：《四川汉代石棺画像集》，人民美术出版社，1998，第57页；《中国画像石全集》
第4卷，山东美术出版社，2000，第101页。

刘季当代周。见薪采者获麟，知为其出，何者？麟者，木精。薪采者，
庶人燃火之意，此赤帝将代周居其位，故麟为薪采者所执。……言汉姓
卯金刀，以兵得天下。……秦、项驱除，积骨流血之虐，然后刘氏乃

帝。""图录"即谶纬图录。检诸谶纬文献，《尚书中候·日角》载："夫子素案图录，知庶姓刘季当代周，见薪采者获麟，知为其出，何者？麟者，木精；薪采者，庶人燃火之意，此赤帝将代周。"《春秋纬》亦曰："麟出周亡，故立《春秋》，制素王，授当兴也。"《孝经援神契》记述亦详。[1] 比照可知，何休《解诂》当据《尚书中候》《春秋元命苞》等纬书所记，将《公羊》并未道明的"西狩获麟"瑞象，判断为孔子所预言的"庶姓刘季当代周"之瑞，此即前揭谶纬之"为汉制法"主旨。

又，《公羊传》哀公十四年："君子曷为为《春秋》？拨乱世，反诸正，莫近诸《春秋》……制《春秋》之义，以俟后圣。"《解诂》曰："得麟之后，天下血书鲁端门曰：'趋作法，孔圣没，周姬亡，彗东出，秦政起，胡破术，书记散，孔不绝。'子夏明日往视之，血书飞为赤乌，化为白书，署曰《演孔图》，中有作图制法之状。孔子仰推天命，俯察时变，却观未来，豫解无穷。知汉当继大乱之后，故作拨乱之法以授之。"复言："待圣汉之王以为法。"[2] 细绎之，何休此处所言，乃以更神秘的叙事方式，将孔子作《春秋》解释为由于其预知刘汉将继乱而兴，特制拨乱之法以授，于此达到为汉制法之目的。可以发现，强烈的谶纬之风弥漫于何休的叙述中，尤其是后段有关"端门血书"的描写，从叙事方式到符瑞意象的使用，都与谶纬如出一辙。这再次表明，何休经注中的确贯穿着"为汉制法"的主旨，并且此般主旨的形成与谶纬图录的影响不无关联。

时移世易，当原有的历史语境逐渐隐去，何休援纬解经、为汉制法的做法遭到了后人的猛烈批评，如陈柱所言："何休之《解诂》，最为诟

---

① 分见安居香山、中村璋八辑《纬书集成》，第 451、905、992 页。

② 阮元校刻《十三经注疏》，第 2354 页。

病者，莫如谶纬之说。"他还著有《恕何篇》，历数其过："汉儒好说谶纬，谓孔子为汉制作。……班氏大儒，说尚如此，则当时学者风气，盖可知矣。故何休作《公羊解诂》亦不能不用其说。"此外，陈文还引用清人江衡之说，叱何甚厉："邵公之注公羊，支离附会，壹意谄汉，不辞侮孔。汉儒多以治经起家，休直借《春秋》为干禄之计，可谓屈经从己。"[1]"谄汉"之说虽囿于经学藩篱而缺乏历史之同情，却亦反向透示出何氏所代表的汉末经学之"为汉制法"主旨确系至固至深。

当然，在"西狩获麟"问题上，从留存下来的有限资料中，我们也隐约可见郑玄的偏向及态度。《易纬·通卦验》载："一角期偶，水精得括考备，据谁授赤戴胜。"郑注："一角，谓麟也。文王得赤鸟书而演《易》，孔子获麟而作彖象及《系辞》以下十篇，故谓麟应期而来。偶，赤鸟也。水精者，孔子也。得获括考备者，易道也。赤为汉也，汉火精，高帝之表戴胜，自虑戏方宋记，此皆《斗冥图》言之也。"[2] 于此，郑玄同样择取《公羊》之说，采信谶纬中的赤鸟神话，言孔圣为授命汉家之水精，终以麟至为赤汉受命之符者也。

三　想望太平：经学、原始道教终极追求的相通性

经学与谶纬的共同主旨，呈现出经学溢出于学术层面的信仰面向；而经学与道教的相通性，或将进一步揭示汉末学术与信仰的交融互渗状态。上文论及"为汉制法"乃汉末思想、学术之一大主旨，但以更宽广的历史视野观之，"为汉制法"乃是途径，"想望太平"才是终极追求。

---

[1]　陈柱：《公羊家哲学（外一种）》，李静校注，华东师范大学出版社，2014，第142~144页。
[2]　安居香山、中村璋八辑《纬书集成》，第193页。

下面我们将结合本书第二、四章的有关内容，以何休《公羊解诂》中有关"太平"的集中论述与原始道教经典《太平经》之教理教义，概述"太平"理想在汉末经学与道教中的相通属性。

《公羊解诂》的"太平"论述，主要蕴藉于"三世说"之中。前揭《公羊传》："所见异辞，所闻异辞，所传闻异辞。"《解诂》曰："所见者，谓昭、定、哀，己与父时事也。所闻者，谓文、宣、成、襄，王父时事也。所传闻者，谓隐、桓、庄、闵、僖，高祖曾祖时事也。……至所见之世，著治大平，夷狄进至于爵，天下远近小大若一，用心尤深而详，故崇仁义，讥二名，晋魏曼多、仲孙何忌是也。""衰乱世"→"升平世"→"太平世"，这构成一个逐层渐进的理想社会序阶。"太平世"即终极理想社会，其显性标准或状态为：政治清明、至公至允，化外夷狄归夏、沐浴天威，天下远近大小若一、万里同风。

除此之外，还有一些自然征象（瑞象）被视为"太平"之符，如前揭之麒麟。此在《公羊解诂》中亦数次提及："麟者，大平之符，圣人之类，时得麟而死，此亦天告夫子将没之征，故云尔"，"人道浃，王道备，必止于麟者，欲见拨乱功成于麟，犹尧、舜之隆，凤皇来仪，故麟于周为异，《春秋》记以为瑞，明大平以瑞应为效也。绝笔于春，不书下三时者，起木绝火王，制作道备，当授汉也"，"尧舜当古，历象日月星辰，百兽率舞，凤皇来仪，《春秋》亦以王次春，上法天文，四时具然后为年，以敬授民时，崇德致麟，乃得称大平。道同者相称，德合者相友，故曰乐道尧舜之道"。[①] 这里，谶纬即与"太平"论述联系起来，而谶纬文献中大量近乎"三世说"的言语，表明何休"三世说"或仍渊源

① 阮元校刻《十三经注疏》，第2353~2354页。

于此。① 总之，根据《公羊解诂》"太平世"之脱溢于现实的有关论说，尤其是谶纬神学与"太平"论说的个中关联，何休经学思想中由"太平"表征的终极理想社会，当已超越理性层面的学术论说，而成为被赋予一定信仰属性、类似于宗教构想的信仰空间——这个空间，在原始道教同样以"太平"命名的大型经典中，有着更明确的设计和描述。

如前所论，黄巾起事即举"黄天泰（太）平"之旗号，《太平经》可谓是对包括黄巾在内的时人之"太平""大吉"热望心态的系统表达。按本书第四章所揭，"太平经"意谓"天地之常道"。"天地失常道，即万物悉受灾"，故《太平经》撰作之目的即辅佐帝王以"大顺之道"治国教民，"佐君致太平"。所以，在原始道教神学体系中，"太平"意味着理想秩序和绝对意义，这与汉末经学之追求，似并无不同。正因如此，《太平经》所反映的黄巾的"太平"祈望与东汉正统儒术之间，亦颇有相通处。据此可进一步阐明，经学与原始道教终极追求的相通性当肇基于二者对"太平"理想的相似理解与强烈渴求。

综合以上两节所论，从颇具游侠风范的党人婞直之风，游侠、党人与"妖贼"（术士）的隐秘关联乃至直接"接引"，以及党人下潜至民间而与隐逸群体汇流等方面，可以发现游侠、党人、"妖贼"（术士）、隐逸这几类人群在汉末存在思想、行为、价值方面的相通性。导源于经学通纬风尚的汉末时人对经学、经师的神秘化理解，士人、隐逸博通"内""外"的知识构成，以及流贯于经学、谶纬、原始道教经典中的"为汉制法"主旨与"想望太平"追求，既是促使这几类人群相通性生成的思想要因，亦是构成汉魏禅代酝酿与实现的知识背景。从今文经学至谶纬的神学性演变，再经谶纬至原始道教的神学跨接与过渡，复至经

---

① 详参本书第二章。

学与道教相通性追求的生成，"为汉制法"与"想望太平"堪谓不同种类知识间的共通基调，并内在地促成了汉末游侠、党人、"妖贼"、隐逸在价值与行为方面的交融，最终合力将错综复杂的汉末思潮导向不可逆转的汉魏禅代方向。进一步看，经学、谶纬、道教、术数等不同种类知识间的互渗，乃深深植根于并从不同层面巩固了汉代历史发展过程中形成的带有信仰属性的国家神学。然而，随着知识与社会的交迭奔进，不同人群从内部发生总体性思想转变的同时，又不可避免地触发社会思潮转向，引起社会结构的微妙变化（如持续的知识交流促使东汉地域与阶层区隔得到一定程度的突破），作为社会深层秩序的汉代国家神学亦随之逐步走向解体。

第三节　天命史观与汉魏禅代的神学逻辑

一个在中国文化、制度等诸多方面都颇具开创之功，且成功维系四百余年之久的统一帝国，最终却以"禅让"的形式结束自己的生命，实现了政权的稳定交接与更替，如此令人称奇的历史过渡，诚可谓一道独步千古的文化—政治奇观。"汉魏禅代"何以成为可能？东汉坍塌、汉帝国秩序解体的原因何在？长期以来，众多学人从政治演进、经济崩溃、制度递嬗、军事竞逐等角度进行了颇为扎实的研究。"禅让"乃刚性的实力较量之结果，在相当长的一段时期里成为学界的稳固共识。①

---

①　相较于以上主流视角和观点，近二十年来，姜生特别注意发掘宗教在汉魏禅代过程中的隐性作用，从信仰角度探求促成汉魏禅代的深层要素，得出了与其他诸说不同的结论，值得重视。此方面的重要研究参见氏撰《原始道教之兴起与两汉社会秩序》（《中国社会科学》2000 年第 6 期）及《曹操与原始道教》（《历史研究》2011 年第 1 期）。

　　然而，复杂事象之后往往隐伏着人们"日用而不知"的基本逻辑。汉魏政权更迭，缘何一定借助禅让的形式来具体呈现？要回答这个问题，须首先确定"禅让"的实质到底为何。根据史书记载，作为一种史观的上古禅让传说，开始真正为最高权力所有者接纳，由此引发社会、政治影响之实例，应初现于汉成帝之时。《汉书·李寻传》载，成帝时有一民间道人甘忠可，借天帝使者"真人赤精子"之口吻，宣言"汉家逢天地之大终，当更受命于天，天帝使真人赤精子，下教我此道"，助力人间天子解除天地大终之灾，福佑生民。这样的言论深受灾异学说影响，折射出自然灾害频发的社会现实。同时，如此言论的兴起，亦当为彼时社会心态的一种表达，所以传播迅疾，信从者更在少数，以至于通过解光、郭昌、李寻等士人牵线，同为民间道人的甘忠可之弟子夏贺良，竟得面呈哀帝。从陈述内容看，夏贺良之目的与甘忠可所言一致，即为中衰之"汉家"解灾度厄，以使其续命再兴，而哀帝亦信行之，遂改元易号以自新。[①] 这里应特别注意甘忠可言论中神秘却"真实"的一面："更受命于天"意味着"汉家"有"命"，如此才可能合理生发出"更命"之说，并为民众、朝臣及皇帝本人所接受。

　　历史地看，东汉二百年间，汉家有命自天的观念，确实在谶纬神学的帮扶下广泛深入人心，甚至固化为整个时代的常识乃至信仰。进言之，"更受命"之说，包括前揭辅命、佐命、扶命、受命诸说，亦与时人提及的"神器有命"之论[②] 颇为契合。验诸文献与历史，"神器有命"的

---

① 《汉书》卷七五，第3192页，卷一一《哀帝纪》，第340页。

② 前揭地皇元年郅恽上书王莽言："汉历久长，孔为赤制……神器有命，不可虚获。……刘氏享天永命，陛下顺节盛衰，取之以天，还之以天，可谓知命矣。"班彪《王命论》亦言："世俗见高祖兴于布衣，不达其故，以为适遭暴乱，得奋其剑，游士之士比天下于逐鹿，幸捷而得之，不知神器有命，不可以智力求也。"（《汉书》卷一〇〇上《叙传上》，第4208~4209页）

核心内涵可以概括为，对于统驭天下的权柄，人们一方面服膺和信从于统治者的神道教化之论，将其视为上天授命、不可以智力求的"神器"；另一方面却又对这束笼罩禹域的神圣之光加以限定和相对化处理，①认为其必然存在命定的时限。神圣却非永恒，命定却存在命数，两端之间的巨大弹性和解释空间的开放性，构成朝野话语与实践的操作空间，并多在政权鼎革、王朝更替之际展现出巨大的引导力和影响力。通过前揭诸章讨论可以发现，此种"神器有命"的"默会知识"，正可谓塑造汉帝国神圣性格的奇方秘术，然其不可验证、故难独享独断的神秘属性，亦将汉家导入宿命般的终局。无论是"三百五十年之厄"，抑或"四百年之难"，如同测命一般的"预言"在与时人心态、社会形势循环往复的互动进程中，不断得以强化；继之，在试图"求证"的社会心理刺激下，由"附会"而"凝固"，并终于在各方势力竞逐之后，以汉魏禅让的形式得到"确证"和"落实"。此亦颇类史籍所载儒士僧道（如矫慎、郑玄、王远）自言死日而后应验的个体生命之"神秘叙事"，其背后的合理依据皆在于一种或可称之为"自证预言"（self-fulfilling prophecy）的社会心理学效应。总之，按照时人的论说，"汉家"当系拥有神圣性命的政治体，故可更其命，此为理解"汉魏禅让"实质的第一步。

在此基础上，让我们仔细分析汉帝禅位诏书这一历史文本（总计四次诏书，下为其一）。《魏书·文帝纪》注引《献帝传》曰：

> 咨尔魏王，夫命运否泰，依德升降，三代卜年，著于《春秋》，

---

① 需注意，相关铭文显示，春秋时期天命已被赋予变动不居的非恒定属性。罗新慧在最近的一项研究中指出："曾侯说楚人危如累卵之时，幸赖曾侯出手，转危为安，'楚命是静'，楚国的天命得以稳定。因而，天命是变化不居的，可以由安定转向动荡，又可以化险为夷，起死回生，天命的变化与政权的稳定程度、国运的盛衰联系在一起。"（罗新慧：《春秋时期天命观念的演变》，《中国社会科学》2020 年第 12 期）相关讨论亦见小南一郎《中国古代天命与青铜器》（第 238~258 页）。

是以天命不于常，帝王不一姓，由来尚矣。汉道陵迟，为日已久，安、顺已降，世失其序，冲、质短祚，三世无嗣，皇纲肇亏，帝典颓沮。暨于朕躬，天降之灾，遭无妄厄运之会，值炎精幽昧之期。……当斯之时，尺土非复汉有，一夫岂复朕民？幸赖武王德膺符运，奋扬神武，芟夷凶暴，清定区夏，保乂皇家。今王缵承前绪，至德光昭，御衡不迷，布德优远；声教被四海，仁风扇鬼区，是以四方效珍，人神响应，天之历数实在尔躬。昔虞舜有大功二十，而放勋禅以天下；大禹有疏导之绩，而重华禅以帝位。汉承尧运，有传圣之义，加顺灵祇，绍天明命，厘降二女，以嫔于魏。使使持节行御史大夫事太常音，奉皇帝玺绶，王其永君万国，敬御天威，允执其中，天禄永终，敬之哉！[1]

对于这一历史文本，史家当然有理由怀疑其真实性（包括多大程度上为献帝之真实想法，甚至是否出于献帝本人等）。然而，即便该诏书仅仅是强权的"遮羞布"，毕竟也说明时人对此存有刚性需求。更何况，出于"正""反""中立"方的大量言论，亦与诏书的核心思想具有一致的指向性，是即诏书中一再强调的"禅让"乃天命所向，汉家火德殆尽，历数将终，"传圣"乃禀受天意，因而合理合法，也是不得不做出的选择。适如魏《公卿将军上尊号奏》（又名《百官劝进表》《劝进碑》《上尊号奏》，图22）所总结，天命乃各方的一致出发点："汉帝奉天命以固禅，群臣因天命以固请，陛下违天命以固辞。"

这些"有意"或"无心"的史料无不反映出，"汉魏禅让"的核心实乃"天命"的移交，亦即帝国之"命"的被剥夺。我们知道，"破"的

---

① 《三国志》卷二，第67页。

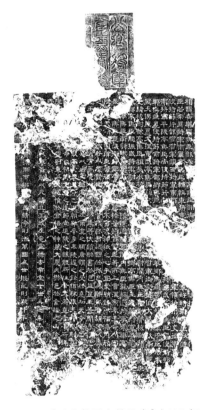

图 22　《公卿将军上尊号奏》（220 年
刊刻）民国拓本

行为必须以"立"为前提方才得以成立，这意味着，"汉魏禅代"成为
可能的一个关键前提，即"汉家"犹如生命体一般有"命"可夺。换言
之，汉帝国政权合法性牢固绑定于"天命"的观念必须深入人心，为人
所普遍接受、信从，最终才有可能从内部发生转折，继而促使各方势力
不得不遵从"惟德是辅""更命有德"的游戏规则，以禅让的形式实现
政权的和平交接，保证新旧秩序的稳定转换。在命定有期的逻辑下，我
们才能够真切理解"灭"、"终"以及"更受命"等修辞言论背后的丰富
内涵。

　　基于以上历史与逻辑的结合，我们认为，只有从宗教（神学）角度切进当时的政治文化氛围、社会大众心理、时代思想暗流等内部结构，对汉家之"命"凭什么得以建立，又为何最终面临"更替""转换"的过程——亦即由"立命"而"更命"的过程——进行系统梳理与深度描述，才可能真正回答东汉秩序的解体问题，也才能够真正理解"汉魏禅代"的实质为何。

　　追踪到汉魏禅让的逻辑原点，我们可循此检视汉代天命何以确立，又有着怎样的特质。最终，"汉家"成为该问题链中的重要突破口。考察可知，"汉家""公"属性之确立乃通过信仰（神学）途径得以达成。这是因为，要想在"家"这一本质为"私"的树干上嫁接异质枝条，使其结出内核为"公"的果实，在当时的普遍认知水平及文化生态约束下，唯一可行的道路，似乎就是超越人们对于小"家"的既有经验，在"家"的外壳中注入本质为世俗经验之对立面因而必然具有"公"属性的"神性"内容。要言之，"汉家"的神学属性即是赋予其"公"属性的核心要素：因为神学的信仰本质，势必强制要求个人经验之转换、提升以及无条件的归附式认同，所以神学属性的注入无疑是确立全新的以"无家"为基底并且兼具"公"属性的"家"之形式的最简单、最彻底的方式，尽管此种方式在今天看来倍显荒诞而难以接受。于是，在这样的思想与历史发展脉络中，一整套超越万千"私家"，却极易为人理解、认可、归服的"天下一家"神学话语，被逐步构建完成。适时，谶纬以其穿凿、附益经书的表现形式，光怪恢奇的内容摄取，成为担此要务的最佳选择。

　　在阴阳灾异学说业已隆盛的成、哀时期，凭恃谶纬之神秘信仰形态与自由经注体例，通过对汉帝国建国神话的大肆宣扬与全新阐释，方士化的儒生圆满完成了"汉家"神化的第一步。此后，"汉家"之"命"牢固系之于"天"，作为"赤帝子"的刘邦，终得摆脱世俗的"私家"身份、跻身神系，名副其实地成为天命所往的"汉家"之主。验诸史籍，刘邦以布衣之身而为天子的原因，非仅其自封神圣，①甚至西汉史学家褚少孙亦难逃世俗之不可解桎梏，经周详考察后，不无悻悻地归之于"天命"，论之曰："天命难言，非圣人莫能见。舜、禹、契、后稷皆黄帝子孙也。黄帝策天命而治天下，德泽深后世，故其子孙皆复立为天子，是天之报有德也。人不知，以为泛从布衣匹夫起耳。夫布衣匹夫安能无故而起王天下乎？其有天命然。"②

　　建国神话后的最重要一步，是"汉家"圣谱之编制。如前所证，谶纬神学对汉家"尧后火德"说的反复论证与确立（即融宗法圣统与天道圣统为一体的"汉家"神统之铸立），③终于为"汉家"填绘出神圣的绍承谱系，"汉家"的神性由此获得进一步保障。建国神话与神圣谱系之后的关键问题，则在于如何"绝地天通"，建立起一套人事与"天命"的有效"沟通"机制，由此进一步加固"汉家"既有之神性。在浓厚的灾异学说氛围中生成的因应之道，乃是对系统完善于董仲舒之手的"天人感应"学说的转接及进一步谶纬化。④通过以上步骤及途径，谶纬神学最终完成了尾形勇所谓建基于"家"却以"无家"为基础的"汉家"神

---

① 《史记》载高祖讨伐黥布时，为流矢所中，病甚，吕后迎良医诊治而高祖嫚骂之曰："吾以布衣提三尺剑取天下，此非天命乎？命乃在天，虽扁鹊何益！"（《史记》卷八《高祖本纪》，第391页）

② 《史记》卷一三《三代世表》，第505~506页。司马迁亦叹谓："此乃传之所谓大圣乎？岂非天哉，岂非天哉！非大圣孰能当此受命而帝者乎？"（《史记》卷一六《秦楚之际月表》，第760页）

③ 有关宗法圣统与天道圣统的讨论参见徐兴无《论谶纬文献中的天道圣统》，氏著《谶纬文献与汉代文化构建》，第149~217页。

④ 有关董仲舒至谶纬学说发展历程的学术史梳理及讨论，参见陈侃理《儒学、数术与政治——灾异的政治文化史》，北京大学出版社，2015，第102、163页。

学构建，从而以非理性的灌注神学内涵至"天下一家"政体的方式，一定程度上实现了先秦时期颇富理性色彩的"天下为公"构设。

综之，谶纬兴起时亦是"汉家"一词使用频度大增，且被赋予神学内涵之时。可以说，正是谶纬的注入才使得"汉家"的神学属性骤然加强。在不断超越基于个人体验的世俗经验，因而更加趋近普世意义的过程中，"汉家"体魄中得以孕育"公"的灵魂——天命。通过灾祥征兆体系这个对接口，"天子"被天命选中代表万民对天（天帝）负责，同时这一体系中的所有个体，作为"天下一家"的成员，亦有各自的专任角色。因为人间帝王与天命锁定的紧密关系，以及由此所致的国家的"公天下"属性，预测、推演天命成为关系国运盛衰的"天机"，国家为此设立专门的机构与官职，同时民间始终不乏擅窥天命、伺机而起者，所以灾异、符命、图谶、星相之学长盛。太平嘉瑞证其天命所归，灾变异象警示天命转移，如是天人感应之术，不一而足。[①] 庞大的"汉家"正是凭借这些神圣的信仰与知识，才得以笼制万民而有效运转。基于以上讨论可进一步判断，颇具信仰属性的"汉家"空间的形成，实际上意味着一个与"天命"紧密联系，故此溢出一般物质意义之国家概念的神圣国家范型的铸成。于是当可理解，"汉家"之"命"虽神圣，却能够依凭谶纬予以一定程度的推演、预测，这恰是两汉之际"篡汉"与"复汉"先后上演，同时也是"汉魏禅代"得以实现的逻辑起点。

如上所述，"汉家"神化的完成，意味着皇帝、朝臣、百姓在神圣的"天下一家"中各有其责任与义务，所以"汉家"神学某种程度上即是对董仲舒设计的、客观上具有限制皇权作用的"天人感应"学说的极

---

① 相关讨论可参艾伯华《中国汉代天文学和天文学家的政治功能》，费正清编《中国的思想与制度》（英文本出版于 1957 年），郭晓兵等译，世界知识出版社，2008，第 4~47 页。

致表达，①故也有利于帝国的结构稳定。然而，特殊历史环境造就的汉代政治神学系统并非无懈可击，甚至天然的结构性缺陷早在其设计之初即已伏埋：在建基于天，且以自然现象为征兆及天人沟通渠道，借此塑造其合法性来源的"汉家"神学结构中，当因"天道无常"而不可避免地遭遇自然灾害，或适逢别有所图之人参破"天机"，制造、宣传"异象"引发社会人心动荡之时，作为"责任终端"的人间帝王将随之面临考责，而在"看天行事"的禹域内亦难免卷起颇难"解除"的神学旋风。

　　与此同时，因以早期中国之"禅让"神话及"公天下"政治为镜鉴或诉求，加之五德终始说渗入，"受命"的神学结构理论上亦自带"禅让""更命"之要素。可见，以谶纬为论证系统、以灾异为对接通道、以"天命"为最终指向的"汉家"公属性之构建和保障方式，本身就是一把"双刃剑"："不为尧存，不为桀亡"的"天命"，一方面无可置疑地具有普世的"公"属性，另一方面则极易被推导至人皆可有、可握的境地。由于这种双面性，如史籍记载所示，几乎在"汉家"神学完成的成、哀之时，"更命"之声即已唱响。

　　由此观之，"灾异"的确是关系到"汉家"神学能否正向运转的关键。很不凑巧的是，两汉之际及东汉中后期适逢自然灾害频发，据毕汉思统计，从汉高祖至光武帝，史书所见灾异次数记录最多的正是成帝、哀帝时期。亲身经历这一历史时期的经学家刘向亦慨叹："（元帝）初元以来六年矣，案《春秋》六年之中，灾异未有稠如今者也"，"自（成帝）

---

① 重泽俊郎指出，从董仲舒到谶纬学说，灾异论发生了"预言性转向"，从抑制君权的"宪法"性质变得带有预测未来的迷信色彩。陈侃理提出："预言式的解说与数术占验或曰'咒术性'内容，本就存在于儒家灾异论的传统之中，只不过谶纬中成系统的数术内容是此前儒家著述所没有的。"黄晓军则对董仲舒纳道、墨、法、阴阳家等各种思想以成融天道、王权、礼法为一体之王道政治哲学进行了专门讨论（重沢俊郎『周漢思想研究』弘文堂書房、1943、198页；陈侃理：《儒学、数术与政治——灾异的政治文化史》，第169页；黄晓军：《董仲舒天人架构王道政治哲学新解》，《人文杂志》2014年第3期）。

建始以来，二十岁间而八食，率二岁六月而一发，古今罕有"。[①]最终，两汉之际爆发了因灾异而起的"汉家"神学危机，这次危机通过王莽禅汉、复经"汉家"中兴而暂得解除。可是问题的根源并未被真正找到并予以切除。面对东汉频繁的灾异，即便帝王不断下达"罪己诏书"，也无力拯救兆民于惶惑，稳定社会人心于即倾。于是，"汉家"的合法性再次遭受"上天"的严厉考验。

神学泡沫的鼓吹一方面保障"汉家"拥有了超越小"家"的"公"属性，另一方面却天然地留下了如何稳定认证天命所属的致命缺陷（因为"公"属性本不具备排他性）。西汉中后期的危机，通过"德人"王莽而得以"禳除"，"汉家"因之"再受命"并渐获"中兴"；东汉中后期连续的自然灾害却最终促成"汉魏禅让"实现，"汉家"秩序由此解体。

具体地说，促成"汉魏禅让"实现的思想伏流有三：谶纬神学、原始道教与五德终始说。三股思潮得以有效发挥作用的共同前提，即"汉家"神学的完成：当"汉家"之"命"通过谶纬神学与天紧密关联到一起，使之成为非系某家某姓独有的"公共话语"，有心之人便有可能顺藤摸瓜，摘取或转移汉家之"天命"。实际上，汉家之所以难逃此劫，正在于三股思潮中都一致沉潜着"代汉"的明确主旨，并呈现出众流汇聚之势，由此推纵人们逐步走向"黄家代汉"之路。适如姜生考察指出："这实在是当时社会和文化发展的一个无法改变的趋势，一种多元交织的宿命。"[②]

在各种暗涌的代汉思潮中，五德终始说以及从开始即与其紧密纠缠

---

① 《汉书》卷三六《楚元王传》，第 1942、1963 页。

② 姜生：《曹操与原始道教》，《历史研究》2011 年第 1 期，第 21 页。

的谶纬神学，当是更具底色特性的知识内容。从邹衍创善阴阳五行学说至刘向、歆父子及董仲舒五德终始学说的初步建立，此种系统的神学—宇宙学说便深刻影响着汉代政治的各个方面，"德运"之争更是多次成为政治波动的要因。[①] 涓涓潜流不断汇聚亦可掀起滔天巨浪。当我们再次审读曾经位为太史丞、黄初中为太史令的许芝所详细条奏、注解的盛行于当时且已被应验的诸多"黄家当兴"、曹魏代汉之谶时，[②] 便不得不为这足以颠覆汉帝国巨轮的思想骇浪而叹服。

　　另外是汉末新融入，却具有更大能量的原始道教神学，以及与之紧密相关的"终末"论说。汉末比较系统的"终末"论说集中反映在原始道教经典《太平经》的"承负论"中。"承负论"乃上承"积善之家必有余庆，积不善之家必有余殃"等古典时代的善恶报应思想，[③] 并综合早期道教教义形成的系统解释个人之善恶报应，以及社会、自然、宇宙中灾异之生成与解除的独特理论。在解释人间灾异缘起时，"承负论"即显示出此前报应思想所不具备的"终末"要素。《太平经·解承负诀》载："承负者，天有三部，帝王三万岁相流，臣承负三千岁，民三百岁。皆承负相及，一伏一起，随人政衰盛不绝。……今天地阴阳，内独尽失其所，故病害万物。帝王其治不和，水旱无常，盗贼数起，反更急其刑罚，或增之重益纷纷，连结不解，民皆上呼天，县官治乖乱，失节无常，万物失伤，上感动苍天，三光勃乱多变，列星乱行；故与至道可以救之者也。"[④]

　　应当说，对"汉家"予以致"命"一击的，正是原始道教的"终

---

① 详细讨论参见杨权《新五德理论与两汉政治——"尧后火德"说考论》。

② 《三国志》卷二《文帝纪》注引《献帝传》，第63~64页。

③ 杨联陞：《报——中国社会关系的一个基础》，段昌国译，氏著《中国文化中"报""保""包"之意义》，贵州人民出版社，2009。

④ 王明：《太平经合校》卷一八至卷三四《乙部》，第22~23页。

末"论说及其逐步走向实践的"代汉"神学。这方面，我们只需看看时人对"天命改易"的绝望之心便甚明了。例如汉末党人领袖郭泰即以"夜观乾象，昼察人事，天下所废，不可支也"为由，表达不愿做官的无奈；目睹衰世已至的经学博士延笃亦不禁发出"夫道之将废，所谓命也"的感叹。甚至"自桓、灵之间……自中智以下，靡不审其崩离"。认为天之将废者，还包括自言远离朝政、不与世事的隐逸之士。如徐稚在预言天命去留时亦不讳言："大树将颠，非一绳所维，何为栖栖，不遑宁处？"具有更大能力与冲击力的，乃是那些手握"汉家"命脉的人们，即研习谶纬、参透天机、勘破"汉家"神学破绽的人群。不幸的是，他们的结论依旧如此："桓、灵之间，诸明图纬者，皆言'汉行气尽，黄家当兴'。"

正是在此种知识、术数、宗教相互交织的氛围之笼罩下，风起云涌的"代汉"思潮震荡着人们的精神世界，冲击着时人对"汉家"天命的信赖感。加之朝政腐坏、天灾持续，以及宗教理想始终不得伸张的失望，大型教团黄巾太平道终于脱离其最初设定的"辅汉"思想轨道与行动逻辑，继之将其强烈的救世愿望化作实际行动，走上了另寻应天受命之真人的道路。借此，黄巾亦深刻影响汉魏之际的历史变迁，成为推动"汉魏禅让"达成的不可忽视的重要力量。

在对汉魏禅代之思想—历史过程予以贯通梳理后，让我们再度体味汉代正史、诸子、谶纬、经学、宗教等各类典籍所述汉人之种种言行，可以发现，其表里内外实际上蕴涵着两个层面的汉帝国：第一层面的汉帝国是世俗层面的、物质性的汉帝国，它由当时的朝堂政治及日常秩序等构成；另一层面的汉帝国是神学层面的、精神性的汉帝国，它存在于灾异、谶纬、经学、道教所共同形塑的时人之想象和理念中。尽管神学的、精神性的汉帝国一般情况下都依附于世俗的、物质性的汉帝国而存在——因此一定意义上可谓不易为人觉察的帝国幻象——然而它也有着相对独立的生命形态，并在一定程度上具备超越物质载体的生命力与影响力。这种生命力和影响力，在物质层面的汉帝国趋于崩解及至崩解后的很长一段时期里，得以特别显露出来。

随着东汉政权渐趋崩塌，东部的太平道举起"善道""大贤良师""辅汉"之旗号，发起了全国性的"致太平"祈愿运动；西部的五斗米道则建立起宗教乌托邦，开启大规模仿拟汉制，以及复制汉家礼仪、法度、组织架构的"师汉"实践。此外，士人群体也以"澄清天下""致治太平"相号召，发起了对抗昏聩浊流的抵抗运动；隐逸群体亦加入"代汉"之列，推毂赤汉到黄德的汉末思潮转向。在汉末浩浩荡荡的抵抗运动中，尤其是在太平道"辅汉"与五斗米道"师汉"的种种实践，以及中古时期借着汉家国姓刘氏与佐汉姓氏张氏、李氏屡次发动的起义里，理念层面或曰精神性的汉帝国便显示出它并未消散的神圣性与号召力：脱胎于汉帝国文化土壤的原始道教，其"辅汉""师汉"的动机，正是以宗教的"保守"特质和独特方式，在物质性的汉帝国趋于形散之时，将有关神圣帝国的种种记忆予以永久储存，并以程式化的"空洞"仪式，使其时时再现于尘世生活中；托姓刘、李、张氏的权力争夺，借助的也正是尚未消失的精神性汉帝国的影响力，以此笼络人心。与"汉家"紧密相关的刘、李、张氏依旧具有号召力，则说明中古时期的人们某种程度上仍然生活在神圣汉帝国的"阴影"之下。

发现和揭示汉帝国之双重生命，对于我们更清晰地把握汉魏禅代的实质及深层逻辑，具有重要意义。简单地说，汉帝国的物质遗产（世俗的物质生命），当然可以通过魏承汉制的方式得到继承，这是比较容易观察和理解到的层面。可是如何承绍汉帝国的精神遗产（神圣的精神生命），关键是如何让天下人察见和接受这一神圣性的圆满承接，一般的方式却并不足以应对解决。当然其间隐奥也并非理性逻辑可以疏释，而这正是汉魏禅代的实质所在。我们知道，汉魏禅代的过程，是由一系列的策勋、劝进、禅让文书及仪式行为所构成，[①] 那么毫无疑问，汉魏禅代可以视为一场浩大的政治仪式。然而，如果我们简单将其判定为一场盛大的政治作秀或者虚伪的集体表演，那就无异于以狭隘的史观和虚无的态度，瓦解了问题的存在意义，由此也丧失了揭示汉魏禅代深层逻辑及汉帝国神圣性格的机会。

的确，汉魏禅代正是一场由儒生、方士、皇帝共同导演与参演的隆重仪式，而如此大费周章地践行这场仪式，目的正在于解决如何接续汉帝国的精神生命，以及对新政权来说至关重要的承接天命的合法性问题。由此出发，我们方可理解，在完全拥有足够实力保证成功鼎移汉家政权的情况下，曹丕为何还要如此小心谨慎、亦步亦趋地走完各道程序，完成禅让的所有环节。要言之，禅让仪式并非虚伪的政治作秀或者无足挂齿的"权力遮羞布"，相反，它恰恰是针对极易引起社会质疑、导致民心动荡的转移汉帝国神圣天命的难题，所给出的极其严肃的解决方案。以宗教性的仪式行为应对具有宗教性格的汉家精神生命的接续问题，此即汉魏禅代背后的合理逻辑。可以说，正是在汉魏之际的特殊时节，我们才能够恰巧捕捉到汉帝国物质（世俗）层面与精神（神圣）层面的双重生命，并在这样的视角下重新审视那些往往被视为妖妄不经抑

① 《三国志·魏书·文帝纪》裴松之注引《献帝传》详细记载了禅让的流程：延康元年（220）十一月，魏臣属始以符谶劝进魏王丕，辞不受；同月十三日，献帝第一次发布禅位诏书，使御史大夫持节奉玺绶于魏王，群臣劝进，诏书公布天下，魏王再辞不受；二十日，献帝第二次发布禅位诏书，群臣劝进，魏王三辞不受；二十五日，献帝第三次发布禅位诏书，九卿劝进，魏王四辞不受，九卿再次劝进，初示接受；二十八日，献帝第四次发布禅位诏书，尚书令等奏言，魏王令可，而后正式登坛受禅。详细记载请参《三国志》卷二《文帝纪》，第62~76页。对此问题的梳理和讨论请参徐冲《观书辨音：历史书写与魏晋精英的政治文化》，第65~69页。

或仅作修饰之用的言行，重新体认、检视生发如此言行的文化氛围。唯其如此，我们才能够真正理解禅让仪式的本质，探明汉魏禅代的深层逻辑，揭示汉帝国的神圣性格。

至此，通过对"汉家"天命建立及崩解过程的系统梳理与深度解析，关于古今价值隔膜的问题我们终于可以有一个更加深切的理解。今天的研究者确乎不应对照当下的价值与审美，随意怀疑古籍中看似"迷信"的记载，更不应鄙弃古人看似怪诞的行为逻辑。当我们摘下世俗与自感优越的理性审判眼镜，卸掉自觉不自觉的"揭秘"心态，代之以更加契合古人真实思想的"天命史观"，[①] 史籍中人们的所言所行便会映现出更接近当时文化和信仰氛围的原生环境。对于动辄天之所佑、天之所弃的人们来说，天命绝非可有可无的政治修辞或"权力遮羞布"。问题只在于我们能否凿进，以及多大程度地凿进那个信仰坚实的时代"土层"，从而没有滞碍地展开一场场激荡人心的"心灵考古"，[②] 在此过程中用心聆听、感受"多向度的人"所发出的时代低音，由此真正理解彼时人们的所思所行。

---

① 雷家骥曾从汉代史学发展的角度揭橥"天意史观"历史哲学的展开过程，以及马、班"新史学"对此之接受与超越，同时还论及三国的正统问题与天意解释，巴蜀学派的"天意史观"及其与蜀汉政权兴亡之关系，等等。相关论说颇具启发意义，读者或合而参之。详见雷家骥《中国古代史学观念史》，第 94~137、261~293 页。

② 此处借用了乔治·弗兰克尔的提法（乔治·弗兰克尔：《心灵考古——潜意识的社会史》，褚振飞译，国际文化出版公司，2006），但具体内涵迥然有别。我们是基于对历史学科属性的认识，以及与之相关的对于科学主义的警惕来化用这一概念的。统而言之，在探索宇宙、自然的道路上，科学好似一把万能钥匙，往往能够将各种紧锁奥秘的魔盒顺利打开。尽管如此，在探知、触摸过往历史的心灵旅途中，科学绝非无往不利的神兵利器，甚至反而会成为阻碍我们推进研究、更新相关认识的无形之墙。"后见之明"在带给我们揭秘历史的快感的同时，也让我们逐渐沉浸于"上帝之眼"的幻觉或"倒放电影"式的思维惯式而难以自拔。对于那些行走于历史小径上的"夜行人"，我们自以为是地、清晰地俯瞰着他们，理所当然地质疑、评判他们的所信所从，以科学之名剖析甚至嘲笑他们的愚钝和落后。但是，作为被理性和科学照亮而从未真正"夜行"过的我们，是否明白黑夜的真实感觉？我们真的了解"夜行人"的所思所想、所言所行吗？"子不夜行，则安知道上有夜行人？"这句口耳相传的谚语，如一记重锤，狠狠地敲击着我们沉闷乏味且日渐封闭的心灵与智识；或许我们曾无数次靠近"夜行"的人们，却从未真正走进他们的心灵世界。

第四节　天崩道裂：绝对价值陨落与多重权威崛起

在序章中，我们曾在学术史的意义上概论汉末的独特性与重要性。经过汉家→王汉→师汉→辅汉→代汉→忆汉的不间断追寻，汉末的时代性征可谓具体而鲜明地呈现在我们面前。要言之，作为"古代"至"中古"的过渡阶段，汉末的意义正在于终结旧秩序、开启新纪元。于是，绝对价值的陨落与多重权威的崛起，便成为贯穿汉末、直指中古的历史基调。

绝对价值陨落最重要的表征即天命信仰的崩塌，映射到人间则系天子神性的"祛魅"与皇帝权威的衰落。如前所证，在汉魏禅代的历史演进过程中，天命信仰绝非徒有其表的外在包装，更不是权力的遮羞布。从"赤制"到"黄德"的天命递嬗，从党锢到黄巾的天命追从，从袁绍到曹操的天命竞夺，汉末思潮与宗教—政治运动的发展、变迁，无不证明天命在汉魏鼎革中乃是具有强烈制约性的信仰力量。否则手握半壁江山的曹操也不至于苦心"守护"汉家政权、"辅翼"献帝二十余载，而不敢轻易宣称禅代。

无论是"挟天子以令诸侯"还是"奉天子以令不臣"，曹操没有称帝总归是事实，而其"若天命在吾，吾为周文王"的心声，似也吐露出天命正是致使他如此大费周折的真正原因。[1]曹操极富智慧地窥视着汉末的社会人心，探查着汉魏之际的历史演进洪流，严格遵循着根深蒂固的谶纬、

---

① 案，《三国志》卷一《武帝纪》注引《魏武故事》记载曹操的心迹自陈："设使国家无有孤，不知当几人称帝，几人称王。或者人见孤强盛，又性不信天命之事，恐私心相评，言有不逊之志，妄相忖度，每用耿耿。"（第33页）"不信"之言恐为文饰。而"曹公尚在"背后所代表的曹操的言行及价值宣称，确实在客观上有效缓解了汉末群雄逐鹿、汉家崩解的趋势。

符命与天命构建逻辑，小心翼翼地经营着汉末的天命转移与"魏氏圣化大业"，[①] 始终没有跨越代汉称帝的禁区，方才为汉魏禅代廓清了不必要的口实或非议，奠定了"上顺天命，下应人心"的合法性基础。[②] 而蜀汉的汉家旗号与正统性构建，亦皆基于承绍"汉家"天命的思想认识与行动策略。[③] 总之，汉魏之际的思想、历史演变，显示出天命信仰的确是促成汉魏禅代发生，并且规约此期社会、历史变迁方向的不可忽视的重要力量。

　　然而，当一种仪式的神圣内涵不再为人关注，而其形式反被人们争相效仿之时，即是其庸俗化的开始。汉魏禅代过程中的脆弱信仰维系，在面对汉末群雄竞逐天命的汹汹之势以及接受成王败寇史观之检核时，愈加苍白无力。于是，汉魏禅代很快成为窥破"天机"且在政治上别有用心者的效颦对象，此时的政治及文明神话泡沫势必一触即破。果不其然，在短短几十年的时间里，人们口中念兹在兹的"汉魏故事"便迅速沦落为"掩盖血腥的包装"，天命信仰亦随之崩塌。这种天命信仰厚薄有无的反差，在西晋代魏与曹魏代汉的对比中，尤显强烈。

　　华喆通过对高贵乡公曹髦太学问《尚书》之事及其悲剧命运的研究指出："高贵乡公太学问《尚书》这一事件，看似曹髦站在郑学立场上批评王学，其实是借郑、王异义来质疑司马氏的统治资格。曹髦问《尚书》的背后，是在强调天命在曹魏而不在司马，以此来对抗司马氏的政治压力。"在此基础上，华喆进一步论及天命理想在魏晋的终结："西晋代魏与曹魏代汉，看似都采用了禅让的形式，但二者在过程上，有着很大的反差。……曹丕受禅，是对尧舜禅让的再现。……反观司马氏，司马昭父

---

①　姜生：《曹操与原始道教》，《历史研究》2011 年第 1 期。

②　天命、人心之于禅让合法性构造的重要作用，在孙策之讨袁檄文中亦有精准表达："天下神器，不可虚干，必须天赞与人力也。"见《三国志》卷四六《孙破虏讨逆传》，第 1106 页。

③　相关讨论可参饶胜文《大汉帝国在巴蜀：蜀汉天命的振扬与沉坠》，新世界出版社，2013。

子表面上也在依从所谓的'汉魏故事'，其实却是禅让这场政治游戏规则的破坏者。他们拥立了傀儡皇帝高贵乡公，却因为自己的步步紧逼而造成了高贵乡公死于成济之手，这无疑把所谓皇权的一切伪装都完全撕破，让所有人都理解了'禅让'与'天命'不过是掩盖血腥的包装而已。"①

　　华喆的研究，让我们在魏晋禅代所展示出的微弱天命与政治强权对抗赛中得以反观并再次验证汉魏禅代的独特性。汉魏禅代开创性地实践了传说中的理想政治交接模式，以让渡天命的形式完成了政权之更嬗、神器之交接。从清议、党祸、黄巾之乱的相继兴起至汉魏禅让的最终完成，几十年的天命论证与民心引导，②方才将时代思潮与政治变迁的焦点聚拢到禅代的合法性之上。然而，此一模式甫一诞生便已走到尽头，人们对天命的真诚敬畏自此以后似再未达到如此高度。因为，对"享天永命"之"汉家"的强力解构，势必引发天命信仰危机。在激烈的天命竞夺战中，天命论证的方式、渠道日趋冗杂，对其怀疑的声音也越来越大，在袁绍、董卓、曹操的白热化斗争中，天命信仰甚至一度处于摇摇欲坠的境况。③尽管如此，汉魏禅代毕竟还是在天命信仰的规范下，颤颤巍巍地完成了这一绝无仅有的政治神学演出。

　　汉末的士人、隐逸及宗教团体，通过酝酿社会思潮与发起政治、宗

---

① 以上讨论俱参华喆《高贵乡公太学问〈尚书〉事探微——兼论"天命"理想在魏晋的终结》，《中国史研究》2018 年第 2 期。

② 清人赵翼曾从政治运作的角度对比魏晋禅代的不同，最后论之："然操起兵于汉祚垂绝之后，力征经营，延汉者二十余年，然后代之。司马氏当魏室未衰，乘机窃权，废一帝，弑一帝，而夺其位，比之于操，其功罪不可同日语矣。"（赵翼撰，王树民校证《廿二史札记校证》卷七"魏晋禅代不同"，第 148 页）

③ 《三国志》曾记载袁绍多次通过展示所得玉印，暗示自己乃天命所属，以此展开合法性竞逐，向"天下群英"攻心、施压。文曰："（袁）绍又尝得一玉印，于太祖坐中举向其肘，太祖由是笑而恶焉。"裴注引《魏书》："太祖大笑曰：'吾不听汝也。'绍复使人说太祖曰：'今袁公势盛兵强，二子已长，天下群英，孰逾于此？'太祖不应。由是益不直绍，图诛灭之。"（《三国志》卷一《武帝纪》，第 8 页）

教运动的方式，揭出民众的普遍生存、信仰焦虑，表达了深藏于汉代社会底部的"太平"诉求。当其完成"师汉"、"辅汉"至"代汉"的思想及路径转换，继而大举宣扬"汉家"天命衰尽，走上力寻膺天真君的实践之路，以让渡天命为政权更替模式的汉魏禅代亦终于得以实现。循此言之，"汉魏禅代"的展开实际上还是一场从"天不变，道亦不变"至"天崩道裂"的深层次转折——它不仅意味着持续了四百余年的古代帝国秩序以及作为生民归命之所的"汉家"走向解体，同时也宣告了凝结于该秩序中的价值与信仰之崩塌。于是，人们不得不从帝国幻象中醒来，再次踏上探寻新的理想政治模式及价值寓所的道路。是亦为对应于天命信仰崩塌、作为人间理想之绝对价值陨落的重要一端。与此紧密相关的还有"终末论"的兴起，因其衍生出的灾异—救世神学，也同样构成对旧世界、旧秩序的强力否定。

　　在汉魏禅代的思想与舆论争夺过程中，从政治、学术角度对谶纬、"汉家"等颇具信仰属性之绝对价值的非议之音也愈发强烈起来，其中的一个重要表现，即经学领域兴起了针对郑玄援引、笃信谶纬之"为汉制法"倾向的批判之风。郑玄融纬入经、以纬解经的深厚今古文经学素养，使之在汉末群雄竞起的局势下，一定程度上垄断了"汉家"天命的解释权，由此他也成为袁绍等人尽力争取的对象。[①] 出于同样的原因，当时移世易，"汉家"天命已然被政治现实证否，那么在经学领域展开对

---

① 史载袁绍、董卓、何进、献帝皆曾征召郑玄。《后汉书·郑玄传》载："灵帝末，党禁解，大将军何进闻而辟之。州郡以进权戚，不敢违意，遂迫胁玄，不得已而诣之。进为设几杖，礼待甚优。玄不受朝服，而以幅巾见。一宿逃去。"又载："董卓迁都长安，公卿举玄为赵相，道断不至。"又载："时大将军袁绍总兵冀州，遣使要玄，大会宾客，玄最后至，乃延升上坐。身长八尺，饮酒一斛，秀眉明目，容仪温伟。绍客多豪俊，并有才说，见玄儒者，未以通人许之，竞设异端，百家互起。玄依方辩对，咸出问表，皆得所未闻，莫不嗟服。……绍乃举玄茂才，表为左中郎将，皆不就。公车征为大司农，给安车一乘，所过长吏送迎。玄乃以病自乞还家。……时袁绍与曹操相拒于官度，令其子谭遣使逼玄随军。不得已，载病到元城县，疾笃不进，其年六月卒，年七十四。"（《后汉书》卷三五，第 1208、1209、1211 页）

郑玄思想的批判与清理，便自然成为情理之中的事情，这也是王学与郑学之争超越当时政治斗争的更远历史背景。[①] 与此同时，所谓打破禁锢的"怀疑论"思潮与"人的自觉"[②] 也正是在汉魏之际的历史发展过程中逐渐氤氲、展开的，而个人的觉醒则刚好是对西嶋定生所谓皇权统治下"个别人身支配"[③] 的拨正。

　　与纷乱的时势政局相形，汉魏之际的宗教、思想领域也呈现出绝对价值陨落与多重权威并起的局面。思想领域的表现，在于天命走向终结后，玄学逐渐打破经学权威，历史由此进入蔑视传统而以批判、否定思维见长的"玄学时代"。宗教领域则集中表现为，在皇权衰微、"变态"（田余庆语）的大背景下，三教无一独大，而是呈现出相互抗衡的兴衰起伏之势。不同的思想、信仰被不同人群、家族所拥护，并依次形成多重思想与政治权威。中古时期，不同家族的认同选择，往往呈现出不同信仰间的微妙差异，进而也能够反映出士族群体之间思想与利益的纠葛。总之，当士族拥有更多用以增强其群体认同的文化与信仰资源选择时（其中又交错着南北、汉胡之别），政治权力与文化认同间的复杂性自然得以加强。同时，此期政权、政体的多样性，也进一步撕裂着士人群体的精神世界。具体到士人个体，其艰难选择的背后，也往往充斥着信仰世界与现实政治的斗争与妥协。

　　综上所论，"汉家"崩塌及东汉帝国解体后数百年的纷乱相争，既是天命坠落而"天下共逐"的权力重组、皇权重建的过程；也是儒、

---

① 有关郑王之争中所涉政治因素的讨论可参范文澜《中国经学史的演变》，《范文澜全集》第10卷，河北教育出版社，2002。

② 余英时：《汉晋之际士之新自觉与新思潮》，《新亚学报》1959年第1期，后收入氏著《士与中国文化》。

③ 详参西嶋定生《中国古代帝国的形成与结构——二十等爵制研究》。

释、道等多重权威抗衡互斥，由此逐渐融合、重建绝对价值的过程；还是北方胡人政权相继问鼎中原，多元价值及文明碰撞互化的"中华的崩溃与扩大"（川本芳昭语）的过程。因此之故，理解汉、唐两大帝国间的"波谷"（阎步克语），我们的确可以采取诸多不同的视角。对"汉家"宗教性、神圣性的抉发，即是从宗教的视角对"中古"的开端予以探照，顺此而下，或可为多歧的"中古"研究打开一条别样的通道。

神都长安：天子之居与汉代大众信仰

乐莫乐乎长安市，使人寿若西王母。

——《太平经·师策文》

都城乃"天子之居"，^① 其在中国历史上的重要性，学界已从政治、经济、制度、交通、礼仪、文化、军事等诸多角度予以有力揭示，为全面深入认识古代国家内部结构及其统治秩序的建立，提供了可靠基础。不过，仔细检视学术史可发现，以往大多数研究呈现的是理性层面的都城样貌和属性，而鲜少触及其宗教性格。实际上，发掘都城的神圣属性及其对大众信仰的影响，^② 不仅有益于廓清古代国家非理性层面的内涵与

---

① 《公羊传》桓公九年："京师者何？天子之居也。京者何？大也。师者何？众也。天子之居，必以众大之辞言之。"《白虎通·京师》："京师者，何谓也？千里之邑号也。京，大也。师，众也。天子所居，故以大众言之。明什倍诸侯，法日月之经千里。《春秋传》曰：'京师，天子之居也。'《王制》曰：'天子之田方千里。'"《独断》卷上："天子所都曰京师。京，水也，地下之众者莫过于水，地上之众者莫过于人。京，大；师，众。故曰京师也。"（《春秋公羊传注疏》卷五，阮元校刻《十三经注疏》，第 2219 页；陈立：《白虎通疏证》卷四《京师》，第 160 页；蔡邕：《独断》，"汉魏丛书"本，吉林大学出版社，1992，第 181 页）

② 国都的神圣属性可谓其来有自。高崇文在考释清华简"京宗"一词时指出，"京"在周代具有特殊含义，乃特指都邑；"宗"原义为宗庙，殷商时代已常用，周之镐京之所以被称为"宗周"，是因为其地有周王室的宗庙，故兼为周人祖神与王权的所在之地。尹弘兵、吴义斌继而指出，"京"指王所居之宫殿，有政治中心地的含义；"宗"指宗庙，有宗教或祭祀中心地的含义。先秦时代，"都"是建有宗庙的聚居地，或曰三代之"都"乃是政治中心与宗教祭祀中心的复合体。故"京宗"兼指政治中心与祭祀中心，二者合一，即古代之"都"。另外，张光直还率先提出了三代的"圣都"与"俗都"问题（高崇文：《清华简〈楚居〉所载楚早期居地辨析》，《江汉考古》2011 年第 4 期；尹弘兵、吴义斌：《"京宗"地望辨析》，《江汉考古》2013 年第 1 期；张光直：《夏商周三代都制与三代文化异同》，氏著《中国青铜时代》，三联书店，1999）。

属性，而且可以为我们贴近时人心态与情感，提供一条别样的路径。

长安和洛阳在中国古代都城史上占有十分重要的地位。东都洛阳的神圣性早有其古典学依据，西都长安虽较之少了"天下之中"的优势，但其神圣性实不弱于洛阳。① 具体到汉长安，管见所及，与神圣性问题相关的讨论有如下几项。巫鸿在讨论中国古代艺术与建筑中的"纪念碑性"时，曾列有专章钩稽西汉长安在不同时段的建设情况，由此揭示长安"纪念碑性"的变化。② 黄晓芬等考古或都城研究领域的学者多在探讨汉长安城都城规划、空间形态等问题时，从象天法地的角度触及长安的神圣性格。③ 张腾辉以私家的帝王之都与公家的天子之都为线索，梳理了秦汉时期都城的动态演变，其中曾论及武帝时期作为"迎神装置"的长安的空间属性。④ 张雨从"都城美学"与"物态哲学"的视角较为简略地论述了西汉长安的神圣色彩及其神圣性之来源和构成问题。⑤ 王尔在梳理"长安系士人"在东汉初年的一系列活动轨迹时，曾论及长安作为"前汉"功业的象征与凝聚士人、负载天命的功用。⑥

---

① 学界对洛阳神圣性的内涵及来源多有讨论，主要集中在洛阳作为"天下之中"的经学、天文和宗教依据等方面，参见王邦维《"洛州无影"与"天下之中"》，《四川大学学报》2005年第4期；孙英刚《洛阳测影与"洛州无影"——中古知识世界与政治中心观》，《复旦学报》2014年第1期；潘明娟《地中、土中、天下之中概念的演变与认同：基于西周洛邑都城选址实践的考察》，《中国史研究》2021年第1期。

② 巫鸿：《中国古代艺术与建筑中的"纪念碑性"》第三章"纪念碑式城市——长安"，李清泉、郑岩等译，上海人民出版社，2009。

③ 黄晓芬：《论西汉帝都长安的形制规划与都城理念》，《历史地理》第25辑，上海人民出版社，2011，第189~208页。相关讨论亦参刘瑞《汉长安城的朝向、轴线与南郊礼制建筑》，中国社会科学出版社，2011。

④ 张腾辉：《从"帝都"到"天下"——秦汉都城空间形态与空间性质的嬗变》，复旦大学博士学位论文，2012。

⑤ 张雨：《西汉长安的都城美学与物态哲学》，《西南大学学报》2017年第3期。

⑥ 王尔：《"长安系士人"的聚散与东汉建武政治的变迁——从"二〈赋〉"说起》，《中国史研究》2019年第4期。

上举诸论，无论是对都城形制、理念、美学的静态解析，还是对"纪念碑性""空间性质"的动态爬梳，基本可归结为有关汉长安城神圣性建构的讨论。这样的神圣性建构，既是都城规划营建者思想理念的具体呈现，也是统治者主观意志的空间展示。然此般建构是否成功，对社会大众会产生怎样的影响，又能反映怎样的时代关切、社会思潮及精神涌动？不同的长安神圣性内涵在何种情境下得以显现？政治精英与社会大众所理解的"神都长安"是否存在关联互动？此皆有待深入探究。

在本章内容中，我们拟从政治文化、大众信仰与社会记忆三个维度，以汉代正史文献、铜镜铭文、宗教性随葬文书[①]及早期道经为主要资料，系统深入探讨西汉中后期与东汉时期不同社会阶层如何理解和接受长安神圣性的问题。首先，通过考察两汉之际诸政权对长安，尤其是位于其间的汉家宗庙的种种言论与举措，透见时人对其神圣性的心领神会，以此追溯、描绘长安在西汉国家政治生活和政治文化中的神圣地位。其次，我们将探讨在西汉末"行西王母诏筹"民众运动中长安所被赋予的圣地角色，以此展示天子之居对大众信仰的影响。最后，我们从迁都洛阳后东汉随葬文书与早期道经对长安的书写及其信仰内涵出发，进一步检视神都长安对社会记忆与大众信仰的深远影响。

第一节　宗庙与天命：两汉之际长安神圣性的移易

西汉时期，作为国都的长安不仅是朝堂政治活动与都城民众生活展

---

① "宗教性随葬文书"乃借用黄景春提出的概念，主要是指"人们在丧葬活动中制作并置于墓圹的买地券、镇墓文、衣物疏等宗教性文本"（黄景春：《中国宗教性随葬文书研究——以买地券、镇墓文、衣物疏为主》，上海人民出版社，2018，第1页）。

开的世俗空间，亦是天子宗庙及国家祭祀之所在，是天子祭拜诸神的神圣空间。即相较于作为区域政治、经济、文化中心的郡县城邑而言，长安还具有强烈的神圣内涵，并在以君权神授为核心的政权合法性体系中占有重要位置。平常之时，如是内涵往往因习焉不察而隐没不彰，但在神器转移的非常时刻，其神圣内涵，包括对政权合法性的关键作用，便会特别显露出来。由是，两汉之际诸政权围绕长安及位于其间的汉家宗庙的种种言论与举措，便成为我们窥探长安神圣属性的重要窗口。

我们先从王莽谈起。王莽对待长安的复杂心态，在其篡汉的不同阶段有不同呈现。王莽最初以"安汉公"自居，希望为汉家解除"三七之阨"；即位后亦欲承绍天命，稳居国都，宰制四方，而成圣王之太平伟业。因此，王莽在即位之前便据《周礼》《礼记》等典籍所载古典礼制，开启了对长安的儒教化、神圣化改建工作。[1]平帝元始四年（4），王莽"奏起明堂、辟雍、灵台，为学者筑舍万区，作市、常满仓，制度甚盛"；[2]五年，又奏在长安城南北郊外祭祀天地，并依据《周礼》厘定"六宗"概念，将天地群神有序纳入长安东、西、南、北四郊。其言周官兆五帝于四郊，山川各因其方，今五帝兆居在雍五畤，不合于古，又六宗及六宗之属，或未特祀，或无兆居。故与太师光、大司徒宫、羲和歆等八十九人议，称天神曰皇天上帝，泰一兆曰泰畤；而地祇称皇墜后祇，兆曰广畤。又分群神以类相从为五部，兆于长安城之未墜及东、南、西、北四郊。奏可。于是，"长安旁诸庙兆畤甚盛矣"。[3]

---

① 相关研究参见佐原康夫《汉长安城再考》，张宏彦译，《考古与文物》2001年第4期；巫鸿《中国古代艺术与建筑中的"纪念碑性"》第三章"纪念碑式城市——长安"；刘瑞《汉长安城的朝向、轴线与南郊礼制建筑》，第64~69页；田天《西汉末年的国家祭祀改革》，《历史研究》2014年第2期。

② 《汉书》卷九九上《王莽传上》，第4069页。

③ 《汉书》卷二五下《郊祀志下》，第1267~1268页。

　　概括言之，王莽在长安礼制建筑及礼仪实践方面的巨大调转，乃是其整体性社会变革思想和行动的部分表征，亦是其有别于汉家"霸王道杂之"的制度呈现。通过王莽的激进推动，高祖以来逐渐积淀起来的长安神圣性，得到了重新梳理和全新界定。王莽即位后，对长安的神圣化建设工作仍有推进。始建国元年（9），为去"汉号"，王莽对各类职官名称及建筑名称、地名等进行修改，"长乐宫曰常乐室，未央宫曰寿成室，前殿曰王路堂，长安曰常安"。①改"长安"为"常安"，表明王莽对长安仍然寄予积极期待，所以基本延续其旧意，唯作象征性的同音同义替代，并未彻底改弦更张。然其所愿所求并不顺利，在遭受一系列现实挫折及频繁的灾异警告后，王莽对长安产生了不能控制的畏葸与恐惧。此般心理的曲折变化可在其对长安高庙态度的转变中得见一斑。

　　天子宗庙是皇室独一无二的祭祖场所，在国都中占有核心地位，可谓皇权独特性与神圣性的重要表征。②揆诸历史，先秦时期的宗庙未必皆在国都，亦有不少在"宗邑"，与之相关，当时的宗庙祭祀亦局限于统治家族之中，并不构成国家的祭祀中心。泊乎秦汉时期，宗法血缘等级体系终被一君众臣万民的天下体系所取代，宗庙与国都之间方才建立起比较稳固的联系。易言之，国都与宗庙之间唯一的对应关系，以及宗

---

① 《汉书》卷九九中《王莽传中》，第4103页。

② 先秦秦汉时期若干典籍中均有关于国都与宗庙关系的论述，典型者如《墨子·明鬼下》："且惟昔者虞夏商周三代之圣王，其始建国营都日，必择国之正坛，置以为宗庙。"（孙诒让：《墨子间诂》卷八，孙启治点校，中华书局，2001，第235页）《吕氏春秋·审分览·慎势篇》："古之王者，择天下之中而立国，择国之中而立宫，择宫之中而立庙。"（陈奇猷校释《吕氏春秋新校释》，第1119页）这是将庙→宫→国的内在秩序予以外在的过程化展示或反向演绎的结果。依此，天子宗庙可谓国都之核心，且在根本意义上决定着国都的属性和地位。相关讨论可参张富秦《东汉时期的宗庙与政权正当性》，台湾成功大学硕士学位论文，2009，第5页；佐川英治《宗庙与禁苑——中国古代都城的神圣空间》，郭雪妮译，陈金华、孙英刚编《神圣空间：中古宗教中的空间因素》，复旦大学出版社，2014，第106~133页。

庙之于国都、王朝的神圣性，乃是在秦汉以来宗庙制度不断演进，特别是西汉末年的宗庙改革中真正确立的。① 总之，典籍中的经典化描述，理想化的"圣王之制"，以及受此影响而逐渐落定为历史事实的祭政合一的国家祭祀，都标示出西汉后期以降宗庙在国都中的核心地位。所以，可以如是说，汉家高庙即长安与汉家天命之核心所系，一定程度上也能够代表长安，并内在地体现出长安的神圣性格。在此前提下，我们再来仔细审视王莽对待高庙的态度。史载初始元年（8）十一月底王莽即真，代汉立新，其中的一个关键程序便是前往高祖庙拜受象征神圣天命的金匮图策。见高庙后王莽随即诏告天下：

> 皇天上帝隆显大佑，成命统序，符契图文，金匮策书，神明诏告，属予以天下兆民。赤帝汉氏高皇帝之灵，承天命，传国金策之书，予甚祗畏，敢不钦受！②

又以十二月为始建国元年正月之朔，开启系列改制，包括"以汉高庙为文祖庙"。莽曰：

> 予复亲受金策于汉高皇帝之灵。惟思襃厚前代，何有忘时？汉氏祖宗有七，以礼立庙于定安国。其园寝庙在京师者，勿罢，祠荐如故。予以秋九月亲入汉氏高、元、成、平之庙。诸刘更属籍京兆大尹，勿解其复，各终厥身，州牧数存问，勿令有侵冤。③

---

① 有关西汉末年宗庙、礼制改革的讨论，可参见田天《西汉末年的国家祭祀改革》，《历史研究》2014 年第 2 期。

② 《汉书》卷九九上《王莽传上》，第 4095 页。

③ 《汉书》卷九九中《王莽传中》，第 4108 页。

始建国元年秋，又遣五威将王奇等班《符命》四十二篇于天下，其中有总括之言曰：

> 至丙寅暮，汉氏高庙有金匮图策："高帝承天命，以国传新皇帝。"明旦，宗伯忠孝侯刘宏以闻，乃召公卿议，未决，而大神石人谈曰："趣新皇帝之高庙受命，毋留！"于是新皇帝立登车，之汉氏高庙受命。①

由此系列举动可以发现，王莽此时尚充分认可、敬畏高祖的神圣地位，甚至以继承高祖天命为己任，所以才会选择前往高庙受命。

不过也是在同年，王莽因"长安狂女子碧呼道中曰：'高皇帝大怒，趣归我国。不者，九月必杀汝'"之事，对高庙心生嫌隙。次年十一月，立国将军孙建即以西域戊己校尉史陈良、终带举号"废汉大将军"，贼杀校尉、亡入匈奴，以及长安男子武仲讦称成帝下妻子刘子舆，并言"刘氏当复，趣空宫"两事为由，"奏废刘氏"，言："（汉氏高皇帝）宗庙不当在常安城中，及诸刘为诸侯者，当与汉俱废。……臣愚以为汉高皇帝为新室宾，享食明堂。成帝，异姓之兄弟，平帝，婿也，皆不宜复入其庙。元帝与皇太后为体，圣恩所隆，礼亦宜之。臣请汉氏诸庙在京师者皆罢。"莽曰："可。"② 于是，连带着对于象征高祖帝业和汉家天命的高庙之忌惮，对于象征着前汉功业的长安，王莽亦心生忧惧，并逐渐萌生迁都念头。始建国四年二月，王莽诏令仿周之东都、西都，分设洛阳、常安为新室二都。诏曰："昔周二后受命，故有东都、西都之居。予

---

① 《汉书》卷九九中《王莽传中》，第 4113 页。
② 《汉书》卷九九中《王莽传中》，第 4118、4119 页。

之受命，盖亦如之。其以洛阳为新室东都，常安为新室西都。邦畿连体，各有采任。"次年，王莽又根据谶纬言说洛阳符命，以此论证都洛的合法性，安定人心。《汉书·王莽传》载王莽曰："玄龙石文曰'定帝德，国雒阳'。符命著明，敢不钦奉！以始建国八年，岁缠星纪，在雒阳之都。"[1] 王莽前后重复申述，并欲借助符命的神圣力量，这说明都洛的无形阻力较大，人们对长安尚存强烈认同，故迁洛之事终不得行。

尽管即位之初王莽已通过改名的方式，对长安做出象征性的"去汉家化"处理，并遵照古典礼制对长安予以大规模改造，但是勉强都于前汉国都，对王莽来说仍然如坐针毡。尤其是当"思汉"思潮不断涌起，对汉家天命复兴之疑虑简直成了他的最大心病，于是我们可以看到王莽在该时期的诸多荒唐之举。首先是于地皇元年（20）在长安南郊修建新室宗庙"九庙"，[2] 为此王莽还专门编造了自己家族的"神圣"谱系，目的在于通过"神道设教"增进人们对新室的服膺和崇信，并进一步抹除前汉帝室在人们心中的印记。由此我们亦可理解王莽在建造九庙过程中的如下行为："坏彻城西苑中建章、承光、包阳、大台、储元宫及平乐、当路、阳禄馆，凡十余所，取其材瓦，以起九庙。"[3] 摧毁前汉宫殿，将宫殿材料运用到新室祖庙中，其褒贬寓意及压镇意味，清晰可辨。此外，王莽还对汉家宗庙特别是高庙，采取了类似厌胜的荒诞之举。地皇二年，"莽坏汉孝武、孝昭庙，分葬子孙其中"；又"莽梦长乐宫铜人五枚起立，莽恶之，念铜人铭有'皇帝初兼天下'之文，即使尚方工镌灭所梦铜人膺文。又感汉高庙神灵，遣虎贲武士入高庙，拔剑四面提击，

---

① 《汉书》卷九九中《王莽传中》，第 4128、4132 页。

② 有关王莽九庙的文献考辨及考古认定，参见黄展岳《关于王莽九庙的问题——汉长安城南郊一组建筑遗址的定名》，《考古》1989 年第 3 期；刘瑞《汉长安城的朝向、轴线与南郊礼制建筑》，第 122~230 页。

③ 《汉书》卷九九下《王莽传下》，第 4162 页。

斧坏户牖，桃汤赭鞭鞭洒屋壁，令轻车校尉居其中，又令中军北垒居高寝”。地皇四年，在兵临长安的危急之际，王莽又“遣使坏渭陵、延陵园门罘罳，曰：‘毋使民复思也’”。[①] 这些行为看似荒诞，实际上却可视为笃信符谶、鬼神的王莽因畏惧汉家宗庙和长安原有神圣性，[②] 而企图通过宗教方式应对解决的合理举动。

　　除王莽外，汉家宗庙尤其是高庙所具有的神圣性，也为同时期更始、隗嚣政权所了解和正向利用（王莽为反向厌胜），而其判断和实践的依据乃是该时期人们对汉家宗庙的普遍情感。《后汉书·郑兴传》载更始帝即位恢复“汉”号，郑兴奉命迎接其迁都长安，然更始诸将皆山东之人，“咸劝留洛阳”，于是郑兴便从人心所向、礼制传统、军事地理三方面展开劝谏。其一，“天下同苦王氏虐政，而思高祖之旧德”，故当顺从民心，急入关安抚翘首以盼的百姓，以免盗贼复起。其二，既以承汉自居，按照汉家法度，不朝拜汉家宗庙便不可谓得天命，政权便不合法。稳固政权合法性乃当务之急，也是关乎成败之根本，故亦须急入关，以免被人占领先机。其三，从军事防御角度看，长安也远胜洛阳。郑兴对当时人心、时势、礼法传统的分析可谓透彻，无怪乎更始帝听罢即言“朕西决矣”，[③] 于是以刘赐为丞相，“令先入关，修宗庙宫室。还迎更始都长安”。[④] 这说明，更始政权对汉家宗庙和容纳宗庙的西京长安所具有的天命所属的神圣性是熟识的，故可自觉遵从、利用之。

---

① 《汉书》卷九九下《王莽传下》，第4166、4169、4186页。

② 王莽笃信符谶、鬼神，除本书第一章所论之外，还可从以下记载略观之。《汉书》载王莽擅权之心日重，其长子王宇联合自己的妻兄吕宽和老师吴章企图劝诫阻止，“章以为莽不可谏，而好鬼神，可为变怪以惊惧之，章因推类说令归政于卫氏。宇即使宽夜持血洒莽第，门吏发觉之，莽执系宇送狱，饮药死”。上揭王莽遣使坏西汉帝陵园门罘罳之事，亦有论曰：“（莽）性好时日小数，及事迫急，辄为厌胜。”（分见《汉书》卷九九，第4065、4186页）

③ 《后汉书》卷三六，第1217~1218页。

④ 《后汉书》卷一四《刘赐传》，第565页。

稍后历史发展确如郑兴所逆料，隗嚣和赤眉都先后以汉家宗庙或刘氏相号召，与更始展开有关天命和正统的竞夺。先是隗嚣见刘玄称帝而与当地豪族联合起兵，打出复汉讨莽的旗帜，军师方望谏言："足下欲承天顺民，辅汉而起，今立者乃在南阳，王莽尚据长安，虽欲以汉为名，其实无所受命，将何以见信于众乎？宜急立高庙，称臣奉祠，所谓'神道设教'求助人神者也。且礼有损益，质文无常。削地开兆，茅茨土阶，以致其肃敬。虽未备物，神明其舍诸。"方望深知隗嚣既非刘氏之后（不似称帝的刘玄），又偏处西北，无法前往王莽据守的长安奉祀汉家宗庙，处于"虽欲以汉为名，其实无所受命"的舆论下风。为此，他建议"求助人神"，通过对礼仪的弹性解释，就地"急立高庙，称臣奉祠"，以此见信于众。隗嚣显然也深解其中之秘，故从其言，"遂立庙邑东，祀高祖、太宗、世宗。嚣等皆称臣执事，史奉璧而告"，并郑重其事地歃血盟誓（通过歃血结盟的"古礼"可形成"虚拟血缘"关系），"允承天道，兴辅刘宗"。[①]隗嚣政权企图通过宗教化的形式和组织，强化其奉祀汉家的形象及其复汉之决心，由此达成"神道设教"之目的。而高庙在时人心中的巨大影响力，包括其神圣的内涵与地位，亦于此得一明证。

与之相对，据《后汉书·刘盆子传》载，更始三年（25）正月，在赤眉军连连战胜更始军、快速向西京推进之际，方阳由于更始杀其兄方望之事，怨而言于樊崇等曰："更始荒乱，政令不行，故使将军得至于此。今将军拥百万之众，西向帝城，而无称号，名为群贼，不可以久。不如立宗室，挟义诛伐。以此号令，谁敢不服？"崇等以为然。加以齐巫传递军中所祀城阳景王刘章之神意，希望一改群贼身份，引发人心震荡，立宗室的问题随即被推到台前。樊崇等遂于其年六月立刘盆

---

① 《后汉书》卷一三《隗嚣传》，第514页。

子为帝，自号建世元年。① 可见，以祠祀聚众的赤眉同样面临正统化危机，这是其尊立刘氏的内在原因。军中大众之所以能够自然而然地接受这一转变，原因或在于刘章生前本为刘氏诸侯王，加之时人皆以宗庙有神，所以从城阳景王祠之"神"到刘氏宗庙之"神"，殊为亲近，其情可通。② 此外，刘氏宗室和汉家宗庙在大众层面的巨大影响力亦如袁宏所总结：

> 王莽乘权，窃有神器。然继体之政，未为失民，刘氏德泽，实系物心。故立其寝庙，百姓睹而怀旧；正其衣冠，父老见而垂泣。其感德存念如此之深也。如彼王郎、卢芳，臧获之俦耳，一假名号，百姓为之云集，而况刘氏之胄乎！③

隗嚣也在与班彪的辩论中提及这一现象，谓之"但见愚民习识刘氏姓号之故，而谓汉家复兴"。④ 这些细致的观察和论说皆可谓理解宗庙、长安神圣性，及其在两汉之际历史命运的重要思想背景。

在这样的思想背景和历史延长线上，再看东汉初年的宗庙迁移及相关讨论，我们或可得出一些新的认识。《后汉书·光武帝纪》载，建武元年（25）六月，刘秀正式称帝于鄗；九月，坚镡等十一将军攻克洛阳；十月，车驾入洛，遂定都焉。第二年正月，"起高庙，建社稷于洛阳，立郊兆于城南，始正火德，色尚赤"。同月，赤眉焚烧西京宫室，发掘帝

---

① 《后汉书》卷一一，第480页。
② 有关时人对宗庙有"神"的认识，《汉书》卷九八《元后传》载孝元皇后见孝元庙被王莽废毁，论汉家宗庙之语可堪为证："此汉家宗庙，皆有神灵，与何治而坏之！且使鬼神无知，又何用庙为！如令有知，我乃人之妃妾，岂宜辱帝之堂以陈馈食哉！"（第4034页）
③ 袁宏：《后汉纪》卷三《光武皇帝纪》，《两汉纪》（下），第40页。
④ 《汉书》卷一〇〇上《叙传上》，第4207页。

王园陵，大司徒邓禹遂入长安，"遣府掾奉十一帝神主，纳于高庙"。①
从称帝定都到起高庙、建社稷于洛阳，再到迁十一帝神主于新都，这一
系列前后连贯的行动，不仅呈现出时人默认的称帝建都之合法程序，显
示出定都—建庙—立坛—奉神主的内在递进关系，还将时人对国都神圣
性格的"熟视无睹"或模糊认知，以具体行为实践而非言说的方式清晰
表达出来。

相较于《光武帝纪》中近乎"无情"的记录，一些颇耐人回味的细
节性描述出现在事件主人公邓禹的传记中。《后汉书·邓禹传》载建武
二年：

> 时赤眉西走扶风，禹乃南至长安，军昆明池，大飨士卒。率诸
> 将斋戒，择吉日，修礼谒祠高庙，收十一帝神主，遣使奉诣洛阳，
> 因循行园陵，为置吏士奉守焉。②

邓禹自幼熟读经书，曾与光武帝刘秀一同受业于长安，颇有儒将风范，
对相关礼制亦甚明了。故其率军至长安，先是驻军于城郊昆明池，慰劳
士卒；在带领诸将认真斋戒，择定吉日后方才入城；拜请神主时，亦特
别注意"修礼"以谒，一切遵照礼节，无有违制。谢承《后汉书》记
载，他还专门招徕西汉时的高庙郎，命其"守高庙，令行京兆尹，承事
按行，扫除诸园陵"。③奉收神主后，他又特别遣使奉诣洛阳，依礼纳于
高庙。邓禹随之循行园陵，置吏士奉守，迁十一帝神主之事于此告结。
细绎之，十一帝神主实可谓国都神圣性乃至汉家天命的载体与象征，故

---

① 《后汉书》卷一上，第24~25、27、28页。
② 《后汉书》卷一六，第604页。
③ 周天游辑注《八家后汉书辑注》，第11页。标点略有调整。

邓禹奉请神主过程中丝毫不敢怠慢的谨慎言行与毕恭毕敬的心态，甚合情理。

　　如果说起高庙、建社稷于洛阳及立郊兆于城南基本完成了定立国都的礼法程序，那么奉请十一帝神主纳于新都高庙，则可谓真正实现了"西汉"至"东汉"的天命转移和政统续接。其背后的依据和逻辑在于，凡天子受命治理天下、牧养万民，必土其地、制其域以为邦国，[①]而后居于都城之中以制四方，同时建庙设坛而神统立，与上帝的沟通权至此为其所握，故古人言毁其国必瘗其庙。据此，定都洛阳后不久，光武帝刘秀便先后主持完成了国都合法化的系列工作，为新都注入了一定的神圣内涵。不过，如何切实完成从旧都长安到新都洛阳，继而从"西汉"至"东汉"的天命转移，以减少民众对旧政权之眷念踟蹰所带来的离心力，增强人们对新政权的内在认同，的确是光武帝必须解决的一道难题。加之天下尚未完成统一，诸多军阀势力尚存，地方动乱时兴，这又进一步增加了剪断时人的家园故土羁绊、完成心理"迁都"的紧迫性。对十一帝神主的转移，堪称漫长而神圣的天命转接仪式中的最后一步。伴随着神主的移动和安置，寄寓在神主之上的"汉家"情愫亦当随之流转，继而逐渐稳定下来。

　　虽然已经做到如上程度，但在此后较长一段时期里，回归旧都的思想暗流依旧在朝堂上涌动。建武十二年，随着天下统一大业的完成，迁都之议悄然兴起，[②]其中一个重要原因，即光武帝自己释放了一些信号，由此将潜藏于"长安系士人"内心深处的西都情愫重新点燃了，积攒日久的情绪遂喷薄而出。据史书所载，建武六年、十年、十八年、二十二

---

① 《周礼·地官·大司徒》即保存了商周时期测量"地中"的方法："以土圭之法测土深……凡建邦国，以土圭土其地而制其域。"（阮元校刻《十三经注疏》，第704页）
② 梁万斌：《东汉建都洛阳始末》，《中华文史论丛》2013年第1期。

年，光武帝皆亲幸长安，并完成祠高庙、祭帝陵、修补西京宫殿等事宜。[①] 如是行为自然会引发朝堂揣度。一方面，"长安系士人"激动地认为"国家亦不忘乎西都"，于是"杜陵杜笃奏上《论都（赋）》，欲令车驾迁还长安。耆老闻者，皆动怀土之心，莫不眷然伫立西望"；另一方面，"山东翕然狐疑，意圣朝之西都，惧关门之反拒也"，于是针锋相对地提出"洛邑制度之美"，并以"神雀诸瑞"证"洛邑之美"。[②] 当然，此次迁都之议由于朝廷不置可否，亦未有圣断，故很快便消歇无闻。不过，通过此次争议可以清楚发现，西京长安影响力尚在，部分人心如同王莽和更始时期一般，依旧沉浸在"汉家"和"长安"的神圣荣光中难以走出。

至此，当我们再度仔细检视东汉初期的迁都之议，在杜笃奏上《论都赋》之后，王景即作《金人论》以应，"颂洛邑之美，天人之符，文有可采"。[③] 细审之，其背后逻辑与王莽都洛以应天命，并试图以此覆盖或转移凝结于长安的神圣性，挣脱"汉家"神学的强大影响与牵制，[④] 颇有异曲同工之处。进言之，西汉时期所铸就的长安的神圣属性，正是王莽、刘玄、隗嚣、刘秀等人所必须面对和承受的信仰负担。从王莽对汉家宗庙特别是高庙的废除、破坏，到隗嚣和更始政权对汉家宗庙之奉祀、修补和重建，再到刘秀对西京宗庙中十一帝神主之迁移，在这段历史过程中，我们可以看到，汉家宗庙对于长安形象、地位和神圣性的形成，对于两汉之际政权正当性之确固，以及对于两汉政权的继承与转化，都展现出至为重要的作用。同时亦应注意，刘秀果决地冲破王莽

---

① 　《后汉书》卷一下《光武帝纪下》，第 48、56、69、74 页。
② 　《后汉书》卷八〇上《杜笃传》，第 2609、2598 页，卷七六《循吏列传》，第 2466 页，卷四〇上《班彪传》，第 1335 页。
③ 　《后汉书》卷七六《循吏列传》，第 2466 页。
④ 　对汉家神学之讨论，参见本书第一章。

至更始时期的政治文化"牢笼"，完成与西都长安的切割，最终定都洛阳，这一选择背后似乎已然隐含东汉王朝摆脱高祖阴影、寻求自立，继而走出一条兼容创革和继承的"受命——中兴"之路的政治立意，[1]顺此而下或可理解东汉初期包括宗庙、都城在内的若干礼制因革。

综之，从王莽对长安所施以的诸种荒唐的"去汉家化"行为，更始、隗嚣政权通过汉家宗庙神道设教的相关言行，以及光武遣使将十一帝神主由长安迁至洛阳，都可以透见时人对汉家宗庙与长安神圣性的默识心通。迁移神主的目的和本质即在于将"可视化"的神性予以转移，而从东汉初期那场史籍不彰的迁都之议同样可以看出故都长安的影响力以及该种影响力依以存立的神圣属性。

第二节　长乐未央："行西王母诏筹"运动的宗教诉求

进一步验诸史籍可发现，国都长安的神圣内涵不仅制约着该时期的政治实践，亦对大众信仰产生影响，这在汉哀帝建平四年（前3）行西王母诏筹运动中得到集中体现。《汉书》的《哀帝纪》《天文志》对这一重要事件记载甚简，[2]《五行志》则多出不少生动的细节描述：

> 哀帝建平四年正月，民惊走，持稿或棷一枚，传相付与，曰行诏筹。道中相过逢多至千数，或被发徒践，或夜折关，或逾墙入，或乘车骑奔驰，以置驿传行，经历郡国二十六，至京师。其夏，京

---

[1]　王尔：《"创革"与"中兴"的争议及整合——从东汉建武年间南顿四亲庙与封禅礼的议论谈起》，《史林》2020年第1期。

[2]　《汉书》卷一一，第342页，卷二六，第1312页。

　　师郡国民聚会里巷仟佰，设（祭）张博具，歌舞祠西王母，又传书曰："母告百姓，佩此书者不死。不信我言，视门枢下，当有白发。"至秋止。①

《汉纪·孝哀皇帝纪下》记述亦较详，大体内容与《五行志》同，但亦有逸出者：

　　四年春正月，关东民相惊走，或持筹相与，号曰"西王母筹"。道中相逢多至数千人，或披发徒跣，斩斫门关，逾墙入屋，或乘骑奔驰，或致驿传行。经历郡三十六所，至京师。又聚会祀西王母，设祭于街巷阡陌，博奕歌舞。又传言："西王母告百姓，佩此符者不死。不信我言，视户枢中有白发。"②

梳理学术史可知，正是在研究这一运动的过程中，学者发现了《太平经》中早期道教经文"师策文"的重要价值。先是柳存仁烛照幽微，较早指出"行西王母诏筹"事件与"师策文"可能存在一定联系，③但未及展开，殊为遗憾。此后，刘茜、朴基成讨论了两者之间的关系，认为"师策文"是此次运动的"行动纲领"。④然其论证仍显简略，未为周备，且在"师策文"与民众运动相关行为之对应性解释方面存在逻辑与证据缺环，由此也影响到人们对此次运动之目标和性质的判定。马怡也

---

① 《汉书》卷二七下之上，第 1476 页。
② 荀悦：《汉纪》卷二九，《两汉纪》（上），第 504 页。
③ 柳存仁：《关于王母筹》，《华学》第 9、10 辑，第 1462~1468 页。
④ 刘茜、朴基成：《试论〈太平经合校〉中"师策文"与哀帝建平四年的宗教运动之关系》，《嘉兴学院学报》2012 年第 2 期。

以"师策文"解读这一事件，[①]所论深度、广度皆超越前者，却仍有未尽之意。

下面我们将着重开掘《太平经》经文尤其是"师策文"与"行西王母诏筹"运动在"纵乐"思想与"长安"空间方面的联系，在此基础上探研此次民众运动的宗教本质及其诉求。先看"师策文"原文：

> 师曰："吾字十一明为止，丙午丁巳为祖始。四口治事万物理，子巾用角治其右，潜龙勿用坎为纪。人得见之寿长久，居天地间活而已。治百万人仙可待，善治病者勿欺绐。乐莫乐乎长安市，使人寿若西王母，比若四时周反始，九十字策传方士。"[②]

紧接其后，则有"神人"专为"真人"详细疏解"师策文"的"解师策书诀"。下文录其要者，以便讨论：

> 乐乎长安市：乐者，莫乐于天上皇太平气至也；乎者，嗟叹其德大优无双也；长者，行此道者，其德善长无穷已也；安者，不复危亡也；得行此道者，承负天地之谪悉去，乃长安旷旷恢恢，无复忧也；市者，天下所以共致聚人处也；行此书者，言国民大兴云云，比若都市中人也。
>
> 使人寿若西王母：使人者，使帝王有天德好行正文之人也；若者，顺也，能大顺行吾书，即天道也，得之者大吉，无有咎也；西者，人人栖存真道于胸心也；王者，谓帝王得案行天道者大兴而王

① 马怡：《西汉末年"行西王母诏筹"事件考——兼论早期的西王母形象及其演变》，《形象史学研究》2016 上半年，人民出版社，2016，第 29~62 页。
② 王明：《太平经合校》，第 62 页。

也，其治善，乃无上也；母者老寿之证也，神之长也。①

将"师策文"原文、疏解文与上揭史书对"行西王母诏筹"事件的相关记载对照细读，我们确实可以发现其中多有契合处。"乐莫乐乎长安市，使人寿若西王母"，似乎就是对事件中民众会聚至京师纵乐祠西王母以求不死行为的直接解释。诡为隐语的"师策文"中，"乐""长安""西王母"三者的意涵及其关系令人深思。

　　在进入正式讨论之前，还需解决一个重要的前提性问题——"师策文"成于何时？《正统道藏》所收 57 卷残本《太平经》中原无此部分内容，今人王明据唐《太平经钞》补入，前后连贯，文脉畅通，允为的论。那么，其形成时间当做何判断？我们首先应当明白，从成帝时齐人甘忠可造《包元太平经》12 卷，到顺帝时琅琊宫崇献于吉所造 170 卷《太平清领书》，以至最后我们所见到的文本状态,《太平经》是一部典型的经多人之手创制、在较长时段里层累而成的复杂文本。至于其成书时间，经研究，已基本形成尽管不排除后人增删改订之可能，但今本《太平经》大部分内容仍是汉代旧文或基本接近东汉中后期著作本来面目的总体认识。具体到"师策文"，姜守诚提出《太平经》中的"复文"和"师策文"当属先秦秦汉时期神仙方术之祝由或谶语；②李铁华认为"师策文"可视作《太平经》一书的总纲，包含阴阳五行、从治国到修炼的"纲纪"及神仙方技等内容，属于绝对灵验式的隐语；③徐华则从"师策文"中透见的西王母信仰的鼎盛状况和京师长安

---

① 王明：《太平经合校》，第 68 页。

② 姜守诚：《〈太平经〉研究——以生命为中心的综合考察》，社会科学文献出版社，2007，第 21 页。

③ 李铁华：《〈太平经〉与谶纬关系考析》，《宗教学研究》2013 年第 1 期，第 83 页。

的尊崇地位出发，推测其创作时间应在"长安"和"西王母"地位逐渐衰落的王莽之前；在此基础上，他又从文学角度考察"师策文"七言独体的文体形式，推断"师策文"创作于西汉后期。[1] 通观之，以上诸说皆有洞见与不见。下面我们将以"长乐"与"延寿"两相结合的思想为中心（如图 23 所示，此可谓当时的普遍追求），寻绎"师策文"的相关思想和表达在西汉时期的存在状况，以便为其成书时间之判定提供一个新思路。

"师策文"言"乐莫乐乎长安市，使人寿若西王母"，《汉书》载，"其夏，京师郡国民聚会里巷仟佰，设（祭）张博具，歌舞祠西王母"。两者都突出了"欢乐""长安""西王母"三个要素。我们首先看"欢乐"。考诸西汉时期的思想和社会，我们能够明确发现，对"长乐"的强调可谓该时期的一项重要议题，这比较典型而集中地反映在同时期汉镜铭文中（也见诸西汉时期的砖瓦铭文）。京都大学"中国古镜研究"班曾系统整理西汉时期铜镜铭文，[2] 兹以此成果为主要资料来源，对西汉时期的"长乐"思想加以探讨。

细审"中国古镜研究"班整理的铜镜铭文，与"乐"有关的题铭即有"乐未央""乐毋事""大乐未央""长乐未央""常乐未央""安乐未央""欢乐未央""幸至未央"等，可谓异常丰富。随着时间线后移，"乐未央"镜铭还逐渐与"延年益寿""千秋万岁"搭配起来，且越往后发展，更多祈福对象（双亲、兄弟、子孙、国家等）和神明（角王巨虚、仓龙、白虎、赤鸟、玄武、神人、西王母）也随之加入镜铭中，同时"辟不祥"的功能亦随之增入。可见，西汉铜镜铭文本身呈现出一个

---

[1]　徐华：《〈太平经〉"七言"考识》，《世界宗教研究》2014 年第 2 期。
[2]　"中國古鏡の研究"班「前漢鏡銘集釋」『東方學報』第 84 冊、2009、139-209 頁。下引镜铭序号随文附注。

图 23 "延年"瓦当（上左）　"延寿万岁"瓦当（上右）
"长生无极"瓦当（中左）　"长乐未央"瓦当（中右）
"长乐毋极常安居"瓦当（下左）　"延寿万岁常与天久长"瓦当（下右）

资料来源：赵力光：《中国古代瓦当图典》，文物出版社，1998，第 278、671、597、552、

710、549 页。

内在有序的发展过程，而影响其发展的正是西汉时期较为普遍的社会思潮和大众信仰。我们尤应注意西汉后期的这两条铭文：

> 泰言之纪造竟始，长保二亲利孙子，辟去不羊［祥］宜贾市，寿如金石西王母，从今以往乐乃始。（430）
>
> 泰言之纪造竟始，涷铜锡去其宰［滓］，以之为镜宜孙子，长葆二亲乐毋事，寿幣［敝］金石西王母。棠［常］安作。（431）

两条铭文对"西王母""寿""乐"三者的融合①，与"师策文"中"人得见之寿长久""乐莫乐乎长安市，使人寿若西王母"等语颇为相似（拥有相近构成要素，且皆为七言独体），两者的总体精神可谓契合无间。尤其在前一镜铭中，我们已可看到"辟去不羊［祥］""寿如金石"与"乐"之间较为严密的逻辑关联："从今以往"与"乃"这样的字词表达和语意结构，明确显示前面几项递进式的福利求取（从彝伦攸叙到个人超越）实为获取终极大乐的条件。

　　进一步验诸史籍可发现，此种将欢乐与长寿结合在一起的思想尚有更早渊源，如《荀子·荣辱》已有"安利者常乐易，危害者常忧险，乐易者常寿长，忧险者常夭折"。②"长乐""未央"诸词语与"延寿""西王母"等信仰相结合，除镜铭外，在文献记载中亦有体现，且大多与武帝相关。如在武帝命司马相如等所作《郊祀歌》中就有"延寿命，永未央""礼乐成，灵将归，托玄德，长无衰"等内容。③《史记·大宛列传》也明确记载张骞前往西域寻西王母而不得之事。④在司马相如所作《大

---

① 　三要素之融合也见于本书扉页彩图所示汉墓壁画《西王母宴乐图》。
② 　王先谦：《荀子集解》卷二《荣辱篇》，第58~59页。
③ 　《汉书》卷二二《礼乐志》，第1069~1070页。
④ 　《史记》卷一二三，第3163~3164页。

人赋》中，我们已可看到西王母与长生的连接："吾乃今日睹西王母。暠
然白首戴胜而穴处兮，亦幸有三足乌为之使。必长生若此而不死兮，虽
济万世不足以喜。"①要之，由于完全能够在西汉时期的文献中找到与
"师策文"相近的思想体系和具体的文字论说，故可认为"师策文"反
映的正是西汉时期的思想、社会背景，其文本完全有可能创制于西汉末
期，并对"行西王母诏筹"运动产生影响。

　　欲彻底厘清"行西王母诏筹"运动的诉求和实质，还需解决一个关
键问题，即纵情欢乐、会聚长安、祠祀西王母这三者之间到底具有怎样
的逻辑关联？一言以蔽之，曰"以乐却灾"。

　　有关"以乐却灾"之思想与信仰的系统表达，亦明确见于《太平
经》，而其渊源同样可以追溯至西汉铜镜铭文等相关材料中。如上引镜
铭中，"乐"即与"辟去不羊［祥］"连接在一起。事实上，在较之略早
的铜镜铭文中，我们已可看到"乐未央"与"辟不羊［祥］"的关联，
如"涑治铜华清而明，以之为镜宜文章，延年益寿辟不羊［祥］，与天
无亟如日光，千秋万岁乐未央"（401），并且这种关联还有日渐增强的
趋势。长乐未央、祛灾避祸、长生不死等诉求因之得以融合，并最终
统一到对西王母的崇拜和信仰中。而在大约成书于两汉之际的《易林》
中，也有数十条提及"西王母""王母"的占辞，其内容多与长生、赐
福、避灾、解难有关。②这说明长乐、避灾、长生应即西王母信仰的题
中之义，而其形成恐怕亦与西汉中后期强烈的神仙思想和灾异学说及其
引发的社会思潮紧密相关。

　　当西汉铜镜铭文等所反映的此类思想被吸收进《太平经》之后（或

---

① 费振刚等：《全汉赋校注》，广东教育出版社，2005，第119页。
② 相关讨论参见王子今、周苏平《汉代民间的西王母崇拜》，《世界宗教研究》1999年第
　 2期。

者说两者同源于西汉时期的思想与信仰），经过整理者的系统调和与修
整，已呈现为一套语意完整连贯、逻辑圆融自洽的神学理论体系。综观
之，《太平经》中，忧愁、怨恨、冤结、病苦、战怒、闭绝、邪恶、刑法
等，都被认为是悖天地之道、逆帝王之气、与天地用意相违的东西。相
反，大乐不仅可以养性延年，还能够去灾祸、安天下，更能够合阴阳、
致太平，故《太平经》明确鼓励人们"纵乐以奉天道"：

> 乐为天之经，太阳之精。孝为地之经，太阴之精。故乐者倡
> 始，倡生，倡合乐成功。天者常嬉善嬉生，故常与天合，与同气
> 也。乐合乃能相生，当有上下。故乐为天为上，孝为下象地。……
> 乐与孝最顺天地也。
>
> 凡天上天下之事，各自有师法，各象其师法，而所化悉相类
> 似。天者好生兴物，物不乐，不肯生。今天上皇（太）平洞极之气
> 俱出治，阳精昌兴，万物莫不乐喜。故当象其气而大纵乐，以顺助
> 天道，好是则天道大喜。今帝王理平，人民寿，故其纵乐，以奉天
> 道，又使各坐思自化，何有各乎？又乐者，天也，阳精也。阳与则
> 阴精伏，犹如春夏起，秋冬伏，自然之式也。①

"今天上皇（太）平洞极之气俱出治……万物莫不乐喜"的记载，
与"师策文"中"乐者，莫乐于天上皇太平气至也"之句颇近，或系同
源异出；"乐为天之经，太阳之精""阳精昌兴，万物莫不乐喜。故当象
其气而大纵乐，以顺助天道，好是则天道大喜""阳与则阴精伏，犹如
春夏起，秋冬伏"等记载，又不得不让人联想到史书所载哀帝建平四

---

① 王明：《太平经合校》，第649~650、650~651页。

年春正月民始行诏筹，但至夏方聚会里巷阡陌，设张博具，歌舞祠西王母，至秋止。两相比照，应可合理推测，民众会聚京师，至夏日歌舞祠西王母，原因正在于夏日皇太平气至而阳精昌兴，此时"当象其气而大纵乐，以顺助天道"，以此迎接西王母，见之不死，且致治太平。由是观之，尽管时人杜邺立足于王氏集团，发挥《春秋》"指象为言语"之灾异解说功能，将"行西王母诏筹"这一自发的民众运动解释为傅晏、丁明加爵大将军和傅太后干政所致的灾异谴告，显然已脱离事件的原本语境，但其所言"临事盘乐，炕阳之意"，①却应有时人默认的思想基础——此亦为《太平经》"乐为天之经，太阳之精"等论说依以生长的土壤。

更堪注意者，在稍早的文献中恰好还保留着夏日祭祀西王母的记载。成书于战国的《管子·轻重己》即云："以春日至始，数九十二日，谓之夏至……皆齐大材，出祭王母。"②王母，一般认为指祖母。③然此处言"出祭"，据《礼记·祭统》所言"外祭，则郊社是也；内祭，则大尝禘是也"，④故诚如马非百所辩："王母既为祖母，岂有对祖母不在家举行祭祀而出祭于外之理？"此与传筹运动中民众在夏日于里巷阡陌祭祀西王母之行颇合。另外，马非百还指出，"齐"当作"赍"，持也，"材"即木材，《说文》言"木薪曰梜"，故《管子》载

---

① 《汉书》卷二七下之上《五行下之上》，第1476页。有关不同政治势力出于自身利益考量，对该事件做出不同解释的讨论，参见曹建国《灾异还是祥瑞？——"行西王母诏筹"事件解读》，《安徽大学学报》2018年第5期。

② 黎翔凤：《管子校注》卷二四，梁运华整理，中华书局，2004，第1535页。有关《管子·轻重己》成书时间的讨论，参见胡家聪《〈管子·轻重〉作于战国考》，《中国史研究》1981年第1期。

③ 《尔雅注疏》卷四《释亲》："父之姊为王母。"《礼记正义》卷五《曲礼下》："王母曰皇祖姒。"（阮元校刻《十三经注疏》，第2592、1269页）

④ 《礼记正义》卷四九《祭统》，阮元校刻《十三经注疏》，第1607页。标点略异。

"齐大材，出祭王母"亦合《汉书·五行志》"民持梅一枚"之说。[①] 所论有理（其神圣化的场景或如图 24 所示）。如此，"行西王母诏筹"运动与"师策文"及《太平经》部分经文存在的对应性关系，便再次得到验证。

图24 山东嘉祥满硐乡宋山村出土东汉画像石所刻端坐昆仑仙庭的西王母及持稿奔来的仙人们

资料来源：《中国画像石全集》第 2 卷，第 89 页。

既然纵乐合乎"天道"，利于帝王理平和人民寿老，那么如何才能达至大乐？对此《太平经》又针对性地提出了一套"大乐之经"，[②] 旨在让沟通天人的君王长乐无忧，继而泽及凡人乃至草木，万物大乐而各得其所，神灵愉悦来助而太平可至。《太平经》"王者无忧法"载：

> 大顺之路，使王者无忧无事致太平。夫天地不大动摇，风雨不横行，百神安其居，天下无灾矣。万物各居其处，则乐无忧矣。何以致之？仁使帝王常乐，道使无愁苦也。若帝王愁苦，即

---

① 马非百：《管子轻重篇新诠》，中华书局，1979，第 737~738 页。

② 王明：《太平经合校》，第 168、334 页。

> 天下不安……王者与天相通。夫子乐其父，臣乐其君，地乐于天，天乐于道。然可致太平气，天气且一治，太上皇平且一下，天地和合。①

当然，对让帝王大乐无忧之必要性与重要性的强调，《太平经》亦不吝笔墨："帝王长无忧而寿，身能自除其疾病，各竟其天年，恩流凡人。"② 在此意义上，所谓"要道秘德"，"乃所以承天心而顺地意，可以长安国家，使帝王乐者也"；"天地病除，帝王安且寿，民安其所，万物得天年，无有怨恨，阴阳顺行，群神大乐且喜悦，故为要道也"。③ 所以有道之士理应"上辅其君为治，亦得尽其能力勉勉，使共解天地大忧"。奉道之民，"其心善，则助天地帝王养万二千物，各乐长生；人怀仁心，不复轻贼伤万物，则天为其大悦，地为其大喜，帝王为其大乐而无忧也，其功增不积大哉？"④ 或许正是基于以乐顺天地、兴万物、合阴阳的神学理论体系，《太平经》还发展出了"以乐却灾法"，⑤ 更详细地讨论了以乐除灾害奸猾凶恶、解除愁苦之气而致太平的具体操作方法："一曰先顺乐动天地四时帝气，一事加三倍以乐天，令天大悦喜，帝王老寿，祅恶灭，天灾害悉除去，太阳气不战怒，国界安"，"二曰先顺乐动天地四时王气，再倍以乐地，地气大悦，不战怒，令王者寿，奸猾盗贼兵革消，国界兴善"，"三曰先顺乐动相气微气，令中和之气大悦喜，君臣人民顺谨，各保其处，则佞伪盗贼不作，境界

---

① 王明：《太平经合校》，第726页。案，《太平经》中又有"安乐王者法"（《太平经合校》，第20~21页）。

② 王明：《太平经合校》，第702页。

③ 王明：《太平经合校》，第433、468页。

④ 王明：《太平经合校》，第344、244页。

⑤ 王明：《太平经合校》，第726页。

保"，"四曰慎无动乐死破之气"，"五曰无动乐囚废之气"，"六曰无动乐衰休之气"。①

　　总之，通过对"以乐却灾"的分析、梳理，我们能够感受到《太平经》对西汉时期"千秋万世乐未央"思想的继承，及其更深层次亦更系统的宗教化发展。"以乐却灾"可谓深深植根于阴阳五行学说，并受西汉时期灾异、神仙思想与王权神化理论之直接影响，希企通过天人交感之神秘方式愉悦天子和神祇，以此厘正天地阴阳秩序，继而辟除灾祸、求得不死；它是西汉时期宇宙学说、政治神学与宗教信仰交互影响继而贯通融会之结果。明乎此，传筹运动中民众"击鼓号呼""欢哗奔走""博弈歌舞"等行为，便可合理解释为由于万物乐喜而"大纵乐"的表现，纵乐目的即在于"以乐却灾"。

　　至于"以乐却灾"为何一定要在长安举行，这就要落脚到长安的神圣性问题上了。马怡在考察该事件时曾揭举一些疑难："从《汉书》记载看，有的行筹者很是匆忙，他们连夜闯关，翻墙，乘坐车马奔驰，这是何缘故？……这些行筹者为何去长安？他们要在那里做什么？"继而她提出："西汉后期有一个颇可留意的世风，即社会各界向帝王献书、献策者很多……涉及关东二三十个郡国的行筹者涌入长安，他们来此地的重要目的之一，可能是要将所谓'西王母诏筹'奉达帝王，或是进献、陈说相关的书、策。"② 刘茜、朴基成则提出："当时参与这场宗教运动的人绝非都是普通的信众，他们'经历郡国二十六'，共赴京师显然带有某种特殊的政治目的，那就是希望通过他们的行为对京师的朝政施以影

---

① 王明：《太平经合校》，第640~642页。
② 马怡：《西汉末年"行西王母诏筹"事件考——兼论早期的西王母形象及其演变》，《形象史学研究》2016上半年，第43~44页。

响，向君王传达他们的政治理念。"① 细察之，以上两说皆有不可通处。
其一，两种观点皆不足以解释为何传筹事件会呈现为群体运动这样的形
式，献书抑或传达政治理念皆无须如此。其二，献书或传达政治理念为
何要歌舞祠西王母？此亦有逻辑上的混乱处。结合上文所论，可以合理
判断，传筹民众的诉求正在于"长乐未央""以乐却灾""寿如王母"，
而这都能够在"长安"二字及其作为"天子之居"的内蕴中，得到暗示
或体现。

　　首先，长安作为国都，设有郊天祭地的神坛，系天子与上天沟通及
万国朝拜、万民崇仰的神圣之域，因而本具神圣性。于是，抱有强烈宗
教诉求的民众会聚京师，歌舞祠西王母，希企长生不死、渡厄消灾、获
得拯救，情理可通。

　　其次，如上所论，为解除天地间因愁苦怨恨等所带来的郁结乃至承
负之灾，理顺"反逆""反悖"的阴阳二气，以此达到天地阴阳和合的
"太平""大顺"之境，还必得让天子欢悦无忧，故亦须前往天子所在的
京都。王先谦在注释有关该事件的记载时，曾指出："天子将出，一人
前行清道，呼曰'传筹'。今制尚有之，盖昉自汉世。此讹言王母将至，
为之传行诏筹，即其义也。"② 据其所言，为西王母传行诏筹的宗教行为
乃是对为天子出行清道之传筹制度的模仿。果如此，那么为了更好地迎
接作为"神之长"的西王母及承接"上皇太平气"（类似汉代王者"五
时迎气"以祭五帝"王气之神"的宫廷礼仪），前往天子所在地似亦有
其内在的依据。

　　最后，更重要的是，"长安"这个名称本身就是一个吉祥语，意为

①　刘茜、朴基成:《试论〈太平经合校〉中"师策文"与哀帝建平四年的宗教运动之关系》,
　　《嘉兴学院学报》2012 年第 2 期，第 79 页。
②　王先谦:《汉书补注》卷一一《哀帝纪》，上海古籍出版社，2012，第 469 页。

"长乐未央"、长治久安。[①] 长安有"长乐宫"和"未央宫"两座最重要的宫殿（还有以"长乐"为名的里），[②] 寓意"长乐未央"，这在宫内所设置的"永寿""永宁""万岁""永延""寿安"等殿的名称中亦堪得证。[③] 同时，如西汉铜镜铭文等资料所示，"长乐"还逐渐与"延寿""西王母"联系在一起，形成"千秋万世乐未央""寿如金石西王母"的思想与信仰，所以"长安"二字还当包含长乐、延寿的宗教寓意。值得注意的是，有学者发现，在西汉早期的一方铜镜上仅有"长安"两字铭刻（二字反书，见图 25），整理者认为"长安"既为都城名，又是吉祥语。[④] 近乎谶语的"师策文"亦直言"乐莫乐乎长安市"；而在"解师策书诀"中，"长安"同样被拆解为颇具宗教色彩的言辞表达：德善长而无危亡，承负之谪悉数解除，天子与民众之间无有闭绝，帝王长安无复忧。以此，"长安"的名称以及西汉类似"长乐未央"之类的格套化铭刻，皆可视作彼时思想、信仰的凝固化表达，某种程度上它们也反映了该类思想、信仰在西汉社会之深入普及。

---

① 《史记》卷二二《汉兴以来将相名臣年表》载："（高皇帝六年）刘仲为代王。立大市。更命咸阳曰长安。（七年）长乐宫成，自栎阳徙长安。"《索隐》："上卢绾已封长安侯者，盖当时别有长安君。"（第 1120~1121 页）当时别有长安君者，即指战国时期赵、秦所立之"长安君"也。可见，"长安"这一名称战国已有，且为雅称，后为汉家所用，汉初成为替代"咸阳"的新国都名，具有长乐未央、长治久安的美好寓意。继而西汉中后期以降，又逐渐被赋予更多的神圣内涵，由此发展出千秋万岁、延年不死等宗教意味。复案，战国秦汉关中或咸阳被称为"天府"。《尚书帝命验》云："帝者承天立五府，以尊天重象也。五府者，黄曰神斗。"注云："唐虞谓之天府，夏谓之世室，殷谓之重屋，周谓之明堂，皆祀五帝之所也。"（《史记》卷一《五帝本纪》"正义"，第 23 页）可见，咸阳作为祭祀五帝的帝者之府，似亦包含神学意蕴，故从"咸阳"到"长安"亦非简单的名称更易，而同样伴随着帝都的神性转换。
② 刘瑞指出，长乐宫和未央宫的首要地位，亦可在其最高等级的安全保障中体现出来（刘瑞：《汉长安城的朝向、轴线与南郊礼制建筑》，第 34~35 页）。
③ 诸殿名称见何清谷《三辅黄图校注》，第 103、110 页。
④ 王纲怀：《汉镜铭文图集》，中西书局，2016，图 41。

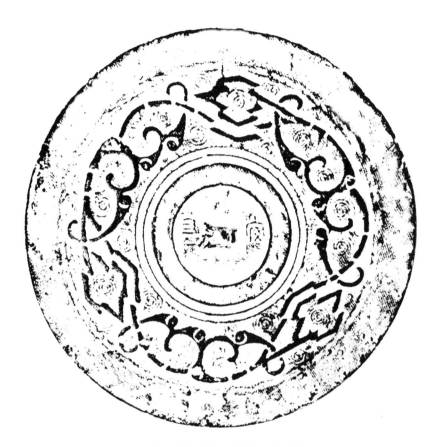

图 25　西汉早期"长安"铭文铜镜

基于以上讨论，可以认为"长安"在行诏筹民众心中当具隐喻性功能，甚至在民众看来，"长安"二字或许本身就是一句能够应和其宗教诉求，并具积极心理暗示的谶言。亦因乎此，在西汉末期的灾异乃至末世氛围笼罩下，[1]神都长安方才能够与西王母信仰融合到一起，成为民众向往的避灾禳祸、长安大宁[2]、欢乐无央、延寿不死的神圣之域。需指出，

①　学界围绕西汉中后期灾异的讨论较多，近期研究可参前揭马怡《西汉末年"行西王母诏筹"事件考——兼论早期的西王母形象及其演变》，《形象史学研究》2016 年上半年。
②　西汉铜镜铭文有"中国大宁""子孙累世永安宁"之说。

这种通过对地名的谶言化解释和运用以迎合民众诉求、发起民众运动的做法在汉末亦有所见，如黄巾太平道起于邺、会于真定，即暗合天下始邺（业）之地与天下"真定"之意。① 两者背后的思维方式与信仰逻辑，当大体一致。

总之，从"纵乐"这一核心要素出发，对哀帝建平四年"行西王母诏筹"民众运动的宗教诉求和本质，可以有更合理的理解，运动中民众或荒诞或狂热的种种行为和时空选择，也能够得到更好的解释。民众传行西王母诏筹的目的，乃在于为众神之长西王母的出行和"见容"清道，最终得见神人，避灾除祸，求得长生。运动始于哀帝建平四年春正月，民众折关、逾墙，历经郡国，急奔至京师；"其夏，京师郡国民"乃"聚会里巷仟佰，设（祭）张博具，歌舞祠西王母"，至秋止。这样的运动时间线反映了夏日祭祀王母的传统信仰在西汉民众中得到保留，但同时又被重新赋予了"乐为天之经，太阳之精""阳精昌兴，万物莫不乐喜。故当象其气而大纵乐，以顺助天道""阳与则阴精伏，犹如春夏起，秋冬伏"诸般宗教内涵。基于"以乐却灾"的宗教逻辑，民众无畏艰难、会聚京师的缘由在于，长期附着于"长安"之上的"千秋万岁、长乐未央"寓意，及其所具有的类似信仰的隐喻性功能，恰好契合了活动的宗教诉求，"长安"因之成为类似"应许之地"亦不乏救世意味的神圣之都。是即西汉末"行西王母诏筹"民众运动的内在逻辑与总体内涵，它因"以乐却灾"的神学思想，缘起于"纵乐"，落定于"长安"，由此我们方才得以透过纷繁易逝的历史表相，触及鲜活的帝都长安的神圣性格。

① 刘九生：《黄巾口号之谜》，《陕西师大学报》1985年第2期，第19页；姜生：《曹操与原始道教》，《历史研究》2011年第1期，第22~23页。

第三节　生属长安：神都记忆及其
对大众信仰之形塑

从颇富神圣性的"天子之居"，到避灾禳祸、长乐不死的神圣之域，长安的神圣性在社会记忆与大众信仰层面的影响，并未因都城转移戛然而止，而是继续向社会思想的更深处沉潜，自根源处形塑大众信仰，之后终于在东汉中后期以降的宗教性随葬文书与早期道经中显现出来。在此之前，让我们将视野拉回至西汉时期，先对长安的神圣化过程予以勾勒。

高祖统一天下后，随着中央集权逐渐加强，散布四隅的神圣性也开始逐渐向国都长安集中。这一过程起初主要体现为高祖对各区域巫官系统的收拢与整合。汉高祖六年（前 201），"长安置祠祝官、女巫"，聚梁巫、晋巫、秦巫、荆巫、九天巫等代表不同文化系统的巫官于国都，并使其各以岁时祠祀于宫中。[1]此般行为背后当然存在将不同区域文化中专司民众心灵与信仰的巫祠予以收拢和集中管理的现实考量，然而不可忽视的是，这一行为事实上也较大程度地促进了秦汉时期的"神权统一"，[2]同时在客观意义上开启了长安的神圣化过程，使得分散于各区域文化中的神圣性开始向国都长安渐次聚拢。此为长安神圣化构建的第一个阶段。

---

[1]　《史记》卷二八《封禅书》，第 1378~1379 页。《汉书》卷二五上《郊祀志上》所载略异（第 1211 页）。

[2]　杨华：《秦汉帝国的神权统一——出土简帛与〈封禅书〉、〈郊祀志〉的对比考察》，《历史研究》2011 年第 5 期。

为长安加注神圣性的第二个阶段是汉武帝时期。汉武帝是一位颇好方术、热忱求仙的帝王，他听信方士公孙卿之言，于长安城中及郊外遍修据说能够招徕神仙之属的高台宫苑。[①]这不仅很大程度上改变了长安原有的景观风貌及人们的视觉感受，也在事实上较大程度地改变了长安的内在属性，使这座威严的帝都深深染上了绚丽浪漫的神仙色彩，而其神圣性亦由此得以加强。[②]借由这些被注入浓烈神仙思想因而如同"神学符号"一样的建筑景观，包裹在长安城周遭的神学迷障再次被施加上了一道道难解的符咒。如果说大量带有迎神意味的高台宫苑在这一时期之营建，还基本上是长安神性的自我衍生或增殖，那么武帝在该阶段中以文帝时期设立于长安附近的五帝坛、五帝庙为基础，对天地诸神祭祀礼的创新性融合与改革（即将万神聚之于泰一祠坛），则可谓聚集原本分散的神灵祭祀的重要尝试。[③]泰一祠坛的设立表明，被不同神祇所析分的神圣性得到进一步收拢，来自不同文化和不同地域的多元神圣性在长安叠加，[④]最终熔铸为王朝的国家宗教，并通过层级分明的庞大神灵体系和祭祀系统

---

① 有关武帝在长安的建设情况，《汉书》卷二五下《郊祀志下》载之甚详（第1244~1245页）；《三辅黄图》对此亦有详细描述，可资参证（何清谷：《三辅黄图校注》卷二《汉宫》，第116~120页）。

② 由于"神圣"本身并无清晰的来源、派属划分，而是具有拒绝解析的神秘性和对人们心灵的诱惑力、威慑力，因而不同的神圣属性之间亦可叠加，由此达到神性增强的效果。对该问题的详细讨论请参托马斯·F.奥戴、珍妮特·奥戴·阿维德《宗教社会学》，刘润忠等译，中国社会科学出版社，1990，第41页。

③ 有关太一坛之构造及其体现的宇宙秩序等问题，可参目黑杏子「前漢武帝期における郊祀体制の成立——甘泉泰畤の分析を中心に」『史林』第86卷第6号、2003；张书豪《汉武帝的郊祀与封禅》，《中国学术年刊》第32期秋季号，2011年；许云和《汉〈郊祀歌〉十九章考论》，（台湾）《清华学报》2011年第3期。

④ 应注意，杨树达曾指出武帝时太一之祀凡四，祠所各异，而长安为其一："盖汉以祀太一当祀天，而皆用方士之说，故杂出不经也。"论见杨树达《汉书窥管》，上海古籍出版社，2006，第157~158页。

展现出来。

西汉时期神圣性向长安聚拢的第三个阶段即成帝至王莽时期的郊祀改革。先是成帝即位之初，匡衡奏"正南北郊，罢诸淫祀"，[1]于是，成帝建始元年（前32）十二月，"作长安南北郊，罢甘泉、汾阴祠"；[2]次年匡衡、张谭复条奏："长安厨官县官给祠郡国候神方士使者所祠，凡六百八十三所，其二百八所应礼，及疑无明文，可奉祠如故。其余四百七十五所不应礼，或复重，请皆罢。"[3]将甘泉泰畤、汾阴祠徙置长安之郊，罢诸淫祀，此皆为规整国家祭祀系统、重新厘定日趋繁复的长安神圣秩序的重要举措。不过，如研究者指出，成帝时期奠定的郊天祭地祭祀体系，在此后数十年间兴废无常，并未得到稳定延续，直到王莽将《周礼》引入国家祭祀改革，从空间上对旧祭祀体系予以极大压缩，"将原先分布于全国的重大祭祀迁移至长安四郊"，并且一改匡衡只迁移天地之祭、不废地方祠畤的做法，而将地方神祠彻底清除出国家祭祀，独尊郊祀，如此便在最大限度地容纳旧体系中神祇的同时，保障了郊祀的威严与神圣。[4]由此，曾经声名远播的至上仙都摇身一变，转而成为古典时代理想国都的此间再现。而无论是迎神仙都，还是儒教圣都，寄寓于"长安"的神圣性都始终如一地生长、蔓延，虽经改易却并未消散。

经过以上三个阶段的发展，长安的神圣性日趋强烈，影响渐及大众信仰与社会记忆，前揭西汉末民众至京师歌舞祠西王母的宗教运动即为典型。随着两汉之际政权的移易兴废，长安的命运发生转

---

① 《汉书》卷八一《匡衡传》，第3344页。

② 《汉书》卷一〇《成帝纪》，第304页。

③ 《汉书》卷二五下《郊祀志下》，第1257页。

④ 田天：《西汉末年的国家祭祀改革》，《历史研究》2014年第2期。

折，人们对神都长安的记忆亦由此开启。比如新莽、东汉之际，长安
屡遭兵燹，班彪在离开长安避居凉州之际奋笔写下《北征赋》，其中
有言："余遭世之颠覆兮，罹填塞之厄灾。旧室灭以丘墟兮，曾不得乎
少留。遂奋袂以北征兮，超绝迹而远游。朝发轫于长都兮，夕宿瓠谷
之玄宫。历云门而反顾，望通天之崇崇。"① 离开的时候，遥想和追忆
自己生活有年的长安，充盈脑海的尽是旧日国都的神圣气象，放眼望
去满是"通天之崇崇"。这当然是士人的文学想象，带有鲜活而独特
的个人感受，但也确实映照出鼎盛时期的长安在时人心中留下的难以
磨灭的印记。而这些强烈的个人记忆最终交会、沉淀为更深沉的社会
记忆。

　　"金铜仙人辞汉"可谓神都长安影响社会记忆之典型一例。史载汉
武帝在建章宫神明台上立有一高耸入云的铜柱，"上有承露盘，有铜仙
人，舒掌捧铜盘玉杯，以承云表之露，以露和玉屑服之，以求仙道"。②
或许是被这则广为流传的故事所感召，魏文帝（一说魏明帝）决定将
长安的承露盘整体拆迁至邺城，却因发生承露盘折毁后铜人哭泣的"神
迹"而未能遂愿。曹魏鱼豢《魏略》记载："是岁（景初元年），徙长安
诸钟虡、骆驼、铜人、承露盘。盘折，铜人重不可致，留于霸城。"③ 东
晋习凿齿《汉晋春秋》并载："建兴十五年，魏景初元年，魏帝徙盘，盘
折，声闻数十里，金狄或泣，因留于霸城。"④ 唐人所修《晋书·五行志》
复载："魏明帝青龙中，盛修宫室，西取长安金狄，承露槃折，声闻数十

①　费振刚等：《全汉赋校注》，第 360 页。

②　何清谷：《三辅黄图校注》卷三《建章宫》，第 170 页。

③　此据《三国志》卷三《明帝纪》注引《魏略》，第 110 页。

④　汤球辑《汉晋春秋辑本》卷二，"丛书集成初编"本，商务印书馆，1936，第 20 页。

里，金狄泣，于是因留霸城。此金失其性而为异也。"① 细审之，三条史料适可呈现后人逐步附会的线索：很可能是亲历者的鱼豢只是写实性地记载"盘折，铜人重不可致，留于霸城"，而以蜀汉为正统的习凿齿则加上了"盘折，声闻数十里，金狄或泣"的传闻，最后《晋书》以肯定的语气断之，记作"金狄泣，于是因留霸城"。尽管如此，此则颇类寓言的"历史故事"所折射出的人们对于西汉神都意象的接受，包括人们对于汉长安城的神圣记忆，却是真实无疑的——承露盘及其依以存立的高台宫殿，早已成为神都长安不可分割的部分，故金狄之所泣者，乃在于圣城陷落、神圣湮没之殇及其所难承受的分离之恸；同时，铜人哭泣的附会过程实际也是此种神圣记忆被逐渐唤起并发挥作用的过程。

挨诸史乘，对大众信仰与社会记忆形成重要影响的有关长安的种种神异传说，应是通过"长安谣"或"长安语"、"京都谣"、"里间语"、"间里歌"等形式，逐渐传递至郡国和乡里，由是而遍及天下。比如《乐府诗集》录有一首《城中谣》："城中好高髻，四方高一尺。城中好广眉，四方且半额。城中好大袖，四方全匹帛。"② 连长安城中人们的妆容、发饰、衣着都成为天下民众津津乐道的话题，可以想见长安城中的种种景致、风尚、秘闻、逸事、神话、怪谈，完全可以通过这种形式被天下人知晓，甚至广为传布。比如《三辅黄图》中即载有一首以建章宫南北两阙门为唱咏对象的"古歌"："长安城西有双阙，上有双铜雀，一鸣五谷生，再鸣五谷熟。"③ 是亦可见西汉时期的长安风物对民众记忆的深远影响。当然，在神仙思想隆盛的汉代，对广大百姓而言，最有魅力也最具

① 《晋书》卷二七，第810页。
② 郭茂倩编《乐府诗集》卷八七《杂歌谣辞五》，中华书局，1979，第1223页。
③ 何清谷：《三辅黄图校注》卷二《汉宫》，第123页。

吸引力的，乃是发生在长安的种种不老不死传说。① 由于很多神异和神迹都附着于长安成立，言之既久，则长安也顺理成章地发展为承载民众信仰的"记忆之场"，凝定为社会记忆中的神圣之地。

我们还发现，《汉书·西域传》在描述西域周边诸国时，总是以其"去长安"的距离起头，此般写法虽应与《西域传》取材于官方簿籍有关（近年出土或发现的若干"里程简"亦堪为证），② 但似乎也反映出至少在西汉时期的政治文化中，人们是将天子之城及天下"中心"的长安作为认识世界的起点和丈量世界之基准的。而这样的政治文化本亦有其不容忽视的思想和学术依据，即经学所论证的京师→诸夏→夷狄这一由内而外、逐层推进的王化天下之顺次。此般论说在经、史文献中皆有所见，如《史记》载公孙弘言："故教化之行也，建首善自京师始，由内及外。"《说苑》："内治未得，不可以正外；本惠未袭，不可以制末。是以《春秋》先京师而后诸夏，先诸华而后夷狄。"《春秋公羊传注疏》宣公十一年："《春秋》内其国而外诸夏，内诸夏而外夷狄。王者欲一乎天下，曷为以外内之辞言之？言自近者始也。注云：'明当先正京师，乃正诸夏。诸夏正，乃正夷狄，以渐治之是也。'"隐公元年："六辅者，公辅天子，卿辅公，大夫辅卿，士辅大夫，京师辅君，诸夏辅京师是也。"③

---

① 如武帝所用的"返魂香"或曰"月支神香"。据学者研究，征和三年（前90），西胡月支国派遣使者进献了一种神奇的香药"返魂香"，后元元年（前88）长安发生瘟疫时，汉武帝曾用焚烧此香的办法成功避疫。相关讨论参见王永平《论古人焚香避瘟疫之法——以汉武帝时月支献香与长安驱疫为例》，《史志学刊》2020年第1期。

② 聂溦萌：《中古地理书的源流与〈隋志〉史部地理篇》，《史林》2019年第4期，第73页。

③ 《史记》卷一二一《儒林列传》，第3119页；向宗鲁：《说苑校证》，中华书局，1987，第369页；阮元校刻《十三经注疏》，第2284、2195页。相关讨论参见姜生、梁远东《〈太平经〉史源考》，《四川大学学报》2021年第2期。

正是在口头传诵与文字书写的重重渲染下，长安一定意义上已发展为汉家的代名词，它既是天下子民的安身归命之所，亦是圣贤高德、奇人异士会聚的理想之境，还是诸神庇佑的神异之城和仙境奇都。① 在这样的历史演进过程中，长安的神圣意象得以牢固铸就，并被植入社会记忆深处，成为塑造民众信仰形态、影响社会记忆传递和表达的重要因素。在此基础上，我们就能够以东汉中后期出现的"生属长安"类宗教性随葬文书为基础，同时结合早期道教相关经文，对神都长安在民众信仰及宗教记忆方面的影响做一梳理和讨论。首先整理相关资料如下。②

---

① 《汉书》卷七五《眭两夏侯京翼李传》载："汉兴推阴阳言灾异者，孝武时有董仲舒、夏侯始昌，昭、宣则眭孟、夏侯胜，元、成则京房、翼奉、刘向、谷永，哀、平则李寻、田终术。"（第3194~3195页）《汉书》卷九九上《王莽传上》载王莽曾"为学者筑舍万区……征天下通一艺教授十一人以上，及有逸《礼》、古《书》、《毛诗》、《周官》、《尔雅》、天文、图谶、钟律、月令、兵法、《史篇》文字，通知其意者，皆诣公车。网罗天下异能之士，至者前后千数，皆令记说廷中，将令正乖缪，壹异说云"（第4069页）。而《太平经》亦言曰："夫京师者，乃应土之中，火之可安止处也。非若市，但可聚财处也。夫京师乃当并聚道与德，仁与贤渫，共治理天下……古者京师到今，诸聚道德贤渫者，天下悉安其理，但聚珍宝财货而无贤明者，悉乱。"（王明：《太平经合校》，第270~271页）长安确堪为天下的学术和文化中心（乃太学之所在，藏书最丰），为各地方的士人、官吏乃至周边政权的公子王孙所向往，各地的方士、道术之士、异能之士乃至胡人巫觋亦纷纷觐见天子，为天子"献宝"，由此将各地域文化中的奇珍异产、神仙方技、巫术信仰带至国都长安，谓之"殊方异物，四面而至"。另外，为了陈列异域奇珍，再现包举禹域内外及仙界的多层次、多维度之"完整"的天下景观，武帝还在长安及其周边"广开上林"，终于营造出一个象征性地囊括人间与仙界的"微缩天下"。对该问题的讨论见周金泰《从上林苑到〈上林赋〉：汉帝国的博物空间及其笔端营造》，《学术月刊》2021年第10期。

② 除下文表4中所列文献外，相关研究和考辨参见刘昭瑞《汉魏石刻文字系年》，台北：新文丰出版公司，2001，第178、203~204、223、234~235页；黄景春《早期买地券、镇墓文整理与研究》，华东师范大学博士学位论文，2004，第86、127、128、139、141~143页（案，其博士论文修订后所出专著即前揭氏著《中国宗教性随葬文书研究——以买地券、镇墓文、衣物疏为主》）；张勋燎、白彬《中国道教考古》，第109、163、186页；罗操《东汉至南北朝墓券研究》，华东师范大学博士学位论文，2015，第29~31页。

表 4　"生属长安"类宗教性随葬文书统计

纪年、名称	文书内容（部分采择）	资料出处
延光元年 （122）	延光元年□□十四日，生人之死别解，生自属长安，死人自属丘丞墓。汝□千日，生人食三谷。死人［入］土，生上堂，死人深自臧［葬］，如律令	黄景春：《早期买地券、镇墓文整理与研究》，华东师范大学博士学位论文，2004，第 87 页
熹平四年 （175）脂氏 镇墓文	熹平四年十二月甲西［午］朔三日丙申……上天仓仓［苍苍］，地下芒芒［茫茫］。死人归阴，生人归阳。生入宜里，死人有乡。生人属西长安，死人属东大山。乐无相念，苦无相思。大山将阅，人参应之。地下有适［谪］，蜜人代行……各安其所……	罗振玉：《古器物识小录》，《罗振玉学术论著集》第 3 集，上海古籍出版社，2010，第 382 页
熹平六年镇 墓文	熹平六年九月癸未朔廿四日丙午……日去……相……民人……生入西属长安，死人东属大山。生人属阳，死（人）属阴，生人□□□无相干……	池田温「中国歴代墓券略考」『東洋文化研究所紀要』第 86 冊、1981、220 頁
初平元年 （190）冯氏 镇墓文	初平元年庚午三月辛丑朔十三日……令去人长安，生人无□。□冯氏子孙贵富蕃［繁］昌，马牛千头，奴婢成行。急急如律令	《扶风县文物志》，陕西人民教育出版社，1993，第 190 页
大吉日陶镇 墓文	大吉日直除天帝下口□移别……生人自属长安，死人属大山……□官。生死异同，勿□相奸。天帝所窆别约咎□各如□别约律令	罗振玉：《古器物识小录》，《罗振玉学术论著集》第 3 集，第 383 页
	……死人公……死亡归□土，何……来相聚苦，生人自属西长安，死人自（属东大山）	《西安财政干部培训中心汉、后赵墓发掘简报》，《文博》1997 年第 6 期
刘伯平镇 墓文	……月乙亥朔廿二日丙申朔……皆归墓丘，大山君召……生属长安，死属大山，死生异处，不得相防，须河水清，大山平……□六丁，有天帝教，如律令	罗振玉：《贞松堂集古遗文》卷 15，北京图书馆出版社，2003，下册，第 358~362 页
残镇墓文	……□□西，生人入城，死人出郭，死生异处，莫相干犯。生人属西长安，死人属太山……南，故为丹书铁券，□及解适［谪］，千秋万岁，莫相来索，如律令	
建元十八年 （382）墓券	敬告皇天后土、天龙地使、丘丞墓伯……随太父后死者属太山，生者属长安……死入太山死乡矣。黑帝用事，玄武除央；黄泉九重，鬼神大乡，移殃去咎……	刘卫鹏：《甘肃高台十六国墓券的再释读》，《敦煌研究》2009 年第 1 期，第 50 页

可以发现，从东汉中期至十六国时期，"生属长安"类随葬文书皆有发现，但以东汉中后期为盛，此后逐渐消歇。汉以后有限的含有如是表述的几种文书亦被掺入了更多更复杂的要素，此般现象或许反映了中古时期民众冥世观念的一些变化。[①] 当然，以上宗教性随葬文书几乎都含有类似"生属长安，死属大（泰）山"的格套化表达（冯氏镇墓文中表现为生人离去长安之类的表达）。[②] 表面上看，这些宗教性随葬文书无非是强调死、生各有所属，至此两相无碍，安好无殃，此外似再无更多含义。然而，当我们仔细思索为何会是泰山和长安这两个地方时，问题便立马凸显出来了。汉纬《孝经援神契》言："太山，天帝孙，主召人魂。东方万物始，故主人生命之长短。"[③] 《风俗通·正失》载："岱宗上有金箧玉策，能知人年寿修短。"[④] 据此，泰山之所以能够成为人死后的魂归之所，似与其主掌人魂并管控人的生命长短有关。或许也是基于这个原因，与泰山有关的封禅实际上亦与帝王个人的不死欲求相关，而不只是获取或建立政治合法性的神圣仪式。

那么，与泰山对应的作为生之所属的长安，又有怎样的具体含义与实际所指呢？考虑到"生属长安"类宗教性随葬文书盛行之时，国都早

---

① 相关讨论参见刘安志《从泰山到东海——中国中古时期民众冥世观念转变之一个侧面》，《唐研究》第13卷，北京大学出版社，2007，第369~398页。

② 此外，近年所见南朝时期数件买地券中，还有"长安蒿里"的说法，如刘宋元嘉二十一年（444）田和买地券云："神归三天，身归三泉，长安蒿里。"（鲁西奇《中国古代买地券研究》，厦门大学出版社，2014，第119页）实际上，如是表达同样以"长安"指代生者世界，"蒿里"指代逝者世界，故可谓"生属长安，死属泰山"之简写。特别值得注意的是，包含"长安蒿里"的数方买地券，皆明确提及"新出（老鬼）太上老君"，显示出其与天师道的密切关系。结合本书第三章第三节所揭中古道经对汉高祖之隆崇，中古时期天师道对"长安"之执着或当与此相通，皆乃中古道教所承绍的"汉家"神学的重要构件。

③ 安居香山、中村璋八辑《纬书集成》，第961页。

④ 应劭撰，王利器校注《风俗通义校注》卷二，第65页。

已从长安迁至洛阳的历史事实，我们就不得不在政治权力支配外，去考虑究竟是何原因导致长安而非洛阳，在民众心中留下如此难以抹去的印迹，以至于人们将这样的社会记忆传续，并带至死后世界的构筑中。对于此般涉及生死归宿的神圣空间，我们或可借助宗教典籍的相关记载，去尝试更大程度地接近与感受。道经中即有对道教神圣空间"治"的本质性界定，比如唐代道教类书《三洞珠囊》引《玄都律》云："治者，性命魂神之所属也。"[1]《太平御览》引《五岳山名图》曰："性命魂神之所属，皆有理所。"[2] 唐代道书《要修科仪戒律钞》对天师道二十四治扼要描述为"下则镇于人心，上乃参于星宿"。[3] 这些经文都显示出"治"具有管理道民"命籍"的功能，[4] 而其神圣性来源则在于老君惠允天师"授气治民"，以及天官、星官依据天地时令运转规律而对人们性命所实施的天管神治体系。"治"乃道教组织管理道民的教区，[5] 当然亦是生人之所在。这意味着，如同死者魂归泰山一般，生人的"命籍""魂神"同样有其神圣寓所，[6] 此即上揭"生人有里、死人有乡"的内在蕴涵。

如上所论，随着西汉时期神圣性向"天子之居"不断聚拢，长安

---

[1]　王悬河：《三洞珠囊》卷七，《道藏》第 25 册，第 330 页。

[2]　《太平御览》卷六七四《道部十六》，第 3003 页。

[3]　朱法满编《要修科仪戒律钞》卷一〇，《道藏》第 6 册，第 966 页。

[4]　《陆先生道门科略》载："天师立治置职，犹阳官郡县城府治理民物，奉道者皆编户著籍，各有所属。令以正月七日、七月七日、十月五日，一年三会，民各投集本治，师当改治录籍，落死上生，隐实口数，正定名簿，三宣五令，令民知法。"（《道藏》第 24 册，第 780 页）魏斌指出，或许正是基于道民户籍之"落死上生"，方才形成道教中生籍、死籍的运作与仙府、鬼府的关系，参见氏著《"山中"的六朝史》第二部分之"六朝会稽海岛的信仰意义"，三联书店，2019，第 199~207 页。

[5]　对道教之"治"的更多讨论，参见刘昭瑞《"东治三师"、"三五将君"、"大一三府"、"南帝三郎"考——谈镇江东晋墓所出道教印》，《考古》1995 年第 5 期；姜生《道教治观考》，《中国道教》2001 年第 3 期；刘娟《〈老子想尔注〉的"神治"思想及其在天师道中的实现》，《现代哲学》2020 年第 2 期。

[6]　傅飞岚：《二十四治和早期天师道的空间与科仪结构》，《法国汉学》第 7 辑，第 212~253 页。

逐渐被赋予强烈的神圣性格，由此也深刻影响、形塑了大众信仰与社会记忆。加之"长安"寓意直白，除了国家长治久安，还有千秋万岁、安乐未央之意，致使其很容易与当时盛行的神仙思想（尤其"太平"思想）及人们的死后世界联系到一起，此即东汉中后期以降兴起的宗教性随葬文书之所以选择长安作为对应于"死乡"泰山的生人之归宿的历史背景和思想渊源。可以想见，对于非长安籍贯、未能在长安生活的民众来说，"生属长安"大概既是他们生前愿望的抽象与凝固化表达，也是文书的作者（亦当为专司丧葬仪式的神职人员）对世间兆民拥有最美好归宿的虔诚祝愿。一言之，在彼时的宗教记忆中，长安就是生者最好的归宿，亦如泰山即是死者最好的归宿一样。[①] 当然，对于生于斯、长于斯、死于斯、葬于斯的人们来说，其间所凝结的真挚认同与骄傲自豪，亦可谓不言自明（"自属"一语感情尽现）。此外，东汉晚期的一方画像镜上有铭文曰："周仲作竟［镜］四夷服，多贺国家人民息。胡虏殄灭天下复，风雨时莭［节］五谷孰［熟］。长保二亲得天力，传告后世乐无极。盛如长安南，贤如鲁孔子。"[②] 透过镜铭，隐约之间仍可感受到东汉时期人们对繁盛长安的绵长记忆。

尤可注意者，此般对长安的神圣记忆，在大致造作于晋宋之际的道经《太上洞渊神咒经》中亦有展现。经曰：

---

①　陈槃有泰山主死亦主生之说，要点有二：其一，泰山为地主，人死归于地，故泰山主死；其二，泰山信仰当源于霍泰山祀事，霍泰山神虽有天使、天子、天帝等歧说，但言其通于天则一也，如此，泰山之天孙与霍泰山天帝、天子之说诚不无渊源，而天可兴灭国家，生死人物，故泰山固不只主死，亦主生（参见氏著《旧学旧史说丛》，上海古籍出版社，2010，第775~783页）。实际上，主死、主生正可谓泰山主人命的一体两面，魂归泰山也并不意味着生命的永结，而同样可以是新生命的开始，此亦与该时期人们释"鬼"为"归"及上揭随葬文书言泰山为"死乡"（而非治鬼之狱）所传递出的死后世界观相符。

②　王纲怀：《汉镜铭文图集》，图426。

　　自伏羲三千年大水流溢，人民半死……至甲午之年，<u>人</u>
<u>氏〔民〕还住中国，长安开霸，秦川大乐。六夷宾伏……道法</u>
<u>盛矣</u>。

　　<u>得见太平者，欣乐不知愁</u>……如若不信者，<u>可往问张骞</u>。信与
东方朔，心意常令宣。天地得合同，集会成因缘。鬼兵无极众，把
石填昆仑。……白玉镇四角，循列仙宫观。<u>皇老登坛立，善人还</u>
<u>长安</u>。

　　正有中国之人，知礼义耳。中国东西南北十四万里，人人知法
学大道，有自然天人往来耳。余国无有此也。十方无量国，此是异
国，不同小小国。<u>圣人所居，自非太上仙人，不得往彼也</u>。<u>元真仙</u>
<u>人曰</u>：何国，国为几里，是中国之次也。天尊告太上曰：<u>中国长安</u>
<u>是也</u>。东至海隅，南至吴楚之外郊，西至罽宾，北至沙漠，悉是中
国之名也。[①]

　　细绎以上经文可发现，在晋宋之际的道教神学体系中，长安已被进一步
想象为历经天下大乱乃至末世劫运之后，圣主、真君"还住中国"的神
圣寓所，而此前被迫流移边鄙的"善人"也终于得以还住长安。当然，
随之而来的还有"秦川大乐""六夷宾伏""天地合同""得见太平"等
颇富宗教意味、如同天国乐园一般的神圣景象。衡诸历史，"永嘉之乱"
后，尽管南迁民众身寄边地，然其重返中原故土之心不泯，"忆汉"情愫

<hr>

[①]　《道藏》第6册，第3、49~50、76~77页。对其成书时间的讨论，参见刘国梁《试论〈太
上洞渊神咒经〉的成书年代及其与佛教的关系》，《世界宗教研究》1983年第3期；小林
正美《六朝道教史研究》，第355、359页。另外，姜生曾以最后一条经文解读汉唐道教的
"中国"优越论神学，颇具启发。论见姜生、汤伟侠主编《中国道教科学技术史·南北朝
隋唐五代卷》，第13页。

亦甚强烈。^① 由此，《太上洞渊神咒经》对中国、长安的想往和神化，或许正好宗教化地保存、再现了南渡北人重返天下一统且以神都长安为中枢的盛汉时代的炽热情感。总之，在汉晋时期的道教记忆中，长安就是圣人所居、上仙云集、礼义庄严、道法弘盛、善人遍布的神圣之都，也是"中国"的核心所系，甚至其本身就可以代表"中国"。由是观之，从历史实相到神都意象，从精英思想到大众信仰，长安的神圣性虽历经时代流转，却并未湮灭消散。

结　语　"神汉"之都

高祖以布衣取得天下后，因检讨暴秦、证成汉家政权合法性所需，一系列符命、祥瑞等"开国神话"被制造出来。在强大国家权力的干预及儒生、方士的书写与推动下，高祖连同"汉家"一道，逐渐被赋予神圣的光环。如是富有政治目的的行为，"神道设教"的痕迹再明显不过。然而，当起初的附会日趋凝固，外在的文化宣扬亦难免内化为自觉的归附与认同。随着"汉家"圣化的持续、深入展开，"圣汉""皇汉"

---

① 有关道教与中古时期"汉家"记忆的讨论请参本书第三章、第六章相关部分。另外，还应引起注意的是，有研究者指出，六朝时期出现的诸多"地理博物"类小说皆以汉武帝、东方朔为其主要代言人，个中因由除武帝四处求仙与东方朔博闻强识之形象影响外，还与该时期一种或可称为"大汉图腾"的想象和思维有关。这种对大汉帝国的"图腾想象"特别典型地体现在南朝的边塞诗中。即，尽管南朝领土从未拓展至北方长城之地，南朝文人也并没有凭吊长城或西出阳关之切身经验，却仍能够产出一百多首边塞诗，其中的关键要素在于，"南朝人的时空思维事实上是根深蒂固地烙印着汉代京洛的图腾"。有关该问题的详细讨论请参许圣和《"博物思维"与六朝文学》，台湾东华大学硕士学位论文，2006，第183~188页；王文进《南朝文人的"历史想象"与"山水关怀"——论"边塞诗"的"大汉图腾"与"山水诗"的"欣于所遇"》，收入氏著《南朝边塞诗新论》，河南人民出版社，2018，第167~184页。

等词语逐渐发展成为时人常辞。这些带有强烈神化色彩的用语不仅见诸史籍，亦载录于碑刻，成为我们体认、追悟汉帝国神圣性格的"语言化石"。通过上文的探考，我们可以发现，在包裹"神汉"的重重神学符号中，国都长安的位置十分醒目，一如其在帝国世俗时空和天下体系中所享有的核心地位一般。

西汉时期，作为"天子之居"的长安，不仅承载着汉家天子沟通祖灵与天地神祇的"神权"，是天子宗庙及王朝神灵祭祀之所在，而且深刻影响着汉代大众信仰的形态与特质，使之在大众信仰层面成为有别于一般城邑或其他形胜之地的"圣域""圣地"。因此，长安的神圣性既潜在地制约着两汉之际政权交替过程中王莽、刘玄、隗嚣、刘秀等人的相关议论与举措，又内在地引导着西汉末年民众至京师表达"以乐却灾"宗教诉求的集体行为；同时，"长安"还进一步出现在东汉中后期以降的宗教性随葬文书中，成为对应于"死乡"泰山的生之归宿。要之，本章内容从政治文化、大众信仰、社会记忆三个维度，分析西汉末至东汉时期作为首都和故都的长安，在广义的社会信仰中的地位及其发展问题，尝试厘清在信仰世界的不同层面，长安的神圣性是如何被接受与表现的。通过这一讨论，三重维度下的神都长安逐渐从历史资料中显露出来，其光芒交相辉映，共同投射出长安神圣性被塑造和被接受的历史情境。

就此观之，神都长安的成立过程，实际上也是西汉时期的政治神学（以王权神化为中心）、灾异理论（以避灾禳祸致太平为要旨）、神仙思想（以不老不死为追求）、大众信仰（以摄取融合前述各类神秘思想为依归）逐渐聚焦到长安这一神圣空间的过程。这样的聚焦过程，不仅透示出汉代都城信仰的几个层次及其相互间的隐然关系，而且呈现出西汉时期各类思想、学说与知识、信仰之间的互融共生状貌，以及促成它们得以交织的某种结构性机理。随着王权神化步伐的加快，宗庙与国都之间的对应关系日趋稳定，大一统王朝的宗教性格愈发明确地映射至天子所在地，形成以国都为中枢的政治神学；而灾异学说、神仙思想与帝王之往来互动，在为天子、国都持续加注神圣性的同时，亦有效泽及大众信仰，由此成为连接不同层次之帝都信仰、会通不同种类之知识学说的"中转站"。在此般思想与历史的交互进程中，政治的宗教性与宗教的政治性得以凸显，"神器有命"的政治神学与"身国同治""佐国扶命"的宗教内核逐渐得以巩固，并皆沉淀为长期作用于中国历史、文化发展的深层因素。

神都长安者，"神汉"之都也，故考赜"神圣汉长安"实可追迹神圣"汉家"。循此言说开去，如果将"汉家"的历史文化比作巨大且逐层加密的宫殿群，那么由天文、历数、星相、阴阳、五行、八卦、形法、卜筮、精气、命运、器物、身体等观念、知识与信仰交织演绎出的庞大象征和隐喻体系，便可谓笼罩于宫殿群周遭的隐形"迷障"。这提示人们，凡欲登堂入室者，必得首先破解和穿越这重重迷障。或许这将成为人们努力探垦的一条新路——一条直面"迷障"本身，并将之视为考察该时代诸种问题时务必考量计入的重要因素，而非妄图淡化抑或径直绕过它们的研究之路。

参考文献

一　基本史料

1. 道教经典

《赤松子章历》,《道藏》第 11 册，文物出版社、上海书店、天津古籍出版社，1988。

《洞玄灵宝丹水飞术运度小劫妙经》,《道藏》第 5 册。

《洞真太上八素真经修习功业妙诀》,《道藏》第 33 册。

杜光庭:《神仙感遇传》,《道藏》第 10 册。

敦煌本《老子变化经》(S.2295),《中华道藏》第 8 册。

寇谦之:《老君音诵诫经》,《道藏》第 18 册。

《老子中经》,《道藏》第 22 册。

《灵宝无量度人上经大法》,《道藏》第 3 册。

《陆先生道门科略》,《道藏》第 24 册。

《三洞珠囊》，《道藏》第 25 册。

《三天内解经》，《道藏》第 28 册。

《上清高上玉真众道综监宝讳》，《道藏》第 6 册。

《上清后圣道君列纪》，《道藏》第 6 册。

《太清金液神丹经》，《道藏》第 18 册。

《太上洞玄灵宝三元品戒功德轻重经》，《道藏》第 6 册。

《太上洞渊神咒经》，《道藏》第 6 册。

《太上老君经律》，《道藏》第 18 册。

《太上正一盟威法箓》，《道藏》第 28 册。

王明：《太平经合校》，中华书局，1960。

《无上秘要》，《道藏》第 25 册。

《玄都律文》，《道藏》第 3 册。

《要修科仪戒律钞》，《道藏》第 6 册。

张君房：《云笈七签》，《道藏》第 22 册。

《正一法文法箓部仪》，《道藏》第 32 册。

《正一法文太上外箓仪》，《道藏》第 32 册。

《正一法文天师教戒科经》，《道藏》第 18 册。

2. 一般古籍

《史记》《汉书》《后汉书》《三国志》《晋书》《宋书》《南齐书》《梁书》《陈书》《魏书》《北齐书》《周书》《隋书》《南史》《北史》《旧唐书》《新唐书》《资治通鉴》，并中华书局点校本。

安居香山、中村璋八辑《纬书集成》，吕宗力、栾保群等译，河北人民出版社，1994。

班固纂辑，陈立疏证《白虎通疏证》，吴则虞点校，中华书局，

1994。

蔡邕撰，邓安生辑校《蔡邕集编年校注》，河北教育出版社，2002。

常璩著，任乃强校注《华阳国志校补图注》，上海古籍出版社，1987。

陈澧：《东塾读书记（外一种）》，三联书店，1998。

崔鸿撰，汤球辑补《十六国春秋辑补》，聂溦萌、罗新、华喆点校，中华书局，2020。

崔寔、仲长统撰，孙启治校注《政论校注 昌言校注》，中华书局，2012。

道宣：《广弘明集》，《中华大藏经》第62册，中华书局，1993。

费振刚等辑校《全汉赋》，北京大学出版社，1993。

干宝、陶潜撰，李剑国辑校《新辑搜神记·新辑搜神后记》，中华书局，2007。

高文：《汉碑集释（修订本）》，河南大学出版社，2008。

葛洪撰，胡守为校释《神仙传校释》，中华书局，2010。

葛洪撰，王明校释《抱朴子内篇校释》，中华书局，1985。

葛洪撰，杨明照校笺《抱朴子外篇校笺》（上、下），中华书局，1991、1997。

葛洪撰，周天游校注《西京杂记》，三秦出版社，2006。

顾廷龙主编《续修四库全书》第515册《史部·传记类》，上海古籍出版社，2002。

顾炎武撰，黄汝成集释《日知录集释》，栾保群、吕宗力校点，上海古籍出版社，2006。

郭茂倩编《乐府诗集》，中华书局，1979。

《国语》，上海师范大学古籍整理组校点，上海古籍出版社，1978。

韩婴撰，许维遹集释《韩诗外传集释》，中华书局，1980。

何清谷：《三辅黄图校注》，三秦出版社，1995。

洪适：《隶释·隶续》，中华书局，1985。

黄晖：《论衡校释》，中华书局，1990。

黎翔凤校注《管子校注》，梁运华整理，中华书局，2004。

李昉等：《太平御览》，中华书局，1960 年影印本。

李昉等编《太平广记》，汪绍楹点校，中华书局，1961。

郦道元撰，杨守敬、熊会贞疏《水经注疏》，江苏古籍出版社，1989。

梁章钜：《归田琐记》，于亦时点校，中华书局，1981。

刘安等撰，张双棣校释《淮南子校释（增订本）》，北京大学出版社，2013。

刘宝楠：《论语正义》，影印世界书局《诸子集成》本，上海书店，1986。

刘敬叔：《异苑》，范宁校点，中华书局，1996。

刘向撰，石光瑛校释《新序校释》，陈新整理，中华书局，2009。

刘勰撰，范文澜注《文心雕龙注》，人民文学出版社，1958。

刘义庆撰，刘孝标注，余嘉锡笺疏《世说新语笺疏》，中华书局，1983。

刘珍等撰，吴树平校注《东观汉记校注》，中州古籍出版社，1987。

卢弼：《三国志集解》，中华书局，1982。

陆心源：《千甓亭古砖图释》，浙江古籍出版社，2011。

逯钦立：《先秦汉魏晋南北朝诗》，中华书局，1983。

罗争鸣：《杜光庭记传十种辑校》，中华书局，2013。

吕不韦等编撰，陈奇猷校释《吕氏春秋新校释》，上海古籍出版社，

2002。

马端临:《文献通考》,华东师范大学古籍研究所点校,中华书局,2011。

马非百:《管子轻重篇新诠》,中华书局,1979。

毛远明:《汉魏六朝碑刻校注》,线装书局,2008。

欧阳询:《艺文类聚》,汪绍楹点校,上海古籍出版社,1999。

皮锡瑞:《〈六艺论〉疏证·鲁礼禘祫义疏证》,师伏堂丛书(清光绪中善化皮氏刊本)。

皮锡瑞:《经学通论》,中华书局,1954。

皮锡瑞:《经学历史》,中华书局,1959。

钱大昕:《十驾斋养新录》,杨勇军整理,上海书店,2011。

饶宗颐:《老子想尔注校证》,上海古籍出版社,1991。

阮元校刻《十三经注疏》,中华书局,1980。

僧祐:《弘明集》,《中华大藏经》第 62 册。

释道世撰,周叔迦、苏晋仁校注《法苑珠林校注》,中华书局,2003。

苏舆:《春秋繁露义证》,钟哲点校,中华书局,1992。

孙毂:《古微书》,《孔子文化大全》本(据对山问月楼藏本影印),山东友谊书社,1990。

孙星衍等辑《汉官六种》,周天游点校,中华书局,1990。

孙诒让:《墨子间诂》,孙启治点校,中华书局,2001。

唐书文:《六韬·三略译注》,上海古籍出版社,2006。

王夫之:《读通鉴论》,中华书局,1975。

王符撰,汪继培笺,彭铎校正《潜夫论笺校正》,中华书局,1985。

王纲怀:《汉镜铭文图集》,中西书局,2016。

王弘：《山志》，何本方点校，中华书局，1999。

王嘉：《拾遗记》，齐治平校注，中华书局，1981。

王利器：《盐铁论校注》，中华书局，1992。

王先谦：《后汉书集解》，中华书局，1984。

王先谦：《庄子集解》，影印世界书局《诸子集成》本。

王先谦：《荀子集解》，沈啸寰、王星贤点校，中华书局，1988。

王先谦：《汉书补注》，上海古籍出版社，2012。

王先慎：《韩非子集解》，影印世界书局《诸子集成》本。

王象之编纂《舆地纪胜》，中华书局，1992。

魏源：《老子本义》，影印世界书局《诸子集成》本。

吴式芬、陈介祺：《封泥考略》，浙江人民美术出版社，2013。

向宗鲁：《说苑校证》，中华书局，1987。

萧吉：《五行大义》，钱杭点校，上海书店出版社，2001。

萧统编，李善等注《六臣注文选》，中华书局，2012。

谢朓撰，曹融南校注《谢朓集校注》，中华书局，2019。

徐传武、胡真：《易林汇校集注》，上海古籍出版社，2012。

徐坚等：《初学记》，中华书局，1962。

荀悦：《汉纪》，《两汉纪》，张烈点校，中华书局，2002。

荀悦撰，黄省曾注，孙启治校补《申鉴注校补》，中华书局，2012。

严可均：《全上古三代秦汉三国六朝文》，中华书局，1958。

殷芸：《殷芸小说》，周楞迦辑注，上海古籍出版社，1984。

应劭撰，王利器校注《风俗通义校注》，中华书局，1981。

袁宏：《后汉纪》，《两汉纪》，张烈点校，中华书局，2002。

张华撰，范宁校证《博物志校证》，中华书局，1980。

赵超：《汉魏南北朝墓志汇编（修订本）》，中华书局，2021。

赵翼:《陔馀丛考》,商务印书馆,1957。

赵翼撰,王树民校证《廿二史札记校证》,中华书局,1984。

赵在翰辑《七纬》,钟肇鹏、萧文郁点校,中华书局,2012。

周寿昌:《思益堂日札》,许逸民点校,中华书局,1987。

周天游辑注《八家后汉书辑注》,上海古籍出版社,1986。

二　今人论著

1. 中文论著（含中文译著）

（1）著作

艾蒂安·白乐日:《中国的文明与官僚主义》,黄沫译,台北:久大文化股份有限公司,1992。

艾兰:《世袭与禅让——古代中国的王朝更替传说》,余佳译,商务印书馆,2010。

安居香山:《纬书与中国神秘思想》,田人隆译,河北人民出版社,1991。

安娜·塞德尔:《西方道教研究编年史》,蒋见元、刘凌译,上海古籍出版社,2000。

保罗·蒂利希:《信仰的动力学》,成穷译,商务印书馆,2019。

彼得·贝格尔:《神圣的帷幕:宗教社会学理论之要素》,高师宁译,上海人民出版社,1991。

彼得·伯格、托马斯·卢克曼:《知识社会学:社会实体的建构》,邹理民译,台北:巨流图书公司,1991。

柏夷:《道教研究论集》,孙齐等译,中西书局,2015。

曹金华:《后汉书稽疑》,中华书局,2014。

陈国符：《道藏源流考（增订版）》，中华书局，1963。

陈侃理：《儒学、数术与政治——灾异的政治文化史》，北京大学出版社，2015。

陈槃：《古谶纬研讨及其书录解题》，上海古籍出版社，2010。

陈槃：《旧学旧史说丛》，上海古籍出版社，2010。

陈启云：《荀悦与中古儒学》，高专诚译，辽宁大学出版社，2000。

陈启云：《儒学与汉代历史文化——陈启云文集》（2），广西师范大学出版社，2007。

陈苏镇：《〈春秋〉与“汉道”：两汉政治与政治文化研究》，中华书局，2011。

陈秀凤：《王权剧场：中世纪法兰西的庆典、仪式与权力》，台北：联经出版事业股份有限公司，2022。

陈寅恪：《金明馆丛稿初编》，三联书店，2001。

陈寅恪：《金明馆丛稿二编》，三联书店，2001。

陈柱：《公羊家哲学（外一种）》，李静校注，华东师范大学出版社，2014。

川胜义雄：《六朝贵族制社会研究》，徐谷芃、李济沧译，上海古籍出版社，2007。

丁煌：《汉唐道教论集》，中华书局，2009。

丁培仁：《求实集：丁培仁道教学术研究论文集》，巴蜀书社，2006。

东晋次：《东汉时代的政治与社会》，付晨晨、薛梦潇、刘莹译，上海古籍出版社，2023。

段熙仲：《春秋公羊学讲疏》，南京师范大学出版社，2002。

方诗铭：《方诗铭文集》第2、3卷，上海社会科学院出版社，2010。

冯友兰:《中国哲学史》,中华书局,1947。

冯渝杰:《神物的终结:法剑信仰兴衰变异的历史考察》,四川人民出版社,2019。

福井康顺、山崎宏、木村英一、酒井忠夫监修《道教》第1卷,朱越利译,上海古籍出版社,1990。

傅勤家:《中国道教史》,上海书店出版社,1984。

格奥尔格·西美尔:《宗教社会学》,曹卫东译,北京师范大学出版社,2017。

葛兆光:《中国思想史》第1卷,复旦大学出版社,2001。

葛兆光:《屈服史及其他:六朝隋唐道教的思想史研究》,三联书店,2003。

葛志毅:《谭史斋论稿四编》,黑龙江人民出版社,2008。

龚鹏程:《道教新论》,北京大学出版社,2009。

谷川道雄:《中国中世社会与共同体》,马彪译,中华书局,2002。

谷川道雄:《魏晋南北朝隋唐史学的基本问题》,李凭译,中华书局,2010。

顾颉刚:《秦汉的方士与儒生》,上海古籍出版社,2005。

顾颉刚编著《古史辨》第5册,上海古籍出版社,1982。

何兹全:《中国古代社会及其向中世社会的过渡》,商务印书馆,2013。

贺昌群:《贺昌群文集》第3卷,商务印书馆,2003。

侯外庐等:《中国思想通史》第2卷,人民出版社,1957。

侯旭东:《宠:信一任型君臣关系与西汉历史的展开》,北京师范大学出版社,2018。

侯旭东:《汉家的日常》,北京师范大学出版社,2022。

胡鸿：《能夏则大与渐慕华风：政治体视角下的华夏与华夏化》，北京师范大学出版社，2017。

华喆：《礼是郑学：汉唐间经典诠释变迁史论稿》，三联书店，2018。

黄焯：《毛诗郑笺平议》，上海古籍出版社，1985。

黄复山：《东汉谶纬学新探》，台北：学生书局，2000。

黄景春：《中国宗教性随葬文书研究——以买地券、镇墓文、衣物疏为主》，上海人民出版社，2018。

黄留珠：《秦汉历史文化论稿》，三秦出版社，2002。

黄钊主编《道家思想史纲》，湖南师范大学出版社，1991。

吉川忠夫：《六朝精神史研究》，王启发译，江苏人民出版社，2010。

姜生：《汉魏两晋南北朝道教伦理论稿》，四川大学出版社，1995。

姜生：《汉帝国的遗产：汉鬼考》，科学出版社，2016。

姜生、汤伟侠主编《中国道教科学技术史·汉魏两晋卷》，科学出版社，2002。

姜生、汤伟侠主编《中国道教科学技术史·南北朝隋唐五代卷》，科学出版社，2010。

姜守诚：《〈太平经〉研究——以生命为中心的综合考察》，社会科学文献出版社，2007。

蒋星煜：《中国隐士与中国文化（修订本）》，上海人民出版，2009。

金春峰：《汉代思想史》，中国社会科学出版社，1987。

金子修一：《古代中国与皇帝祭祀》，肖圣中等译，复旦大学出版社，2017。

雷家骥：《中国古代史学观念史》，北京师范大学出版社，2018。

雷闻：《郊庙之外：隋唐国家祭祀与宗教》，三联书店，2009。

冷德熙：《超越神话——纬书政治神话研究》，东方出版社，1996。

李开元：《汉帝国的建立与刘邦集团：军功受益阶层研究》，三联书店，2000。

李零：《中国方术续考》，东方出版社，2000。

李强、张新刚主编《政治神学》，北京大学出版社，2017。

李淞：《中国道教美术史》第 1 卷，湖南美术出版社，2013。

廖伯源：《秦汉史论丛》，台北：五南图书出版公司，2003。

林甘泉：《中国古代史分期讨论五十年》，上海人民出版社，1982。

林忠军：《象数易学发展史》第 1 卷，齐鲁书社，1994。

刘安志：《新资料与中古文史论稿（修订本）》，上海古籍出版社，2020。

刘俊文主编《日本学者研究中国史论著选译》第 3 卷，中华书局，1993。

刘俊文主编《日本中青年学者论中国史》，上海古籍出版社，1995。

刘瑞：《汉长安城的朝向、轴线与南郊礼制建筑》，中国社会科学出版社，2011。

刘善泽：《三礼注汉制疏证》，岳麓书社，1997。

刘屹：《敬天与崇道：中古经教道教形成的思想史背景》，中华书局，2005。

刘昭瑞：《汉魏石刻文字系年》，台北：新文丰出版公司，2001。

刘昭瑞：《考古发现与早期道教研究》，文物出版社，2007。

柳存仁：《道教史探源》，北京大学出版社，2000。

柳诒徵：《中国文化史》，中国人民大学出版社，2012。

卢央：《中国古代星占学》，中国科学技术出版社，2008。

鲁道夫·奥托：《论"神圣"：对神圣观念中的非理性因素及其与理性之关系的研究》，成穷、周邦宪译，四川人民出版社，2003。

鲁西奇：《中国古代买地券研究》，厦门大学出版社，2014。

鲁惟一、崔瑞德编《剑桥中国秦汉史》，杨品泉等译，中国社会科学出版社，1992。

罗福颐主编《秦汉南北朝官印征存》，文物出版社，1987。

罗庆康：《刘邦新传》，河南大学出版社，1995。

吕凯：《郑玄之谶纬学》，台北：台湾商务印书馆，2011。

吕鹏志：《唐前道教仪式史纲》，中华书局，2008。

吕思勉：《吕思勉读史札记（增订本）》，上海古籍出版社，2005。

吕思勉：《秦汉史》，上海古籍出版社，2005。

吕宗力：《汉代的谣言》，浙江大学出版社，2011。

毛汉光：《中国中古社会史论》，上海书店，2002。

蒙文通：《蒙文通全集》第1、6卷，巴蜀书社，2015。

缪哲：《从灵光殿到武梁祠：两汉之交帝国艺术的遗影》，三联书店，2021。

牟发松：《汉唐历史变迁中的社会与国家》，上海人民出版社，2011。

纳日碧力戈：《姓名论（修订版）》，社会科学文献出版社，2015。

宁可：《宁可史学论集》，中国社会科学出版社，1999。

彭卫：《古道侠风》，中国青年出版社，1998。

漆侠等：《秦汉农民战争史》，三联书店，1962。

钱穆：《国史大纲（修订本）》，商务印书馆，1996。

钱穆：《两汉经学今古文平议》，商务印书馆，2001。

钱穆：《秦汉史》，三联书店，2005。

钱穆:《读史随札》,九州出版社,2011。

乔治·弗兰克尔:《心灵考古——潜意识的社会史》,褚振飞译,国际文化出版公司,2006。

卿希泰主编《中国道教史》第1卷,四川人民出版社,1996。

饶宗颐:《中国史学上之正统论》,上海远东出版社,1996。

饶宗颐:《中国宗教思想史新页》,北京大学出版社,2000。

任继愈主编《中国道教史》,上海人民出版社,1990。

任蜜林:《汉代内学:纬书思想通论》,巴蜀书社,2011。

S. N. 艾森斯塔德:《帝国的政治体系》,沈原、张旅平译,张博伦校,商务印书馆,2021。

三浦国雄:《不老不死的欲求:三浦国雄道教论集》,王标译,四川人民出版社,2017。

三石善吉:《中国的千年王国》,李遇玫译,上海三联书店,1997。

尚恒元等编《二十五史谣谚通检(增订本)》,山西古籍出版社,2005。

沈曾植:《海日楼札丛》,上海古籍出版社,2009。

施舟人:《中国文化基因库》,北京大学出版社,2002。

守屋美都雄:《中国古代的家族与国家》,钱杭、杨晓芬译,上海古籍出版社,2010。

孙机:《汉代物质文化资料图说(增订本)》,上海古籍出版社,2008。

孙英刚:《神文时代:谶纬、术数与中古政治研究》,上海古籍出版社,2014。

汤用彤:《汤用彤学术论文集》,中华书局,1983。

唐长孺:《魏晋南北朝史论丛续编》,三联书店,1959。

唐长孺：《魏晋南北朝史论拾遗》，中华书局，1983。

田天：《秦汉国家祭祀史稿》，三联书店，2015。

田余庆：《秦汉魏晋史探微》，中华书局，2004。

托马斯·F. 奥戴、珍妮特·奥戴·阿维德：《宗教社会学》，刘润忠等译，中国社会科学出版社，1990。

王葆玹：《西汉经学源流》，四川人民出版社，2021。

王承文：《敦煌古灵宝经与晋唐道教》，中华书局，2002。

王承文：《汉晋道教仪式与古灵宝经研究》，中国社会科学出版社，2017。

王利器：《郑康成年谱》，齐鲁书社，1983。

王明：《道家和道教思想研究》，中国社会科学出版社，1984。

王明珂：《华夏边缘：历史记忆与族群认同（增订本）》，浙江人民出版社，2013。

王明珂：《游牧者的抉择：面对汉帝国的北亚游牧部族》，上海人民出版社，2018。

王仁祥：《先秦两汉的隐逸》，台北：台湾大学出版委员会，1995。

王文进：《南朝边塞诗新论》，河南人民出版社，2018。

王彦辉、薛洪波：《古史体系的建构与重塑：古史分期与社会形态理论研究》，河南大学出版社，2010。

王子今：《秦汉交通史新识》，中国社会科学出版社，2015。

尾形勇：《中国古代的"家"与国家》，张鹤泉译，中华书局，2010。

魏斌：《"山中"的六朝史》，三联书店，2019。

魏明安、赵以武：《傅玄评传（附杨泉评传）》，南京大学出版社，1996。

文青云：《岩穴之士：中国早期隐逸传统》，徐克谦译，山东画报出版社，2009。

巫鸿：《礼仪中的美术——巫鸿中国古代美术史文编》，郑岩等译，三联书店，2005。

巫鸿：《中国古代艺术与建筑中的"纪念碑性"》，李清泉等译，上海人民出版社，2009。

吴承学：《中国古代文体形态研究》，中山大学出版社，2002。

吴荣曾：《先秦两汉史研究》，中华书局，1995。

五井直弘：《中国古代史论稿》，姜镇庆、李德龙译，北京大学出版社，2001。

西嶋定生：《中国古代帝国的形成与结构——二十等爵制研究》，武尚清译，中华书局，2004。

萧登福：《谶纬与道教》，台北：文津出版社，2000。

小林正美：《六朝道教史研究》，李庆译，四川人民出版社，2001。

小南一郎：《中国古代天命与青铜器》，杨振红、尚宇昌译，华夏出版社，2024。

谢乃和：《古代社会与政治——周代的政体及其变迁》，黑龙江人民出版社，2011。

邢义田：《天下一家：皇帝、官僚与社会》，中华书局，2011。

徐冲：《中古时代的历史书写与皇帝权力起源》，上海古籍出版社，2012。

徐冲：《观书辨音：历史书写与魏晋精英的政治文化》，北京大学出版社，2020。

徐复观：《两汉思想史》，华东师范大学出版社，2001。

徐兴无：《谶纬文献与汉代文化构建》，中华书局，2003。

徐兴无：《刘向评传》，南京大学出版社，2005。

许地山：《道教史》，上海古籍出版社，1999。

薛梦潇：《早期中国的月令与"政治时间"》，上海古籍出版社，2018。

薛小林：《争霸西州：匈奴、西羌与两汉的兴衰》，社会科学文献出版社，2020。

阎步克：《士大夫政治演生史稿》，北京大学出版社，1996。

阎步克：《察举制度变迁史稿》，辽宁大学出版社，1997。

严耕望：《中国地方行政制度史：秦汉地方行政制度》，上海古籍出版社，2007。

杨宽：《曹操论集》，香港：三联书店，1960。

杨联陞：《中国文化中"报""保""包"之意义》，贵州人民出版社，2009。

杨联陞：《中国语文札记：杨联陞论文集》，人民大学出版社，2011。

杨权：《新五德理论与两汉政治——"尧后火德"说考论》，中华书局，2006。

杨树达：《汉书窥管》，上海古籍出版社，2006。

杨天宇：《郑玄三礼注研究》，天津人民出版社，2007。

杨伟立：《成汉史略》，重庆出版社，1983。

杨向奎：《西汉经学与政治》，独立出版社，1945。

杨英：《祈望和谐：周秦两汉王朝祭礼的演进及其规律》，商务印书馆，2009。

杨永俊：《禅让政治研究》，学苑出版社，2004。

耶律亚德：《宇宙与历史：永恒回归的神话》，杨儒宾译，台北：联经出版事业股份有限公司，2000。

叶贵良：《敦煌本〈太上洞渊神咒经〉辑校》，中国社会科学出版社，2013。

伊利亚德：《神圣与世俗》，王建光译，华夏出版社，2002。

于迎春：《秦汉士史》，北京大学出版社，2000。

余嘉锡：《四库提要辨证》，中华书局，1980。

增渊龙夫：《中国古代的社会与国家》，吕静译，上海古籍出版社，2017。

詹姆斯·C.斯科特：《弱者的武器：农民反抗的日常形式》，郑广怀等译，译林出版社，2007。

张蓓蓓：《东汉士风及其转变》，台北：台湾大学出版委员会，1985。

张立伟：《归去来兮：隐逸的文化透视》，三联书店，1995。

张书豪：《西汉郊庙礼制与儒学》，台北：学生书局，2019。

张向荣：《三国前夜：士大夫政治与东汉皇权的崩解》，上海人民出版社，2024。

张勋燎、白彬：《中国道教考古》第 1 册，线装书局，2006。

张政烺：《文史丛考》，中华书局，2012。

章太炎：《菿汉三言》，辽宁教育出版社，2000。

赵益：《六朝南方神仙道教与文学》，上海古籍出版社，2006。

郑岩：《从考古学到美术史：郑岩自选集》，上海人民出版社，2012。

钟书林：《〈后汉书〉文学初探》，中国社会科学出版社，2010。

钟肇鹏：《谶纬论略》，辽宁教育出版社，1991。

朱磊：《中国古代的北斗信仰研究》，文物出版社，2018。

诸葛俊元：《西汉学术与政治权力变迁》，台北：文津出版社，2015。

（2）论文

阿部幸信：《魏晋南北朝皇帝玺管窥：玉玺、金玺与"传统"的虚像》，楼劲、陈伟主编《秦汉魏晋南北朝史国际学术研讨会论文集》，中国社会科学出版社，2018。

卜宪群：《乡论与秩序：先秦至汉魏乡里舆论与国家关系的历史考察》，《中国社会科学》2018 年第 12 期。

曹建国：《灾异还是祥瑞？——"行西王母诏筹"事件解读》，《安徽大学学报》2018 年第 5 期。

陈长琦：《论〈后汉纪〉的史学价值》，《黄淮学刊》1990 年第 3 期。

陈侃理：《赵李据蜀与天师道在曹魏西晋时期的发展》，《北大史学》第 13 辑，北京大学出版社，2008。

陈梦家：《东周盟誓与出土载书》，《考古》1966 年第 5 期。

陈鹏：《"汉人"与"海人"：秦汉时期滨海人群的身份认同》，《人文杂志》2021 年第 8 期。

陈启云：《汉儒与王莽：评述西方汉学界的几项研究》，《史学集刊》2007 年第 1 期。

陈雁：《东汉魏晋时期颍汝、南阳地区的私学与游学》，《文史哲》2000 年第 1 期。

陈晔：《"刘邦斩蛇"与"斩蛇剑"的文化史考察》，《福建师范大学学报》2012 年第 3 期。

陈泳超：《〈世经〉帝德谱的形成过程及相关问题——再析"五德终始说下的政治和历史"》，《文史哲》2008 年第 1 期。

陈赟：《郑玄"六天"说与禘礼的类型及其天道论依据》，《陕西师范大学学报》2016 年第 2 期。

陈中浙、刘钊:《儒家"六天"说辨析》,《孔子研究》2002 年第 3 期。

程章灿:《读〈张迁碑〉志疑》,《文献》2008 年第 2 期。

程章灿:《读〈张迁碑〉再志疑》,《文献》2009 年第 3 期。

池田秀三:《纬书郑氏学研究序说》,洪春音译,(台湾)《书目季刊》第 37 卷第 4 期,2004 年。

串田久治:《汉代的"谣"与社会批判意识》,邢东风译,《中国哲学史》1996 年第 1~2 期。

崔建华:《西汉时期"汉家尧后"说的生成及演化》,《人文杂志》2021 年第 8 期。

代国玺:《"赤九"谶与两汉政治》,《文史哲》2018 年第 5 期。

党超:《论两汉风俗观念的政治文化特性》,《史学月刊》2012 年第 5 期。

蒂齐安那·李被耶络:《谶纬的不明起源和发展:从方士的传统到汉代正统文化》,《道家文化研究》第 15 辑,三联书店,1999。

丁培仁:《关于黄巾起义时间的几个问题——兼与刘九生同志商榷》,《四川大学学报》1986 年第 2 期。

丁培仁:《从〈无上秘要〉看六朝道教关于灾难的论述》,《宗教学研究》2010 年第 4 期。

东晋次:《后汉帝国的衰亡及人们的"心性"》,牟发松主编《社会与国家关系视野下的汉唐历史变迁》,华东师范大学出版社,2006。

董芬芬:《周代策命的礼仪背景及文体特点》,《南京师大学报》2013 年第 1 期。

董文武:《〈后汉纪〉对〈后汉书〉的校勘价值》,《古籍整理研究学刊》1999 年第 3 期。

渡边信一郎：《元会的建构——中国古代帝国的朝政与礼仪》，沟口雄三等编《中国的思维世界》，孙歌等译，江苏人民出版社，2006。

渡边信一郎：《东汉古典国制的建立——汉家故事和汉礼》，张娜译，《法律史译评》第 5 卷，中西书局，2017。

渡边义浩：《日本有关的"儒教国教化"的研究回顾》，松金佑子译，《新史学》第 14 卷第 2 期，台北：三民书局，2003。

段熙仲：《公羊春秋"三世"说探源》，《中华文史论丛》第 4 辑，1963。

段玉明：《范长生与巴氏据蜀关系再探》，《云南教育学院学报》1989 年第 3 期。

范学辉：《论两汉的私人兵器》，《山东大学学报》1999 年第 1 期。

范兆飞：《权力之源：中古士族研究的理论分野》，《学术月刊》2014 年第 3 期。

方燕：《东汉游学活动初探》，《四川师范大学学报》2000 年第 2 期。

冯浩菲：《马融追杀郑玄说质疑》，《文献》1997 年第 3 期。

冯时：《新莽封禅玉牒》，《考古学报》2006 年第 1 期。

福永光司：《昊天上帝、天皇大帝和元始天尊——儒教的最高神和道教的最高神》，《道家文化研究》第 5 辑，上海古籍出版社，1995。

傅飞岚：《二十四治和早期天师道的空间与科仪结构》，《法国汉学》第 7 辑，中华书局，2002。

甘怀真：《郑玄、王肃天神观的探讨》，《史原》第 15 期，台北：台湾大学历史学研究所，1986。

甘怀真：《秦汉的"天下"政体——以郊祀礼改革为中心》，《新史学》第 16 卷第 4 期，2005，后收入甘怀真主编《东亚历史上的天下与中国概念》，台北：台湾大学出版中心，2007。

高敏：《我国古代的隐士及其对社会的作用》，《社会科学战线》1994年第2期。

郜积意：《汉代隐逸与经学》，《汉学研究》2002年第1期。

郜同麟：《〈老子中经〉新探》，《中国本土宗教研究》第4辑，社会科学文献出版社，2021。

龚留柱、张信通：《"汉家尧后"与两汉之际的天命之争——兼论中国古代的政治合法性问题》，《史学月刊》2013年第10期。

顾颉刚：《禅让传说起于墨家考》，《顾颉刚古史论文集》卷1，中华书局，2011。

顾颉刚：《五德终始说下的政治与历史》，《顾颉刚古史论文集》卷2，中华书局，2011。

郭善兵：《汉代皇帝宗庙祭祖制度考论》，《史学月刊》2007年第1期。

郭硕：《"帝师"与"佐命"：张良形象与南北朝初期的政治实践》，《浙江大学学报》2022年第7期。

韩吉绍：《"承负说"与两汉灾异论》，《史学月刊》2007年第12期。

韩吉绍：《〈剑经〉与汉晋尸解信仰》，《文史哲》2018年第3期。

贺昌群：《论黄巾农民起义的口号》，《历史研究》1959年第6期。

胡宝国：《汉晋之际的汝颍名士》，《历史研究》1991年第5期。

胡家聪：《〈管子·轻重〉作于战国考》，《中国史研究》1981年第1期。

胡平生：《未央宫前殿遗址出土王莽简牍校释》，《出土文献研究》第6辑，上海古籍出版社，2004。

胡秋银：《汉魏士人隐逸观》，《中国社会科学院研究生院学报》2003

年第 5 期。

胡守为：《"举谣言"与东汉吏政》，《中山大学学报》2004 年第 6 期。

胡翼鹏：《"隐"的生成逻辑与隐士身份的建构机制——一项关于中国隐士的社会史研究》，《开放时代》2012 年第 2 期。

华喆：《高贵乡公太学问〈尚书〉事探微——兼论"天命"理想在魏晋的终结》，《中国史研究》2018 年第 2 期。

黄今言：《汉代三老、父老的地位与作用》，《江西师范大学学报》2007 年第 5 期。

黄朴民：《公羊"三统"说与何休"〈春秋〉王鲁"论》，《管子学刊》1998 年第 4 期。

黄朴民：《何休阴阳灾异思想析论》，《中国史研究》1999 年第 1 期。

黄宛峰：《汉代考核地方官吏的重要环节——"举谣言"与"行风俗"》，《南都学坛》1988 年第 3 期。

黄宛峰：《论东汉的隐士》，《南都学坛》1989 年第 3 期。

黄晓芬：《论西汉帝都长安的形制规划与都城理念》，《历史地理》第 25 辑，上海人民出版社，2011。

黄晓军：《董仲舒天人架构王道政治哲学新解》，《人文杂志》2014 年第 3 期。

黄展岳：《关于王莽九庙的问题——汉长安城南郊一组建筑遗址的定名》，《考古》1989 年第 3 期。

黄展岳：《肥致碑及相关问题》，《考古》2012 年第 5 期。

黄桢：《官制撰述在汉末的兴起》，《文史哲》2021 年第 2 期。

姜生：《〈风俗通义〉等文献所见东汉原始道教信仰》，《宗教学研究》1998 年第 1 期。

姜生：《原始道教之兴起与两汉社会秩序》，《中国社会科学》2000

年第 6 期。

姜生:《两汉灾异意识与原始道教之兴起》,《论衡丛刊》第 2 辑,巴蜀书社,2002。

姜生:《曹操与原始道教》,《历史研究》2011 年第 1 期。

姜生、梁远东:《〈太平经〉史源考》,《四川大学学报》2021 年第 2 期。

姜生、汤伟侠:《王莽改制与原始道教关系考》,《四川大学宗教学研究所建所廿周年道教文化国际学术研讨会论文集》上册,台北:中华道统出版社,2000。

姜望来:《从嵩岳到华岳:北朝时期北方道教中心之转移》,《魏晋南北朝隋唐史资料》第 36 辑,上海古籍出版社,2017。

蒋重跃:《五德终始说与历史正统观》,《南京大学学报》2004 年第 2 期。

金发根:《东汉党锢人物的分析》,《中央研究院历史语言研究所集刊》第 34 本下册,1963 年。

金文京:《敦煌本〈前汉刘家太子传(变)〉考》,曾宪通主编《饶宗颐学术研讨会论文集》,香港:翰墨轩出版有限公司,1997。

康德谟:《关于道教术语“灵宝”的笔记》,杜小真译,《法国汉学》第 2 辑,清华大学出版社,1997。

劳榦:《论汉代的游侠》,《文史哲学报》1950 年第 1 期。

劳榦:《汉代的豪强及其政治上的关系》,《古代中国的历史与文化》上册,中华书局,2006。

乐维:《官吏与神灵——六朝及唐代小说中官吏与神灵之争》,张立方译,《法国汉学》第 3 辑,清华大学出版社,1998。

雷戈:《天高皇帝近:面向民众开放的皇权秩序建构——秦汉皇帝和

民众之间复杂关系的互动和呈现》，《人文杂志》2014 年第 12 期。

李丰楙：《六朝道教的终末论——末世、阳九百六与劫运说》，《道家文化研究》第 9 辑，上海古籍出版社，1996。

李光璧：《汉代太平道与黄巾大起义》，《历史教学》1951 年第 6 期。

李锦绣：《论"刘氏主吉"——隋末唐初山东豪杰研究之二》，《史林》2004 年第 5 期。

李俊方：《两汉皇帝即位礼仪研究》，《史学月刊》2005 年第 2 期。

李铁华：《〈太平经〉与谶纬关系考析》，《宗教学研究》2013 年第 1 期。

李学勤：《〈易纬·乾凿度〉的几点研究》，《清华汉学研究》第 1 辑，清华大学出版社，1994。

李学勤：《〈汉书·李寻传〉与纬学的兴起》，《杭州师范学院学报》1996 年第 2 期。

李养正：《〈太平经〉与阴阳五行说、道家及谶纬之关系》，《道协会刊》1984 年第 15 期。

李振宏：《汉代儒学的经学化进程》，《中国史研究》2013 年第 1 期。

李祖德：《刘邦祭祖考——兼论春秋战国以来的社会变革》，《中国史研究》2012 年第 4 期。

梁万斌：《东汉建都洛阳始末》，《中华文史论丛》2013 年第 1 期。

林富士：《试论〈太平经〉的主旨与性质》，《中央研究院历史语言研究所集刊》第 69 本第 2 分，1998 年。

林甘泉：《秦汉帝国的民间社区和民间组织》，《燕京学报》新 8 期，北京大学出版社，2000。

林永强：《论汉代私兵器与社会治安》，《甘肃联合大学学报》2008 年第 1 期。

林忠军:《试论郑玄易数哲学》,《孔子研究》2003 年第 3 期。

刘国梁:《试论〈太上洞渊神咒经〉的成书年代及其与佛教的关系》,《世界宗教研究》1983 年第 3 期。

刘九生:《黄巾口号之谜》,《陕西师大学报》1985 年第 2 期。

刘九生:《巴寳建国的宗教背景》,《陕西师大学报》1986 年第 1 期。

刘琳:《三张五斗米道的一部重要文献——〈正一法文经章官品〉》,《古籍整理与研究》1989 年第 4 期。

刘茜、朴基成:《试论〈太平经合校〉中"师策文"与哀帝建平四年的宗教运动之关系》,《嘉兴学院学报》2012 年第 2 期。

刘太洋:《汉代游学之风》,《中国史研究》1998 年第 4 期。

刘陶:《略论〈老君音诵诚经〉中的"刘举"》,《宗教学研究》2015 年第 4 期。

刘宛如:《三灵眷属:刘裕西征的神、圣地景书写与解读》,刘石吉等主编《旅游文学与地景书写》,高雄:中山大学出版社,2013。

刘修明、乔宗传:《秦汉游侠的形成与演变》,《中国史研究》1985 年第 1 期。

刘序琦:《谈"苍天已死,黄天当立"》,《江西师范大学学报》1985 年第 3 期。

刘序琦:《关于后期黄巾起义的评价问题》,《江西师范大学学报》1987 年第 2 期。

刘永明:《〈老子中经〉形成于汉代考》,《兰州大学学报》2006 年第 4 期。

刘泽华:《王权主义:中国文化的历史定位》,《天津社会科学》1998 年第 3 期。

柳存仁:《栾巴与张天师》,李丰楙、朱荣贵主编《仪式、庙会与社区：道教、民间信仰与民间文化》，台北：中研院中国文哲研究所筹备处，1996。

柳存仁：《关于王母筹》，《华学》第 9、10 辑，上海古籍出版社，2008。

楼劲：《魏晋以来的"禅让革命"及其思想背景》，《华东师范大学学报》2017 年第 3 期。

鲁西奇：《中古时代滨海地域的"水上人群"》，《历史研究》2015 年第 3 期。

罗新慧：《周代天命观念的发展与嬗变》，《历史研究》2012 年第 5 期。

罗新慧：《春秋时期天命观念的演变》，《中国社会科学》2020 年第 12 期。

吕鹏志：《天师道授箓科仪——敦煌写本 S.203 考论》，《中央研究院历史语言研究所集刊》第 77 本第 1 分，2006 年。

马承玉：《〈正一法文天师教戒科经〉的时代及与〈老子想尔注〉的关系》，《中国道教》2005 年第 2 期。

马新：《里父老与汉代乡村社会秩序略论》，《东岳论丛》2005 年第 6 期。

马怡：《西汉末年"行西王母诏筹"事件考——兼论早期的西王母形象及其演变》，《形象史学研究》2016 上半年，人民出版社，2016。

牟发松：《范晔〈后汉书〉对党锢成因的认识与书写——党锢事件成因新探》，《华东师范大学学报》2012 年第 6 期。

内田康：《"三种神器神话"的多元性——从〈剑卷〉的"宝剑传说"论起》，高启豪译，（台北）《中外文学》2005 年第 5 期。

聂济冬：《东汉士人隐逸的类型、特征及意义》，《民俗研究》2011

年第 1 期。

聂溦萌:《中古地理书的源流与〈隋志〉史部地理篇》,《史林》2019年第 4 期。

宁稼雨:《中国隐士文化的产生与源流》,《社会科学战线》1995 年第 4 期。

彭丰文:《九鼎、传国玺与中国古代政治传承意识》,《宗教信仰与民族文化》第 9 辑,社会科学文献出版社,2016。

浦伟忠:《何休与〈公羊〉学三世递进的历史进化观》,《史学史研究》1993 年第 1 期。

乔秀岩:《论郑王礼说异同》,《北大史学》第 13 辑,北京大学出版社,2008。

秦蓁:《溯源与追忆:东汉党锢新论》,《史林》2008 年第 3 期。

卿磊:《儒侠与汉末清议——论游侠之风对汉末清议运动的影响》,《中华文化论坛》2011 年第 2 期。

邱锋:《何休"公羊三世说"与谶纬之关系辨析》,《天津社会科学》2012 年第 4 期。

仇鹿鸣:《制作郡望——中古南阳张氏的形成》,《历史研究》2016年第 3 期。

屈涛:《朝廷与儒宗——〈鲁峻碑〉所见汉末儒者标榜风气的形成》,《魏晋南北朝隋唐史资料》第 44 辑,上海古籍出版社,2021。

阙海:《汉代皇帝"二次即位"的另面——一个基于政治文化视角的观察》,《史林》2021 年第 5 期。

戎笙:《试论"太平经"》,《历史研究》1959 年第 11 期。

施舟人:《〈老子中经〉初探》,《道家文化研究》第 16 辑,三联书店,1999。

施舟人：《道教的清约》，《法国汉学》第 7 辑，中华书局，2002。

石泰安：《二至七世纪的道教和民间宗教》，吕鹏志译，《法国汉学》第 7 辑，中华书局，2002。

石泰安：《公元 2 世纪政治的宗教的道教运动》，朱越利译，《国际汉学》第 8 辑，大象出版社，2003。

苏诚鉴：《"汉家尧后，有传国之运"——西汉亡于儒生论》，《安徽师大学报》1988 年第 4 期。

孙齐：《敦煌本〈老子变化经〉新探》，《中国史研究》2016 年第 1 期。

孙齐：《六朝荆襄道上的道教》，《隋唐辽宋金元史论丛》第 8 辑，上海古籍出版社，2018。

孙曙光：《谶纬与汉代政治的神秘性》，《社会科学战线》1998 年第 2 期。

孙英刚：《佛光下的朝廷：中古政治史的宗教面》，《华东师范大学学报》2020 年第 1 期。

孙正军：《禅让行事官小考》，《史学集刊》2015 年第 2 期。

索安：《国之重宝与道教秘宝——谶纬所见道教的渊源》，刘屹译，《法国汉学》第 4 辑，中华书局，1999。

索安：《从墓葬的葬仪文书看汉代宗教的轨迹》，赵宏勃译，《法国汉学》第 7 辑，中华书局，2002。

索安：《老子和李弘：早期道教救世论中的真君形象》，王宗昱译，《国际汉学》第 11 辑，大象出版社，2004。

索安：《早期道教仪式》，吕鹏志、常虹译，《宗教学研究》2006 年第 4 期。

唐明邦：《范长生的易学思想》，《宗教学研究》2001 年第 4 期。

唐长孺:《太平道与天师道——札记十一则》,钟国发整理,《中华文史论丛》2006 年第 3 期。

田中一辉:《玉玺的行踪——正统性的冲突》,《第九届中国中古史青年学者国际会议论文集》,武汉大学,2015 年 8 月。

童岭:《义熙年间刘裕北伐的天命与文学——以傅亮〈为宋公修张良庙教〉、〈为宋公修楚元王墓教〉为中心》,《中华文史论丛》2019 年第 3 期。

汪高鑫:《论刘歆的新五德终始历史学说》,《中国文化研究》2002 年夏之卷。

王安泰:《汉赵封国与天下秩序的建构》,《中国中古史集刊》第 3 辑,商务印书馆,2017。

王保顶:《汉代灾异观略论》,《学术月刊》1997 年第 5 期。

王承文:《六朝前期江南"李家道"与天师道关系考——以葛洪〈抱朴子内篇〉为中心》,《唐长孺先生百年诞辰国际学术研讨会暨唐史年会论文汇编》,2011。

王尔:《"长安系士人"的聚散与东汉建武政治的变迁——从"二〈赋〉"说起》,《中国史研究》2019 年第 4 期。

王尔:《"创革"与"中兴"的争议及整合——从东汉建武年间南顿四亲庙与封禅礼的议论谈起》,《史林》2020 年第 1 期。

王皓月:《道教"六天"概念的形成及发展》,《儒道研究》第 3 辑,社会科学文献出版社,2016。

王家葵:《汉肥致碑考疑》,《宗教学研究》2001 年第 2 期。

王利器:《真诰与谶纬》,《文史》第 35 辑,中华书局,1992;亦载中村璋八编《谶纬研究论丛》,东京:平河出版社,1993。

王明:《论〈太平经〉的成书时代和作者》,《世界宗教研究》1982

年第 1 期。

王明珂：《历史事实、历史记忆与历史心性》,《历史研究》2001 年第 5 期。

王清淮：《两汉谶纬透视》,《辽宁大学学报》1992 年第 6 期。

王永平：《"刘氏当王"谶语与唐代政治》,《中国史研究》2005 年第 2 期。

王育成：《东汉道符释例》,《考古学报》1991 年第 1 期。

王育成：《东汉肥致碑探索》,《中国历史博物馆馆刊》1996 年第 2 期。

王允亮：《从"风角杀人"到党锢之祸》,《宁夏社会科学》2011 年第 5 期。

王子今：《汉代民间的"苍天"崇拜》,《学术月刊》1998 年第 6 期。

王子今：《大汉·皇汉·强汉：汉代人的国家意识及其历史影响》,《南都学坛》2005 年第 6 期。

王子今：《"斩蛇剑"象征与刘邦建国史的个性》,《史学集刊》2008 年第 6 期。

王子今：《汉末政治风暴与"处士"的文化表现》,《社会科学》2012 年第 1 期。

王子今、周苏平：《汉代民间的西王母崇拜》,《世界宗教研究》1999 年第 2 期。

王宗昱：《道教的"六天"说》,《道家文化研究》第 16 辑, 三联书店, 1999。

卫广来：《袁宏与〈后汉纪〉》,《山西大学学报》1985 年第 3 期。

魏斌：《五条诏书小史》,《魏晋南北朝隋唐史资料》第 26 辑, 武汉大学文科学报编辑部, 2010。

魏斌：《单名与双名：汉晋南方人名的变迁及其意义》，《历史研究》2012 年第 1 期。

吴朝阳、晋文：《读〈张迁碑〉辨疑——与程章灿先生商榷》，《文史哲》2011 年第 1 期。

吴青：《灾异与汉代社会》，《西北大学学报》1995 年第 3 期。

吴羽：《敦煌写本中所见道教〈十戒经〉传授盟文及仪式考略——以 P.2347 敦煌写本为例》，《敦煌研究》2007 年第 1 期。

吴羽：《"阳九百六"对中古政治、社会与宗教的影响》，《学术月刊》2014 年第 2 期。

吴真：《正一教权象征"天师剑"的兴起与传说》，《华南师范大学学报》2014 年第 3 期。

谢伟杰：《何谓"中古"？——"中古"一词及其指涉时段在中国史学中的模塑》，《中国中古史集刊》第 2 辑，商务印书馆，2016。

谢一峰：《论唐宋时期传国玺地位的下移》，《唐史论丛》第 25 辑，2017。

谢元鲁：《论中国古代社会的虚拟血缘关系》，《史学月刊》2007 年第 5 期。

谢仲礼：《东汉时期的灾异与朝政》，《中国社会科学院研究生院学报》2002 年第 2 期。

熊德基：《〈太平经〉的作者和思想及其与黄巾和天师道的关系》，《历史研究》1962 年第 4 期。

徐华：《〈太平经〉"七言"考识》，《世界宗教研究》2014 年第 2 期。

徐克谦：《郑玄〈尚书·金縢〉注探微》，《孔子研究》2011 年第 3 期。

阎步克：《文穷图见：王莽保灾令所见十二卿及州、部辨疑》，《中国史研究》2004 年第 4 期。

阎步克：《诗国：王莽庸部、曹部探源》，《中国社会科学》2004 年第 6 期。

杨华：《秦汉帝国的神权统一——出土简帛与〈封禅书〉、〈郊祀志〉的对比考察》，《历史研究》2011 年第 5 期。

杨剑宇：《后期黄巾起义之考察》，《华东师范大学学报》1983 年第 3 期。

杨宽：《论〈太平经〉——我国第一部农民革命的理论著作》，《学术月刊》1959 年第 9 期。

杨联陞：《东汉的豪族》，《清华学报》1936 年第 4 期。

杨梅：《也谈"李氏将兴"与"刘氏当王"》，《兰州大学学报》2006 年第 3 期。

杨明璋：《敦煌本〈前汉刘家太子传〉考论》，《敦煌学》第 28 辑，2010。

杨勇：《云贵高原出土汉代印章述论》，《考古》2016 年第 10 期。

叶秋菊：《汉代的灾异祥瑞诏书》，《史学月刊》2010 年第 5 期。

伊沛霞：《东汉庇护者与托庇者关系考论》，范兆飞译，《社会科学战线》2013 年第 1 期。

尤锐：《禅让：战国时期关于平等主义与君主权力的论争》，林鹄译，陈致编《当代西方汉学研究集萃·上古史卷》，上海古籍出版社，2012。

虞万里：《东汉〈肥致碑〉考释》，《中原文物》1997 年第 4 期。

喻松青：《〈太平经〉和黄巾的关系——和熊德基同志商榷》，《新建设》1963 年第 2 期。

喻松青：《道教的起源和形成》，《历史研究》1963 年第 5 期。

张鹤泉：《东汉时代的游学风气及社会影响》，《求是学刊》1995 年第 2 期。

张继刚：《从"因师获印"之议看党锢之祸》，《求索》2012 年第 9 期。

张金光：《有关东汉侍廷里父老僤的几个问题》，《史学月刊》2003 年第 10 期。

张鹏飞：《郑注"若今"例研究》，《古籍整理研究学刊》2009 年第 3 期。

张书豪：《西汉"尧后火德"说的成立》，《汉学研究》2011 年第 3 期。

张学谦：《东汉图谶的成立及其观念史变迁》，《文史》2019 年第 4 辑。

张泽洪：《中国南方少数民族与道教关系初探》，《民族研究》1997 年第 6 期。

赵毅、王彦辉：《两汉之际"人心思汉"思潮评议》，《东北师大学报》1994 年第 6 期。

郑杰文：《禅让学说的历史演化及其原因》，《中国文化研究》2002 年春之卷。

钟国发：《魏晋南北朝隋唐的道教末世太平理想》，《传统中国研究集刊》第 9、10 合辑，上海人民出版社，2012。

周金泰：《从上林苑到〈上林赋〉：汉帝国的博物空间及其笔端营造》，《学术月刊》2021 年第 10 期。

周天游：《读〈后汉纪〉札记》，《西北大学学报》1984 年第 2 期。

朱永清：《汉晋之际神权与皇权之争——以干吉之死为中心蠡测》，《宜春学院学报》2019 年第 8 期。

祝总斌：《〈后汉书·党锢传〉太学生"三万余人"质疑》，《中华文史论丛》2010 年第 1 期。

祝总斌：《东汉士人人数考略》，《北大史学》第 19 辑，北京大学出版社，2014。

庄宏谊：《立志为帝王师——寇谦之的宗教理想与实践》，《辅仁宗教研究》第 21 期，2010 年。

佐川英治：《宗庙与禁苑——中国古代都城的神圣空间》，郭雪妮译，陈金华、孙英刚编《神圣空间：中古宗教中的空间因素》，复旦大学出版社，2014。

（3）学位论文

郭硕：《名号与北魏政治文化变迁研究》，中山大学博士学位论文，2016。

蒋波：《秦汉时期的隐逸现象及相关问题研究》，西北大学博士学位论文，2012。

梁栋：《敦煌本 P.2444〈洞渊神咒经〉卷七〈斩鬼品〉研究》，兰州大学硕士学位论文，2014。

梁远东：《〈太平经〉造作之历史渊源考》，四川大学博士学位论文，2020。

罗操：《东汉至南北朝墓券研究》，华东师范大学博士学位论文，2015。

彭邦本：《先秦禅让传说新探——传世文献与出土资料的综合考察》，四川大学博士学位论文，2006。

阙海：《汉代谶纬的历史学研究》，复旦大学博士学位论文，2021。

史建刚：《两汉之际的厌汉与思汉》，西北大学硕士学位论文，2007。

汪高鑫：《董仲舒与两汉史学思想研究》，北京师范大学博士学位论文，2002。

许圣和：《"博物思维"与六朝文学》，台湾东华大学硕士学位论文，2006。

张超：《汉代"家"称谓的研究》，河北师范大学硕士学位论文，2005。

张富秦：《东汉时期的宗庙与政权正当性》，台湾成功大学硕士学位论文，2009。

张官鑫：《宦官与安顺之际政治——兼论东汉中后期的"辅佐"观念》，复旦大学硕士学位论文，2022。

张建群：《〈太平经〉的成书与"太平"思想研究》，台湾师范大学博士学位论文，2006。

张腾辉：《从"帝都"到"天下"——秦汉都城空间形态与空间性质的嬗变》，复旦大学博士学位论文，2012。

2. 日文论著

ザイデル（索安）「漢代における老子の神格化について」吉岡義豊、ミシェル・スワミエ（苏远鸣）編『道教研究』第3冊、豊島書屋、1968。

安部聡一郎「後漢時代関係史料の再検討——先行研究の検討を中心に」『史料批判研究』第4号、2000。

安部聡一郎「袁宏『後漢紀』・范曄『後漢書』史料の成立過程について——劉平・趙孝の記事を中心に」『史料批判研究』第5号、2000。

安部聡一郎「党錮の"名士"再考——貴族制成立過程の再検討のために」『史学雑誌』第111巻第10号、2002。

安部聡一郎「『後漢書』郭太列傳の構成過程：人物批評家としての郭泰像の成立」『金沢大学文学部論集・史学考古学地理学篇』第28号、

2008。

　　安部聡一郎「隠逸・逸民的人士と魏晋期の国家」『歴史学研究』第 846 号、2008。

　　安居香山主編『緯書の基礎的研究』國書刊行会、1976。

　　安居香山主編『讖緯思想の綜合的研究』國書刊行会、1984。

　　保科季子「張良と太公望——漢六朝期受命思想における"佐命"」『寧楽史苑』第 59 号、2014。

　　北村一仁「南北朝期"中華"世界における"蛮"地の空間性について」『東洋史苑』第 67 号、2006。

　　濱口重国「漢唐の間の家人という言葉について」『山梨大学学芸学部研究報告』第 11 号、1960。

　　池田温「中国歴代墓券略考」『東洋文化研究所紀要』第 86 冊、1981。

　　池田秀三「徐幹『中論』校注」『京都大学文学部研究紀要』第 23、24、25 号、1984、1985、1986。

　　池田秀三「盧植とその『禮記解詁』（下）」『京都大学文学部研究紀要』第 30 号、1991。

　　重沢俊郎『周漢思想研究』弘文堂書房、1943。

　　川勝義雄『六朝貴族制社会の研究』岩波書店、1982。

　　串田久治『中国古代の"謡"と"予言"』創文社、1999。

　　串田久治『王朝滅亡の予言歌——古代中国の童謡』大修館書店、2009。

　　大平幸代「劉裕の北伐をめぐる文学——晋宋革命を演出した人とことば」『古代学』第 9 号、2017。

　　大淵忍爾『初期の道教——道教史の研究 其の一』創文社、1991。

　　大淵忍爾『道教とその経典——道教史の研究 其の二』創文社、1997。

東晋次『後漢時代の政治と社会』名古屋大学出版会、1995。

東晋次「漢代任侠論ノート」之一、二、三『三重大学教育学部研究紀要』第 51、52、53 巻、2000、2001、2002。

東晋次『王莽：儒家の理想に憑かれた男』白帝社、2003。

都築晶子「"逸民的人士"小論」『名古屋大学文学部三十周年記念論集』1978。

都築晶子「後漢後半期の処士に関する一考察」『琉球大学法文学部紀要・史学地理学篇』第 26 号、1983。

都築晶子「南人寒門・寒人の宗教的想像力について——『真誥』をめぐって」『東洋史研究』第 47 巻第 2 号、1988。

渡辺信一郎「清——あるいは二─七世紀中国における一イデオロギー形態と国家」『京都府立大学学術報告・人文』第 31 号、1979。

渡辺信一郎『中国古代の楽制と国家：日本雅楽の源流』文理閣、2013。

渡辺義浩『後漢国家の支配と儒教』雄山閣、1995。

渡辺義浩編『両漢儒教の新研究』汲古書店、2008。

多田狷介「黄巾の乱前史」『東洋史研究』第 26 巻第 4 号、1968。

飯田祥子「王莽政権支持者の検討：平帝期における王莽と諸生の関係を中心として」『東洋学報』2013 年第 3 号。

福井康順『道教の基礎的研究』書籍文物流通会、1952。

福井重雅「黄巾の乱と傳統の問題」『東洋史研究』第 34 巻第 1 号、1975。

宮川尚志『六朝史研究・宗教篇』平楽寺書店、1964。

宮崎市定『宮崎市定全集』第 7 巻、岩波書店、1992。

戸矢学『三種の神器——"玉・鏡・剣"が示す天皇の起源』河出書房

新社、2012。

　　吉川忠夫『六朝精神史研究』同朋舎、1984。

　　吉川忠夫編『中国古道教史研究』同朋舎、1990。

　　間嶋潤一『鄭玄と「周礼」：周の太平国家の構想』明治書院、2010。

　　姜生著，山田俊訳「漢代道教経典の終末論について」『東方宗教』1998 年第 92 号、1999 年第 93 号。

　　金文京「中国民間文学と神話伝説研究——敦煌本『前漢劉家太子伝（変）』を例として」『史学』第 66 巻第 4 号、1997。

　　久野昇一「前漢末に漢火徳説の称へられたる理由に就いて（上）」『東洋学報』第 3 号、1938。

　　菊地大「漢魏禅譲過程と皇帝即位」『国学院大学大学院紀要』第 41 輯、2009。

　　菊地章太「敦煌写本『老子変化経』の構造と生成」『東洋学研究』第 46 号、2009。

　　菊地章太『神呪経研究——六朝道教における救済思想の形成』研文出版、2009。

　　鈴木中正『中国史における革命と宗教』東京大学出版会、1974。

　　目黒杏子「前漢武帝期における郊祀体制の成立：甘泉泰時の分析を中心に」『史林』第 86 巻第 6 号、2003。

　　目黒杏子「漢の高祖の"斬蛇剣"——その歴史的展開について」『東洋史研究』第 77 巻第 1 号、2018。

　　南部英彦「何休の覇道観：陳蕃等の経世意識を手掛かりに」『山口大学教育学部研究論叢』第 53 巻第 1 号、2003。

　　秋月観暎「黄巾の乱の宗教性——太平道教法との関連を中心として」『東洋史研究』第 15 巻第 1 号、1956。

砂山稔『隋唐道教思想史研究』平河出版社、1990。

上田早苗「貴族的官制の成立——清官の由来とその性格」『中国中世史研究：六朝隋唐の社会と文化』東海大学出版会、1970。

神楽岡昌俊「後漢の逸民」木村英一博士頌寿紀念会編『中国哲学の展望と摸索』創文社、1976。

神塚淑子「『太平経』の承負と太平の理論について」『名古屋大学教養部紀要・A』第 32 輯、1988。

神塚淑子『六朝道教思想の研究』創文社、1999。

矢野主税「張氏研究稿」『社会科学論叢』第 5 号、1955。

守屋美都雄「父老」『東洋史研究』第 14 巻第 1-2 号、1955。

狩野直禎『後漢政治史の研究』同朋舎、1993。

松本雅明「後漢の逃避思想」『東方学報』第 12 巻第 3 号、1942。

松浦千春「漢より唐に至る帝位継承と皇太子——謁廟の礼を中心に」『歴史』第 80 号、1993。

松浦千春「禅譲儀礼試論——漢魏禅譲儀式の再検討」『一関工業高等専門学校研究紀要』第 40 号、2005。

松崎つね子「黄巾の亂の政治的側面：主として宦官との関係からみて」『東洋史研究』第 32 巻第 4 号、1974。

田中麻沙巳「何休『春秋公羊解詁』の"太平"について」『人文論叢』第 36 号、1988。

丸山宏「正一道教の受録に関する基礎的考察」『筑波中国文化論叢』第 10 号、1991。

尾形勇『中国古代の"家"と国家——皇帝支配下の秩序構造』岩波書店、1979。

呉二煥「六天説の背景」『中国思想史研究』第 5 号、1982。

五井直弘「後漢王朝と豪族」『岩波講座・世界歴史 4』岩波書店、1970。

五井直弘『漢代の豪族社会と国家』名著刊行会、2001。

西川利文「『周礼』鄭注所引の "漢制" の意味——特に官僚制な中心として」小南一郎編『中國古代禮制研究』京都大学人文科学研究所、1995。

西嶋定生『中国古代国家と東アジア世界』東京大学出版会、1983。

小林正美『六朝道教史研究』創文社、1990。

鷹取祐司「漢代三老の変化と教化」『東洋史研究』第 53 巻第 2 号、1994。

永田英正『漢代石刻集成』同朋舎、1994。

宇都宮清吉『中国古代中世史研究』創文社、1977。

園田俊介「南北朝時代における匈奴劉氏の祖先伝説とその形成」『中央大学大学院研究年報』第 34 号、2004。

増淵龍夫「歴史のいわゆる内面的理解について——陳垣の場合と津田左右吉の場合」『歴史家の同時代史的考察について』岩波書店、1983。

増淵龍夫『中国古代の社会と国家』岩波書店、1996。

佐藤大朗「漢魏革命の固有性—— "天子" の再定義と "禅譲" の創出」『三国志研究』第 9 号、2014。

中嶋隆蔵「何休の思想」『集刊東洋学』第 19 号、1968。

"中國古鏡の研究" 班「前漢鏡銘集釋」『東方學報』第 84 冊、2009。

"中國古鏡の研究" 班「後漢鏡銘集釋」『東方学報』第 86 冊、2011。

3. 西文论著

Aat Vervoom, *Men of the Cliffs and Caves: The Development of the Chinese Eremitic Tradition to the End of the Han Dynasty*, The Chinese

University of Hong Gong, 1990.

Alan J. Berkowitz, *Patterns of Disengagement: The Practice and Portrayal of Reclusion in Early Medieval China*, Stanford: Stanford University Press, 2000.

Anna Seidel, "The Image of the Perfect Ruler in Early Taoist Messianism: Lao-tzu and Li Hung," *History of Religions*, Vol.9, No. 2-3, 1969-1970.

Anna Seidel, "Le Fils du Ciel et le Maître Céleste," *Transactions of the International Conference of Orientalists in Japan*, No. XXIV, 1979.

Anna Seidel, "Imperial Treasures and Taoist Sacraments-Taoist Roots in the Apocrypha," in Michel Strickmann ed., *Tantric and Taoist Studies in Honour of R. A. Stein*, Vol. 2, Bruxelles: Institut Belge des Hautes Études Chinoises, 1983.

B. J. Mansvelt Beck, "The Date of the Taiping Jing," *T'oung Pao*, Vol. 66, 1980.

Barend J. ter Haar, *Ritual and Mythology of the Chinese Triads: Creating an Identity*, Leiden: E. J. Brill, 1998.

Barbara Hendrischke, "The Concept of Inherited Evil in the Taiping Jing," *East Asian History* 2, 1991.

Barbara Hendrischke, trans., *The Scripture on Great Peace: The Taiping Jing and the Beginnings of Daoism*, Berkeley: University of California Press, 2006.

Barbara Kandel, *Taiping Jing: The Origin and Transmission of the "Scripture on General Welfare": The History of an Unofficial Text*, Hamburg: Gesellschaft für Natur und Völkerkunde Ostasiens, 1979.

Bokenkamp Stephen, "Sources of the Ling-pao Scriptures," in Michel Strickmann ed., *Tantric and Taoist Studies in Honour of R. A. Stein*, Vol. 2, Bruxelles: Institut Belge des Hautes Études Chinoises, 1983.

Bokenkamp Stephen, *Early Daoist Scriptures (Daoist Classics, No.1)*, Berkeley: University of California Press. 1999.

Bokenkamp Stephen, *Ancestors and Anxiety: Daoism and the Birth of Rebirth in China*. Berkeley: University of California Press, 2007.

Carl Leban, "Managing Heaven's Mandate: Coded Communication in the Accession of Ts'ao P'ei, A.D. 220," in David T. Roy and Tsuen-hsuinTsien ed., *Ancient China: Studies in Early Civilization*, Hong Kong: Chinese University Press, 1978.

Charles Holcombe, *In the Shadow of the Han: Literati Thought and Society at the Beginning of the Southern Dynasties*, Honolulu: UHP, 1994.

Chen Chi-yun, *Hsün Yüeh (A.D.148-209): The Life and Reflections of an Early Medieval Confucian*, Cambridge: Cambridge University Press, 1975.

Denis Twitchett and Michael Loewe eds., *The Cambridge History of China*, Vol.1, New York: Cambridge University Press, 1986.

Etienne Balazs, "Political Philosophy and Social Crisis at the End of the Han Dynasty," in H. M. Wright tr., *Chinese Civilization and Bureaucracy*, New Haven: Yale University Press, 1964.

Grégoire Espesset, "Cosmologie et trifonctionnalité dans l'idéologie du *Livre de la Grande paix (Taiping jing)*," Paris: Université Paris 7, Ph. D. diss., 2002.

Howard Goodman, *Ts'ao P'i Transcendent: The Political Culture of Dynasty-Founding in China at the End of the Han*, Washington: Scripta Serica, 1998.

Isabelle Robinet, *Taoism: Growth of a Religion*, Phyllis Brooks tr., Stanford, California: Stanford University Press, 1997.

James C. Scott, *The Art of Notz Being Governed: An Anarchist History of Upland Southeast Asia*, New Haven: Yale University, 2010.

Jens Ostergard Petersen, "The Early Traditions Relating to the Han Dynasty Transmission of the Taiping Jing, " Part 1& Part 2, *Acta Orientalia*, Vol. 50, 1989, pp.133-171; Vol. 51, 1990, pp.173-216.

K. E. Brashier, *Ancestral Memory in Early China*, Cambridge, MA: Harvard University Asia Center, 2011.

Kristofer Schipper, "Une stèle taoïste des Han Orientaux récemment découverte, " in Jacques Gernet & Marc Kalinowski, *En suivant la Voie Royale: Mélanges offerts en hommage à Léon Vandermeersch*, Paris: l'École Française d'Extrême-Orient, 1997.

Kristofer Schipper and Franciscus Verellen, eds., *The Taoist Canon: A Historical Companion to the Daozang*, Chicago & London: The University of Chicago Press, 2004.

Lai-Chi tim, "The Demon Statutes of Nüqing and the Problem of the Bureaucratization of the Netherworld in Early Heavenly Master Daoism," *T'oung Pao,* Vol. 88, 2003.

Max Kaltenmark, "The Ideology of the T'ai-P'ing Ching," in Holmes Welch and Anna Seidel, eds., *Facets of Taoism: Essays in Chinese Religion*, New Haven: Yale University Press, 1979.

Michael Loewe, *Ways to Paradise: The Chinese Quest for Immortality*, London; Boston: Allen & Unwin, 1979.

Michel Strickmann, "On the Alchemy of T'ao Hung-ching," in Holmes Welch and Anna Seidel, eds., *Facets of Taoism: Essays in Chinese Religion*, New Haven: Yale University Press, 1979.

Michel Strickmann, *Chinese Magical Medicine*, Stanford: Stanford University Press, 2002.

Mircea Eliade, *The Sacred and the Profane: The Nature of Religion*, New York: Harcourt, Brace & World, Inc., 1959.

Peter Nickerson, "Taoism, Death, and Bureaucracy in Early Medieval China," Ph.D. diss., University of California, Berkeley, 1996.

Rafe de Crespigny, *Portents of Protest in the Later Han Dynasty: The Memorials of Hsiang K'ai to Emperor Huan*, Canberra: The Australian National University Press, 1976.

Richard B. Mather, "Souk Ch'ien-chih and the Taoist Theocracy at the Northern Wei Court, 425-451," in Holmes Welch and Anna Seidel, eds., *Facets of Taoism: Essays in Chinese Religion*, New Haven: Yale University Press, 1979.

Rolf Alfred Stein, "Remarques sur les mouvements du taoïsme politico-religieux au IIe siècle ap. J.- C.," *T'oung Pao,* Vol.50, No.1-3, 1963.

Terry Kleeman, *Great Perfection-Religion and Ethnicity in a Chinese Millennial Kingdom*, Honolulu: University of Hawaii Press,1998.

Wolfram Eberhard, "The Political Function of Astronomy and Astronomers in Han China," in J. K. Fairbank ed., *Chinese Thought and*

Institutions, Chicago: University of Chicago Press, 1957.

Zhao Lu, *In Pursuit of the Great Peace: Han Dynasty Classicism and the Making of Early Medieval Literati Culture*, New York: SUNY Press, 2019.

初出一览

序　章

《大小传统理论的典范与失范——以汉末政治、宗教运动研究为中心》,《中国中古史研究》第 6 卷,中西书局,2018。

第一章

《从"汉家"神化看两汉之际的天命竞夺》,《历史研究》2015 年第 1 期。

第二章

《汉末经学通纬旨趣探微——以郑玄、何休为中心》,《经学文献研究集刊》第 17 辑,上海书店出版社,2017。

《民意操控、皇权危机与党锢之祸——基于政治文化视角的考察》,《人文杂志》2020年第3期；人大复印报刊资料《先秦、秦汉史》2020年第3期转载。

第三章

《论五斗米道的"官僚性"特质》,《四川大学学报》2016年第1期。

《中古道教传授仪对汉代皇帝即位礼的仿拟与转化》,《学术月刊》2019年第5期。

《成汉政权的"汉家"认同与宗教乌托邦实践》,《中央民族大学学报》2020年第3期。

第四章

《天命焉葆:"汉家"神化与汉魏之际政权竞夺》,《中国社会科学报》2015年5月6日,"历史版"。

《"致太平"思潮与黄巾初起动机考——兼及原始道教的辅汉情结与终末论说》,《学术月刊》2018年第5期；人大复印报刊资料《先秦、秦汉史》2018年第5期转载。

《天子与天师——原始道教国家宗教性格论纲》,《人文杂志》2021年第3期。

第五章

《朝野之间:两汉的隐逸与政治》,《中国社会科学报》2015年8月17日,"历史版"。

《从黄巾拜郑玄看汉末隐逸与地方秩序的重建》,《文史哲》2017年第2期。

《汉末学与术交融的思想基础》,《中国社会科学报》2017 年 7 月 24 日,"历史版"。

第六章

《"汉家"的光影——中古刘、李、张氏神化的历史与宗教背景》,《复旦学报》2020 年第 2 期;《高等学校文科学术文摘》2020 年第 3 期"学术卡片"、《中国社会科学文摘》2020 年第 9 期"论点摘要"转摘。

《"辅汉"故事在中古的转用》,《魏晋南北朝隋唐史资料》第 41 辑,上海古籍出版社,2020。

《神圣姓氏与中古权力竞逐——以刘、李、张氏为中心》,《复旦学报》2023 年第 6 期。

终　章

《天命史观与汉魏禅代的神学逻辑》,《人文杂志》2016 年第 8 期;人大复印报刊资料《先秦、秦汉史》2016 年第 6 期转载。

《游侠、党人与妖贼、隐逸——汉末数类人群的相通性与汉魏禅代的知识背景》,《四川大学学报》2020 年第 2 期;《高等学校文科学术文摘》2020 年第 4 期"学术卡片"转摘。

补　论

《汉代长安的神圣化与大众信仰》,《历史研究》2021 年第 6 期;《新华文摘》2022 年第 10 期"论点摘编"转摘。

索　引

后　记

公元 220 年曹丕称帝，标志着维系了四百余年的"汉家"正式灭亡。与此同时，随着汉家天命的沉坠，以及由此引发的绝对价值之崩塌，一个在干戈中荡涤身份标签、在阵痛中拓展文明边界、在血火中销熔价值壁垒、在失序中凝望人性深渊、在绝望中找寻希望和信仰的时代，也正式拉开了序幕。本书所讨论的对象，正是作为思想、文化与时代分水岭的汉末。

选择汉末作为研究对象，乃是基于自己的强烈兴趣及问题关切。以学术趋向而言，今天的研究者似乎越来越强调新资料拓展与细微问题实证，而对历史时期的宏大叙事及"模糊"答案，愈发失去了兴趣与热情；就学术写作来说，以具体问题、材料为导向的专题论文或其集合，而非前后相及、左右兼顾的整体史书写，亦可谓当前学界的绝对主流。尽管如此，由于自己对圣俗交织的"魔幻现实"一直抱有强烈兴趣，并且始终被有关"汉家"之形成与崩解的一连串疑问牢牢地牵引，因此便从心所欲，毅然投身到了这个颇具魅力与挑战的学术命题中——"五斗米道"大范围吸纳、复制汉家礼仪、法度、组织架构的动机何在？黄巾何以"不将尺兵"，缘何拜郑玄？又是否可将其掀起的运动定义为单纯的农民起义？究竟应当如何理解太平道的"善道"旗号与其实际行动之间的矛盾？又当如何把握谶纬在郑玄经学世界构筑中的影响深度？进而，文学类作品所刻画的隐士形象是否近真？经学是否全系理性的哲思？道教是否皆为低俗之迷信？究诘上述问题可以发现，诸多刻板的历史知识、既定的历史印象以及学术性身份标签的背后，往往存在史料检证和具体时空背景等细节考察的不足或失实；而有关中国古代帝国的性质及其历史发展逻辑等老问题，也因之存在未及照亮的面向。可以说，正是伴随这样的思考和发现，我才能够在如冰火交融一般的心境中，持续此项研究。

毋庸回避，在博士论文《祈望"太平"：理想国家追求与汉末社会运动》（山东大学，2014）刚完成后的一两年，对于"汉家"神学属性或汉帝国神圣性格这一"捕风捉影"式的论证，我还持有一些惶恐和疑虑，隐隐担心自己在黄巾拜郑玄的知识背景、黄巾的"辅汉"动机、五斗米道之"师汉"目的等问题的判断上，存在推测过度、论证过于大胆的嫌疑。这样的反思与检讨，促使我继续搜集、梳理、解析史料，由此不断修改、完善相关论证：一方面横向扩充原始道教仿习汉家之制的表现，以此探究天命的分流，以及天子与天师的神性互补关系；另一方面纵向推进有关"汉家"神学属性的发掘，从中古时期屡次出现的托姓起义现象中，揭示"汉家"国姓刘氏，以及作为"佐汉"的李、张二氏所具有的神圣性和号召力，以此检视"汉家"神学真实存在的痕迹，并从国都长安神圣性在汉代不同社会阶层的接受及表现情况入手，进一步探究"汉家"神学的深层构造与深远影响，力图最大程度逼近时人对汉帝国神圣性格的感知和体认。此外，在本书中，我还尝试对天命与民望之间的东汉皇权属性与运作机制，中古道教激活、塑造时人"汉家"历史记忆之内在机理，谶纬神学、原始道教与汉家德运终始间的具体关系，以及天命史观与汉魏禅代的神学逻辑等问题，予以进一步厘清和辩证。由此，尽管神圣汉帝国及其陨落的探究之路还远未结束，但无论是对这个方向的具体研究，还是对此项探索本身的意义，我都更加清楚和坚定了。

于此回首，从最初有关汉末历史、道教的点滴"知识"，到博士论文撰成、书稿付梓，一路走来，应该感谢的人实在太多。恩师姜生先生不仅在我博士论文选题、写作时，给予了最初的指引和最重要的指导，而且在此后的研究及书稿修订过程中，亦颇有教示。书稿初成后，先生又费心通读一过，提出不少宝贵的修改建议。此外，本书许多章节或曾在各类学术会议中得到陈金海、仇鹿鸣、吴真、陈楠、胡耀飞等学界师友之公开斧正，或曾私下受益于三浦国雄、刘安志、魏斌、孙英刚、徐冲、韩吉绍、代国玺、尹承、孙齐、郭硕、薛梦潇等众多前辈、师长、同好之专业见解。指津之恩，点滴在心，纸短意长，恕不一一，在此谨对他们无私且真诚的赐教，一并致以由衷的感谢。

本书大部分章节，曾先后刊布于《历史研究》《中国社会科学报》《四川大学学报》《人文杂志》《文史哲》《经学文献研究集刊》《学术月刊》《中国中古史研究》《复旦学报》《魏晋南北朝隋唐史资料》《中央民族大学学报》，部分文章被《人大复印报刊资料》《高等学校文科学术文摘》《中国社会科学文摘》《新华文摘》转载或摘编。本书写作时，根据研究的新进展及全书的总体结构安排，对原文皆有程度不一的修改和调整，故而不同观点并见，自以此中论述为准。感谢各报、刊编辑部以及诸学术文摘的厚爱，在此对所有编辑老师和外审专家，深致谢意。

本书得以出版还应感谢社会科学文献出版社的接纳，尤其感谢李期耀先生的鼎力支持，以及郑彦宁女史的精心编校。书名的选取曾一度成为我的困扰，为此没少叨扰诸位同窗、好友、学棣，而当我面对众多选项仍迟疑不决时，内子赵静一锤定音，了结了这场持久的"纠纷"。书稿核校方面，冉艳红、张官鑫、张雨怡、陈宇航、朱永清、刘波、王志建诸君慷慨施以援手，订正了不少错误，张官鑫、朱永清还在材料、观点等方面惠赐诸多宝贵意见，谨此统致谢忱。当然，书中所有疏失及讹误，概由本人负责，尚祈读者诸君赐以指导，以匡不逮。

修改书稿的十年，我先是完成了学生至教师的身份转换，接着又递加了丈夫和父亲的身份。本应分身乏术的时候，我却能够专注于研究，如此恩惠的赐予来自你们——感谢家人的宽容、理解，以及默默的支持与鼓励；感谢老师、师母一直以来的培养与爱护；感谢好友一路的关心与帮助。本书初稿完成于京都大学访学期间，能够从容、愉悦地从事写作，还应感谢诸位先生的照拂：三浦国雄、宇佐美文理两位先生为我访学期间的学习和生活提供了非文字所能概括的细致入微的关照；有幸忝列麦谷邦夫先生主持的《太平经钞》读书会，聆听深沢一幸、都筑晶子等先生的高论，更令我获益匪浅；吉川忠夫、神塚淑子、武田时昌、道坂昭广、古胜隆一诸位先生的当面教益，亦是我前行的重要鼓励。

随着书稿收尾工作的结束，持续十余春秋的研究，大概的确可以告一段落了。在这段时期里，念兹在兹的是论题的不断完善，极尽资料丰备，抵达时代精神深处。除此之外，对于历史研究这项工作，众声喧哗中也有些许个人体会。回顾该阶段的研究，感慨最多、最深、亦最有趣者，莫过于不断挑战自我的经验与智识，放下执见、偏见，思古人之所思，感受他们或远或近的目标、或大或小的理想、或圣或俗的视界、或公或私的立场，寻绎内与外、表与里、实与虚、中心与边缘、精英与大众、正统与异端的多元互动与权力递嬗，检视人心与时势的交互推进以及由此所致的历史影响。历史研究的过程，是发现问题、解决问题的过程；是努力达成与古人"处于同一境界"，不断接近不同层面之真相的过程；也是拒斥荒诞与虚无、对抗荒凉与冷漠，继而无有止息的自我认识和意义追寻的过程。唯愿这种状态，平稳地延续到接下来的研究工作中，也传递到自己的日常生活里。

冯渝杰

2018 年 8 月，初稿于京都鸭川之畔

2020 年 2 月，修订于绵阳新桥同福村

2023 年 6 月，定稿于成都锦江三官堂

图书在版编目(CIP)数据

神器有命：汉帝国的神圣性格及其崩解 / 冯渝杰著
. -- 北京：社会科学文献出版社，2024.7（2024.10重印）
（鸣沙）
ISBN 978-7-5228-1906-8

Ⅰ.①神…　Ⅱ.①冯…　Ⅲ.①道教史-研究-中国-
汉代　Ⅳ.①B959.2

中国国家版本馆CIP数据核字（2023）第114176号

·鸣沙·

神器有命：汉帝国的神圣性格及其崩解

著　　者 / 冯渝杰

出 版 人 / 冀祥德
组稿编辑 / 李期耀
责任编辑 / 郑彦宁
责任印制 / 王京美

出　　版 / 社会科学文献出版社·历史学分社（010）59367256
　　　　　　地址：北京市北三环中路甲29号院华龙大厦　邮编：100029
　　　　　　网址：www.ssap.com.cn
发　　行 / 社会科学文献出版社（010）59367028
印　　装 / 北京盛通印刷股份有限公司

规　　格 / 开　本：787mm×1092mm 1/16
　　　　　　印　张：40　字　数：515千字
版　　次 / 2024年7月第1版　2024年10月第3次印刷
书　　号 / ISBN 978-7-5228-1906-8
定　　价 / 128.00元

读者服务电话：4008918866